国家出版基金项目
NATIONAL PUBLICATION FOUNDATION

中国社会科学院近代史研究所中华民国史研究室

总编 李 新

中华民国史

第四卷

(1920—1924)

汪朝光 著

中 华 书 局

接二次下野的黎元洪任大总统的曹锟。

吴佩孚在前线督战。

张学良。

奉军骑兵在操练。

冯玉祥。

颜惠庆。

徐树铮。

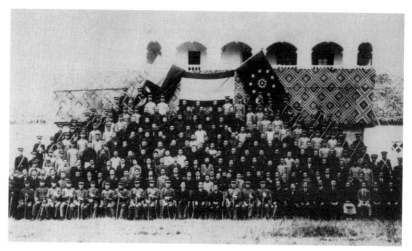

1921 年 5 月，孙中山在广州就任中华民国非常大总统留影。

陈炯明。

永丰舰。

1922 年 9 月，孙中山在上海与胡汉民、汪精卫、廖仲恺等合影。

1923 年 2 月，孙中山与香港大学师生合影。

1923 年 2 月，孙中山与宋庆龄在广州大元帅府留影。

1923 年 10 月，孙中山在广州与国民党同志合影。

1921 年春，周恩来等天津觉悟社成员在法国巴黎合影。

中共"一大"会址。

中共成立时期的毛泽东。

中共"二大"通过的《中国共产党宣言》。

香港海员工人代表合影。

1920 年罗素来华讲学时留影。

陈光甫。

张嘉璈。

1921 年的上海外滩。

位于上海外滩的日资横滨正金银行。

20 世纪 20 年代唐山煤矿的矿工。

目　录

前　言

本卷研究的是 1920 年到 1924 年北洋直系控制北京政府时期的历史。

1920 年 7 月,直系在直皖战争中胜利,北京政治进入直系控制的年代,通常又可称为直系统治时期。不过,因为直系的实力尚有不及,而奉系在直皖战争中又支持了直系,所以,尽管不十分情愿,直系仍然不能不与奉系政治分赃,北京政治在一段时间中处在直奉妥协共治的局面下。

在北洋时期军阀相争的年代,北京的政治难以长久为多个派系所共享。实力优厚者总是想着独占中央政权,或武力或"和平"地实现自己的"统一"大业;而实力不及者则忙于合纵连横,既抵御实力优厚者的压力,又可觅机壮大自己的力量,实现有朝一日争霸中央的"理想"。直奉共治时期的北京政治就处在双方如此这般的矛盾争夺的张力之下,直系势大,自然咄咄逼人,奉系势弱,但也不甘示弱。与皖系独控北京政治时期相比,北京内阁处于两强之间,谁也得罪不起,不能不左右逢迎,而又左支右绌,原本北京政府的力量就有限,此时更受着夹板气,实在难有作为。及至直系自信其武力可以压倒奉系,不愿再陪奉系玩共治的戏码,两强由"文斗"而"武斗"便不可避免。1922 年 5 月,第一次直奉战争以直胜奉败为结局,奉系自然也就退出了北京政治的舞台,直系成为北京政治惟一的主人。

直系独掌北京政治之后,先是力倡"法统重光",恢复旧国会,迎回"旧"总统黎元洪,一时间似乎民国法统又重归正朔。直系既以此作为己派完全控制政治的过渡,又以此作为打消南方反对派"护法"的说辞。

吴佩孚的"国民大会"、"保护劳工"等等高调主张,在坊间也引来不少"好评",从而使直系在掌政之初,似乎显得有点"另类",多少给人以"新"感觉。但不旋踵间,京汉路工潮被横暴镇压,"武力统一"的企图依旧,使直系的外界形象被打回军阀原形。尤其是直系出尔反尔,先迎黎后驱黎,操弄政治,公然贿选,虽然最终将曹锟送上了大总统之座,但却使直系的形象一落千丈,成为千夫所指的"恶人"。尤有进者,总统贿选彻底败坏了国会制的基础和西式民主的形象,使民国成立后由于军阀干政而本已非常脆弱的西式民主体制轰然倒塌,不再为多数人所喜所惜并由此而走上不归路,而民国法统的中落也预示着新的革命浪潮正在逼近,旧时代又将走向新选择的十字路口。这些变化大概是贿选进行时的直系所未及预料,甚而是反对贿选的各路力量、外间舆论及社会各界亦未可完全预知者。由此亦可知,历史总是有些关节点在特定的时刻起着特定的作用,后人要做的事或许就是在纷繁的历史表象中发见这些重要的关节点,并予以合理的诠释。

　　虽然直系也是北洋军系的嫡传,但直系与同为北洋嫡传的皖系段祺瑞和北洋旁门的奉系张作霖有所区别的是,直系的内部关系相对松散,存在北派(直鲁豫)与南派(苏鄂赣)之别,缺少有力的领袖核心。冯国璋故去后,直系虽然形成以北派曹锟为中心的利益集团,但因为种种内外因素,其领袖构成为曹锟—吴佩孚的双核中心结构,从而使得直系内部的政治关系较为复杂,既有曹锟部属为中坚的保派(后期又结合了津派),也有吴佩孚部属为中坚的洛派,所谓派中有派,彼此间冲突不断,大大削弱了直系的向心力,由此还导致北京阁潮及政治动荡,也不利于直系统治的稳固。与此同时,奉系却在东北埋首练兵,准备卷土重来,内以"励精图治",外则结成奉系、皖系、孙中山"三角同盟",不过两年的时间,直奉两派实力逆转,又一次战争不可避免。及至1924年9月第二次直奉战争爆发,奉系不仅在军事上占了上风,而且直系大将冯玉祥背弃直系,发动北京政变,开军阀派系内部大将背叛之先河,原先以地域、部属、出身、亲朋等关系为纽带的军阀派系忠诚也不再牢固,直系乃至北洋军系盛极而衰、终归末路的历史命运也就完全是可以理解的了。

在北洋时期各路曾经执掌中央政权的军阀中，与皖系和奉系比较鲜明的日本背景相比较，直系与列强的关系显得不那么明确。直系既和英美有较多的联系，也和日本维持着一定的往来，直系首领吴佩孚还一度得到苏俄与共产国际的青睐。直系也曾不止一次地利用国人的民族主义情感，在对外关系中以"政治正确"的方式攻倒自己的对手，从而显示出其在把握社会大众心理方面较其他军阀的一定长处。

在直系掌控北京中央政权的同时，各地方军阀仍然以割据地方为中心，进则出击，退则自保。他们一度还利用民间舆论，高唱"联省自治"，制订省宪法，以此与控制北京政府的大军阀的"和平统一"或"武力统一"相抗衡。然而，只要军阀的枪杆子不受约束，"联省自治"的结局便不过仍是军阀之治，省宪多有名无实，军阀混战依旧。

面对国内南北当权者"如一丘之貉"的现状，孙中山仍然没有背弃他的理想，虽屡战屡败，但仍不气馁，继续坚持其主张。孙中山通过发动讨桂战争，重回广东，出任非常大总统，但又因陈炯明之变黯然离粤，遭受其革命生涯中的惨重一击。从此，孙中山对其革命前途有了新的思考，其政治选择逐渐转向，开始从传统的西式民主主义者，转向苏俄革命的同盟者，并酝酿国民党的改组并联合共产党一致奋斗。

1921 年中国共产党的成立，是马克思主义传播与中国工人运动相结合的产物，也是服膺马克思主义的知识分子着力推动的结果，与苏俄和共产国际的支持与帮助更有不解之缘。中共的成立，首先影响的是中国的工人运动，其后随着工潮的起伏，在寻求新同盟者的过程中，由于苏俄和共产国际的作用，中共选择与国民党联手，共同推动国民革命运动。中共成立的意义，随着历史的演进而日渐凸显，终至成为影响中国历史发展走向的重大事件。

20 世纪 20 年代的中国外交，较前有了一定的变化。在民族主义浪潮的影响和推动下，中国外交由"五四"而开始的对列强强权的抗争得以继续，并取得一定的成果。中国与德国和苏联签订了平等新约，收回了山东权益，并确立了最终实现关税自主、取消列强治外法权和租界等废除不平等条约内容的目标。这些外交成果的取得，是中国民族主义浪潮高涨和推动的结果，也是以顾维钧为代表的职业外交家群体审时度势、张弛有致、艰辛努力的成果。但是，因为中国分裂的政治格局如旧，中国的实力仍然低落，中国外交取得的成果也仍然是有限的。

从民国成立开始的中国现代经济的发展，经历了一波十年左右的高潮，至20世纪20年代初达至其高峰。在这一时期，中国现代经济有了长足的进步，金融银行业有了明显的发展，但是，中国的经济发展仍然受制于国内外的诸多因素，国内的政治纷争与社会动荡，战争不断，市场分割，国际的列强压迫，缺少自主，受制于人，等等，在在影响到中国经济的发展。中国经济如何实现其现代转型仍然是漫长的过程。

本卷所述内容大体如上，但考虑到民国史的总体格局与风格，本卷仍然以政治史为记述的中心内容，旁及军事、外交、经济、社会层面的叙述。其利在线条清晰，着重阐释历史的政治演进及其大格局，而其弊在忽略了历史的多样化及其互相影响的关系。或许留待今后，我们可以更从容的心态与更多元的思考，探究历史的多样化面相。

本卷运用的史料，以各种档案文献为主，兼及报刊、日记、回忆录，等等，并参考了已经出版的各种研究成果。惟以部分文稿的写作时间稍早，成稿后因为种种原因未及再改，故在史料运用上也还存有一些不足之处，或可留待今后再版时改正。

历史著作的写法当然是多种多样的，然其本质特征总不脱真实两字，因为只有真实的历史，才是可信的历史，也才是对读者有意义的历史。惟什么是真实，其实是有各种不同理解的，或许只有历史事实本身才可以论定其真实或者不真实，而历史的评论与分析，则总是仁智互见、难言惟一者。本着作者的历史认识与一贯原则，本卷以记述为先，也即如实再现历史的过程，并力求其真实，至于在历史事实基础上的分析与评论，不过是作者的一家之言，并不奢求读者诸君的认同，而只能是期待读者的理解或者是批评。历史是十分复杂的,历史的评价因此也是十分复杂的,作者只能诚惶诚恐,在文稿完成出版后期待各方专家学者的批评指教。

　　本卷的写作经历了稍为曲折的过程,不必尽述,而作者介入此卷写作前后也有了超过二十年的历史,这段历程正是作者从青年学者成为中年学人的历程,好在全卷终得完成,并且以中年人的成熟,可以稍补青年人的青涩,或可为本卷经历如许时光而最终完成寻得所谓敝帚自珍的借口吧。当然,本卷存在的问题可能仍然多多,这是作者不能推脱责任而归之于任何其他原因者,只能是由作者个人负责,并期待各界读者的批评指正。

　　本卷写作提纲的拟订曾得孙思白先生的指导,拟出后经李新先生审定,部分文稿完成后亦经李新先生审阅。在写作过程中,得到近代史所、民国史研究室历任领导和科研组织管理部门及近代史所图书馆的大力支持。为本卷完成有所贡献的机构和学者良多,难以一一列名,在此谨致以衷心的感谢。责任编辑、中华书局历史编辑室欧阳红女士,中华书局及历史编辑室的领导,对于本卷的编辑出版贡献亦多,一并致谢。

2011 年 5 月 18 日

第一章　动荡中的南北政局

第一节　北方的直奉妥协共治

一　第二次天津会议与直奉政治妥协

直皖战争结束后,皖系因失败而基本退出北京政治舞台,直系认为己方是战争的胜利者,耀武扬威,表现高调,力图把持北京政治;但奉系亦自认其出兵参战,对直系的胜利出力甚多,同样企图在北京政治中分一杯羹,为己方势力自关外伸入关内并登上中央政治舞台打下基础。奉系首领张作霖与皖系尤其是皖系首领段祺瑞的个人关系一向不错,再加上双方同与日本保持了较为密切的关系,所谓同气相通,故在对直皖战后问题的处理方面,奉系的看法显与直系有别,张作霖尤其对吴佩孚咄咄逼人的高调政治表现颇为不满,北京政治的主要矛盾遂由战前的直皖矛盾逐渐向直奉矛盾转化。只是由于战争刚刚结束,直奉双方都需要瓜分战争的胜利果实,调整派系之间及派系内部的利益关系,双方的矛盾尚在隐忍未发之态,北京政府便处在由直奉两系政治妥协所决定的共治状态之下。貌似独立第三方的大总统和内阁,虽然也希望表现自己的独立性,但实际上处在直奉两系争斗的夹缝之间,动辄得咎,难有独立而言。

直皖战后,直奉两系经由天津首脑会议,对若干善后问题作出决定,暂时稳定了被战争打破平衡的北京政局。但因为各方利益不一,天津会议仍然遗留了若干问题没有完全解决,在直奉两系争斗的背景下,这些未决问题不时对北京政局的稳定构成威胁,尤其使处在对直奉谁都不能得罪、也得罪不起之地位的北京政府总理靳云鹏，深感"小媳妇难当"，大呼头疼。为此，由靳云鹏主动发起，邀请直、奉两系头领曹锟和张作霖二次聚会天津，讨论并解决直皖战后的若干未决问题。为了保持派系之间的平衡，加强自己讨价还价的地位，靳还拉来两湖巡阅使兼湖北督军王占元参加此次会议。实际上，靳云鹏也知道，会议的主角当然是曹锟和张作霖，他们的决策就是北京政府的行事指南，他不过是恭陪末座，看人眼色，听命而已。

1921年4月25日，曹锟、张作霖、靳云鹏、王占元在天津举行所谓"四巨头"会议，讨论议题包括国会选举、内阁重组、"南北统一"、"援库"，等等。直、奉两系勾心斗角，为各自的利益斤斤计较，不遑相让，惟格于内外环境，一时尚不能决裂，故可维持大体平衡，得出暂时的妥协。

国会问题。经上年天津会议的决定，1920年8月30日，安福国会在常会到期后自行宣布休会。随后，大总统徐世昌在10月31日通令全国谓："和平、统一、善后各端，亟待次第施行。国会为全国人民代表，关系綦重，所有参众两院，应即重新选举，著内务部即依照元年八月十日公布之国会组织法，暨参议院议员选举法、众议院议员选举法，督同各省区长官，将选举事宜迅速妥善办理。"①徐世昌的如意算盘是，通过国会选举，回避新旧国会之争，建立新"法统"，有利于延续其总统地位，同时也杜绝南方的"护法"口实。但南方护法国会以维护民国旧有"法统"为己任，要求恢复旧国会，反对再选新国会。各省北洋督军信奉实力为上，对国会选举这种无味把戏兴趣不大，自然应者寥寥。皖系地方实力派、浙督卢永祥反对举办国会选举，认为"舍本求末，疑问尤多"。刚刚在战争中击败皖系的直系头号大将吴佩孚，认为卢的态度对其废弃南北国会、召开国民大会的主张有利，遂大加支持。1921年1月7日，吴致电曹锟，认为"彼既有正大之主张，我即当顺而从之，以表示声气之同。倘执意阻止，见解两歧，不特团体有碍，我将自陷于孤立地位

---

① 《政府公报》，1920年10月31日。

矣"。2月3日，吴佩孚又致电直系山东与河南督军，表示"中央突办不合法之新选举，实别有作用，推测将来，必陷国家于无政府地位，实深危惧"，要他们"各速出电，极力赞成"卢的主张①。在吴佩孚的心目中，北洋"团体"的利益实高于所谓"法统"。由于当事各方对新国会议员选举都不甚积极，除了江苏之外，全国各省在预定时日都没有举办选举。第二次天津会议期间，为了敷衍徐世昌的请求，由曹锟、张作霖、王占元领衔发表通电，催促各省从速办理国会议员选举，并向卢永祥疏通，以打消其反对意见。但说到底，曹、张、王对选举这样"劳民伤财"而又无甚实际效果的事也都不热心，在做足了发表通电的表面文章之后，也就不闻不问了，国会选举事从此不了了之。

内阁问题。上年天津会议决定由靳云鹏出任内阁总理，但靳组阁是各方妥协的产物，不能任由其决定人选，故其属下出身交通系的财政总长周自齐、交通总长叶恭绰与靳不合，他们把持财政，与靳为难，企图以财政困难逼靳下台，然后拥本系首领梁士诒组阁上台。他们的如此作派，自然使其与靳云鹏的矛盾激化，势如水火，而靳又不愿即时下台走人，故不得不向直奉两系讨好求援。虽然张作霖不无支持梁士诒之意，但亦无意在此时与直系搞僵，所以在第二次天津会议期间，曹锟、张作霖、王占元均表示，"默察大势，际兹国家濒危，内政外交非靳莫属"，决定"拥护靳阁勿使遽去，以维大局，除径电劝慰外，各省同胞，咸具爱国热忱，请一致主张拥护靳阁，以奠邦本"②。靳云鹏得到他们的支持，随后在5月中旬进行内阁改组，总算暂时稳固了自己的地位（详见后述）。

"南北统一"问题。在军阀相争时代，军阀们在朝时就高唱"统一"，在野时便声言"自治"，南北无不如此。由于此时南方不仅在事实上，而

---

① 彭昌鲁编：《稿本吴孚威（佩孚）上将军年谱》，全国图书馆文献缩微复制中心2001年版，第215—217页。

② 《群英会闭幕后之所闻》，《顺天时报》，1921年5月6日。

且在"法统"上亦与北方分裂的客观现实,当军阀们掌握了北京中央政权时,自然就要鼓吹"统一",而且为解决财政困难,便要向外国银行团借款,但外国银行团是否借款,又要以能否"统一"为条件,因此,无论直、奉两系何人在北京当家,都得高调推行"统一"。上年的天津会议,决定由靳云鹏致电南方各省,讨论"统一"问题,但结果是空有电文往返,不见"统一"行动。此次天津会议,决定由王占元负责与南方谈商"统一",因王所占湖北地盘直接与南方各省相邻,而王从自身利益出发,亦有意拉拢南方各省,抬高自身地位。然而,南方军阀割据势力已成,同样不愿归附于他人,所以当第二次天津会议传出王占元将与南方谈商"统一"的风声之后,南方各省的军阀首领便纷纷公开否认有其事。湖南赵恒惕称:"吾人为争人格而驱张,焉肯自贬人格以投北乎?"①贵州卢焘亦称,对于"南北均不附和","滇黔已宣布联防,与北归无关"②。所谓"南北统一",在"和平"条件下自无法实现,而无论直奉又没有动用武力的实力和准备,最终结果也只能是徒放空言而已。

　　"援库"问题。俄国十月革命爆发后,外蒙王公失去沙俄奥援,1919年11月外蒙撤销"自治",中国军队重入外蒙。1921年,外蒙形势又发生变化。白军恩琴部于2月占领库伦,中国军队被迫撤离。3月21日,外蒙重新成立"独立"政府。值此外蒙局势动荡之际,社会舆论遂有"援库"呼声,希望中国出兵,保持对外蒙的主权。直奉双方对此都在唱高调,摆出势在必行之态,实则各有打算。直系希望由奉系出兵,以此削弱奉系争霸北京的实力,有利于自己控制北京政局。奉系因其地盘和军队靠近外蒙,对出兵似乎责无旁贷,实则是企图以此谋取控制热、察、绥地盘,进而增强与直系争夺北京中央政权的实力。当曹锟征询吴佩孚对出兵外蒙的意见时,吴认为:"小徐(树铮)自去年失败后,无一日

---

①　《湘赵对宪审查表示态度》,《晨报》,1921年5月10日。

②　《卢焘自治与他省不同》、《西南现势与统一前途》,《大公报》(天津),1921年6月4日、5月13日。

不图报复。此次利用寇扰塞北,妄冀调虎离山,乘内地空虚,袭而取之。此声东击西之诡计也。我若出师援库,正堕彼术中矣。"第二次天津会议前,吴又电曹谓:某方"总以激动直军,竭尽全力援库,一出长城,即不能还师内地为得计。此系安福某要人希图一网打尽之毒计。……我帅此次赴津之行,于我军之利害关系至重且大,特恳切禀陈,祈注意以上情形防之。"曹锟接受了吴佩孚的意见,由吴出面恭维张作霖"统辖三省,威名远播,有雄师劲旅,当能为国效命";建议"长城以北之边防,请雨帅(张作霖)完全负担";长城以内"应由我帅(曹锟)担任保持";长江流域"则由鄂赣两督,联合川湘,协力维持";闽浙方面,"有鄂督负责";"如此分别负担,实力进行,则中央无北顾之忧,而中原有金汤之顾,防内防外,措置裕如之全策也"①。心怀个人打算的张作霖则顺水推舟,表现出乐得接受直系的倡议,第二次天津会议决定由张作霖全权负责"援库"。5月30日,徐世昌任命张作霖为蒙疆经略使,节制热、察、绥特区,令其"整肃师旅,迅图戡定",后方策应事项,由曹锟、王占元"随时会商妥善办理"②。张作霖随即组织"征蒙军",摆出出兵架势,实则雷声大雨点小,除了借此"向叶恭绰硬敲二百万元"外③,始终未曾出动过一兵一卒。6月12日,张作霖致电北京政府,谓外蒙匪势已成,今后宜先劝慰王公,严剿余匪,电令活佛归顺,"如其不悟,再兴干戈,以示怀柔而息边患"④。"援库"、"征蒙"就此不了了之。而张作霖却以此名正言顺地得到了热、察、绥地盘,并以此为借口,扩充兵力,索取军费,否则即声明"宁为时日上之牺牲,决不冒昧从事"⑤。据说,在第二次天津会议期间,张作霖借"援库"讨得300万军饷,而曹锟只得50万,引得曹锟四

① 《稿本吴孚威(佩孚)上将军年谱》,第220—223页。

② 《政府公报》1921年5月31日。

③ 《钱桐致阎锡山电》(1921年4月28日),《阎锡山档案要电录存》第5册,台北"国史馆"2003年版,第438页。

④ 李新总编:《中华民国大事记》第1册,中国文史出版社1997年版,第795页。

⑤ 君侠:《层出不穷之靳揆难关》,《大公报》(天津),1921年7月16日。

弟曹锐大骂靳云鹏:"你不配当家就得滚蛋!"而靳得张作霖助,不甘示弱,回骂道:"我不当让你来当,谁当总理谁是王八蛋!"①活脱脱表现出军阀治下政治的流氓性和无序性。

4月28日,"四巨头"第二次天津会议结束。经过此次会议的讨价还价,直奉两系达成了暂时的妥协,从而维持了北京政府在直奉共治下的暂时稳定。直奉两系在此次会议上各有所得,曹锟和张作霖都表示满意,但直系头号大将吴佩孚没有参加此次会议,张作霖排挤吴而向曹锟示好的举动,非但不能拉近他和直系的关系,反而埋下了吴张交恶的种因,成为造成后来直奉关系极度恶化的重要因素。而且,此次会议未能解决直奉双方的基本矛盾,即由谁控制北京政府,进而成为"中央"的代表。直奉共治不过是双方实力大体均衡的产物,但这种均衡是非常脆弱而不稳固的,一旦再遇有双方的利益之争,均衡即易转化为不均衡,当双方矛盾发展到不可缓和的地步时,最终还得靠武力解决问题。由直皖战争和二次直奉战争的进程可知,北京政治的稳定与动荡,在相当程度上即系于北洋皖、直、奉三大派系间的实力均衡与不均衡的关系演变。

二 北京内阁改组与直奉分割地盘

国务总理靳云鹏虽然是第二次天津会议主角曹锟和张作霖的陪衬,但曹、张在会上达成的妥协对靳维持个人地位却是有利的,就此点而言,靳云鹏也算是第二次天津会议的赢家。

靳云鹏内阁在直皖战后的产生,本也是直奉妥协的产物,但靳阁财政总长周自齐和交通总长叶恭绰均为交通系干将,成日图谋本系利益,"百计保持本系势力",力图拥戴本系首领梁士诒组阁,以更进一步壮大自身实力。偏偏他们所掌握的部门,又是北京政府的软肋,因为"目下

---

① 陶菊隐:《吴佩孚传》,上海书店出版社1998年版,第49页。

财政困难已达极点,各省非特不能接济中央,反向中央尽力要索,中央无生财之道,不能不取之于外债。而借用外债,不能不有抵押品,故交通、财政几成内阁养命之源"①。他们即利用北京政府的财政困难和其掌握的财权,频频发难,使得内阁总理靳云鹏的日子十分难过。

在后袁世凯时代,北京政府的权威尽失,进项有限,财政十分困窘,"完全靠借债过日子"②,财政总长也就成了政府中最关键也最难当的成员,负有为政府找钱、维持政府正常运转的重要使命。靳阁成立后,财政本已很困难,无论是向外还是向内借款,因抵押将尽,债主们都不愿轻易出手。靳云鹏决定实行财政改革,1921 年 3 月 5 日,由国务院通电各省称:"整理财政计划,决计实行。关于内债一节,已与国内银行界议定具体办法。惟整理财政,皆与军费有关,特交阁议决定召集各省财政军事会议,相应电报查照,希即迅速派员来京参与会议。"③此次会议的结果,是提出建立"整理内债本息基金",将政府所发各内债分别整理,以利继续借新债。但此项计划能否实现姑且不论,即便实行也是缓不济急,且因政府债信不佳,市场上的债票价格还在继续大跌。正值此时,张作霖索要"征蒙"军费数百万,各地战争继起,各路军阀催饷电文纷至沓来,靳云鹏应付无术,甚而北京政府各机关亦不能按时发薪水,各部欠薪有多至数月者,其中以教育部最甚,自直皖战争结束后即未从财政部领到分文。面对如此窘境,本负有筹款之责的财政总长周自齐,非但不为靳云鹏排忧,却联手交通总长叶恭绰,"遇事独断,无一项禀呈靳揆"④,动辄向靳使脸色撂挑子,告其财政不敷甚巨,无法维持,而"无

---

①　《张树帜致阎锡山电》(1921 年 5 月 10 日),《阎锡山档案要电录存》第 5 册,第 446 页。

②　千家驹:《旧中国公债史资料》,中华书局 1984 年版,第 10 页。

③　《中国大事记》,《东方杂志》第 18 卷第 7 号,第 132 页。

④　《张树帜致阎锡山电》(1921 年 5 月 10 日),《阎锡山档案要电录存》第 5 册,第 446 页。

论中外银行,相戒决不投资于政费"①,企图以此逼迫靳云鹏下台,由交通系另组新阁。靳云鹏忍无可忍,"恨之入骨",但又无计可施,只能在第二次天津会议期间低声下气地恳请曹锟和张作霖出手相助。曹、张都对靳未能满足己方的需索表示不满,但如果更换靳阁,又将牵动各方敏感的神经,引发新的矛盾,是此时曹、张所不愿见者。因此,曹锟和张作霖都对靳云鹏表示安抚,支持他继续主持阁政。有了曹、张的支持,靳云鹏遂不再忌惮于交通系的脸色,为了赶走内阁中的交通系干将,他干脆自导自演,在5月14日宣布内阁总辞,随即由徐世昌下令重新任命他为国务总理,另组新阁。靳云鹏提名李士伟为财政总长,张志谭为交通总长,总算使财政、交通两部的权力回到了自己手中。但是,李士伟曾任中日实业股份有限公司总裁,与日本的关系比较密切,此时日本正在谋划将段祺瑞政府时期所借的日本对华无担保借款,以借新债还旧债的方式,实际变为有担保借款,此事受到社会各界的强烈反对,"报章仍以其亲日色彩颇有违言"②,李不敢到任,财政部只能由次长潘复代理部务。

靳云鹏挤走交通系,重新组阁,并得到直奉两系的支持,似乎可以施展一番了。靳云鹏对外公开宣布其施政方针为:一、先谋国内统一,征蒙平粤,接洽湘、滇、川、黔,双管齐下,以期早谋和平;二、整顿全国财政,维持金融,入手办法,仍在整理税则,清理积欠;三、添设各省省长,实行军民分治;四、清偿欠饷,入手裁兵;五、扩充利源,振兴实业③。虽然如此,上述政见也不过是靳云鹏唱高调而已,实际根本无法实行。"国内统一"遥遥无期,整理财政难以进行,向手握兵权的军阀头领要求"军民分治"、"入手裁兵",实无异与虎谋皮。而在实际政务方面,直奉

---

① 《行将破产之北方财政》,《民国日报》(上海),1920年12月29日。

② 中国人民政治协商会议天津市委员会文史资料委员会、中国银行股份有限公司天津市分行编:《卞白眉日记》第1卷,1921年5月15日,天津古籍出版社2008年版,第145页。

③ 《靳揆宣布大政方针》,《大公报》(天津),1921年6月3日。

两系对靳云鹏的支持都是有代价的,为了满足他们的各种需索要求(如双方都谋求获得更多的军费),靳云鹏实穷于应付,而当他们的要求稍有不合(如双方都谋取同一地盘),靳云鹏的日子就更难过了。所以,靳云鹏看似是北京内阁改组的受益者,惟其实际究如何,他的内心世界当有更深的体验吧。

直奉两系除了在中央层级的利益争夺外,地方层级的利益争夺也是无处不在,其中尤以对各省督军职务的争夺更为激烈。

军阀之间的争权夺利归根到底是地盘之争,有了地盘就有了兵源财源,也就有了军阀赖以为生的实力所在,而各省督军就是军阀争夺地盘最重要的支撑。直皖战后,两次天津会议及其间隙期都讨论了直奉双方的地盘分割问题。"地盘问题,尤为此次解决之重要事件。大约张争热、绥,曹要陕、甘,皆非达目的地不止"①。直奉两系为此互不相让,有激烈的交锋,最后的结果则维持了大体的平衡,直系在捞取实力、地盘方面略占上风。

安徽督军。在直皖战后皖系余存的地方督军中,皖督倪嗣冲可谓皖系老臣,但因其年老多病,常住天津,与皖政已经疏离,故成为直奉两系都在打主意的对象,而不似其他皖系地方督军,因握有实权而不便遽然下手。张作霖先是保荐自己的儿女亲家张勋出任皖督,曹锟则以张勋为复辟祸首不得人心为由反对之。其后张作霖又保荐自己的另一儿女亲家鲍贵卿,同样为直系所反对,直系实则是不愿看到奉系势力伸展到长江流域。就在直奉僵持之际,江苏督军李纯保荐张勋旧部、徐海镇守使张文生为皖督,直奉双方于此都可接受,而李纯则因此将徐海地盘纳入自己的势力范围。1920年9月16日,北京政府免去安徽督军倪嗣冲的职务,任命张文生暂署安徽督军。

苏皖赣巡阅使。李纯是直系在长江流域镇守的大将,就其地位、资

---

　　①　《温寿泉致阎锡山电》(1921年4月17日),《阎锡山档案要电录存》第5册,第426页。

历和名望而言，实不输于曹锟和吴佩孚。直皖战后论功行赏，北京政府于 1920 年 10 月 2 日任命李纯为苏皖赣巡阅使，与曹锟的直鲁豫巡阅使、张作霖的东三省巡阅使和王占元的两湖巡阅使可谓平起平坐，还高于吴佩孚的直鲁豫巡阅副使的职务，而且苏、皖、赣三省的地位及其对外联络的方便，也胜过其他省份，李纯在当时政坛地位之重要可以想见。但是，谁也没有想到的是，仅仅十天过后，李纯突然在 10 月 11 日晚举枪自杀，留下了有待后人解读的谜团①。李纯死后，苏皖赣巡阅使出缺，张作霖再次保荐张勋出任此职并兼江苏督军，力图将奉系势力扩张到长江流域，但从张作霖屡次保荐人皆鄙之的张勋亦可见，其夹袋中实在找不出什么能拿得出手的干才。然长江流域素为直系势力范围，绝不能容忍奉系插足其间，因此曹锟推出北洋元老王士珍接任。结果，双方"相持不决"，王士珍"表示不就"，张勋则"暗中大施活动"。张的旧部为此"乞援奉天"，奉系高层甚而有"如直派必欲再争三江巡使，即惟

---

①　李纯自杀事先并无征兆，颇为突然，根据其遗书，他自称"纯为病魔，苦不堪言。两月不能理事，贻误甚多。求愈无期，请假不准，卧视误大局误苏省，恨己恨天，徒唤奈何，一世英名，为此病魔失尽，尤为恨事。以天良论，情非得已，终实愧对人民。不得已以身谢国家、谢苏人，虽后世指为误国亡身罪人，但问天良，求心安。至一生为军人道德如何，其是非以待后人公评。事出甘心，故留此书以免误会而作纪念耳"（陶菊隐：《北洋军阀统治时期史话》中册，三联书店 1983 年版，第 1011 页）。据时人论："李纯向以谨厚著名，问舍求田，最工心计，厚封殖而长子孙，是其唯一的人生观，……自立遗嘱，处分后事，遣散妾媵，捐出兴学，世人因其措置井然，不类神经错乱忧愤自杀者之所为。"（吴虬：《北洋派之起源及其崩溃》，《近代稗海》第 6 辑，第 271 页）又据苏皖赣巡阅副使齐燮元和江苏省长齐耀琳致北京政府电称："该巡阅使两月以来卧病奄缠，每以时局纠纷，统一未成，平时述及声泪俱下。近更疚忧愧恨，神经时复错乱，本月十二日忽于卧室用手枪自击，伤右肋乳下，不及疗治，登时出缺。手写遗书，缕述爱国爱民，夙愿莫酬，不得已以身谢国。"（《政府公报》1920 年 10 月 16 日）实际李纯自杀究为何因，众说不一。有说法是他患有"精神失常症"，对政局前途感到"悲观绝望"所致。但此时李纯刚刚出任苏皖赣巡阅使，又被授以"英威上将军"称号，正是"春风得意"之时，似无自杀之动机。因此，当时也有风传是其部将、苏皖赣巡阅副使齐燮元阴谋弑上以代之。真相究竟如何，还待研究。

有以武力对待"的说法①。不过,在直奉相争中,直系还是占了上风。12月3日,王士珍被任命为苏皖赣巡阅使,但江苏各界群起反对,希望由苏人治苏,本已淡出政坛的王士珍遂声明不就职。吴佩孚内心里也不希望再见到有人在如此重要的巡阅使职位上成为未来的竞争对手,便附和苏省舆论,指使名流人士张一麐出面,声言"从官制说,苏皖赣本无此官,只以李纯调和南北,政府嘉之,而畀以此种虚衔,以示荣宠。然李纯未就职而殁,此官并无再设之理"②。苏皖赣巡阅使职的任命从此被搁置,1921年1月,此职被裁撤。

江苏督军。李纯自杀后,为了向长江流域伸展势力,张作霖还曾表示自己愿任江苏督军,而由张勋任奉天督军,事为直系所反对。此时正值苏皖赣巡阅副使齐燮元为谋自身利益而极力靠拢曹锟和吴佩孚,吴佩孚即保荐齐燮元为江苏督军。10月15日,北京政府任命齐燮元代理苏督,江苏仍为直系的地盘。

陕西督军。陕督陈树藩为皖系干将,直皖战后直系亟欲获得陕西地盘,将势力伸入西北地域,而陈树藩与陕西民军的纷争,恰为直系去陈准备了口实。吴佩孚电商曹锟,请其"速与中央切实交涉,克日将陈督明令罢免"③。张作霖也想染指西北,"援库"问题发生后,他以"征蒙"为借口,企图进军陕西,从侧翼牵制北京政府及直系势力。面对张作霖的动向,吴佩孚又表示:"现在陕省内讧未息,故欲平蒙,必先定陕,欲定陕必先黜陈。……陕局定而平蒙计划方能继续着手,陕局未定以前,请张总司令严整所部,持镇静主义,密为防守,以待时机。"④1921年5月,曹锟和张作霖在第二次天津会议结束后入京,与徐世昌继续商

①　《钱桐致阎锡山电》(1920年10月30日、11月9日,1921年1月17日),《阎锡山档案要电录存》第5册,第414,417页。

②　《新闻报》1921年4月6日。

③　《稿本吴孚威(佩孚)上将军年谱》,第218页。

④　《稿本吴孚威(佩孚)上将军年谱》,第223—224页。

讨地盘分割问题。张作霖第三次保荐张勋出任热察绥巡阅使①,曹锟则提出以直系获得陕西地盘作为交换条件。热察绥本已划为奉系的势力范围,张作霖不甘以此已经到手的利益而放弃陕西,遂又保荐奉系将领许兰洲督陕。曹锟本意是将陕西地盘交给自己的亲信、二十三师师长王承斌,但与奉系僵持不下。此时王占元提议由驻鄂二十师师长阎相文督陕,阎与王虽同为直系,但毕竟所处地位不同,王担心阎部驻鄂是对自己地位的威胁,而将阎部调走,既可使王安心,又为直系争得地盘,虽然不是曹锟心仪的方案,但在直奉相争的背景下,曹锟也乐得接受。由于有曹锟和王占元两人的力荐,张作霖终落下风,5月25日阎相文被任命为陕西督军。

陕督风波虽在直奉之间暂告段落,惟陈树藩却不甘就此交权,他一方面以拨付数年欠饷、俟陕军改编后再移交、陕军官佐不得淘汰遣散、新任不得带重兵(至多一师)为交权的条件,以为拖延之计②;另一方面又指使部下多次致电北京政府,声明陕军一致拥护陈树藩,对陈的免职"全体将士誓死不承认",陕境安危悉视陈去留为转移,务请政府收回成命,否则当惟力是视,不知其他③。由于陈树藩不愿去职的强硬态度,直系和平获取陕西地盘的企图落空,陕督之争成为直系与皖系残余势力赤裸裸的武力较量。

为了解决陈树藩,吴佩孚组织了定陕军,自任总司令,下令阎相文的第二十师、冯玉祥的第十六混成旅和吴新田的第七师,自豫西和鄂西北分路入陕,并得到依附直军的陕西三原民军"靖国军"胡景翼部的策

---

① 此前,在张作霖的一再保荐下,1921年1月26日,北京政府任命张勋督办热河林垦事宜。但任职令发表后,全国舆论大哗,各界纷纷通电反对。张勋慑于舆论的压力,未敢就职。

② 《张培梅致阎锡山电》(1921年6月2日),《阎锡山档案要电录存》第5册,第460页。

③ 《中华民国大事记》第1册,第792、795页。

应,陕西省长刘镇华"对于陕局,纯抱观望主意,看风使船"①。6 月 21 日吴佩孚致电曹锟,要求中央"迅速颁发讨伐令,声陈之罪,以锄悖逆,而整纲常"。曹即电致阎相文称:"定陕利在速进,敏捷解决,迟恐旁生枝节,牵动大局。"7 月 2 日,吴佩孚发出总攻令。5 日阎相文军进占临潼,陕西省长刘镇华出面调和,吴佩孚以"事已至此,迫于眉睫,尚何有磋商之余地"为由,令阎"刻速进行"②。陈树藩无力对抗优势直军,步步后退,7 日阎部占领西安,阎相文随即通电接任陕督,冯玉祥旅则扩编为第十一师驻咸阳,冯以师长兼任陕西剿匪总司令。陈树藩部最终退至陕川边界,背靠四川,联络川军,继续抗直。

　　陈树藩下台,阎相文就职,直系势力终以武力方式打入西北。但蹊跷的是,8 月 24 日,刚刚出任陕督不过一月有余的阎相文,又突然吞鸦片自戕而死③。冯玉祥随即署理陕西督军,成为冯系势力在西北发展壮大之始。不过,冯玉祥在陕西同样面对地方民军的挑战④,主客军常年混战不已。冯虽收编了"靖国军"大部(胡景翼部即改编为陕军第一师,胡任师长),然始终不能完全平定陕西,致冯亦不安于位,颇思另谋

---

　　①　《张培梅致阎锡山电》(1921 年 6 月 4 日),《阎锡山档案要电录存》第 5 册,第 464 页。

　　②　《稿本吴孚威(佩孚)上将军年谱》,第 232、237—238 页。

　　③　时人谓,"闻阎师长自到潼后,始觉陕局头绪复杂恐不易制,颇抱隐悔"。(《张培梅致阎锡山电》1921 年 6 月 26 日,《阎锡山档案要电录存》第 5 册,第 483—484 页)据说阎相文留有遗书:"我本愿救国救民,恐不能统一陕省,无颜对三秦父老。"(陶菊隐:《北洋军阀统治时期史话》中册,第 1075 页)这是继李纯之后督军自杀的第二件疑案。有关阎相文的死因有多种说法:一说阎诱捕民军将领郭坚,并在 8 月 13 日以"啸聚土匪久为民害"为由枪杀之。其后,陕西靖国军逼阎驱逐刘镇华,以于右任为省长。刘已疑阎,因令镇嵩军备战,而靖国军又与各方结合图阎。阎四面受敌,不堪负担,遂自杀。一说冯玉祥在河南不能相容于吴佩孚,吴因令冯随阎入陕,而冯以皖人同乡名义结纳吴新田对付阎相文,阎死与此有关。而阎死后,又是冯得到陕督之职,故有此说。真相究如何,尚待研究。

　　④　陕西民军的发展始于护法运动,以"靖国军"自称,胡景翼、于右任先后任总司令,冯玉祥入陕时,"靖国军"已发展到七路共三万余人。

发展地盘。冯玉祥与吴佩孚有隙,吴驻节洛阳,距陕西可谓近在咫尺,却对冯的求援请求不闻不问。"冯以陈(树藩)、于(右任)、郭(赫,民军头领郭坚之子)所部愈逼愈紧,竟誓师进攻西安","特向中央辞职"①。直到第一次直奉战争爆发,吴佩孚率部离豫北上作战,豫督赵倜在直奉之间首鼠两端,直系需要己方人马镇守河南,吴佩孚才同意冯玉祥调河南任豫督。在外界观察,冯玉祥"不去河南洛阳镇守,直军未必能战胜奉军,就是战胜,也未必有如此之快"②。可是作为当事人,吴佩孚与冯玉祥心结已成,互生恶感,"吴氏嫉冯玉祥与己争名,不能指挥自如,视为傀儡,因而决心去冯,以鄂豫两省连成清一色的地盘"③。这又为其后冯玉祥在第二次直奉战争中的倒戈反直埋下了种因。

　　对皖、苏、陕督的争夺,直系占了上风,而奉系则得到了热、察、绥地盘。虽然热、察、绥地处偏远,地广人稀,经济不发达,但是地方实力派仍不愿轻易放手。热河都统、北洋老将姜桂题公开反对奉军入据热河,声称"热河的治安,桂题当负完全责任。……奉军第二十八师勿庸来热相助,否则主客两军,因事发生冲突,桂题不负其咎"④。他还下令所部备战。而张作霖据有热河的决心已定,不会退让,遂令汲金纯的第二十八师准备武力进驻,热河战事一触即发。但因姜桂题与曹锟的关系比较密切,张作霖对是否立即动武还是有些犹豫。恰在此时,河南督军赵倜不甘受吴佩孚的压迫,向张作霖求援,张遂请赵劝姜让位。姜桂题在豫置产不少,赵倜是其旧部,对姜的产业多有保护,赵出面说合,姜不能不接纳,兼以姜毕竟年近八十,来日无多,北京政府又答应补发他的军费,并给他地位尊崇的虚职,也使姜的易职颇有面子。如此这般,终使热河易督事在经历了大小军阀之间种种迂回曲折复杂的勾兑之后终有

① 剑公:《冯玉祥辞职与陕局》,《大公报》(天津),1921 年 9 月 22 日。
② 《蒋百里在北大演讲裁兵》,《晨报》,1922 年 5 月 18 日。
③ 《民国日报》(上海),1922 年 11 月 2 日。
④ 《姜桂题反对奉军到热河》,《晨报》,1921 年 7 月 17 日。

转机。9月11日，北京政府下令调姜桂题为陆军检阅使，任命汲金纯为热河都统。21日又将察哈尔都统王廷桢调离，任命张景惠为察哈尔都统。张作霖最终如愿获得热察地盘。

在直皖战后的地盘分割方面，张作霖"分得东三省及热察绥三特区"，"张大帅之实力、地盘，使曹、王二使望尘莫及"；但张作霖却并不满意，认为"曹锟分得直、鲁、豫、秦、陇、晋六省"，得的太多①。如果就省区数量而言，曹锟和张作霖所获在伯仲之间，各有优长。但如就所获省区的经济富庶度、政治重要性及其对军阀执掌中央政权的意义而言，曹锟、吴佩孚的直系确实胜过张作霖的奉系。直系所占各省区，既有比较富庶发达的沿海沿江的苏、皖，又有相邻北京的直、鲁、豫，更扩张到了西北，而奉系的势力范围，基本仍局限在东三省和偏远的热、察、绥，其伸展势力范围到长江流域的图谋，在直系的阻击下终未如愿。直奉双方在地盘上的争夺，被时人认为，"将来争端，恐先由地盘问题而起"②，而双方在地盘、实力上的差距，在不久以后爆发的直奉战争中也将得以表现。

三　吴佩孚的政治动向

作为后袁世凯时代鼎足并立的三大军阀派系之一，直系共奉的首领前有冯国璋，后有曹锟，但与段祺瑞在皖系、张作霖在奉系中的强势地位相比，冯国璋和曹锟的首领地位则比较弱势。冯国璋因其早逝而不论，曹锟作为直系公认的掌门人，在其身前身后，始终晃动着吴佩孚的影子。无论是外界的观察，还是直系内部的私语，也无论是军事作战，还是政治谋略，吴佩孚都可以说是直系真正的灵魂人物。正因为如

---

① 《民国日报》（上海）1921年1月8日，《晨报》，1921年5月29日。

② 《温寿泉致阎锡山电》（1921年4月16日），《阎锡山档案要电录存》第5册，第425页。

此,吴佩孚的政治动向也为各方所关注。

吴佩孚的军中升迁过程较为正常,从辛亥年的团长,到1918年初的师长,大约每三年升一级,但其出身第三师,常年追随曹锟左右,可谓直系嫡系正门,在讲究出身和人脉关系的军阀派系政治中,自有其天生的好处。吴佩孚久历戎行,征战南北,对于军事作战确有其长,这也是他能够在众多北洋将领中脱颖而出的重要原因之一。不过,吴佩孚真正为人所关注,还不全在军事,更在政治,在他经常发表的、有时在军阀主流中显得颇为另类的政治言论。"五四"时期吴支持学生的言论是一例,直皖战后吴主张召开国民大会的言论又是一例。

直皖战争结束后,各方解决善后问题的政治主张多以国会为中心,无非是有恢复旧国会还是召集新国会之别,本质还在于如何在维持民国"法统"的前提下解决各方的利益诉求。然吴佩孚却独辟蹊径,提出召开代表"真正民意"的国民大会,由国民代表集议解决国是的主张,并以此作为"治本"之方。吴佩孚曾经说:"国家政治,既不能为中产阶级以上所操纵,而议会制度,尤不能为中等智识以上所包办。"①因为"主权在民,载在约法,国民自决,更为世界潮流"②。吴的如此主张得到社会各界的热烈反应,一时间还出现了国民大会运动,反映出社会各界对军阀干政的不满,对民主建政的追求。但是,吴佩孚的主张实为另起炉灶,果能实行,则民国"法统"有断裂之虞,对于还需要利用这个"法统"说事的当权军阀并不有利,因此也为他们所反对,"当局赞成者少,在野派赞成者多",尤以张作霖为甚。据时人称,张作霖对国民大会"虽未明白反对,然不甚赞同"③。张作霖甚而还向曹锟进言,挑动曹吴关系,认为吴佩孚不过是个师长,应该谨守分寸,听命上司,政治上的事还轮不

---

① 《吴佩孚军略·书牍全编》第3编,世界书局1923年版,"书牍"第21页。
② 《民国日报》(上海)1920年8月21日。
③ 《商震致阎锡山电》(1920年8月7日)、《葛敬猷致阎锡山电》(1920年8月2日),《阎锡山档案要电录存》第5册,第385、376页。

到吴随便发表意见①,结果使曹锟也心怀犹豫,从原先赞成吴的立场后退,表示反对吴的主张。各省督军怀疑吴佩孚是"假公济私",正在"护法"的西南方面,对吴的主张"无不力肆诋毁"。何况,吴佩孚虽然提出召开国民大会,但由谁主持召开这个关键问题,吴却从未明言,显见吴亦有其考虑,他也不会真正听由国民自决,说他以此"哗众取宠"、"沽名钓誉"也不为无因。因此,吴佩孚的国民大会主张,在喧嚣一时后便归于沉寂。

自提出召开国民大会的主张未有下文后,时隔一年,吴佩孚又在"援鄂"战争胜利后,提出召开国是会议的主张。不过与一年前有别的是,前此的国民大会主张确有新意,而且出自吴佩孚的主动,并因此而争取到不少社会舆论的支持;而此时的国是会议主张,则是吴佩孚在"援鄂"战争获胜但却引起社会负面反响后的被动应对,是他争取人心的需要,可谓新瓶旧酒。1921年9月2日,吴佩孚授意其儿女亲家张绍曾发表署名通电,对南北政府各打五十大板,指称"北则曰统一必由我就,南则曰改造必遂我意,南责北以非法,北责南以捣乱";继而提出召开国是会议的主张,以"解已往之纷争,消目前之战乱,开建设之程序"。其召开国是会议主张的主要内容如下:

一、此会议定名为国是会议,下分为国民会议与国军会议;二、国民会议由各省议会及各法团联合会各推三人,蒙青藏地区各推二人组成,制订国宪,解决时局;国军会议由各省、区、军各推三人,蒙青藏地区各推二人,海军推六人,中央各师旅推六人,议决兵额、军制、裁兵、任免法规等问题;三、国军会议议决之案,须经国民会议通过,如国民会议否决,亦得声叙理由,但否决至二次,应即修正;四、由国军会议暂推一人,以军队保障两会议之尊严,而为议案发生效力,但不干涉会内一切事项;五、此会务于太平洋会议召开前组织,至迟在当年国庆前开会;六、两会议议决之案由国民会议宣布实行,但如全国各省区县议会、各法团

---

①　沈云龙:《徐世昌评传》,台北传记文学出版社,第697—698页。

有过半数不同意时,得于公布后一个月内提交复议;七、会议以各省区过半数同意即行集会,议事以到场代表过半数同意为通过;八、上述各项俟大会过半数通过后,作为法律案实行①。

张绍曾通电提出召开的国是会议,较上年的国民大会方案更具操作性,尤其是国军会议的设置,为军阀通过国是会议操控政治实开方便之门。可以探知吴佩孚的本意,除了以此争取舆论支持外,也不无以此方式使直系成为各方共主的想法,与上年召开国民大会的"激进""放炮"主张显有区别。但为争取主动,吴佩孚自己不出面,而是藏身幕后操控,通过张绍曾放出试探气球,观察各方反应。吴佩孚曾经对人表白自己提议召开国是会议的用意:"我虽然德薄能鲜,但爱国之心决不后人,这是可质天日的。偏有许多人把我简单看成是赳赳武夫,骂我做武力统一中国的梦。孙中山整天高唱北伐,难道不算想武力统一中国吗?不过人家政治上总有主张罢了。……我在政治上是有抱负的。推翻安福系之后,我就主张开国民大会来解决南北争端,统筹国是,虽然没有成功,我总认为国家大事尤其是南北争端,应由全国各实力派以及民意机关代表由政治途径和平商讨解决。尤其是我们正在对湘、川作战,更应在政治上有所主张,以免又被人误解为武力统一。能成功,固然国家之幸;不成功,也可表白我心。"②

国是会议的主张提出后,因其牵涉各方政治,北京政府在军阀首领未有明确态度前,反映比较慎重,认为"如南北各方面,果均信任此会议,则中央决不阻止。否则,政府当筹相当之解决办法"③。大总统徐世昌电告吴佩孚"慎重进行","勿为政客所操纵"④。国务总理靳云鹏曾是吴佩孚的师长,告吴"深恐南北问题未能解决,反引起种种争端,使

————————

　①　《中华民国史事纪要》中华民国十年(1921)7 至 12 月份,台北"国史馆"1980 年版,第 284—285 页。

　②　张钫:《风雨漫漫四十年》,中国文史出版社 1986 年版,第 212 页。

　③　《对庐山会议之南北态度》,《时报》,1921 年 9 月 11 日。

　④　《庐山会议与各方面》,《大公报》(天津),1921 年 9 月 9 日。

时局益见纠纷"①。各地实力派担忧国是会议凌驾于其权力之上,多持消极和反对态度。浙督卢永祥不为苏督齐燮元的游说所动,认为国是会议"言见于此,而意生于彼,恐所期之目的未达,而反攻者已乘于后";"由各派之觉醒而集议折中则可,由片面之主持而号召附和则不可"②。张作霖更以教训的口气说:"和平统一问题,曩日既经中央命令发表,今更以庐山会议解决时局,未免有重复之嫌,勿为奸人利用。"③南方"护法"阵营认此为北方军阀所操纵,纷纷表示反对。孙中山表示:"此会议由武人组织,决难得真正民意。"④云南、贵州、四川等省当权派,对国是会议"一致否认",认为"此举不过是直系军阀与研究系政客垄断政权之手段耳"⑤。旧国会议员八十四人联名通电反对,称国是会议是"依附军阀,强奸民意,妄称会议,以欺全国,实谋割据,以扩地盘"⑥。各方舆论对国是会议的反应亦不佳,多将此视为军阀和政客"包办性质"。时人曾揭露吴佩孚主张召开此会的目的是:"想把偌大的中国,归姓吴的摆布……听说陈树藩和奉系要好,他就夺了陕西。看这王占元和奉系接近,他就半迎半拒的引起援鄂战争,乘势夺了湖北。不到几个月,连得了两省地盘,巧夺了两个督军。正在计划中的陕甘新巡阅使尚未到手,却得两湖巡阅使。……不料湘鄂自治军还未平定,民意却大大的不以他为然。接着南政府讨他,北政府又疑他,川军(熊派)要打他,鄂军要叛他(为王占元不平)。他在四面楚歌中,又要拿奉军的小心。万般无奈,发起个什么'庐山会议'。……又出这个难题,给奉系去作。奉系要赞成,他的势力更大。……要反对,他便将反对民意的罪名,加在奉

---

① 《民国日报》(上海)1921 年 9 月 15 日。
② 《卢永祥揭开庐山假面目》,《民国日报》(上海),1921 年 9 月 21 日。
③ 《慎防不露面的人》,《民国日报》(上海),1921 年 9 月 7 日。
④ 《庐山会议与各方面》,《大公报》(天津),1921 年 9 月 9 日。
⑤ 《庐山会议之反响》,《大公报》(天津),1921 年 9 月 14 日。
⑥ 《旧国会议员反对庐山会议》,《民国日报》(上海),1921 年 9 月 7 日。

系头上。"①语虽不无尖酸刻薄之处,确也反映出部分的实情。由吴佩孚主张在国是会议中加入国军会议,"以军队保障两会议之尊严",亦可探知吴的真实心态,实有以军事实力而挟持会议为直系当政谋求合法性资源之意。

由于社会各界对国是会议的反应并不积极,吴佩孚一面授意张绍曾致电府院解释召开此会的用意所在,"外传另有作用,确为各方之误会。且该会成立后,由各省公民主持,绍曾等决不干预,故特再电释疑,免由误会,再生枝节"②;一面又运动各地直系军政长官"一律提倡、赞成,通电表示态度"。于是,陈光远、齐燮元、孙传芳、杜锡珪等纷纷发表通电,表示支持③。吴佩孚还致电曹锟与张作霖,请他们支持此举。曹、张实际都不以召开此会为然,但为了敷衍吴氏起见,发表通电称:"倾见树威将军张绍曾冬电,主张召开国民大会于庐山,制国宪以定国是。其所列举者,对于立法主体,固无背约法之精神。"④时值北京内阁改组之议又起,吴佩孚还曾提出以召开国是会议为新阁成立的交换条件。然以军阀纷争年代的政治实情,在直系尤其是吴佩孚尚未完全控制中央权力,不能强力主导政治的情形下,此等由各方召开政治性会议的主张无法付诸实施,也就渐渐消失于无形。

吴佩孚的政治另类主张,与其个人出身、经历与交往不无关系。吴佩孚虽然出身军伍,但他早年还中过秀才,笃信孔孟之道,又以"学贯中西"相标榜,"好谈时务,而立治之根本,不外大同思想"⑤。他还不时表现出对文化的偏好和对文人的尊重。与其他动辄以武力为恃的军阀相比,吴在这方面的表现倒也颇显另类。吴佩孚在驻节洛阳时,对政务处

---

① 《讨吴佩孚》,未见出版地与出版者。

② 《载沉载浮之庐山会议》,《大公报》(天津),1921 年 9 月 16 日。

③ 《吴佩孚力持庐山会议》,《大公报》(天津),1921 年 9 月 19 日。

④ 《曹张吴赞成庐山会议之见解》,《晨报》,1921 年 10 月 14 日。

⑤ 赵恒惕等编:《吴佩孚先生集》上册,台北文海出版社有限公司 1972 年版,第275 页。

长白坚武是"言听计从",而共产党人李大钊是白坚武在天津法政学堂的同窗,私人关系尚好,互相之间函电往还不少,也有过直接交往。白坚武在思想上多少受到一些李大钊的影响,故李大钊的想法和主张可能也或多或少通过白坚武的途径能够传到吴的耳中,加上此时报刊上传播的各种东西方思潮,介绍的苏俄革命情况,可能对吴佩孚这一时期的思想也不无影响。吴佩孚的一些言论,不仅在旧军阀眼中,即便是在不少社会人士心目中,都显得颇为"激进"。比如吴佩孚主张尊重民意,认为"有违背我中国四万万人民心力趋向的,按已经的历史看,是终久归于失败的"①。他也曾主张保护工人运动,甚而"希望大家唤起劳动界之觉悟,不可因彼等无学识、无思想而存鄙视之心,且须加以提倡、劝导,使人人皆有爱国思想,则庶几矣"②。吴佩孚的独特个性和言论,一时使他颇著声名,也正因为他的此等表现,使共产国际、苏俄和中国共产党有了一度联吴的行动。然据旁观者的观察,"直派声势似日增月盛,然满损谦益,不知诸公有无戒心也。吴号称得人望,然当此时局,不知其能不贪权势、善全令名否也"? 援鄂战争之际,吴佩孚刚刚得到湖北地盘,即"欲强银行借款,横暴情形又见。外人及新学小生不察其底里者多誉之。一得权势反便作威福,马脚已全露矣"③。因为吴佩孚终究出身军阀,又是军阀首领,他的思想基本上还是以传统文化为本,也不可能脱离现实的拘束。无论他有什么样的"激进"主张,一旦回归现实,他还是不能将其"另类"进行到底。不仅国民大会和国是会议的主张如此,其他诸如"保护劳工"等更是如此,二年后的"二七"惨案便充分说明吴佩孚的"另类"和"激进"所可能达到的限度。吴的近身谋臣白坚武有言:"时人泰欲以吴当政治之冲,冀达所谓澄清之望。实则吴固非其人,即令负其才、展其志,主帅之不能容,侪列之忌视,敢断其溃裂之

---

① 　武德报社:《吴佩孚》,第71页。

② 　《晨报》,1920年8月18日。

③ 　《卞白眉日记》第1卷,1921年8月10日、16日,第156—157页。

结局尤速也。"①以白对吴关系之密、了解之深,此诚可谓持平之论。

第二节　南方的粤桂战争与孙中山回粤

一　第一次粤桂战争与桂系退出广东

1918年5月广州军政府从大元帅制改为政务总裁制后,在七位政务总裁中,孙中山和唐绍仪居留上海,唐继尧在昆明,留在广州的四总裁,伍廷芳和林葆怿较少参与政务,所谓政务会议实际难以举行,军政府的日常事务由主席总裁岑春煊打理,桂系首领陆荣廷则处在幕后,成为军政府实际的太上皇。参加军政府的各派各有自己的利益和主张,只是因为联合应对北洋系的需要,才维持着形式的统一。

桂系以客卿身份得"护法"之便而在袁世凯败亡后占据着广东。广西贫瘠,广东富庶,桂系在广东享受了种种好处,乐不思归,且态度居高临下,不知持重,提出"以粤养桂",以征服者自居,各级官僚多用桂人,为政苛刻,滥征税收,重重盘剥,与民争利,"虽前清豁免之粮,亦勒令缴纳";骚扰地方,军纪废弛,倡赌倡烟,流毒甚烈,"鸦片烟勒种遍地,乡人求免,反遭其祸"②;从而激起广东绅商和民众的强烈不满,桂系因而与广东地方势力积累下重重矛盾,也在广东民间引发了"仇桂"心理。驱逐桂系、"粤人治粤"的呼声渐起,给其时蛰居上海的孙中山创造了重返广东另开新篇的可能。

孙中山既是革命理论家,更是革命践行者,对于被迫离开广东,而由桂系把持军政府,他自然不甘听任。在双方表面维持、相安无事之余,孙中山实际正在考虑下一步的行动方向,并决意与桂系决裂,再开

---

① 《白坚武日记》第1册,1924年10月,江苏古籍出版社1992年版,第497页。

② 李培生编:《桂系据粤之由来及其经过》,黄季陆主编:《革命文献》第51辑,中国国民党中央委员会党史史料编纂委员会1970年版,第14页。

新局。1919 年 8 月 7 日,孙中山致电护法国会,认为不法武人"借国会所授之权,以行国民所深恶之政治,移对付非法政府之力,以残虐尽力救国护法之人,毒害地方,结连叛逆,欺骗国会,蔑视人权";声明"决不忍以之共饰护法之名,同尸误国之罪。兹特辞去军政府总裁一职,以后关于军政府之行动概不负责"。虽然军政府政务会议立即致电挽留,但孙表示"文志已决,义不再留"。29 日,孙中山又致函护法国会两院议长林森和吴景濂,表示"鉴于两年来经过之事实及南中不法武人最近阴谋之真相,觉护法之希望,根本已绝,万无再与周旋之余地",希望"先将军政府取消,使不致为群盗所居奇"①。留在广州的护法国会议员多为国民党出身,他们虽然派系林立,与孙中山的关系有亲有疏,但在反对桂系控制军政府、为国民党谋取发展地盘方面则是基本一致的。在孙中山的号令下,国民党议员在护法国会提出对岑春煊的不信任案,迫其于 10 月 27 日提出辞职。此举最后虽未成事实,但国民党议员主导的护法国会实际已与军政府处在对立状态,从而动摇了军政府继续维持的基础。

继护法国会向军政府发难,桂、滇两系又因驻粤滇军统率权问题而生龃龉。驻粤滇军有二个师,其统领李根源因为与政学系的关系较为密切而亲近军政府(政学系是军政府在政治上的支持者),岂料桂系仍不放心,还想进一步掌控滇军。1920 年 2 月,广东督军莫荣新委任与唐继尧无甚关系的杨晋出任滇军师长,使唐颇为恼怒。军队本是军阀的命根子,桂系此举触动唐继尧的敏感神经,使他对桂系生发恶感,立即改令与国民党关系密切的李烈钧统领驻粤滇军,确保其控制权,并对军政府采取不合作态度,使军政府权威大受影响。国民党方面随之借机与唐继尧商议将护法国会和军政府从桂系控制的广东迁至昆明另起炉灶的可能性,桂系此举实在是表现轻率而得不偿失。

① 《致国会电》(1919 年 8 月 7 日)、《复林森吴景濂函》(1919 年 8 月 29 日),《孙中山全集》第 5 卷,中华书局 1981 年版,第 95、105 页。

1920年3月29日,军政府政务总裁兼外交、财政总长伍廷芳不辞而别,离穗去港转沪,还随身带走了数额不菲的关余款项。伍廷芳此举不仅影响到军政府的声望,更使军政府因缺钱而难以运转。4月11日,军政府政务总裁林葆怿辞职。4月25日,唐继尧、唐绍仪、伍廷芳正式宣布脱离军政府,军政府总裁去其大半,已不足决策的法定人数。与此同时,国民党组织护法国会议员离粤赴港转沪,众议院正、副议长林森和褚辅成、参议院议长吴景濂与三百多国会议员先后离去(他们之中的大半都到了上海,并在5月间决议护法国会迁往昆明),护法国会议员亦去其大半,"护法"的法理依据成了问题。伍廷芳、唐继尧、林森、吴景濂相继发表通电,以军政府政务会议不足法定人数而否认其法定效力,提出其"所有一切政治行动,当然无效"①。为了应付此等不利局势,军政府匆匆召集留粤议员集议,推举孙光廷为参院主席,陈鸿钧为众院主席,补选熊克武、温宗尧、刘显世为军政府政务总裁,以使军政府的运作在名义上具有法理有效性。但参加选举的国会议员人数本就不足法定,而被推举的熊克武、温宗尧、刘显世实际又未就职,广州军政府还是处在十分尴尬的地位。

随着形势的发展对桂系渐趋不利,居留上海的孙中山频频动作,一方面在政治上否认广东军政府的合法性;另一方面布置军事讨桂行动,企望由政治和军事两方面打击桂系,为回粤再度开府创造条件。6月2日,孙中山、唐绍仪、伍廷芳及唐继尧的代表李烈钧在沪会议。次日发表宣言,责广州"政务会议成立以来,徒因一二人所把持,论战则惟知拥兵通敌,论和则惟知攘利分肥。以秘密济其私,以专擅逞其欲,遂有所谓五条办法者。护法宗旨,久已为所牺牲,犹且假护法之名,行害民之实";宣示"自当同心戮力,扫除危难,贯彻主张";声明军政府移昆明办公,广州方面的"一切命令行动,及与北方私行接洽之事,并抵押借款,概属无效。所有西南盐余及关余各款,均应交于本军政府。在军政府

---

① 《中华民国大事记》第1册,第690页。

移设未完备以前,一切事宜,委托议和总代表分别接洽办理"①。7 月 24 日,孙、唐、伍、李在上海再次会议,并在 28 日发表宣言,表示"倘有违背护法救国主张,复假借名义,以谋个人权利者,不问南北,不问派别,当与国民共讨之"②。随后,部分到昆明的护法国会议员在 8 月 7 日集会,罢免了岑春煊的职务。护法阵营内部已然决裂,但昆明的对外交通不便,唐继尧实际上也不愿军政府和国会迁到昆明,在自己的地盘上养着太上皇,致其统治碍手碍脚③,孙中山继续革命的立足点仍然只能放在广东,而要重回广东,就要解决桂系的问题,为此,孙中山着手发动武力讨桂的行动。

孙中山作为"讨桂"主力运用的军事力量,是其时驻扎在闽南漳州、龙岩一带的粤军陈炯明部。陈部原为广东省长朱庆澜的警卫军,约有二万余人,1918 年春以援闽粤军的名义进驻闽南,其后陈驻节漳州,经过两年多的整训发展,具备了一定实力,也是当时孙中山和国民党可以依靠的惟一嫡系武装力量。为此,孙中山将邓铿、许崇智等派到这支部队任职,并多方为其筹饷筹械,力图直接掌握这支部队并寄予厚望。但因陈炯明为驻闽粤军的直接领导人,部队各级军官多为其指派,故陈炯明对部队的影响力超过孙中山,部队实权基本控制在陈炯明手中,因此,与其说驻闽粤军是国民党的部队,不如说是陈炯明的部队。对于这支部队的使用,陈炯明和孙中山的想法实际是不同的,孙中山希望陈回师广东,驱逐桂系,重新建立国民党的根据地,但陈炯明却不愿在没有把握的情况下贸然行动,以免有损自己的实力,妨碍自身今后的地位和发展。所以在直皖战前,当孙中山认为"讨桂"时机已经成熟,数次动员陈炯明率部回粤"讨桂"时,陈炯明的态度并不十分明朗,一再推脱,迟

①　《四总裁宣言书》(1920 年 6 月 3 日),《革命文献》第 51 辑,第 295—296 页。
②　《军政府公报》,1920 年 12 月 4 日。
③　因为唐继尧对护法国会迁滇不积极,护法国会一度又决定迁往重庆,但因四川内战重起,计划告吹。不久,讨桂战争胜利,护法国会遂重回广州。

迟其行。

直皖战争的爆发为陈炯明部回粤"讨桂"创造了时机。直皖战前，北方的直系和南方的桂系虽分处"正统"和"护法"的不同阵营，但出于自身利益的考量，直桂双方实际达成了默契，彼此暗中互相支持。桂系知其在粤不得人心，为维持其在粤统治，有意寻求与直系合作，共同对付国民党。桂系首领陆荣廷认为："直系如得胜利，时局庶有转机，我辈夙主联直，尤应乘时利用，援应直系，自属应有之义。"①北方的直皖战争打响后，桂系大将、粤督莫荣新随即部署在广东的桂军移师潮汕，出兵闽南，名为"讨伐"属于皖系的闽督李厚基，实则意在消灭对桂系控制广东构成威胁的陈炯明部。1920年8月，在桂系的督促下，岑春煊代表军政府下令分路攻闽，以桂军沈鸿英为总司令，靖国军方声涛为左路司令，桂军刘志陆为中路司令，浙军吕公望为右路司令，林葆怿率海军配合作战，力图一举荡平闽南。与此同时，在上海的孙中山认为机不可失，遂派朱执信、廖仲恺等到漳州，向陈炯明反复说明形势，陈明利害，并联合闽督李厚基(孙此时已有建立粤皖奉反直同盟的考虑)，由其向陈部拨发相当数量的军费和军械，促其回师广东。而陈炯明此时亦感觉其部长期驻在闽南，四面被围，发展空间有限，不易得到外援，既为李厚基所疑，亦为桂系所忌，不如回到广东，另谋发展，故同意孙中山的回师计划。他派叶举、邓铿、许崇智分任中、左、右路总指挥，自闽南发兵回师广东。8月12日，陈炯明发出粤军誓师回粤通电称："全军同仁，忍无可忍，乃不得已全体宣誓，冒死杀敌，救我粤人，粉身碎骨，实有荣光。"②

因为桂系在广东数年的统治不得人心，陈炯明部回粤得到广东各地民军的呼应和支持，且陈炯明以"粤人治粤"收揽人心，进展比较顺利。8月中旬粤军回师，18日占潮安，20日占汕头，粤军在潮汕地区立

---

① 李培生编：《桂系据粤之由来及其经过》，《革命文献》第51辑，第76页。

② 李培生编：《桂系据粤之由来及其经过》，《革命文献》第51辑，第14—15页。

下了稳定的根基。9月初，唐继尧和谭延闿分别派出滇军和湘军自西、北方向增援粤军，与东面的粤军共同构成了对广州的三面包围态势。唐继尧且致电陆荣廷，态度强硬地令其速撤驻粤桂军，"还政粤人"。

9月上旬，粤桂两军先是在河源激战，随后在惠州形成胶着。此时各路民军纷起，形势对桂系不利。9月16日，虎门要塞司令丘渭南在朱执信的策动下宣布独立①。18日，陈炯明对莫荣新发出最后通牒，令桂军在两个月内退出粤境，桂系军政官员一律免职，并限岑春煊在双十节前离开广州②。民军首领李福林与广东地方实力派首领、广东警察厅长兼江防司令魏邦平合作，在广州河南宣布独立，广州桂军已处在四面楚歌之境。在粤军的军事压力下，陆荣廷先还企图"弃惠州各县，麇集省城，稍养锐气，分守兵工厂，俟我桂军到齐肇庆，以全力分路进攻"③。但形势的发展已不容陆荣廷的拖延之策，9月28日，陆荣廷被迫致电广东方面，表示"为保全地方计，即请粤省诸公公同筹议，妥速选举贤能，继任督军，以维治安，而息纷扰。除陈炯明倡乱逞私，不能交付，此外无论何人出担粤事，桂军在粤一日，无不尽力维持。……一俟粤局底定，桂军即当全数调回，以符不争利权之初心，而顾全唇齿之本旨"④。

为了避免粤、桂两军交战殃及广州市面安定，广东地方士绅出面调停。9月29日，广东省议会议长林正煊面见莫荣新，讨论善后办法。莫虽然知晓桂系已难在广州立足，但仍反对陈炯明接任粤督。林正煊遂与李福林、魏邦平等推举海军次长、广东人汤廷光接任粤督。但莫荣新又节外生枝，索要200万元的巨额开拔费，表示非如此桂军不能撤离。10月初，广东各界维持和平会决定筹款50万元付与桂军，俾其早

---

①　21日，朱执信在调解虎门驻军与东莞民军冲突时以身殉职。

②　《陈炯明之哀的美敦书》，《晨报》，1920年9月20日。

③　李培生编：《桂系据粤之由来及其经过》，《革命文献》第51辑，第101页。

④　《陆荣廷关于粤事第二次通电》(1920年9月28日)，汤锐祥编：《护法运动史料汇编》(四)，花城出版社2003年版，第119—120页。

日撤离。此时粤桂两军在东江前线对峙,莫荣新认为战局有望维持,故又出尔反尔,不愿交权,声明"凡驻粤各军安顿结束事宜,一日未能妥洽,本督军照常维持,断不敢稍弃权责"①。又提出以沈鸿英督粤,桂军留两师长期驻粤,陈炯明部退回闽南,广东承认陆荣廷为两广巡阅使的方案。桂系此举无异于继续维持其对广东的控制,引来粤军上下的一致反对及同仇敌忾,双方战火重开,21日粤军攻占惠州,兵临广州城下,桂系方觉大势已去,不能不准备退出。24日,陆荣廷、岑春煊、林葆怿、温宗尧等以护法军政府总裁名义联名发表通电称:"即日自决辞去总裁,解除军府职务,以期回复国家原状,而减愆由于万一。自今以后,当局应从全国军民愿望,依法召集国会,遵循法轨,与民更始。西南诸省亦应顾念全局,迅速促成统一,妥筹善后,苏息民生。"②莫荣新则于26日"率同将士宣布取消自主,粤事应听中央政府主持。……一面派出代表切实磋商,一面迭电前方各军相机撤回,赶办收束。兹为保全粤民,减免战祸起见,于中央政府未任专员以前,先率将士让出广州市区,所有维持地方治安事宜,应由粤民所举之新督军负此责任"③。随后,莫荣新入广州沙面英国领事馆暂避,马济、林虎收容桂军残部撤离广东。

10月28日,粤军进驻广州,结束了桂系对广东四年多的统治,但陈炯明并不承认先前广东各界推出的汤廷光为督军,孙中山为得到陈炯明对其回粤开府的支持,于11月1日通过广州军政府驻沪办事处任命陈炯明为广东省长兼粤军总司令,主持广东军政事务,陈炯明从此成为广东的实际统治者。

_____

① 《莫荣新声明军事结束前不交卸督军职布告》(1923年10月9日),《护法运动史料汇编》(四),第142页。

② 《岑春煊等关于解除军府职务电》(1920年10月24日),中国第二历史档案馆编:《中华民国史档案资料汇编》第四辑(一),江苏古籍出版社1991年版,第9页。

③ 《莫荣新关于取消自主率将士退出广州通电》(1920年10月26日),《中华民国史档案资料汇编》第四辑(二),第657—658页。

二　孙中山回粤重建军政府

桂系失去对广东的控制后，为博取社会舆论的同情，宣布撤销护法军政府并广东取消自主，又在 11 月 4 日由桂督谭浩明宣布广西取消自主，从而在北洋系中引起了对"统一"的鼓噪。10 月 31 日，北京政府大总统徐世昌发布"和平统一"令，称"南北纠纷，累年未戢，民生久瘝，国计日殚，国人延颈跂踵，惟日盼统一之日"，令各军民长官"务期导扬文治，康济民生，以巩固我中华民国维新之运"①。国务总理靳云鹏致电孙中山，邀其北上讨论"统一"问题。11 月 7 日，徐世昌主持召开"统一善后事宜"筹备会议，决定在北京国务院设立筹办"统一善后会议"事务处，14 日由靳云鹏主持召开了"统一善后委员会"的首次正式会议。不过，北洋系的举动在南方护法各省并未引起应有的反响，显得是自说自话。10 月 31 日，孙中山、唐绍仪、伍廷芳、唐继尧联名发表通电称："最近粤军回粤，岑、莫败亡，乃相率逃窜之余，辄为取消自主之说，其情可悯，其事可笑。初不意北方竟引为口实，据闻有伪统一之宣布，似此举动，过于滑稽儿戏，直无否认之价值。惟深察北方之用意，实思以伪统一之名义，希图借取外债，以延长其非法政府之命脉。文等用不惮烦，更为正式宣告，须知岑春煊早丧失地位、资格，而军政府依然存在，初不因岑等个人反复致生问题。此次北方宣言，文等绝不承认。"②在桂系从广东败退之后，孙中山考虑的中心问题就是如何因应政治现实，延续护法"法统"，从而与北洋军阀操控下的中央"法统"相抗衡。

为了在广东恢复政权，孙中山需要得到西南地方实力派的支持，而在当时南北对立的情况下，为了联合对北，只要不实际干预地方内部事务，西南各省对恢复广东政权也乐观其成，惟有广东的实际当家人陈炯

---

①　《政府公报》，1920 年 10 月 31 日。

②　《军政府公报》，1920 年 12 月 4 日。

明并不积极,因为广东政权恢复后,具有"中央"的名分,而且又驻留广州,陈炯明实在是不愿意有这个"中央"架在他头上,对其发号施令,妨碍其独断专行,所以他迟迟没有表态,反而电劝孙中山等可以就近在上海处理有关政务。不过,当时国民党内外都有孙中山回粤开府的强烈呼声,陈炯明刚刚回粤,立足未稳,孙中山考虑到陈的情绪,又赋陈以广东省长兼粤军总司令"管理广东军务,全省所属陆海各军,均归节制调遣"的重任①。陈炯明不便即时发作,勉强同意了孙中山回粤开府的计划。

11月25日,孙中山、唐绍仪、伍廷芳在许崇智到沪敦请后乘轮离沪,28日到达广州,在当晚广东省署举行的欢迎宴会上,孙中山发表演说称:"吾国必须统一,惟以民治为统一方法,然后可期长久;武力不过辅助民治之不及,非不得已,不宜轻用";"此次归来,即本斯旨,于广东实行建设,以树全国之模范,而立和平统一之基础"②。

11月29日,孙中山在广州重建军政府,通告称"在广州重开政务会议,继续执行职务"③。孙中山、唐绍仪、伍廷芳、唐继尧联名发表军政府重建宣言,称"当以护法诸省为基础,厉行地方自治,普及平民教育,利便交通,发展实业,统筹民食,刷新吏治,整理财政,废督裁兵,进国家于富强,谋社会之康乐"④。12月7日,军政府各部组成,孙中山兼内务部长,唐绍仪兼财政部长,伍廷芳兼外交部长,唐继尧兼交通部长(未到任前由王伯群署理),陈炯明兼陆军部长,汤廷光为海军部长,李烈钧为参谋部长(暂由次长蒋尊簋代理),徐谦为司法部长,马君武为

---

① 《军政府特任陈炯明为广东省长兼粤军总司令令》(1920年11月1日),《中华民国史档案资料汇编》第四辑(一),第10页。

② 《在广东省署宴会的演说》(1920年11月28日),《孙中山全集》第5卷,第429—430页。

③ 《军政府通告重开政务会议继续执行职务电》(1920年12月1日),《中华民国史档案资料汇编》第四辑(一),第12页。

④ 《军政府公报》,1920年12月4日。

秘书长。

此次孙中山回粤重新开府，因为没有了桂系的掣肘，颇思有所作为。他自兼军政府内务总长，以其先前提出的《地方自治实行法》为蓝本，希望从地方自治入手，推行民主政治实验。孙中山提出的《地方自治实行法》的主要内容是：一、清户口。以现居地为准，一律造册列入自治团体，悉尽义务，同享权利；二、立机关。组织自治机关，使成年人都有选举、创制、复决、罢免权；三、定地价。先定地价，后从事公共经营，庶不平之土地垄断、资本专制可以免却，而社会革命、罢工风潮，悉能消弭于无形；四、修道路。凡道路所经之地，则人口为之繁盛，地价为之增加，产业为之振兴，社会为之活动，道路一通，则全境必立改旧观；五、垦荒地。凡山林、沼泽、水利、矿场，悉归公有，由公家管理开发；六、设学校。凡在自治区域之少年男女，皆有受教育之权利。学费、书籍以及学童之衣食，当由公家供给。如办有成效，当逐渐推广，及于他事。此后之要事，为地方自治团体所应办者，则农业合作、工业合作、交易合作、银行合作、保险合作等事。"如是，由一县而推之各县，以至一省一国，而民国之基于是乎立"。此次他在广州重新开府，在内政部设立了地方自治、社会事业、劳动、土地、教育、农务、矿务、工业、渔业、商务、粮食、文官考试局和行政讲习、积弊调查所，希望对内政有所革新①。但在当时的大环境下，孙中山的举措多半只能流于形式，而且在其施政过程中仍有各种各样的障碍，其中令他颇为不满的是列强对"关余"问题的处理。

所谓"关余"，是指海关收入在支付各项债务还款及必须开支之后的余额。本来，1919 年北京公使团已同意将关余总数的 13.7％拨交广州军政府使用，但 1920 年 4 月因军政府外交、财政总长伍廷芳出走，军政府总裁岑春煊以伍"擅离职守"为由免其职，并请北京政府转告公使

① 《地方自治实行法》(1920 年 3 月 1 日)、《内政方针》(1920 年 11 月下旬)，《孙中山全集》第 5 卷，第 220—223、432—435 页。

团,以后的关余交由岑主持的军政府领取。此后,原本交付广州军政府的关余被冻结。孙中山回粤重建军政府后,财政极为困难,伍廷芳向广东领事团和总税务司多次交涉,要求拨付被冻结的二百余万两关余,但北京公使团以军政府权力仅及广东、孙中山难以代表西南为借口,不同意拨付,使孙中山深受刺激。1921 年 1 月 21 日,孙中山下令强行接收粤海关管理权,要求"凡在军政府所属各省之海关,须从二月一日起,服从军政府之训令,听其管辖"①。但列强不仅不接受孙中山的通令,而且派出军舰到白鹅潭示威,使孙中山极为愤慨,也使他觉得只有建立正式政府,才能名正言顺地与列强打交道,盖因"时北方徐世昌事事以总统名义行使职权及向外借款,益使南方有成立正式政府之必要"②。

　　1921 年元旦,广州军政府举行"南京临时政府成立九周年纪念会",孙中山发表演说:"此次军府回粤,其责任固在继续护法,但余观察现在大势,护法断断不能解决根本问题。吾人从今日起,不可不拿定方针,开一新纪元,巩固中华民国基础,削平变乱。方针维何？ 即建设正式政府是也。盖护法不过矫正北政府之非法行为,即达目的,于中华民国亦无若何裨益。况护法乃国内一部分问题,对内仍承认北京政府为中央政府,对外亦不发生国际上地位之效力。……但建议设立正式政府之权,全在国会。国会在北京不能行使职权,而在广州能自由行使,是望国会诸君建议,仿南京政府办法在广东设立一正式政府,以为对内对外之总机关,中华民国前途其庶几乎！ 余认广东此时实有建立正式政府之必要。"③

　　对于孙中山的提议,云集广州的各方政治势力有不同的考量。国会议员中有主张选孙中山为总统、组织正式政府者;有主张以委员制建

---

　　①　陈锡祺主编:《孙中山年谱长编》下册,中华书局 1991 年版,第 1330 页。

　　②　《中华民国政府组织系统表附注》,《中华民国史档案资料汇编》第四辑(一),第 18 页。

　　③　《在广州军政府的演说》(1921 年 1 月 1 日),《孙中山全集》第 5 卷,第 450—451 页。

立西南联省政府者,不过主张选孙中山为总统的意见占了上风,其理由仍在于总统代表全国,可获得国际地位与承认,也符合国民心理,否则听由徐世昌"窃据"总统之位,将混淆国内外视听。不过,国会议员的意见对政治运作并不具有根本影响,而实力派的意见则更为孙中山所看重。

在军政府所辖范围内,失掉了广东的桂系仍然控制着广西,四川内部纷争不已,湖南主张"联省自治",云、贵地处偏僻且对听命于广东不以为然。因此,孙中山成立正式政府的立足点仍在广东,而掌握着广东实权的陈炯明对此不仅不热心而且反对甚力。陈炯明在两院议员招待会上公开声言反对选举总统,理由是在粤议员距开常会法定人数相距甚远,更不足选举总统的法定人数,即令选出总统,仍不得谓之合法政府。如不首先巩固广东自治,再图团结西南,恐难共同对抗直系的武力统一。故当今急务,在保境安民,与邻省联防互保,以免兵祸,不至进退失据①。其实,对陈炯明而言,"法定"与否并不重要,重要的是不能在自己头上再架上位管着自己的"总统"。陈炯明还利用自己掌握的军事实力,嗾使手下军官对选举总统表示异议,提出一旦因选举总统而使广东成为北方的进攻目标,则军事方面能否支持战争实为疑问,以此要挟孙中山让步。孙中山受制于陈,但因陈握有兵权,对他亦无可奈何。据孙中山言:"陈炯明回粤后,对国事则有馁气,对粤事则怀私心。其所主张,以为今之所务,惟在保境息民,并窥测四邻军阀意旨,联防互保,以免受兵,如此退可据粤,进可合诸利害相同之军阀,把持国事,可不烦用兵而国内自定。文再三切戒,譬之人身,未有心腹溃烂而四肢能得完好者,国既不保,吾粤一隅何能独保? ……凡此所言,陈炯明虽无以难,而终未肯信。"②实际上,陈炯明之所以不愿孙中山出任正式总统,是担心妨碍他在广东的统治,因"陈握广东最高政权,可进可退,于愿已足,匪

① 《军政府孙陈两派之暗斗》,《晨报》,1921年1月22日。
② 《致海外同志书》(1922年9月18日),《孙中山全集》第6卷,第549—550页。

特不须乎非常总统,即恢复军府,亦属多事,因军府之设,直接则损害其政权,间接则阻碍其南北之地步"①。因为陈炯明掌握着广东的实权,孙中山如果在广东建立正式政府,得到陈的支持至少是默认是必不可少的,因此,对于陈炯明的反对,孙中山不断向其说服与疏通,并得到了粤军中以许崇智为代表的部分将领的支持。由于陈炯明此时还需要利用孙中山的支持扩张自己的势力和影响,因此最终同意了孙建立正式政府的主张②。

1921年4月7日,在广州的护法国会参众两院召开联席会议,因出席人数不足法定人数,遂改开非常会议。会议通过《中华民国政府组织大纲》:一、大总统依本大纲之规定行使其职权;二、大总统由国会非常会议选举之,以得票过投票总数之半者为当选;三、大总统总揽政务,公布命令,统率陆海军;四、大总统对外代表中华民国;五、政府设置各部,掌理部务,部长由大总统任免之;六、本大纲自宣布之日实行;七、本大纲自施行之日,军政府组织大纲即废止③。当日,非常国会以218票(出席议员二百二十余人)选举孙中山为大总统(因其为非常国会所选出,故一般称其为"非常大总统")。

对于孙中山当选为大总统,北京政府及北洋系自然表示反对。4月27日,曹锟、吴佩孚、张作霖等发表通电,称孙中山"是少数私党私认之总统,非全数公民公认之总统";"彼既自绝于国人,当与国人共弃

<hr>

①　段云章、沈晓敏编著:《孙文与陈炯明史事编年》,广东人民出版社2003年版,第359页。

②　陈炯明此时倾向于"联省自治",实际即图割据广东,个人专断。他的亲信叶举、洪兆麟等以及国会中的褚辅成派均赞成"联省自治",反对孙中山的"地方自治"。孙中山为摆脱陈炯明的掣肘,将广州划为直辖市,直隶于军政府,任命孙科为市长,并在粤军中培养许崇智的力量。但实际上,因为陈炯明的力量在广东占绝对优势,孙中山上述举动收效甚微。

③　《中华民国政府组织大纲》,《革命文献》第51辑,第307页。

之"①。在南方阵营内部，陈炯明提出孙中山可暂不就职，或就职后先赴欧美考察，以避免南北矛盾的激化。湘军总司令赵恒惕在 4 月 9 日致电广州非常国会，声明不承认"非法选出"之总统，并在 10 日致电孙中山，"劝其严词拒绝，勿允轻就"。其而在表面上对孙中山当选表示支持的唐绍仪和唐继尧，也在私下里对选举持反对态度②。

因为需要疏通己方阵营内部的反对意见，孙中山当选后并未立即就职，直到当选后近一个月，孙中山才于 5 月 5 日在广州举行中华民国大总统就职典礼（孙中山、唐绍仪、伍廷芳、唐继尧、刘显世于 4 日发表通电，取消军政府，"所有军政府政务总裁职务，即应解除"）。他在就职宣言中阐述其"拨乱返治"的主张，号召"各尽所能，协力合作，共谋国家文化之进步"；主张"各省人民完成自治，自定省宪法，自选省长。中央分权于各省，各省分权于各县，庶几既分离之民国，复以自治主义相结合，以归于统一，不必穷兵黩武，徒苦人民"。至其内外政策方针为，"重要经济事业，则由中央积极担任。发展实业，保护平民"；对外"讲信修睦，维持国际平等地位，保障远东永久和平"③。7 日，孙中山任命伍廷芳为外交总长，陈炯明为内务总长兼陆军总长，唐绍仪为财政总长，汤廷光为海军总长，李烈钧为参谋总长，马君武为总统府秘书长，徐绍桢为参军长，徐谦为大理院院长，政府构架的搭建宣告完成。

出任非常大总统之后，孙中山力图在各方面有所作为，诸如刷新政治、发扬民主、厉行节约、致力建设、倡廉反腐、保护华侨等等，希望以此体现新政权的新气象。不过，虽然孙中山有了大总统和正式政府之名，

①　《曹锟等反对广州旧国会另拟政府组织大纲选举孙中山为总统通电》（1921年 4 月 27 日），《中华民国史档案资料汇编》第四辑（一），第 21—22 页。

②　《广东军阀史大事记》，广东人民出版社 1984 年版，第 146 页。4 月 14 日，唐绍仪和唐继尧在私下会见谈话中，"对这次选举持反对态度"，但因选举已是既成事实，他们均"不愿提出异议"（《孙中山与陈炯明》，《孙中山研究》第 1 辑，第 379 页）。

③　《就任大总统职宣言》（1921 年 5 月 5 日），《孙中山全集》第 5 卷，第 531—532 页。

但其政治地位实际上并没有根本的变化,政府的政令仍只能通行于广东,并由于陈炯明的牵制而难能实行。与那些显得琐碎而不易为、短时间又难收明显成效的举措相比,孙中山上任后的施政方针着重于对外,即通过征讨桂系,平定广西,向外扩张,既可扩大广州政府的基础与影响,打开局面,凝聚人心,团结各方,为实行北伐、统一全国的宏大目标奠定基础,创造条件,又可缓解广东内部的矛盾,并以此培养自己信任的军事力量和将领。在这样的思路下,解决退出广东后继续盘踞广西,但却实力下降、内部不稳的桂系军阀,就成了孙中山下一步行动的最佳目标,而桂系在退回广西后,仍然威胁着广东的安全与稳定,并有与北洋军阀联手对抗西南阵营之势,征讨桂系较易凝聚己方阵营内部的共识,得到实力派的支持,因此孙中山将讨桂作为其上任后的首要目标并非偶然。

三　第二次粤桂战争与广西平定

桂系军阀兵败退出广东回到广西后,并不甘于就此蛰伏广西,对他们而言,一个非常现实的问题是,如何供养自己属下的部队。与富庶的广东相比,广西是贫瘠之地,每年的岁入不过二百余万元,军费支出却占到收入的近半,这还不包括在广东的部队。当广东的桂军退回广西后,军费开支远远超过广西每年的岁入总额,向外扩张实为桂系军阀不得不为之举。何况当经历了广东相对富裕的生活之后,桂军上下对被迫退回广西亦多抱怨连连。所以,桂系在退回广西后无日不在谋划重回广东,并为此而力图得到北洋系的支持。

对于南方阵营内部的分化以及桂系的动向,北洋系自然是乐观其成。从大总统徐世昌到国务总理靳云鹏再到他们背后的直系首领曹锟、吴佩孚等,都对孙中山在广东重组政府与北方抗衡非常不满,力图打消,而桂系为自身利益而通款北方,当然为他们所喜,正可借此支持桂系反攻广东,推倒孙中山政府,实现南北"统一"。1920 年 10 月 30

日,北京政府致电曹锟、张作霖及各省督军,表示"西林(岑春煊)引退,军府收束,并经分电西南各省取消自主,由中央分别接管,是军府已将西南统治之权归还中央,统一时机完全成熟,亟应及时妥筹办理,以资收束"①。12月29日,北京政府任命陆荣廷为粤桂边防督办,1921年1月9日任命谭浩明为广西督军,5月任命陈炳焜为梧州护军使,摆出了支持桂系与孙中山对抗的姿态。此后,桂系与北洋系信使往还,联络密切,北洋系允诺给桂系以实际的财政和军械支持,从而也对刚刚在广东重新开府的孙中山构成了现实的威胁,促使孙中山下决心对广西采取军事行动。

　　1921年5月11日,孙中山在广州召开军事会议,决定先讨桂而后北伐,掌握对北洋系斗争的主动权。北京政府则企图利用粤桂矛盾,挑动桂系攻粤,坐收"统一"之利。桂系在败退广西后颇思回粤,又得到北京政府的支持,自然对攻粤颇为积极。6月13日,陆荣廷下达攻粤令,以林虎、沈鸿英、马济、陈炳焜为第一、第二、第三、第四路司令,由广西出动,分路进攻广东南路、北江、钦廉、肇庆,总兵力有六七万之众。面对桂系咄咄逼人的进攻态势,西南阵营各省为自身利益计,对讨桂态度趋向一致,孙中山得以大总统名义号令各军,展开讨桂战争。他以陈炯明为讨桂军总司令,率许崇智第一路、魏邦平第二路、叶举第三路会攻梧州;翁式亮第四路、黄志恒第五路、何国亮第六路出击钦廉;李烈钧率滇、赣军自湖南攻桂林,谷正伦率黔军自贵州攻柳州,形成合击桂军的态势②。与孙中山有隙的粤军总司令陈炯明对此次出师亦态度积极,发表通电称:"桂贼无状,先开兵衅","炯明将率三军,保障乡土。……歼除桂贼,以拯救粤人。"③

---

①　《国务院致曹锟等电》(1920年10月30日),《阎锡山档案要电录存》第4册,第224页。

②　《大总统下令荡平群盗》,《民国日报》(上海),1921年7月6日。

③　《广东军阀史大事记》,第149页。

6月20日,粤桂两军在桂东南的粤桂门户——梧州一线展开战斗,粤军士气高涨,连获胜利,对梧州形成包围之势,除了海军之外,粤军还出动了当时少见的空军助战。梧州防卫司令卓伟民、桂军游击司令刘震寰战前即与广东方面有所接洽,此时决定倒戈。25日,陈炳焜见事无可为,放弃梧州,次日粤军进占梧州,打开了入桂的东南大门。与此同时,李烈钧指挥滇军与赣军自湖南出兵桂北,于7月13日占领桂林,打开了入桂的东北大门。驻贺县的桂军沈鸿英亦发表通电称:"自治为近日潮流所趋,联省即将来统一之计","鸿英勉循军民之请,即于7月10日就救桂军总司令之职,脱离陆氏命令,与粤军一致行动,并从省议会诸君之后,厉行自治,而与西南各省联合一气,共奠国基。"①

桂系自广东退回广西后,陆荣廷的威望受到严重影响,首领地位已经动摇,上下失和,将相猜疑,内部矛盾渐起,影响到桂系内部的军心和团结。在这种情况下,陆荣廷不仅不能有效地整合内部关系,反而轻率决定发动对粤战争,而实际上桂军的作战意愿并不强,统兵将领为保存实力亦不愿力战,当战事初步失利后,桂军不能坚持,显出分崩离析之势,粤军则乘胜而击,扩大战果,各地民军纷起响应,使战争很快呈现出一边倒的势头。桂军先后失守梧州、桂林后,各部纷纷自谋出路,脱离桂系,粤军兵锋直指南宁。陆荣廷于无可奈何之下,7月22日与谭浩明发表通电,称"因年老病衰,久思息影,……倾接总司令沈鸿英等通电,主张自治,荣廷夙持爱民主义,乐于赞同,当即电饬该总司令等维持本省治安,勉负完全责任";自身"解除兵柄,引退林泉,一切军民各政,概不与闻"②。此后,陆荣廷、谭浩明、陈炳焜等及追随他们的桂军残部退居桂南

----

① 《顺天时报》,1921年7月22日。孙中山认为沈鸿英是势蹙归降,惟其人"反复无常","万难深信",指示李烈钧控制桂林,对沈保持压力。而沈鸿英此举确非真心投附粤方,实为在粤方大军压境时的缓兵之计,他既未与陆荣廷真正脱离关系,而且还在9月间派代表赴岳州谒见吴佩孚,表示输诚投效(《稿本吴孚威(佩孚)上将军年谱》,第258页)。

② 《陆荣廷宣言退职之通电》,《大公报》(天津),1921年7月23日。

龙州。23日,粤军不战而入南宁。9月下旬,粤军各部进逼龙州,桂军无力抵抗,30日粤军克龙州,陆荣廷、谭浩明、陈炳焜等逃往越南①。

孙中山发动的讨桂战争(第二次粤桂战争)为时三个月,虽然粤军兵力并不较桂系为优,但却进展顺利,平定了广西,实现了两广统一,扩大了广州政府的势力范围与影响力,并使孙中山得以集中力量筹划北伐统一事业,但讨桂战争也使陈炯明的实力大为增长,对孙中山的离心倾向日渐发展。8月8日,陈炯明进入南宁后,即利用他"全权办理桂省军事善后事宜"的有利地位,成立广西全省善后督办处,除了在广西的粤、滇、黔、赣诸军均归陈节制外,他还收容散落桂军,扩大自身实力,军事力量渐趋其顶峰时期。陈炯明还在南宁召集广西省议会和各县代表会议,讨论"广西和平秩序及改造方法",并在8月18日致电浙江督军卢永祥,支持他"先定省宪,以树民治之期,进制国宪,以图统一之效";"拟请各省区代表集沪开议,协立大法,付诸国民公意"的主张,请

---

①　陆荣廷虽然下野,但仍然企图卷土重来,并向直系求援,成为直系在南方的政治盟友。1922年7月,陆荣廷由越南重返广西,占据桂西龙州,9月被北京政府任为广西边防督办。吴佩孚称,陆"始终赞成统一,而对于驱孙,则尤愿尽力,虽自出督师,亦所不辞";认为"欲定粤驱孙,或防止联治,实不借助于陆之处";同意陆的要求,资助其款项10万,子弹100万粒,枪2000支,以"督促出师,当可早日助奠粤乱"。曹锟认为,陆"翊赞统一,合驱孙文,不胜欣快",同意拨付款项及枪弹(《吴佩孚致曹锟电》,1923年7月18日,《曹锟致吴佩孚电》,1923年7月22日,《中华民国史档案资料汇编》第3辑《军事》三,第634—635页)。1923年11月,陆自龙州至南宁,就任广西善后督办,1924年1月30日又被曹锟特派为暂署理广西军务善后事宜(原督办林俊廷于1923年2月19日就任,23日兼代省长,此时调任钦廉边防督办)。3月,陆荣廷与沈鸿英交战。吴佩孚闻讯颇为恼怒,认为沈"不学无术,被人播弄,致其部下有藉口防地开动回桂之事";"迭经分电两方谅解制止",以免"牵动大局"。见《吴佩孚致陆锦密电》(1924年4月16日),《中华民国史档案资料汇编》第三辑军事(三),第651页。6月,沈鸿英与陆荣廷停战,23日李宗仁通电要求陆荣廷下野。7月16日,李宗仁就任定桂军总指挥,黄绍竑就任广西讨贼军总指挥,两军组成定桂讨贼联军,与沈鸿英部合作,击溃陆荣廷部。10月9日,陆荣廷通电下野,前往上海,从此彻底退出政治舞台,广西形成李宗仁、黄绍竑与沈鸿英对峙的局面。

卢"领衔通电全国,定期在沪开会。届期当派代表出席,敬随诸公之后"①。陈炯明的如此主张与孙中山企望通过北伐实现统一全国的宏图显有距离,孙中山仍然面临着整合己方阵营内部关系的艰巨任务。

第三节　牵动南北的援鄂战争

一　"鄂人治鄂"与援鄂战争的发端

1921年下半年在湖北境内爆发的援鄂战争,是北京政府统治时期规模较大的地方战争之一。卷入战争的除了湖北地方势力及临近省份湖南和四川的武装力量之外,直系吴佩孚的介入,更使战争的范围扩大化,时间延长化,成为牵动南北各方政治力量敏感神经的重要事件之一,并影响到其后南北政治格局的发展。"从整体看,援鄂战争的政治形态表现为,以吴佩孚为代表的主张'武力统一'的北洋中央军阀为一方,以赵恒惕、刘湘为代表的主张'联省自治'的西南军阀为另一方,这两大政治力量之间的一次军事上的较量"②。

援鄂战争的发端,主因在于湖北内部外来军队与本地绅商关系的恶化与矛盾的发展。出身直系的湖北督军王占元自1915年12月上任,督鄂有年,基础雄厚,又因在直皖战争期间的"表现"而升任两湖巡阅使,成为与曹锟、张作霖鼎足而立的北洋军系"三巨头"之一。王占元在任期间,为政贪渎,重用同乡,压制党人,与商争利,搜刮谋财,敛财数千万,甚而利用兵变向商民勒索。如时人论,"综揽军民全权,苛政繁兴,秽恶山积。除吞蚀军饷,及北洋督军唯一财源之'截旷'尽入私囊不计外,如法外剥削,非法侵占,以及伪造湖北官钱局钱票数千万,皆为社

①　《中华民国史事纪要》中华民国十年(1921)7至12月份,第250页。
②　邓野:《援鄂战争之史的考察》,《近代史研究》1984年第2期。

会共见共闻之事实"①。王之所为引起湖北绅商及鄂人的强烈不满。在当时各省涌动的"地方自治"浪潮的背景下,被不少鄂人认为是"亡省",提出"鄂人治鄂"的主张。1920年8月,大总统徐世昌在直皖战争结束后下令免除安福系湖北省长何佩瑢的职务,任命王占元推荐的儿女亲家、山东人孙振家署理湖北省长。湖北绅商为抗拒此项任命,发起"拒孙"运动,"誓非请政府收回成命不可","力持鄂人治鄂主义"②。在湖北绅商的抵制和舆论的压力下,徐世昌在9月又改任湖北人夏寿康为省长,暂时缓解了矛盾③。不过,湖北绅商并未就此罢休,随着他们与王占元矛盾的发展,他们逐渐酝酿发动"驱王"运动,力图推倒王占元的统治,实行"鄂人治鄂"。1921年年中,湖北的"驱王"运动渐趋高潮。以在北京的湖北同乡会为中心,多次集会,发动请愿,要求罢免王占元的职务,查封其财产,实行"鄂人治鄂",疾呼"政府如果还不痛快答应,我湖北人死里求生,终究要想几个自治的方法,伸我民气,戮彼凶人"④。与此同时,在湖北的国民党人亦开始运动民众,组织民军,将"驱王"从舆论层面推向实际层面。

湖北"驱王"运动兴起后,虽有民间和舆论的强烈支持,但是,督军拥有武装,仅凭民意实难撼动其地位,何况撤换一省督军涉及错综复杂的军阀派系地盘之争,北京政府也不敢轻易做主。所以,尽管王占元在湖北非常不得人心,而当湖北绅商提出"驱王"的要求后,北京政府的对策只能是拖延,大总统徐世昌以"责任内阁制"为由将其推给国务总理

---

① 吴虬:《北洋派之起源及其崩溃》,《近代稗海》第268页。

② 《鄂人反对省长之激烈》,《晨报》,1920年9月2日。

③ 夏寿康接任省长,王占元起初"坚不同意,迭电请假,以事挟制"。其后又嗾使部下第一师师长孙传芳等对夏"肆行要挟,声言不准接印,速自为计,否则大兵一到,不可测也"。《湖北旅京同乡会揭发鄂督王占元指使所部孙传芳以武力阻止夏寿康接省长印电》(1920年12月7日),《中华民国史档案资料汇编》第三辑《军事》(三),第466页。夏因此在湖北不安于位,在任不过半年多,即在1921年3月让位于刘承恩。

④ 南宫后人编:《湘军援鄂战史》,民强书局1921年版,第2页。

靳云鹏,而靳云鹏则对湖北请愿代表称:"就法律论,王占元应当罢免;就事实论,尚未到罢免时机。"①从而又将此事搁置起来。"鄂人以全力逐王,而政府反以全力保王",和平请愿活动没有结果,使湖北绅商颇为失望。不过,"驱王"运动得到湖北省内社会各界普遍支持,他们在无法依靠北京政府撤换王占元,自身又无实力驱逐王占元的情况下,开始图谋借助邻省力量,实现武力"驱王"。他们首先向毗邻湖北的湖南求援,反复说明湘鄂一家,湖北为湖南之门户,湖南主张自治最力,而自治断非一省所能成功,只有联省自治,自治之基方可牢固,因而鄂人不能不求助湘人,而湘人不可不援助鄂人②。游说湘督赵恒惕,称湘军出省援鄂,急人之难,一举占领武汉,四方风起云从,联省自治可望成功;汉阳兵工厂可源源供应湘军军火,湘军两师驻防鄂南,军饷亦可由湖北供给大部,财政困难可以减轻③。当时赵恒惕正谋向外扩张,成立"联省自治"政府,以缓解省内财源枯竭、军饷无着的困窘,鄂人的请求正可给赵以对外扩张的口实,湖北的地盘对赵亦有很大的诱惑力,而且赵还可借出兵缓和省内的派系斗争(谭延闿虽下野离湘,但谭系人马仍在,对赵时有异心)。故"赵之援鄂,非为鄂也,为湘耳",并且"颇有吞并湖北之野心"④。赵恒惕本来担心吴佩孚的态度,事先曾派人赴洛阳试探,吴佩孚表示不支持王占元,对其他事项则未置可否,而赵却以为得到吴的默认,因此在1921年6月20日的军事会议上,赵恒惕决策出兵援鄂⑤。

---

① 南宫后人编:《湘军援鄂战史》,第3页。

② 《鄂各界代表施洋致湘人泣恳书》,《大公报》(长沙),1921年7月4日。

③ 彭伯勋:《湘军援鄂的前因后果》,《湖北文史资料》第6辑。

④ 《直系军人之湘军失败原因谈》,《申报》,1921年9月7日。

⑤ 据驻汉口日本总领事报告,王占元曾派鄂军参谋余范传赴湖南,"疏通一切","并携带现款十万元,子弹二十万粒,军米二千石,以王督之名义,赠与湖南赵总司令。当经赵总司令明白宣示,湘军决无出兵攻击湖北及有意侵略之举动,务将此意转达王督,万勿疑虑"。《汉口日本总领事向北京日公使报告鄂督王占元与湘总司令赵恒惕互相勾结情形电》(1921年7月7日—9日),《中华民国史档案资料汇编》第四辑《军事》三,第469—470页。

　　为了壮大己方出兵的力量和声势,赵恒惕又说动正在长沙的前川军总司令兼川督熊克武在四川运动武装出兵援鄂,并谓"川湘与鄂地域相接,援助鄂人自治,固为义不容辞。……务望同时并举,以期双面夹攻,俾联省自治早日实现"。他建议"湘川各出三师,湘以主力包武汉,川以主力出襄樊宜荆,会师武汉"。熊克武下野后奔波于西南各省,图谋另有发展,对此当即首肯。7月7日,熊密电川军第一军军长但懋辛,言称"大局将发生重大变化,吾川须从速准备,应此潮流。本军尤宜避去内争,向外发展。现鄂王为众毁所归,已呈不稳之现象,如出兵助成鄂人自治,实为不朽之伟业。昨与炎午(赵恒惕)密商,决定川湘各出五混成旅。请探察甫澄(刘湘),渠如对此意旨赞同出兵,则举办较易,倘尚迟疑,则本军单独亦须进行,武装准备停妥,克期发动,即回川与兄等共办此事。"7月中旬,熊克武回到重庆,部署川军援鄂事宜。四川实力派领袖、川军总司令刘湘考虑到直系的态度,对援鄂本有犹豫,但湖南出兵在前,川军出兵正可顺水推舟,占领鄂西宜昌、沙市地盘后可得实利,故亦"完全同意",并认为"大局如斯,更难坐视,失此不图,湘军独下武汉,吾川他日对南对北,均无发言之资格"①。所以最终也同意出兵。

　　对于湖北的"驱王"自治运动,直系大将吴佩孚一直予以密切关注,因为湖北处在辖毂南北、沟通东西的重要战略地位,又是直系已占多年之地盘,直系既不能容忍他人染指,亦不能听任其"自治",因此,当鄂人向吴佩孚请愿撤换王占元时,为吴所拒,并称:"如果各省都像你们这样,全要求自治,那还要政府干什么? 要是各省军政都归各省自己办,那么中国不成了五胡十六国了吗?"②但王占元虽同为直系大将,却对

　　①　《但懋辛致张冲、喻培棣等商议援鄂电》(1921年7月8日)、《刘湘致川军将领征询援鄂意见电》(1921年8月3日),《四川军阀史料》第3辑,四川人民出版社1985年版,第255、259页。

　　②　张方严:《1921年直军援鄂的经过》,《文史资料选辑》第41辑,第106页。

吴佩孚存有戒心,担心其取代自己的位置,有与张作霖接近的趋势,故吴亦无保王之意。

可是当湖北"驱王"运动由"文斗"发展为"武斗",且湘、川外省军队准备介入时,吴佩孚则不能不干涉,因为这不仅关系到维持直系的地盘,而且关系到吴心目中打破西南分离局面、实现由直系主导的"统一"大业。7月中旬,曹锟在保定召集直系将领军事会议,讨论湖北问题,吴佩孚认为:"这不是湖南与湖北问题,我们不能袖手旁观。否则,助长南人反对北人的气焰,非把他们赶回去不可。"①因此,此次会议决策出兵,直系由此成为援鄂战争的第三方。

湘、川、直三方在"援鄂"的名义下,各有各的考虑,各有各的利益,然而当他们摩拳擦掌准备出兵作战之际,颇有反客为主之意,而本来高唱"鄂人治鄂"的湖北各界,当战争来临时,似乎倒成了不能决定自己命运的局外人,这也是此次战争在"援鄂"名义下的吊诡之处。

湘、川方面的"援鄂"表示鼓舞了鄂人通过"驱王"而争取自治的决心。旅湘鄂人绅商首先行动起来,在长沙组织了"湖北自治政府"和"湖北自治军",推蒋作宾为临时省总监,"管理全省军民政务,统率全省军队",孔庚为政务院长,驻长沙的鄂军团长夏斗寅为前敌司令,打出了"声讨祸国殃民之王占元,以铲除自治之障碍"的旗帜。7月24日,湖北各界万余人联名发表通电,痛责王占元"盗鄂七载,痛毒四方",宣言"今以群策群力,创立湖北自治军。复以集思广益,制定湖北省自治临时约法,昭示自治之轨道。"②26日,湘军举行"援鄂自治军"誓师大会,赵恒惕发表誓词称:"我湘之于各省自治,实富有督促进行之责,义至正任至重也。"③为将要爆发的对外扩张、获取地盘的战争涂上了一抹"正

---

① 张方严:《1921年直军援鄂的经过》,《文史资料选辑》第41辑,第106页。

② 《湖北自治军将士兵民及各团体代表通电》(1921年7月24日),《中华民国史档案资料汇编》第三辑《军事》(三),第472页。

③ 《总司令援鄂之誓师辞》,《大公报》(长沙),1921年7月29日。

义"的色彩。二天后,"援鄂"战争在湖北打响了第一枪。

二　吴佩孚强势介入与援鄂战争的结局

援鄂战争的过程大体可分为三个阶段。第一阶段自战争爆发到王占元下台,主要是湘军与王军的战争。

7月26日,赵恒惕举行援鄂誓师式,誓词声称:"我湘之于各省自治,实负有督促进行之责,义至正任至重也。"①28日,赵恒惕发出总攻令,湘军正面以夏斗寅率队为前锋,由岳阳、临湘攻击蒲圻,第二师师长鲁涤平率第一、第二师随后跟进,此路为湘军主力;右路以第一混成旅旅长叶开鑫率部由平江攻击通城,左路以第八混成旅旅长唐生智率部从澧县攻击公安、松滋。第一师师长宋鹤庚统一指挥各部的行动,赵恒惕自任援鄂军总司令,坐镇长沙。对湘军的进攻,王占元亦兵分三路抵挡,其中孙传芳为前敌总司令兼中路司令,刘佐龙为左路司令,王都庆为右路司令,分别阻击湘军的进攻。同时,王占元急电北京国务院、陆军部及曹锟、吴佩孚,声称"前方紧急,亟待增援",要求曹、吴"电催各援军,迅速南下"②。但王占元又担心吴佩孚借机向湖北扩张势力,所以又要求"政府派遣援军,请从奉、豫两省指拨,不必令吴佩孚派兵赴援"③,寄希望于"诸公义重袍泽,必挽狂澜",因"此次湘军北犯,实非局部问题,而为大局安危之关键"④。王占元对吴佩孚的戒心也是吴不愿立即伸手救王的原因之一。

---

① 《总司令援鄂之誓师辞》,《大公报》,1921年7月29日。

② 《鄂督王占元报告湘军攻鄂应战情况密电》(1921年7月29日),《中华民国史档案资料汇编》第三辑《军事》(三),第477页。

③ 《湘军援鄂战史》,荣孟源、章伯锋主编:《近代稗海》第7辑,四川人民出版社1987年版,第35页。

④ 《王占元致阎锡山等电》(1921年7月24日),《阎锡山档案要电录存》第5册,第500页。

　　湘军与王军交战的主战场在中路,自7月29日至8月5日,两军在羊楼司一线交锋,作战激烈程度为北洋时期内战中所少有,双方屡屡发生肉搏战。结果湘军获胜,连克鄂南重镇,孙传芳部防线被突破。8月5日,王占元发出通电称:"前敌苦战历八昼夜,将士疲劳已极。本省军队无可抽调,萧(耀南)总司令全师来汉已逾五日,经占元渡江两次敦请,萧总司令亦慨允赴援。奈以原定行军计划,非各军到齐,不便前进。……力尽援绝,何能持久? 占元识虑弱,纵使勉强支持于一时,而外顾环境,将来必有穷于应付之势。"发了一通牢骚之后,王占元表示"现已电呈中央,坚请辞职"①。7日,湘军夏斗寅部占蒲圻,10日占咸宁汀泗桥,距武汉不过百余里,震动武汉三镇。赵恒惕遂于此时致电王占元,劝其下野,电称:"湘鄂唇齿相依,年来联防互保,赖以宁息。……近顷鄂省之议会及各界人士前后来湘历诉,其不慊于我公督鄂之苦衷,抱定自治为救省之方策。……敢请当机立断,顺应民心,敞屣高位,使邻省顺序革新,完成自治。"王占元回复赵电称:"已再电中央,力伸前请,一俟有人接替,当即释戈解甲,归老田园。"②此时王占元也顾不得此前他不愿吴佩孚出兵的表示,连电向吴佩孚求援,但吴却没有积极反应,"萧师观望不进,闻与鄂自治军暗行接洽,意在共谋逐王,窃据武汉"③。在外有湘军压境,内无救兵相援的情况下,王占元发表通电,声称"默察大势,非实行自治,无以应潮流而救危局。况军阀揽权,久已为世诟病,占元素性淡泊,更何苦以衰病乞退之身,冒拥兵自卫之名"④。8月9日,北京政府任命吴佩孚为两湖巡阅使,萧耀南为湖北督军,孙传芳为长江上游总司令,王占元在北京政府已失奥援。11日,王占元遵令解职并离开武汉,湖北的"驱王"运动得到了初步成果。

─────────────

　　①　《王占元通电》(1921年8月5日),《阎锡山档案要电录存》第5册,第504页。
　　②　南宫后人编:《湘鄂战史》,民强书局1921年版,第23页。
　　③　《温寿泉致阎锡山电》(1921年8月6日),《阎锡山档案要电录存》第5册,第505页。
　　④　《王去萧来之鄂讯》,《大公报》(长沙),1921年8月16日。

　　援鄂战争的第二阶段开始于王占元下台至直湘议和,主要是直军与湘军的战争。吴佩孚对"援鄂"早有准备,但在战争开始后,王占元迭电求援时,吴却一副事不关己之态度。其原因在于,王督鄂多年,民怨沸腾,众叛亲离,已经是扶不起的"阿斗",而且王占元因其个人利害关系而有接近奉系的动向,更不为吴佩孚所喜,故吴佩孚有意借机逼王占元下台。但吴佩孚从来也没有考虑任由鄂人"自治",他认为"鄂踞长江上游,为国家中枢,系中原屏障,一旦有失,则中原动摇,京师危险"①,因此为了在军事上占据主动地位,吴佩孚在战争爆发前即派萧耀南的第二十五师和靳云鹗的第八混成旅赴鄂,部署在武汉以北,随时可以出动应战,并令赣、豫等省援军准备出动,表面为助王,实际是等待形势变化,占据湖北地盘。8月4日,因王军不支,萧耀南令第八混成旅接防王军防线,吴却电责萧耀南,"现鄂防迭次告急,皆由王督自相惊怯,藉以催援军之急进,代彼负责效力耳";"支配布置,权衡应由我操,何得听王督随时调动,错误军机"②。其借机逼王下台之势呼之欲出。待王占元自请辞职,吴佩孚、萧耀南被任命后,有了名正言顺的地位,吴佩孚立即不避嫌疑,着手控制湖北局势,遏止湘军的攻击势头。他以实力为后盾,主张"和平解决",提出由湖北"省议会实行宪法,与西南各省为联省之自治,并以种种有利于湘军之条件,予以确切之保证"③。实际上,吴佩孚在已获得湖北地盘的情况下,是以允诺湖北"自治"的"大度"之举,谋求舆论的支持并分化湘军的反对,以争取时间,稳固直系对湖北的控制。赵恒惕对吴佩孚的"和平解决"提议本有意考虑,表示将"饬各军停止前进,静候和平解决"④。但湘军上下自认"驱王"有功,不甘心胜利果实落入吴佩孚手中,提出和平条件为,裁撤王占元所部军队,撤退部

　　①　《稿本吴孚威(佩孚)上将军年谱》,第239—240页。
　　②　《稿本吴孚威(佩孚)上将军年谱》,第243—244页。
　　③　《湘鄂战争之变幻》,《时报》,1921年8月22日。
　　④　《总司令致黎黄陂等电》,《大公报》(长沙),1921年8月19日。

分直军，保证湖北自治，偿付湘军援鄂军费等。吴佩孚已经视湖北为其地盘，当然不能同意这样的条件①。8月12日，吴佩孚以两湖巡阅使身份抵达汉口，他提出湘军应完全撤出湖北，为湘军所拒，而湘军提出的条件亦不能为吴所接受，双方和谈破裂，17日直军与湘军在前线开战。

直军与湘军的战争主要沿湘鄂边境一线展开。吴佩孚自任援鄂前敌联军总司令，由第二十四师师长张福来为前敌总指挥，指挥所部及萧耀南的第二十五师在左路攻击粤汉路汀泗桥、贺胜桥、咸宁一线的湘军，这是直军主力所在；第八师师长王汝勤指挥所部为右路，在石首、公安、监利一线取守势，监视湘军行动；吴佩孚指挥两个旅为中路，在金口、嘉鱼、罗山一线出击，居间策应左、右两路②。吴佩孚利用海军第二舰队的炮火优势为陆路作战的掩护，同时密令在金口上游掘堤引水，"南军死者数百人，辎重损失尤巨"。17日，直军占嘉鱼。19日，吴"急令直军将蒲、咸间之拦江堤挖断，溃口至四百余丈。湘军防线被水冲动，遂向后退"，沿江北岸为直军所据。此后直奉矛盾激化时，张作霖曾通电揭露吴佩孚在战争中决堤放水，淹毙湘民数十万，损失财产数千万，但吴发表通电认为是"莫须有之谈"，予以否认。而深知内情的吴氏贴身幕僚白坚武在日记中写道："吴子玉战湘军，决湘堤以灌之，淹没四县。此四县之人民何辜？非万不得已，则决不可用兹毒举。"③可见掘堤事并非子虚乌有，不过是军阀战争中为争胜而不择手段之一例而已。此后，直军与湘军在汀泗桥一线激战，湘军一度攻下汀泗桥，吴佩孚乃亲率卫队督导反攻，与湘军展开肉搏战，"肉搏甚久，湘军疲顿难支，渐形后退，直军复夺汀泗桥"④。25日，吴佩孚下总攻令，"湘军之在前敌

---

①　彭洪铸：《湘鄂川鄂战争纪略》，《近代稗海》第7辑，第59页。

②　《张国熔报告湘鄂川战争经过及赵恒惕向吴佩孚乞和等情致王怀庆呈函》（1921年9月13日），《中华民国史档案资料汇编》第三辑《军事》（三），第487页。

③　《白坚武日记》第1册，1921年8月23日，第326页。

④　彭洪铸：《湘鄂川鄂战争纪略》，《近代稗海》第7辑，第63页。

者,人数虽达四万,而枪械则甚缺乏,又以强弩之末,与生力军敌,终非易事,以故节节失利"①。28日,直军占湘鄂门户岳州,长沙震动,湖北自治政府和自治军亦无法支持,蒋作宾、孔庚等登轮赴上海。

直军攻下岳州后,湘军无力再战,在直奉军阀控制下的北京政府曾令吴佩孚继续南进,以利"统一"大业,但吴佩孚在回电中表示:"中央究竟已备若干兵费,足以进行战争,请先电示。否则兵临前敌,仍如七年佩孚在衡情状,实非能堪。赵恒惕求和是诚,苟粤不来攻,仍可乘势收拾。英美领事,先后面述速息内争。美使晤萧督,亦以息战为请。内察国情,外采舆论,暂约停战,以待和平。"②吴佩孚之所以不主张继续南进,并非其不愿"统一",而是顾忌湖南乃西南方面必争之地,湘军实力尤在,川军入鄂后与湘军形成对直军的两面夹击之势,再战并无必胜把握;直奉矛盾正在发展,奉系有与皖、粤联手对直之势,直系不能不有所防备;孙中山在粤桂战争中获胜后,有继续北伐之计划;故吴佩孚不主张将直军多数兵力牵制在南方,而主张见好就收,对湖南暂时维持现状,以待情势的发展。"盖吴氏心目中之大敌,在南为粤孙,在北即奉张,其余皆可结交联防协同动作"③。如梁启超所论:"湘一旦败归,则湘局已不在现时当局者之手,全湘必折而入粤,而赣亦随之而去,彼时北张(作霖)南孙(中山)皆吴劲敌,……若趁今日与湘提携,则长江指挥若定,南北两政府虽极不愿而不能反对,则大局瞬息而定矣。吴若必欲迫湘军出境,是不异自翦其羽翼以资敌。"④有鉴于此,9月1日吴佩孚与湘军总司令赵恒惕在岳州江面的英国军舰上举行会谈,议定休战协议,直、湘两军大体以汨罗江为界,各自撤归鄂、湘境内,不得再有作战

①　章伯锋、李宗一主编:《北洋军阀》第4卷,武汉出版社1990年版,第36页。

②　《专电》,《申报》,1921年9月7日。

③　《温寿泉致阎锡山电》(1921年9月8日),《阎锡山档案要电录存》第5册,第526页。

④　丁文江、赵丰田编:《梁启超年谱长编》,上海人民出版社1983年版,第935页。

行动①。至此，直湘两军的战争结束。

　　援鄂战争的第三阶段为直军与川军的战争。川军前此虽同意出兵援鄂，但因内部缺乏统一步调，迟迟未能出兵，直至9月1日才开始沿长江南岸进军，攻击川鄂门户——宜昌，此时直军与湘军已经停战，吴佩孚曾致电刘湘提议罢战，但川军已推刘湘为援鄂军总司令，但懋辛为副总司令兼第二路总指挥，唐式遵为第一路总指挥，大军出动，成骑虎难下之势，直川间战事仍不可免。不过，川军与湘军本来在战前约定可以由东西两方互为声援，夹击直军，结果因为出动的时间不一，最后成了各自为战，自然对吴佩孚调配兵力、各个击破是有利的。

　　直军在宜昌的守军只有两个混成旅，由第十八师师长卢金山任鄂西防务总司令，兵力数量远不及当面川军的三个师四个混成旅，故面对川军的攻击步步退却，因"彼众我寡，伤亡相继，现已陆续退却"，开战不多日，宜昌已是岌岌可危②。此时驻宜昌的英、日等国领事以保侨为名出面干涉，要求交战双方从9月5日起休战三日，协商和平解决方案，给了直军喘息之机。吴佩孚借此时机，亲率第三师一部与第二十三、第二十四、第二十五、第八师一部及第八混成旅增援宜昌，兵力总数超过了川军。9月16日吴佩孚抵宜昌，正值"川增兵数万，宜沙危急"③。川军猛攻，直军"势已不支，纷纷退下，宜城岌岌，正在垂危"④。吴佩孚亲率卫队督战，卒使直军转危为安，稳住了防线。此后直、川两军在宜昌周边展开为时十余天的激战，直军中以北方人居多，不习惯山岳作

----

　　① 《稿本吴孚威（佩孚）上将军年谱》，第256页。9月11日，湘、鄂、赣三省代表在岳州商定，长江上游总司令率本部兵力驻扎岳州，维持治安，一切行政、司法及地方团体事业毫不干预，均仍由湘省主持办理。

　　② 《鄂督萧耀南报告川鄂战争北军由败转胜情况密电》（1921年9月5日），《中华民国史档案资料汇编》第三辑《军事》（三），第484页。

　　③ 《温寿泉致阎锡山电》（1921年9月17日），《阎锡山档案要电录存》第5册，第530页。

　　④ 《稿本吴孚威（佩孚）上将军年谱》，第260页。

战，而"川军娴习山道，每遇悬崖峭壁，辄以铁钩攀而上，北军莫名其妙，皆甚骇诧，以故崇山峻岭之中，时有川军踪迹，忽隐忽现，川军之敏捷灵变，实较北军为优"。17日至18日，"两昼夜激战，统由吴子玉督率，盖士无斗志，每一临阵，即退却"①。但由于吴佩孚的战术灵活，并不与川军在正面过多纠缠，而以两翼反击为主，同时调孙传芳部及海军增援，请陕督冯玉祥派兵南下鄂西助战，而川军远道入鄂，军饷军械接济困难，加之孤军作战缺乏友军支持，势渐不支，从9月24日起开始全线退却。此后直军转守为攻，连占秭归、巴东、兴山等地。但川军于节节后退中阵形未乱，仍有与直军对峙的本钱，四川易守难攻，吴佩孚亦暂无图川之心，战事发展至于停顿。10月27日，吴佩孚发表通电，表示谋和之意："川湘鄂既曾联防，则无宿仇也；鄂未先越雷池一步，则无侵略川湘野心也；鄂省向未干涉川湘内乱，则川湘尤不应有此横逆之来也。自战端开始，以迄于今，鄂省始终谋和，非自逞武力也。"②其后吴佩孚将宜昌防务交孙传芳负责，于30日回到武汉。

直川战事停顿后，双方开始议和，但"川军条件甚苛，如湖北改总司令，荆沙宜汉允驻川军，偿我此次损失等项"，直方不能应允③。双方经过一段时间的讨价还价，直到12月22日，刘湘的代表张梓芳（另一说为宋毅夫）与吴佩孚的代表孙传芳在宜昌拟定议和协议草案，于1922年3月7日正式签字。其主要内容为：直川两军各自退回原驻地，各守边境；川盐运销楚岸，川鄂两省平均分配盐税收入④。至此，这场牵动南北多方纠结参与其中的援鄂战争最终结束。

直系及吴佩孚虽不是援鄂战争的发起者，却是这场战争的最大赢

① 《川鄂战争之激烈》，《时报》，1921年9月27日。
② 《吴佩孚指陈川湘战事责任呼吁息争电》（1921年10月27日），《四川军阀史料》第3辑，第265页。
③ 《鄂督萧耀南报告川鄂战争北军由败转胜情况密电》（1921年9月22日），《中华民国史档案资料汇编》第三辑《军事》（三），第485页。
④ 傅渊希：《川湘援鄂之战》，《四川军阀史料》第3辑，第32页。

家。所谓螳螂捕蝉，黄雀在后，吴佩孚成功地利用"鄂人自治"的呼声，假手赵恒惕，驱逐王占元，而后出兵夺得湖北，获得了胜利的果实。湖北政权依旧控制在直系手中，王占元易为萧耀南，虽然在形式上满足了"鄂人治鄂"的主张（萧耀南为湖北人），但不过一个直系督军易为另一个直系督军，还是武夫当政，所谓"鄂人治鄂"空成画饼。但是，吴佩孚也为此付出了损失声誉的代价。"吴自推倒皖系以来，其声誉为北方首屈一指之人物，而十年援鄂之役，军事虽取得胜利，名誉却大受影响。论者谓：吴不要地盘，要的是两省地盘；不做督军，做的是两省巡阅使。过去不投机不取巧，现则借湘军之力倒王，以缓兵之计败湘，而湖北地盘稳稳到手"①。吴佩孚出任两湖巡阅使，使直系在全国巡阅使中三居其二（另二位是曹锟的直鲁豫巡阅使和张作霖的东三省巡阅使），既加强了直系的政治地位和吴佩孚个人说话的分量，也在一定程度上打破了直奉间原有的脆弱平衡；直军的胜利打破了奉系向南扩张的可能，并占据了"九省通衢"武汉，控制了京汉铁路全线，向北可以呼应中原，向南可以威胁西南，获取了十分有利的战略空间。湘军死伤惨重，未获其利，战后反因直军占领岳州而面临着直系的直接威胁②。赵恒惕为了缓解湘军内部对他决策参战的批评，倡言"此次之战，虽属失败，然为自治而战，虽败犹荣"③，也不过是说些大话而已。川军退回川省后，虽然获得了川盐销楚的实际经济利益，但却因各派推卸作战不利的责任，导致军阀战争又起，刘湘、杨森等求援于吴佩孚，使直系触角得以伸入四

---

① 　陶菊隐：《吴佩孚传》，第 56 页。

② 　1922 年第一次直奉战争开始后，驻岳州直军多被调回北方。战争结束后，黎元洪复任总统，以"统一"自任，6 月 22 日下令："现在湘岳地方业已安谧，前驻岳州及在湘军队着即撤防，由警察维持秩序，毋庸再行驻兵。"而直军此时亦无意再驻岳州，遂与湖南当局商定，划岳州为中立地带，由警察维持秩序。赵恒惕为此派人赴保定，与曹锟、吴佩孚订立了撤防条约。张梓生：《黎元洪复职记》，《东方杂志》第 19 卷第 12 号，第 81 页。

③ 　《总司令部昨日茶话会纪事》，《大公报》（长沙），1921 年 9 月 7 日。

川,也对直系扩张势力范围有利。总体而言,直军的胜利为其扩张势力,排挤奉系,结束对北京政府的共治局面,从而独占中央政权创造了有利条件。吴佩孚在战争结束登轮回程途中赋诗言志:彝陵风雨洞庭秋,一叶扁舟驶上游。东北烽烟犹未熄,西南鼙鼓几时休。庐山面目真难现,巫峡波涛惯倒流。独坐梢头思逝水,江声咽尽古今愁①。如时人所论:"吴氏偏师来鄂击退湘军,遂以两湖巡阅使之名义,占有鄂省之地盘,虽王氏肆其远交政策,联奉拒吴,而其结果,吴氏势力益见扩大,奉直冲突又益接近矣。"②

第四节　中国共产党的成立

一　中共组党的酝酿及其创建

　　中国共产党的成立,其最初的影响可能并不大,但随着历史的演进,其重要性却日渐凸显,并且真正成为影响 20 世纪中国历史的大事件。

　　马克思主义的传播,为中国共产党的成立奠定了思想基础。诞生于 19 世纪中叶的马克思主义,主张在资本主义制度下被压迫的工人阶级通过阶级斗争的方式,争取自身权益,进而推翻资本主义制度,建立工人阶级领导的国家政权。马克思主义是革命的理论,不过,中国在19 世纪中叶刚刚被列强以武力打开大门,对外部世界的了解很有限,对马克思主义的介绍也很有限。目前所知,1899 年由李提摩太据英国人企德著《社会进化》编译而成的《大同学》,初浅提到了马克思及其学说,并将马克思称为"百工领袖"。因此《大同学》在《万国公报》的连载,

---

①　张方严:《一九二一年直军援鄂的经过》,《文史资料选辑》第 41 辑,第113 页。

②　梓生:《奉直战争纪事》,《东方杂志》第 19 卷第 8 号,第 61 页。

可以认为是马克思最早被介绍到中国的开端①。20世纪初，国人有感于国家危机而纷求救国之道，各种西方学说均成为国人关注介绍的对象，其中经由留日学生通过日文译本和日文著作而引介的马克思学说，成为马克思主义传入中国的重要渠道。1902年，戊戌维新失败后避难日本的梁启超发表了《进化论革命者颉德之学说》，其中称麦喀士（马克思）为社会主义之泰斗，开中国人介绍马克思之先河。后来他又发表过不止一篇文章，介绍马克思的学说，反映出他对新知的敏感。此后，马克思主义的著作及其基本观点——唯物论、辩证法、阶级斗争、共产主义等等，均陆续被介绍到国内，为国人所知。但此时中国资本主义的发展尚不发达，工人阶级仍在成长，马克思的学说被介绍到中国后，主要是作为学理探讨的对象而非斗争实践的指南。孙中山及其领导的革命派，在从事民族民主革命的过程中，曾经对马克思主义有兴趣，也介绍过马克思主义理论（如朱执信、戴季陶等），尤其是在如何改善民生方面，他们因为有欧美各国的生活经历，目睹了资本主义之弊端，因而亦较易受到马克思学说的影响。但他们了解与接受的马克思学说，与经典马克思主义有相当的距离，尤其是他们始终主张实行西式民主，反对阶级斗争，从而基本上仍可归于资产阶级民主革命派。马克思主义在中国由理论走向实践的过程，得益于五四运动前后中国工人阶级的成长。马克思主义理论的传播，俄国十月革命的成功及其影响，中国民众因巴黎和会外交失败而对西方列强的普遍失望与拒斥心理，服膺马克思主义的知识分子的宣传鼓动等等，都为马克思主义在中国的实践创造了契机。

　　五四运动之后，新文化运动得其助力仍在发展，各种宣传新文化的报刊数量增加不少，但其主导趋向却有了明显的变化，对马克思学说的介绍及马克思主义的传播蔚为潮流。除了《新青年》是传播马克思主义

---

　　①　王也扬：《马克思主义何时传入中国的一个说法之误》，《马克思主义研究》2000年第2期。

的主要阵地之外,其他一些杂志(如《每周评论》、《国民》、《建设》等)和报纸(如《晨报》副刊、《民国日报》副刊、《时事新报》副刊等)都有不少介绍马克思主义的专文以至专栏。以1920年出版《共产党宣言》中文全译本为标志,马克思主义著作纷纷被译介出版,更扩大了其影响。当然,在百家争鸣的环境下,也有不少其他各派的学说被介绍进中国,由于各派学说纷呈,其间还引发了数次激烈的论战,马克思主义学说通过这样的论战产生了更广泛的影响①。

中共成立的阶级基础被定义为工人阶级。经过民国创立的推动尤其是第一次世界大战前后的发展,中国的现代经济到20世纪20年代已经较前有了一定的进步,与此相对应的是工人阶级的成长。五四运动标志着工人阶级登上中国的政治舞台,其后各地的工人罢工运动时有发生,其中也包括一些反对帝国主义侵略和军阀干政的政治性罢工,以及一些知识分子在工人中的政治性鼓动与组织。但是,中国工人阶级的力量毕竟还比较弱小,政治诉求的表达与组织程度仍然远远不够成熟,宣传马克思主义的知识分子在工人中的影响仍然不大,作为中共的阶级基础,工人阶级此时多半还是理论上的基础而非实际中的基础。中共的建党活动主要还是由一部分知识分子经由马克思主义熏陶后,在苏俄革命影响下的组织实践。

1917年11月7日(俄历10月25日),俄国爆发革命,推翻沙皇政府,成立了由列宁为首的布尔什维克党(实即共产党)领导的苏维埃政权,马克思主义第一次在国家政权层面进入实践过程。俄国革命的消息传至中国,在部分知识分子中引起热烈反响。李大钊撰文,鼓吹“一九一七年俄罗斯的革命,不独是俄罗斯人心变动的显兆,实是二十世纪全世界人类普遍心理变动的显兆。俄国的革命,不过是使天下惊秋的一片枫叶罢了。Bolshevism这个字,虽为俄人所创造,但是他的精神,

---

① 关于“五四”之后新文化运动的发展情况及其间之论争,请参阅彭明《五四运动史》(修订本)等论著。

可是二十世纪全世界人类人人心中共同觉悟的精神。所以，Bolshevism 的胜利，就是二十世纪世界人人心中共同觉悟的新精神的胜利！"为此，李大钊充满激情地欢呼："由今以后，到处所见的，都是 Bolshevism 战胜的旗。到处所闻的，都是 Bolshevism 的凯歌的声。人道的警钟响了！自由的曙光现了！试看将来的环球，必是赤旗的世界！"①1919 年，李大钊连续在《新青年》第 6 卷第 5、第 6 号发表《我的马克思主义观》，认为"自俄国革命以来，'马克思主义'几有风靡世界的势子，……'马克思主义'既然随着这世界的大变动，惹动了世人的注意，自然也招了很多的误解"。李大钊对马克思主义的各个组成部分作了系统的阐释，并强调了阶级斗争的意义。李大钊的言论，反映了当时具有初步共产主义思想的知识分子的共同心声，也是他们在接受马克思主义历程中所走过的共同道路。新文化运动的领袖人物，也是中国早期马克思主义代表性人物陈独秀，曾经专门阐释为什么要讲社会主义？为什么能讲社会主义？应讲何种社会主义？他的回答是："在生产方面废除了资本私有和生产过剩，在分配方面废除了剩余价值，才可以救济现代经济的危机及社会不安的状况。这就是我们所以要讲社会主义之动机"；"中国不但有讲社会主义底可能，而且有急于讲社会主义底必要"；"只有俄国底共产党在名义上，在实质上，都真是马格斯主义。"他的结论是："我以为中国底改造与存在，大部分都要靠国际社会主义的运动帮忙，这是不容讳饰的了；国内的资本阶级虽尚幼稚，而外国资本主义底压迫是人人都知道的，因此阶级战争的观念是中国人应该发达的了；再睁开眼睛看看我们有产阶级的政治家政客底腐败而且无能和代议制度底信用，民主政治及议会政策在中国比在欧美更格外破产了；所以中国若是采用德国社会民主党的国家社会主义，不过多多加给腐败贪污的官僚政客以作恶的机会罢了。"②

---

① 《Bolshevism 的胜利》，《新青年》第 5 卷第 5 号。

② 《社会主义批评》，《新青年》第 9 卷第 3 号。

1919 年 7 月 25 日,苏俄政府以副外交人民委员加拉罕的名义,发表《俄罗斯苏维埃联邦社会主义共和国对中国人民和中国北方与南方政府宣言》(第一次对华宣言),宣布废除中俄间所订之一切密约与协约,放弃帝俄在华所有特权及租界、庚子赔款,将中东铁路及其附属产业无偿归还中国,并希望与中国就此进行谈判。次年 9 月 27 日,苏俄政府又由加拉罕署名发出《致北京政府外交总长函》(中译为《俄罗斯苏维埃联邦社会主义共和国政府对中国政府宣言》,即第二次对华宣言),重申上年声明的主要内容,并向中国政府提议磋商废除旧约事宜,在双方完全平等与互相尊重主权完整的基础上缔结新约,建立外交关系①。苏俄二次对华宣言,虽然实际上对旧俄在华利益(如中东路)仍有坚持,但毕竟公开表示放弃旧俄在华特权,显示出与列强在巴黎和会的对华压迫态度非常不同的姿态②,得到了当时中国社会舆论的广泛好评,为苏俄扩大在华影响添了分,也有助于马克思主义在华的传播。"十月革命一声炮响,给我们送来了马克思列宁主义",就是对十月革命、苏俄影响及中国马克思主义传播、中国共产党成立之间关系的形象表达。

中国工人阶级的成长、马克思主义理论的传播、接受马克思主义理论的知识分子的组织活动,使马克思主义在中国由理论传播进入具体

---

①　程道德编:《中华民国外交史资料选编》,北京大学出版社 1985 年版,第 165—169 页。1919 年 8 月 26 日苏俄《真理报》与《消息报》发表的第一次宣言,没有将中东路无偿归还中国的内容;但该宣言于 1920 年 3 月正式转交中国时,仍有该项内容。在第二次宣言中,苏俄政府提出了若干具体条件,如中国不应支持俄国反革命派之旧党,并不允许其在中国领土内有所动作;应将反对苏俄之军队及各团体解除武装;驱逐旧俄驻华外交人员;不得将苏俄放弃之庚子赔款付与旧俄人员。此次苏俄不仅未提放弃中东路事,而且要求两国订立苏俄需用中东铁路办法之专约。

②　1920 年 3 月,中国收回中东路区行政权;7 月停付旧俄庚子赔款;9 月停止旧俄外交人员待遇,接收天津、汉口俄租界及俄人在华特权,废除旧俄领事裁判权(张忠绂:《中华民国外交史》,正中书局 1945 年版,第 290—291、298 页)。这些收回的权益在 1924 年被中苏条约基本确认。

实践有了现实的可能性。在这种情况下,马克思主义在中国进入实践过程的发端及其组织保证——中国共产党的建立则为水到渠成之事。

在中国共产党建立之前,各地已有不少以共产党或共产主义小组名义出现的、由接受了马克思主义的先进知识分子组成的共产主义团体。在这些团体联合组建统一的中国共产党的过程中,革命成功之后正在广泛寻求盟友的苏俄给予了大力支持。1920年春,俄共(布)中央远东局外事处派维经斯基(中文名吴廷康)来华①,寻求与中国革命者建立联系,并探讨建党的可能性。维经斯基来华后,在北京和上海“同中国革命运动的所有领袖都建立了联系”,其中具有代表性的人物是陈独秀和李大钊。同年8月,俄共(布)中央西伯利亚局设立东方民族处,下属机构设置包括了中国科。1921年1月,共产国际执委会远东书记处成立,负责指导中国革命运动,并在出版与宣传方面做了许多实际工作,在中国进一步传播了马克思主义与社会主义②。1921年6月,共产国际代表马林和赤色职工国际代表尼科尔斯基受命抵达上海,帮助中共的建党工作③。马林在给共产国际执委会的报告中写道:建党“将大大有利于我们的工作。同志们那些为数不多而分散的小组将会联合起来。此后就可以开始集中统一的工作了”;“也许过上一年就能形成

---

① 维经斯基(1893—1953),曾任共产国际远东书记处负责人,共产国际执委会东方部副部长,共产国际远东局负责人。

② 根据俄方的报告,《新青年》杂志是由俄方资助出版的。《索科洛夫—斯特拉霍夫关于广州政府的报告》(1921年4月21日),《联共(布)、共产国际与中国国民革命运动(1920—1925)》,第59页。

③ 马林到上海前,荷兰当局已将此事通报给驻华使馆,并由他们通报北京政府,马林“系由莫斯科第三国际执行委员会委派前来远东进行革命煽动的,并表示希望中国政府务必不使之入境”。《荷兰驻华公使致荷兰外交大臣函》,1921年7月1日,李玉贞主编:《马林与第一次国共合作》,光明日报出版社1989年版,第12页。

一个真正组织完善的政党"①。

　　1921年7月23日,创建中国共产党的第一次全国代表大会,在上海法租界贝勒路树德里三号(现兴业路七十六号)秘密举行。出席此次大会的有各地共产党或共产主义小组的代表:上海的李达、李汉俊,北京的张国焘、刘仁静,长沙的毛泽东、何叔衡,武汉的董必武、陈潭秋,济南的王尽美、邓恩铭,广州的陈公博,日本的周佛海,陈独秀的代表包惠僧,以及马林和尼科尔斯基。陈独秀时在广东任教育委员会委员长,李大钊在北大任图书馆主任,两人均因公务繁忙无法脱身而没有出席。7月30日晚,开会地点突遭租界巡捕的搜查。31日,会议转移到距上海不远的沪杭铁路线上的江南小城——浙江嘉兴南湖的游船上进行并在此结束②。

　　中共"一大"最重要的任务,就是在组织上完成中国共产党的创立,并为新生的中共规划长远纲领和近期工作。大会听取了各地代表对组党活动情况的报告,并讨论了国内形势和中共成立后的任务及组织等问题。有代表认为,中国的无产阶级发展还不够,马克思主义理论传播范围也不广,因此,中共成立后应该着重宣传与普及马克思主义理论,再以此动员工人群众,为此,中共更适合成为公开的、合法的马克思主义研究团体。更多的代表则认为,共产党应该以实现无产阶级专政作为斗争目标,为此就要积极领导和参加工人运动,不能以合法和公开作为建党后的目标。在此讨论的基础上,有代表认为,共产党员可以参加

---

　　①　《维经斯基给某人的信》,1920年6月,《索科洛夫—斯特拉霍夫关于广州政府的报告》,1921年4月21日,中共中央党史研究室第一研究部译:《联共(布)、共产国际与中国国民革命运动(1920—1925)》,北京图书馆出版社1997年版,第28、59页;《百年潮》2001年第12期,第56、58页。

　　②　关于中国共产党的创建及"一大"的召开,已有相当多的研究,如李新、陈铁健主编:《伟大的开端》(中国社会科学出版社1983年版)等,请参阅有关论著。日本学者石川祯浩的著作《中国共产党成立史》(袁广泉译,中国社会科学出版社2006年版),对有关中共创建的史实、研究中的不同论点及相关资料有详尽之考辩,亦请参阅。

选举，当议员做官，把公开工作和秘密工作结合起来，也有代表反对这样的意见，认为是放弃革命原则，对资产阶级有幻想。与此相对应，有代表认为，无产阶级政党应该坚定立场，与其他党派斗争，南北政府皆为一丘之貉，另有代表认为，孙中山的南方政府比北京政府进步，应该支持孙中山，并在行动上与其他党派合作，以反对共同的敌人。马林在会上介绍了列宁关于在殖民地半殖民地国家无产阶级应与资产阶级民族运动相结合的理论，但并没有为多数代表所接受，"清楚地反映了当时国际共产主义运动中左倾思潮对中国的强烈影响"①。经过激烈的讨论和争论，中共"一大"通过了《中国共产党第一个纲领》，宣示中共将以无产阶级革命军队推翻资产阶级政权，建立无产阶级专政，废除私有制；《中国共产党第一个决议》提出中共当时的基本任务是，成立产业工会，灌输阶级斗争精神，不使工会成为其他党派的傀儡及执行其他的政治路线；一切宣传出版工作均应受中央的监督，不得违背党的原则、政策和决议；对现有其他政党，应采取独立的、攻击的政策，不同其他党派建立任何关系；党中央应每月向第三（共产）国际报告工作②。大会选举陈独秀、张国焘、李达为中共中央局成员，陈独秀为书记，组成中共领导机关。

中国共产党自成立之日起，就是完全新式的、以实现共产主义为目的、以马克思列宁主义为行动指南、统一的工人阶级政党。中国共产党的成立，开创了中国历史的新篇章，是马克思主义在中国由理论走向实

---

① 李玉贞主编：《马林与第一次国共合作》，第 421 页。

② 《中国共产党第一个纲领》，《中共中央文件选集》第 1 册，中共中央党校出版社 1989 年版，第 3—8 页。中共作为共产国际的支部，其成立初期，日常经费支出多依靠国际的支持，也有义务遵守国际的决议，听从国际的工作安排。中共成立的第一年，中央机关共支出 17655 元，其中自行募捐 1000 元，国际协款 16655 元。直到中共"三大"时，陈独秀仍报告说："党的经费，几乎完全是我们从共产国际得到的，党员缴纳的党费很少。"《中共中央执行委员会书记陈独秀给共产国际的报告》（1922 年 6 月 30 日）、《陈独秀在中国共产党第三次全国代表大会上的报告》，《中共中央文件选集》第 1 册，第 47、168 页。

践的发端,也是马克思主义与中国革命实践相结合的产物。中共服膺马克思主义理论,主张通过阶级斗争的方法夺取政权,建立无产阶级专政,实现共产主义,具有和当时中国其他党派所不同的阶级基础、理论指导与行动指南。中共的成立,也是学习苏俄革命经验并得到苏俄帮助指导的结果。中共既与苏俄和国际共产主义运动有密切的思想、组织联系,则中共领导的中国革命也不能不受到苏俄和国际共产主义运动的重要影响,其间既有成功的经验,亦有失败的教训,诚足为后人总结。中共成立之时,人数不多,实力弱小,在中国的政治版图中尚不引人注意,但以后的历史发展表明,中共的成立对近代中国所走的历史道路发生了关键性的影响,因此,毛泽东其后有论:"自从有了中国共产党,中国革命的面目就焕然一新了。"[①]

二 中共成立初期的革命活动

中共成立之初,就与当时国内的其他党派有了明显的区别,表现为具有坚定的革命性和工作的实干性。但是,在对中国社会基本矛盾及国内局势的认识和判断方面,中共成立之初也有脱离国情实际的方面,表现为对马克思主义的理解不深不透,忽视帝国主义侵略中国引起的民族矛盾和革命的阶段性,强调资产阶级和工人阶级的阶级矛盾,并以此为根据大力推动无产阶级革命,提出的革命纲领和革命任务都有不能切合实际之处,也不能更好地争取同盟军。作为初生的革命党,中共建党之初在理论和实际方面的幼稚不足之处是难以避免的,他们只能在今后的实践中,"研究中国的客观的实际情形","求得一最合宜的实际的解决中国问题的方案"[②]。

---

① 《全世界革命力量团结起来,反对帝国主义的侵略》(1948 年 11 月),《毛泽东选集》(合订本),第 1249 页。

② 《发刊词》,《先驱》创刊号,1922 年 1 月 15 日。

　　中共成立初期革命活动的重要方面，就是领导工人运动，争取工人利益，表现出自己是工人阶级的政治代表。中共提出，成立第一年的重要任务之一，就是"各区必须有直接管理的工会一个以上，其余的工会也须有切实的联络"；同时"以全力组织全国铁道工会"。1922年6月，中共组建中国劳动组合书记部，"作共产党合法的公开的劳动运动"①。中国劳动组合书记部总部设在上海（1922年7月，劳动组合书记部被租界工部局查封，8月迁至北京），是有严密领导的工人组织，与当时许多有名无实的工会大为不同。张特立（国焘）、邓中夏先后任主任，下设北方分部（北京），负责人罗章龙；武汉分部（汉口），负责人包惠僧；湖南分部（长沙），负责人毛泽东；广东分部（广州），负责人谭平山；山东支部（济南，后合并于北方分部），负责人王瑞俊（尽美）。总部迁北京后，另设上海分部，负责人袁大时。后来为全国铁路总工会所管辖的全国各铁路工会，亦包括在内②。在中国劳动组合书记部的领导下，一些工人较多的城市陆续成立了工会组织。除此之外，中共还领导在各地创办了许多工人学校，对工人进行教育和宣传活动③。

　　从1922年初至1923年2月"二七"大罢工被镇压，主要是在中共的领导下，中国工人运动出现了最初的高潮，其间有三十余万工人参加了一百多次罢工，主要集中在上海、武汉、广州等大都市的工厂和湖南、湖北等省的铁路和矿山。其中规模和影响较大者，如1922年1月到3月的香港海员罢工，8月北京长辛店京汉路罢工，9月湖南安源煤矿罢工，10月京奉路山海关铁工厂和唐山制造厂罢工等工人罢工斗争，要

---

①　《中国共产党中央局通告》（1921年11月）、《中共中央执行委员会书记陈独秀给共产国际的报告》（1922年6月30日），《中共中央文件选集》第1册，第26、50页。

②　罗章龙：《椿园载记》，三联书店1984年版，第101页。

③　五四运动以后，资产阶级领导的工人运动也有了发展，上海成立了中华全国工业协进会、中华劳动联合会等，但影响不如中共领导的工人运动。

求提高经济待遇并获得一定的政治待遇,均获得了不同程度的胜利①。通过组织与领导罢工,中共不仅在工人中开始建立自己的队伍与影响力,而且锻炼了从事实际斗争的能力,表现出中共的组织力、动员力、奋斗精神、勤于实干等等,也为其后中共在国共合作发起的国民革命和北伐战争中的大发展奠定了坚实的基础。

为了加强和统一对工人运动的领导,由中国劳动组合书记部发起,于1922年5月1日至6日在广州召开了第一次全国劳动大会。到会代表162人,代表十二个城市一百多个工会的二十余万会员。出席会议的代表成分非常复杂,既有共产党员和国民党员,又有其他党派及各色人等。不过,中共基本主导了此次会议,中共提出的"打倒帝国主义"、"打倒军阀"的口号和"八小时工作制"、"罢工援助案"、"工会组织原则案"等都被通过。会议通过的"在全国总工会未成立以前承认中国劳动组合书记部为全国总通讯机关案",实际为中共通过中国劳动组合书记部掌握工运领导权创造了条件。

第一次劳动大会闭幕后,中国劳动组合书记部还发起了劳动立法运动。根据劳动组合书记部自拟的《劳动法大纲》,其主要内容为:政府承认工人集会结社、同盟罢工、缔结团体契约、八小时工作制、接受教育等权利,增加工人工资,改良工人待遇等②。虽然这个《劳动法大纲》未能提上北京国会和政府的议事日程,但其公开提出和在工人中的宣传运用,成了工人据以要求保护及提高自身权益的参照与目标,为工人运动注入了新的活力。

1922年8月,劳动组合书记部迁到北京,正值吴佩孚为了凸显个人地位而高唱"保护劳工",为北方工人运动的发展提供了特殊的契机。

---

① 在当时规模和影响较大的罢工中也有基本未得胜利者,如1922年10月到11月的开滦五矿工人罢工。关于20年代中国工人运动的情况,请参阅邓中夏:《中国职工运动简史》,人民出版社1979年版。

② 《载德关于中国劳动组合书记部等要求劳动立法等情报告》(1922年9月2日),《中华民国史档案资料汇编》第三辑《民众运动》,第49页。

1922 年 6 月,吴佩孚通过其政务处长、李大钊早年的同学白坚武,约请李大钊在保定晤谈。其后吴佩孚在公开通电中提出四大主张,包括了"保护劳工"。为了控制铁路带来的经济利益,吴佩孚企图排挤一直把持铁路的旧交通系势力,而李大钊则通过白坚武,向北京政府交通总长高恩洪建议,在每条铁路设立密查员。得到同意后,李大钊推荐共产党员担任京汉、京奉、京绥、陇海、正太、津浦等主要铁路干线的密查员,在密查交通系职员劣迹的名义下,大大推动了北方地区尤其是铁路系统的工人运动①。

　　中共成立初期革命活动的又一重要方面,是寻求革命同盟军,以更好地发展壮大自身力量。而寻求同盟军,首先需要解决的是对革命性质、革命基础和革命对象等问题的认识,也就是对中国国情的认识,有如毛泽东的名言:"谁是我们的敌人？谁是我们的朋友？这个问题是革命的首要问题。"②

　　中共成立后,在革命实践中认识到中国国情与他国相比的普遍性与特殊性之所在,尤其是在对中国国情特殊性方面的认识,有了迅速的提高。1922 年 6 月,中国共产党发表《中共中央对于时局的主张》,具体分析了当时中国的政治状况,明确提出中国还没有"脱离国际帝国主义及本国军阀压迫的痛苦",中国是"半独立的封建国家"。由此出发,中国首先需要完成的是民族民主革命,而非社会主义革命;革命的现实目标是反对帝国主义侵略和封建主义压迫,而非资产阶级及其政党;一切愿意反帝反封建的阶级和阶层都是革命依靠的基础和联络的力量,统一战线的战略和策略开始提上革命的日程。"在无产阶级未能获得政权以前,依中国政治经济的现状,依历史进化的过程,无产阶级在目前最切要的工作,还应该联络民主派共同对封建式的军阀革命,以达到

---

① 　张国焘:《我的回忆》,东方出版社 1991 年版,第 262 页。
② 　《中国社会各阶级的分析》(1926 年 3 月),《毛泽东选集》(合订本),第 3 页。

军阀覆灭能够建设民主政治为止"①。

正是因为对中国国情特殊性认识的提高,中共据此开始有了革命阶段论的构想。1922 年 7 月,中共"二大"通过《关于"民主的联合战线"的议决案》,提出了中共当时应当采取的统一战线的政策和策略。决议案认为:"在中国的政治经济现状之下,在中国的无产阶级现状之下,我们认定民主的革命固然是资产阶级的利益,而于无产阶级也是有利益的。因此我们共产党应该出来联合全国革新党派,组织民主的联合战线,以扫清封建军阀推翻帝国主义的压迫,建设真正民主政治的独立国家为职志。"决议案强调:"无产阶级一方面固然应该联合民主派,援助民主派,然亦只是联合与援助,决不是投降附属与合并,因为民主派不是代表无产阶级为无产阶级利益而奋斗的政党;一方面应该集合在无产阶级的政党——共产党旗帜之下,独立做自己阶级的运动。"决议案提出了建立民主联合战线的实施计划和步骤:先邀请以孙中山为首的国民党及社会主义青年团的代表,在适当的地点开会商讨建立联合战线问题;使倾向共产主义的激进民主派组成"左派联盟";再与工、农、商、学、妇女、法律、新闻各界群众团体建立联系,组织"民主主义大同盟"②。由此可知,中共成立不过一年的时间,已经通过对中国国情特殊性认识的提高,构想了统一战线的革命战略与策略,从而为寻求革命同盟军,推动革命运动的发展奠定了初步的基础。

尽管有了对中国国情特殊性及建立革命统一战线必要性的认识,但是,如何在实践中建立统一战线,仍然是中共面临的难题。谁是我们的敌人已然基本明确,但谁是我们的朋友,却因为政治形势的复杂性和多变

---

① 《中国共产党对于时局的主张》(1922 年 6 月 15 日),《中共中央文件选集》第 1 册,第 44—45 页。

② 《关于"民主的联合战线"的议决案》,《中共中央文件选集》第 1 册,第 65—66 页。

性,远非认定敌人那般清晰。中共成立初期,在选择统战对象也就是自己的朋友方面,孙中山、吴佩孚、陈炯明都曾被考虑,而吴佩孚和陈炯明更因其所处的地位和一时的表现,曾经一度成为中共统战的重要对象。

陈炯明曾经在五四运动后自我标榜为"社会主义者",提倡新文化和新思想。在他驻留闽南期间,会见过苏俄政府的使节。共产国际代表维经斯基和马林1921年都曾在广州会见过陈炯明,并对他抱有好感。据少共国际代表达林的回忆,当时到过广州的一些苏俄人士,对孙中山反有恶感,"好感完全在陈炯明方面"①。陈炯明在广东当政后,为了扩大自己的影响和统治基础,曾经允许共产党人公开活动,从事工农运动,使得部分中共党人也对陈抱有好感。1920年12月,陈炯明以广东省长的身份邀请陈独秀到广州,担任广东省教育委员会委员长。1921年8月,他又聘共产党人彭湃为海丰县劝学所所长(后改为教育局局长),并允许他在海丰试办农会,试行减租运动。与此同时,陈炯明还资助中共党员谭平山等编辑出版广东党组织机关报《广东群报》。但是,随着中共与孙中山接触的增多,孙中山和国民党成为中共统战的主要目标,而孙中山与陈炯明的矛盾则不断发展,中共与陈炯明的关系随之转趋冷淡。1922年6月陈炯明与孙中山决裂后,中共与陈的关系也告终结。

中共与吴佩孚的关系,更多来自于苏俄和共产国际的推动。为了争取盟友、拓展外交、改变自身在远东国际关系中的孤立地位,苏俄一度颇为看好吴佩孚,认为"开展中国的民族主义运动而可以合作的人是吴佩孚,而不是孙中山","他们认为孙中山是个不切实际的梦想家。他们同意支持吴佩孚"②。维经斯基于1920年4月首次来华后,"决定联合吴佩孚,发动民主运动"③。10月间,他还专程到洛阳访问了吴佩孚

---

① 达林:《中国回忆录》,中国社会科学出版社1981年版,第83页。

② 中国社会科学院现代史研究室编:《马林在中国的有关资料》,人民出版社1980年版,第23页。

③ 《包惠僧回忆录》,人民出版社1983年版,第13页。

的亲信幕僚白坚武,讨论中国的政治形势,白认为,"俄之组织统系可为鉴也"①。维经斯基则认为,吴佩孚是中国政治的主要人物,掌握着军队和财政,"俄国在远东问题上与吴的一致性是中国和苏俄之间签订军事政治协议的出发点"②。1922年第一次直奉战争结束后,直系完全控制了北京政府,苏俄对吴佩孚更为看重,高度评价吴的作用,"多次讨论联合吴佩孚的方针"③,希望通过和吴佩孚的合作,恢复并稳定中苏关系,实现苏俄的国家利益。"最初苏俄外交是面向吴佩孚的,把他看作是最强大的和比较'进步的'军事领导人。与这个指导思想相适应,也向中共提出了同吴佩孚合作的方针。同时努力争取实现孙逸仙同吴佩孚的合作,这种合作应该导致在北京建立一个新的对苏俄友好的联合政府"④。苏俄与共产国际的联吴政策当然会影响到中共。中共"二大"宣言认为吴佩孚"是一个较进步的军阀","因为吴佩孚所主张废督裁兵如果实现的统一,是与中国资产阶级以极大的利益而易于发展,与外国资本帝国主义的侵略进行是极不利的"⑤。中共也因此一度采取联吴政策,具体表现为中共北方党组织通过与吴佩孚的合作而推动了北方的工人运动。但是,随着苏俄与吴佩孚关系的起伏,苏俄逐渐开始倾向于和孙中山而非吴佩孚合作,如越飞在1923年1月所言:"如果我们不得不在吴佩孚与孙逸仙之间作出抉择的话,那么无疑我们要选择后者。"⑥中共也随之改变了对吴佩孚的策略。1923年2月,吴佩孚以武力镇压京汉铁路工人罢工,表现出其军阀本质和倡言"保护劳工"口

①　《白坚武日记》第1册,1920年10月10日,第277页。

②　《扬松给加拉罕的电报》(1922年7月10日),《联共(布)、共产国际与中国国民革命运动(1920—1925)》,第97页。

③　李玉贞主编:《马林与第一次国共合作》,第84页。

④　《联共(布)、共产国际与中国国民革命运动(1920—1925)》,第26页。

⑤　《中国共产党第二次全国大会宣言》,《中共中央文件选集》第1册,第110页。

⑥　《越飞给俄共(布)、苏联政府和共产国际领导人的信》(1923年1月13日),《联共(布)、共产国际与中国国民革命运动(1920—1925)》,第196页。

号的虚伪,成为中共大力主张的反帝反军阀革命的对象,中共与吴佩孚的接触也由此而基本告终。

经由对陈炯明和吴佩孚统战工作的无果而终,中共寻求革命同盟军的统战对象日渐向孙中山和国民党倾斜,并最终形成为国共两党联手的革命统一战线。

第五节　华盛顿会议与中国外交的新变化

一　中国问题与华盛顿会议

因为中国在巴黎和会拒签对德和约,也因为美国国会因为种种原因而未批准和约,加以美、英、法、日之间既争夺又联合的复杂而微妙的关系,巴黎和会实际未能解决一战后远东及太平洋地区的国际关系调整问题。为此,在远东及太平洋地区有重要利益、并希望主导这一地区国际关系发展的美国,于1921年倡议召开各关系国参加的华盛顿会议,以解决有关远东及太平洋地区国际关系的各项未决问题。

第一次世界大战结束后,因为德国战败,俄国发生革命,法国在战争中大伤元气,德、俄(苏俄)、法三国对于远东事务和利益的关注度与争夺力都大为下降,其中德国和苏俄的对华外交出现了明显的变化,表现为退出列强在华利益的争夺,与中国建立基本平等的关系。1918年11月,第一次世界大战结束,德国战败,随后即主动向中国表示,"愿意放弃治外法权,在处理山东问题上也向着中国"①。虽然中国在巴黎和会上受到不公正的待遇,也没有在《凡尔赛和约》上签字,但并没有影响中德国家间关系的恢复。1920年7月,德国派出专门使节来华,于9月与中方开始两国关系正常化的谈判。双方的谈判集中在若干技术性

---

① 《颜惠庆日记》第1卷,1918年12月21日,上海市档案馆译,中国档案出版社1996年版,第798页。

问题的讨论，最终达成双方都能接受的协议。1921 年 5 月 20 日，德国政府照会中国外交总长颜惠庆，表示愿意恢复中德友谊及通商关系，声明放弃德国在山东的一切权利，取消领事裁判权。同日，《中德协约》在北京签字，双方决定以德国声明文件为根据，订立协约，恢复友好及商务关系，尊重彼此之领土主权，实行平等相互之原则，取消德国的领事裁判权及协定关税权。此外，德国声明以现款 400 万元及津浦、湖广铁路债券交与中国政府，作为战事赔偿之一部分，放弃庚子赔款，中国同意解禁被查封的德国财产。1921 年 7 月 1 日，中德双方交换批准书，《中德协约》生效，中德恢复正常关系①。《中德协约》在平等基础上界定了中德关系，取消了德国在中国享有的各种特权，是近代以来中国与西方大国签订的首个平等条约，也是中国作为第一次世界大战战胜国之一应享的成果，在近代中外关系发展史上具有重要意义（苏俄对华关系的变化详见下节），同时也是民国时期的职业外交家群体审时度势，冷静观察内外环境，抓住时机，妥为因应而得之积极成果。时人论为：“根据于此一纸新约，举凡凡尔赛和约中所规定之一切权利，吾国已安然获得之，且根据新约，吾国得收回其丧失已久之关税自主权及治外法权，使吾国国际地位顿形增高，数十年来吾国外交之足以扬眉吐气者，惟此一事而已。”②

　　一战结束后远东及太平洋地区的主要利益竞争者是美、英、日三国，尤其是美、日两国，远东国际关系态势较战前发生了重大变化。美、日都可谓一战的“红利”获得者，基本未受到战争的影响，还通过战争扩大了自身的实力，但日美在远东及太平洋地区，却是互为竞争对手的矛盾关系。美国视“远东市场为日美英的未来的希望”，因其超强的经济实力，一向主张实行自由竞争的“门户开放”政策，以此实现其国家利益

---

　　①　《中德协约》(1921 年 5 月 20 日)，《中华民国史档案资料汇编》第 3 辑《外交》，第 954—958 页。

　　②　罗罗：《中德关系之未来》，《东方杂志》第 18 卷第 10 号，第 5—6 页。

的最大化,但这与日本追求独占性、垄断性、排他性的大陆政策发生了尖锐的矛盾和冲突①。日本对远东及太平洋地区的扩张行动,不仅不符合美国希望主导建立的远东及太平洋地区的国际新秩序,而且已经在相当程度上影响到美国的国家利益。美国发起召开讨论远东及太平洋地区的国际会议,主要目的就是遏制日本的扩张势头,确保美国利益的不受影响。而为了达成此目的,美国需要拉拢英国,拆散1902年订立的英日同盟②,以共同应付日本在远东及太平洋地区对美英利益的挑战。英国在一战中虽然也颇受牵连,但毕竟非主战场,而且瘦死的骆驼比马大,其在远东及太平洋地区仍有广泛的利益需要维护,与美国又有特殊的关系,也不愿见到出现日本独大的局面,因此也有意结束英日同盟,对日本的扩张势头予以一定的限制。这样,就出现了远东及太平洋地区国际关系的调整趋向以及美英联手遏制日本的可能性,而这对中国在客观上是有利的。同时,《凡尔赛和约》将德国在山东掠夺的权益转交给日本,激起中国人民的愤怒,爆发了大规模的五四运动,迫使北京政府拒绝在和约上签字,山东问题悬而未决③。这样,不仅中日关系处于紧张之中,而且各国也存在因为这一问题发生冲突的可能性。

---

①　F. M. Simonds:《巴黎和会与华盛顿会议》,《东方杂志》第18卷第23号,第17—25页。

②　英日同盟原为对付俄德的扩张而订,规定如缔约国与第三国发生战争,双方应互为支援,故就理论的可能性而言,如美日间发生战争,英国将支持日本,这使美国极为不快,故力图拆散。英日同盟于1921年期满,日本希望续约,但未如愿。

③　1920年1月10日凡尔赛和约生效,但因中国未签字,故山东问题在法律上仍未解决,正因为如此,日本在1月、5月、6月三次向中国提出直接交涉的要求,并以归还胶州湾、撤退胶济路沿线军队为诱饵,以换取中国承认日本在山东的特权,但遭到中国社会各界的强烈反对,北京政府因此不敢直接与日本交涉,回文予以拒绝(张一志:《山东问题汇刊》下册,第195—198、208—209、241—245页,引自吴沧海:《山东悬案解决之研究》,台湾政治大学外交研究所研究生论文,1972年,第41—43页)。而在此前后,皖、直两系关系紧张,北京政局动荡,亦使政府无从考虑交涉事。7月直皖战争爆发,皖系败北,直系掌握北京政权,与皖系的日本背景有异,更使直接交涉难以进行。

如何处理各国在华权益,包括山东问题,以平衡和维持列强在东方的既得利益,是列强所共同关心的问题。因此,当 1921 年 7 月 8 日,美国向英、法、意、日等国提议在华盛顿召开有关远东及太平洋问题的国际会议时,各国均表同意,惟有日本担心"造成美国对华发展之基础,而将日本之对华进展,给以强制之清算",希望会议避免讨论"既成事实"(即山东问题),而只讨论与军备有关的问题①。实际上是不希望会议干涉日本在华的既得利益。但日本此时的实力还不足与英美公开抗衡,其后几经折冲,日本终在 7 月 27 日同意参加会议,但仍表示"凡问题之关于任何特殊国家者,或已成为既定事实者,当审慎免除其加入"。由于日本的坚持,美国在会前即与日本达成妥协,会议将不提出违背参加国利益及非关国际问题之议题,山东等问题先由日本与关系国商议后再行解决。随后,荷兰、比利时、葡萄牙亦被邀参加。中国问题是华盛顿会议将要讨论的中心议题之一,中国自然也在被邀之列。由此最后形成了讨论远东及太平洋问题的九国会议②。

1921 年 7 月 12 日,美国驻华临时代办芮德克致函外交总长颜惠庆,询问中国愿否参加华盛顿会议。7 月 18 日,颜惠庆会见芮德克,表示"此次会议无论研究限制军备或决定太平洋问题,或系一会抑或二会,本国皆乐愿参与"。8 月 13 日,芮德克将美国总统哈定的正式邀请转致中国政府。16 日,北京政府复文接受邀请并表示愿与各国平等与会③。接着,中国外交部设立以外交总长颜惠庆为首的"太平洋会议筹备处",筹备赴会事宜。北京政府派驻美公使施肇基、驻英公使顾维钧、大理院院长王宠惠为参加会议的全权代表,施肇基为首席代表,前外交

---

① 李祥麟:《门户开放与中国》,商务印书馆 1937 年版,第 204—205 页;吴沧海:《山东悬案解决之研究》,第 86—89 页。

② 盖平、周守一:《华盛顿会议小史》,中华书局 1923 年版,第 8 页;黄惟志:《华盛顿会议提倡之经过》,《东方杂志》第 18 卷第 18—19 号合刊,纪事栏。

③ 《中国被邀参加华盛顿会议有关文件》(1921 年 7 月—9 月),《中华民国史档案资料汇编》第 3 辑《外交》,第 452—454 页。

总长梁如浩和前财政总长周自齐为高等顾问，驻古巴公使刁作谦为秘书长，代表团全部成员包括代表、顾问、咨议、委员、秘书、随员、译员、书记等共143人，规模相当庞大，也可知北京政府对此之重视①。南方以孙中山为大总统的广州军政府声明不承认北京政府派遣代表的资格。孙中山公开声明北京政府"以道德言，以法律言，均无发言之余地，更无派遣代表之资格"。因此，"将来华盛顿会议，苟非本政府所派之代表列席与会，则关于中国之议决案，概不承认，亦不发生效力"②。同时，孙中山还派广州政府驻美代表马素向美国国务院递交公文，转达此意③。为了对外表示团结一致，北京政府又加派广州政府外交次长伍朝枢为全权代表，但被其拒绝④。

　　华盛顿会议召开及中国将参会的消息传出后，中国社会各界产生了新的希冀。乐观者认为，既然美国对凡尔赛和约也不满意，此次会议又由美国发起，"会议性质又含有限制日本对华侵略之意，则于会议场中，美人必能赞助我国伸其历年之积愤，不特失之于巴黎和会者可收之

----

　　① 时人对中国代表团的评论是："全权代表全向驻外公使里头选择，多半不十分了解本国实际的情形和对外关系的全体。小代表则一味瞻徇情面，帝制派也要，亲日派也要，军阀派也要，官僚派也要。""中国代表里边，不但熟习美英日各国情形的太少，即真知本国一切实际状况的人也不多。这固是国家人才上一个大问题，然而当局不知延揽人才也是一种毛病。因此临时急抱佛脚，各事都无条理，外面一有风波，更是天旋地转不知何去何从了！"周守一：《华盛顿会议小史》，第324—325页。

　　② 《就出席华盛顿太平洋会议代表资格的宣言》(1921年9月5日)，《孙中山全集》第5卷，第595—596页。

　　③ 《新政府否认北庭代表》，《民国日报》，1921年9月8日。

　　④ 12月7日，广州政府向美国国务院递交了解决中国问题计划书，要求列强撤回对北京政府的承认，不干涉中国内政，实行公开外交，保持中国领土、经济与行政的完整，解决山东、满蒙和西藏问题，取消一切租界、租借地和势力范围，撤走一切驻华军队，修改不平等条约，废除领事裁判权，取消赔款，取消在华邮局、电台等。除了撤销对北京政府的承认之外，上述要求与北京政府向华盛顿会议提出的要求基本上大同小异。王立新：《美国对华政策与中国民族主义运动(1904—1928)》，中国社会科学出版社2000年版，第225页。

于华盛顿会议；举凡有损我国独立主权，如治外法权、领事裁判权、关税行政、列国在华驻兵及设租界等事皆可由是而取消，并继之以退还庚子赔款焉"。悲观者则以巴黎和会为例，认为此次大会"实权则握于英美日三强之手，虽法意两强尚不能为有力之主张，更遑论积弱之我国。故吾惟拱手以待三强之宰割，或列国共同管理之实现而已"①。刚刚成立不久的中国共产党领袖的陈独秀，鉴于上次巴黎和会给国人的教训，明确提出华盛顿会议"乃是讨论列强间尤其是美日间如何均分及防护在远东的利益，免得列强间因利害冲突而决裂"；"并不是列强间都忽然发生慈悲心，愿意抛弃帝国主义经济的及政治的侵略，来讨论怎样解放、帮助远东诸弱小民族"；因此，中国"若不急谋剧烈的反抗，迟早不免要受列强分管或共管的命运"②。但无论是乐观、期望，还是疑虑、忧心，各方人士对华盛顿会议的关注，还是反映出中国人对国家命运的关切，各界人士组织的"后援会"、"同志会"、"研究社"、"讨论会"、"外交协会"等等一时蜂起，以至"各界团体之专为研究太平洋会议问题而设者，殆更仆难数"③。国人要求的基本目标是一致的，大体为废除一切不平等条约，归还青岛等中国领土，取消领事裁判权，归还在华租界，"主张公理，希望世界同胞，尊重中国主权和民意"④。其中又以北京各团体国民外交联合会于 11 月 7 日通过的《对于华盛顿会议中国提案之意见》表述得最为明确而具体：一、废除 1915 年 5 月 25 日之中日条约及换文；二、日本在胶澳及山东省内占据之土地、铁路、矿山及一切财产应无条件交还中国；三、各国声明废除在中国势力范围之协定，所有特殊权

①　曾琦：《第三国际党之华盛顿会议观》，《东方杂志》第 19 卷第 2 号，第 111 页。

②　陈独秀：《太平洋会议与太平洋弱小民族》，《新青年》第 9 卷第 5 号。

③　黄惟志：《华盛顿会议提倡之经过》，《东方杂志》第 18 卷第 18—19 号合刊，纪事栏。

④　《外交大会今日代表会》、《各界联合会致大会电》、《工界无不疾首北政府》，《民国日报》，1921 年 11 月 19 日、12 月 3 日，1922 年 1 月 8 日。

利、让与权、优先权概撤销之；四、各国未经中国同意不得关于中国有所协定，凡类似此项性质之协定，中国概不承认；五、收回各国在中国境内单独经管之铁路（如南满铁路等）；六、恢复关税自由。他们同时还提出了"希望要件"：一、提前退还租界地；二、限期废除领事裁判权；三、撤退外国在华驻屯之军警①。出于对会议讨论事项的关切和对北京政府的不信任，全国商会联合会、教育联合会还在1921年10月12日于上海召开全国十七省区代表会议，推举余日章、蒋梦麟为民众代表赴美，宣传中国对会议的要求和民众的意愿。如顾维钧所言："举国上下，忧国忧民者莫不翘首以待，盼望华盛顿会议能解救中国时局，带来和平，使国家能以得到发展。总而言之，这次会议实为各方所重视，中国尤其对会议结果寄予极大希望。"②美国驻华公使舒尔曼亦表示，他感到"一种强大的民族意识，一种有进取精神的爱国主义正在激动着中国的领袖人物和年青一代"③。

二　华盛顿会议的中国问题讨论

1921年11月12日，解决远东及太平洋地区问题的九国会议在美国首都华盛顿开幕。会议下设二个委员会，美、英、法、意、日五国委员会，讨论限制海军军备问题；九国委员会，讨论远东及太平洋问题，但实际上为美、英、日三国所主导。

1922年2月6日，五国委员会讨论通过《关于限制海军军备条约》，规定美、英、日、法、意的海军军舰数量之比为5：5：3：1.75：1.75，美国取得了与英国并列的海上强国地位，日本的海上扩张受到限

---

①　《国民外交联合会对于华盛顿会议中国提案之意见》，中国社会科学院近代史研究所藏油印件，特件外312号。

②　《顾维钧回忆录》第1分册，第220页。

③　《远东周论》第18卷第1期第3页，引自蒋相泽：《中国与华盛顿会议》，《北京师院学报》1983年第3期。

制,但毕竟被公认为第三海军大国,故对此结果也可以接受。美、英、法、日还经过秘密交涉,于1921年12月13日签订《四国条约》,规定互相尊重在太平洋岛屿属地、领地的权益,维持了四国在太平洋地区的既存利益,英日同盟亦告废止。

华盛顿会议在讨论远东问题时,中心议题是中国问题。根据美国方面的提议,会议将讨论的中国问题包括:应适用之各原则与适用项目,如领土、行政之完整、商业及实业机会均等、门户开放、经济上之优先特权、铁路发展,现有成约之法律地位等①。在会议召开前,中方事先对应向会议提出的问题有所讨论。顾维钧认为,"发起太平洋会议一举,虽有英日续盟问题为其导线,惟主要目的在远东问题,而尤以我国为远东问题之中心点,是此项会议与我国前途关系较之巴黎和会尤属重要"。中国应在会上提出的原则为:各国尊重中国主权及领土完全,废弃条约上各种不公平之束缚限制,赞成各国在华工商业均等主义,宣告中国建设计划大纲。应提出的具体问题为:尊重中国主权的办法;解决山东及"二十一条"问题;重提前在巴黎和会提出之希望条件七项,其中废除势力范围、裁撤外国在华邮电机关、关税自由、撤除外国驻华军警可相机坚持;收回领事裁判权与修改条约问题,因情形复杂,至多只可要求各国赞同收回原则,再从长商议;收回租借地问题,恐遂难达到目的,或可商设委员会与我共同讨论;要求退还赔款专办教育,不妨酌量提出。"此外,如种族平等、亚波海线、修理无线电台、整理我国外债及我对四国银团政策等,恐均为他国将提之案,我国亦宜预先研究,决定方针"②。

根据中国代表团事先讨论的结果,1921年10月31日,北京政府发出致中国代表训令,提出中国应在会上提出的主要提案为:一、英日

①　《中国被邀参加华盛顿会议有关文件》(1921年7月—9月),《中华民国史档案资料汇编》第三辑《外交》,第452—454页。

②　《驻英顾公使电》,1921年7月16日,《秘笈录存》,第333—334页。

续盟,应设法他国提出;二、取消势力范围,否认特殊利益;三、取消蓝辛—石井宣言及其他类似之条约、协定;四、与会国共订公断条约;五、关税自主;六、定期召集会议,讨论远东国际重要问题。次要提案为:一、胶澳善后;二、"二十一条";三、修正不平等条约;四、成约地位;五、外侨纳税;六、裁厘加税;其中最注意者为:一、取消英日续盟;二、取消特殊地位;三、订立公断条约;四、关税自主。与此相对应,日本政府给代表的训令,虽然原则上赞成美国的"门户开放"政策,但在具体问题的讨论上,却极力要求"既定条约、协约仍须承认","既得权必须尊重",各项问题的提出与解决以维持日本的"特殊权利"、"特殊地位"为原则①。这也表明中国向华盛顿会议提出的议案不会轻易实现,中国代表在会上仍面临着艰巨的任务。

11月16日,九国委员会开始讨论中国问题,中国首席代表施肇基在发言中首先表示:中国将向大会提出解决中国问题的原则,"其意旨系专在得有规条,俾远东及太平洋方面现存及将来所有之政治经济各问题,可按照该规条有至公平之解决,并一面专在尊重与太平洋及远东有关系各国之权利与正当利益。如此,庶使中国之特别利益与各国之一般利益可得调和矣"。同时特别声明:"照目下情形,中国尤应脱离各国制夺中国自主之行政行为及遏制中国不能得充分国课之一切限制也。"他向大会提出解决中国问题的原则是:

第一条,(甲)各国约定尊重并信守中华民国领土完全及政治上、行政上之独立;(乙)中国自愿声明,不以本国领土或沿海之任何部分割让或租借他国;

第二条,中国因完全赞同所称开放门户主义,即与有约各国一律享有工商业机会均等之故,故自愿承认该项主义,实施于中华民国各地方,无有例外;

第三条,为增进相互间之信赖并维持太平洋及远东和平起见,各国

---

① 《外交部致代表团电》(1921年10月31日),《秘笈录存》第388页。

允许除先期通知中国,俾有机会参预外,彼此间不缔结直接关系中国或太平洋及远东和平之条约或协定;

第四条,无论何国在中国或对于中国要求之各种特别权利、特别利益、豁免权及一切成约,不论其性质若何或契约上之根据若何,均当公布。凡此等要求或将来之要求未经宣布者,均视为无效。其现已知悉及将来宣布之权利或特别利益或豁免权及成约当加以审查,以便确定其范围与效力。其经审定有效者,当使与本会议宣布原则相合;

第五条,所有中国政治上、司法上、行政上之行动自由之各种限制,应即时取消,或于情形所许时从速废止之;

第六条,中国现时之成约,其无限期者,概须附以相当明确期限;

第七条,凡解释让与特别权利或特别利益之条文时,应依照通行之解释原则,所谓绝对照让与国利益解释之方法处理之;

第八条,将来如有战争发生,中国倘不加入,则中国处于中立国地位之一切利权,应完全尊重;

第九条,应订立和平解决条文,以便解决沿太平洋及远东地方之国际间争议问题;

第十条,关于太平洋及远东国际间诸问题,应预定将来会议时期之条,以便按期讨论,而为各签约国取决共同政策之基础①。

中国提出的上述原则,几乎囊括了中国希望解决的所有问题,虽然没有明确提出废除不平等条约体系,但其实质仍在维护中国领土和主权的完整,限制以至最终废除不平等条约体系对中国的压迫和束缚。原则中强调承认"门户开放、机会均等"的原则,显然迎合了美国的要求,而不符合日本的意愿。为了有利于解决问题,中国代表团在内部讨论中还拟订了各项问题应行讨论的先后次序,即关税、领事裁判权、势

---

①　各论著对各项原则文句之征引互有出入,此处据《外交公报》1921年第6期"条约"第34—37页、谭天凯《山东问题始末》(商务印书馆1935年版)、《秘笈录存》第398—400页的文字互相参照而录引。

力范围、租借地、外国驻兵、邮局、电话及无线电问题,而将中日"二十一条"和山东问题置于最后。他们认为,华盛顿会议的主旨是调整远东国际关系,山东问题是影响此一关系的重要因素,故美英等国可能向日本施压解决此事,而关税等问题更有关于中国的整体国家主权,但因其牵涉到列强的共同利益,解决将更费周折。他们并不认为此次能解决所有这些问题,但将其重点提出,有利于中国今后继续要求解决这些问题,而且还可以对山东问题的解决形成一定的道义压力。应该说,中国代表团的交涉战略战术大体是得当的。

"门户开放,机会均等"的原则是美国在19世纪末首先提出的,意在挟其经济实力占领中国市场,进而实现对华扩张的目的。提出这样的原则当然非为对中国的"善意",而是出于美国国家利益的需要,如时人所论:"'门户开放''机会均等'八个大字,纯粹是美国为抵制在中国有租借地和势力范围的国家弄出的,他所要求的只是'有饭大家吃',并不一定和租借地或势力范围冲突。如今租借地和势力范围都未废除,我们主张门户开放只不过便宜美国罢了,于日本是毫无所损。"①但是,客观而论,这一原则确实不利于日本对华独占性、垄断性、排他性的扩张政策,从而在客观上对弱势中国抵挡强势日本的扩张又有一定的助力。因此,中国代表在会上提出这样的原则,固有其不得已而为之被动性,但又表现出争取主动的进取性,即以此争取美英等国的支持,力求以迂回方式抑制日本独占中国的扩张企图。对此,美国自然支持,英法等国也没有反对。对于中国提出的原则,英国认为,"其中有不甚妥当者,然大体尚属可行";法国认为,"可为讨论远东问题之根据,惟颇嫌空泛,宜更提出具体办法"。日本代表认为,此案"不发自美国,而出自中国代表,颇为惊异。惟云该案概括一切,有日本所甚赞成者"。此时日本独占中国的欲望虽强,但尚无独霸的实力,在英日同盟已被打破、日美矛盾又不断上升的情况下,日本不能或不便公开反对此项原则,故其

---

① 《华盛顿会议小史》,第145页。

在会上一方面表示，"无条件或无保留遵守在华开放门户及机会均等之原则"，"并不要求特别权利或优越权利"，另一方面对此显有保留，提出对一些问题"须从长计议"，并反对"因小事之逐节审查而致讨议无谓之延长"①。同时还大谈"中国为一极富广之国家，……但天然之富源如窖而不发，置而不用，其价值荡然无存"②。但无论如何，"门户开放，机会均等"成为华盛顿会议解决中国问题的总原则。

1921 年 11 月 21 日，美国代表在会上提出关于中国问题的决议草案：一、尊重中国的主权与独立及领土与行政完整；二、给予中国完全无碍之机会，以维持和巩固一个强有力的政府；三、保护各国在中国全境商务实业机会均等之原则；四、不得因中国现在状况乘机营谋特别权利或优先权利，而减少友邦人民的权利。这个草案的前二条只是敷衍中国的表面文章，而后二条才是美国的利益所在。当日本代表就其中某些词句进行质询时，美方表示，任何人不得破坏他人已得权利，也不影响各国合法的特别利益。日本对此解释表示满意。决议草案经讨论而获得通过（中国代表因其与中国提出的原则不完全吻合而未投票）。1922 年 1 月中旬，会议主席、美国国务卿休斯又二次提出《在华门户开放案》，要求缔约国不谋求本国人民在中国获取商务或经济之优先权利以及有碍他国人民在中国从事商务实业之权利。这是美国的一贯主张，得到了各国的赞同。1 月 21 日，会议通过提案，表示各国不赞成在中国设立势力范围。但这个口惠而实不至的提案，对各国在华既存的势力范围毫无影响，实际上，"在华盛顿与会的美国人、英国人和日本人所关心的既不是中国的发展，也不是对中国的保护，而是主要关心如何在这个国家进行稳定的竞争"③。

---

①　《美京曹参事电》(1921 年 11 月 17 日)，《美京施顾王代表电》(1921 年 11 月 21 日)，《秘笈录存》，第 402、406 页。

②　《华盛顿会议小史》，第 160—161 页。

③　《外交文牍—华盛顿会议案》，第 64、142 页；〔美〕孔华润：《美国对中国的反应——中美关系的历史剖析》，张静尔译，复旦大学出版社 1997 年版，第 91 页。

　　1922 年 2 月 6 日,参加华盛顿会议的各国签订了《关于中国事件应适用各原则及政策之条约》,即《九国公约》,公约全文共九条,包括了前述关于中国的四项原则,以及缔约各国不得订立条约侵犯此四项原则;中国实行门户开放,各国在中国机会均等;各国不谋求在中国的势力范围;中国铁路对各国平等开放;尊重中国战时中立;各国不得订立有损本条约各项原则之条约,未与会各国亦可参加本条约。

　　在华盛顿会议关于中国问题的具体讨论中,中国代表根据事先拟订的方案,陆续向大会提出希望解决的各项问题,其讨论结果为:

　　一、关于废除"民四条约"问题。中国代表向大会提交说帖,提出废止该约,认为此约"侵略中国主权、妨碍各国机会均等之处,世界莫不周知","实为东方骚乱的种子",提出"请大会公决"①。美国为了迫使日本接受限制其海军数量的方案,曾授意中国代表将此问题提交九国委员会,作为向日本施加压力的砝码,但日本代表认为这是中日之间的问题,反对由大会讨论②。而在日本接受了美英提出的海军数量方案之后,美国对此亦不再热心。1922 年 1 月,在九国委员会讨论该问题时,日方称此约有"合法效力",废约"必影响亚洲、欧洲及其他各国际关系之安定",同时为避免与美英的矛盾,承诺将其中的南满东蒙铁路借款权等转移至新的国际银行团,也不再坚持在南满聘用日本顾问的优先权。中方则认为,"民四条约"为全体中国人民所反对,中国人民对该条约始终视为事实上之压迫,不承认其有法律效力,而且侵犯

---

　　① 《外交部关于废除二十一条问题说帖稿》,《中华民国史档案资料汇编》第 3 辑外交,第 612 页。该书注明,此说帖原件无时间,根据有关文件对证为 1923 年 3 月之件,但根据此帖内容判断,应为成于华盛顿会议时。

　　② 《华盛顿会议小史》,第 198—199 页。

中国与他国签订条约及华会通过的各项原则,必须废止全约①。日本代表的发言被美国代表称许为:"您采取这样的态度,美国方面我可以负责,这个问题不会再提出来而成为喧嚣一时的问题了。"而中国代表的发言刚刚结束,主持会议的美国主席却宣布:"好了,进行下个议题。"②结果,最后只将中日两国代表的发言载入会议记录了事。

二、废除领事裁判权问题。中国代表指出领事裁判权对中国主权的严重危害,并以中国司法制度已有实质性进步为撤废领事裁判权的重要理由。但各国仍以中国法律制度"不完善"为由表示反对,认为不经详细调查,无法"取消现有之条约权"。1921 年 12 月 10 日,大会通过《关于在中国领事裁判权议决案》,表示"各该国允助中国政府,以便实行其所表示改良司法制度期等于泰西各国之志愿,并宣言一俟中国法律地位及施行该项法律之办法并他项事宜皆能满意时,即预备放弃其领事裁判权";同时决定组织委员会,"考察在中国领事裁判权之现在办法,以及中国法律、司法制度暨司法行政手续",建议以"适当之方法可以改良中国施行法律之现在情形,及辅助并促进中国政府力行编订法律及改良司法,足使各国逐渐或用他种方法放弃各该国之领事裁判

①　《华盛顿会议小史》,第 201—209 页;《中华民国外交史资料选编》,第 114—116 页。1922 年 11 月和 1923 年 1 月,北京国会众、参两院先后议决"民四条约"无效。3 月 10 日,中国外交部向日本声明:"所有民国四年五月二十五日缔结之中日条约及换文,除已经解决及已经贵国政府声明放弃并撤回所保留各项外,应即全部废除,并希指定日期,以便商酌旅大接收办法,及关于民国四年中日条约及换文作废后之各项问题"。3 月 14 日,日本复照声称,中国"违背"国际信义,擅自废除"成约",日本决不承认。见《外交部为废除二十一条不平等条约致日本公使芳泽谦吉照会》(1923 年 3 月 10 日),《中华民国史档案资料汇编》第三辑《外交》,第 613—614 页;吴东之主编:《中国外交史(1911—1949)》,河南人民出版社 1990 年版,第 85 页。

②　币原喜重郎:《外交五十年》,引自中国社会科学院近代史研究所:《日本侵华七十年史》,中国社会科学出版社 1992 年版,第 207—208 页。

权"，但各国"可自由取舍该委员会曾建议之全部或任何一部"①。中方表示"愿助该委员会予以一切便利，俾得完成其职务"。但此项所谓"考察"迟迟未能进行，而且既然各国"可自由取舍"考察建议，关于此项问题的解决实际仍然遥遥无期。

　　三、关税自主问题。关税不能自主为妨碍中国独立主权与经济发展的关键问题之一，如中国代表顾维钧 11 月 23 日在会议发言中所言："世界各国均有自定关税之权，中国现行关税制度实侵犯中国之主权，兹以中国代表团之名义，应请恢复中国关税自主权。"②中方在会上提出，应将现有关税税率立即提高至 12.5％，同时为了缓和列强的反对，主动提出实现关税完全自主的年限可以讨论（北京政府提出三年实现关税自主，代表团认为有困难，提议为十年），此前实行的最高税率可由各国商定，现行海关制度暂不变动，中国不干涉作为外债担保的关税收入等。但就是这个非常温和的提案，列强也不同意，他们只同意修正税则与调整税率，但税率调整"应尽力避免扰乱现在之经济情形"及"商业习惯"，"应先确实评定"后再予调整；增加的税金应首先偿还外债或用于建设事业等。日本的反对尤烈，连中国税率增加至实收 5％也不能同意。经过激烈争辩，1922 年 2 月 6 日签订了《九国间关于中国关税税则之条约》，决定中国从速切实实行 5％的关税税率（后自当年 12 月 1 日起实行）；从速筹备废除厘金，在厘金废除前，可另征 2.5％的附加税（奢侈品附加税为 5％）；新税则四年后进行修改，此后每七年修改一次；税则修改依照平等待遇和机会均等原则。与会各国同意另行召开

_____

　　① 《华盛顿会议小史》，第 232 页；《华盛顿会议关于远东问题之条约及议决案》（1922 年 2 月 6 日），《中华民国史档案资料汇编》第三辑《外交》，第 460—474 页。

　　② 《外交文牍——华盛顿会议案》，第 72—73 页。

关税特别会议,讨论裁厘加税问题①。

四、撤退外国在华军警问题。外国驻华军警严重影响中国主权,其中有些有所谓条约依据,而有些则并无条约依据,中国提出外国应撤走没有条约依据的驻华军警,是非常温和而合理的要求②。但是,列强以所谓中国治安状况不好为由而不予同意。日本代表居然说:"日本派驻军队于中国,从未怀有侵略之目的,或任何非法的侵犯中国主权之意思","日本警察对于中国警察不能保护之社会且时加保护焉"。美国代表休斯也质问中国代表说:"吾人所欲知者,乃实际上中国能否保护外人生命财产是也。"1922年2月1日,大会通过《关于在中国之外国军队议决案》,授权各国驻华代表,会同中国政府代表,"共同秉公详细调查"有关情况,惟各国"可自由取舍报告书中所载调查结果所有之事实及意见之全部或任何一部"③。这样,中国的要求实际被否定了。

此外,中国代表团还提出了取消各国之间或中国与他国之间一切秘密条约、撤销外国在华邮局电台、收回外国租借地等问题。会议议决,所有与中国签订或有关中国的条约、换文、契约等,一律送大会秘书厅存案,并转送与会各国;外国邮局除设在租界者外,在中国继续保持现行邮务行政及外国邮务总办的条件下可以取消;外国电台除有条约依据并得到中国政府同意者外,其他可由中国出价赎回。租借地问题,

---

① 《外交文牍——华盛顿会议案》,第72—73页;《华盛顿会议关于远东问题之条约及议决案》(1922年2月6日),《中华民国史档案资料汇编》第三辑《外交》,第460—474页。

② 1921年12月25日,吴佩孚曾致电北京政府外交部称:"华会提出撤退驻华外兵案,乃千载一时之机会。现据驻防各军电称,对于外人生命财产担负完全保护责任,敢请贵部转电华会代表,务期达到取消,设立委员会议案,实行撤兵为要。"《稿本吴孚威(佩孚)上将军年谱》,第270—271页。

③ 《华盛顿会议小史》,第260、263、265页;《华盛顿会议关于远东问题之议决案》(1922年2月6日),《中华民国史档案资料汇编》第三辑《外交》,第460—474页。

日本不同意交还旅顺和大连,英国同意交还威海卫①,不同意交还九龙,法国同意交还广州湾,但实际上采取了拖延策略②。

三 华盛顿会议的山东问题交涉

除上述讨论的各项问题之外,华盛顿会议讨论的中国问题中还有不能回避的关键环节——山东问题。巴黎和会结束后,日本虽然以凡尔赛和约为依据,接收了德国在山东的一切权益,但中国却并不承认,故其仍然是一桩悬案,而且不仅关系到中日两国,还牵涉到美英等国的利益。1921 年 1 月、5 月、9 月、10 月,日本政府先后四次提出与中国直接谈判,解决山东问题,表示愿意按照过去的多次宣言,将青岛胶州湾租借地交还中国,由中国自行开放为商埠,同时日本撤退驻胶济铁路沿线的日军,但却要保留继承德国在山东掠取的一切经济权利,尤其是对胶济铁路及沿线矿山要求中日合办③。日本之所以再三表示愿与中国

---

① 威海卫租期至 1923 年期满,而且军事价值有限,英国再予保留意义不大。因此,英国在 1921 年 12 月向中国表示,可以在适当条件下交还威海卫租借地。但在交还前须解决若干问题,如准许英国兵船于夏季不加限制使用威海卫港,存储军需物品,进行海军训练,外侨参与市政,并希望中国政府允准建筑铁路之便利。英国建议设立中英委员会,解决上述问题。《英国代表白尔福关于英国拟将威海卫交还中国事致中国驻英代表施肇基函》(1922 年 2 月 3 日),《中华民国史档案资料汇编》第三辑《外交》,第 913 页。1922 年 9 月,中国派梁如浩等代表中方,英国派翟尔士等代表英方,成立中英委员会,商议交还威海卫事宜。因为双方意见不一,迟迟未能定议。威海卫直到 1930 年才最终交还。

② 会后,法国外交部照会中国驻法使馆称:"华盛顿会议时法国代表之倡议,原冀各国一致进行,今日本对于旅顺、英国对于九龙均无交还之意,法国对于本国舆论及在政治与实际上之利益,势须兼顾,容由主管各部详细讨论后,再将交还广州湾条件通知贵使"。《驻法使馆关于法国交还广州湾案致外交部咨》(1922 年 3 月 18 日),《中华民国史档案资料汇编》第三辑《外交》,第 477 页。广州湾直到 1945 年抗战胜利后才最终交还。

③ 《驻日本胡公使电》(1921 年 9 月 16 日),《秘笈录存》,第 345—346 页。

直接交涉,用意即在于以此诱使中国间接承认《凡尔赛和约》为有效,并避免美英等国插手,使日本"合法"攫取山东权益。日本外相内田康哉在致日本驻北京代理公使吉田伊三郎的电中称:"山东问题,在理论上中国当局者应谅解我国之提案决非无理之要求,始可达双方妥协之希望。然执迷不悟之中国民,专受某国之煽惑,以毫无知识之理由,罗列种种,力迫当局者强行解决,是以反恐惹起意外之问题。"[①]显见日本的意图以及对中国的胁迫心理。

　　与日本的主张截然相反,中国要求的是无条件收回德国在山东的一切权益,日本倘不同意,则将山东问题提交国际公断。因此,中国政府、民众与舆论均反对与日本进行直接交涉。1921 年 11 月 3 日,中国政府在致日方的复文中说:"山东问题,关系中国利害至巨。中国政府急图解决之诚心,实较日本为尤切,徒以日本政府之所依据,与我人民及政府所期望相距过远,故不得不静待时机,徐冀日本之转圜。"复文就日本的无理要求驳称:胶州湾之租借权,日本认为因和约而转移,中国认为由中国宣战而消灭;中国既未签凡尔赛和约,则该约关于山东问题发生之效果,当然不能强中国承认。关于山东铁路路权问题,胶济铁路建筑在中国领土之内,中国参战后,则在中国领土内之铁路,理应由中国自行处分。为了缓和日本的反对,北京政府还提议,胶济路资产日本可得一半,由中国备款赎回[②]。

　　华盛顿会议召开前,日本认为中国势将提出山东问题,乃由驻英、美、法等国公使设法活动疏通,并在会内外多方施加影响,反对将山东问题列入大会议程,而应由中日直接交涉。由于日本的多方活动,美、英当局也都在会外劝说中国,不要"遽行拒绝直接交涉",否则"将使中

----

　　① 《京畿卫戍总司令部抄存日本驻华公使馆与日外务省互通关于山东问题谈判情况电译件》(1921 年 8 月—10 月),《中华民国史档案资料汇编》第三辑《外交》,第 166 页。

　　② 《外交部致施公使朱代办电》(1921 年 11 月 3 日),《秘笈录存》,第 383—385 页。

国在世界各国心目中染有不光明之色彩"，而且"以后若日本更变其态度，则日人手中之权利更难收回"①。这不仅是日本"疏通"的结果，也是美英都不愿意因为山东问题而妨碍与日本在远东及太平洋国际关系方面达成更大的妥协②。1921年11月23日，中国代表在会上提出山东问题，美英代表均反对将此列入讨论议程，提出山东问题由中日在会外另行会谈的建议。美国首席代表、国务卿休斯警告说："山东问题如提出大会，恐发生不良结果"；"不特使大会不能解决此案，并将妨害友好解决此案之一切希望"。表示美国与英国将居间调停③。中国代表又要求先在形式上将山东问题提出大会，然后再行中日直接会谈，后又询问如直接会谈没有结果，可否仍提出大会，但英美代表均不赞成④。为此，中国代表向北京政府建议，美英既如此态度，将山东问题提出大会也不会有什么结果，不如接受美英意见，于解决问题有利。11月28日，北京政府外交部电施肇基，提出"问题解决后，应提交大会备案，亦极重要，因中国观察鲁案乃国际问题，应得关心本问题各友邦之赞同"⑤。30日，北京政府外交总长颜惠庆会见英国驻华大使，表示英美"既有此等劝告，而英美两国又为华会最重要分子，自当领解其意"⑥。基于美英的态度，中方最后接受了这种可称为"边缘"的交涉方式。

不过，中国民间舆论及社会团体仍然强烈反对这样的交涉方式，认为这仍是变相的直接交涉，于日本有利。11月30日，在美华人团体代表当面质问施肇基，为何接受这样的交涉方式，施肇基回以因有英美代表参加见证，故"此项交涉并不是直接交涉的性质"。在中日交涉开始

---

① 《驻美施公使电》(1921年9月18日)，《秘笈录存》，第351—352页。

② 美国曾表示，中日可在会前谈判解决此问题，不必列入华盛顿会议的议题。《驻日本胡公使电》(1921年7月22日)，《秘笈录存》，第322—323页。

③ 《美京施代表电》(1921年11月25日)，《秘笈录存》，第409—410页。

④ 太平洋会议档4732、4725、4994号，引自《山东悬案解决之研究》，第108页。

⑤ 《外交部致施公使电》(1921年11月28日)，《秘笈录存》，第411页。

⑥ 太平洋会议档岁字第198号，引自《山东悬案解决之研究》，第109页。

的当天下午(12月1日),中国留美学生代表又到中国代表团住处,反对与日本交涉,而中国代表施肇基、顾维钧、王宠惠坚持赴会,王宠惠对学生说:"不承认英美之斡旋,必失英美两国之感情,强国尚怕孤立,何况柔弱之中国。"[①]国内一些城市也有集会游行,表示对此种交涉"誓不承认"。在华盛顿的中国谈判代表感受到相当的压力,一度请求辞职,颜惠庆亦表示:"此次太议开会,英美善意调停,情无可却,势成骑虎。……一俟鲁案结束,太议开会,当即引避贤路。"[②]为了平息反对声浪,12月11日,北京政府外交部公布中日代表在华盛顿交涉的情况,强调无论结果如何,均须交大会公认,并非即承认日本继承德国权利。实际上,中日双方都从原先的立场有所后退,最后的结果既非中国要求的由大会讨论,也非日本要求的直接交涉,而是在美英居间调停下,由中日双方举行会外非正式交涉。

12月1日,中日关于山东问题的会外谈判开始举行。日方代表为外相加藤友三郎、驻美大使币原喜重郎等,中方代表为施肇基、顾维钧、王宠惠,英方观察员为前驻华公使朱尔典(John Jordan)及驻华一等参赞蓝普森(Miles Lampsen),美方观察员为国务院远东事务局局长马慕瑞(J. V. A. MacMurray)与前驻日公使贝尔(Edward Bell)。会议形式为非正式的,无主席,亦无特定议程,而采取自由讨论的方式。根据北京政府外交部拟订的鲁案交涉方针,中国的要求是:胶州湾租借地完全交还中国,由中国自行开作商埠;胶济铁路管理权完全归诸中国,资产由中、日折半均分,日本所占份额由中国定期分年赎回;德国在山东所有条约及合同权利,日本均不为要求;租借地德国官产交还中国;山东境内日军克日撤退[③]。双方在交还租借地及其官产、撤退日军等问题

---

① 何思源:《华盛顿会议中山东问题之经过》,《东方杂志》第19卷第2号,第61—63页。

② 叶遐庵:《太平洋会议前后中国外交内幕及其与梁士诒之关系》,引自《山东悬案解决之研究》,第120页。

③ 《外交部致代表团电》(1921年11月21日),《秘笈录存》,第413页。

上的讨论尚属顺利,但对胶济铁路路权问题的讨论异常激烈与艰难,成
为谈判的重点与难点①。日方提出,愿在"最初中德铁路协定的同样基
础上解决这个问题",并称"以他们的观点来看,解决方法很简单,在一
切有关铁路利益的问题上,只消把日本当成德国的接替者就行了"②。
日方的主张很明确,即要求胶济铁路由"中德合资"改为"中日合办",同
时由日本接替德国取得因筑路而产生之其他各项特权。中方认为,中
国既经对德宣战并为战胜国,德国过去从山东取得之一切权益即不复
存在,胶济路及有关权益应由中国无条件收回,路矿由中国自办,日本
根本没有成为接替者的资格。日方其后提出,中国既不承认中日合办
胶济路矿,日本亦愿交还中国,但须由中国备款赎回。此后双方争执的
重点在于中国赎款的数额、付款的方式及任用日本技术人员的问题。
中方先是同意以半价赎买,为日本所拒绝;继而表示可以偿还全价,但
须扣除日人经营期间所得之利益,并应将中国股份加入计算,仍为日方
所拒绝。谈至 12 月 13 日,双方达成初步协议:一、日本应将胶济铁路
及其全线一切附属产业移交中国;二、中国应按胶济路产业之实价赔偿
日本,折合计算为 53,406,141 金马克(约合中国银元 2500 万元)。但
如何交付该款项,以北京政府当时的财政状况实有困难,日方利用此
点,主张由日本贷款与中国赎路,贷款期限为二十三年,期间聘用日人
为总工程师、车务长及会计长,以图尽量延长对胶济路的控制年限;中
方主张自筹现款赎路,于三年内分六期付清,期间聘日人为总工程师;
后又提出以十年为期分期付款,惟五年之后可以一次付清赎回。日方
代表嘲讽说,中国政府对现有债务已无偿付能力,为什么竟愿筹现款赎
路? 中国代表则诘问日方,中国无偿债能力,正是中国不能再借外债的

---

　　　①　中国代表团顾问黄郛主张先提出胶济路权问题,从难处入手,免为日本的拖
延政策所误;施肇基等则主张先从简单的问题入手更为明智。施的意见被采纳。《顾
维钧回忆录》第 1 分册,第 226—227 页。

　　　②　《顾维钧回忆录》第 1 分册,第 227 页。

原因,日本为什么偏愿借款给不愿再借债的中国呢？双方代表经多次激烈争辩,形成僵持,并于 12 月 20 日后一度中止谈判①。

正当在华盛顿的中国代表坚持拒绝借日款赎路之时,北京政府内阁更迭,12 月 24 日,素有亲日倾向的梁士诒出任内阁总理。27 日,日本驻华公使小幡酉吉会见颜惠庆,强硬表示:对于借款赎路事,"倘若中国答以不愿意,则日本政府将必令行代表终止谈判"。29 日,梁士诒会见小幡酉吉,表示中国"拟定借款自办。至一切细目,仍由华府商议"。梁士诒虽未提借日款事,实则默认之。此决定于 12 月 31 日电告中国代表团,代表团接电后表示对北京情形"不得其详。此间形势危急并极不顺利"。美国代表也对北京政府态度的突然转变颇为不解②。消息传出,激起国内其他实力派与民众团体的抗议。从广州孙中山政府到吴佩孚等直系将领,从工、商、学各界到报刊舆论界,纷纷通电、集会、游行、示威,汇成讨梁浪潮,结果使借款主张无疾而终,梁士诒也于不久之后下台。

1922 年 1 月 4 日,中日会谈重开,此时会议的其他议题已基本讨论完毕,只有山东问题还在僵持,因此美英等国急切希望山东问题早日解决。1 月 18 日,美、英提出新的方案,即中国以债券方式偿付路款,期限为十五年,并可在五年后提前付清,期间聘用日人为车务长。日本予以接受。19 日和 22 日,美国代表休斯与英国代表贝尔福分别会见

---

① 参见《山东问题始末》第 5、6 章;《顾维钧回忆录》第 1 分册,第 224—234 页。据顾维钧回忆,中国代表当时"在向国内非官方各方面询问,中国能否轻易而迅速筹集此项资金时,答案令中国代表团大失所望"。当时各方承诺募捐数额已超过四千万元,但"有指望得到的总数不会超过两三百万元","这些诺言都有政治色彩,向许诺者收集捐款就极其困难了"。"正因为政府自知无法筹措如许款项,才指示代表团原则上接受贷款协定,但要努力协商,尽量缩短期限。"《顾维钧回忆录》第 1 分册,第 228—229 页。

② 《美京施顾王代表电》(1921 年 12 月 29 日—1922 年 1 月 4 日),《秘笈录存》,第 482—484 页。据当事者回忆,其时中国代表不明所以,"接电后张皇失措"。金问泗等:《黄膺白先生故旧感忆录》,台北文星书店 1962 年版,第 232 页。

中国代表,他们告诫说,美英已尽其所能,山东问题必须在华盛顿解决,如失此时机,则不知何时方能解决,若不能解决,中国绝不能以武力驱逐日本出山东。25日,美国总统哈定亲自出马会见中国代表,警告说日本是在美国压力下做出让步,已不可能再让,如中国此次不能解决问题,有失去山东的危险[①]。中国代表遂电北京外交部请示,称"大会行将闭幕,不能再有谈判及迟迴之余地,窃以为所提解决办法未予中国以完全公道,但可得亦不过如此。"[②]1月23日,中国代表又致电外交部,要求"请照通例电予基等以全权,因此案于本星期内必须结局也"[③]。在美英的压力下,北京政府认为如此结局虽"不能完全满国人之望",但"较之悬案不结,日本仍居胶澳以及路矿等事"不失为可接受的方案,因此于26日训令中国代表,"如实无商量余地",则接受此方案;并对外界称:"国务会议,郑重讨论,一致议决,再电三代表为前后之争执,万一时不我与,竟无商量余地,亦只迁就定议,并照原议报告大会公认,以图结束。"[④]中日关于山东问题的谈判终在列强干涉下结束。

　　1922年2月4日,在经过两个月另四天、共三十六次谈判后,中日代表在华盛顿签订《解决山东问题悬案条约》和《附约》,主要内容有:一、日本将胶州湾租借地归还中国,由中国开放为通商口岸;二、德国所占之公产交还中国,日管时期各种公产之加修,中国予以赔偿;三、日本于六个月内撤退青岛和胶济路驻军;四、青岛海关交还中国;五、青岛日人开辟之盐场由中国赎回;六、德人旧设之海底电缆交还中国;七、日人

　　①　《山东悬案解决之研究》,第166、169页;《美京施顾王代表电》(1922年1月22日—25日),《秘笈录存》,第495—497页。

　　②　太平洋会议档第410号,引自《山东悬案解决之研究》,第170—171页。

　　③　《施肇基等致外交部电》(1922年1月23日),《中华民国史档案资料汇编》第三辑《外交》,第458页。

　　④　《外交部致代表团电》(1922年1月26日),《秘笈录存》,第497页;叶遐庵:《太平洋会议前后中国外交内幕及其与梁士诒之关系》,引自《山东悬案解决之研究》,第170—171页。

所设之电线、电台交与中国，由中国给予赔偿；八、胶济铁路产业于九个月内交还中国，但中国允给日本以 53,406,141 金马克的铁路资产赎买费；付款办法为，中国政府发行国库债券交付日本，于十五年内赎回该路，但五年后中国如有现款亦可提前一次赎回；在未赎回前，用日人为车务长及中日各一人为会计长；九、德人在胶济路沿线经营之矿产，由中日合资公司接办，其中日股数量不得超过华股。《附约》规定，日本承认在山东放弃前中德条约所给予外人之各项优先权，同时，中国政府允许青岛各项公共事业的管理予外侨以适当的代表权。中日双方商定组织联合委员会，解决协议有关细节问题①。经过艰难的交涉，尽管在胶济铁路等问题上还留有遗憾，但中国总算大体收回了山东权益。然以此后出任"鲁案"交涉接收委员的陈幹所论：日本"将青岛空名交还，而借以开放内地；将胶济路空名交还归两国合办，而借以发展高徐、顺济，借以窥取中原而割据江北全部"②。由此后日本在山东的行动观察，陈幹所论亦为不虚。

　　华盛顿会议是继巴黎和会之后，列强调整其在远东及太平洋地区利益关系的又一次重要会议，与巴黎和会一起，形成了所谓"凡尔赛——华盛顿"体系，成为第二次世界大战爆发前，维系列强之间和平竞争关系、减少彼此冲突可能性与激烈性的重要国际关系体系。通过

---

　　①　1922 年 4 月 29 日中国批准该约，5 月 23 日日本批准该约，6 月 2 日两国互换批准书，条约生效。6 月 29 日，中日联合委员会在北京成立，中方由督办鲁案善后事宜王正廷负责，日方由驻华公使小幡酉吉负责，12 月 5 日结束。11 月 5 日议定《山东悬案细目协定》，12 月 5 日议定《山东悬案铁路细目协定》，规定胶州湾原德国租借地及公产于 12 月 10 日移交中国，日本军队于此后 20 日内撤出；中国为胶州湾原德国租借地公产及赎回日本盐场，向日本付赎金 1600 万日元；胶济铁路及支线并一切附属财产于 1923 年 1 月 1 日移交中国，中国向日本付赎金 4000 万日元；两者均以国库券付之。《外交部存"山东悬案细目协定"》（1922 年 11 月—12 月），《中华民国史档案资料汇编》第三辑《外交》，第 179—199 页。

　　②　《陈幹致吴佩孚》，陈隽、佟立容编：《陈幹集》，香港天马图书有限公司 2001 年版，第 160 页。

华盛顿会议,列强在远东及太平洋地区形成了大体平衡的竞争发展局面,在一定程度上缓解了他们可能发生的矛盾及冲突。华盛顿会议对中国的意义在于:一方面,因为第一次世界大战而造成的日本独霸远东的可能性被阻止,其对华咄咄逼人的侵略态势有所缓解,"门户开放、机会均等"成为各国对华关系的原则,这主要是列强间势力平衡与互相妥协的产物,但对于中国或多或少还是有有利的一面,在一定程度上遏止了当时对中国最具侵略性的日本独占性、排他性与垄断性的侵略势头,尽管这种遏止是十分脆弱而不可靠的;另一方面,中国通过在华盛顿会议期间的交涉,争回了部分权益,如提高关税、撤退外邮等,并在山东问题上得到了大体可接受的结果,从而与巴黎和会的空手而归形成了对比,这也是五四运动之后中国国际地位开始回升的表征,尽管这种回升是缓慢而不稳定的。因此,对于中国在华盛顿会议所获之成果,应给予一定的积极评价。

华会行将结束时,美国前驻华公使芮恩施在中国报纸上撰文称:"虽然君等之所怀,在诉诸世界公论。……讵不知中有数国在远东问题上掣肘,莫能自由。……然美国当局不惮障碍,极望中国能得妥建公正之待遇";但"在此幕中国欲完全得公道之解决势所不能。各方面不利之祸根犹牢不可拔;但因此一举,中国问题已引起世界之了解,则不能不谓华会之大有造于中国也"。"此后公论所在,决不容一国之独谋,不利于中华如往者之任意侵食也。"①此论当然是表白美国对于华会之功,在中国政界和舆论界也有呼应。2月5日,徐世昌以大总统名义致电美国总统哈定称:"此次华府会议,关于山东问题,备承阁下及贵国各代表友谊赞助,得以解决,消除积年纠葛,巩固远东和平。本大总统不胜欣慰,谨代表中华民国全体国民,特申感谢。"②但是,美英等国在华盛顿会议期间,仍表现出牺牲弱国利益,达成强国妥协的自私倾向,从

---

① 《美国芮恩斯(施)致中国人民书》,《民国日报》,1922年2月1日。
② 《大总统致美国总统电》(1922年2月5日),《秘笈录存》,第501页。

而又给部分中国人留下了不佳的印象。会议期间,有位正在美国访问的中国学者写道:华会"最失败者则为吾中国","华会原以'和平'二字相号召……孰意发起华会之美国,与夫参与之列邦,不过因目前彼此国力不完,求一'暂时和平'之方法,因是吾和平永久之希望丝毫不能实现";会议之决议案,"无非藉'空名'与'虚利'之方,为粉饰吾国之计,而仍以各国将来活动之互相谅解为唯一之目标";"嗣后军国主义之国家自将在被承认之范围之内,奋力实施经济之侵略,以遂政治之野心。长此不已,非仅吾国民生永被剥夺,即门户开放首倡之国家,亦将受人摈弃,酝酿既久,巴尔干半岛流血之惨事,行将再见于东方"①。会后,著名学者周鲠生认为:"我国在华盛顿会议所得之结果,不能达赴会所抱之目的,已为不可否认之事实。列强共奏凯歌,而我无功而返,是不能不归于我国外交之失败也"②。而失败的原因,外为列强"假借和平正义的招牌,给本国图谋经济的利益,……不惜牺牲中国保全本身利益","以保持他们的帝国主义";内为"全国七零八落,没有统一的政府","军阀专制影响这次外交也很显著。北京政府被武人勒索得一贫如洗"③。2月24日,上海国民外交大会发表对外宣言,否认北京政府及其代表签订华盛顿会议关于中国之决议案,认为机会均等主义"无异在政治上认中国为各国共同保护之地,在经济上认中国为各国共同侵略之场",此乃中国"最大之危险"④。2月9日和25日,广州政府与非常国会先后否认华会对山东问题条约的有效性。中共则在7月发表的"二大"宣言中批评:"华盛顿会议给中国造成一种新局面,就是历来各帝国主义者的互竞侵略,变为协同的侵略。这种协同的侵略将要完全剥夺中国人民的经济独立,使四万万被压迫的中国人都变成新式主人

---

　　① 贾士毅:《华会见闻录》,第257—258页,见沈云龙主编《近代中国史料丛刊续编》第19辑。

　　② 鲠生:《华盛顿会议结果》,《太平洋》第3卷第5号。

　　③ 《华盛顿会议小史》,第323、329页。

　　④ 《电请美参院否决九国公约》,《民国日报》,1922年2月20日。

国际托辣斯的奴隶。因此最近的时期,是中国人民的生死关头,是不得不起来奋斗的时期。"①列强不能充分估计中国内部情势发展与民族主义成长的短见,将给他们其后的对华关系带来非常大的负面影响。中国研究者有论:"与美国的初衷相反,华盛顿体制建立伊始就遭到中国民族主义者的拒绝和反叛。特别是列宁理论和苏俄革命模式以其对中国强大的指导和示范作用为中国民族主义者接受后,这种反叛逐渐在20年代中期演变成一场反叛华盛顿体制,要求改变中外关系现状的国民革命。"②而美国学者则这样评价会议的结果:"这一系列协议在世界各主要国家里都促进了亲善,但在中国却不然。令中国人感到极为不满的是,这次会议几乎没有做出任何事情来削弱现行的外国支配权和废除繁多的不平等条约。中国大多数政治活跃分子要求列强归还它们自十九世纪四十年代以来,从中国窃走的一切。一项不再窃取的保证只是在既加伤害之后,又加侮辱。"③

四　苏俄对华外交的新姿态

1917 年 11 月 7 日爆发的俄国十月革命及随之产生的苏维埃新式政权,引起了全世界的瞩目。俄国是中国的近邻,与中国有密切的关

---

① 《中国共产党第二次全国大会宣言》,《中共中央文件选集》第 1 册,第 106 页。

② 王立新:《美国对华政策与中国民族主义运动(1904—1928)》,中国社会科学出版社 2000 年版,第 345 页。有资料可为此论之佐证。1923 年 12 月 17 日,北京大学庆祝建校二十五周年,有人就国内外重大问题进行民意测验,其中提出:俄国与美国,谁是中国之友? 结果在被调查的 1007 人中,497 人认为俄国是中国之友,107 人认为美国是中国之友,认为俄、美均非中国之友者有 226 人,而认为俄、美均为中国之友者有 12 人。"它从一个侧面表明,在相当一部分人的心目中,排美联俄开始成为主流"。杨玉圣:《中国人的美国观——一个历史的考察》,复旦大学出版社 1996 年版,第 89 页。

③ 〔美〕迈克尔·谢勒著,《二十世纪的美国与中国》,三联书店 1985 年版,第 48 页。

系,俄国发生的政治变动自然也为中国各界所关心。11月10日,上海《民国日报》即以"突如其来之俄国政变"为题,报道了有关情况。尽管当时的中国政界及舆论界还不能完全理解俄国革命对中国的意义,但中俄关系其后的变化,却是俄国革命发生的逻辑结果。

俄国革命发生后,新生的苏维埃政权面临着内有国内反叛,外有列强干预的严峻形势,其地位并不稳固,远东方面的局势尤其堪忧(日军出兵西伯利亚,支持白军与红军对抗)。为了稳定远东的形势,同时打破在国际上的被孤立地位,苏维埃政权希望发展与中国的关系,并表现出与前沙俄政权不同的态度。1918年7月4日,苏俄外交人民委员齐切林首次提出,苏俄可以放弃沙俄在中国获得的赔款等权利,并可由中国提前赎回中东路[1]。1919年7月25日,苏俄政府发表《俄罗斯苏维埃社会主义共和国对中国人民和中国北方与南方政府宣言》,即苏俄第一次对华宣言,郑重宣布:废除中俄间所订的一切密约与协约,放弃帝俄在华所有特权,放弃帝俄租界,放弃庚子赔款,将中东铁路及其附属产业无偿归还中国,希望与中国就此进行交涉[2]。1920年9月27日,苏俄政府由代理外交人民委员加拉罕署名发出《致北京政府外交总长函》(即苏俄第二次对华宣言),再次重申上年声明的主要内容,并向中国政府提议,磋商废除条约事宜,在双方完全平等与互相尊重主权完整的基础上缔结新约,建立外交关系。苏俄政府在此次宣言中提出了中苏订约的若干具体条件,如中国不应支持俄国反革命派之旧党,并不允许其在中国领土内有所动作;应将反对苏俄之军队及各团体解除武装;驱逐旧俄驻华外交人员;不得将苏俄放弃之庚子赔款付与旧俄人员。此次

---

① Whiting, Allen S., *Soviet Policies in China*, *1917 - 1924*, pp. 28 - 29.

② 《中华民国外交史资料选编》,北京大学出版社1985年版,第165—169页。1919年8月26日苏俄《真理报》与《消息报》发表的该宣言,没有将中东路无偿归还中国的内容;但该宣言于1920年3月正式转交中国时,仍有该项内容。以后越飞与加拉罕来华时,否认苏俄宣言中有该项内容,从而使中东路问题成为中苏谈判中双方争执的焦点之一。

宣言，苏俄不仅未提放弃中东铁路之事，而且要求两国订立苏俄需用中东铁路办法之专约①。苏俄两次对华宣言表示了苏俄政府的对华外交新姿态，体现了苏俄与中国建立平等关系的愿望，与列强一向以来欺凌中国的态度尤其是巴黎和会期间列强对同为战胜国中国的冷酷态度显出区别。但是，不能不指出的是，在苏俄提出放弃沙俄在华特权时，前沙俄政府的在华特权因第一次世界大战及其倒台等因素的影响已所余无几，苏俄宣言的实际目的，实为以放弃此等空洞特权为条件，争取中国对苏俄革命的同情、合作与支持，争取中国站在反帝反日及反白军的立场上，以恢复苏俄对仍在日本和白军控制和威胁下的远东地区的主权。而在苏俄实际利益所在的中东路问题上，苏俄自始就是有保留的②，1920年成立的远东共和国的"独立宣言"甚至将中东路区视为其领土之一部分，遭到北京政府的抗议③。苏俄官员曾经坦白地表示："俄所深患者，即中东路界内之俄贼，如中国不将霍尔瓦特及旧党一般文武驱

　　① 《苏俄劳农政府代理外交委员长加拉罕送交关于放弃帝俄与中国所订各约通牒事致中国军事外交代表张斯麐函》(1920年10月2日)，《中华民国史档案资料汇编》第三辑《外交》，第730—731页。
　　② 1918年1月18日，苏俄外交部与中国驻俄公使刘镜人的首次正式接触，即提出"清理中东铁路事甚紧要，拟请中国政府组织中俄混合委员会，俾清理中东铁路问题"。24日，刘镜人的秘书与苏俄外交副人民委员兼远东股股长伏时涅新斯基会见，伏氏提出中东铁路"在俄视为政治关系"，"再三筹思，似非两方派员合办不可"(王聿均：《中苏外交的序幕》，第28、32—33页)。可见苏俄自始即无将中东路归还中国之意。
　　③ 李嘉谷：《中苏关系(1917—1926)》，第59页。1920年4月，苏俄在贝加尔湖以东的西伯利亚地区成立名义上独立的远东共和国，亦称赤塔共和国，作为与占领太平洋沿岸的日军之间的缓冲地带。根据俄共(布)中央的决议，远东共和国的外交政策"完全服从于"苏俄，"一切原则性外交措施和声明均须经俄共(布)中央或外事人民委员会核准"(见李嘉谷前引书第61页)。1922年日军撤离西伯利亚后，当年11月远东共和国并入苏俄。

除净尽,则俄忧未已,……所谓先订大纲,交换意见,实欲以此事为前提。"①北京政府外交部在研究了苏俄宣言后认为,苏俄声明放弃满洲侵略品的表示,"语涉含混,且满洲为我领土,列入放弃权利,尤难索解";放弃庚子赔款,"目的系在断绝旧党使领接济";放弃各种特权及租界,"尚难及于在华俄官商,难期见诸事实";结束俄国及其他国家对华强暴行为并希望中国与俄携手奋斗,"有煽动中国人民仇视协约国及反对政府之意义,不能认为友谊举动";惟有无条件归还中东路及其附属产业"意尚确定"②。但恰恰是这一项,苏俄俟后在谈判中并不承认。曾有外国学者评论说,俄国人坚持"财政和经济利益"的政策,是中苏外交谈判拖延的主要原因③。

　　苏俄政府的宣言和提议,由于种种原因一时未能传至中国④。而在外交政策上看列强眼色行事的北京政府,还追随列强之后,参加封锁与干涉苏俄革命的行动。1918年1月11日,北京政府命令张作霖封锁中俄边境,断绝中俄交通;2月随同协约国一起撤走驻俄公使;8月派遣陆军第九师团长宋焕章为驻海参崴支队长,统军四千人进驻苏俄境内尼古里斯克地区,协助白军与日、美联军"驱战过激派","参列联军会议",奉联军总司令大谷大将令,驻守乌苏里铁路,参加了列强对俄国的

---

　　① 《驻海参崴总领事邵恒濬致外交部电》(1920年4月2日),薛衔天等编:《中苏国家关系史资料汇编(1917—1924)》,中国社会科学出版社1993年版,第62页。

　　② 《驻海参崴总领事邵恒濬致外交部电》(1920年4月23日),《中苏国家关系史资料汇编(1917—1924)》,第64页。

　　③ 〔英〕麦柯马克:《张作霖在东北》,吉林文史出版社1988年版,第126页。

　　④ 1920年3月,北京政府收到苏俄宣言的正式文本后,此宣言才为中国公众所知,公众舆论多表欢迎态度,认为这是苏俄对中国的善意,要求北京政府接受苏俄的建议,建立中国与苏俄的新型关系。参见《共产国际、联共(布)与中国革命文献资料选辑(1917—1925)》,北京图书馆出版社1997年版,第82—91页。

武装干涉①。在国内,北京政府继续承认沙俄外交使团的合法性,并向这个已经不能代表俄国的使团继续支付庚子赔款②;同时,解除中东路"附和过激党之俄军工人等"的武装,镇压哈尔滨工兵代表苏维埃,使中东路"所有沿线路政,悉归我军按段驻扎保护"③;对于退入东北的苏俄白军谢米诺夫等部,"均为之收容,复许其增募军兵,以图进取,助其运输饷械,以济军用,掩护其侧翼,俾免压迫"④。

1920年春,苏俄远东地区的形势发生变化,白军被红军击败,局势趋于稳定。列强于无可奈何之下,开始酝酿自西伯利亚撤兵。因此,北京政府的对俄态度也开始变化。2月间,北京政府宣布自苏俄境内撤回宋焕章部,并将退入东北的苏俄白军一律解除武装。3月通过中国驻伊尔库茨克领事收到了苏俄对华宣言正式文本,并开始通过驻苏俄海参崴等地的领事及驻英国、丹麦等国的使节与苏俄接触。北京政府一方面表示此宣言"果否可凭,尚属问题,现正熟加考察",要求"遇有此

---

① 《杨典钦等关于参加武装干涉俄国革命驻崴支队长宋焕章应予褒扬致陆军部呈》,1923年1月21日,《中华民国史档案资料汇编》第3辑《外交》,第714—716页。北京政府曾声明:"此次出兵系赞同联合各友邦之义举,而以尊重俄国领土与主权为目的,决不干涉俄国内政。一俟贯彻此目的,即当撤退全部军队。"《民国日报》1918年8月26日。

② 十月革命爆发后,北京政府于1917年12月决定暂缓支付俄国的庚子赔款,但遭旧俄公使库达摄夫的抗议,日本、英国、法国和比利时驻华公使亦要求中国继续支付该赔款并存于道胜银行。1918年1月,中国恢复向旧俄使团支付庚子赔款。5月,北京政府再次决定暂缓支付该赔款。8月,在旧俄公使和日本、法国的抗议下,北京政府又决定恢复支付。

③ 十月革命爆发后,布尔什维克在中东路沿线组织响应,1917年12月初成立了以柳金为主席的哈尔滨工兵代表苏维埃,并要求中东路总办霍尔瓦特交出一切权力。12月26日,黑龙江当局派兵将拥护布尔什维克的武装缴械,递解出境,中国军队进驻中东路沿线。参见《中苏国家关系史资料汇编(1917—1924)》,第328—334页。

④ 《国务院致外交部函》(1919年2月22日),《中苏国家关系史资料汇编(1917—1924)》,第49—50页;《参战处关于日本美国干涉俄国革命发生矛盾中国应行采用政策稿》,1919年,《中华民国史档案资料汇编》第三辑《外交》,第701页。

类文件,并应注意扣留,以杜乱源";另一方面决定探询各协约国对俄态度,并取一致行动,同时派人赴苏考察①。6月,北京政府委派张斯麐为使者,出访远东共和国与苏俄,与苏方进行非正式接触。张在莫斯科会见了苏俄外交人民委员加拉罕和政府首脑列宁。张在向北京政府报告时认为:"劳农极愿与我亲密,麐等到后,备极优待。……据所提取消一切旧约等条,实与我有益无损。设令拒绝,在我则将失时机,在彼必以我懦不足恃,届时另生他策,结合蒙古,并派员与他国订立条约,协谋中国,为害滋大。"因此,张建议"迅筹对待方针,以免贻误",并倾向于接受苏俄提议,订立协约②。但北京政府此时既有列强的压力,又对苏俄在中东路等问题上的态度不满,尚无意与苏俄建立正式关系,9月28日下令召回张斯麐代表团,交涉没有打开局面。与此同时,苏俄外交代表维连斯基也访问了中国。5月27日,新疆与苏俄地方当局签订通商协议,成为苏俄新政府成立后中苏两国间签订的第一个协定③。

1920年7月直皖战后,苏俄方面认为,亲日的皖系下台对恢复中苏关系有利;而直系吴佩孚为了对抗日本支持的奉系,也想利用苏俄为己所用。中苏关系的改善出现了新的契机。

苏俄远东共和国代表、国防部副部长优林1920年6月间曾在买卖城申请来华,但被北京政府以担心"惹起国际间之误会","于国际上颇感不便"为由拒绝,令其"尽可就近与地方官接洽"④。直皖战后,形势变化,7月21日,中国外交部电告库伦西北筹边使公署,告以如优林"不自居为正式代表,仅以委员名义,与中国接洽商务",中国政府当予

---

① 《中国大事记》,《东方杂志》第17卷第8、第10号,第135页。

② 《张斯麐等自莫斯科致边防处、外交部电》(1920年9月18日),《中苏国家关系史资料汇编(1917—1924)》,第80页。

③ 根据新疆当局与苏俄签订的协定,商定双方互设商务兼交涉机关;货物进出口照新疆统税章程纳税;人民发生民刑诉讼各事,均以住在国法律裁判。《伊宁会议定案》(1920年5月27日),《中外旧约章汇编》第3册,第77—78页。

④ 《晨报》,1920年7月2日。

同意。优林获悉此讯后,同意改用"远东共和国商务总代表"名义来华①。该使团一行六人于 8 月 26 日抵达北京。北京政府对待优林来访议定原则为"表面上则接洽商务,内容则兼及政治","政治谈判及完全承认,不能不暂持审慎"②。因为列强担心中苏之间的接近不利于保持他们的在华特殊利益,对北京政府与苏俄代表的接触多次提出劝告,勿与优林使团作政治谈判。迫使北京政府外交部不得不声明:优林既以商务委员名义而来,中国政府当然仅与接洽经济事务;惟承认过激派政府一层,保证当与各国取同一态度③。

　　为了与苏俄的接触和谈判,北京政府也作出了一些姿态。1920 年 7 月,中国方面完全停付向旧俄的庚子赔款。8 月,中国政府宣布撤销同日本签订的、旨在反对苏俄的《共同防敌军事协定》④。9 月 8 日,外交总长颜惠庆会见旧俄公使库达摄夫,告其久不能行使职务,所辖领馆与俄国侨民也大都不听其命,实际已失去代表资格,授意其自行辞职,同时自行取消所有俄国在华领事资格。库达摄夫仍不愿放弃其职务。9 月 23 日,北京政府发布《大总统令》,宣布停止旧俄外交人员待遇,同时保护俄侨生命财产,"关于俄国租界暨中东铁路用地,以及各地方侨居之俄国人民一切事宜,应由主管各部暨各省区长官妥筹办理"⑤。其

---

　　① 《远东共和国代表优林致中国外交总长电》(1920 年 7 月 18 日、26 日),《中苏国家关系史资料汇编(1917—1924)》,第 99—100 页。

　　② 《外交部俄约研究会第六次会议录》(1920 年 8 月 24 日),《中苏国家关系史资料汇编(1917—1924)》,第 102 页。

　　③ 《代理部务次长会晤法柏使问答》(1920 年 8 月 13 日),王聿钧:《中苏外交的内幕》,第 127 页。

　　④ 1921 年 1 月 28 日,中国外交部与日本驻华公使互换照会,声明中日《共同防敌军事协定》以及基于协定续订各附件,"均自是日起,完全失效。"《外交部关于签订及取消中日共同防敌军事协定经过致各省通电》(1921 年 2 月 5 日),《中华民国史档案资料汇编》第三辑《外交》,第 644 页。

　　⑤ 《外交部关于停止帝俄驻华使领资格及其待遇与俄国使馆等来往文件》(1920 年 9 月—10 月),《中华民国史档案资料汇编》第三辑《外交》,第 742—746 页。

后,各地当局派员接收了天津、汉口俄租界;关闭了十九处旧俄领事馆(包括外蒙),并令接收俄人在华特权利益,如封闭旧俄邮局、代管旧俄政府存于中国银行之财产;废除旧俄领事裁判权①。

　　然而,北京政府的举措却为列强所不满。驻京公使团为了维护列强的特权,要求北京政府"保全中俄条约所有之利益,勿使作废",并要求"以后各项办法请与有关系之国先行协商,以免误会。"北京政府不得不声明,中国对旧俄利益只是代管,并不影响各国在华利益,并将北京俄使馆交外交团代管②。10月11日,日、法公使又向各国公使提出建议:"俄国在华之利益,应暂交列强代为保管"。各国公使多表赞同,并以公使团名义照会中国政府外交部,声称:"中国政府万不能永远取消俄人按约在中国所享之利益","请中国政府与外交团商定暂时管理俄人在中国之利益办法"。22日,北京政府外交部答复如下:"俄国领事裁判权当然中止",而"俄国已宣布自愿放弃的权利,……自无再与外交团另订暂时管理俄人办法之必要。"③此后,外交团仍屡向中国政府外交部提出交涉,以维护旧俄在华利益,但旧俄在华利益事实上已被中国逐渐清理,外交团最终亦只能作罢。

　　在列强的压力下,北京政府对苏俄的态度忽冷忽热,处在矛盾之中。9月16日,外交部发表声明,称中国将与优林商议保护远东华侨办法及商务贸易问题,同时则回避了中国与远东共和国的政治关系问题④。优林在北京见不到外交部的高级官员,交涉处于停顿中。10月间,北京政府令中国前驻俄公使、现任俄事委员会会长刘镜人主持与优林的交涉。11月30日,刘镜人在首次会见优林时,提出了中苏双方商谈商务经济问题的四项条件,即苏俄不在中国领土内为任何政治行为

---

　　①　张忠绂:《中华民国外交史》,第290—291、298页。

　　②　《外交部关于停止帝俄驻华使领资格及其待遇与俄国使馆等来往文件》(1920年9月—10月),《中华民国史档案资料汇编》第三辑《外交》,第747、749页。

　　③　张忠绂:《中华民国外交史》,第291—292页。

　　④　王聿均:《中苏外交的序幕》,第137页。

之鼓吹,赔偿中国在苏侨民自俄国革命以来之损失,保护远东中国侨民之生命财产,明白处理中国人民在新疆边地及后贝加尔湖各地方所遇种种可憾情事①。优林不仅当面承认了上述四项条件,而且于12月13日以公文形式致函外交总长颜惠庆予以承认,但坚持苏俄对中东路的权益②。不过,优林多次求见外交总长而不得,他在给颜惠庆的信中说:"代表团在北京居住三月,其结局距开始公同商议与解决部分问题尚远,并未得有何等效果。"③结果他只好转而在民众团体和学者中间奔走活动,以获得他们的同情与支持。

　　影响中苏关系恢复的重要障碍之一是中东路问题。旧俄中东路总办霍尔瓦特在十月革命后仍居原位,并于1920年1月声明"对于铁路附近地居住俄人之国家统治权完全担负",形同"独立"。中东铁路中方督办兼护路总司令、吉林督军鲍贵卿为此向霍氏提出严重抗议,并声明中东路区为中国领土,"不容有第二国家施行其统治权",霍氏"断无担负国家统治之权能"④。2月28日,北京政府督办边防事务处指示鲍贵卿,"以现在情形,可以督办及护路总司令名义完全处理中东铁路事宜"。3月15日,鲍贵卿通知霍氏,"克日将东路一切政权悉行解除,由中国照约分别办理",实际收回了中东路区的行政权⑤。此后在中东路路区"悬国旗,置军警,表面上似觉完善,然铁路营业权及路线两旁之地

---

　　①　《驻俄公使刘镜人会晤远东共和国代表优林》(1920年11月30日),《中苏国家关系史资料汇编(1917—1924)》,第118页。

　　②　《中华民国史档案资料汇编》第3辑《外交》,第733页。

　　③　《远东共和国代表优林致中国外交总长颜惠庆函》(1920年11月23日),《中苏国家关系史资料汇编(1917—1924)》,第116页。直至1921年5月,优林才与颜惠庆首次会见,其时他的使命已近结束。

　　④　《中东铁路督办、吉林督军鲍贵卿致国务院等电》(1920年1月20日),《中苏国家关系史资料汇编(1917—1924)》,第342页。

　　⑤　《督办边防事务处发中东铁路督办吉林督军鲍贵卿电》(1920年2月28日),《中东铁路督办、吉林督军鲍贵卿致大总统等代电》(1920年3月17日),《中苏国家关系史资料汇编(1917—1924)》,第347、350页。

亩管理权,完全握于俄人之手"①。

1920 年 10 月 2 日,北京政府交通总长叶恭绰和华俄道胜银行经理兰德尔签订了《管理东省铁路续订合同》。俄国革命胜利后,道胜银行为了避免被清算,以法国公司的名义注册,并将总部迁到巴黎。依照这个"合同",中国获得的权益是:一、该行承认按照 1896 年签订的《东省铁路合同》,自 1921 年起,将所欠中国的库平银 500 万两之本利(利息应按息上加息),以铁路债券方式交中国政府,每半年交付一次;二、中国取得中东路的部分管理权,董事会九人中,中方四人,另由中国人任督办,使中方投票权超过董事会半数,同时由中方任该路总稽查;三、中东路限于商业范围内,中国政府得随时取缔路内一切有涉政治事项。但中国所受损失亦十分巨大,因为中国在这个协定中承认,1896 年 9 月 7 日订立的《中俄合办东省铁路合同有效》,即八十年期满时中国才能收回铁路及一切铁路产业,铁路所有决定必须由董事会至少七人同意,方可被执行,这就给了俄人董事以否决权②。在苏俄两次对华宣言发表后,中国还和道胜银行签订协定,无异自缚手脚,也给未来的中苏谈判带来了新的问题③。此事经传媒报道后,优林对外公开表示,"中东路为俄国领土之一",此约"实令人难信",中苏交涉"此后亦难进行",苏俄对于该约"不认为有效与合法"④。

1921 年 2 月,北京政府外交部复函苏俄政府,表示对苏俄宣言"本国政府已加注意,而于国际平等及相互之宗旨尤为注意。……本国政

---

　　① 《外交部主事夏维松报告视察中东路情形及意见书》(1920 年 12 月),《中华民国史档案资料汇编》第三辑《外交》,第 765 页。

　　② 《管理东省铁路续订合同》(1920 年 10 月 2 日),《中苏国家关系史资料汇编(1917—1924)》,第 374—376 页;傅启学:《中国外交史》下册,第 324—326 页。

　　③ 经手签订该约的交通部过后亦认为,此约"非根本办法","将来俄政府对于此项续订合同难免不生异议。俄国地大物博,虽经扰乱,终必恢复。本部以为,东省铁路问题仍须与俄政府磋商,始有根本解决之希望"。《交通部对中东铁路问题的意见》(1921 年),《中苏国家关系史资料汇编(1917—1924)》,第 379 页。

　　④ 《晨报》,1920 年 10 月 6 日第 2 版。

府深盼有最早之机会,循此次宣言书中指示之程序,以与贵国直接开议"。复函希望苏俄对中国在俄侨民"认真保护,以礼待遇。倘本国在贵国之人民能令安居乐业者,则本国政府当信昔日之友好恢复,与中俄人民历史关系再有正式基础,必为日益近矣"①。当月,陈广平奉派为驻莫斯科总领事。中国外交部官员在与优林的会晤中,均提出将中东路收回,但优林则坚持中苏合办共管。1921年10月优林回国前,外交总长颜惠庆在会见他时提出:"从前劳农政府首领虽屡次宣言将中东铁路完全无条件归还中国,然在我决不敢抱此过大之希望,故所有前俄帝国政府暨人民所担负该路之建筑费,双方应派专门委员并聘欧美专门人员,会同估定价值,中国政府担任偿付半数。"但优林仍坚持苏俄在该路的"优越待遇"②。

　　影响中苏关系恢复的又一重要障碍是外蒙问题。自1915年以后,外蒙名为"自治",中国先后派陈箓、陈毅为都护使,驻外蒙首府库伦,享有对外蒙的宗主权。苏俄十月革命后,国内战乱不已,远东红、白军及外国军队的争战影响到外蒙,使外蒙局势亦处于动荡之中,同时日本亦在通过其代理人谢米诺夫觊觎外蒙,图谋成立包括内外蒙古的所谓"大蒙古国",以进一步控制西伯利亚。为保持外蒙局势的稳定,中国决定向外蒙增派军队,筹划恢复对外蒙的完全主权,而外蒙内部亦有撤销"自治"的呼声。1919年6月,徐树铮出任西北筹边使兼西北边防总司令,提出西北筹边计划,欲以实力经营外蒙。10月底,徐树铮抵达库伦。11月17日,外蒙呈文撤销"自治"。22日,北京政府以大总统令正式宣布外蒙撤销"自治",同时声明,1915年的中俄蒙协约等文件此后"概无效力"③。但北京政府实力有限,鞭长莫及,无法真正在政治上控

　　①　《外交部关于复苏俄劳农政府对华宣言书致驻莫斯科总领事陈广平电》,1921年2月11日,《中华民国史档案资料汇编》第三辑《外交》,第732页。

　　②　《中国外交总长颜惠庆会晤远东共和国代表优林》(1921年10月5日),《中苏国家关系史资料汇编(1917—1924)》,第387页。

　　③　《政府公报》1919年11月23日。

制、经济上扶助外蒙,未能在外蒙建立起有效的统治。而苏俄白军利用外蒙为反对苏维埃革命的基地,苏俄红军不能容忍,双方经常发生冲突,并危及中国在蒙主权①。1919年8月3日,苏俄政府发表《致蒙古人民宣言》,声称"蒙古现已成为一个独立的国家,并有权在没有北京或彼得堡方面的任何监护的情况下,独立自主地同其他一切民族交往"②。苏俄同时支持苏赫巴托尔、乔巴山等人成立蒙古人民革命党,从事蒙古革命运动。担任经营外蒙的徐树铮不能善用时势,令外蒙倾心内附,而是依赖高压政策的压服作用,结果引起外蒙民众的反感,"自治"声浪又起。直皖战后,徐树铮失势下野,徐世昌于1920年8月15日任命陈毅为西北筹边使,下令"无论京外官署,对于内外蒙古,均应加意抚绥"③。然外蒙地处偏远,民情不洽,格于动荡的政局和软弱的地位,北京政府实不能给予驻蒙军队有力的支持。1921年,外蒙形势发生变化。2月,外蒙王公援引白军恩琴部占领库伦,驻防中国军队在孤立无援的情况下被迫退出,3月21日,外蒙重新成立"独立"政府④。苏俄红军随之进入外蒙进剿,并称派军入蒙为"协助中国起见,去除匪徒,而保存中国主权","一俟大功告成,俄军即退出蒙境"⑤。但事实说

---

① 1920年11月10日,苏俄外交人民委员齐切林以白军窜入外蒙,中国军队不能击退,并请苏俄军队协助为辞,照会中国外交部,谓苏俄将派军队进入外蒙,辅助中国军队击退白军,一俟白军扫除净尽,苏俄军队"立即撤回"。北京政府认为,"蒙疆系我国领土,俄匪窜扰地方,我军已次第进剿,可期肃清,并无向他国请求助剿之举。俄政府借词越俎,从中有何作用,殊可疑虑",要求外交部对此"严词阻止",并将毋庸请援情形,切实告知,以杜窥伺"。《中俄关于外蒙问题的往来电》(1920年11月—12月),《中苏国家关系史资料汇编(1917—1924)》,第432—434页。

② 《苏俄政府致蒙古人民与蒙古自治政府宣言》(1919年8月3日),《中苏国家关系史资料汇编(1917—1924)》,第459页。

③ 《政府公报》1920年8月15日。

④ 有关研究,请参阅李毓澍:《外蒙古撤治问题》,台北中研院近代史所1976年版;张启雄:《外蒙主权归属交涉》,台北中研院近代史所1995年版。

⑤ 《苏俄外交人民委员齐契林致中国外交部电》(1921年6月15日),《中苏国家关系史资料汇编(1917—1924)》,第436页。

明,苏俄的表示不过为纸面文章。5月,白军进攻恰克图,为红军击败。7月6日,苏俄红军占领库伦,随后于16日扶持成立了外蒙古人民革命政府,并表示苏俄军队在"苏俄与远东共和国安全之威胁"未解除前不会自外蒙撤离①。11月5日,苏俄与外蒙签订《俄蒙友好条约》,苏俄承认蒙古现政府为蒙古唯一合法政府,双方互派外交代表②,外蒙从此实际脱离中国,成为苏联的卫星国。

受外蒙问题的影响,中苏关系一度趋于停顿。1921年5月,优林奉召回国出任远东共和国外交部长,阿格辽夫代理优林在北京的工作。6月30日,北京政府外交部致电驻英公使顾维钧,请其通过苏俄驻英外交代表转苏俄政府,表示中国对苏俄出兵外蒙"殊难承认"③。7月下旬,优林再度来华,途中他曾到奉天与张作霖会晤。8月间,优林再赴奉天会晤张作霖,提出承认远东共和国、通商、驱逐中东路旧俄党等问题,张表示这些事权属中央政府,请与北京政府讨论,同时提出蒙古问题应予解决,苏俄军队应撤出库伦,双方接触没有结果。

10月初,优林受命返国。在离华前,与外交总长颜惠庆连续三天会谈,主题仍为互相承认、通商、外蒙、中东路等问题,双方各执己见,中方坚持苏俄先自外蒙撤军并解决中东路问题,然后再谈互相承认与通商问题。会谈没有结果。10月6日,优林离京返国。

优林使团返国前后,中苏两国就苏联直接派外交使团来华事续有接触。北京政府几经反复,考虑到苏俄同南方孙中山军政府日益接近的趋向及解决苏俄红军驻扎外蒙和中东铁路等问题,终于10月15日同意苏俄政府派代表到北京。12月12日,苏俄派遣的裴克斯(又译巴意开斯)使团到京,试图打开中苏谈判的僵局,建立中苏正式外交关系。

　　①　Whiting, *Soviet Policies in China*, 1917-1924, p.169.

　　②　《俄蒙修好条约》(1921年11月5日),《中苏国家关系史资料汇编(1917—1924)》,第462—463页。

　　③　王聿均:《中苏外交的序幕》,第246页。

12 月 16 日,外交总长颜惠庆首次会见裴克斯,双方讨论了外蒙与中东路问题,重点尤在外蒙问题。裴克斯表示,苏俄驻军外蒙是因"蒙古政府请求","一俟中政府与蒙古政府协议有结果时,敝国军队,彼时即行撤去"[①]。1922 年 3 月,俄蒙签订友好通商条约事被证实。4 月 26 日,中国办理接收库恰事宜委员李垣约见裴克斯,表示此事"显系违背信义,并侵犯我领土主权",要求苏俄立即自外蒙撤军。裴克斯答称,苏俄在外蒙驻扎军队,是因为防范白党,保持外蒙治安,并得蒙人请求;同时声称:"敝政府从前声明,所有旧帝政府时代各条约取消一语,并非谓根本取消,因尚有研究之余地。……而中东路亦归贵国管理,此乃贵国之误会。"李垣据此谴责苏俄方面"屡次失信","无诚意"。5 月 1 日,外交部向裴克斯声明:"今劳农政府乃忽背反前言,擅与蒙古私订条约,此等行为直与俄帝政府时代之对华如出一辙。须知蒙古系属中华民国领土,久为世界所公认。劳农政府此次私与订约,既自食前言,复违反公理。本国政府实难容忍。为此,特向执事严重抗议,所有劳农政府与蒙古私订无论何种条约,中国政府绝不承认。"但苏俄方面坚持其与蒙古订约并不违反 1915 年中、俄、蒙三方协约,如三方协约须修改,可由缔约各方共同与议[②]。外蒙问题由此成为影响中苏关系最重要的障碍之一。

裴克斯到京后,曾向北京政府递交苏俄外交人民委员的信函,表示对中东路苏俄"准备于中国允行若干必要之保障条件下交还中国",而在此一问题未解决前,"俄国在中东路之一切权利应仍保留不受侵害"[③]。正因为这些原因,裴克斯使团到京后,虽然中方曾表示可以"不

① 王聿均:《中苏外交的序幕》,第 272 页。

② 《办理接收库恰事务处关于交涉归还库恰事致外交部有关文件》(1922 年 2 月—5 月)、《外交部关于俄蒙通商与撤废苏俄在蒙兵卡问题与苏俄劳农政府来往文电》(1921 年 6 月—1922 年 11 月),《中华民国史档案资料汇编》第 3 辑《外交》,第 809—810、798—799 页。

③ 《中俄关系史料·中东铁路·俄政变》(1921 年)中东铁路篇,第 482 页。

日开议",但结果"则仍在渺茫之中"①。在苏俄方面,此时则声称新约未订以前,旧约仍然有效,企图以此诱使中国订约,但不再提无条件废除旧约的事。

1922年第一次直奉战争后,直系完全控制了北京政府,苏俄政府对联络吴佩孚颇感兴趣,由此亦推动了与北京政府的谈商。6月29日,苏俄向中方提出派越飞为新任使华代表,得到中方同意。7月间,裴克斯使团结束在华使命。8月12日,越飞到达北京。15日,越飞与外交总长顾维钧首次会见,顾维钧请苏俄撤退外蒙驻军,"如苏俄能迅予办理,则其他各问题,亦必迎刃而解"。越飞强调外蒙问题应与其他问题同样讨论②。25日,越飞向北京政府提出正式节略,提出"重行磋商关于双方之一切问题,俾两国间成立政治、外交、经济、商务上适当之关系,以符两国人民所互相希望之缔交连合之意响"。节略还表示,两国先应讨论政治、经济关系之根本原则,订立条约,恢复外交关系,其余细则等等,可有特别委员会或使领代表办理。从而回避就具体问题作出承诺③。顾氏回忆说:"越飞建议中国正式宣布废除与其他西方国家缔结的条约,苏俄将支持中国的这一立场。"顾氏向内阁和吴佩孚汇报后答复越飞:"中国政府已考虑了苏俄的建议,我们十分赞赏苏俄给予支持和实行合作的表示,不过中国政府对于不平等条约并不想采取单方面行动的政策。"④北京政府的答复使越飞大失所望。

9月2日,越飞致外交部节略称:"本全权代表现向贵政府再行提议磋商关于双方之一切问题,以期中俄两民国间成立善邻之睦谊,而符两国人民之心理。"同时表示:"今劳农政府主张始终一致,故仍欲悉照以前二次宣言之原则与中国开议。"9月7日,外交部回复越飞节略称:

---

① 《中俄会议参考文件》第2类《中俄问题往来文件》,第23页。

② 王聿均:《中苏外交的序幕》,第323页。

③ 《劳农代表越飞致外交总长顾维钧节略》(1922年8月25日),《中华民国史档案资料汇编》第三辑《外交》,第734页。

④ 《顾维钧回忆录》第1分册,第317页。

"贵代表拟请会议中俄一切问题,用奠双方邻好关系一节,中国政府可表同意,并准备与执事开议。所望会议时贵代表一本劳农政府迭次对华宣言之精神及贵代表此次节略所述之旨趣,彼此竭诚谈判,俾所有悬案得资圆满解决,一切问题自可顺利进行。"①北京政府改变了先前不与苏俄商谈政治问题的立场,同意就两国间各项悬而未决的问题进行正式谈判。

越飞来华希望达到中苏订约并建交的目的,但顾维钧坚持以苏俄撤退外蒙红军、交还中东路主权为先决条件。在双方商谈中,越飞坚持,中东路主权虽可归还中国,但管理权应归双方;蒙古问题应按1915年三方条约规定,外蒙实行自治,宗主权归中国方面,但双方均不得派兵进入外蒙;庚子赔款事还待解决。上述主张与苏俄两次对华宣言相距甚远,中方当然不能满意,表示对俄蒙条约等"概不承认",谈判没有进展。越飞还声明:"倘以此项宣言为俄国完全放弃其在中国利益之结果,则未免太不公允。盖俄国在其宣言书内虽曾声明抛弃帝制政府之侵略政策,并允抛弃俄国以此项政策在中国所得之权利,惟此项问题未经中俄自愿协商解决以前,则俄国在中国之权利尚未失效,且其合法而且公正之权利亦不能因此项宣言而消灭。即如东路所有权,倘由俄国让与中国人民之时,则俄国对于该路之利益仍不消灭。"越飞还要求中国政府取消中东路管理处,逮捕中东路总工程师,与苏俄协定组织临时管理机关。而中国政府答以"此事根本办法,仍以该路完全移交我国为最扼要"②。苏俄方面多次重申,中东铁路为俄国财产,北京政府如漠视苏俄利益,苏俄政府将放弃以前宣言所提各点,并否认苏俄两次对华

　　①　《苏俄代表越飞致中国外交总长函》(1922年9月2日),《中苏国家关系史资料汇编(1917—1924)》,第177页。
　　②　《外交部关于中东铁路路权交涉与苏俄劳农代表团的来往文件》(1922年11月—1923年8月),《中华民国史档案资料汇编》第三辑《外交》,第783—785页。

宣言中有无偿归还中东路的说法,北京政府收到的宣言文本为误本①。1922年9月,越飞向北京政府外交部表示,中东路"为中俄间主要问题之一",对中东路股东在哈尔滨开会表示"严重抗议"。北京政府则回答,此事"事关路务,完全为该路内政"②。当越飞见到报载大总统令,中国将于1923年1月起停付俄国庚子赔款时,当即声明:"凡关于中俄间彼此有关系之各问题,若由单方独行解决,绝对不能容纳";"在中俄会议未开会以前,关于中俄彼此有关系之一切问题,中政府所有议决及办法,俄政府断不承认。"外交部答称,此次停付系根据1920年的成案办理,当时"俄国并未有所抗议",而且与苏俄宣言精神"亦属完全相符",俄代表"抗议之理由,本部不能了解,殊难认为充分"③。

10月7日,北京政府外交部向大总统提出说帖,认为"苏俄曾迭次宣言,对华表示亲善,越飞此次请求开议,又有一本前项宣言精神会议

---

① 《中俄会议参考文件(第二类)——中俄问题往来文件》,第87、93—95页;《外交部关于中东铁路路权交涉与苏俄劳农代表团的来往文件》(1922年11月—1923年8月),《中华民国史档案资料汇编》第三辑《外交》,第786—788页。中方所引俄方宣言内容系1920年3月3日苏方交中国驻伊尔库斯克领事馆转致北京政府,该宣言为法文,由苏俄外交人民委员会西伯利亚及远东事务全权委员杨松签署,并经苏俄副外交人民委员加拉罕证明抄写无误。同时,苏俄还将该宣言递交给中国驻海参崴领事邵恒濬和边防处驻哈尔滨官员张斯麐。但1919年8月26日苏俄《真理报》与《消息报》发表该宣言时,删去了有关归还中东路的内容。苏俄代表团亦称,该宣言俄文原稿、英文译稿及收入公文汇编里的文本均不载归还中东路事。(《外交部关于中东铁路路权交涉与苏俄劳农代表团的来往文件》,1922年11月—1923年8月,《中华民国史档案资料汇编》第三辑《外交》,第789、793页;李嘉谷:《中苏关系(1917—1926)》,第46—47页)关于苏俄对华宣言的文本问题,请参阅方铭:《关于苏俄两次对华宣言和废除中俄不平等条约问题》(《历史研究》1980年第6期)、薛衔天:《试论"苏俄第一次对华宣言"内容变化问题》(《社会科学战线》1991年第3期)、李嘉谷:《苏俄第一次对华宣言文本问题》(《北京档案史料》1991年第4期)。

② 《劳农代表团与外交部往来节略》(1922年9月),《中华民国史档案资料汇编》第3辑《外交》,第775页。

③ 《外交部关于庚子赔款事与苏俄劳农代表团交涉的有关文件》(1922年9月,《中华民国史档案资料汇编》第三辑《外交》,第828页。

解决一切问题之声明，揆情度事，似亦未便深拒。……金谓不如因势利导，试与周旋，先议悬案，再议通好，万一积年悬案，竟获结束，于我未尝无利。"①但"先议悬案"的谈判方针，显与苏俄的想法距离甚远。9月间，越飞去长春，与日本会谈苏日关系问题。10月初越飞回到北京后，即以养病为由不作公开活动，中苏交涉停顿。11月7日，在北京纪念苏俄十月革命五周年宴会上，越飞发表书面讲话，竟称"为了中俄的共同利益，从库伦撤兵实为不可能的事"；"中东铁路问题乃俄人希求承认其合法权益的唯一问题。……俄人也深盼其在该路的一切权益，将获得中国的谅解与承允，并予以必需的保证"②。此时，日军已自西伯利亚完全撤退，苏俄在远东的地位得以巩固，也不再如前那般急迫地希望打开中苏关系。

越飞在北京期间，"与各团体联络往还，甚为活动"，宣传苏俄的主张，批评帝国主义列强的政策，主张东方民族团结，并暗中津贴报馆，为其宣传。北京政府外交部认为"亟应特别注意，以免煽惑"，并因此密函内务部，要求"密饬京师警察厅，仿照从前优林到京时办法，选派有知识之干探，于该俄人等出入地方，秘密侦查，细心访察，……一面将越飞一切举动，随时报部，以凭查核"③。因谈判停滞和越飞企图联络孙中山的举动，吴佩孚对苏俄提出抗议，还要北京步军统领王怀庆检查苏俄代表越飞在华往来函件，吴佩孚与苏俄的关系似在恶化。而越飞则预备南下会见孙中山，另辟苏俄对华交涉的途径，并以此向北京政府示威。1923年1月13日，越飞会见外交总长施肇基辞行，施希望中苏"即行开议"，而越飞以"医师因本代表久病不愈，力劝赴南养病"为由，表示谈判可在三月以后。实则如越飞对顾维钧所言："既然中国政府不愿接受

①　王聿均：《中苏外交的序幕》，第371页。
②　王聿均：《中苏外交的序幕》，第385页。
③　王聿均：《中苏外交的序幕》，第340—344页。

苏俄进行合作的建议,即将前往南方与孙中山博士商谈这项建议。"①
1月16日,越飞离京南下会晤孙中山,随后并与孙中山发表《孙文越飞联合宣言》,表示苏联已将孙中山作为重要的交涉对象。此后,越飞以养病为由滞留日本,其职务由达夫谦代理,他建议将中苏谈判移至莫斯科举行,但为中方所拒,中苏谈判又陷于停顿中②。

---

　　①　《顾维钧回忆录》第1分册,第317页。实际上,越飞曾对苏联政府不承认对华宣言中若干提法的态度提出过异议。他在给列宁、斯大林等苏联领导人的信中说:"当然,耍某种'手腕'可以把这些宣言说成一纸空文,但我认为,这将是我们对华政策的破灭,而最终则是我们全面灭亡的开始,因为在对外政策上我们成了最一般的帝国主义者,在很大程度上不再是世界革命的推动因素,如果我们在对内政策上还交出一些重要经济阵地,那就更是如此。"但俄共(布)中央政治局会议仍指示越飞:"在同中国谈判时,从1919到1920年的总宣言中得出直接指示是不能允许的,当时中国对这个宣言并未作出相应的反应。您所提出的问题应作为共同讨论的题目,只能以同中国的总条约形式加以解决。"关于蒙古问题,应由俄中蒙协议解决;关于中东铁路问题,"必须规定一些保证条件"和"我们的一些特权"。越飞还提出,"无偿地"向中国转交中东铁路财产权,但托洛茨基表示:"我至今还不明白,为什么放弃帝国主义要以放弃我们的财产权为先决条件。"从而否定了越飞的意见。《俄共(布)中央政治局会议第24号记录》(1922年8月31日)、《托洛茨基给越飞的信》(1923年1月20日)、《联共(布)、共产国际与中国国民革命运动(1920—1925)》,第115、200页。
　　②　关于1920年代的中苏交涉,王聿均的《中苏外交的序幕》(台北中研院近代史所1978年版)与李嘉谷的《中苏关系(1917—1926)》(社会科学文献出版社1996年版)有详尽之叙述,请参阅。

第二章　第一次直奉战争及直系当政

第一节　直奉矛盾的激化

一　靳阁垮台与梁阁登场

　　直皖战后,直、奉两系因其势力的大体平衡而形成了共治北京政府的局面,但军阀派系的团体利益和扩张意识,注定这种"共治"局面不可能长久维持。直系以其军事实力战胜皖系,认为奉系的贡献有限,不甘与奉系分享北京政权,摆出了凌驾于奉系之上的态势;奉系亦有问鼎中原的企图,在助直倒皖之后,其向关内扩张势力范围,染指中央政权的野心日渐明显。直奉双方虽然还勉强维持着对北京政府的共治格局,但私下里都在勾心斗角、纵横捭阖、整军经武,各有图谋,力图超越对手,独占中央政权。1921 年的援鄂战争,使直奉双方原本脆弱的平衡向着有利于直系的方向摆动。张作霖在援鄂战争期间曾经电请北京政府,请缨南下援鄂,目的就是为奉系"在长江下游树一根据地"①。但直系岂能容奉系染指长江地盘,直军援鄂的结果,夺得湖北地盘,占据两湖要冲,控制京汉全线,实力大为增长。吴佩孚得到两湖巡阅使的任

---

　　① 《直系竞争地盘之暗斗》,《民国日报》,1921 年 11 月 7 日。

命,成为同曹锟、张作霖并肩的显赫武人与实力人物①,从而大大增强了直系对于北京中央政治的发言权,也引起了奉系的强烈反应,直奉双方的矛盾由隐而显,逐渐激化。

直奉矛盾发展的最初表现,就是对北京政府控制权的争夺。北京政府靳云鹏内阁是直皖战后直奉双方共治妥协的产物,靳云鹏本与皖系有较深关系,直皖战后因缘际会当上了阁揆,为了维持其政治生命,对直奉双方都不敢得罪,只能看直奉的脸色行事。但随着直奉矛盾的发展,靳云鹏的态度使奉系感觉其对奉"表面虽予尊崇",但实则有"扶直抑奉"之嫌疑,靳云鹏的处境从此越加艰难,在直、奉两强的夹缝间动辄得咎,左右为难,加以财政困难,无力开支,靳内阁的地位已是风雨飘摇,朝不保夕②。

北京政府的财政一向不宽裕,靳云鹏内阁成立后,财政状况更是江河日下。国内战争频仍,灾荒四起,各地大小军阀需索无度,用款之处所在多有,催款之电日日发至,就连直接支配着北京政府的直系军人,也在不断向北京政府催款,政府深以为难,应对无门。外债因主要抵押品已用尽而无处可借,内债"合计总额超出三万万元,历年本息积压甚巨","各银行饱受旧债之累,不复能承受"。北京政府的财政甚至窘迫到"使馆经费亦久不汇寄,致各外使借债度日,实不成体统"③。靳云鹏

①　北洋武人当政,军阀对地方的控制多以省为基础,"省区军阀继续扩张势力,进一步就要支配两省甚至两省以上,于是又出现了超省级的机关。最常见的是巡阅使";"巡阅使按其性质来说原属一种临时特殊措施,出于对大实力派的安排,并未形成一种统一的制度。关于它的编制,只能因时因地因人因事而作不同的规定";"巡阅使的职权,从理论上说主要只是统率(节制、调遣)区内的军队,实际上则不尽然,既不以军政为限,也不受地区名义的束缚,形成超省级的太上皇政府"(钱实甫:《北洋政府时期的政治制度》,中华书局1984年版,第252—254页)。
②　陈冠雄:《奉直战云录》,荣孟源、章伯锋主编:《近代稗海》第5辑,四川人民出版社1985年版,第13—14页。
③　遐庵年谱汇稿编印会:《叶遐庵先生年谱》,1946年版,第178页;曹汝霖:《一生之回忆》,台北传记文学出版社1970年版,第170页。

任内换了三任财政总长,还是无法解决财政困窘之局。值此之际,1921年11月发生的中、交两行停兑风潮,更凸显出北京政府财政之困窘,并对北京政局的演变发生了重要影响。

中国银行和交通银行是国内成立较早、实力较为雄厚的两家主要银行,并因有较多政府参股而成为准国家银行,担负着为北京政府筹资放款的任务。正因为两家银行的官商特质,时因"筹垫军政各款为数太巨,以致周转不灵",兼之日本为在华盛顿会议上逼中国就范,有意制造对中国实行"国际共管"之谣言,"谓中、交两行与政府有密切关系,现在政府不能按期付还债款,是政府已不能维持,即两行亦将不能自立。……于是外人共管之说随之而成,外国银行从前收用中交钞票者乃一律拒绝收用"①。消息传出后,影响到商家和普通民众对中交两行发行的钞票价值的信心,自11月16日起,主要在北京与天津两地发生挤兑风潮,并波及上海、汉口、济南等大中城市。天津中国银行"提存兑现约百万元,行力不支"。由于事发突然,银行准备不及,中、交两行一度限制兑现,天津每人限兑10元,"人极拥挤",更增加了市面的紧张气氛②。为安定市面,平息风潮,11月18日,北京财政部电令要求"凡中国、交通银行钞票一律收用,毋得拒绝"。京畿卫戍总司令王怀庆提出紧急办法,要求中、交两行在两星期内恢复无限制兑现,高级负责人不得出京,大额现洋不得运出北京,官家收入发饷概须通用钞票,各界不得散布各种捕风捉影之谣言,"遇有拒绝两行钞票之人,无论何界何人,无不立予严惩",同时派出警察沿街巡视稽查③。经此严厉之动作,人心渐定,风潮止息。

---

①　中国银行行史编辑委员会编:《中国银行行史资料汇编》上编(二),档案出版社1991年版,第992—993页。

②　《卞白眉日记》第1卷,1921年11月16日、17日,第168页。

③　《中国银行行史资料汇编》上编(二),第989页;《王怀庆以军权干涉提出挽救金融办法警告书》,中国第二历史档案馆编:《中华民国史档案资料汇编》第三辑《金融》(二),江苏古籍出版社1991年版,第521—523页。

　　在中、交两行停兑风潮中,掌握着交通银行大权及大量金融资源的交通系起初听之任之,不予置理,甚而主张干脆停兑,以向政府施加压力,不仅反映出交通系对早先靳云鹏排斥己方人物入阁的怨恨,而且背后还有奉系支持的影子,反映出奉系因为与直系的矛盾,正在寻找干预北京政治的时机,而中、交停兑风潮恰时逢际会,成为奉系倒阁之手段。奉系的下一步,则为利用徐世昌与靳云鹏的矛盾,借徐之手赶走靳云鹏,改组北京政府,扶植中意的人物上台。

　　徐世昌和靳云鹏同与皖系有深厚关系,但靳与交通系有隙,而徐与交通系通好,府院关系时有龃龉,"府院同床异梦,徐氏故无时不欲乘机倒靳也"①。徐世昌的总统之位来自于皖系控制的安福国会,直皖战后因直奉妥协而得以暂保,但随着直系势力的坐大,对徐的总统之位形成直接的威胁,使徐世昌对直奉矛盾的态度开始偏向于奉系,以延续其权位。当中、交停兑风潮发生后,交通系在奉系支持下据以倒阁,徐世昌也乐观其成,借内阁人事问题向靳发难,从而形成了以奉系为后台,以交通系为吹鼓手,以徐世昌为直接运作者的三方共同倒阁运动,而直系因靳云鹏并非己方人物,本无所爱,靳又对解决直系军饷等等问题无能为力,遂对其不愿施以援手,靳阁倒台的命运由此注定。

　　12月3日,徐世昌发表辞职通电,向靳云鹏施加压力。交通系干将叶恭绰此前到奉,见张作霖言:"总统本有去靳之意,因靳召集新国会,实为曹谋,如张入京去靳,以梁士诒组阁,则国会召成,张当然被选总统。"②张作霖为之动,9日电致徐世昌表示支持。12日,张作霖由奉天到天津,14日再到北京,表示"此来绝不干涉政治",但"对于政局上发生之风潮及政府各方面之一般的意见,彼甚愿斡旋一切而化除之"③。

─────────

　　①　章伯锋、李宗一主编:《北洋军阀》(四),武汉出版社1990年版,第117—118页。

　　②　《中华民国内阁篇》,杜春和编:《张国淦文集》,北京燕山出版社2000年版,第282页。

　　③　《张胡在北京支配徐靳》,《民国日报》,1921年12月18日。

曹锟闻张作霖到京,亦于 19 日到京对张言:"内阁不宜更换,我等疆吏不应干预中央之事。"张言:"此系总统意思。"曹邀张同见徐世昌,徐言:"责任内阁,我无成见,惟翼卿(靳云鹏)实不相宜。"①在来自各方的压力下,虽然靳云鹏与张作霖有姻亲关系,与曹锟是换帖兄弟,还是吴佩孚的恩师,但夹在直、奉两大派系的利益诉求之中,左右腾挪无方,实已无法再干,17 日辞职赴津,徐世昌遂顺水推舟,于次日任命外交总长颜惠庆代理阁揆,开始组建新阁的运作。

靳阁垮台后,徐世昌认为,"非于财政上有办法,政治上有手腕之人,不能起死回生",乃属意由其老关系、交通系首领梁士诒组阁,利用其掌握的金融资源,缓解政府的财政危机。交通系一向在政治上野心勃勃,从拥袁世凯称帝,到拥徐世昌为大总统,梁士诒都是主角之一。此时梁士诒亟图入主北京政府,过把阁揆瘾,并得到了奉系的大力支持。"奉张与旧交通,实已联合。奉欲攘交通权,旧交通欲攘内阁权,日内正积极进行",故张作霖"力荐梁"②。不过,早先徐世昌询其意见时,他"以在北方则两大军阀对峙,中部则长江各督不一致,西南又另立总统,此时出而问政,殊非易易也"而"婉谢之"③。及至靳阁风雨飘摇,梁认为时机成熟,便在 11 月 10 日离香港北上,于月底到京,摆出了接任之势。

直系尤其是吴佩孚对梁士诒组阁颇不以为然,吴担心以奉系的武力得到梁士诒的财政支持,"将合粤皖奉为一炉,垄断铁路,合并中央,危及国家",对直系大为不利,故主张由王士珍组阁,或以颜惠庆代之④,并告直系各省督军,"慎防梁士诒组阁"⑤。但未等吴佩孚布置周全,靳云鹏

---

①　《中华民国内阁篇》,《张国淦文集》,第 282 页。

②　《徐一清致阎锡山电》、《李庆芳致阎锡山电》(1921 年 12 月 19 日),《阎锡山档案要电录存》第 5 册,第 538 页。

③　凤岗及门弟子编:《民国梁燕孙先生士诒年谱》,台湾商务印书馆股份有限公司 1978 年版,第 655—656 页。

④　《民国梁燕孙先生士诒年谱》,第 656 页。

⑤　彭昌鲁编:《稿本吴孚威(佩孚)上将军年谱》,全国图书馆文献缩微复制中心2001 年版,第 271 页。

已经去职,徐世昌即邀梁士诒组阁,并与张作霖共同请直系首领曹锟入京相商,以示对曹之尊重。曹锟的政治敏感度不及吴佩孚,且以为梁士诒组阁事木已成舟,到京后未表反对。12月24日,徐世昌即任命梁士诒为新任国务总理,交通系干将张弧为财政总长,叶恭绰为交通总长,奉系出身的鲍贵卿为陆军总长,齐耀珊为农商总长,奉系及其支持的交通系显然控制了内阁的大权,从而使直奉矛盾因此而激化。

梁士诒出任国务总理之初,因"既握揆席,又占财交两部,踌躇满志,如愿以偿"。他提出了三大政策方针:一、树立外交政策;二、活动金融经济;三、消弭内战①。但在实行方面,他的做法离此甚远,因为"消弭内战"显然是梁力所不能及者,"树立外交政策"则因其在华盛顿会议期间同意"借日款赎路"的外交决策而广受批评,"活动金融经济"无非举债而已。梁士诒虽有"财神"之誉,但面对北京政府庞大的财政亏空,也是巧妇难为无米之炊;因为国内主要银行均认为政府"无确立财政整理之计划,惟以滥借为能事,以致各银行号因之资金空乏,受累无穷",不愿再借款于北京政府,使梁士诒无法靠借内债而解决财政危机。梁士诒只能铤而走险,低声下气地向以外国银行团为主的中外银行团提出巨额借款要求,以盐余为抵押,以新债还旧债,主要是偿还到期的各项短期借款,并以余款作为政府开支。外国银行团提出,"近年以来政府将盐余押借无数小债,抵押无度,致发生紊乱状况。稽核总所及银团方面均感不便,此后不可再蹈覆辙,请备函声明,此后不再用盐余借债"。为北京政府所首肯②。经过一番讨价还价,1922年1月26日,北京政府与中外银行团签订"九六公债"借款合同,借款总额9600万元,以未来关税实行切实值百抽五后增加之收入偿还(关税未加前或不敷

---

① 沈云龙:《徐世昌评传》,台北传记文学出版社1979年版,第677页;《民国梁燕孙先生士诒年谱》,第657页。

② 《财政部与银行团商谈发行盐余公债有关文件》(1921年12月—1922年2月),《中华民国史档案资料汇编》第三辑《财政》(二),第915、924页。

应用时,仍以盐余偿还),主要用途为偿还各项内外短期公债①。不过,此项借款虽成,无非以新债还旧债,对直接改善北京政府的财政困境并无多大裨益,反而引来直系的强烈反弹,被攻击为"挖肉补疮","丧心病狂","为维持私人银行之利益",并为"垄断政权、植党贿收,而利用此公债以移花接木者"。2月9日,吴佩孚发出通电,直指此债是为"某当局伙开之东陆、大中等银行,历年均经营政府借款,现若如数归还,实不啻收回私债"②。同时,梁士诒上台后,在政府各部门广为安置交通系人马,把持各个实权部门,在长江以南地方谋划任用奉系人马替代直系,赦免直皖战后被"褫夺官职,免职讯办"的皖系军人如段芝贵、曲同丰等,表现出与奉系合谋并联合皖系与直系对抗的意图。"如此举实行,时局将急转直下,而直系势力,不免大受影响"③。从而引发直系的强烈反弹,也为直系所不能容忍。吴佩孚的心腹幕僚白坚武即认为,"或将以此引起奉直战机"④。

二　梁阁被攻的台前幕后

还在梁士诒上台之前,直系首领吴佩孚即表示反对,并威胁"梁阁实现之日,即大局翻腾之时"⑤。果不其然,梁士诒上台后的所作所为,验证了当初吴佩孚之担心,"张(作霖)的发言权高到极点,直系在中枢

---

① 《国内盐余借款团成立》,《民国日报》(上海),1922 年 1 月 22 日;《时事日志》,《东方杂志》第 19 卷第 4 号,第 137 页。

② 《孙传芳通电》(1922 年 1 月 28 日)、《吴佩孚通电》(1922 年 2 月 19 日),《中华民国史档案资料汇编》第 3 辑《财政》(二),第 950—952 页。

③ 《钱桐致阎锡山电》(1921 年 12 月 29 日),《阎锡山档案要电录存》第 5 册,第 542 页。

④ 《白坚武日记》第 1 册,1921 年 12 月 24 日,第 342 页。

⑤ 《民国梁燕孙先生士诒年谱》,第 656 页。据梁士诒及叶恭绰言,吴佩孚向梁士诒逼索军饷 225 万元,梁未应,故吴有这样连珠弹的攻击电文。叶遐庵述,俞诚之笔录:《太平洋会议前后中国外交内幕及其与梁士诒的关系》,第 225—226 页。

的地位几降为零"①。这当然为直系尤其是吴佩孚所不能容忍,"大局翻腾"自不可免。吴佩孚先以梁士诒为主要攻击对象,发起倒阁运动,但他深知梁与奉系的关系,故明为攻梁,实为攻奉,反对梁士诒的行动本身已经反映出吴佩孚对张作霖的强烈不满及其准备与奉系决裂的决心。

　　吴佩孚发起倒梁阁的由头是华盛顿会议期间的中日交涉。日本在华盛顿会议中日有关山东问题的交涉中,强迫中国借日款赎回其在第一次世界大战期间强占的胶济路,以继续控制这条山东的主要交通干线,然中方坚持自筹款项赎路,以摆脱日本的控制。正当双方争持不下之时,却传出梁士诒在会见日本驻华公使小幡酉吉时允其以"借日款赎路"的传闻②,从而给了吴佩孚利用民意倒梁的绝好机会③。

---

　　①　陶菊隐:《吴佩孚传》,第 60 页。

　　②　1921 年 12 月 29 日梁士诒与日使小幡的谈话内容,各家说法不一,但当时多数人相信了传媒报道的梁欲"借日款赎路"的说法。颜惠庆在日记中记载,12 月 27 日,"小幡来访,问中国是否同意为铁路借款,如果回答是否定的,就停止谈判";12 月 29 日,"小幡见梁,表示日本愿意支持他。梁谈起向日本借款,关于借款自办铁路,安福系流亡者等问题"(《颜惠庆日记》第 2 卷,上海市档案馆译,中国档案出版社 1996 年版,第 103—104 页)。颜的记载似对梁不利。而身历其事、与梁关系密切的叶恭绰则坚持认为,梁士诒会见小幡时提出的是"筹款赎路自办",相反,外交总长颜惠庆 12 月 27 日会见小幡时提出的却是"借款自办",而小幡为了日本的利益,将两者混为一谈,"藉以哗众取宠,邀功疑弦",颜惠庆则"嫁祸于梁",并得到吴佩孚的有力支持(叶遐庵述、俞诚之笔录:《太平洋会议前后中国外交内幕及其与梁士诒之关系》,第 227—228 页)。不过,即便如叶所言,如何理解"筹款"仍费思量,如何"筹款"可以有多种方式,包括"借款"。其实,这其中的关键不在文字表述,而在如何把握当时的民意所在,塑造出"正""反"相对的形象。吴佩孚在这方面较梁士诒可谓技高一筹。

　　③　时任外交总长的颜惠庆认为:"尽管某些文章有一些相反的说法,但这位总理抛开我国代表团在华盛顿会议上的宣言,径自做主答应日本使节的提议却是毋庸置疑的。由此引起全国舆论的一致谴责,并非偶然,他可能没认识到事情的严重和公众舆论可能的反应。""其时,公众舆论极其关注山东问题。即使是小有不慎,轻言妄动,便会立刻招来猛烈严厉的攻击。假如这个人本来就不被大家所欣赏,政治上树敌过多,或曾有劣迹授人以柄,则攻击者更容易如愿以偿。"《颜惠庆自传——一位民国元老的历史记忆》,吴建雍、李宝臣、叶凤美译,商务印书馆 2003 年版,第 154 页。

1922年1月5日,梁士诒内阁成立不过十日有余,吴佩孚即发表公开通电("歌电"),打响了倒梁的第一炮。电称:"胶济铁路为鲁案最要关键,……乃行将定议,梁士诒投机而起,突窃阁揆。日代表忽变态度,顿翻前议。……梁士诒不问利害,不顾舆情,不经外部,径自面复,竟允日使要求,借日款赎路";"举历任内阁所不忍为不敢为者,今梁士诒乃悍然为之举;曩昔经年累月人民所呼号,代表之所争持者,咸视为儿戏。牺牲国脉,断送路权,何厚于外人,何仇于祖国";电文表示要与全国父老"群策群力,急起直追,迅电华会代表,坚持原案"。吴佩孚此电既出,轰动朝野,又以其为公开通电,市井皆知,使梁士诒处于不能不辩白的尴尬处境。6日,梁士诒发出"微电"(发电日期倒填为5日),故作姿态,表白自己对胶济路亦"主筹款赎回自办,至筹款办法,或发债票,或发库券,不论向国内外筹款,均以截清先后界限,申明该路收回自办性质为要义"。7日梁再发通电及声明为自己辩解,称:"筹款赎回自办之主张,其上固望国人之自筹,否则国内外合筹借款,亦可两害取轻,要未尝言及限于日本,亦非但尽日本也";"关于山东省问题之中国地位,新内阁完全赞成中国代表团在华会之宣言,至各种悬案,凡曾有不良之影响于邦交者,以公正的办法解决之。"①

梁士诒的辩解非但未发生作用,其倒填日期发表通电的做法,无异于授人以柄,吴佩孚攻其"做贼心虚,恐招全国声讨",因此"预为立脚地步,以冀掩人耳目,而免攻击。设计良狡,殊不知欲盖弥彰,无异自供其作伪";"以堂堂国务院,而作此鬼蜮伎俩,思以一手遮尽天下人耳目"。自8日起,吴佩孚连连发表公开通电,痛责梁士诒外以借款卖国,"铁案确凿";内而起用曹、陆,"以辅助卖国媚外之所不及";声称"各省疆吏及各界团体,既皆有请公去位之表示,公亦必不肯拂逆疆吏与民意,而恋栈贻羞。今与公约,其率丑类迅速下野,以避全国之攻击,三日不能至

---

① 《吴佩孚通电》(1922年1月5日),《中华民国史档案资料汇编》第三辑《政治》(一),第175页;《民国梁燕孙先生士诒年谱》,第660、663—664页。

五日，五日不能至七日，七日不能，是终不肯去也。吾国不乏爱国健儿，窃恐赵家楼之恶剧重演于今日，公将有折足灭顶之凶矣，其勿悔！""斯人不去，国不得安。倘再恋栈贻羞，可谓颜之孔厚，请问今日之国民孰认卖国之内阁"。吴佩孚电中还表示："如有敢以梁士诒借款及共管铁路为是者，即其人既甘为梁士诒之谋主，即为全国之公敌。凡我国人，当共弃之。为民请命，敢效前驱。"矛头暗指支持梁士诒的奉系，对奉系也构成了挑战与压力。还在发起倒梁运动之初，吴佩孚即密电各地直系将领，请求他们的支持，以形成一定的声势。1月6日，吴佩孚在致苏、赣、鲁、鄂、陕、豫等省督军电中称："梁阁突然实现，所蓄阴谋甚多，包藏祸心，勾结关外，扰乱长江，设不迎头痛击，则塞上风云，江汉波涛，汹涌而来，后患不堪设想。某因此奋作前驱，首先通电揭示，祈各一致声讨。"①故当吴之讨梁通电发表后，直系将领纷纷响应，鄂督萧耀南通电称，吴电"义正词严，切中时弊"，自称"识见浅薄，原不敢越分言事，第以兹事关系国权，未便缄默"②；齐燮元等通电称，"梁氏入阁以来，种种倒行逆施，至于此极，不第中外大为失望，亦决非全体初料所能及也"；"若竟悍然不顾，依然恋栈，则是愿与国民宣战，国民虽愚，亦必力筹相当之对待"③。一时间，梁士诒成为直系必欲推倒的对象。

　　吴佩孚与梁士诒之间的电报战，你来我往，一攻一守，成为1922年初北京政坛的大事。在吴佩孚凌厉的电报攻势下，民意舆论沸腾，此时，梁士诒究竟对日使说了些什么似已不重要，重要的是，吴佩孚成功地利用民意，将自己塑造为"爱国者"，将梁士诒打扮为"卖国者"，使梁

---

　　①　《吴佩孚通电》(1922年1月8日、10日、12日、13日)，《中华民国史档案资料汇编》第三辑《政治》(一)，第175—180、187页；《稿本吴孚威(佩孚)上将军年谱》，第274—275页。

　　②　《萧耀南通电》(1922年1月9日)，《中华民国史档案资料汇编》第三辑《政治》(一)，第176—177页。

　　③　《齐燮元等反对梁士诒内阁及劝告阁员洁身自退通电》(1922年1月13日)，《中华民国史档案资料汇编》第3辑《政治》(一)，第187页。

处于很难辩白的不利地位，倒梁还是保梁也就成了是否"政治正确"的问题，此对于直系以后用以攻奉，并在第一次直奉战争中进行舆论动员亦有相当之益处。1月13日，梁士诒发出"元电"，称自己向未主张借日款赎路，并未就此事训令华会代表，将外界攻击称为"流言迭起"、"误会滋多"，指责这些言论"以感情之冲动，供他人之利用，为事实之牺牲，牵动政潮，贻误大局"；并表示胶济路即应完全收回，对筹款赎路"誓当破釜沉舟，毁家纾难，力图共济，以绵力所及，尽当担任筹借国内款项三百万元，以资倡始"[①]。即便梁士诒如此"慷慨"，但其"卖国"形象已成，此电仍然无法挽回其声誉之损失。

　　吴佩孚对梁士诒大加攻击，使梁的支持者张作霖再也坐不住了。对吴攻梁之目的，张作霖亦心知肚明。早在1月1日，吴佩孚与梁士诒的电报战尚未开打时，张作霖即致电徐世昌，称华会办法"其间并未参加梁阁之意见。是梁氏对于此案既未有单独之主张，即不得指为有若何之作用"[②]，为以后出面为梁辩解预留余地。吴佩孚发动攻梁后，张作霖先是致电梁士诒，"请其不可灰心"[③]。后又特意致电徐世昌，为梁曲加辩解，认为吴佩孚对梁士诒"不加谅解，肆意讥弹"；"不问是非，辄加打击"；请求徐世昌"主持正论，宣布国人，俾当事者得以从容展布，克竟全功"[④]。此时，"吴使（吴佩孚）攻击梁阁日见激烈，决无转圜余地。梁摅意态镇静，作事仍前积极，毫无退志。元首（徐世昌）亦以年关在即，华会将闭，不愿遽易内阁，奉天屡为新阁缓颊"[⑤]。梁士诒内阁似乎

　　① 《梁士诒通电》（1922年1月14日），《中华民国史档案资料汇编》第三辑《政治》（一），第180页。

　　② 《张作霖通电》（1922年1月1日），《中华民国史档案资料汇编》第三辑《政治》（一），第174页。

　　③ 《钱桐致阎锡山电》（1922年1月11日），《阎锡山档案要电录存》第6册，第3页。

　　④ 《奉天保护梁士诒之原电》，《民国日报》，1922年1月14日。

　　⑤ 《李庆芳致阎锡山电》（1922年1月16日），《阎锡山档案要电录存》第6册，第6页。

还有继续维持的余地。

吴佩孚攻梁的本意即为攻奉,故当张作霖出面为梁辩解后,吴佩孚更是不依不饶,在1月中旬发动新一轮电报战,矛头直指梁士诒,要求其立即下野,以此向梁的后台张作霖示以眼色。1月13日,吴佩孚在致鄂督萧耀南的电报中指示:"梁氏如果恋栈,联合各省,所辖之财交,用人行政,收归自主。"①19日,吴佩孚与苏、赣、鄂、鲁、豫、陕六省督军、省长联名致电徐世昌称:梁士诒"以洪宪罪魁,为国民共弃";"孤行己意,罔恤人言,上负元首知遇之明,下违亿兆希望之切。既犯众怒,即属公敌";"应请我大总统乾纲独振,立罢梁士诒,以谢天下";进而又威胁说:"倘贤奸不辨,忠悃莫伸,则佩孚等仰体元首苦衷,俯顺国民公意,万不获已,惟有与内阁断绝关系。"②23日,吴佩孚又致电京畿卫戍总司令王怀庆,告其梁氏"非常坚决,万不肯去云云。似此挟制元首,目无法纪,长此跋扈恣睢,势必危及至尊,摇动国本。我公既掌北门管钥,有拥护元首之责,巩固中枢之任,应速行使职权,以武力强迫梁士诒迅速去职,以安元首而定人心"③。可见吴佩孚已下了不得已时以武力倒梁的决心。同时,吴佩孚还给曹锟、张绍曾和直系各督军去电,言称倒阁后"阁事听元首主持,惟命是遵",表示自己无意对组阁问题说三道四,以减轻倒阁的阻力④。

在直系吴佩孚倒阁的强大压力下,梁士诒备受攻击,无法再干,上台不过一月,即于1月23日称病请假,离京赴津,由颜惠庆再度代理总理职;但梁士诒也未明确表示辞职;显对奉系支持仍持期望,并为自己复出留有后路。梁士诒黯然而去,使其后台奉系大失颜面。面对吴佩

---

①　《稿本吴孚威(佩孚)上将军年谱》,第286—287页。

②　《吴佩孚等关于推倒梁士诒电》(1922年1月19日),《中华民国史档案资料汇编》第三辑《政治》(一),第188页。

③　《吴佩孚电》(1922年1月23日),《中华民国史档案资料汇编》第三辑《政治》(一),第189页。

④　《稿本吴孚威(佩孚)上将军年谱》,第292页。

孚咄咄逼人的攻势,张作霖十分恼怒,他不甘就此退让,公开站到前台为梁士诒辩护。1 月 30 日,张作霖公开致电徐世昌,强硬声称:"事必察其有无,情必审其虚实,如果实有其事,即加以严惩,梁阁尚有何辞。倘事为子虚或涉误会,则锻炼周纳,以入人罪,不特有伤钧座之威信,其何以服天下之人心";"倘彰纪不明,是非莫辨,国民人心不死,爱国必有其人。作霖疾恶素严,当仁不让,亦必随贤哲之后,而为吾民请命也"①。张作霖此电既出,表明直奉矛盾已趋于公开化,为了准备与实力强于自己的直系决裂,张作霖开始联络皖系与南方广东政府,酝酿成立奉、皖、粤"三角同盟"共同抗直。2 月 1 日,直皖战后皖系仅存的大将、浙督卢永祥发表通电,提出如有梁阁欲借日款之举,"不惟梁总理个人应负责任,即全体阁员亦应公同负责";要求徐世昌"将总理梁士诒经办鲁案、赎路情形,迅饬查明,详为宣布";"若不亟为宣布,则外间不明真相,国人何所适从"②。此电实际呼应了张作霖的主张,奉皖携手合作以对直的同盟雏形正在形成。

从吴佩孚发动倒梁阁的运动以后,直系对外表示的态度疾言厉色,剑拔弩张,一时间风云四起,大有战端将起之意。但梁士诒有奉系的支持,如何应对张作霖的挑战,对直系亦非轻而易举之事。在直系内部,曹锟的态度一直较为和缓,加上他与张作霖的儿女亲家关系,对奉系不似吴佩孚那般强硬外露、咄咄逼人。吴发起倒梁运动后,1 月 9 日曾有电告曹:"梁倒填日期之微电已经自认,我方倒梁原为救济外交,外无意见,请强毅镇静。"但曹锟态度谨慎,并有电致吴佩孚,吴碍于上下关系,只能复电表示,"默体尊指,不为操切"。曹锟毕竟资望高过吴佩孚,而吴对曹也一向表示尊重,曹既主对奉留有余地,故吴在对外猛烈攻梁的

---

①　《张作霖通电》(1922 年 1 月 30 日),《中华民国史档案资料汇编》第三辑《政治》(一),第 181—182 页。

②　《卢永祥电》(1922 年 2 月 1 日),《中华民国史档案资料汇编》第三辑《政治》(一),第 193 页。

同时,也在私下里数次向奉系首领表示,"勿为外人挑拨,疏通误会";"讨梁原为救国,直奉并无意见,拒听浮言"。吴还向直系各督表示,"奉直亲睦照常",以释他们可能有的疑义。1月30日张作霖通电发表后,吴特意致电直系各省督军,要求他们不要与张争辩,以免节外生枝。

2月初,曹锟在保定召集直系诸将领集议,不赞成与奉系决裂,并面训吴佩孚谨慎行事①。3月10日,吴佩孚针对外间"奉直两方将以兵戎相见"之议论,发表通电称:一、反对梁士诒,"乃反对其举国共愤之媚外政策,非反对其组阁";二、"佩孚服从吴巡阅使,为国人所共知,对于张使抱同一之观念,既服从矣,其不能反对也明甚";三、"内阁失败,国会得而弹劾之,人民得而攻击之。……此不能以佩孚之反对梁氏,终为奉直间别有问题者也";四、"奉直元气也,内阁股肱也。股肱有疾,方欲进药石以救之,讵有自戕元气之理";五、"表面虽有奉直之名,内容实无畛域之见";"以上各节均足以证明谣言之不足信,稍有智识之人,当悉为挑拨者另有作用,我奉直当局,亦何至为其所愚耶"②。吴电明示和解,实际不过是敷衍曹锟的面子,并非吴之本意,事实上也不能约束吴的行动。就在吴发出拥曹锟、张作霖电前数日,3月7日吴佩孚上呈大总统并通告各省督军,以财政部长张弧在发行"九六公债"中徇私枉法为由,"请明令罢黜,交法庭严追吞款,没收私产"③。其后直系各督一拥而上,纷纷发出通电,责张弧"处心积虑之阴险,实无有过于此者";表示"若非立予罢斥,提交法庭判定罪状,实不足以快海内之心"④。吴佩孚一手策划导演了打张倒梁攻奉"盐余借款大参案",在吴支持下,由代理司法总长董康主持对"九六公债"的审核,查出其间弊案重重,梁士

---

① 《稿本吴孚威(佩孚)上将军年谱》,第279、287、289—291、293、304页。

② 《吴佩孚通电》(1922年3月10日),《中华民国史档案资料汇编》第三辑《政治》(一),第184—185页。

③ 《稿本吴孚威(佩孚)上将军年谱》,第304页。

④ 《冯玉祥通电》(1922年3月13日),《中华民国史档案资料汇编》第三辑《政治》(一),第185页。

诟自然脱不了干系,从而又为推倒梁阁投下了重磅炸弹①。

直系虽发动猛烈的倒梁攻势,但梁士诒自恃有奉系的支持,虽不到任却拒不辞职。张弧在被直系攻击后一走了之,司法总长王宠惠和教育总长黄炎培一直未到任,内阁成员残缺不全,无法办事,负责代理的颜惠庆苦不堪言,屡屡求去。徐世昌虽然与奉系和交通系联手驱除了靳云鹏,但他也知道,无论直奉双方谁单独控制了北京中央政权,都对他留在大总统之位不利,而直奉共治对他维持现状最为有利。故徐世昌在吴佩孚发动倒梁后,并未站在梁的一方,而是观察形势发展,决定自己的对策。他本有意请奉系首领张作霖的部属鲍贵卿接任阁揆,并已得曹锟之首肯,不料张却坚持维持梁阁。"当年内阁又以武人之喜怒为进退,何以吴以狮子搏兔之力推倒梁阁,一电不能则三电,三电不能则五电,五电不能则七电,而梁阁屹然不为动摇? 不用说,梁以奉张为后盾,张叫他'安心供职',所以他有恃无恐,要与酸秀才互争一日之短长"②。及至直系非去梁不可之意大明之后,徐世昌已经无法两面讨好,只能是两害相权取其轻,先舍梁以敷衍直系,保住自己的位置。而张作霖曾致电曹锟,企图以梁士诒为砝码,以吴佩孚辞去直鲁豫巡阅副使作为梁士诒下台的交换条件,结果当然为吴佩孚所严拒③。

4月8日,徐世昌不管梁士诒是否辞职,径行任命周自齐为署理内阁总理,免去梁士诒的总理职。至此,喧腾经月的梁士诒组阁风潮总算以直系的胜利而暂告结束(周自齐为交通系,徐世昌任其署理阁务,也有敷衍奉系之意)。但是,梁士诒内阁垮台虽遂了直系的心愿,却被奉系视为莫大的侮辱,张作霖当然不会善罢甘休,直奉矛盾因此而更加紧张,战争的阴影正在积聚。如颜惠庆所论:"梁内阁已然倒了,支持他的

---

① 《董康审查内外债报告》,《民国日报》(上海),1922 年 4 月 12 日。

② 陶菊隐:《吴佩孚传》,第 61 页。

③ 《京师稽查处张德恂呈》(1922 年 4 月 8 日),《中华民国史档案资料汇编》第三辑《政治》(一),第 189 页。

张作霖大帅又岂能甘休。北洋直、奉两系军阀,先是相互攻讦,继而剑拔弩张,军事行动如箭在弦上。……两系军阀争雄斗胜,互不相让,皆渴望夺取总统之位,不再有耐心等待一年半后的总统改选。此外,中国在华盛顿会议中取得的某些成果,刺激了这些人的政治野心。两系的某些追随者虽然才智不足论,却极为觊觎内阁席位,或其他政府高级职位,因此煽惑他们的主人发难。而一帮失意政客似乎觉得不把政局搅乱,他们就无法浑水摸鱼,故也推波助澜,唯恐天下不乱。"①

三　直奉两系的战争准备

　　吴佩孚敢于发起对梁士诒的攻击,当然知道梁背后依托的奉系势力,他早有准备,不患动武。1922年1月9日,吴佩孚在刚刚发起倒梁运动之初,即在给苏督齐燮元的电报中分析形势,认为张作霖"决不盲动无名之师,再蹈辫帅覆辙";曹锟"不至为关外(指张作霖)及梁叶(指梁士诒、叶恭绰)所软化";"川湘感情接近,必不肯甘心为关外与财神作伥";"粤陈(炯明)已有接洽";"就事实已表见者,据理辩论,彼亦无可藉口";"倒阁以救济外交,于元首无涉";"仅攻击交系阁员,余均维持不动"。有鉴于此,吴佩孚认为倒梁有很大把握②。不过为防奉系的武力介入,吴佩孚也进行了一定的军事准备,主要是令两湖直军整军备战,以其中一部由京汉路北上,以备应对奉系可能之行动,另有部队监视湘、川动向;对邻近京畿的直鲁豫各战略要地及南北交通大动脉——京汉铁路精心布防,确保万全;新编若干部队,补充缺额,赶造军火枪械,筹集战费。2月23日,吴佩孚在其驻节地洛阳召开直、鲁、豫、苏、鄂、赣、陕、甘八省督军代表会议,一致主张"对奉坚持到底",摆出了准备与奉系大干一场的架势。但是,吴佩孚的强硬态度在直系内部也非通行

---

① 《颜惠庆自传——一位民国元老的历史记忆》,第159页。
② 《稿本吴孚威(佩孚)上将军年谱》,第278—279页。

无阻,直系首领曹锟与张作霖为儿女亲家,对张的态度一向较为缓和,不主张与奉系立即决裂,数次派人出关到沈阳,向张作霖疏通,寻求与奉张和解的可能性,直奉关系一时似乎还有回旋的余地。

直皖战后将势力范围伸入关内的奉系,当然不甘心在直系的武力压迫下再退到关外,因此也在积极准备应付直系的挑战。自2月初起,奉系高级将领即连续开会,讨论应战部署,决定令关外奉军向关内运动,关内奉军进行实战演练,同时备粮备饷。由于奉系的军事实力不及直系,故张作霖更注意寻求反直同盟军。他一方面与残余的皖系势力联络,得其支持,另一方面向南方广东政府及孙中山示好,探寻与孙合作的可能性。1922年1月,张作霖派李梦庚到上海,向孙中山的代表杨庶堪转达:张意甚决,且促我速出师(北伐)。2月21日,李梦庚到桂林面见孙中山,陈述张作霖关于共同出兵讨伐直系的主张。对于正在准备北伐的孙中山而言,首要敌人就是控制了北上交通要道的直系,故他对奉系的试探表示积极。3月上旬,孙中山派伍朝枢(外交次长)、朱庆澜(广东省长)、吴景濂(非常国会议长)等赴奉天与张作霖磋商,张作霖对孙中山推崇备至,建议奉、皖、粤三角同盟推倒直系,召开南北统一会议,恢复法统①。孙中山设想粤方"先以兵出湖南,与敌战于长岳,胜利可进据武汉,退亦可与相持于衡阳";奉方则"以大兵,直指京畿,囊括直豫,敌前后受攻,势必无幸"②。奉、皖、粤"三角同盟"的初步成立,进一步激化了奉直矛盾,对奉系敢于开战也有鼓励作用。"张作霖当初之计划,奉粤皖三系联络,加以复辟派张勋残余之势力,并力齐起,协以攻吴,则洛阳及其关系各省有全被包围之势"③。但皖系惟余浙督卢永祥较具实力,他和孙中山均因受种种因素牵制,未能如预期发动攻奉与北伐,不能担当对直系南北夹击的任务,应付直系武力的主要责任仍须张

---

① 陈锡祺主编:《孙中山年谱长编》下册,中华书局1991年版,第1426页。
② 《复张作霖函》(1922年9月22日),《孙中山全集》第6卷,第558—559页。
③ 张梓生:《壬戌政变记》,来新夏主编:《北洋军阀》(四),第15页。

作霖承担。如时人所论:张作霖"欲联络孙文、段祺瑞、张勋等,以树吴之敌";"而孙、段等毫不能为一臂之助。奉张骑虎成势,不能不孤军独进,以冀邀幸于万一。而不知其将骄兵疲,不足以致吴氏百战之兵,此又直胜奉败之原因也"①。

直奉矛盾的发展至梁士诒内阁倒台达到高潮,双方关系已接近破裂边缘,各自都在大张旗鼓地准备以武力最后解决问题。2月间,直奉双方都有在铁路沿线扣车之举,"双方均已积极预备"②。其后,关外奉军主力开始向关内调动,先期到达关内的奉军部队则集中在军粮城等京畿周边地带,每日操练备战,摆出进攻的军事态势。直军则以主力准备与奉军的交战,同时在南方湖南和四川两个方向部署了专任防卫力量,态势先以防御为重心。

4月3日,吴佩孚以"陕西剿匪事殷"为由,婉拒曹锟令其赴保定相商之电,留在洛阳与以祝寿为由前来的直系将领商讨军事方略③。他曾对人说:"张作霖欺人太甚,看来战事不能避免,老师(曹锟)忠厚太过,受曹四(曹锐)蒙蔽,节节退让,时至今日,还犹豫不决,再这样下去,全盘皆成被动。我日内即去保定,军队已经部署,造成箭在弦上之势,老帅干也得干,不干也得干。"④

4月初,关外奉军大举入关,集结于京奉与津浦沿线,后自名为"镇威军",由张作霖自任总司令。奉系自恃兵强马壮、枪精械足,对直系的态度表现强硬。10日,张作霖致电曹锟,提出三项条件:一、请元首颁令,军人不得干涉中央政治;二、请责令吴佩孚回两湖巡阅使本任;三、允许梁士诒、叶恭绰、张弧自动销假回任。张作霖最后通牒式的要求,引起直系军人的大反感,表示"吾等不能容忍",即便是本主缓和的曹锟

---

①　陈冠雄:《奉直战云录》,《近代稗海》第5辑,第82页。
②　《葛敬猷致阎锡山电》(1922年2月4日),《阎锡山档案要电录存》第6册,第12—13页。
③　《稿本吴孚威(佩孚)上将军年谱》,第313页。
④　张钫:《风雨漫漫四十年》,第216页。

也无法接受,而直系内部此前的和战之争亦因此而消解①。13 日,吴佩孚致电曹锟,警告"奉军进驻小站、静海、独流,我马厂之二十六师已成包围之势,若不及早准备,必贻噬脐之悔",望曹"速下决心,有备无患"②。曹锟外有奉系动武之压迫,内有吴佩孚等主战之动议,至此已无退路,只能决心一战。当日,曹锟在保定召开直系高级将领会议,决策"放弃天津,固守保(定)、郑(州),衅不我开,取攻势防御",并授吴佩孚作战指挥全权,并称"本人亦完全听令"。当日,吴佩孚致电徐世昌称:"奉军入关,逼人太甚,吴佩孚为大局计,不得不有所准备。"③ 14 日,曹锟下令直军驻马厂、德州的部队撤退至大城、河间,吴佩孚电致曹锟云:"此乃自杀政策,恐系四先生(曹锐)主谋,万不可服从。务祈固守根据,对奉暂行虚与委蛇,立候增援。"④吴佩孚主导了直系的对奉作战部署。

与直军的部署相对应,奉军自称"镇威军",张作霖任总司令,将总部设在山海关。4 月 19 日,张作霖发布入关布告称:"统一无期,则国家永无宁日。障碍不去,则统一终属无期。是以简率师徒,入关屯驻,期以武力为统一之后盾。"曹锟、吴佩孚等直系将领则通电指责"奉军队伍,无故入关,既无中央明令,又不知会地方官长",要求张"迅令入关队伍,仍回关外原防"⑤。

与北京政府历次军阀战争相仿,第一次直奉战争实际开战前,直奉双方均以电报战开场,以此指责对方的不道德,并为己方抢占道德制高点,为发动战争寻求合法合道的理由。"宣战的理由都是巨大堂皇的'法'或'统'的理论,在好听的话的背后,真正的理由是控制北京政府的

---

① 《中华民国大事记》第 1 册,第 872—873 页。

② 《稿本吴孚威(佩孚)上将军年谱》,第 317—320 页。

③ 《中华民国大事记》第 1 册,第 874 页。

④ 《稿本吴孚威(佩孚)上将军年谱》,第 322 页。

⑤ 《曹锟吴佩孚等反对张作霖率军入关通电》(1922 年 4 月 21 日—23 日),《中华民国史档案资料汇编》第三辑《军事》(三),第 62—64 页。

政权、财权和合法有道的权威,也是控制地方的资源以养兵,以扩充势力"①。

　　4月19日,张作霖以"镇威军"总司令名义通电全国,声称:"统一无期,则国家永无宁日。障碍不去,则统一终属无期。是以简率师徒,入关屯驻,期以武力为统一之后盾。"②21日,吴佩孚等直军将领通电回应,声称:"彼以武力为后盾,我以公理为前驱,得道多助,失道寡助。……舆论即为裁判,功罪自有定评。蟊贼不除,永无宁日,为民国保庄严,为华族存人格。凡我袍泽,职责攸在,除暴安良,义无反顾。"③25日,吴佩孚等又联名通电,声讨奉系所谓"十大罪状":一、窃窃神器,障碍统一;二、举荐帝制祸首,起用复辟罪魁,倒行逆施,危害国体;三、祸国通外,断送青胶;四、招匪为兵,"负罪友邦";五、垄断政权,破坏法纪;六、滋扰京师,纵匪殃民;七、得陇望蜀,黩武逞兵;八、劫掠饷械,行同盗匪;九、招亡纳叛;十、残杀同类;宣称"作霖不死,大盗不止。盗阀不去,统一难期";表示"既负治盗剿匪之责,应尽锄奸除恶之义。爰整义师,奸阙渠魁,以泄公忿,以快人心"④。27日张作霖发表回应通电,撇开曹锟不提,专责"吴佩孚者,狡黠成性,殃民祸国,醉心利禄,反复无常。顿衡阳之兵,干法乱纪,致成慎于死,卖友欺心。决金口之堤,直以民命为草芥。截铁路之款,俨同强盗之横行。蔑视外交,则劫夺盐款;不顾国土,则贿卖铜山。逐王使于荆襄,首破坏北洋团体;骗各方之款项,隐鼓动大局风潮。盘踞洛阳,甘作中原之梗;弄兵湘鄂,显为蚕食之

---

　　① 陈志让:《军绅政权:近代中国的军阀时期》,广西师范大学出版社2008年版,第57页。

　　② 《张作霖宣布率师入关以武力为后盾解决时局通电》(1922年4月19日),《中华民国史档案资料汇编》第三辑《军事》(三),第62页。

　　③ 《吴佩孚等通电》(1922年4月21日),《中华民国史档案资料汇编》第3辑《军事》(三),第62—63页。

　　④ 《吴佩孚等宣布张作霖十大罪状并对其作战通电》(1922年4月25日),《中华民国史档案资料汇编》第三辑《军事》(三),第74—75页。

谋。迫胁中交两行,掠人民之血本;勒捐武汉商会,竭阛阓之脂膏。涂
炭生灵,较闯献为更甚;强梁罪状,比安史而尤浮。惟利是图,无恶不
作,实破坏和平之大憝,障碍统一之神奸,天地之所不容,神人之所共
怒。……自不能不简率师徒,相与周旋"①。

　　战前双方发表这些通电"主要是一场心理战,为了孤立敌人,争取
中立者。需要说明的是,大多数的谴责侧重于责备敌人违反了传统的
个人道德而不是历数他在政治方面的功与过。子女的不孝顺,对友谊
的背叛,对上级的不尊重,或违背了家庭关系的准则,为这样的谴责提
供大量的弹药"②。这些多为旧式文人执笔捉刀而成,套用古文格式,
用些四六骈体式的对仗文字,极尽道德煽动之能事,以博取社会舆论的
同情。"国人目吴电为《新古文观止》,都说读此妙文,可作国文范本而
不愁文思之不畅,文笔之不雄健了"③。如果不解实情,只看一方文字,
便以为天下美德尽在一方,而天下恶德尽在对方。以道德良善为标榜
的电报战,亦可谓北洋时期北京政治一景。如后人所论:"大抵民国政
争,往往朝为友朋,暮成仇敌,兵戈不足,济以笔舌,彼此相诟,无异村妪
乡童之所为,而电文往复诋排,大抵脱胎于《古文观止》,徒为旧日文案
师爷舐毫摇笔之资,非彼赳赳武夫所能卒读,一般老百姓亦茫然不知其
所云。"④

　　在直奉开战前夕,为了争取舆论的同情,直奉双方都曾作出让步的
姿态。张作霖曾在4月16日致电直隶代省长杨以德称:"奉直本系一
家,复为本使原籍,断无歧视之理";"绝不能轻启衅端,致令自相惊扰。"

---

　　①　《张作霖于直奉接触后攻讦曹吴宣战通电》(1922年4月27日),《中华民国
史档案资料汇编》第三辑《军事》(三),第79—80页。
　　②　[美]齐锡生著,杨云若、萧延中译:《中国的军阀政治(1916—1928)》,中国人
民大学出版社2010年版,第157页。
　　③　陶菊隐:《吴佩孚传》,第62页。
　　④　沈云龙:《徐世昌评传》,台北传记文学出版社1979年版,第588—589页。

"本使安全大局,必与曹使商定最后之办法,以资解决。"①复于 21 日表示,"吴佩孚复省会电,肆口谩骂,足见从前谣传,皆彼一人嗾使。独惜曹使以老友至戚,听其谩骂,殊不可解。彼方不先开衅,我决不越雷池一步。师发在途,应饬驻守原地,未经出发者停止进行,仍候明教"②。曹锟亦电徐世昌,表示愿"严束军士,保护人民,静候奉军出关固防,以竟息事宁人之志"。然一论及退兵事,直奉双方又都先人后己,互责对方,不愿自己先撤。张作霖电称,"奉军原驻关内,今年一月决计撤回,乃大总统派鲍总长、曹使遣其令弟曹省长先后东来,谆谆挽回,电牍具在",责曹锟通电为"不合事实","断章取义"。吴佩孚则电称:"退兵非我军片面义务,不敢遵命。"③为了避免北洋系之间的又一次内战,北洋元老王士珍等也出面调停直奉关系,尤其希望促成直奉两系的最高首领曹锟与张作霖在天津见面相商,但因直奉双方的矛盾已发展之无可调和的地步,他们的调停没能成功。奉方还有人扬言:"此次胜败,决不足虑,即使败北,究是蹂躏他人地盘,至更不关心,再做我事业,有何不可。"④

还想保住总统之位的徐世昌也在极力调停直奉关系。他有电致曹锟、吴佩孚、张作霖称:"畿辅无曹,孰为重心,蒙疆无张,谁可震慑,长江上游惟吴使赖,若使大局及我身而破裂,惟有引退。与其坐视乱亡,无宁避世而去。"⑤不过,此等酸文假醋的文字打动不了对立的双方。4月 25 日,徐世昌先是请直奉双方军队各向后退 30 里,继又提议奉军完

---

① 《张树帜致阎锡山电》(1922 年 4 月 20 日),《阎锡山档案要电录存》第 6 册,第 40 页。

② 《李庆芳致阎锡山电》(1922 年 4 月 23 日),《阎锡山档案要电录存》第 6 册,第 61 页。

③ 《中华民国大事记》第 1 册,第 877 页。

④ 《张树帜致阎锡山电》(1922 年 4 月 26 日),《阎锡山档案要电录存》第 6 册,第 77 页。

⑤ 《李庆芳致阎锡山电》(1922 年 4 月 23 日),《阎锡山档案要电录存》第 6 册,第 61 页。

全退出关外,吴佩孚回汉口组织巡署,近畿治安及善后诸问题由曹锟完全负责,但根本未得到正在准备打仗的直奉双方的响应。次日,徐世昌徒劳无功地命令直奉"各将近日移调军队,凡两方接近地点,一律撤退"①。但此时直奉战争的炮火就要响起,哪里还有人理会徐世昌的纸上命令。等到战争打响后,徐世昌也只能例行公事,在29日发出三道命令,以"京畿一带,人情惶惑,闾阎骚动,粮食腾踊,商民呼吁情急词哀"为由,令曹锟和张作霖"迅饬所属军队立即停止攻击,仍懔遵前令将移调军队接近地点一律撤退,听候查办";令京师卫戍总司令、步军统领、警察总监等,"督饬所属严重警备,认真防卫,各该管长官等身任地方,责无旁贷";令京内外军民长官,"对于外人生命财产一律妥为保护,务令安全勿受损害,以重邦交"②。北京为外国公使团所在地,京津地区也是各列强的利益所在,无论是曹锟、吴佩孚还是张作霖,对于徐世昌的命令可以不闻不问,但是对于列强的眼色还是不能不看的。他们都表示战火不会波及京津城区。5月1日,吴佩孚还致电北京外交部称:"外国生命财产,已分令所属各军队切实保护。惟此次战事实因奉军入关,越境寻衅而起,推原祸始,则一切应由首难人担负,方符公理。祈转知各使团。"③

四　第一次直奉战争的经过与结局

　　参加第一次直奉战争的直军,部署以京汉线北段为作战中心,下分东、中、西三路,东路司令张国熔,率第二十六师及第十二、第十三、第十

---

①　《徐世昌发布奉直移调近畿双方接近地点军队一律撤退令》(1922年4月26日),《中华民国史档案资料汇编》第三辑《军事》(三),第76页。

②　《中华民国史事纪要》中华民国十一年(1922)1至6月份,第734页。

③　《稿本吴孚威(佩孚)上将军年谱》第341页。吴佩孚亦向天津总商会保证:"津三十里内不驻军,不交战,我直军可负保护责任。"(《稿本吴孚威(佩孚)上将军年谱》,第338页)

四混成旅,驻防任丘、大城,负责津浦线方向;西路司令王承斌,率第二十三师、第一、第十五混成旅,驻防琉璃河、良乡,负责京汉线方向;中路司令由吴佩孚自兼,吴既为直军总司令,负责指挥全盘战事,同时率第二十四师及第三师一部,驻防固安、霸县,位于津浦与京汉线之间,负责照应东、西两路,机动运用;令鲁督田中玉,"如奉军开徐州,万勿令其通过"①,以切断奉军与浙江皖系军队的联络通道;曹锟坐镇保定,镇守后方,往来支援。直军总兵力约十万人,数量少于奉军,为保证作战重点,遂主动放弃津浦线,收缩兵力于京汉线,以保定为中心,成三角阵形,态势稳固,进退有据,确保防御,再图进攻,体现出吴佩孚的军事素养与指挥谋略。时人论之为:"吴氏之作战计划,在缩短战线,以谋交通便利,兵力集中";"或以为吴氏让津浦路于奉军,未免失策,而不知吴氏固以予为取,将以诱其深入也。"②"此次直军防务,布置迅速周密"③,是其能最终获胜的重要原因。4月22日,吴佩孚向各部发出号令,"通令各路军队速进,奉军已于二十六号攻击"。25日,吴佩孚自洛阳启程赴保定督战。27日,吴佩孚通告各部,"定二十九日开始运动,已到者准备,未到者速进"④。28日,吴佩孚向直系各督发出密电,称"奉军坚不撤退,依然节节进逼,不得不实行抵御"⑤。吴佩孚还向部下军官鼓动说:"此次兴师,纯为抵抗武力之压迫,惟力是视。事成则民国之福,不成则以死继之。若失败之余,托足于异国国旗之下偷生,非吴佩孚

---

① 《稿本吴孚威(佩孚)上将军年谱》,第319—320页。

② 郭剑林主编:《北洋政府简史》(下),天津古籍出版社2000年版,第947—948页。

③ 《李庆芳致阎锡山电》(1922年4月21日),《阎锡山档案要电录存》第6册,第55页。

④ 《稿本吴孚威(佩孚)上将军年谱》,第336、338—339页。

⑤ 《吴佩孚致陈光远电》(1922年4月28日),《阎锡山档案要电录存》第6册,第81页。

也。"①

　　奉军总司令张作霖,副总司令孙烈臣,参谋长杨宇霆,总兵力约十二万人,其部署东线以京奉、津浦线为中心,总司令张作相,下辖第一梯队张作相部第二十七师驻防廊坊,第二梯队张学良部第三、四混成旅驻防静海,第三梯队李景林部第七、八旅驻防马厂;张作霖坐镇津东军粮城,指挥一切;西线以京汉线为中心,总司令张景惠,司令部设长辛店,下辖第一梯队张景惠部第一师,第二梯队邹芬部第十六师及第六混成旅,第三梯队郑殿陞部第二、九混成旅,驻于北京南郊长辛店、南苑等地。奉军人数及装备数量与质量均超过直军,但其部署注重进攻,摊子铺得过大,两线作战,兵力分散,中央空虚,易为对手所乘,且深入直军地盘,后方补给线较长,为直军突破留下了易受攻击的软肋,也为作战失利伏下了隐患。"所谓入人之地深,为兵法所忌。况千里运粮,于军不利"②。

　　时人论战前直奉双方的军事部署,认为"奉军意在久持,直军意在速战"③,而战事的演进,则基本符合直方的预期和部署。惟就直奉双方的战前态势而言,"直军志气激昂,军纪严明,且调动军队非常迅速,三日内即将前线军队调齐。而奉军秩序不整,随意游行,其调动军队甚为濡滞,由奉至前线,十日内仍未布置妥贴,加之军心涣散,有一营开至杨柳青,逃散过半,故人心皆倾向直军。至飞机重炮,两方皆有,军器锐利亦颇相等,惟直所缺者饷项,奉所缺者海军耳"④。"直军步兵优于奉,奉之骑兵胜于直"⑤。两相比较,直军在技术方面稍占上风,再加上

---

　　①　《张树帜致阎锡山电》(1922年4月28日),《阎锡山档案要电录存》第6册,第88—89页。

　　②　汪德寿:《直皖奉大战实记》,《近代稗海》第4辑,第581页。

　　③　《李庆芳致阎锡山电》(1922年4月25日),《阎锡山档案要电录存》第6册,第66页。

　　④　《张树帜致阎锡山电》(1922年4月30日),《阎锡山档案要电录存》第6册,第94页。

　　⑤　《李庆芳致阎锡山电》(1922年4月30日),《阎锡山档案要电录存》第6册,第99页。

相对合理的战略战术和吴佩孚的有力指挥,战争的结局偏向于直方并不意外。

直奉两军正式交战前,已有规模不等的接触。4 月 26 日,直军在东路首先发动进攻,与奉军在任丘接战,此后战火扩展到静海、马厂、文安、青县一线。直军初战得手,但旋因奉军李景林部反攻而败退,丢失大城。西路直军则在良乡附近与奉军接战,暂成胶着。29 日,直奉两军同时下令发动总攻击,第一次直奉战争的大幕正式拉开。

第一次直奉战争的战场分东、中、西三路,其中西路京汉线战场为直军布防重点,战况最为激烈,对战局进程的影响也最大。4 月 28 日,直军首先进攻西线奉军司令部所在地长辛店,与奉军展开激战,直军一度攻入长辛店,后因奉军来援而退出。29 日,奉军与直军激战良乡,两进两出,直军反败为胜,终保有良乡,并进至长辛店。自 30 日到 5 月 2 日,直奉两军集中西线兵力数万人,在长辛店及其附近地区连续展开三日大战,其间炮火之猛烈、战况之激烈为北洋时期军阀内战中之少见,双方反复拉锯,死伤惨重,各折旅长一人(直军旅长董政国,奉军旅长梁朝栋)。奉军炮兵实力明显占优,炮火较为猛烈,"如此滥用炮火,为欧洲战事中所未见"。但吴佩孚的战术运用较为灵活,注重扬长避短,以步兵进行夜战和运动战,既可避开奉军炮火,又因地利而使奉军处于被动地位;奉军骑兵本为其强项,但在狭窄地域用处不大,而且用于正面作战,难免炮火袭击,结果"直将骑兵作成无用之物,与原计划全相违背"①。同时,直军渊源于北洋军系正宗,作战训练、经验与历史均强于出身"草莽"的奉军②,从而逐渐掌握了战场主动权。直奉双方还出动了当时很少见的飞机助战。"直系利用其航空优势,派飞机在长辛店投

①　《王永江信》(1922 年 5 月 5 日),辽宁省档案馆编:《奉系军阀密信》,中华书局 1985 年版,第 26 页。

②　据时人论,吴佩孚"处事刚愎自用,自信心极强";"最看不起张作霖,说张是胡子出身,不是正规军人。"(张钫:《风雨漫漫四十年》,第 224 页)

掷重磅炸弹,对奉军弹药、给养、车辆等军用物资实施轰炸,炸得车辆翻滚、轨道纷飞,房屋震塌,并引起弹药爆炸和炽烈的燃烧,使奉军的前后方同时受到极大的威胁"①。5月4日,吴佩孚亲临前线督战②,直军向奉军发动多路进攻,并利用奉军邹芬部第十六师原为直系冯国璋旧部的关系,诱迫其降直,致奉军自乱阵线,"骤然退下,致不可收拾"③,战场态势开始对直军有利。奉军"子弹不继,士无战志"④,主帅张景惠信心动摇,未能坚持,先是退往丰台⑤,继又脱离指挥,乘车逃往天津。奉军失去统一指挥后,全线溃退,直军连占长辛店、丰台。5日西路战事以直军获胜而告终。

中路津浦、京汉线之间战场的战斗主要发生在固安。29日大战开始后,直奉双方互有胜负,奉军于29日和5月1日两克固安,但又被直军两度夺回。奉军新锐张学良、郭松龄部加入战斗后,战况愈加激烈,

---

①　马毓福:《中国军事航空》,航空工业出版社1994年版,第135页。

②　据时人所论,"吴佩孚指挥作战的习惯是,如遇某部在战斗中受到挫折,必躬身驰往战场,调兵遣将,弥补缺陷,因之尚能补救于一时,制胜于一时,使战役稳定,转危为安。因此吴佩孚本人具有极强的威慑控御力量,受挫部队的官长仍能尽力整饬部队,听候使用,决不敢任意放弃职守,临阵脱逃。但这种指挥办法必须是他本人执行,若以他人代替指挥,断无此等威望,势难驾驭;若一旦失利,局势便无法控制,最终导致失败。"(李藻麟:《我的北洋军旅生涯》,第76页)

③　《葛敬猷致阎锡山电》(1922年5月9日),《阎锡山档案要电录存》第6册,第158页。

④　《李庆芳致阎锡山电》(1922年5月6日),《阎锡山档案要电录存》第6册,第134页。

⑤　据称,当时有两架直军飞机到长辛店奉军司令部投弹,张景惠十分害怕,当即带上几名卫士骑上快马一口气跑到丰台镇去躲飞机(马毓福:《中国军事航空》,第135页)。另说"直军飞机携带一百八十磅黄色炸药炸弹三枚,直飞长辛店火车站,连续投弹。第一枚炸弹落在长辛店火车站第三股车道上,铁轨、枕木炸得一齐飞上天。第二枚炸弹落在奉军总司令部列车的尾部,三节列车均被炸得粉碎,尾车上装有战马二三十匹,炸得血肉横飞,惨不忍睹。奉军总司令张景惠立即下令开车,退往丰台,长辛店随即陷入混乱状态。"李藻麟:《我的北洋军旅生涯》,九州图书出版社1998年版,第28—29页。

直奉相持不下。为了占得主动地位,直奉双方主将吴佩孚、张作相均亲临前线督战。"奉军对于此路,本抱极大希望,故不惜重大之牺牲,而卒为直军尽力制止,不得逾固安一步"。结果,奉军首先不支败退,5月4日,直军连克永清、杨村、落垡,张作相败逃天津。5日直军占廊坊,中路战事又以直军获胜告终①。

　　东路津浦线战场以大城、马厂为重点。战争开始后,奉军初时在东路占有一定优势,29日占大城。30日,直军后续部队开始反攻,与奉军在大城一线展开反复激战,5月1日夺回大城,此后双方争夺的重点移至马厂。3日,"直军忽得中路胜讯,士气大奋,奉军始不支,向唐官屯、静海败退。直军遂克马厂、青县"。4日,直军在西、中两路连续获胜的消息传至,奉军士气大受影响,主帅"张作霖一日夜连闻中、西两路败讯,知大势已去,遂带六车头,运残部万余人,离军粮城奔滦州"②。战局发展至此,奉军一路败退,直军胜势已定,4日占静海,7日追至前奉军总司令部所在地军粮城。随后,吴佩孚将司令部移至军粮城,下令直军对奉军溃兵"赶速设法收束,解除武装及枪支,发给川资执照,遣送回籍。如有抗拒,不受收束者,应按照土匪,一律痛剿",准备一举消灭奉系入关的军事力量,并摆出进窥东北的态势③。吴佩孚甚而致电张作霖,奚落他说:"胜败兵家之常,无足介意,退兵须按秩序的退却,如公无力制止,佩孚助送出关。"④

　　直系在军事上获得胜利的同时,迫不及待地开始了对奉系的政治

---

　①　梓生:《奉直战争纪事》,《东方杂志》第19卷第8号,第83页。

　②　章伯锋、李宗一主编:《北洋军阀》(四),第100—104页。

　③　《收束溃兵简章》,《中华民国史档案资料汇编》第3辑《军事》(三),第91页。当时规定对奉军溃兵上交枪支者,按章给价洋5—30元,遣散费按级别为10—30元。奉军溃兵扰民尤甚,"溃兵勾结土匪,多则千百成群,少则或三十或五十,盘踞城镇,奸淫抢掠,无所不为"。《宝坻县公民呈文》(1922年5月),《中华民国史档案资料汇编》第三辑《军事》(三),第100页。

　④　《张树帜致阎锡山电》(1922年5月8日),《阎锡山档案要电录存》第6册,第151页。

清算以及对己方的政治犒赏。5月5日,战争尚在进行中,大总统徐世昌即向直系主动示好,将"此次近畿发生战事,残害生灵,折伤军士"归罪于梁士诒等"构煽酝酿而成,误国殃民,实属罪无可逭",下令将梁士诒、叶恭绰、张弧即行褫职并褫夺勋位勋章,逮交法庭依法讯办(梁等不能束手就擒,即行离京赴津,7日乘船赴日)①。5月8日,曹锟发表通电,故作姿态地宣布,此次战争为张作霖"不惜甘冒不韪,首发大难",而直系获胜则为"由人心公理战胜强权","穷究祸根,皆张使一念,争攘政权所致"②。吴佩孚也在对记者发表谈话时,要求惩处张作霖,褫夺其职务,并威胁非如此即不回洛阳。曹、吴要求惩罚张作霖的表态,容不得还在直系实力威胁下讨饭吃的大总统徐世昌斟酌犹豫。5月10日,徐世昌发布大总统令,下令裁撤东三省巡阅使、蒙疆经略使职,免去张作霖东三省巡阅使、奉天督军兼省长等本兼各职,听候查办。因为东北当时还是奉系地盘,直系势力实际上无法插足,故徐世昌仍任命奉系人马吴俊陞署奉天督军,袁金铠署省长,冯德麟署黑龙江督军,史纪常署省长。这也是直系企图在奉系中打入楔子,以在政治上淆乱奉系阵线的招数。但张作霖虽然在军事上大败,却仍牢牢控制着东北地境,以吴俊陞等之实力及其与张作霖的关系,当然不会贸然有代张之心,故他们不仅未接受徐世昌的任命,还发表公开通电,以"北庭乱命"称徐之命令,表示"概不承认"③。

　　直系碍于种种原因对东北还无力取之,但对紧邻其大本营的河南则是另一种态度。吴佩孚自洛阳北上后,河南督军赵倜暗通奉系,有独占河南之意。5月5日,在奉军已趋败退的形势下,赵却发表通电,宣布河南"严守中立。凡有加入战争之客军过境,均须一律卸除武装。如

　　①　《中华民国史事纪要》中华民国十一年(1922)1至6月份,第758页。

　　②　《曹锟关于直军在长辛店等处击溃奉军及溃退奉军到处骚扰情形电》,1922年5月8日,《中华民国史档案资料汇编》第三辑《军事》(三),第95—96页。

　　③　《冯德麟等通电》(1922年5月13日),《中华民国史档案资料汇编》第3辑《军事》(三),第99页。

或不谅此衷,有意破坏中立者,河南为正当防卫计,自当不畏强权,唯力是视"①。其弟赵杰又率部攻击郑州,"起事原因,闻系交系造谣,谓吴使(吴佩孚)遭不测。赵杰认以为真,遂即发难"②。由此大大激怒了视河南为其后方根据地的吴佩孚。10日,徐世昌在吴佩孚的压力下,下令免去赵倜的河南督军职,听候查办;调陕西督军冯玉祥为河南督军,刘镇华署陕西督军。赵倜本还不愿轻易离职,但在冯玉祥自陕西向东、萧耀南自湖北向北,对河南两路夹攻的军事压力下,被迫于11日通电遵令下台,河南地盘完全落入直系手中。

奉军在直奉战争中全面失利之后,向关外败退的张作霖先是停留在冀东滦州,并于5月12日宣布"自主"独立,观察形势发展,收束分途向关外败退的部队。"奉天内部甚为团结,此次竭全力由滦至奉,步步为营,似作久战之计"③。其后,直军继续压迫奉军,5月20日直军占滦州,张作霖随即下令奉军完全退至关外,准备利用关内外相对隔绝的地理形势,拥兵自守。

5月19日,奉天省议会在张作霖的授意下,宣布响应"联省自治"口号,在东北实行"闭关自治",推举张作霖为东三省保安总司令兼奉天省长(6月4日改称东三省自治保安总司令,孙烈臣、吴俊陞为副司令)。26日,张作霖回到老根据地奉天,并向全国发出通电:"宣布东三省一切政事与东三省人民自作主张,并与西南及长江同志各省,取一致行动。拥护法律,扶植自治,铲除强暴,促进统一。"④虽然吴佩孚希望

———————

①　《赵倜关于转述河南省议会等指责吴佩孚干涉豫省行政勒令出兵出饷及对直奉战争宣布中立通电》(1922年5月5日),《中华民国史档案资料汇编》第三辑《军事》(三),第738页。

②　《潘连茹致阎锡山电》(1922年5月10日),《阎锡山档案要电录存》第6册,第163页。

③　《钱桐致阎锡山电》(1922年5月19日),《阎锡山档案要电录存》第6册,第203页。

④　《张作霖等通电》(1922年5月26日),《中华民国史档案资料汇编》第三辑《军事》(三),第88页。

利用军事上的胜势,直捣奉军关外老巢,直军将领王承斌还请吴佩孚联衔通电讨伐张作霖,但东北毕竟是奉系经营多年的地盘,"张之势力在奉,分毫未减,专制尤烈"①;且东北为日本经营多年的传统势力范围,日本当时虽对直奉战争保持克制,持中立立场,但也不能容忍有英美色彩的直系势力伸入东北。日本陆军大臣山梨半造曾明确表示:"万一将来战事之结果乱及日本权利有重大关系之东三省……则军事当局实有相当之考虑。"②加之孙中山在南方兴兵北伐,内外形势不容直军再进。吴佩孚遂令前方将领,"莫由海道进攻,因赣事吃紧,前方动作须格外审慎";"以时机环境察之,不宜通电申讨,宜相机进行。现当徐(世昌)退黎(元洪)来,如黎果以各方面之敦促入京,前提既定,余可易于解决也"③。因此,直军兵至山海关而不得不停止,与奉军对峙于关内外。

为了解决直奉战争的善后问题,在英国教士杨古、美国教士普来德的调停之下,直奉双方代表自6月9日开始在秦皇岛进行议和交涉。14日,张作霖致电鲍贵卿,表示"元首如诚意息战,宜令彼军停止攻击,议定双方撤退办法。弟必勒令前方将士,撤出关外,以听解决。现已严令前方将士,不准进攻"④。双方实际达成了不再战的默契。17日,由王承斌、彭寿莘代表直军,孙烈臣、张学良代表奉军,在秦皇岛附近海面的英国"克尔留号"军舰上签订了停战协定。主要内容为:一、直奉两军同意罢兵;二、奉军撤离直境,直军亦不得入奉境;三、双方军队于18日至20日之三日内撤离前线,脱离接触,奉军撤完前,直军不得有军事行

---

① 《副官长张德恂报告》(1922年5月29日),《中华民国史档案资料汇编》第3辑《军事》(三),第106页。

② 来新夏等:《北洋军阀史》下册,南开大学出版社2000年版,第719页。

③ 《稿本吴孚威(佩孚)上将军年谱》第357页。

④ 《张作霖提出直奉双方停战意见致鲍贵卿等电》(1922年6月14日),《中华民国史档案资料汇编》第三辑《军事》(三),第118页。

动①。协定签订后，双方划滦州以东、锦州以西为中立区，双方在此驻兵均不得超过一旅。此后，直奉双方如约撤兵，7月4日，直军司令部撤离滦州。次日京奉路恢复通车，直奉战事终告结束。

张作霖退出关内回到关外后，在东北划疆"自治"，埋头练兵。7月3日，张作霖召开东三省军事会议，决定对北京政府守中立态度，不接受任何方面之命令及调解，并认真训练三省军队，准备以后与直系再作军事较量②。16日，张作霖将巡阅使署与督军署合并，成立东三省保安总司令部，自任保安总司令，孙烈臣任副总司令，下设参谋、副官、军务、军需、军法、军医、秘书处。25日，张作霖宣布东三省的财政收入全部归三省所有，作为军政费用，不受任何方面的干涉，亦不接受北京政府的命令。8月31日，东三省议会联合会拟定联省保安规约，主要内容是：东三省联合为自治区，拟定规约，军民共同遵守；自治权由三省人民共主之；人民权利义务遵照旧约法；实行军民分治；省长由省议会选举；共同立法由三省议会联合会行之③。对张作霖如此"独立"之举，北京政府亦无可如何，只能听之任之。

与北洋军阀掌权时期的几次大战相似，第一次直奉战争在战前经过较长时间的政治较量与酝酿，但实际的军事作战时间并不长，动员程度也不高，牵涉军力、人力与地域亦有限，军事作战的烈度与战前双方的政治高调并不匹配④。战争善后及对失败者的处置也无非是走过场的形式，如时人所论："此次奉直之战，当其发动时，风波激荡，全国震

---

① 《孙烈臣与王承斌等代表直奉签订"双方罢兵之规定"》(1922年6月)，《中华民国史档案资料汇编》第三辑《军事》(三)，第119页。

② 《中华民国大事记》第1册，第898页。

③ 《中华民国大事记》第1册，第904、918页。

④ 据统计，直军阵亡1498人，战费1740余万元。《直军各师旅直奉战役阵亡官兵抚恤金欠饷数目表》，《总统府军事处关于第一次直奉战争直军各部所用经费总册给陆军部咨稿》(1923年)，《中华民国史档案资料汇编》第三辑《军事》(三)，第131、135页。

撼,勿论两方遣将调兵,汲汲不遑,即关系各省之互相牵动,举国人民之奔走惶骇,亦大有不可终日之势。及既接战,以两方筹备之久,酝酿之深,大兵接触,亘数日而胜负难分。吾人观其初战斗之猛,死亡之众,大将之在前敌者,频以死伤闻,而后方之调遣,尤汲汲不遑,方以为此次战事,其始既如是其可惊,其后必将有如何震天动地之事,以更令吾人惊骇不置者。而不谓数日之间,胜负立判,奉军仓皇溃退,大有不可收拾之势。"①

就战场表现而言,"此次直军战略多智术,如各小部队之诱敌与埋伏地雷、乔装、暗杀等,奉军每中其计。奉方则马队、炮队均甚得力,且俱勇敢无却,惟智术经验上实逊一筹"②。作为直系的对立面,曹汝霖对此战有持平之论:"双方均拥兵十万以上,势均力敌,不相上下。惟将领方面,似直优于奉。况吴自领之第三师,及后编的三混成旅,久经战争,尤善于迂回山岳之战,故开战以后,旗鼓相当,攻击猛烈。初则屡进屡退,不分胜负,奉方恃火力之强,马队之勇;吴方善攻人弱点,乘虚奇袭,加以接济方便,奉方接济辽远,于是吴方占优势,奉方渐渐不支。"③不过,奉方自身的总结对骑兵(马队)的评价并不高,王永江认为:"此次最误事者,为骑兵集团。许司令(许兰洲)本不长于骑兵,亦不谙骑兵之作用,而其所用之常谋长(常荫槐),亦系不晓军务之人,且于总部计划亦不明了故。总部原计划骑兵必须集团者,其目的在绕出敌军战线,或扰其侧面,或扰其后路。今许司令乃用为正面作战,大城白洋淀一役,直将骑兵作成无用之物,与原计划全相违背,岂不可惜!"④也有在华的外报将直奉战争比之为"民国第一大战,纪律战术均为进步"。据驻京外国公使团派出的观战人员在战地现场观察的印象:"直军多谋,

①　梓生:《奉直战争纪事》,《东方杂志》第 19 卷第 8 号,第 88 页。
②　《张树帜致阎锡山电》(1922 年 5 月 8 日),《阎锡山档案要电录存》第 6 册,第 150 页。
③　《曹汝霖一生之回忆》,中国大百科全书出版社 2009 年版,第 236 页。
④　《王永江信》(1922 年 5 月 5 日),《奉系军阀密信》,第 26 页。

长于夜战,奉军勇往,长于昼攻,惟直饷械远不及奉"①;"直军战法强于奉军";"双方军队布置整齐,战斗亦悉合程序,使团观战人员颇为赞美。"②

就政治意义而言,直奉双方虽然在战前的电报战中,都在拼命抬高自身行动的"正义"性,痛贬对方行动的非"正义"性,然军阀对垒,所在多为利益,其实本无所谓"正义"而言。不过,直方以吴佩孚为代表,较谙民众及舆论心理,通过此前声讨梁士诒内阁和战前对奉方的攻击,更善于塑造己方的"爱国"形象,而将对手塑造为"卖国"代表,从而为交战双方划出了"政治正确"的界限。近代以来,中国在对外交往中处在弱势,民众及舆论出于对中国悠久历史及辉煌文明的追忆,天然推崇"爱国"者,而对"卖国"与否则高度敏感,故吴佩孚将对手定义为"卖国"的宣传技巧与成效显较奉方为成功。结果,即便是与奉系为盟友的皖系大将徐树铮也承认,"奉之败退,久在意中,吴胜祸小,奉胜祸大,天下莫不同此心理"③。甚而在不少外国人眼中,当时的张作霖是"藉日本的援助以自固其势力的,他在中国是一切保守势力的代表",而吴佩孚"却被人家认为有自由主义的倾向的人。他是一个能干的将军"④。这至少说明,吴佩孚的公众形象胜过张作霖,如果追溯到直皖战争时期,以吴佩孚和段祺瑞相比较亦如此,因此,或可以此解释"民意"在战争中的作用⑤。

第一次直奉战争及此前此后的多次军阀内战,亦反映出北洋时期

---

① 《李庆芳致阎锡山电》(1922 年 5 月 2 日),《阎锡山档案要电录存》第 6 册,第 111 页。

② 《钱桐致阎锡山电》(1922 年 5 月 2 日),《阎锡山档案要电录存》第 6 册,第 112 页。

③ 《徐树铮与段祺瑞等书》,《近代史资料》总 76 号,第 181 页。

④ 罗素:《中国的国际地位》,《东方杂志》第 19 卷第 6 号,第 23 页。

⑤ 如果从"民意"的角度解释,则第二次直奉战争期间吴佩孚的失败,或又可在一定程度上归之于曹锟贿选给舆论和民意带来的恶劣影响。

的军事政治特质。民国年间,中国仍处于现代化转型的艰难过程中,经济落后,交通不便,社会组织、社会参与与民众动员程度均不高,不足以支撑大规模长时间的现代战争。"因为饷械都有限,战争的期限很短,战争本身的破坏性也不很大,死伤的人数远不如投降和逃亡的人数。因此战争的结果总是:(一)控制北京政府;(二)扩充地盘;(三)收编战败者的军队。换言之,这些都是分赃的战争,分赃不公平也就为下一次战争种下爆发的原因"①。战争本来是基于各种利益之上的政治矛盾对抗的激烈化结果,而北洋军阀各派之间系出同门,虽有利益之争,却无本质的政治分野,互相之间并非完全是你死我活的关系,而且在组织架构上间有重合,各级将领互有联系,所谓你中有我,我中有你,无论谁胜谁负,胜利者都不太可能对失败者痛下狠手,其政治上的清算也多为点到即止。再加上各派实力大体平衡,掌握的政治军事资源均有其限度,内外关系又错综复杂,互相牵制,即便一派控制了中央政权,也无非是挟天子以令诸侯,不可能形成为高度集中统一有效的中央权力,控制中央的表面意义大于实际意义。第一次直奉战争也反映出上述各方面的特点。战争的结果,在军事上,直系获胜,力量发展至鼎盛期,但势力扩张的结果,也隐伏着力量分散、矛盾复杂、恃骄而衰的结局;奉系失败,但实力地盘犹存,并未伤筋动骨,仍存励精图治、卷土重来的可能。在政治上,直系此后控制了北京中央政府,到处伸手,扩张地盘,获取利益,但也由此成为其他各派力量的"公敌",反处孤立之境;奉系失去了对北京中央政权曾有之影响力,全国性政治地位大为下降,但也由此促成了奉、皖、粤"三角同盟"的加速形成与稳固,政治上反处可以联络各方之主动地位。而且东北特殊的、与关内相对封闭的地理环境,较为丰富的物质资源,迅速发展的现代经济与交通,以及日本与奉系较为紧密的利益关系,都有利于此次战争失败后,张作霖与奉系在东北治疗战争创伤,恢复元气,整军经武,为再起创造条件。因此,第一次直奉战争之

---

① 陈志让:《军绅政权:近代中国的军阀时期》,第57页。

后,直奉双方仍然维持着一定的力量平衡,奉系暂避直系锋芒,而直系亦不能将奉系置于死地。直奉战后的国内政局重心,由原先之直奉矛盾转为直系为控制北京中央政府而引发之各种内外矛盾。

第二节　"法统重光"

一　徐世昌下台

　　直奉战后,直系一时间成为中国实力最强的军阀派系,以南北交通动脉京汉、津浦铁路和东西交通动脉陇海铁路为依托,控制了从北到南十个以上的省份,并实际操纵着北京政治。这极大地刺激了直系各色人等的政治欲和权力欲,直系领袖曹锟开始作上了总统梦,也想过一把总统瘾;直系灵魂人物吴佩孚则膨胀着"统一"全国的野心,企图以此而"青史留名";其他围绕着曹、吴两人的政客、军人,出于各自的利益考量,各有打算,或拥曹或拥吴,谋名逐利,在北京政治的浑水中搅和。不过在直系战胜奉系之初,对直系而言,最迫切的问题是如何进行政治善后,解决法统问题,争取全国舆论,获取合法资源,为独占北京中央政权打下基础。

　　奉系失败后,仍在大总统任上的徐世昌因其拥皖亲奉倾向而为直系所不能容忍,推倒徐世昌、改造国务院是直系的既定方针。张作霖在撤离滦州出关前,曾经有电致吴佩孚,对徐世昌在战争前后的作为颇有揭露,更激怒了直系。张电称:"前总统不愿有人干涉其用人行政,屡派徐世章、吴笈孙请予带兵入关维持,不幸而战而败,退守滦州,本拟收集余部,渐次出关,以保予关外利益。乃徐固派人来滦,劝勿罢兵,予不愿再被人利用,故毅然撤退,此次全系徐作祟,予不能负责。"[①]不过,如何

---

　　①　《潘连茹致阎锡山电》(1922年5月22日),《阎锡山档案要电录存》第6册,第220页。

名正言顺地赶走徐世昌,以泄对徐之恨,并利直系扩张势力之私,又要"合理合法",以避舆论指责而引起他方反弹,却颇费思量。恢复民国六年被"非法"解散的国会、赶走徐世昌的谋划,因此而浮出水面,因为恢复了"旧"国会(民二国会即第一届国会),则由"新"国会(民七国会即第二届国会)选出的大总统徐世昌之合法性自然失去,而一向不承认"新"国会合法性之南方广东政府,也将失去"护法"的合理性,如此承续民国法统,可谓一箭而双雕。这种设想最早源出于一帮既不甘心失去政治地位、又不愿附和南方非常国会的旧国会议员。1921 年 12 月,旅京旧国会议员发表宣言,提出了恢复民六国会,完成宪法,促进自治的主张①。一班旧国会议员也在日日讨论恢复旧国会的方法与步骤。旧国会众院议长吴景濂在脱离南方回到北方后,先是于直奉战前去东北劝说张作霖支持恢复旧国会,接着在直奉战后向吴佩孚游说其主张,引起了吴佩孚的重视。吴既有政治野心与"统一"梦想,又不时表现出讲求"道德",故倾向于以恢复旧国会作为直奉战后解决政治善后诸问题之枢纽。

5 月 10 日,还在直奉战争余波未了之际,曹锟、吴佩孚即召集直系高级将领在保定开会,商讨如何进行政治善后的问题,旧国会两院议长吴景濂、王家襄也应邀出席。一些急于通过拥戴曹锟而得宠幸进的直系军人政客,提出立即赶走徐世昌,拥曹锟为总统的主张。但吴佩孚及其支持者则主张以恢复旧国会作为过渡,使曹锟的总统经由国会选举"合法"产生。参加会议的吴景濂对总统由谁担任并不介意,他向吴佩孚表白,"君等握实权有实力者之意见为如何便如何"。他最关心的是恢复旧国会,以获得自己的利益,为此,他向吴佩孚进言:"中国数年糜乱,皆由法律无效所致,予等在南方护法,即为此点。故法律问题若能解决,则徐氏之地位系非法选出,自然迎刃而解。故今日办法,仍要在

----

①　谢振民编著:《中华民国立法史》上册,中国政法大学出版社 2000 年版,第156 页。

北方树护法之旗帜。要知揭出护法旗帜,不但数年护法问题可以解决,则公等与曹巡阅使所处之困难,亦可解决"。他还就进行步骤献计说:"既以揭出护法旗帜为然,予拟在天津先假直隶议会会场及会址,设立第一届国会筹备处,由予通电全国,号召第一届国会议员来津,并将筹办情况由予密电西南护法团体,使之响应";"公等接吾电报,请联合直系各省军民人员复电响应,并就予之通电再为通电全国,令北京军警对徐不加保护,请其即日出都。"①吴景濂的提议颇获主张循"法律途径"行事的吴佩孚之欣赏,"吴云恢复旧会,乃国会本省事,余愿作后盾"。在吴佩孚的坚持下,曹锟也同意先恢复旧国会、赶走徐世昌,作为政治善后的第一步。"曹云,余早主张恢复旧会者,请诸君速进行,有反对者,余当以武力待之"②。至于请出黎元洪复职,最初并未在直系首领的计划中,但赶走徐世昌之后,政府总须有人代表,"既恢复旧国会,无不恢复旧会产出之总统之理,而旧会产出之总统,袁、冯二公以外,惟有黄陂,自应请黄陂依法复位。此即保洛方面之本意"③。直系于是作个顺水人情,请出黎元洪复职,本意不过当其为可上可下可操纵之傀儡,"为曹过渡",哪知黎元洪不识相,假戏真做,于是又有了一年后驱黎之一幕,初非直系扶黎复职时始料所及。

直系高层决策先恢复旧国会之后,其实行步骤即如紧锣密鼓,着着进行。第一步当然是制造舆论,这是军阀们的拿手好戏。吴佩孚令其政务处长白坚武为孙传芳代拟电稿,由其打头炮④。孙传芳时任长江上游总司令,在直系将领中排名并不靠前,忽有如此"立功"机会,岂能轻易错过。5 月 15 日,孙传芳率部下联名发表通电称:"巩固民国,宜

① 张树勇整理:《吴景濂口述自传辑要》,《天津文史资料选辑》第 42 辑。

② 《张树帜致阎锡山电》(1922 年 5 月 19 日),《阎锡山档案要电录存》第 6 册,第 206 页。

③ 《齐燮元致田中玉等电》(1922 年 5 月 31 日),《阎锡山档案要电录存》第 6 册,第 279 页。

④ 《白坚武日记》第 1 册,1922 年 5 月 14 日,第 359 页。

先统一。南北统一之破裂,既以法律问题为厉阶,统一之归束,即当以恢复法统为捷径。应请黎黄陂(元洪)复位,召集六年旧国会,速制宪典,共选副座。非常政府,原由护法而兴,法统既复,异帜可消,倘有扰乱之徒,即在共弃之列。"孙传芳的通电不仅提出了恢复旧国会,而且提出请黎元洪"复位",立即引起全国舆论的关注。随后吴佩孚对北京新闻界称,"恢复旧国会及国事会议各问题,现正征求意见,应以多数人心向背为从违,不作成见",实际是对外放风①。19 日,曹锟、吴佩孚领衔与直系将领联名发表通电,声称:"近来国内人士有倡恢复六年国会者,有倡召集新新国会者,有倡国民会议,协同制宪,联省自治者,究以何者为宜,特于本日通电各处,征求民意,以为处理善后参考。"②

曹锟、吴佩孚所谓"征求民意"之电既出,直系各督及不少政界名流,如梁启超、熊希龄、汪大燮、孙宝琦、钱能训、王宠惠、谷钟秀、张耀曾等,纷纷通电响应,"解决纠纷当先谋统一,谋统一当以恢复民国六年国会完成宪法为最敏速最便利之方法"③。同时又致电广州孙中山和非常国会称:"公等护法之功,永久不朽,当为国民所公认。乃者北京非法总统业已退职,前此下令解散国会之总统,已预备取消六年间不法之命令而恢复国会,护法之目的,可谓完全达到。北方军队已表示以拥护正式民意机关为职志,南北一致,无再用武力解决之必要。敢望中山先生停止北伐,实行与非法总统同时下野之宣言,倘国会诸君,惠然北行,共图国家大计,全国同胞实利赖之。"④从而给曹、吴的主张抹上了一层民意色彩。与此相呼应,吴景濂、王家襄等如约到天津,筹备第一届国会复会工作。5 月 24 日,旧国会部分议员七十余人(其中一部分是未参加南下护法者,一部分是从广州非常国会脱离北来者)在天津召开第一

---

① 《稿本吴孚威(佩孚)上将军年谱》,第 353、360 页。
② 《时事日志》,《东方杂志》第 19 卷第 12 号,第 144 页。
③ 《中华民国史事纪要》中华民国十一年(1922)1 至 6 月份,第 867 页。
④ 张梓生:《黎元洪复职记》,《东方杂志》第 19 卷第 12 号,第 69 页。

届国会筹备会,参议院议长王家襄任主席,讨论复会工作,决定选派委员到上海、广州等地,招揽议员回京,并对外发出通电,声明第一届国会将依法复会。5 月 28 日,曹锟、吴佩孚联名电复国会筹备会,表示赞成恢复国会,支持议员自行复之举。为了促成南方议员的北上,吴佩孚还于 6 月 7 日致电交通部,令其对"旧国会议员北上一律免票,以示尊崇"①。

有了恢复旧国会与请黎元洪复职的舆论铺垫,直系驱赶徐世昌下台的活动也就顺理而成章。5 月 10 日,吴佩孚密电直系各省督军,"以收束现局分常局、创局两法。常局则恢复法统,即南政府可即时取消,中央可同时改良,副总统可即选出,北洋正统可即巩固,旧会制宪完毕闭会,正式国会、总统即根据新宪成立。创局则召集各省军政代表及省会各法团代表择地开会,共议国是,但事属创格,在常法上无根据。西南以法统说相抗,势必再以武力征伐,且代表集齐期限太长,各省现情太杂,夜长梦多,贯彻不易"。吴佩孚的意见当然是取"常局"而弃"创局",并特意申明曹锟"尤赞成常局办法"②。此电既出,直系各督当然群起拥护,实际也是暗示徐世昌准备下台。28 日,曹锟、吴佩孚在天津召开紧急会议,电请黎元洪复职,以谋统一,并联名电复旧国会筹备处,对民六议员自行集会表示支持③。孙传芳亦于同日再度致电徐世昌,明白提出请其下台的要求,电称"法律神圣,不容假借,事实障碍,应早化除";"旧会召集,新会无凭,连带问题,同时失效";望徐"体天之德,视民如伤,敝屣尊荣,及时引退"。随后,苏督齐燮元也通电呼应孙之主张④。

徐世昌本为北洋元老,但毕竟是文人而非武人,没有实力的支撑,

---

① 《稿本吴孚威(佩孚)上将军年谱》第 360 页。
② 《张树帜致阎锡山电》(1922 年 5 月 15 日),《阎锡山档案要电录存》第 6 册,第 187 页。
③ 《中华民国大事记》第 1 册,第 887 页。
④ 张梓生:《黎元洪复职记》,《东方杂志》第 19 卷第 12 号,第 55 页。

自出任大总统后,周旋于北洋各派系军人之间已属不易,而又因拥皖亲奉为直系所忌恨,在直系武人的嚣张面前,自知无力抗衡。吴佩孚、孙传芳等人电发后,徐久居北京官场,自然明白个中奥妙,5月31日即发出通电,称吴、孙等电"忠言快论,实获我心。果能如此实行,使亿众一心,悉除逆诈,免斯民涂炭之苦,跻国家磐石之安,政治修明,日臻强盛,鄙人虽居草野,得以余年而享太平,其乐无穷,胜于今日十倍"。表白"一有合宜办法,便即奉身而退,决无希恋"①。当然,徐世昌并非愿意痛快离职,他还贪恋大总统的名衔,企图继续干下去,他曾以所谓"新新国会"的问题作为拖延之计。1920年直皖战后,皖系操办的第二届国会(安福国会)被迫闭会,徐世昌曾下令依民元选举法进行新一届国会议员选举,筹备召开所谓第三届国会。但因各方意见不一,自1920年秋到直奉战前,选举完成的省份亦不过三分之一,南方省份抵制此次选举自不待言,即便是直系内部对此亦有争议,直隶省即未进行选举②。直奉战后,直系打出恢复"法统"的旗号,所谓第三届国会(即"新新国会")已经选出的议员不甘寂寞,发表通电提出,"本届国会,系从旧法改选,在政府既足以维持法统,尊重民权,而被选者亦极自由,绝无党派官厅之操纵",因此主张未选各省从速完成选举,召开新一届国会,解决"法统"问题。他们还讽刺旧国会议员说,"议员不过人民之代表,断未有十年以前之选举,代表十年以后之人民"③。但他们势单力薄,没有实力后台,也没有可为直系利用的意义,故其呼吁毫无反响,徐世昌也不可能依靠他们摆脱下台命运。

直系为使徐世昌尽快走人,采取了双管齐下之法。一方面,6月1

---

① 《徐世昌通电》(1922年5月31日),《阎锡山档案要电录存》第6册,第274页。

② 顾敦鍒:《中国议会史》,台中东海大学1962年版,第299页。当时已经完成选举的省份和地区有:江苏、安徽、山东、山西、奉天、吉林、黑龙江、陕西、甘肃、新疆、蒙古等十一省区。

③ 王景濂、唐乃需:《中华民国法统递嬗史》,第109页。

日由吴景濂、王家襄等领衔旧国会议员发表宣言，责"徐世昌窃位数年，祸国殃民，障碍统一，不忠共和，黩货营私，种种罪恶，举国痛心"，声明民国六年解散参众两院的命令无效，徐之总统纯属非法选举，应即宣告无效；自6月1日起第一届国会恢复，完全行使职权①。这就在名义上剥夺了徐世昌再任的"法理"依据。另一方面，吴佩孚也于当日致电在北京的直系干将、交通总长高恩洪，告其"日来各方以敦请元首下野之电，来商者联续日多。大势所趋，心理相同，似应及时自退，以保尊荣。公等宜再进府密陈，速下决心，免风气云发，更难收也"②。实为对徐再行威胁。1日深夜，吴佩孚的参谋长李济臣电驻京代表钱少卿（宗泽），谓："吴大帅发怒，已回洛阳，将来一定要将徐赶走，你为何不注意好好办？"钱聆电话，恐吓失状，次日大早，即以军用电话向总统府秘书长吴笈孙疾声言："吴大帅有电话来，要徐世昌赶快腾总统府。"③当日，钱少卿还数次致电徐世昌，语气强硬地质问他何时离开北京。中午，徐世昌设宴欢迎刚刚返国的驻英公使顾维钧，席间又接到吴佩孚迎黎复职电。至此，徐世昌亦知总统之位不保，北京无法再留，但这位老谋深算的北洋老官僚接电后不露声色，当午宴结束时，却突然当众以"衰病"为由宣布辞职，并令"依法由国务院摄行职务"，然后即乘火车离京赴津，结束了三年多的大总统生涯。由周自齐领衔的北京政府不敢怠慢直系，随即电致吴景濂与王家襄，称"遭逢世变，权领部曹，谨举此权，奉还国会，用尊法统，暂以国民资格维持一切，听候接收"。而曹锟与吴佩孚也就堂而皇之地令京畿卫戍总司令王怀庆，对北京秩序"务望督饬地方军警极力维持，保安大局"④。

---

①　吴宗慈：《中华民国宪法史》，东方印刷局1924年版，后编第2页。

②　《吴佩孚电》（1922年6月1日），《中华民国史档案资料汇编》第三辑《政治》（二），第1368页。

③　《中华民国内阁篇》，《张国淦文集》，第286页。

④　张梓生：《黎元洪复职记》，《东方杂志》第19卷第12号，第56—58页。

二　黎元洪复职

徐世昌下台后,直系将领纷纷发出通电,以"国家不可无主,大位不可久悬"为由,"恭请"黎元洪复职①。吴佩孚发出通电,宣称"我黎大总统遭非常之变,延垂绝之统,以公意为进退,法所当然。"不仅"屡电黎黄陂,早定中枢,以巩国基",而且"通告各省督军,电促黎黄陂复位"②。于是,直系治下各省纷发劝进通电,半壁江山处处高唱迎黎之声,大有黎不出山,如苍生何之势。本依附于黎元洪左右的幕僚哈汉章、金永炎等也颇为兴奋,极力劝黎出山,希图攀龙附凤;国会两院议长吴景濂、王家襄同往黎宅"敦请",北京政府代表高恩洪专程赴津"迎迓"。一时间,"劝驾之代表往来不绝于路",各方名流政要云集天津,使得因张勋政变下台后在天津蛰居多年、受人冷落的前大总统黎元洪,一时间似乎成了民国政坛众望所归的中心人物。

面对直系敦请复职的举动,黎元洪在内心里当然自鸣得意,而对外则表示出清高之态,一方面称"国家未能统一,不敢冒昧出任";另一方面又说"既各方面迫于救国热诚,力促余复出任职,余岂能再事高蹈,亦只得牺牲个人之前途"。但是,为了表示他非为个人利禄权位而出山,也为了在军阀强势下获得一定的活动空间,黎元洪故作姿态,提出以实现"统一"、"废督裁兵"、"整理财政"作为复职条件,其中尤以"废督裁兵"为中心,并声称"非俟曹、吴、国会切实依我条件,决不就职"③。

6月6日,黎元洪正式发表"废督裁兵"通电称:"今日国家危亡,已

---

①　《王怀庆等拥戴黎元洪复任总统电稿》(1922年6月4日),《中华民国史档案资料汇编》第三辑《政治》(二),第1369页。

②　《稿本吴孚威(佩孚)上将军年谱》,第359页。

③　《张华堂致王怀庆呈》(1922年6月5日),《中华民国史档案资料汇编》第三辑《政治》(二),第1370页;张梓生:《黎元洪复职记》,《东方杂志》第19卷第12号,第58—59页。

迫眉睫,非即行废督,无以图存。若犹观望徘徊,国民以生死所关,亦必起而自救。恐督军身受之祸,将不忍言。为大局求解决,为个人策安全,莫甚于此";"督军诸公,如果力求统一,即请俯听刍言,立释兵柄,上至巡阅,下至护军,皆克日解职,待元洪于都门之下,共筹国是。微特变形易貌之总司令不能存留,即欲划分军区扩大疆域,变形易貌之巡阅使尤当杜绝。国会及地方团体,如必欲敦促元洪,亦请先以诚恳之心为民请命,劝告各督,先令实行。果能各省一致,迅行结束,通告国人,元洪当不避艰险,不计期间,从督军之后,慨然入都。"①"废督裁兵"就是削弱军阀专权,裁减庞大武力,实现国家在文治下的稳定发展,是多年来社会各界和舆论的普遍要求,黎元洪此举确也得到社会各界的热烈反响,各地绅商和社团纷纷通电响应,北京各省区自治联合会发出通电,提议召开国民废督裁兵大会,请北京政府下令永远废除督军制及军区制;组织裁兵委员会,限制军饷;督军如不解职实行废督。北京大学校长蔡元培等,以裁兵促进会理事身份,在7月2日具呈黎元洪,建议发明令:一、从是日始,无论如何情形,不得新招一兵;二、巡阅使、督军、护军使等职即日废止,并不得以督军改任省长或总司令;三、即日召集全国裁兵会议②。而且列强也曾在华盛顿会议上向中国施加压力,认为中国财政困难、政局不稳,均由于军队人数过多,因此"切望中国政府应举行迅速暨切实之办法,以期裁减上开之军队与支出"③。这也给了黎元洪提出裁兵的底气。

但是,黎元洪的裁兵提议却使武装在手、拥兵自据的直系武人颇为恼怒,认为"以裁兵废督法律、政治两无所据,适丧威信,主谋、主稿之人恶不胜诛。"④只是碍于解决"法统"问题,迎黎复职的声势已经造成,他

　　① 《北洋军阀》第4卷,第221页。
　　② 《中华民国大事记》第1册,第897页。
　　③ 《关于裁减中国军队议决案》,《中华民国史档案资料汇编》第三辑《外交》,第470页。
　　④ 《白坚武日记》第1册,1922年6月6日,第363页。

们不便立即发作,而是在 7 日由曹锟、吴佩孚联名发表通电,表示"锟与佩孚对于元首废督裁兵意见根本表示赞成,决当以身作则,先从直隶做起,并决以诚意助元首进行。一切完全由锟与佩孚负责"①。接着,直系诸将齐燮元、冯玉祥、田中玉、萧耀南、陈光远等相继发出拥护"废督裁兵"的通电。张耀曾亦告黎,"外间风云大变,如再坚持,恐失人心,不做总统则可,不做人则不可,前途不堪设想云云。黎似有活动意"②。有了曹、吴的上述表示和社会舆论的态度,黎元洪也就有了复出的借口。他不再扭捏作态,于 6 月 10 日连发两电,一称曹、吴之表示"体国公忠,立志坚决,天心悔祸,元气昭苏。元洪忧患余生,得闻福音";于此"群龙无首,京辅荡摇,再任悬延,或生剧变"之时,定次日"先行入都,暂行大总统职权,维持秩序";一称其入都不过暂行总统职权,其他法律问题,俟国会恢复后听候解决③。

1922 年 6 月 11 日,黎元洪自天津到达北京,中午在中南海怀仁堂举行大总统复职典礼,他在复职演说中称:"出京五载,国家元气斲丧如是;此来因各方敦迫,不得已暂行大总统职权,藉以维持国际上之地位,其余各事,静待国人解决。"其后,他宣布撤销民国六年解散国会的命令,任命颜惠庆署理国务总理④。为了消弭所谓南北分裂局面,实现"和平统一",黎本意想组织南北"混合内阁"(他任命谭延闿为颜阁内务总长,黄炎培为教育总长即有此意),并由南方政府的伍廷芳出任内阁总理,故颜惠庆在任职后对外通电称,"在伍公首途以前,阁席未便虚悬",自己不过"暂行承乏,维持现状。并经一面电促伍公早日莅驾,藉

①　《大公报》,1922 年 6 月 12 日。
②　《潘连茹致阎锡山电》(1922 年 6 月 9 日),《阎锡山档案要电录存》第 6 册,第 316 页。
③　张梓生:《黎元洪复职记》,《东方杂志》第 19 卷第 12 号,第 72—73 页。
④　张梓生:《黎元洪复职记》,《东方杂志》第 19 卷第 12 号,第 73 页。

惋殷望"①。但因黎之复职不为南方广东政府所承认,谭延闿率先表示不能悖护法立场而就北京政府职,伍廷芳也于 6 月 20 日发表通电,拒绝出任内阁总理,并称黎之复职"缺乏法律依据,不敢轻易苟同"。所谓南北"混合内阁"的设想未能实现。

黎元洪在直系支持其复职之初,还是企图有所作为,其间他最为坚持的,应为"废督裁兵"的主张。军阀混战、武力交兵,是民国政治动荡的主要原因,也是民众生活困苦的重要因素,"废督裁兵"的主张迎合了社会需要,也得到各地民众团体和舆论的积极响应,当黎元洪上台之初,各地民间团体纷纷举行集会,发表通电声明,要求"废督裁兵",永远废除军阀干政的基础,舒缓民众养兵并为兵所乱的痛苦。黎元洪以"废督裁兵"为其主要政治诉求,在北京政府设裁兵委员会,希望以此不仅获得社会各界的支持,也为自己在直系武力威胁下当政寻求缓冲。但是,"废督裁兵"却完全有悖于军阀的利益,武力是军阀得以拥兵自重的根本,而且从上至下、从大到小形成为环环相扣的利益,面对社会各界的要求,军阀的利益是一致的,面对他系军阀的裁兵主张,本系军阀的利益也是一致的,总而言之,"督"的名义可废,而兵的实质万万不可裁,由此注定了"废督裁兵"的主张之不能实现。

当黎元洪提出"废督裁兵"主张之初,曹锟、吴佩孚为笼络人心,在口头上表示支持。6 月 15 日,曹、吴在保定召开的直系将领会议上,呼应"废督裁兵"的主张,提出在全国"废督",另行设置若干军区以掌兵的方案。7 月 6 日,吴佩孚又在致北京政府电中提出了裁兵具体办法,建议大省置二师,中省置一师一旅,小省置一师,全国共置四十师,余悉裁撤②。不过,吴佩孚提出这样的主张,主要是为了裁别人的兵,而不准备裁自己的兵,因为"裁兵废督之举,要为百年大计,所关尤须通盘筹

---

① 《颜惠庆等人通电》(1922 年 6 月 13 日),《中华民国史档案资料汇编》第三辑《政治》(一),第 203 页。

② 《中华民国大事记》第 1 册,第 893、899 页。

划,兹事体大,非俟统一之后,无从着手"①。而且,当时"北方各省且有添招新兵之事"是众所周知的事实,以至惊动外交团在 7 月 20 日根据华盛顿会议要求中国裁兵的决议,向北京政府外交部提出质问,宣称"中国近日情形,不但与华府议案大相违背,即与黎总统鱼电主张,亦相径庭,对内对外不符之处甚多。"②直系既如此,刚刚在战争中失败的奉系更是如此,不仅不能裁兵,而且要大张旗鼓的扩军,以备来日再战,其他大小军阀的反应亦可想而知。山西督军阎锡山曾电陈北京政府,认为裁兵是"矫枉过正,徒骛虚名,反滋流弊","现有之兵,来自招募,生计艰难,迫而为此,一旦被裁,势必要求恩饷,当此财政奇绌之时,安有巨款遂其要求,稍不如意即哗变。充兵既久,坐食成性,被裁以后,穷无所归,辗转勾结,流而为匪";"锡山久绾兵符,兼膺民政,熟权利弊,几费筹思,以为欲图根本之廓清,必当有完备之计划"③。"鲁拟领薪办法十一条,条文迄未到。皖以欠饷太多,无款谈不到裁兵。苏复电赞成,但无办法"④。说一千道一万,兵是军阀的护身符,是万万裁不得的。

裁兵既不可行,废督的名义倒是有了"成效"。6 月 15 日,黎元洪下令免去江西督军陈光远本兼各职(因陈当时在江西的地位已不保),其后任命曹锟保荐的援赣军总司令蔡成勋为"督理江西军务善后事宜"。27 日,吴佩孚致电陆军部,提出"废督之制甚急,各省宜改以督理全省军务名义为宜"⑤。从此以后,换汤不换药的"督理"名义便代替了已经声名狼藉的"督军"名义。黎元洪还想以省长取代督军,以压抑军

① 《吴佩孚致黎元洪等电》(1922 年 6 月 21 日),《阎锡山档案要电录存》第 6 册,第 332 页。

② 《中华民国大事记》第 1 册,第 903 页。

③ 《阎锡山电告裁兵六营并陈乡兵制办法》(1922 年 6 月 14 日),《中华民国史料长编》第 29 册。

④ 《潘连茹致阎锡山电》(1922 年 6 月 15 日),《阎锡山档案要电录存》第 6 册,第 327 页。

⑤ 《稿本吴孚威(佩孚)上将军年谱》,第 363 页。

权,张扬民权,他上台后曾先后任命高凌霨为直隶省长(后改王承斌),张绍曾为陕西省长,张其锽为广西省长,王永江为奉天省长,汤芗铭为湖北省长,王瑚为山东省长,韩国钧为江苏省长等。但他的做法首先就遭到直系的反对。6月23日,吴佩孚致电国务院,警告"南北尚未统一,封疆大吏,不宜大肆更张,恐生反动"。8月1日,吴又通过陆军次长金永炎转交黎元洪电,认为"督军一制,在今后万无存在之理,南北统一之后,军制军区如何兴革划分,应由中央召集全国军事会议,讨论实行。现在新旧交替,各省军队复杂,治安所托,省长往往不能负责。如裁撤督军省份,似宜有督练或督理字样,以维现状"①。所以,黎元洪的做法根本行不通,上述经他委派的省长,除了直隶和江苏两省以外,其他省长均未能或未敢到任。黎元洪还曾企图令兼任省长的督军,如山西的阎锡山和新疆的杨增新辞去督军,专任省长,结果为阎、杨所拒;黎元洪又企图将河南督军冯玉祥改派为苏、豫、皖"剿匪"总司令,从而裁撤河南督军,但因江苏督军齐燮元的反对而未成。总而言之,黎元洪的"废督",除了废了几个"督军"的名义或将"督军"易名为"督理"之外,几一无所成。

与黎元洪的"废督裁兵"主张相呼应,不在直系控制下的南方诸省则附和了黎元洪的主张,并与"联省自治"运动相结合,以"废督"而强调"自治"和"民主"。6月15日,浙江督军卢永祥宣布废去浙江督军职,"惟以尚无合法政府,未便交卸。且仓猝离职,恐滋军佐疑虑,不得已,乃以第十师师长名义,暂行维持原有防地"②。其后,卢永祥改称浙江"军务善后督办",20日宣布"善后纲要":浙江省境内不受任何方面非法干犯;所部各军防地,暂仍其旧;省内各行政机关均仍其旧;裁兵事宜关系重大,俟合法政府成立,全国裁兵计划确定,即时实行;各军饷项及

①　《稿本吴孚威(佩孚)上将军年谱》,第369页。
②　《卢永祥宣告先废督后裁兵通电》(1922年6月15日),《中华民国史档案资料汇编》第三辑《政治》(二),第1379页。

关于军事各项经费,仍在国税项内开支①。可见卢永祥的"废督"根本不影响其实际权力,无非是从"北京政府任命的督军一变而为团体拥戴的督军"而已②。8月1日唐继尧出任云南省长,废除靖国军司令名义;12日,袁祖铭出任贵州省长,取消黔军司令名义;10月1日,赵恒惕被湖南省议会推举为省长,取消总司令名义;12月2日,四川刘成勋废除总司令名义,改称临时省长。但这些名义的改动无非是名改而实不改,控制各省实际权力的仍是没有"司令"名义的军阀"省长"。总之,经过一番大张旗鼓的宣传,黎元洪的"废督裁兵"结果是雷声大雨点小,最后不了了之。

三　反直阵营对黎元洪复职的反应

旧国会复会,黎元洪复职,民国政治似乎重回民初轨道,那些从来以枪杆子为后盾、视法治为儿戏、对政治颐指气使的直系军阀们,却发出一片对"法统重光"的欢呼声,真是滑天下之大稽;但是,反直阵营对此却有不同态度。徐世昌下台后,皖系浙江督军卢永祥于6月3日率先发出通电,反对黎元洪复职。他提出:"大总统对内为国民公仆,对外为政府代表,决不能因少数爱憎为进退,亦不容以个人便利卸责任";"盖既主张法统,则宜持有统系之法律见解,断不容随感情为选择,二三武人议论,固不足变更法律,二三议员之通电,更不足代表国会";他认为黎元洪当年下台时所余之一年三个月的总统任期,已由冯国璋代理期满,黎"在法律上成为公民,早已无任可复";则"黄陂复位之说,适陷于非法";进而声称:"当视力之所及,以尽国民自卫之天职,决不忍坐视四万万人民共有之国家,作少数人之孤注也"③。接着,同属皖系的淞

---

① 《卢永祥宣布善后纲要电》,《申报》,1922年6月21日。
② 《浙卢自表废督之别报》,《申报》,1922年6月17日。
③ 《中华民国史事纪要》中华民国十一年(1922)1至6月份,第968页。

沪护军使何丰林于 7 日发表通电,主张以第一届国会从速制宪,"一俟宪法告成,再行依照宪法规定,召集国会,选举总统";如此,则徐世昌"法律上之地位,固仍然存在,在未经依据宪法,改选总统以前,应仍由现政府维持现状,以免纷更"①。以徐世昌和皖系的关系,他们有此论并不意外,但此时皖系的实力远不能与直系相比,卢永祥等也不过表示其态度,而无力采取实际行动。及至黎元洪复职成为事实,卢永祥又在 6 月 13 日致电表示祝贺,曲以应付,但他只承认黎为"事实上之总统,而非法律上之总统",声称黎为"先行入都,暂行大总统职权,元首地位待诸国会解决"②。至于奉系的态度,因其军事失败,自知暂时无力干涉北京政治,而求保有其东三省地盘,故对此敷衍了事,态度模糊。6 月 3 日,东三省议会发出通电,表示将"本自决之精神,谋统一之实现"。黎元洪复职后,东三省商工联合会于 20 日发表通电,表示赞成统一,但同时又声称东三省"伏莽未靖,而沿边防务地方堪虞,……非有重兵,不足以资保卫,东三省原有军队,一时断难遽裁,绝非废督裁兵四字,空言漫能解决"③。此后,奉系在东北埋头练兵,整军经武,以图再起,对北京政治态度中立,轻易不表明态度。西南各省对黎元洪复职都"表示静默,以待时变"。广东陈炯明"方在避免政治之表示,故对于时局,大有不加闻问之态"④。

对黎元洪复职表示坚决反对者,只有孙中山领导的广东政府与非常国会。因为广东政府与非常国会直接与北京政府对立,如承认黎元洪复职、旧国会复会为恢复法统,则势须撤销己方政府与国会,犹如自废武功,不说孙中山等坚持理想的革命党人不同意,即便是非常政府与国会的不少成员,出于个人利益的考量,也不会同意。因此,当旧国会

---

① 《中华民国史事纪要》中华民国十一年(1922)1 至 6 月份,第 1010 页。
② 《中华民国史事纪要》中华民国十一年(1922)1 至 6 月份,第 1051 页。
③ 《中华民国史事纪要》中华民国十一年(1922)1 至 6 月份,第 1174 页。
④ 张梓生:《黎元洪复职记》,《东方杂志》第 19 卷第 12 号,第 69 页。

复会、黎元洪复职酝酿之初,国民党内即有人认为:"北方现在拟恢复之旧国会,多为广州非常国会已经除名之议员所主动,且内幕中不免有为军阀利用之嫌疑,故当以现在广州之非常国会为合法国会,而不宜别有所恢复;且黎元洪为六年六月十二日下令解散国会之应负责者,而其任期已由冯国璋完全代满,在法律事实两方面皆无复职之可能。"①旧国会宣布于6月1日复会后,广州非常国会于3日召集全体会议,对所谓恢复"法统"的主张表示反对,并通电中外,否认续开民六国会的合法性,声明中华民国合法大总统及合法国会均在广州,法统当由广州国会继承②。为了剥夺黎元洪复职的法理依据与道德正当性,6月6日,非常国会通电宣布黎元洪的三大罪状:一、毁法,"六年六月十二日竟下令解散国会,遂启南北连年战争";二、叛国,"黎氏徇张勋之请,将中华民国统治权交付宣统,签字盖印,首先称臣";三、辱国,"宣统复辟则中华民国既倾覆,元首有殉社稷之义,黎氏竟逃往日使馆躲避,受庇外人,污辱国体,莫此为甚"③。非常国会的通电不接受黎元洪复职为合法。

6月6日,广州政府总统孙中山发表《就徐世昌退职对外宣言》和《工兵计划宣言》,表示其对黎元洪复职与旧国会重开的态度。孙中山在宣言中并未明确提及黎元洪复职与旧国会重开之事,但声明"溯自民国六年,武人称兵,国会被非法解散,构成大乱。本大总统受国民付托之重,统帅陆海军将士以护法戡乱,致力所在,务扫除不法之武力,俾国会得以自由行使职权"。如此则为广东政府和非常国会勾勒出明确的合法性传承路线图,以打消外界对广东政府和国会的质疑,故孙中山对外郑重声明其为"中国事实上、法律上唯一政府行政首领","正从事于改造中国旧生活之事业,而使之适合于政治及经济的环境",并要求列强"不干涉中国内政",不承认"北京之伪新总统",实际还是否定了黎元

<hr>

① 张梓生:《黎元洪复职记》,《东方杂志》第19卷第12号,第64页。
② 《中华民国大事记》第1册,第889页。
③ 《中华民国大事记》第1册,第890页。

洪复职和旧国会重开的合法性①。

　　关于如何"改造中国旧生活",孙中山在宣言中重申其"护法"主张,提出"欲约法之效力不坠,在使国会得自由行使其职权,在扫除一切不法之武力。否则,国会之行使职权,不但徒托空言,抑且供人利用,苟求已乱,适以长乱。故欲使今日以后,国会有自由行使其职权,不再受非法之蹂躏,第一当惩办祸国罪魁,第二当保障国会安全"。孙中山明确申明:"溯自黎元洪于一千九百十七年非法解散国会,全国政治即逞分裂之象。殆徐世昌于一千九百十八年非法就任总统,分离乃益以加甚。更因徐继续在位之结果,政府遂尔解体,国家之威信因亦堕落至往日未有之程度。"既然黎元洪和徐世昌的作为都被定义为"非法",他们当然可以被合理的逻辑推理为"祸国罪魁",徐世昌的退位固为正当,而黎元洪的复位亦不具有合法性。

　　对于如何解决民国政治的诸般问题,孙中山倡议以兵工计划对应黎元洪的裁兵计划,"祸首既惩,则乱法之武力,无自发生,故军队之安置,宜为要图"。为此,孙中山提议:"军兴以来,兵额较前增至倍蓰,此等兵士来自民间,为不法武力所驱使,非其本意,一旦裁汰,使之骤失所业,亦所未安。宜以次悉改为工兵,统率编制,一切如旧,收其武器,与以工具,每日作工约六小时至八小时,先修治道路,次及其他工事。工兵月饷,较现时倍加,将弁月饷百元以上者加五,其百元以下者加倍。此外则其工作所生产之纯利,以一半归于国家,以一半归于工兵,论人数均分,无自差等。如此则一转移间,易战事为工事,兵不失业,无铤而走险之虑,工事日繁,有生产发达之象。然后善用外资,投之实业,以起积年之疲弊,谋社会之繁荣。转危为安,悉系于此。现有兵数,既以次悉改为工兵,征集爱国之士,编制国军,定为义务,两年一易,其兵额以二十万人至三十万人为止。此法既行,即有不逞之徒,亦无武力以为之

_____

　　① 《就徐世昌退职对外宣言》、《工兵计划宣言》(1922年6月6日),《孙中山全集》第6卷,第144—147页。

衅,毁法之祸,不可再作。国家机关,依照法令行使职权,无能妨阻之者,然后政治乃可入新轨道,而国家乃有长治久安之望也。"孙中山的计划看上去似乎颇为周详,但在当时武人当政、军阀视军队为其命根子的情况下,所谓兵工计划亦不过是孙中山的美好理想而已,而在孙中山不具有黎元洪的大总统身份时,他的兵工计划在军阀中得到的反响甚至还远不及黎元洪的裁兵计划。

不过,孙中山之所以为孙中山,在于他始终如一的理想主义精神与不懈的奋斗和追求。所以,他在宣言中仍然坦诚自信地表示:"今者直军诸将领既能知毁法之为非而忏悔之,犹当知护法之为是而服从之。数年以来,国内战争,乃护法与毁法战争,绝非南北战争。苟北方武人赞同护法,即此共同携手,以济时艰。故直军诸将为表示诚意,服从护法起见,应首先将所部半数,由政府改为工兵,留待停战条件。其余半数,留待与全国军队同时以次改编。直军诸将如能履行此项条件,本大总统当立饬全国罢兵,恢复和平,共谋建设。若进退失据,惟知假藉名义以涂饰耳目,则岂惟无悔祸之诚,且益长诪张为幻之习。本大总统深念民国以来祸乱之由在于姑息养奸,决为国民一扫凶残,务使护法戡乱之主张,完全贯彻,责任始尽。"

孙中山对于黎元洪复职和旧国会复会的反对意见,在直系军人中并未引起应有的反响,他们仍然是我行我素,操办着所谓"法统重光"之举。倒是吴佩孚在6月11日致电孙中山称:"戡乱而来,得仁而止。今当国是已明,山河再奠,东海于二日退隐津沽,黄陂依法复位,同心一德,共图建设,宜取消非常总统,揽辔北来,薰沐以待可也。"[①]可以想见,孙中山对此亦不会有正面的回应,南北对峙依旧。

就在孙中山刚刚表示了自己对北京政局变动的态度之后,6月中下旬,忽发生陈炯明炮击广州总统府、驱逐孙中山的事件。孙中山被迫

---

① 《稿本吴孚威(佩孚)上将军年谱》第361页。

离开广州①，广东的政治环境发生变化，非常国会议员在广州感受陈炯明的威胁，不安于位，大部分人出走上海。到沪后，由于形势的变化，他们的政治态度也发生分化，一部分人认为，旧国会恢复是护法的成果，应该参加，但出席者应为参加过护法运动的议员，并应在上海集会，这反映了接近孙中山的部分议员的意见；另一部分人则认为，旧国会既已恢复，自应赴京参会，至于参加者的资格问题，只能在赴京参会后讨论，这反映了希望保持议员身份以维护其个人利益的部分议员的意见。此后，两种意见未能达成一致，留沪议员与赴京议员各行其是，非常国会无形解体，对黎元洪复职的反对声浪自然销声匿迹。

四　旧国会的恢复与新阁组成的反复

8月1日，经历了解散、复会、再解散、再复会的第一届国会，在北京正式复会，由吴景濂担任众议院议长，张伯烈为副议长，王家襄担任参议院议长，王正廷为副议长。吴景濂在复会致辞中称："今幸各方悔悟，法统重光，得再聚首一堂，共商国是，此为极可庆幸之事，又为极可痛心之事，以后同人应惩前毖后，一致努力，完成制宪大业，以尽吾人之天职，而慰国民之希望。"②不过，国会两度解散，两度复会，议员们的表现良莠不齐，讲求功名利禄者所在多有，故外界不少人并不看好国会的前途，认为议员们"无远大之眼光，为国家一计久长之策，而惟沾沾于一

---

①　1922 年 8 月 14 日孙中山到上海，其后黎元洪曾派刘成禺等持其致孙亲笔函前往拜见，邀孙北上商谈国事。孙中山告来者，"如若能恢复民国八年的国会，又能恢复当时的非常总统，我的北京之行也许必要；但目前已把民国六年的国会恢复了，我本人就连打破这'六年国会'恢复'八年国会'的一点武力都不掌握，所以我之北京之行既已失去必须去的任何理由，而且也没有这个必要了。"李大钊：《中国统一的方策与孙吴两氏的意见》，《近代史研究》1985 年第 1 期，第 4 页。

②　《国会继续开会之第一日》，《申报》，1922 年 8 月 4 日。

时之利禄权位以及枝节之细事"而已①。

国会复会后,首先在"民六"还是"民八"议员何为正统问题上争执不休。1918 年 7 月和 8 月,南下广州护法的非常国会议员决议,将留在北京不愿参加护法的 109 名参议员、216 名众议员共 325 名议员予以解职,其后又另行增补若干议员,使广州国会的参议员人数达到 212人,众议员人数达到 310 人,是为"民八"议员。他们认为,黎元洪在1917 年下令解散国会是非法的,南下议员在广州为护法而召开非常国会,是为维护法统,主持正义,且合乎法律;当时部分议员因故或不愿南下护法而被非常国会解职另补,亦为根据法律进行;现在国会恢复,"民八"增补的议员当然有资格出席会议,而"民六"议员中被解职者则没有资格出席。"民八"在京议员成立了"法统维持会",并得到了孙中山的支持,向国会争权利。北京的"民六"国会议员则坚持,他们被广州非常国会开除没有法律依据,新增补的议员各项手续不完备,投票者亦不到法定人数,故"民八"增补议员没有资格出席国会②。国会复会后的参议院议长王家襄就是当年被广州非常国会除名者,他与吴景濂都坚持"民八"议员不能参会的主张。一方要求参会,一方不让参会,双方剑拔弩张,尖锐对立,甚至动手动脚,发生肢体冲突,以至国会复会后根本无法正常工作。为了防止"民八"增补议员入场滋事,吴景濂等对国会会议采取了严密的保安措施,开会时两院会场均须戒严,议员凭证章入内,但仍无法避免参加过护法的非常国会议员的发难。舆论对此十分不满,认为议员吵闹,实为个人利益,"以此各党互相争权夺利暗斗之故,其结果于立法事业将一无所成,故今日中国之国会,实有不如无也"③。

---

① 《国会之前途》,《申报》,1922 年 8 月 3 日。
② 谢振民编著:《中华民国立法史》上册,第 134、160 页;徐矛:《中华民国政治制度史》,第 163 页。
③ 《外国对于国会之非难》,《大公报》,1922 年 9 月 7 日。

　　8月30日,"民八"议员45人赴众议院,要求面见吴景濂,出席会议,结果"初则闭门禁阻,嗣始入院,多数议员允为依法解决"。9月5日,国会召开宪法审议会,焦易堂、邹鲁、谢持等护法议员相继发言,质问王家襄,何以不许护法议员代表进场?王的答辩不得要领,众谓法律不明,制订宪法何能使国人遵信。王谩骂,护法议员哄上殴王。双方动起手来,会场秩序大乱,会议无结果而散。次日,国会开常会,"民六"、"民八"议员又发生纠纷①。其后,黎元洪请张伯烈、褚辅成出面调停,但"民八"议员坚持自身地位有效,反对调停,结果致国会第二届常会于9月18日被迫宣告停开。

　　10月11日,在有黎元洪及北京政府全体总长出席的国会第三届会议开幕典礼上,两派议员又发生激烈争执,护法议员干脆直接质问黎元洪,当年非法解散国会,何以不负责任,今日以何资格出席国会。黎元洪处境尴尬,会场里只好以"鼓奏军乐,以乱质问之声"。不少议员被便衣"如捕罪犯,挟出院外,委弃于城根马路,肆意挤压"②。为了避免事态进一步闹大,影响国会的正常运作,吴景濂遂向黎元洪建议,设立"政治善后讨论会",以此安置"民八"议员,并且每人每月补助400元。10月28日,"政治善后讨论会"正式成立,黎元洪任命王宠惠担任会长。有了此等安置,多数"民八"议员不再坚持与国会相抗,"民六"与"民八"议员的对峙渐趋缓和。

　　纯就法理意义而言,"民六"或"民八"议员"合法"与"非法"之争各有其理由,不过如果按选举法的规定,众议院议员任期为三年,无论是"民六"还是"民八"议员,实际任期都超过了规定年限,所谓"合法"与"非法"的争执更多的是政治斗争的需要与维护个人私利之口实,并不具有其本来意义。旧国会复会后,国会议员历经多年的政治动荡与分

---

　　①　《中华民国大事记》第1册,第917、920页。
　　②　《中华民国史事纪要》中华民国十一年(1922)7至12月份,第719—720页。

化组合,过往之党派特性更模糊不清,各种团体派系组合既有政治主张接近者,更有纯为派系个人利益者,他们对于制宪、组阁等事项各有主张,并为此纵横捭阖,演出了一幕幕政治剧,只是场外的观众对此早已失去了观看的耐心,更不必提军阀只不过将他们当作"民意"的工具。作为西方民主制度支柱之一的国会制度,在民初引进中国之后,并无坚实可靠的政治基础,在军阀枪杆子的压迫与操纵下,从来就没有发生过其应有之地位与作用,所谓易桔为枳,此时的国会制度似乎已经走到了死胡同中,空余那些议员们还在台上表演其无用功。

内阁方面。1922 年 6 月 11 日,黎元洪复职当天,任命颜惠庆署理内阁总理,因"颜与何人皆能共事,且素无私人",直系保、洛两派因而"素重视颜,黎据此征颜,颜亦力辞,经强劝而后就"[1]。黎元洪企图"笼络"吴佩孚,任他为陆军总长,可是吴佩孚偏不给黎元洪面子,声称"不开军人干政之嫌",因此"势难兼领"陆军总长。不过,颜惠庆出任总理后,却得不到国会的支持。众议院议长吴景濂野心勃勃,其"为人不学无术,使气逞强";"遇事把持,意气偾张";"一面与直系周旋,一面要索以巨额党费及自身组阁为报酬"[2]。他对颜惠庆上台很不满意,而且他"有一群新进的国会议员为其羽翼,供彼指挥。内阁的成败,悉视其喜怒而决定。而此一国会,既为产生下届总统的机构,因此更增重了他的牵制力量"[3]。由于吴景濂的反对,颜惠庆不敢将内阁名单提交国会通过,他本人也不安于此"临时"身份,急于求去。7 月 31 日颜惠庆请假离职,并表示"决不再代",内阁由教育总长王宠惠暂代总理。

黎元洪复职后,一直考虑拉进南方知名人士组阁,以实现"和平统一",加重自己的政治分量。8 月 5 日,他任命南方知名人士唐绍仪署

①　《中华民国内阁篇》,《张国淦文集》,第 287—288 页。

②　刘楚湘《癸亥政变纪略》,《近代稗海》第 7 辑,第 207 页。

③　颜惠庆:《入阁参政》,杜春和、林斌生、丘权政编:《北洋军阀史料选辑》下册,中国社会科学出版社 1981 年版,第 222 页。

理内阁总理,就是他实现自己政治企图的第一步。黎元洪也知道此事的敏感性,事前专门派下属金永炎(金晓峰)到洛阳征求吴佩孚的意见。但黎元洪的打算与吴佩孚的"武力统一"主张相抵触,所以遭到吴的坚决反对。唐阁名单发表后,吴佩孚发表公开通电,指责"唐主上海八年和会,世间啧有烦言";"金晓峰来,言之再三,不意一回京,卒然发表,显示别有用心,何以惺惺来洛,貌为周施?"[①]吴佩孚还致电曹锟,称黎元洪"性情仁厚,迩来被奸党阴谋,力拥唐绍仪组阁",请"通电同志各省,一致主张,径电中央,力攻唐阁不成"[②]。唐绍仪知其不能为北洋系所容,故亦迟迟不到京就任。

北京新内阁难产,"因洛阳有异议,根本动摇",黎元洪"已处绝境"[③]。为了解决内阁虚悬的危机,黎元洪只能屈大总统之尊,不断派人到洛阳专门"征求"吴佩孚的意见。吴佩孚所任之直鲁豫巡阅副使,本来的职权"从理论上讲主要只是统率(节制、调遣)区内的军队。实际上则不然,既不以军政为限,也不受地区名义的束缚,形成超省级的太上皇政府"[④]。吴佩孚曾经表示反对军人干政,表示"内阁问题,乃元首特权,某何人斯,敢行过问?"甚而指斥保派人物,应"由元首提出总理,以南北众望允孚者为宜,内幕私图者,均非有心肝之人"[⑤]。但他自己却并不如此实行,既然黎元洪前来"征求"意见,吴佩孚也就不客气地表示:"对唐组阁,绝不赞成,以维持现状为宜。如颜不愿谈,以亮畴(王宠惠)代揆,高(恩洪)可不动,张(绍曾)长陆军,余请元首斟酌"[⑥]。吴佩孚颐指气使地替黎元洪决定了内阁的主要人选,哪里还有黎再"斟酌"

① 《吴佩孚猛攻唐阁》,《大公报》(天津),1922年8月10日。
② 《稿本吴孚威(佩孚)上将军年谱》,第374页。
③ 《钱桐致阎锡山电》(1922年8月9日),《阎锡山档案要电录存》第6册,第360页。
④ 钱实甫:《北洋政府时期的政治制度》上册,第254页。
⑤ 刘楚湘:《癸亥政变纪略》,《近代稗海》第7辑,第157—158页。
⑥ 《吴佩孚猛攻唐阁》,《大公报》(天津),1922年8月9日。

的余地。吴佩孚还劝张绍曾"勿组阁,劝王阁勿辞退,愿为其后盾"①。并令直系各督"一致主张,径电中央,力攻唐阁,不使成立,请以王宠惠正式组阁,则国计民生,实利赖之,非独团体安危所系已也"②。在吴佩孚的指使下,直系大将冯玉祥、齐燮元、萧耀南等亦纷纷发表通电,提出王宠惠"才学优迈,与各派初无恶涵,以之组阁最为相宜"③。由于吴佩孚的坚持,终使黎元洪理想中的南北统一混合内阁流产,黎元洪只能在9月19日任命王宠惠署内阁总理,对内阁组成则"不参意见"。而内阁组成前须"征求"吴佩孚的意见则是黎元洪复职后历次组阁之惯例,于此亦可知黎元洪办事用人的"自由度"究有几何。

　　新任内阁总理王宠惠和其内阁成员——财政总长罗文幹、教育总长汤尔和,当年5月曾和蔡元培、胡适等共同签名发表《我们的政治主张》,提出所谓"好政府"主张,因此,王宠惠内阁又被称为"好人政府",一度曾被外界寄予期望,而在实际上,吴佩孚是"内阁的后台","如果没有吴的支持,内阁就不能维持长久"④。但黎元洪任命王宠惠此举却惹恼了保派。因为黎元洪就组阁问题"征求"吴佩孚的意见而未"征求"曹锟的意见,显有不以曹锟为然之"过",而保派人马在王阁中只有交通总长高凌霨一人,也使保派颇为不满,辄以去王为目标。保派的图谋得到众议院议长吴景濂的支持,正是因为担心阁员名单在国会表决中被否决,王宠惠上任后根本就未将内阁阁员名单提交国会。王宠惠对国会的蔑视态度进一步激怒了吴景濂,他在国会与王宠惠多次发生公开争执,致内阁与国会的关系空前

　　①　《徐鸿宾致阎锡山电》(1922年8月17日),《阎锡山档案要电录存》第6册,第363页。

　　②　《吴佩孚致阎锡山电》(1922年8月26日),《阎锡山档案要电录存》第6册,第370页。

　　③　《齐燮元通电》(1922年9月1日),《中华民国史档案资料汇编》第三辑《政治》(一),第204页。

　　④　《顾维钧回忆录》第1分册,第245页。

紧张。吴景濂曾当面质问王宠惠："国会要你下台,你为什么赖着不走?"王也怒形于色地说："难到你就是国会?"接着,吴景濂骂王"混帐",并说"议长当然可以代表国会",王则骂吴不配当议长,"议长怎样可以说出下流话来"①。两位在外界舆论心目中理应温文尔雅的政界人物,却如泼妇骂街般使横,可见当时两人关系之紧张,人们亦可从中了解到北京政治的多重面相。

第三节　直系当政后的南北政局

一　曹吴矛盾与保洛之争

第一次直奉战争之后,直系独大,实际控制着北京中央政权,北京政局也因黎元洪之复职一时似又复上正轨,但其内里之矛盾与冲突却一日不复停止。不但旧有的中央与地方、南与北、北洋军阀内部各派系间的矛盾依旧,而且新的矛盾还在不断产生,尤其是直系内部因曹锟和吴佩孚的矛盾而形成保洛之争,成为影响此时北京政治的主要因素。

直系虽为北洋军阀三大派系之一,但在其形成过程中,一直有南(苏、鄂、赣)北(直、鲁、豫)之别,其首领冯国璋较为低调且又早逝,内部关系不似皖、奉两系那般紧固密切。及至曹锟、吴佩孚以武力征讨而崛起,代理大总统冯国璋早逝,苏督李纯自杀、鄂督王占元被逐、赣督陈光远势微,北派力量才在直系中占据了优势。曹锟、吴佩孚统率直系力量在第一次直奉战争中胜利后,直系力量得到大扩张,他们在直系中的领袖地位亦无人可敌。但曹锟虽为直系最高领袖,此时却基本不直接领军,而是依靠吴佩孚为他南征北战,他本人则一心希图成为大总统,过把总统瘾,满足虚荣心。有人论之为:"曹锟一生庸暗,

---

为直系偶像式之首领。然偶像非一无足取也,用不着时并不碍事,用得着时可比一尊活菩萨。盖曹与段祺瑞、王士珍、段芝贵等同为袁世凯所办北洋武备学堂学生,资望颇高,为人蔼然可亲,深得直系诸将领之爱戴。"①直系实际领军的吴佩孚,能征善战,有一统天下的野心,但却不能统领直系所有的军事力量,也不是直系共同拥戴的政治领袖。曹锟与吴佩孚在一些问题如推举总统等方面意见并不一致,但格于历史与个性,吴佩孚对曹锟保持以下事上的尊重、礼遇及效忠,而曹锟对吴佩孚也能大度容忍并容纳其不同意见,两人关系的融洽对维系直系团结与团体利益有至关重要的作用。"吴之能出奇制胜,要亦由曹之大体信任,故能内外和协,内无问题可以专力作战"②。

　　不过,第一次直奉战后,情势有了变化。"直系之权力可以揽持中央政局,曹之总统欲望突生,短期欲其实现;而吴以时局之顾忌,不欲其遽行,于是迎合意旨者又从而为排挤倾轧,分裂之机乃启矣"③。吴佩孚在其驻节地洛阳招贤纳士,插手政治,一方面公开标榜"军人不干政"、"军人以服从为天职";另一方面则频频对北京内阁之更换以及政府之政策表示意见,俨然政府之"太上皇",难免有"功高震主"之势,使曹锟心生芥蒂。而且,曹、吴身边左右人等各有企图,各拥其主,都想在政治上发号施令,满足个人及小集团利益,他们在曹、吴身边的挑拨构煽,制造双方的恶感,离间双方的关系,尤其是吴佩孚与曹锟四弟曹锐"意见甚深",曹锟"夹在中间,不能制止双方,于是影响及于政局"④。由于曹锟、吴佩孚分别以直鲁豫巡阅使与副使的名义驻节于保定和洛阳,因此曹、吴身边人的政治集合又被称为保派(保派在结合津派后又

　　①　陶菊隐:《政海轶闻》,上海书店出版社1998年版,第49页。
　　②　《白坚武日记》第1册,1924年10月,第496页。
　　③　《白坚武日记》第1册,1924年10月,第496页。
　　④　《钱桐致阎锡山电》(1922年10月17日),《阎锡山档案要电录存》第6册,第393页。

称津保派)与洛派①。在第一次直奉战后,保派与洛派之间围绕一系列问题产生矛盾摩擦,暗中以至公开较劲,形成保、洛之争,并直接影响到直系控制下的北京政局。

直系内部的矛盾分歧自奉系失败、黎元洪复职后便已开始,其中心在于对所谓"最高问题"的态度,而其表现则为愈演愈烈的阁潮。直系控制了北京中央政权之后,曹锟急于取代黎元洪登上总统宝座,他常对左右说:"北洋系袁世凯、冯国璋都当过总统,现在该轮到我了。"②而吴佩孚虽不反对曹锟当总统,但觉得时机尚未成熟,认为应俟实现全国统一后,再行此举,俾可水到渠成。直系中的保派多为曹锟的直接下属,他们投其所好,加紧"最高问题"的进行,尤其需要控制北京政府,以利操作。拥护吴佩孚的洛派则对此不以为然,也在积极插手北京政府的组成。而曹锟谋求早日当总统的企图又与还想在总统位上待下去的黎元洪发生矛盾,为了延续自己的政治生命,黎元洪自然偏向于不主立即选总统的洛派,从而使直系间的保、洛矛盾又渗入府院关系的复杂因素。加以内阁组成循例须国会通过,而国会内部各种集团派系的组合又时时变化。如此种种情况,使直奉战后的北京阁潮发生之频、争斗之

---

① 直隶省长曹锐、王承斌在天津培植亲信、扩张势力,被时人称为与保、洛鼎足而立的直系第三大派系——津派。在对付吴佩孚时,津派与保派目标一致,两派合流,被时人称为津保派。据顾维钧回忆,"当时曹锟在保定,充当他的竞选代理人经常往来于保定、北京两地的是他的弟弟曹锐。曹锐被人们称为曹四爷,在选举前后为曹锟经办了大量政治事务。他很少在公开场合或大型会议上露面,可是却在幕后进行了全部策划。曹锐比他哥哥曹锟受的教育多得多,他是个文人而不是军人,从外貌和举止看比曹锟总统显得文雅,但是行为不大检点,后来因缺乏教养而招致恶果。"而曹锟周围的一批人之所以为曹当总统事如此卖命奔走,也是为了自己的个人利益。吴毓麟直率地告诉顾维钧:"因为你在国内、国外受过教育,并且已经建立了你现在的声望,无论哪个派系当权,都会邀请你参加政府工作。但对我们来说,情况就不同了。如果曹三爷(曹锟)下台,我们就要失业。"《顾维钧回忆录》第 1 分册,第 262—263、265 页。

② 张同礼:《张弧的一生》,《天津文史资料选辑》第 23 辑。

烈实为北洋时期之最,从而也反衬出北京政治在武人干政下之特有生态——派系纷争。这种派系纷争,有派系间的,亦有派系内的,但基本上并无政治理念或基本政策的差别,而主要是出于派系自身利益的考量。

直皖战后,吴佩孚便以直鲁豫巡阅副使、巡阅使名义驻节洛阳,对外号称埋首练兵,实则利用他的特殊身份,居中原之地而干预政治、发号施令。吴佩孚对洛阳的评价是:"洛阳地居中州,为九朝都会,可以控制四方。从军事上说,西凭函谷之固,东据虎牢之险,北倚大河,南阻龙门,四塞可守之地也;陇海东西横贯,京汉、津浦南北直达,兵力之运用,朝发夕至,攻势作战之理想根据也。……今欲统一中国,无论练兵或作战,洛阳都是上选。万一对外有事,京、津、宁、沪易受威迫,必要时也须迁都来此。此形胜之地,安可等闲视之!"①吴佩孚自命习武而经文,在洛阳网罗了不少军政俊彦人才为其谋划。如政务处长白坚武,为吴"酌剂献替,悉处以中,蓬莱(吴佩孚)倚为左右手,俾总持政务。公亦周详勤恳,裁决当世之务如列掌无遗。……蓬莱在军中久,治事简易。开府后,赖公时为招掖材俊,草创规制"②;"号称吴佩孚之'小内阁',成为一时的风云人物";"向吴进献武力统一中国之策,由此深得吴之倚重"③。秘书长孙丹林,"是吴佩孚的诸葛亮,吴氏得有今日,大半是孙氏功劳";"攻段之计,与去徐(树铮)之计,都是孙氏出的主意"④。这些幕僚既富于干才,又心高气盛,较之围绕在曹锟身边的趋炎附势之辈,似乎多出些许"抱负",因此他们内心里就看不起曹锟及其保派人物,在曹、吴矛盾和保洛之争中,这些人起的作用自不可忽视。吴佩孚驻节洛阳的几年间,京洛道上,各方人士往来不断,上自总理、部长,下至督军、省长,

---

① 张钫:《风雨漫漫四十年》,第215页。
② 《白坚武自撰小传》,《近代史资料》1982年第1期,第111—112页。
③ 张达骧:《白坚武其人》,《天津文史资料选辑》第23辑,第191页。
④ 《胡适的日记》下册,中华书局1985年版,第382—384页。

乃至议员政客、各方代表、士绅文人等等，纷至沓来，请示报聘者有之，图谋私利者有之，而无论是什么来头，都使吴佩孚自我感觉好不威风，俨然政治"中枢"。直系中有人捧吴佩孚是"当代英雄，妇孺尽知，综核半生事业，无非为国为民，武穆公不爱钱，不怕死，正吴使之谓也"①。1923年4月吴佩孚五十寿辰时，"各方代表极一时之盛，应接不暇"②。康有为送吴的寿联所撰内容，或可谓吴本人的真实心声：牧野鹰扬，百岁功名才一半；洛阳虎视，八方风雨会中州③。

王宠惠内阁得到吴佩孚的支持，虽未因国会刁难而垮台，但对阁员安排，保派"极不满意"，结果是"王阁甫成，又见摇动"④，王阁面对的各方矛盾并未解决。国会众院议长吴景濂很想当总理，他所主持的国会与王宠惠势如水火，随时都在寻机倒阁，内阁诸事得不到国会的合作，举步维艰。王宠惠是在吴佩孚的力挺下上台的，在许多方面对吴自然多所关照，尤其是在军饷供应方面，让保派感觉有些厚吴薄曹，便谋求与吴景濂联手推倒王阁。黎元洪的复职得于直系的安排，故直系对其职位亦有予夺大权，但黎元洪又希望能在总统任上干下去，故对其职位变动的任何可能性都甚为敏感。黎元洪复职后，吴佩孚一直表现强势，虽然吴也提出应"由元首提出总理，以南北众望允孚者为宜，内幕私图者，均非有心肝之人"⑤。然在实际上，吴佩孚对内阁组成动辄提出意见，使黎元洪内心不无忌惮，而王宠惠得到吴佩孚的支持，与吴佩孚走得比较近，故黎元洪担心因此而碍及自身地位，对国会和保派的倒阁举动虽未深度介入，但也乐观其成。由此使得王宠惠内阁上任后一直处在艰难的处境之中。

---

①　《彭寿莘致李景林信》(1922年4月26日)，《奉系军阀密信》，第18页。

②　《白坚武日记》第1册，1923年4月22日，第413页。

③　陶菊隐：《吴佩孚传》，上海书店出版社1998年版，第84页。

④　《钱桐致阎锡山电》(1922年9月21日、10月5日)，《阎锡山档案要电录存》第6册，第387、389页。

⑤　刘楚湘：《癸亥政变纪略》，《近代稗海》第7辑，第158页。

在国会与王宠惠内阁的矛盾中,外交总长顾维钧扮演了某种调停角色,因为他刚刚回国不久,从事的主要又是外交工作,与现实政治的联系不似他人那般密切,而外交总长是总理之下的首席阁员,正好在发生矛盾时充当"和事佬"的角色。王阁未经国会通过,每当内阁需要向国会报告有关事项、接受质询时,王宠惠不愿面对议员的嘲讽攻击,屡屡缺席。而顾维钧认为,"这是每一个议会制政府必须应付的场面,唯一办法是面对现实,这是无法回避的"。王因而派顾代自己出席。顾维钧对议员的质询回答得很有礼貌,态度诚恳,尽可能说明各种真实情况及正反面理由,议员们也认为他应付质询很得体。顾维钧还常常宴请国会议员,并认为"这是与国会议员处好关系的一种中国式方法"。甚至于,他曾将王宠惠与吴景濂拉在一个饭桌上吃饭,以调解双方关系,但由于双方积怨甚深而收效不大。对于王宠惠迟迟不将阁员名单提交国会通过,顾维钧对王说,"你是个国际知名的法学家,大家都嘱望你在所有人中是最能够严格尊重宪法的人"。他提议,或将名单提交国会,或辞职,或请吴佩孚另外提出人选。他认为第三种办法实际做不到,第一种办法通不过,因此"唯一的办法只有辞职"。但王宠惠不置可否[①]。可是接踵而来的"罗文幹案",成为王阁与各方矛盾汇集的焦点,并且将王阁逼到了不得不辞职的地步。

二　罗文幹被捕案

罗文幹(1888—1941),字钧任,1904 年留英,获牛津大学法学硕士学位,回国后曾任北京政府总检查厅检查长,修订法律馆副总裁,司法次长,大理院长,代理司法总长,盐务署长兼币制局总裁等职。王宠惠组阁时,推荐罗出任财政总长。北京政府的财政向来不宽裕,财政总长未必是个好差事。据财政部发表的《中国财政全部之内容》称:"中国财

---

① 《顾维钧回忆录》第 1 分册,第 248—250 页。

政之困难,固不自今日始,然未有来源涸竭、债务层叠、岌岌可危如今日者。中央各机关及内外债权者之索欠,既以应付俱穷,绝无活动之余地;各省区又以政变迭出,军费日增,截留应解之款,而以为未足,复日仰给于中央。应之则库空如洗,罗掘无由;不应则逐电交驰,追索益急。日处此扰攘纠纷之中,中央与各省区遂交受其困,而无可振拔。"①第一次直奉战争期间,直系为了解决军费难题,曾经在其治下的直、豫、鄂三省实行摊派,大县 3 万,中县 2 万,小县 1 万②。很显然,这些军费开销,最终还是要落到北京政府的头上。为了解决财政困局,罗文幹上台后,曾经议发"十一年八厘短期公债"1000 万元③,但杯水车薪,无济于事,仅仅是每月的中央军费开支就远远超过财政收入,更不必提那些非军费开支的支出,如教育经费等等,往往就成了军费开支的牺牲品,欠款欠薪在所难免。而保派为了打击王阁,更借此掀起索饷索薪潮,甚至由曹锟直接出面,索取数百万元欠饷。王宠惠深感难以为继,提出辞职,黎元洪为了自身利益,又不接受其辞职,国会方面则与保派合作,质问黎何不同意王阁辞职,北京政治简直乱成了一锅粥。

辞职既不成,国会不合作,王宠惠干脆让罗文幹以财政困难为由,拒绝支付国会经费,图逼国会让步。吴景濂为求国会拨款,通过外交总长顾维钧向罗文幹疏通,罗不仅不置理,还对顾说"别理他"。最后只能由顾给一家比利时银行写信说明,吴景濂才拿到一笔贷款,得以维持国会的运作。此举使吴景濂极为恼火。据顾维钧称,罗"是王的终生好朋友",站在王宠惠一边,而王又站在吴佩孚一边,但王"并没有把他们之间的一些政治策划和磋商情况完全告诉我"④。11 月 14 日,罗文幹为解决政府财政困难而签署奥国借款展期合同,吴景濂即利用此事,与保

①　《中国财政全部之内容》,《东方杂志》第 19 卷第 23 号,第 115 页。

②　《李庆芳致阎锡山电》(1922 年 4 月 28 日),《阎锡山档案要电录存》第 6 册,第 82 页。

③　千家驹:《旧中国公债史资料》,第 87 页。

④　《顾维钧回忆录》第 1 分册,第 247—248 页。

派联手,指控罗文幹擅订合同、丧权辱国、违背法纪、滥用职权,并有纳贿嫌疑。18日晚,众议院正、副议长吴景濂、张伯烈等至东厂胡同黎宅,胁迫黎元洪下令逮捕罗文幹,拘押于京师警察厅①。

奥国借款本为中国与奥国银行团在民初分次订立的借款合同共475万镑,应在1921年底还清,后因北京政府无力支付及第一次世界大战而暂缓执行,未还本金约432万镑。战后,债票持有人要求中方继续履约,但奥国借款本已由巴黎和会决定作为奥国赔偿中国之物,实已无效,当然没有签订新约、换发新债票的理由。此次罗文幹为救各处索饷、财政困难的燃眉之急,并屈服于列强压力,同意续订合同,换发新债票本息合计519万镑(约合四千余万银元),诚有可非议之处,而且合同里有"奉大总统核准,经国务会议通过"等语②,但实际上,据王宠惠告顾维钧,罗签协定前告诉了他,但并未经内阁讨论③。这更为保派倒阁提供了炮弹。

罗文幹被捕,引发北京政坛风潮。国会方面力主查办罗文幹,指罗"丧权辱国,渎职纳贿","违背约法,滥用职权",指罗文幹此次办理失当之处有三:丧失国家权利约五千万元之巨,不先交国会同意、总统批准及国务会议通过,一也;公债之募集及国库有负担之契约,均须国会议决,载在约法,该总长竟敢私订有负担之契约,并发行以新换旧之公债,二也;据(大总统)云:确无此项批准案件。乃该总长擅敢于十一月十四日已签字合同内,竟有"国务会议通过及大总统批准"之字样,显系违背约法,滥用职权,三也④。20日通过查办罗文幹的动议。王宠惠等则力挺罗文幹,认为总统和国会直接下令逮捕阁员是违法行为,声称责任

① 《顾维钧回忆录》第1分册,第247—253页。
② 《财政部关于奥国借款展期及取消原订购货合同咨呈》(1922年11月14日),《中华民国史档案资料汇编》第三辑《财政》(二),第1037—1042页。
③ 《顾维钧回忆录》第1分册,第253页。
④ 《吴景濂等列举罗文幹丧权渎职罪行请依法查办致黎元洪电》(1922年11月22日),《中华民国史档案资料汇编》第三辑《政治》(一),第195页。

内阁对此无法负责,"理应立即引退"①。王阁外交总长顾维钧坚决反对逮捕罗文幹,他认为内阁向总统负责,不和政府打招呼就逮捕总长是违法的。"这个事件将在国际上造成很坏影响。作为外交总长,我曾经力图使国际上认为中国像其他国家一样,是个法治国家";"必须把这个事件看成是中国政府的耻辱,我们应该采取措施,弥补已经造成的损失"②。

王阁为吴佩孚所支持,"罗案"发后,吴不能坐视不管。他于20日发出通电,为罗辩护,同时训斥黎元洪,称此案"似属不成事体,殊蹈违法之嫌"。同时致电曹锟云,此案"荒谬离奇,实所少见","请我师就近质讯,以维法纪"③。但曹锟却不给吴佩孚面子,23日曹发表通电,称"罗文幹身为阁员,丧权误国,……既经拿交法庭,应请大总统毅然独断,组织特别法庭,或移转审讯,彻底根究,期无遁饰,毋令徇纵,以彰国法"④。吴佩孚指"违法"者为黎元洪下令捕罗"不成事体",曹锟则指"违法"者为罗文幹"丧权误国",于此实将直系内部矛盾公诸于世。其后,直系保派将领连发通电拥曹,而洛派将领出于武人对文人的轻视亦不愿多言,甚而有公开通电拥曹者。吴佩孚既不能得直系诸将之谅解,也不愿使事态扩大,影响直系团体利益,便"顺风转舵,对罗案完全软化了",向曹锟解释自己"与王亮畴(王宠惠)素不认识,仅于觐谒元首时与之一面,而与罗财长则无一面之缘";申明"谨遵曹帅主旨,主张依法办理"⑤。25日,吴佩孚致电曹锟,说明自己对此案"疑虑冰释,如果确有

---

　　①　《财政部关于奥国借款展期及取消原订购货合同咨呈》(1922年11月14日),《中华民国史档案资料汇编》第三辑《财政》(二),第1037—1042页。

　　②　《顾维钧回忆录》第1分册,第253页。

　　③　《中华民国史事纪要》中华民国十一年(1922)7至12月份,第1039页。

　　④　《中华民国史事纪要》中华民国十一年(1922)7至12月份,第1070页。

　　⑤　陶菊隐:《吴佩孚传》,第80页;《北洋军阀统治时期史话》下册,第1210页。

犯罪证据,自应依法严惩,以昭炯戒"①。吴佩孚既如此表态,王宠惠也无法再干,只能于 11 月 25 日通电辞职,随后黎元洪在 29 日任命汪大燮署总理。

"罗文幹案"发后,黎元洪夹在曹锟的保派和吴佩孚的洛派之间,哪边也不敢得罪。吴佩孚通电训斥黎元洪,黎受此羞辱,无可奈何,先是复电吴佩孚撂挑子,称"予本不愿干,请即觅定人来,予已准备交替";接着又少见地发飙,质问吴佩孚,"且言冠冕尊之,而履蔑视之,执事毫下如云,何以临众,不愿执事遥断朝政,轻折元首"②。吴佩孚见此电勃然大怒,向其左右说:"我们为拥黎之人,我们有错,尽管教训,为什么公开登报? 这并不把我们当自家的人。既然如此,以后洛方不准和府方再有电往来。"③罗文幹身为内阁部长而被关押,黎元洪也觉有些过分,所以不几日便派人保罗文幹出狱,并安置在总统府④。可是出身法学硕士的罗文幹却认为,不能如此不明不白地了事,声明要求法律解决,自愿回狱。黎元洪只能再次让政府派人往迎,同时咨复众议院,以查办罗案违背约法有关规定条文,将案卷退回。黎氏的举动又引起曹锟的不满,保派连日指责有关"罗案"的电报在京不能拍发,向曹锟进言称:"子玉不让老帅做总统,有总统自为之意。老帅不信,人人只知有子玉而不知有老帅了。"⑤曹、吴矛盾有激化之势,时人甚而有保、洛两派决裂,并发生战事之推论,且其"形势已成,将来变化,不可思议"⑥。

————————————

　　① 《吴景濂等列举罗文幹丧权渎职罪行请依法查办致黎元洪电》(1922 年 11 月 22 日),《中华民国史档案资料汇编》第三辑《政治》(一),第 195 页。

　　② 《徐鸿宾致阎锡山电》(1922 年 11 月 24 日),《阎锡山档案要电录存》第 6 册,第 405 页。

　　③ 《中华民国内阁篇》,《张国淦文集》,第 291 页。

　　④ 据顾维钧称,实际这是为了在问题未解决前,不让罗离开北京,近似软禁。(《顾维钧回忆录》第 1 分册,第 253 页)

　　⑤ 陶菊隐:《吴佩孚将军传》,第 83 页。

　　⑥ 《田应璜致阎锡山电》(1922 年 12 月 1 日),《阎锡山档案要电录存》第 6 册,第 408 页。

1923 年 1 月 11 日,京师地方检察厅宣告罗文幹"犯罪嫌疑不足,行为不构成犯罪",予以不起诉处分。但保派抨击检察厅裁决不当,要求重行处理。15 日,保派司法总长程克屈服于曹锟的压力,以部令再次将罗逮捕入狱。次日,在内阁讨论此案时,教育总长彭允彝提出,由国务院出面为告发人,向法院申请对"罗案"再议,并自告奋勇起草国务院咨交检察厅的文件,直视庄严的司法为儿戏,从而又引起北京教育界轰轰烈烈的"驱彭"运动。北京大学校长蔡元培于 17 日辞职离京,他还发表宣言,揭露"议员的投票,看津贴的有无;阁员的位置,秉军阀的意志;法律是舞文的工具,选举是金钱的决赛;不计是非,止计利害,不要人格,只要权利。这种恶浊的空气,一天一天的浓厚起来"①。司法界人士亦多为"罗案"抱不平,发起反对蹂躏法权、破坏司法独立的"法潮"。直到当年 6 月,黎元洪已被赶走,"罗案"作为直系保、洛两派权力斗争的砝码已失作用,而拥曹派急需"好人"出台帮忙,在顾维钧、王宠惠等疏通下,曹锟同意放罗。京师审判厅走了公开审判的过场后,于 6 月 29 日判决罗文幹等"伪造文书罪不成立,受贿等情弊均无实据",宣告罗文幹无罪,恢复了他的自由②。

"罗文幹案"哄传一时,对北京政治生态造成颇大影响与冲击。"罗案"内情如何姑不论,但罗身为内阁总长,在国会起哄之下,由大总统直接下令逮捕,确乎违反"法律程序"。究其实质,则为直系保、洛两派借"罗案"而斗法,所谓"法律"的意义其实并不重要。"罗案"结果,保派虽获胜利,推倒了王宠惠内阁,但直系内部矛盾因此而加剧,并公诸于社会及舆论,于直系维护自身地位并非有利。据称,吴佩孚对曹锟屈服后,"宴客酒醉,谈忠诚不见谅处慷慨泣下,合座皆悲酸"。吴佩孚之智囊白坚武感叹曰:"曹使受蒙蔽,只知总统热,不知环境危,宵小从而煽之,祸遂作。""津方宵小以排吴使,不惜种种陷诬破坏,取保方见信仇敌

① 《蔡元培辞职后之宣言》,《东方杂志》第 20 卷第 1 号,第 147 页。
② 朔一:《罗案的第三幕开场》,《东方杂志》第 20 卷第 12 号,第 13 页。

之集于各方者,亦复币重言甘以为饵,恶货驱逐良币,斯真军阀末路之现象也。"①而军阀在"罗案"中表现之强横更引起社会的反感,吴佩孚个人原有之"清誉"亦因此而颇受影响。史家李剑农评为:"在罗案发生以前,有一部分人,觉得吴佩孚在北洋军阀中比较还像一个人,所以和他表同情。自罗案发生以后,吴佩孚为保持直系整个势力的缘故,一意将顺津保派,忍心的望着一班狐狸豺虎的横行;忘却曹锟的势力全在自身,自身的潜势力全在一部分舆论的同情,甘愿曹锟将此一部分舆论的同情毁去,想专用武力来捣乱南方,制服奉系。他的失败,不必等到第二次奉直战争,在他将顺津保派肆行无忌的时候,已经决定了。因为一般国人,已认定他也不过是曹锟个人的走狗,从前对他所表的同情,都是由于希望和平统一太过的大错误。所以曹锟篡夺的计划成功时,便是吴佩孚的势力毁灭时。"②"罗文幹案"对北京政治生态的另一冲击是,黎元洪因为在"罗案"中未能顺从洛派尤其是吴佩孚的意见,招致吴佩孚及洛派的不满,使其失去了洛派原本即不坚定的支持,当其后保派为使曹锟出任总统而掀起驱黎风潮时,洛派不愿施以援手而作壁上观,黎元洪的政治生命亦因此而大受影响。"罗文幹案"对北京政治生态的又一影响是,王宠惠内阁以"好人政府"而闻名,然这些所谓"好人"在军阀强横政治的干涉下,不仅做不成什么"好事",且自己的政治地位尚不能保于朝夕之间,从而也断了"好人"从政为国谋政的念头,于此表明北京政府不能经由政治精英的体制内运作而实现稳定运转,只能经由军阀纷争而致社会失态,最终以革命收拾北京政治混乱的残局。

三　"和平统一"与"武力统一"

王宠惠下台,汪大燮登台,保派的组阁意愿并未实现,仍继续攻击

①　《白坚武日记》第 1 册,1922 年 11 月 26 日、28 日,第 394 页。

②　李剑农:《戊戌以后三十年中国政治史》,中华书局 1980 年版,第 357 页。

汪阁成员与"罗案涉有重大嫌疑","继任阁员仍复先行派署,并未同时根据约法提交同意",因此"亟应另行改组,从速解决罗案"①。黎元洪曾有意请外交家顾维钧组阁,但顾认为,根据宪法规定,内阁阁员负共同责任,因此除非"罗案"得到澄清,他不可能担任政府职务。接着,吴景濂和王家襄亦登门请顾组阁,并表示了国会的支持,顾同样予以拒绝②。与此同时,因为保派对汪阁大加攻击,致汪大燮不安于位,通电声明,"专为鲁案接收问题暂时担任,现决计辞职"③。12月11日,汪大燮辞职,改由王正廷代总理,这已经是黎元洪复职不到半年时间里的第四位总理了。直到1923年1月4日,黎元洪任命张绍曾为国务总理,方使如走马灯般更替的内阁总理职务稍有稳定。

张绍曾是王宠惠内阁的陆军总长,早有意谋阁揆职位,以至吴佩孚曾告其"宜专一维持部务,不可蹈干政之嫌","热中阁揆,尚非其时,宜远嫌为要"。吴还致电曹锟,告以"唐绍仪组阁不成,各宵小乃欲组变相之唐阁,以张敬舆为傀儡。张不察利害,冒昧弹冠,帅宜于张未组阁之先,以痛切阻止。如张不听,即通电与之断绝关系,以免外人目为直系政府也"④。但因为张绍曾接近保派,与曹锟是把兄弟,又与吴佩孚是儿女亲家,可为洛派接受,且与吴景濂早有沟通,故一时成为各方都能接受的人选,也成了黎元洪复职后经国会通过任命的唯一"合法"内阁总理。

张绍曾出任阁揆之初,自恃与曹锟、吴佩孚的关系不错,又经国会正式通过,故踌躇满志,提出实行"裁兵、理财、教育、实业诸大政",但在

① 《吴景濂与张伯烈攻击汪大燮组阁通电》(1922年12月1日),《王承斌反对汪大燮等组阁电》(1922年12月4日),《中华民国史档案资料汇编》第三辑《政治》(一),第197—198页。
② 《顾维钧回忆录》第1分册,第255—256页。
③ 《葛敬猷致阎锡山电》(1922年12月1日),《阎锡山档案要电录存》第6册,第411页。
④ 《稿本吴孚威(佩孚)上将军年谱》,第371、375页。

这些方面,他都不可能取得什么像样的成果,而其提出实现"和平统一"、先统一后选举、先制宪后选举的主张,既与曹锟急于当总统的想法不合,也与吴佩孚的"武力统一"图谋相违。事实上,曹锟对张绍曾组阁"不甚赞成,亦不好明白反对",而吴佩孚则"反对新阁"①,只是碍于种种因素,曹吴的犹豫和反对未公开表示而已,张绍曾不察,上台不久,即与直系保、洛两派均发生矛盾。

　　张绍曾提出"和平统一"的主张有黎元洪的影子,因为黎元洪知道曹锟急于当总统,为了延续自己在总统位置上的政治生命,只有抓住"和平统一"的旗帜,谋求各方的支持,抵制所谓"最高问题"的进行,而张绍曾企图在总理任上干出点名堂,实现"和平统一"可谓"捷径"之一。因此,黎、张双方互为依靠,实现"府院合作",提出了"和平统一"的主张与进行步骤。1923 年 1 月 9 日,张绍曾首先致电南方各省,提出"愿努力促成国宪,对外则完成法律上之统一,对内则先谋事实上之协商";提出"制宪大权,本属国会,一俟法典告成,自应共同遵守。至一切政局纠纷,则当推诚协议,力图改进"②。为此,张绍曾派人"陆续南下,向各方疏通,以预备实行他的和平统一的计划"。为了表示其"诚意"和"善意",张还下令"各军自守防地","援闽"直军暂停前进,"妥为协商办理善后";派章士钊等赴沪,与孙中山接洽,表示"中央对于两广事项,决不过问并不援助何方"。至于实行"和平统一"的步骤,张绍曾主张召开"国事协商会","解决一切问题,并有请孙及所谓'海内有力诸公',到京去筹备,以便各项会议的组织召集和议案的起草,都可以预先商议"③。

　　张绍曾提出"和平统一"主张:"吴佩孚系主张武力统一,当然冲突。其实军事实力完全握在吴手,张阁空洞,吴以为聆命令之人而已,并不

_____

　　① 《钱桐致阎锡山电》(1922 年 12 月 12 日),《赵炳麟致阎锡山电》,1922 年 12月 8 日,《阎锡山档案要电录存》第 6 册,第 416、415 页。

　　② 《张绍曾通电》(1923 年 1 月 5 日),《中华民国史档案资料汇编》第三辑《政治》(一),第 207 页。

　　③ 《中华民国史事纪要》中华民国十二年(1923)1 至 6 月份,第 53 页。

重视。"①"吴不仅干涉江浙问题及湖南问题,对川对闽亦然,他的巡阅使范围无形中扩大到全国。过去他采取'舍己从人'的态度,恢复法统以求'和平统一'。乃事与愿违,使他不知不觉地拾起了段的'武力统一'政策"②。第一次直奉战争结束时,直系实力大长,控制着北京政权,吴佩孚踌躇满志,曾经自信地表示,"此次总统就职,国会恢复,名正言顺,统一不难,孙某(孙中山)一小部分当无甚关系。日内中央下停战令,张某(张作霖)若不服从,惟有讨之而已"③;"余敢保证一年以内,全国即能统一"④。当时,吴佩孚正在南北对峙的前沿地带——广东与福建策划新的"武力统一"行动。吴的计划是,"孙馨远(传芳)发表长江检阅使,以便调防武穴(湖北广济),再备后命(指进攻福建——作者注)";"萧督军、孙馨远总司令到洛,陈报保定情况,并商酌援闽进行办法";"张绍曾宣示,助陈竞存(炯明),放弃闽省。吴使大不赞同。余意孙陈之争,另一问题,定闽所以控浙"⑤。对西南各省,吴佩孚"用以毒制毒之手段,即利用残兵败将,给以饷械,令其反攻。如袁祖铭之收黔(1923年5月),沈鸿英之取粤(1923年3月),林俊廷之督桂(1922年7月),杨森之攻川(1923年2月),无一非出自此种方针。候驱逐孙中山出粤,屈服唐继尧于滇,藉孙传芳入闽而使浙卢孤立,将东西南渐次收归肘下,扫除一切后顾之忧,然后竭全力讨伐奉张,以达其武力统一全国之野心"⑥。为此,他在广东收买桂系军阀沈鸿英,作为攻粤的前锋,沈鸿英也同意脱离其他南北各方面的关系,军费由吴担负,军事行动听吴

---

①　《中华民国内阁篇》,《张国淦文集》,第295页。

②　陶菊隐:《吴佩孚传》,第90页。

③　《班廷献致阎锡山电》(1922年6月17日),《阎锡山档案要电录存》第6册,第329页。

④　《张树帜致阎锡山电》(1922年5月28日),《阎锡山档案要电录存》第6册,第226页。

⑤　《白坚武日记》第1册(1922年11月14日、12月12日,1923年1月9日),第392、396、404页。

⑥　《武力统一乃扩张地盘别名》,《顺天时报》1923年3月16日。

指挥。在福建,吴佩孚督导孙传芳率直军"援闽",企图夺取福建地盘,北可以监视浙江,南可以对付广东。所以,吴佩孚极力要求张绍曾任命沈鸿英督粤,孙传芳督闽,以激励沈、孙两人积极行事。

吴佩孚积极的"武力统一"主张为张绍曾所拒绝,因张认为吴之做法太过"操切",过于刺激南方,但吴佩孚坚持其要求,并警告张绍曾,孙传芳督闽、沈鸿英督粤的命令"无论如何必须发表",责难张之"统一"主张为"处无责任之地,好为有责任之言;居有责任之地,乃为无责任之论。其得名也以此,其误事也以此"①。在事关直系团体利益的根本问题上,直系对外的态度是一致的。2月17日,曹锟、吴佩孚与鲁、豫、苏、皖、赣、鄂六省直督联名要求北京政府尽快发表沈、孙两人的任职令。直系和吴佩孚的态度给了张绍曾当头一棒,也使刚刚提出"和平统一"主张的张下不了台。"日来保洛连电紧催,并派人坐待,有不能不发表之势。但一经发表,则西南浙卢势必反对,与现阁之统一标榜又不合"②。张绍曾主持阁议,"经长时之讨论,无两全之策,遂提出全体总辞职"。并声称"五不干":中山不取消大元帅不干;疆吏干政不干;国内自相残杀不干;国会不速制宪不干;不贯彻内阁精神不干③。3月8日,张绍曾向黎元洪提出内阁总辞职,表示"受任之始,即宣以和平统一为职志,以促成宪法为指归,期以扫除已往之纠纷,企图未来之建设";但"淹逾两月,心长力短,事与愿违。自维才不足以济变,诚不足以感人。近日以来,粤中有僭名窃位之行,各方呈枕戈待旦之兆,和平立破,调剂无方";"惟有援立宪国之成例,全体引咎辞职"④。黎元洪此时需

---

① 《白坚武日记》第1册,1923年1月11日,第404页。

② 《葛敬猷致阎锡山电》(1923年3月8日),《阎锡山档案要电录存》第6册,第439页。

③ 《钱桐致阎锡山电》(1923年3月9日),《阎锡山档案要电录存》第6册,第441页。

④ 《张绍曾等向大总统呈请辞职电》(1923年3月8日),《中华民国史档案资料汇编》第三辑《政治》(一),第210页。

要借助张阁抵挡曹党，故不允其辞，并责其"岂可因责言之来，遂令作洁身之计"，"敦促阁员，即日视事"①。黎元洪的挽留不过是表面文章，张阁留任的关键仍在直系的态度。经过多次往还交涉，在吴佩孚的压力下，张绍曾最终屈服于直系的武力，同意发表沈鸿英、孙传芳的任职令。3月19日，张绍曾忝颜宣布内阁总复职，并通过以沈鸿英为广东督理，孙传芳为福建督理的内阁令，所谓"五不干"早被其置诸脑后了。从此以后，即便是张绍曾本人也羞于再谈什么"和平统一"，而其关于先制宪后选举的主张仍为正在策划由曹锟继任总统的直系保派所不容，保派又因此而掀起了新一轮更为剧烈的倒阁潮，北京政治又陷入动荡之中。

吴佩孚虽以强力推行其"武力统一"主张，但由于各地武人专政的现实，各拥地盘，各有实力，而吴佩孚的实力毕竟有限，难以扫平群雄，最后也只能不了了之，然却有损于吴佩孚的形象。如著名报人胡霖所论："自民国成立以还，政治界有两大思想，一主中央集权，一主分权自治。自民国六年以后，政治界又有两大思想，一主武力统一，一主和平统一。当其初主张自治与和平者不过少数政客，寝假而得国民之同情，成为国民之一般心理。袁段之失败，实由于此。吴佩孚之崛起，亦全赖当时迎合国民之思潮，反对武力统一，故得打倒皖派，进握重权。惜乎吴氏一统成功顿改面目，中央集权武力统一之思想，变本加厉。用兵川湘，扰乱粤桂，以无数万人之生命财产，供个人幻想之牺牲。"②

四　反直三角同盟的酝酿与行事

直皖战争前后，为了对付咄咄逼人的直系武力扩张，粤、皖、奉（孙

① 《黎元洪发表敦促阁员视事及要求各省疆吏与张绍曾合作通电》（1923年3月9日），《中华民国史档案资料汇编》第三辑《政治》（一），第209—210页。
② 政之：《战争与国民思想之趋势》，王瑾、胡枚编：《胡政之文集》，天津人民出版社2007年版，第112页。

中山、段祺瑞、张作霖)三方开始酝酿反直"三角同盟",这本为段祺瑞广结联盟、对付直系而采取的主动行动,而孙中山也不反对与各派力量建立关系以为己用。早在1919年春夏之际,段祺瑞就曾派人秘密去上海与孙中山联系,表示愿意化干戈为玉帛,携手合作。孙中山认为,"乱法卖国,直为罪首,皖为附从"①,提出以段赞成革命学说,并放弃与日本订立的军事协约为条件。据孙的回忆,"自沪和议开后,徐、段俱派人来此接洽,予要以完全赞同学说之主张,乃有相商之余地"②。这是孙段接触的开始。之后,"双方接洽将近一年,段终接受先生条件"。所以后来孙中山说:"无分南北,只以主义同者则为同志耳。芝泉近日大有觉悟,先生自乐与共图国事,使真正之共和,能早日实现于中国也。"③其后,孙中山和段祺瑞之间保持了个人的接触,孙中山还派人与皖系在长江以南的实力派浙督卢永祥、闽督李厚基等接触,共商合作问题。

孙中山和段祺瑞关系的改善,亦使孙中山调整了对与皖系亲近的奉系之策略,开始与张作霖建立关系,"三角同盟"的雏形初现。1919年秋,孙中山曾派宁武到东北联络张作霖,目的是:"分化北方军阀,利用直系与皖系的利害冲突,联络段祺瑞,特别是关外实力派张作霖,三方合作声讨曹吴。"1920年夏,宁武借引荐华侨投资事在天津对张作霖主动说:"听说段祺瑞已和孙中山先生接洽好了,合力推翻曹吴,如果各方面能协同动作,安定大局,华侨投资就好说了。"④张未表态,但随后即派其副官张亚东携函与宁武前往拜会孙中山,其后宁武与张作霖又有多次接触。

直皖战后,皖系失去了基本力量,但又不甘就此退出历史舞台,遂

---

① 《孙中山致王文华函》(1920年3月27日),章伯锋、李宗一主编:《北洋军阀》(四),武汉出版社1990年版,第805页。

② 《批林修梅函》(1919年9月4日),《孙中山全集》第5卷,第107页。

③ 《批姚畏青函》(1920年5月21日),《孙中山全集》第5卷,第264页。

④ 宁武:《孙中山与张作霖联合反直纪要》,《文史资料选辑》第41辑,第116页。

主动向孙中山示好,双方开始建立伙伴关系。奉系虽然与直系暂时相安,共治北京政府,但与直系的矛盾日渐发展,为准备与直系不可避免的决裂,奉系与皖系和孙中山的关系越走越近。孙中山认为:"今彼派即将段氏打倒,直奉之争乃又继续开幕。盖直曹奉张,其野心皆无底极,而两方势力又莫能相下。徐世昌今已为彼等所卵翼,更无涵盖之能力。由此观之,奉直必因权利而冲突、而决裂,而皖系之余烬,又必不能不附我而图报复。"①故孙中山采取了联合皖、奉共同对直的策略,虽然他也明白,张作霖和段祺瑞"对于革命二字是谈不到的","不过在当时的环境下,不能不借助外力配合北伐先击败曹吴,打开个新的局面"②。

1921 年 9 月,孙中山致函曾任安福国会参议院议长李盛铎,表示"文奔走数十年,只知有国,不计其私"。希望他与段祺瑞疏通意见,"得前途相与开诚,共赴国家之急,则有功于国,名必归之"。12 月,段祺瑞派其心腹徐树铮到广州,与粤方讨论对直问题。正在桂林独裁北伐的孙中山委派廖仲恺、汪精卫与徐树铮"切商军事之进行","使直系更无归路。自来战略因于政略,吾人政略既同,斯为南北一致,以定中国,其庶几也"③。

1922 年初,直奉关系恶化,战争正在酝酿,段祺瑞的代表徐树铮和张作霖的代表李少白(梦庚)先后在 1 月和 2 月前往桂林晤孙中山。徐树铮在见孙后函致段祺瑞,认为孙中山"虽不无疏略之虞,而励精进取,言不及私,因知其屡蹶屡起,自有一种不可磨灭之真力在,与钧座素所叹念甄取者相合"④。言外之意,自然主张段祺瑞与孙中山联手合作。孙中山的代表伍朝枢也在 3 月到奉晤张作霖,讨论三方合作讨直计划

---

①　《致何民畏函》(1920 年 7 月 18 日),《孙中山全集》第 5 卷,第 268 页。

②　宁武:《孙中山与张作霖联合反直纪要》,《文史资料选辑》第 41 辑,第 118 页。

③　陈锡祺主编:《孙中山年谱长编》下册,第 1378、1407 页。

④　《徐树铮与段祺瑞等书》,《近代史资料》总 76 号,第 179 页。

（已见前述）①。据宁武回忆，他携孙中山函去东北，转达孙的意见："革命党是不怕失败的，因此这回讨伐直系由我们先发动，奉天只要扯扯后腿就行了。因为我们失败了，还可以再干，不要把雨公（张作霖）一生事业给毁了。张作霖听了颇感动，态度立刻变转过来，毫不迟疑地决定，'我也派兵入关'，要我密报中山先生。"②但因孙中山阵营内部的牵扯，孙的北伐讨直未能如期发动，对张作霖与直系的战争未起到配合作用，孙中山还为此特意致函张作霖，表示："前以我军后方问题须先解决，故于上月改道出师，还定粤局，促成北征。乃值贵军已入关，不能同时相应，抱歉之至。事势所拘，当承谅察。"③虽然如此，外人已经看出，粤、皖、奉接近的举动，"不仅在奉直问题，直欲奉皖粤联合，以倒吴佩孚"④。

第一次直奉战争之后，奉系败退出关，孙中山因陈炯明兵变而退居上海，孙中山和张作霖均有再起之心，客观情势使双方的合作趋向密切。1922年9月22日，孙中山致函张作霖，认为"国事至此，非有确定之方针，坚固之结合，不足以资进行"；提出"今后破敌之策，仍须西南先发，与敌相持。公之大任，在于迅取北京津保，使敌失所凭依，然后出重兵以蹑其后，则敌不战而自溃，此为共同动作之必要枢纽"⑤。其后，孙中山派汪精卫等多次到东北与张作霖会商。10月2日，张作霖宴邀汪精卫和段祺瑞代表吴光新，慨然表示："中山、芝泉与余同声相应，同气相求，余等当协力同心，第一步以驱逐吴佩孚、曹锟为目的，第二步再谋

① 陈锡祺主编：《孙中山年谱长编》下册，第1426页。
② 宁武：《孙中山与张作霖联合反直纪要》，《文史资料选辑》第4辑，第119页。
③ 《致张作霖函》（1922年5月），《孙中山全集》第6卷第141页。
④ 《钱桐致阎锡山电》（1922年2月17日），《阎锡山档案要电录存》第6册，第19页。
⑤ 《复张作霖函》（1922年9月22日、11月30日），《孙中山全集》第6卷，第558—559、627页。

新中国之建设。"①汪精卫则对记者称："余之来奉,因张氏数派使至孙氏处,故特来答礼。次则基于 8 月 15 日之宣言,关于统一问题,废督裁兵问题,又求张氏对斯意见。"孙、奉合作已经公开化。根据孙中山与张作霖商订的合作计划:先由南方出兵北伐,以牵制长江以南的直军;而后奉军由东北入关,直捣北京;实行南北夹击,打倒曹、吴;战争发动之后相与一致,不为单独行动;扫除敌人以后,组织合法政府,以协商同意定之。为此,张作霖多次资助孙中山数量不等的军费与军火,孙对与张的合作基本满意,他曾致函张表示:"此后对于大局,无论为和为战,皆彼此和衷,商榷一致行动,决不参差。迄今此意,秋毫无改。凡公所斡旋,文必不生异同,且当量力为助。"②孙中山与皖系的关系也在加强,在福建和浙江都与皖系建立了合作关系。1923 年 1 月,孙中山派于右任面见段祺瑞,"晋商要事"。12 月,又让叶恭绰与段商洽,"分负建国之责"。段祺瑞的代表邓汉祥则长住上海,沟通孙、段关系。至于皖奉之间,"信使不绝于途,无时无刻不在计议如何反对曹吴"③。

　　经过孙中山、段祺瑞、张作霖三方协商,"孙、段、张派代表在上海法租界古拔路组织各省代表联合办事处。孙中山的代表为汪精卫,张作霖的代表为姜登选、杨毓珣,卢永祥的代表为邓汉祥(卢是拥段的基本力量,因此邓也就代表段祺瑞),云南唐继尧的代表为王九龄、李雁宾,湖南赵恒惕的代表为吕宓筹,川军总司令刘成勋的代表为费行简,四川讨贼军总司令熊克武的代表为赵铁桥。各方代表天天集会,商讨倒曹、吴的办法。凡是指责北京政府一切措施的通电,都由代表会商,经邓汉祥以卢永祥的名义拟好电稿(电文系邓的助手浙江督署顾问李继桢执笔),送杭州拍发,一面由各代表电达其主官,通电响应卢永祥的主张,因之造成反直系的浩大声势。另外,在上海创办国闻通讯社,每月由

---

①　陈锡祺主编:《孙中山年谱长编》下册,第 1507—1508 页。
②　《复张作霖函》(1922 年 11 月 30 日),《孙中山全集》第 6 卷,第 627 页。
③　何柱国:《孙段张联合推倒曹吴的经过》,《文史资料选辑》第 51 辑,第 12 页。

孙、段、张各拨经费一千元,以邓汉祥任社长,胡政之任编辑,作为发布反直消息的宣传机构"①。可以认为,第一次直奉战争之后,粤、皖、奉反直"三角同盟"即正式形成,此后至第二次直奉战争爆发前,是"三角同盟"的"蜜月期"。1923 年 2 月孙中山重回广州之后,曾经公开声言,粤、皖、奉"三系已经携手了","这三派都已联合"②。三方代表、信使往来穿梭,沟通信息,商讨计划,在推翻直系统治方面起到了一定作用。

"三角同盟"是孙中山、张作霖、段祺瑞三方基于反直需要而成立的松散的军事政治同盟,在政治上并无明确的盟约或纲领,组织上也没有统一的执行机构,以遇事临时协商为主。在"三角同盟"中,张作霖主要以其军事金钱实力,孙中山主要以其政治影响力而居于主角地位,段祺瑞则依靠其在北洋系中的资历和政治资本发挥作用,但需要借助张作霖的实力。不过,张作霖与段祺瑞同为北洋派系出身,在政治上有共同语言,与孙中山的革命历史并非同路,政治主张和看法颇有差异,而在奉皖关系方面,也未必完全一致。奉系官员私下认为,"无论段(祺瑞)也、卢(永祥)也、孙(中山)也,皆不过骗我之钱而又要我而已,毫无可以依赖之处"。"要求接洽者甚多,无非希望我方之钱"③。由于张作霖据有东北地盘,财政方面的活动余地自较孙皖两方为大,孙皖两方自然对张有所期待。第一次直奉战后,孙中山面对陈炯明之变,困居上海,1922 年 9 月曾向张作霖请求经费支持,表示:"文新失策源地,诸君所需维持补充等费,竭蹶应付,拮据殊甚,未审公能有以助之否?"④ 1923年 1 月,孙中山又派人向张作霖"申请援助。如能照前所拟数,速与汇寄,则士饱马腾,荡平逆氛,可操左券。国步中兴,义师复振,皆悉出阃

---

① 邓汉祥:《江浙战争的前因后果》,《文史资料选辑》第 35 辑,第 36 页。

② 《在广州滇桂军欢迎宴会的演说》(1923 年 2 月 21 日),《孙中山全集》第 7卷,第 120 页。

③ 《王永江信》(1922 年春季),《杨毓珣信》(1924 年 8 月),《奉系军阀密信》,第 15、150 页。

④ 《复张作霖函》(1922 年 9 月 22 日),《孙中山全集》第 6 卷,第 559 页。

赐。万一时促不及遽集,亦请量助巨额,俾克有济三军,感激非可言宣"①。当张作霖向孙中山提议,派李烈钧回赣、谭延闿回湘活动,以扰乱直系后方地盘时,孙中山又提出,李需50万元,谭需20万元,"所以迟迟,徒以财政过绌,不能因应咸宜","在在需款,仓猝乃无以应之,如公处此时能助此额,协(李烈钧)、组(谭延闿)皆可立发,他无所顾",并且拟派汪精卫向张交涉②。皖系在财务支持方面同样对奉系有要求。对此,奉方难免有所抱怨。所以,粤、皖、奉三方只是在推倒直系统治方面主张一致,而在倒直的具体安排尤其是倒直后的政治善后与建设方面看法不一,即便是在"三角同盟"结合的蜜月期,他们之间的矛盾纠纷也仍然存在。

在倒直后的政治安排方面,粤方曾提出,召开国民会议解决国是,以孙任大总统段任总理,或以段任大总统孙任总理,张作霖任副总统;皖方表示,"当然以孙作大总统为最适当",实则段祺瑞希望以总理身份掌握实权,一副舍我其谁之概,卢永祥则表示,"赞成孙任大总统,段作国务总理,但必须商得张作霖同意。"对此,奉方先是含糊其辞,表示"只要打得垮曹、吴,什么都好说",继则"坚决主张拥段拒孙","打倒曹吴之后,即拥段上台"③。张作霖还明确告知孙中山的代表汪精卫,"他们是要拥段的",俾便以自己的实力控制北京政权。对国民会议主张,皖、奉均未明确表态④。1923年冬,孙中山派叶恭绰持其亲笔函北上,与张作霖等商洽合作事宜,并在致张作霖函中说:"屡蒙我公资助,得以收拾余烬,由闽回师,……而广州根本之地,得以复还,此皆公之大力所玉成也。"⑤12月初,叶恭绰先与汪精卫、廖仲恺、许崇智等由沪赴杭,与卢

①　《致张作霖函》(1923年1月28日),《孙中山全集》第7卷,第57页。
②　《复张作霖函》、《致汪精卫电》(1923年5月3日),《孙中山全集》第7卷,第423—424页。
③　邓汉祥:《我所了解的段祺瑞》,《文史资料选辑》第26辑,第125、131页。
④　何柱国:《孙段张联合推倒曹吴的经过》,《文史资料选辑》第51辑,第8页。
⑤　《致张作霖函》,1923年11月25日,《孙中山全集》第8卷,第439页。

永祥商讨,然后在当月中旬到奉天,与张作霖等会商。奉方表示赞同三方在军事上联手打击直系,并向粤方支付军费现金50万元,但对于粤方所提孙、段合作并由张作霖出任副总统的方案,张作霖却"未置一辞",而杨宇霆则从"根本上虑无合作之可能,且认为目下无从解决"。12月下旬,叶恭绰离奉回沪,其北行使命遂告中止。叶恭绰感觉"中山热心大局,意图与合肥携手,意极迫切","但奉浙至今无开诚之商榷,事实可惜"。他在写给杨宇霆的信中抱怨说:"弟因此焦忧成疾已旬余矣。所谓反直派者,如无一定之方针、目的,谋定后动,窃谓徒予直派以好机会而已。吾人固非徒只主张打倒曹吴,泄此一口气者。如局势变迁后,建设前途了无计划,何须多此一举为? 乃最要关键,不能商量出所以然,他复何说。"①

对于孙中山的联俄容共政策,奉、皖均坚决反对,因此,"三角同盟"并非建立在三方共同的政治理念和谋划之上的战略联盟,而更多的不过是出于推倒共同敌人——直系的暂时合作策略。当直系势力过大,威胁到三方的生存时,自可合作无间。奉方甚而向孙中山表白:"此间完全知中山真意,毫无误会。况将来事实可昭然于世,更无疑虑之可言。中山若另有其他办法,均可随时磋商,必无隔阂。我辈年来苦心经营,所为何事,岂可因少数浮言,致功亏一篑! 又何忍坐视分乖于大事未成之日?"②而当第二次直奉战后,直系统治垮台,大事已成之日,"三角同盟"的基础不复存在,也就自然消失于无形。

---

① 《叶恭绰信》(1924年1月25日),《奉系军阀密信》,第108—109页。
② 《杨宇霆信稿》(1923年春季),《奉系军阀密信》,第55页。

第三章 西南的"联省自治"与军阀混战

第一节 "联省自治"的理论与实践

一 "联省自治"潮流的兴起

"联省自治"是 20 世纪 20 年代前半期兴盛一时的政治思潮与实践,发端于湖南,流行于西南,历时数载,喧腾一时,不过除了留下几部未能实际实行的省宪法和若干理论文字,纸面上热热闹闹之外,它在实践层面的成果却乏善可陈,基本上是一场不成功的政治运动①。

"联省自治"运动发端于湖南。1920 年 7 月 22 日,湖南督军谭延闿发表通电称:"民国之实际,纯在民治之实行,民治之实际,尤在各省人民组织地方政府,施行地方自治,而后权分事举,和平进步,治安乃有可期。"他在通电中提出:"本湘民公意,决定参合国会讨论之地方制度,采用民选省长及参事制,分别制定暂行条例,公布实行。在湘人力图善后,认为非以湘政公之湘省全体人民,不足迅起疮痍,速复元气。揆之国人共同心理,必当不约而同,望我护法各省,一致争先,实行此举,则一切纠纷可息,永久和平可期。"②谭延闿发表此电之时,正值湖南"驱张"运动胜利不久,"湘人治湘"呼声高涨,"自治的要求,并不止一二个

---

① 关于 20 年代的"联省自治"运动,请参阅胡春惠:《民初的地方主义与联省自治》,台北正中书局 1983 年版。

② 王无为:《湖南自治运动史》,泰东书局 1920 年版,第 21—22 页。

绅士,全体湖南人几乎都有这个倾向"①。而且湖南北受直系威胁,南受广东挤压,处境微妙,官民都有"自治"的驱动力。故谭电发表后,得到湖南各界的支持,湘绅熊希龄、范源濂纷纷发表通电,主张"本自决精神,径由本省制定根本法"②,庶可使湖南免"权奸把持","亦可以免为南北之战场"③。得此支持,11月1日,谭又发表通电,提出"此后各省,以武力戡祸乱,不如以民治奠国基,宜仍互结精神,主张联省自治"④。此后,先由省自治进而"联省自治"的主张迅即传扬全国,从理论讨论到实践进行,一时间"联省自治"似已成"大势所至,人心所同,联邦政体已成天经地义之无所用疑"⑤。

"联省自治"口号在20年代的提出及其流行并非偶然。民国以还,军阀混战,民众深受其害,希望有平稳安定的生活,舆论便出而鼓吹"废督裁兵",并将"地方自治"视为裁兵之根本,以"确立联省自治组织,先使各省各自独立,彼此没有打仗的机会"⑥,而使民众得以安居乐业,反映出"联省自治"运动是有广大平民百姓的和平愿望作为基础的。然而,平民百姓在当时并无对政治的发言权,不能对"联省自治"运动有实际的贡献。作为得到广泛传播的政治思潮与实际的政治运动,"联省自治"运动的主要鼓吹者与参与者是民族资产阶级、新式士绅阶层以及他们的代言人自由主义知识分子。

经过第一次世界大战前后中国民族经济的较快发展,民族资产阶级已经形成为一支重要的政治参与力量,他们厌恶民国以来政治的混

---

① 王无为:《湖南自治运动史》,第20页。

② 张朋园:《梁启超与民国政治》,第239—241页。

③ 《湖南近百年大事记述》,湖南人民出版社1959年版,第412页。

④ 王无为:《湖南自治运动史》,第21—22、58页;《中华民国大事记》第1册,第739页。

⑤ 王无为:《湖南自治运动史》,第58页。

⑥ 彭一湖:《我之无识的自白与对于今后时局的真觉悟》,《东方杂志》第19卷第2号,第6页。

乱与军阀当道,希望通过参政议政,维护自己的政治经济利益。因此,他们在"联省自治"运动中,特别强调职业代表制的意义,提出"省议会的立法须经职业的各团体所组织的审议机关审查之。因为立法都是关于人民生计权利的,所以非经各职业团体的审议不可"①。在"联省自治"运动中最为活跃的职业团体,如商会、教育会、银行公会、律师公会等等,实际都是资产阶级利益的代表,并在推动运动由理论走向实践的过程中起到了重要作用。而"联省自治"运动的深层经济动因,还在于民国以来经济发展所造成的地域间的利益区别,促成了地方主义的抬头,虽然经济动因在运动中常常为政治动因所遮蔽,但却是客观存在,而对于这种不同地方经济利益的维护与强调,也与资产阶级的态度不可分离。

士绅阶层经由清末立宪运动而走上政治舞台,他们一直主张扩大地方权限,实行地方自治,许多当年活跃于清末咨议局中的人物,也是"联省自治"运动的积极参与者,首倡"联省自治"的谭延闿就是当年湖南咨议局的议长。士绅阶层的相当一部分在民国年间已经逐步资本主义化,政治经济利益与资产阶级趋向一致。他们与乡野民间的联系较多,常以民间代言人的身份出现,有较强的地方自立倾向,对"联省自治"表现出特殊的兴趣。他们认为,"各省人民欲整理或保卫其本省,当于其本省自为之,求诸政府无益也。何也,政府今日之能力,仅求自保尚且无暇,安暇代谋他省之人民,故人民所请求者政府而不纳固不必论,即纳矣亦岂其权力所能行",故他们极力鼓吹"联省自治"②。可以说,"联省自治"运动在某种程度上也是清末立宪运动在民国年间的合理延伸。

自由主义知识分子是"联省自治"运动的主要理论设计与鼓吹者。他们思想活跃,热情洋溢,许多人曾经留学欧美、日本,较多接触到西方

---

①　张东损:《宪法上的议会问题》,《东方杂志》第 19 卷第 21 号,张文第 13 页。

②　《告各省人民书》,《时报》,1920 年 12 月 7 日。

自由民主理念、法治观念和政治理论。他们以知识分子阶层特有的敏感与热情,利用各种舆论阵地,如《时事新报》、《东方杂志》以及自办的《努力周报》、《太平洋》等,为"联省自治"奔走呼号,为运动本身抹上了浓重的理想主义色彩。在他们中间,人们可以发现梁启超、蔡元培、章太炎、胡适、丁文江等著名学者的名字,而《太平洋》杂志的主编李剑农不仅是"联省自治"的热心鼓吹者,大力宣传"欲废督必先裁兵,欲裁兵必先统一,欲统一必先确定联邦制"的理论①,他还是湖南省宪法起草委员会的主席,实际参加了湖南的"自治"运动。

　　在"联省自治"的鼓吹者中,梁启超曾有在袁世凯和段祺瑞时代的两次参政经验,但结果都使他颇为失望,因此他又重提"地方自治"口号,认为"国家之组织,全以地方为基础,故主张中央权限当减到以对外维持统一之必要点为止";"各省乃至各县市皆由自动的制定根本法而自守之,国家须加以承认"②。胡适则认为,中国太大,不适于单一制的政治组织,"用集权形式的政治组织,勉强施行于这最不适于集权政治的中国,是中国今日军阀割据的一个大原因",而"根据于省自治的联邦制,是今日打倒军阀的一个重要武器";主张"打倒军阀割据的第一步是建设在省自治上面的联邦的统一国家","今日决不能希望中央来裁制军阀;裁制军阀与打倒军阀的一个重要武器在于增加地方权限,在于根据于省自治的联邦制",并得出结论说,"凡反抗这个旗帜的,没有不失败的"③。北京大学的丁燮林、王世杰、李四光、李煜瀛等认为,近数年来,全国已完全陷入无法律无政府状态,若以武力征服南北,宰制全局实不可能,主张"分治的统一",实行联邦制度,将全国划分为若干区域,组织一个简单的中央会议机关,进行管理;中央的权力应小,地方的权

①　《民国统一问题》,《太平洋》第3卷第7号。
②　《发刊词宣言》,《解放与改造》1919年创刊号。
③　丁燮林等:《分治与统一商榷书》,《东方杂志》第19卷第12号,第129—133页。

力应大;联治区应扩大到最大限度①。一时间,在一些知识分子的笔下,"联省自治"往往成了包医百病的灵丹妙药。不过,知识分子虽然富于理想主义精神,但却往往脱离实际,结果反而不利于"联省自治"由理论而推向实践。

自"联省自治"的主张提出后,得到了各方的热烈反响,各种以"联省自治"为目标的学术或政治团体不断涌现,如北京有十三省区代表组成的各省区自治联合会,上海有旅沪各省区自治联合会,天津有六省自治运动联合办事处,在各方力量的推波助澜之下,"联省自治"开始由政治思潮而成为实际的政治运动,其中最主要的内容是两件事——制定省宪法与民选省长。

二　"联省自治"的实践

"联省自治"运动的理论潮流兴起后,实践上也很快开始进入操作层面。在"联省自治"运动的发源地湖南,1920 年 9 月和 10 月,谭延闿两次召集自治问题研讨会,由省议会、教育会、商会及社会团体、绅商名流代表出席,并推出代表十人,组成制宪会议,着手起草省宪。然而就在此时,湖南军人中的程潜派图谋倒谭拥程,并得到孙中山部属李烈钧的支持,他们希望"以湘省为根据,并分兵入赣入鄂,实行自治"②,实际将湖南纳入广州政府的实际管辖范围。程派的举动,得到湖南军人中的另一实力派赵恒惕的暗中纵容。谭延闿在程、赵两派的逼迫下,不得不宣布"还政于民",废除督军,推赵恒惕担任湘军总司令。谭延闿本来还想由自己担任省长,但得不到程、赵两派的支持,只能于 11 月 27 日黯然离湘赴沪。随后,赵恒惕以实力压抑程派,控制了局势,成为湖南

---

① 胡适《联省自治与军阀割据》,《东方杂志》第 19 卷第 17 号,第 119—123 页。

② 《阎相文致靳云鹏密电》(1921 年 1 月 4 日),《中华民国史档案资料汇编》第三辑《军事》(三),第 444 页。

的统治者。

为了寻求自身统治的"合法性",赵恒惕上任后继续推动"自治"运动。12月21日,赵恒惕发表通电,重申实行"自治"的决心,主张"先由西南各省树之风声,推而至于全国",认为"苟省悉自治,则地方有各自发展之能;苟省相联接,即举国有提携并进之道。为今之计,欲顺世界之新潮,解积年之纠纷,舍此几无他途可由"①。为避免谭延闿时期所谓"官绅制宪"与"公民制宪"的纠葛与纷争,赵恒惕决定走"专家制宪"之路,指令省府订定《湖南制定省自治根本法筹备章程》,成立制宪筹备处,由省议会议长彭兆璜任主任。制宪程序是,由省府聘请专家学者拟订宪草,再由全省各县推出的绅商代表组成审查委员会审定宪草,通过后交付公民投票表决,最后由省长公布实施。

湖南省省宪起草委员会的遴选原则是"首重学识经验,无偏无党,超出政潮之外"。十三名委员为李剑农、王毓祥、王正廷、蒋方震、彭允彝、石陶钧、向绍轩、陈嘉勋、黄士衡、董维健、唐德昌、皮宗石、张树声,其中留美者六人,留英者三人,留日者三人,国内大学一人;任职为大学教授者八人,各级议会议员三人;主席为李剑农②。省宪起草委员会委员多为名流学者,对宪政理论多有研究,也都是"联省自治"的热心鼓吹者。他们从1921年3月20日起,在长沙岳麓书院潜心研讨,历时一月,于4月22日完成了《湖南省宪法草案》、《湖南省省议会组织法草案》、《湖南省省议会选举法草案》、《湖南省省长选举法草案》、《湖南省法院编制法草案》、《湖南省县议会议员选举法草案》等文件草案。

湖南省宪法审查会由各县绅商代表共一百五十余人组成,其中大县二人,小县一人,湘省名流熊希龄、仇鳌、刘揆一任会长。从1921年4月起,省宪审查会开始审查宪草等文件,但因种种利害关系,各方意见纷纭,始终无法定案。直到湘军出动援鄂战败后,在吴佩孚大军压境

①　《总座贯彻联省自治主张》,《大公报》(长沙),1920年12月25日。
②　《中华民国建国史讨论集》第3册,第530—531页。

的情况下，为求湖南自保，9 月 9 日，省宪审查会通过修改后的宪法草案。11 月上旬经全省公民投票表决，以 1815 万余赞成票对 57 万余否决票的绝对多数通过①。1922 年 1 月 1 日，《湖南省宪法》由省长赵恒惕公布施行②。

《湖南省宪法》是"联省自治"运动中各省制宪的范本。省宪包括序言及 13 章 141 条条文，分为人民之权利与义务、省之事权、省政府机关之组织及省政府权力之行使、下级地方之组织、本宪法之修改与解释五大部分，主要内容为：湖南为中华民国之自治省，省自治权属于省民全体；省议会采取一院制，议员名额以人口为比例选举，任期三年；选举人有资格限制，实际有资格者大多为士绅阶层；省议会非经县议会过半数同意、省务院全体附署、全省公民投票过半数同意，不得解散；省长由省议会推举四人，交由全省公民直选产生，任期四年，不得连任，职权为公布法律、发布执行法律的命令、统率全省军队、管理全省军政、任免文武官吏、可经省议会同意后宣布戒严；省长在未满任前，工作如有失误和叛变行为，可由省议会提议交全民公决，令其退职；省设省务院，设院长一人（由省务员互选并呈请省长任命）及内务、财政、教育、实业、司法、交涉、军务司，司长（省务员）由省议会推举二人，交省长择一任命；省长

---

① 《省宪授受典礼志盛》，《大公报》1921 年 12 月 12 日。据说，这些压倒多数的赞成票，主要是各县知事雇佣书记员代书而得，故时人论为："大凡国民总投票之制，其施行仅限于地小人稀，或素有组织之社会，知识程度较高之人民。苟其聚无数无知之人民，平日已未参与，临期莫详事由，本无意见可言，近以投票，将茫然不知所为。且吾国各省户口，至今未有翔实之调查，投票尤易于作伪。贪官劣绅，从而利用此机，以实行政治买卖。把持垄断，上下其手。其尤桀者，或且从而欺民窃国焉。此吾于湘省总投票之采用，不能不嫌太早。该宪草交由省民总投票时，已弊端百出，所谓'公民总投票决定'者，早经以其自身之经验，证明为有名无实之具文矣。"陈茹玄：《民国宪法及政治史》，引自何文辉：《历史拐点处的记忆——1920 年代湖南的立宪自治运动》，湖南人民出版社 2008 年版，第 135 页。

② 谭延闿辞职后，先由林支宇担任临时省长。1921 年 3 月初，林支宇因军人逼饷去职，其后赵恒惕被省议会推选兼任省长。

和省务院行使省行政权,省长命令须经省务院长及主管司长副署方可生效;全省常备军为一万人,军费不得超过预算支出的 50%;人民自六岁起有接受四年教育的义务,教育经费至少须占预算支出的 30%①。

湖南省宪体现了西式资本主义宪法的基本特征,确立了以三权分立为中心的西式民主政治制度,省长类似"国家元首",省议会仿佛国会,省务院则形同责任内阁,其中以立法权为至高无上,行政权则受到严格限制,省长则接近于虚位"元首"。这是以资产阶级和士绅阶层为代表的社会各界不满军阀专制、要求独立发展的愿望在政治上的体现,也表现了信奉西式民主制度的自由主义知识分子对民主政治的向往,在当时条件下具有保障民权、遏制专权的进步意义。湖南省宪将人民的"政治基本权"、"经济基本权"等以法律形式确定之,人民有选举、罢免、结社、请愿、居住等项自由权利,非依法律不得限制或剥夺;强调民主的全民参与特质,年满二十一岁的男女有选举权,年满二十五岁的男女有被选举权,规定凡重大问题,如省宪的修正与法律的复决、省议会的选举与解散、省长的选举与罢免等等,均采投票制,"准许公民随时各抒怀抱",享有"言论思想自由权"、"劳动收益权"和"生存权"。值得提及的是,湖南省宪规定男女平权,体现出起草者尊重女权的民主意识,故在实际政治生活中,"湘中一般富有希望知识之女子,俱乘时而起,作参政之运动,纷向各处联络,以冀当选"②。当然,湖南省宪对有产阶级的利益也很重视,如规定严格保护私有财产,不允无偿没收、征用、捐输,职业团体可向省议会提出法律案等,都满足了有产阶级的要求。而在民众的政治参与方面,省宪规定文盲无选举权,实际剥夺了占人口相当比例的文盲合法的政治参与权;其后在省议会选举中,又对省议员的竞选资格有严格的限定,实际排除了绝大多数平民百姓进入议会的可

---

①　湖南省宪的内容见《湖南省宪法》,《东方杂志》第 19 卷第 22 号,附录第 1—56 页。

②　《湖南选举运动之奇观》,《晨报》,1922 年 9 月 1 日。

能,使省议会只能成为有产阶级和知识阶层的政治俱乐部。在当时的环境之下,这是可以理解的,但却不利于动员民众的政治参与热情,使所谓"联省自治"最终只能是无源之水、无本之木,缺乏坚实的政治基础。因此有评论称:省宪规定的"自由权利,只是中产阶级的权利,不是无产阶级的权利。自然只是有产阶级的专利品,无产阶级无福消受了。"《宪法》关于"自由权"的保障条文"看起来都非常漂亮,其实细细一看,便可以知道也只有中产阶级才能享受,无产阶级仍然毫无关系的。比如言论思想的自由,如果要来享受这个自由,第一个条件就是要能生活,假定他求生不得,何能够受教育——强迫教育的规定,也只有中产阶级才能够享受的——没有教育何能够享受言论思想的自由呢!"①

　　虽然湖南省宪的起草者满怀实现民主政治的理想,但军阀拥兵黩武、专权统治的现实,决定了湖南省宪法注定只是纸上谈兵,不可能真正实现。自军阀割据成为民国政治的现实之后,控制中央的大军阀想的是"统一",割据地方的小军阀想的则是自保,"联省自治"就是地方军阀自保的政治遮羞布和贞节牌坊,他们以此为自己的拥兵割据抹上"合理"的油彩,因此,"联省自治"主张的流行与地方军阀的私利有直接的关系。但是,地方军阀心目中的"联省自治"与其鼓吹者之设计并不搭界,说到底地方军阀只求"自治"之名,而从不要民主之实,因此,无论湖南省宪规定的程序如何严密,条文如何细致,都不可能改变文人面对武力的软弱无能,更不必提广大民众的政治参与度远远不能达到省宪制定者的企望。说到底,湖南省宪不过是赵恒惕对付外界舆论和北洋系干涉的政治工具而已。如省宪明文规定,人民有自由表达权及自由结社和集会权;但省宪公布不过两周,1922年1月17日,赵恒惕便"假倡无政府罪名",封禁湖南劳工会,查禁《劳工周刊》,逮捕并杀害劳工会主

① 罗敦伟:《湖南省宪法批评》,《东方杂志》,第19卷第22号。

任黄爱和干事庞人铨,"惨击纱厂工人数十名",造成流血惨案①。至于所谓选举,也为"城乡劣绅、政治掮客所掌握。其进行交易的票价高达一二元"②。贿选买票等层出不穷,"衡山县投票,并未分发各公民,仅招致小学生数千人,饵以面包,令其书一'可'字而去"③。湖南省宪的其他条文,也多不过是一纸空文,即如省议会与省长的关系,从来都是省长独大,而不必理会省议会的清谈,军费不得超过预算支出30%的规定也是虚文。因此,湖南省宪的象征意义远远大于其实际意义,时人论之为,军队"干涉行政官事,自征地方钱粮,实为实行省宪之最大障碍"④。

根据湖南省宪的规定,1922年3月,湖南举行省议会选举,选出议员166人。7月完成县议会选举,七十五县共选出议员2761人。"这次空前绝后的选举办得实在不成体统,简直是乌七八糟,乱不可言"。"诡诈、黑幕、丑闻、纠葛等各种各样的舞弊和暴力现象在这次选举中大行其道,无处不有。舞弊的伎俩,无非是以金钱运动和势力压迫相结合,贿托经办选举的官绅包办、造假,或收买地痞流氓强投硬抢"⑤。8月下旬,省会议进行省长预选,选出赵恒惕、熊希龄、谭延闿等七人为省长候选人。9月10日,由各县议会进行省长决选,在总计2593张选票中,赵恒惕得1581票,当选为省长。11月,省议会选出各司司长候选人各二人,复经赵恒惕圈出一人为司长,各司长又选出教育司长李剑农为省务院院长。12月18日,赵恒惕向省议会宣誓就职,议长林支宇监

① 《湖南省志》,第434—435页。据陈独秀的报告,黄爱、庞人铨是"因反对太平洋会议鼓吹承认苏维埃俄罗斯的示威游行及参加纱厂罢工"而"被督军所杀"。《中共中央执行委员会书记陈独秀给共产国际的报告》,1922年6月30日,《中共中央文件选集》第1册,第53页。
② 《赵恒惕迷了钱倒行逆施》,《晨报》,1922年2月14日。
③ 《晨报》1921年12月3日。
④ 杨端六:《对于湖南自治之希望》,《太平洋》第3卷第9期。
⑤ 何文辉:《历史拐点处的记忆——1920年代湖南的立宪自治运动》,第157、166页。

誓,希望"今后省长,一本民意为从违,依省宪为设施,尊重代议政制之精神,事事与本会开诚相与,则省长宣誓就任之日,则吾湘邦命维新之时"①。至此,喧嚣一时的湖南"自治"运动算是有了个结果。

湖南实行"自治"之后,"民选"省长赵恒惕实际仍享有至高的权力,但是尽管如此,赵恒惕还是觉得省宪碍手碍脚。他曾对人说:"年来湘省交通、教育、实业诸端,未能有所发展,自问甚为惭愧,惟究其原因,虽系环境所迫,实系省宪不善,条文牵掣之故。"②所以,赵恒惕早有修改省宪之心。1923 年 11 月,赵恒惕在谭、赵战争中获胜,但因此次胜利部分得益于直军相助,也给了吴佩孚要求赵恒惕取消省宪的借口。一方面因为吴佩孚的压力,一方面也出于自身利益的考量,赵恒惕在1924 年 10 月下令召开宪法会议,修改省宪。修改后的《湖南省宪法》大大扩展了省长的权力,规定省长可以连任,并兼省务院长,可任免各司长、县长及法官,取消司长副署的规定,议员由直接选举改为间接选举,并减少了名额③。修改后的湖南省宪较前大为退步,亦可为在军阀统治下民主政治难产之例证。而舆论早有评论,称"省宪对于人民的成绩,只加进几层痛苦。对于政府的成绩,只造就一百多个金钱贿买的议员和几个金钱贿买的司厅院长而已"④。即便是赵恒惕本人亦承认,"军费过大,最紧要的自治及建设经费竟至无者,省宪殊无成绩可言"⑤。

湖南是"联省自治"运动中唯一一个公布宪法并实行的省份,这与其所处的独特环境有关。湖南位处南北之间,一直是北洋系与西南系和孙中山革命党争夺的重点地区,在北军南进和南军北伐的压力之下,

---

① 《赵省长昨日宣誓就任纪盛》,《大公报》,1922 年 12 月 19 日。
② 《章太炎反对湘省改宪》,《申报》,1924 年 4 月 25 日。
③ 朔一:《湘宪在兵戈扰攘中修改竣事》,《东方杂志》第 21 卷第 23 号,第 6—8 页。
④ 南雁:《湖南的省宪与报馆》,《东方杂志》第 20 卷第 6 号,第 10 页。
⑤ 赵恒惕:《民宪与复国》,《湖南文献》第 3 卷第 1 期。

处于夹缝中的湖南提出"联省自治"主张,除了军阀自保的需要之外,也有省内各界抵御并缓解外来压力的客观要求。但湖南办理"自治"的成效远不及倡导者的预期,至于其他各省实行"联省自治"的情形,又远不如湖南,除了轰轰烈烈的纸面文章之外,基本未能进入实践层面。

湖南率先提出"自治"主张后,西南各省纷起响应,以此与北洋系的"武力统一"相抗衡。1920年12月10日,四川刘湘等在重庆联名发出通电,声称四川实行自治,以期速解川局。1921年1月8日,刘湘等又联名发表通电,声明"在中华民国合法统一政府未成立以前,川省完全自治",依据"川省人民公意制定省自治根本法,行使一切政权"①。接着,贵州的卢焘于1921年1月28日宣布"自治",并组织省宪会议。此后,云南、广西及东南诸省亦纷纷通电响应"自治"倡议,一时"联省自治"成为一股颇为强劲的政治潮流。1921年"援鄂"战争前后,赵恒惕还想以武汉为据点,召开各省联席会议,成立"联治"政府。8月中旬又通电全国,提议召开国民会议,讨论"联省自治",只因"援鄂"的失败而未能进行。

浙江也是"联省自治"运动中的积极角色。浙督卢永祥是直皖战后皖系仅存的实力派大将,1921年6月4日,卢永祥发表通电,要求"先以省宪定自治之基础,继以国宪保统一之旧观","由各省区军政长官,选派全权代表,择定适当地点,先筹妥善办法,再付国民公决"②。卢永祥还通电西南各省,请"即日派遣代表来杭,组织联省会议,研究讨论,以期制定适当办法,早日推行"③。他提出的联省办法为:一、联省制系依法则之结合,造成真正统一,不受第三者之牵制。关于中央政令,亦由联省商榷进行;二、联省手续依省宪法案办理之,凡属非法之事,概行拒绝,彼此有互相协商义务及应得各项权利;三、联省法则与规约,以简

---

①　《中华民国大事记》第1册,第754、762页。

②　《浙江对中央之重大表示》,《晨报》,1921年6月7日。

③　《卢永祥自治尚不寂寞》,《晨报》,1921年7月1日。

单易于明了而与约法不相违背为宗旨,免使规定后受人指责①。因为卢永祥出身北洋系,如今却与西南各省同倡"自治",引起了舆论的较大反响。卢电发后,不少省区表示赞同,一时"南北各省赓续而起,捷如桴鼓相应"。福建李厚基电称,"敝处决与兄一致行动";广东陈炯明电称,"此后救国方法在分权各省,俾自定省宪,力行自治"②。四川刘湘、贵州卢焘、江西陈光远等均表示赞同卢之主张。北京政府大总统徐世昌和总理靳云鹏对卢的宣言表示"不刚不柔,决不宜言卢有意外行动,且言所见不为无因,然非其时,中央不能采其建议"。他们派出何宗莲和鲍贵卿先后赴浙,向卢氏疏通,以北洋系之情义感化卢永祥,望其言行不为太过。卢则表示"仍以拥护中央为前提",并请何宗莲转呈他给徐世昌的密信,坦白表示,"浙江地处南方","空气较他省不同",自己的主张不过是"俾顺多数民意"③。6 月 27 日,卢永祥再发通电,解释前电,谓"省治为统一基础,而与中央各项选政即无妨碍,又于行政方面更无障碍";"中国幅员宽广,宜与联省自治而便和衷共济,一致拥护中央"④。同时又电致西南各省,请"即日派遣代表来杭,组织联省会议,研究讨论,以期制定适当办法,早日推行"⑤。

由于卢永祥的一度提倡,浙江的自治运动迅速发展。1921 年 6 月,浙江省议会组成 55 人的省宪起草委员会,由曾参加湖南省宪起草的王正廷担任委员长。7 月,十七章一百五十一条的省宪起草完成。8 月 12 日,浙江省宪法会议通过《浙江省自治宣言》,声称:"民国之本位在省,中央不能治则不如近而求之省。自治主权之原动力在人民,统治者不

① 《卢永祥促定联省法则》,《大公报》,1921 年 7 月 5 日。
② 《卢永祥倡自治之虚声与实际》,《晨报》,1921 年 6 月 19 日;《浙督豪电之应和》,《民国日报》1921 年 6 月 19 日。
③ 《浙卢倡言自治后之徐靳》,《浙江自治之真相》,《大公报》,1921 年 6 月 16 日、23 日。
④ 《卢永祥来电表示态度》,《大公报》,1921 年 6 月 29 日。
⑤ 《卢永祥自治尚不寂寞》,《晨报》,1921 年 7 月 1 日。

可恃,则不如退而诉之人民自决。此省宪问题所以为今日救亡之急力,亦即将来统一之初基也。"宣言宣布:浙江省基于固有主权之发动,在国宪施行前,所有向属于中央政府之事权在本省范围内一律保留;自宣言之日起,以中央名义对外对内一切政治行为,关系本省利害者,非至依省宪法所定正式政府决议同意之日,概不认为有效;所有现行法令,违反本省自治主义,或因而妨害公共治安者,本省得以自治权,宣告其失效①。其后,浙江省宪经宪法会议讨论修改通过(共计十八章一百五十八条),9 月 9 日公布,俗称"九九宪草",成为在"联省自治"声中各省正式公布的第一部省宪。浙江省宪的条文规章与湖南省宪大体相同,但也有若干相异之处,如省议员不得兼任国会议员或其他地方议员;省长由全省选民分区组织选举会选举,省长的职权则未作具体规定;行政机构为省政院(修正后为省务院),省长兼任省政院长(修正后省务院长由省长提名并由省议院通过)②。11 月间,又将省民自行提出的各种宪草案,连同"九九宪草",交由宪草审查会审查,最后在 1923 年 1 月议定三种宪草,分别以红、黄、白三色作为识别,俗称"三色宪法草案"。但是,卢永祥提出"联省自治",不过是在直系压力下表现自己顺应"民意",企图以此自保,而省宪一旦实行,规定现役军人不能担任省长,省长职权受到议会的制约,对于如此碍手碍脚的省宪,卢永祥自然无意付诸实行。"九九宪草"甫公布,卢永祥被选为宪法执行委员会委员,但他声明"鄙人分属军人,且系现职,既为职务束缚,循名责实,未便遽承"③。实际表明了他对省宪的态度。如时人所论,"卢是安福俱乐部主要的残存者,他绝非一定赞成自治者,是把自治作为对抗直系控制下之中央政府的一个衬托"。宪草本定于 8 月 1 日交付全省公民投票复决,但卢永祥

---

① 陈益轩:《浙江制宪史》,引自林孝文:《浙江省宪研究》,法律出版社 2009 年版,第 123 页。

② 钱实甫:《北洋政府时期的政治制度》上册,第 244—248 页。

③ 《浙江当局不肯执行省宪》,《晨报》,1921 年 9 月 28 日。

"再三延宕,不肯交付公民票决,致成流产"①。"浙江所以闹了许多制
宪的花样,终于不曾实行的缘故,并不是浙江人民不热心,只是卢永祥
始终没有诚意,恐怕实行起来,要受宪法的拘束,不能专擅自由;原来他
的意思,不过借制宪自治,抵抗直系的压迫罢了"②。至于其他制定宪
法的省份,如广东、四川与福建,则多以湘宪或浙宪为蓝本,也都未能通
过或付诸实行。如曾经亲历"联省自治"运动的史家李剑农所论:"省宪
运动的潮流,可谓激荡全国。但在军阀势力宰制的下面,所有的运动,
皆未发生实效,湖南的实行省宪两三年,算是例外。但这种例外的实
行,也只有形式,与其他各省不过是五十步百步之差罢了。"③

　　1922年直系在第一次直奉战争中获胜后,吴佩孚志得意满,一手
策划"恢复法统",一手准备"武力统一"。对吴佩孚的"武力统一"图谋,
西南方面自然非常敏感,唐继尧的幕僚周钟岳认为,"吴既以兵力统一
北方,又欲以法律统一南方,以拆西南政府之台,其计甚巧"。为应对吴
的政治攻势,周向唐建议,召开各省代表会议,采用联省自治精神制宪,
说明此时欲谋和平统一,恢复国会及总统复位不过是治标之策,治本则
在制定联治宪法④。6月8日,唐继尧即发出通电,赞成恢复国会,拥
护黎元洪复职,主张"速集南北各省代表,开一联席会议,解决以前纠
纷,筹议建国大计"⑤。29日,唐继尧再发通电,认为"以吾人经验所
得,及国民心理所向,集权主义,既不适于国情,民治潮流,复遍输于宇
内。此时仍惟有实行联省自治,为救国不二法门。果能由自治而联合
各省,即由联省而组织政府,使地方自治,有自由发展之机,而统一国
家,亦得免分崩之患,则所以消弭兵祸者在此,即所以建立国基者亦在
此也。惟是联省自治,关系国家大计,既非闭关以自守畛域,亦非强人

①　刘以芳:《民国政史拾遗》,台北文海出版有限公司1954年版,第64—66页。
②　李剑农:《戊戌以后三十年中国政治史》,第315页。
③　李剑农:《戊戌以后三十年中国政治史》,第315页。
④　周钟岳:《惺庵回顾录》,《云南文史资料选辑》第6辑。
⑤　《中华民国大事记》第1册,第891页。

就我范围,诚宜结合同心,共筹办法。如何使制度依法产生,如何使主义免除障碍,不能不望各省之互相提挈,切实进行"①。唐电既发,已经实行"自治"的湖南率先响应,赵恒惕于7月1日发出通电,认为"观察现时之潮流,与人心之趋向,非实行联省自治主义,不足以解纠纷而维国是,并宜本此主义以制国宪。至于湘省,无论环境如何变化,势必抱此宗旨,积极厉行,决不为外界人所摇动"。同日陈炯明发出通电,认为"中国领土广大,民俗各异,仍应仿照美国,建立联省制度。中央集权,适足以肇乱"。他提议组织中华民国联省,以实行统一;各省组织政府,处理本省事务,省宪法自定,但不得与国宪抵触;实行军民分治,政事完全还之各省人民,而军事则超然于各省之外,由中央执掌,各军给养由陆军部担任,不仰给于各省,驻地亦由陆军部统一指定②。陈炯明还与湖南的赵恒惕和云南的唐继尧相商,提议在上海召开联省自治会议,并得到四川的刘湘、贵州的袁祖铭、浙江的卢永祥、东北的张作霖的赞成,不过由于直系的强硬反对,会议未能开成。此时,"联省自治"呼声再度高涨,形成继1920年湖南初倡之后"联省自治"运动的又一高潮。

在直奉战后的政治环境下,地方军阀接过"联省自治"的口号,以图对抗直系的"武力统一",而社会舆论和团体对"联省自治"的热捧,则出于对军阀相争混战的不满。这实际上也是"联省自治"运动自始至终所表现的两种不同趋向:一种趋向是地方军阀的分离主义色彩,这已经为各省"自治"的实践所证明;另一种趋向则是以名流、专家、学者为代表的自由主义知识分子的鼓吹,代表了希望稳定发展的有产阶级利益,也反映了希望生活安定的民众意愿。地方军阀需要借重舆论的鼓吹,有产阶级幻想得到实力派的支持,政治上本为南辕北辙的两股力量却因各有所需而暂时形成了颇为奇特的结合,使直奉战后的舆论界与政界

---

① 《中华民国史事纪要》中华民国十一年(1922)1至6月份,第1231—1232页。

② 《中华民国史事纪要》中华民国十一年(1922)7至12月份,第4页。

显得颇为热闹。

1922年7月,"八团体联合会"(议会、商、教、农、工、银行、律师、报界联合会)在上海合开"国是会议",主张由各省先制省宪,然后联合各省再制国宪。7月26日,他们召开国宪起草委员会,议定由张君劢拟订国宪草案。8月15日,张拟订的"国是会议宪法草案"完成公布,其要点重在削减军人干政的可能:一、定中华民国为联省共和国;二、列举联省政府与省政府之权限;三、国防军不超过20万人,岁费不超过联省政府岁出的20%;四、各省军队改为国防军;五、限定联省政府收入种类,余为省收入;六、军人解职未满三年者,于政府不得担任官职;七、现役军人不得以文字向公众发表政治意见①。同期北京有"修正宪法草案请愿团",主张修订宪法,划分中央与各省的权限,建立联邦制国家。当年8月,梁启超在湖南省议会以《湖南省宪之实施》为题发表演讲,阐述"联邦制"之来历及其在中国之发展,认为"民国成立以来,中央统一与联邦自治主义,彼此都在研究,两方面均有理由。但已经过去之十年均系中央集权,成绩如何?昭昭在人耳目。至于现在,即主张统一集权之人,亦皆转而主张联省自治,可谓全国一致"②。章太炎的意见更为激进,他提议:"今宜先由各省自制宪法,次定联省宪法";"自此以后,乃设联省参议院,而现式国会可永断";"大总统之职不废,枭鸷者处之,则有威福自专之患,……今拟废去大总统一职,以委员制行之。"他认为民国以来的"约法"偏于集权,"国会"倾于势力,"总统"等于帝王,所以主张弃此"三蠹",以制定省宪与联省宪法,成立联省参议院,以委员制代而行之③。

"联省自治"潮流的兴起,姑无论其实质如何,但至少对北京政府的中央集权是不利的。虽然当时的北京中央政府处于弱势地位,但控制

---

① 《中华民国大事记》第1册,第912页。
② 《大公报》,1922年9月2日。
③ 《大改革议》,《申报》,1922年6月25日。

政府的大军阀总是企图有朝一日统一全国,当然反对地方小军阀的"自治"之举。直奉战后,直系对"联省自治"的态度同样如此,吴佩孚甚而干脆指责"联省自治"是"豪强割据,部落称尊,又附会分权之说以自饰其乱"。黎元洪对"联省自治"的态度却有不同。直系虽一手策划了黎的复职,但其拥曹锟出任总统的态势亦很明显,故黎元洪为了在总统位置上多留时日,企望借南方而自重,对以南方各省为主体的"联省自治"运动态度宽容。7月1日,黎元洪发布总统令,表示尊重地方自治,并称"国会将来制定宪法,所有中央与各省权限,必能审中外之情形,救偏畸之弊害。一候宪典告成,政府定能遵守,切实施行"。在国会内部,也有不少议员对"联省自治"主张颇感兴趣,认为全国各方赞同,合乎世界潮流,俟正式国会召开后应予讨论。8月26日,国会宪法审议会通过制宪原则:"各省于不抵触国宪范围内得自制省宪,地方制度章内应规定关于省宪各原则。"[1]可是,他们的主张却遭到曹锟、吴佩孚的强烈反对,曹、吴对"联省自治"明确表示"不予赞同"[2],由直系"统一"全国才是他们追求的基本目标。因此,7月5日和11日吴佩孚两次致电赵恒惕(后电与曹锟联名)称:"研究联省自治制,与单一国家制相抵触。所谓省区为国之固有版图,若强拟于邦州之列,不免有削足适履之嫌";"我国本属单一国家,数千年因袭已久";"酌情度势要在扩充自治精神,不宜采取联邦之形式"[3]。7月7日,吴佩孚又致电唐继尧说:"地方制度业有明令附之宪章,权限如何,自有国会为之考订,愚意但求自治之实,不必更鹜联省之名。今若另开联省会议,非徒有蔑视国会之嫌,正恐枝节横生,纠纷益集,且亦非护法诸公所宜出也。"[4]在曹锟、吴佩孚的直接控制下,黎元洪对政治的主张不敢越轨,他对"联省自治"的支持

①　《北洋军阀统治时期史话》下册,第 1177—1178 页。
②　《白坚武日记》第 1 册,1922 年 7 月 6 日,第 367 页。
③　《稿本吴孚威(佩孚)上将军年谱》,第 364 页。
④　《吴佩孚反对联省会议》,《申报》,1922 年 7 月 14 日。

也只能停留于一些口头表示。

三　孙中山对"联省自治"的态度

　　孙中山对"联省自治"的态度视环境不同和他个人思想认识的发展而有变化。对于在中国如何实现民主政治，孙中山一向主张实行地方自治。1916 年 7 月 17 日，孙中山在上海张园茶话会发表演说，强调"地方自治者，国之础石也。础不坚，则国不固。观五年来之现象，可以知之。今后当注全力于地方自治"①。1920 年 3 月，孙中山发表《地方自治实行法》，详细论述了实行地方自治的方法与步骤②。对于"联省自治"，当 1920 年 12 月湖南临时省长林支宇致函孙中山，希望孙在广东实行"联省自治"，并谓："世界潮流日新，民族胥知自决，巩自决之基础，期政化之改进，匪厉行联省自治不为功。钧座返施珠江，亟宜建立联省政府，促成各省制宪，以新耳目，而彰民治。"孙中山的回应是："以分县自治为立国基础，联省只能成官治，不能达自治。"③

　　但是，"联省自治"有民意基础，有各方鼓吹，更重要的是，提倡"联省自治"的省份，有些名义上还归属于孙中山领导的广东政府治下，出于联合各方、共同对敌的考虑，孙中山初时对"联省自治"也未表示公开反对，而是采取了模糊态度。1921 年 5 月 5 日，孙中山在《就任大总统职宣言》中声明："今欲解决中央与地方永久之纠纷，惟有使各省人民完成自治，自定省宪法，自选省长。中央分权于各省，各省分权于各县，庶几既分离之民国，复以自治主义相结合，以归于统一，不必穷兵黩武，徒

---

　　①　《在沪举办茶话会上的演说》(1916 年 7 月 17 日)，《孙中山全集》第 3 卷，第 327 页。
　　②　《地方自治实行法》(1920 年 3 月 1 日)，《孙中山全集》第 5 卷，第 220—225 页。
　　③　罗家伦：《国父年谱》，第 816 页。

苦人民。"①孙中山在此肯定了"自治"、"分权"、省宪、民选的意义,但并未明确提及"联省自治",可知其对"联省自治"仍有保留。

1922年6月,孙中山与陈炯明决裂后,对军阀政治更为深恶痛绝。8月12日,他在由粤至沪的轮船上,对随行人员明确谈到:"以中国各省之土地与人民,皆比世界各小国为大而且多;故各省之自治,可不依附中央而有独立之能力。中国此时所最可虑者,乃在各省藉名自治,实行割据,以启分裂之兆耳。故联省自治制之所以不适于今日之中国也。至言真正民治,则当实行分县自治。盖县之范围有限,凡关于其一乡一邑之利弊,其人民见闻较切,兴革必易,且其应享之权利,亦必能尽其监督与管理之责";"至如今日之所称为联省自治者,如果成立,则其害上足以脱离中央而独立,下足以压抑人民而武断,适足为野心家假其名而行割据之实耳。吾之主张联省不如分县者以此。"②他到上海后,也曾对中共领导人李大钊说:"我决不承认现在这样的督军割据的联省自治。"③可见,随着形势的变化,孙中山的思想认识也在发生变化,他对"联省自治"的反对态度趋向坚定而公开。

1923年2月,孙中山重回广州,就任大元帅。其后,第一次国共合作成立。1924年1月,中国国民党第一次全国代表大会通过"宣言",论及对"联省自治"派的评价时称:"此派之拟议,以为造成中国今日之乱象,由于中央政府权力过重,故当分其权力于各省;各省自治已成,则中央政府权力日削,无所恃以为恶也。""推其结果,不过分裂中国,使小军阀各占一省,自谋利益,以与挟持中央政府之大军阀相安于无事而已,何自治之足云!""宣言"强调,"真正的自治,必待中国全体独立之后,始能有成。……自由之中国以内,始能有自由之省。一省以内所有经济问题、政治问题、社会问题,惟有于全国之规模中始能解决。则各

---

① 《就任大总统职宣言》(1921年5月5日),《孙中山全集》第5卷,第531页。
② 张其昀主编:《先总统蒋公全集》第3册,第4149页。
③ 《近代史研究》1985年第1期,第4页。

省真正自治之实现,必在全国国民革命胜利之后"①。4 月 13 日,孙中山又在《民权主义》第四讲中明确表示:"提倡分裂中国的人一定是野心家,想把各省的地方自己去割据。像唐继尧割据云南、赵恒惕割据湖南、陆荣廷割据广西、陈炯明割据广东,这种割据式的联省,是军阀的联省,不是人民自治的联省;这种联省不是有利于中国的,是有利于个人的,我们应该要分别清楚。"②由此表明,孙中山已经完全抛弃了过去对"联省自治"的实用主义态度,而以革命建国为奋斗目标。

孙中山对"联省自治"态度的改变,除了他个人由于切身体验而致思想认识的变化外,也与他和共产党人的联系日渐密切分不开。早期马克思主义者一度曾经支持过"联省自治",如毛泽东曾撰文认为,"湘事糟透,皆由于人民之多数不能自决,不能奋起主张,⋯⋯今后要义,消极方面,莫如废督裁兵;积极方面,莫如建设民治"。提出"超出南北竞争,建设缓冲地带,主张湖南门罗主义",建立"湖南共和国"。毛泽东、何叔衡、彭璜等还成立"湖南改造促成会",力促谭延闿"能遵守自决主义,不引虎入室";"能遵守民治主义,自认为平民之一,⋯⋯最重要者,废督裁兵"③。李大钊也曾认为:"没有联治的组织,而欲大规模的行民主政治,是不可能成功的。有了联治的主义,那时行民主政治,就像有了导师一般。因为民主政治与联治主义有一线相贯的渊源,有不可分的关系。"④但是,中国共产党成立之后,共产党人对"联省自治"转而采取反对态度,大力推动民族民主革命。陈独秀认为,"联省自治""完全建设在武人割据的欲望上面,而决非建设在人民实际生活的需要上面。

　　①　《中国国民党第一次全国代表大会宣言》(1924 年 1 月 23 日),《孙中山全集》第 9 卷,第 116—117 页。

　　②　《三民主义·民权主义》第四讲(1924 年 4 月 13 日),《孙中山全集》第 9 卷,第 304—305 页。

　　③　中国革命博物馆、湖南省博物馆编:《新民学会资料》,人民出版社 1980 年版,第 231—233 页。

　　④　《李大钊选集》,人民出版社 1978 年版,第 131 页。

武人割据是中国政象纷乱的源泉,建设在武人割据的欲望上面之联省论,不过冒用联省自治的招牌,实行'分省割据''联督割据'罢了。"他的结论是:"若在现时群雄割据的扰乱中,鼓吹联省自治,上有害于国家统一,下无益于民权发展,徒以资横梗中间的武人,用为永远巩固割据之武器";"铲除这种恶势力的方法,是集中全国爱国家而不为私利私图的有力分子,统率新兴的大群众,用革命的手段,铲除各方面的恶势力,统一军权政权,建设一个民主政治的全国统一政府。"①蔡和森对"联省自治"作了独到而深入的分析,他认为:"力能进取的军阀,便倡武力统一,或主张强有力的中央政府(如曹、吴);仅能自保或希图自保的军阀,便倡联省自治或筹备省宪,举省长(如川、滇);同一军阀,进攻时宣布武力统一,退守时宣布联省自治(如奉张);位置动摇时改称省自治(如浙),或打算取消省自治(如湘赵)……凡此种种,无非是封建的残局之下,军阀专政,军阀割据的必然现象和趋势。"他总结说,现今的政治问题,既非军阀割据的"联省自治"所能解决,亦非北洋正统的"武力统一"所能决定,唯一的出路只有进行彻底的民主革命,打倒军阀,从根本上解决中国的命运和前途问题②。1922年6月15日,中国共产党在《对于时局的主张》中明确声明:"有一派人主张联省自治为解决时局之唯一办法,其实这办法之内容也决不是解决时局的办法";"因为这种联省自治不但不能建设民主政治的国家,并且是明目张胆的提倡武人割据,替武人割据的现状加上一层宪法保障,总之封建式的军阀不消灭,行中央集权制,便造成袁世凯式的皇帝总统;行地方分权制,便造成一班武人割据的诸侯,那里能够解决时局?"③中共对"联省自治"的看法和态度无疑会影响到正在筹划实行国共合作的孙中山的看法和态度。

---

① 陈独秀:《联省自治与中国政象》,《东方杂志》,第19卷第17号,第130页。
② 《蔡和森文集》上册,第72页。
③ 《中国共产党对于时局的主张》(1922年6月15日),《中共中央文件选集》第1册,第39—40页。

随着国内政局的变化,黎元洪复职又被逐,曹锟以贿选而出任大总统,第二次直奉战争爆发,"法统"毁弃,北洋统治渐趋势微,广东革命势力正在发展,加以其他种种错综复杂之情势,"联省自治"的挥洒空间被大大压缩,其思潮与实践在 20 世纪 20 年代中期以后日渐低落,终至消失于民国政坛,成为历史的名词。

第二节　西南军阀的混战

一　湖南的谭、赵之争

西南各省处在北洋系军阀的控制之外,为了对付北洋军系的扩张与"统一",西南各省多能联合对外,保存实力,坚持"自主",互相声援,"联省自治"就是他们对外自保的"护身符"之一。自护法战争之后,西南各省还不时"团结"在"统一"政府(广东护法政府、非常政府、大元帅府)的领导下,对外自成格局,俨然国中有国。但是,西南各省内部从来都不平静,各省与"统一"政府之间,尤其是各省内部派系之间,仍然是矛盾重重,并且内争激烈。各省大小军阀拥兵割据,省中有省,以至县中有县,进则觊觎"统一",担当霸主;退则割地自保,成"土皇帝";为了自身派系和个人的利益,你争我夺,从无止息,以致政局动荡不已,民众深受其害;战争是家常便饭,动乱成社会常态。这种矛盾冲突夹杂在北洋系军阀南进和孙中山领导的革命党北伐之中,更显复杂多变,头绪纷乱,甚而使研究者企望从中理出一条简单明晰的发展脉络与线索亦非易事。

湖南夹于南北之间,从来就是南北争夺的主战场,南北交锋不断,但自吴佩孚率军北撤后,湖南省内的派系矛盾上升,激烈程度超过南北矛盾,成为湖南局势动荡的主要根源。1922 年元旦《湖南省宪法》公布后,根据其规定,省长将由议会选举产生,统领军、民两政,为全省最高长官。正在掌权的赵恒惕视省长之位为其当然之座,但其他政治人物也不甘心就此放弃,其中最主要的争夺者是谭延闿。1920 年 11 月,谭延闿因政争失利而被迫离开湖南,蛰居上海,后投身于孙中山阵营,但他在广东时有寄人篱下之感,对重返湖南政坛当家作主有浓厚的兴趣,如今省长明文规定由民选产生,谭将之视为机会,而且他在湖南还有不少支持者,自认可与赵一争,因此决定参选,从而掀起了湖南政坛谭、赵之争的波澜。

为了对付谭延闿争夺省长之位的挑战,赵恒惕采取的战略是联合林支宇,对付谭延闿。此次湖南省长选举的候选人,以地区分配,结果中路推出谭延闿,西路推出林支宇,南路推出赵恒惕,形成三足鼎立的局面。他们各自组成社团为竞选后盾,谭派为民康社,林派为湘社,赵派为民心社。赵恒惕以助林支宇竞选省议会议长为筹码,利诱林支宇放弃参选省长而支持赵恒惕,使三足鼎立成为两强相争,而赵、林结合的实力显然强于谭延闿。1922 年 5 月,湖南省议会选举结果最后揭晓,赵恒惕、林支宇派当选者有一百〇九人,占全部议席的三分之二,形成对谭延闿派的压倒优势①。

谭延闿在省议会选举中失利,对此心有不甘,遂策动拥己之第六混成旅旅长陈嘉祐(驻郴州)发表通电,揭露选举"黑幕",否认选举有效,并鼓动当选议员到郴州举行"非常会议"以抵制省议会。同时,谭延闿还以孙中山正在筹划之北伐向赵恒惕施加压力,并策动己派军人迎合湘人收回仍在直军手中的岳州之要求,放出出兵岳州的风声,企图以此离间赵恒惕与吴佩孚的关系,挑起湘直战争,以削弱赵在湖南的实力。但赵恒惕与吴佩孚早有默契,为避免与直军冲突而使谭收渔人之利,他派人向吴佩孚交涉,称"直军驻在岳州,破坏湖南自治,如不及时撤退,他将无以约束部下"②。此时吴佩孚正在筹划"武力统一",南方的赵恒

---

①　在此次选举中,有两位妇女当选为议员,一为醴陵的王昌国,一为湘乡的吴芝瑛,这是湖南省有史以来的第一次。

②　陶菊隐:《记者生活三十年》,第 92 页。

惕和陈炯明为其重点拉拢对付孙中山的对象,因此对赵之要求表示优容。6 月 19 日,吴佩孚致电赵恒惕,告其直军准备自岳州撤防,嘱其"会商陈炯明,将中山余部许(崇智)黄(大伟)等军早行消灭,以免若辈阴谋酝酿,扰乱湘粤,阻挠统一也"①。7 月 11 日,吴佩孚与赵恒惕成立协定,规定岳州为不设防城市,双方不得驻军,而由警察维持地方秩序。27 日,直军第二十四师张福来部由岳州回撤至河南。赵、吴妥协加强了赵恒惕的政治地位,也使谭延闿"借刀杀人"的计谋未成现实。此后,孙中山因与陈炯明分裂而离粤,北伐军事中止,陈嘉祐旅被赵恒惕改编,谭延闿失去军事支撑,省长竞选更无成功希望。9 月 10 日,湖南各县议会进行省长决选,赵恒惕以压倒多数票当选为湖南行宪后的第一任省长。

1923 年 2 月,孙中山重返广州,就任大元帅,任命谭延闿为军政府内政部长,准备继续北伐。湖南为北伐必经之地,谭延闿也不能忘情于湖南。他曾衔孙中山之命,派人入湘劝说赵恒惕与广东一致行动,取消自治,参加北伐,为赵婉拒。随后,谭延闿即联络陈嘉祐与沅陵镇守使蔡巨猷,策划武力倒赵行动。事为赵恒惕所知,他以蔡巨猷"在辖区增兵截税并与反赵势力通声气",下令调蔡为湖南陆军讲武堂监督②,以削其兵权,同时授意部属联名通电,表示"倘有野心家不顾地方糜烂,只图一己之权利,离间内部袍泽,意图推翻省宪,……誓当禀承层峰,合力驱除"③。谭则请孙中山任蔡为湘西讨贼军第一军军长,公开摆出与赵武力抗衡的态势,湘西已处在半"独立"的状态。

7 月 25 日,谭延闿奉孙中山之命离粤赴湘。8 月 7 日,谭延闿在衡阳就孙中山所委之湖南省长兼北伐讨贼军总司令,所部湘西镇守使蔡巨猷、宝庆镇守使吴剑学、衡阳镇守使谢国光及陈嘉祐等均改称军长,

---

① 《稿本吴孚威(佩孚)上将军年谱》,第 363 页。

② 《中华民国大事记》第 2 册,第 55 页。

③ 南雁:《湖南的湘南湘西两问题》,《东方杂志》第 20 卷第 13 号,第 13 页。

预备北进讨赵;同时设立议员招待所和省宪修正事务所,准备在讨赵成功后接掌湖南政治。赵恒惕亦不甘示弱,他以维护省宪"自治"为号召,通电责难"一二失意流寓之党徒,拥首倡制宪之人,为根本破坏省宪之举。……吾湘托命于省宪旗帜之下,在国宪未成立以前,不受任何方面之干涉"①。湖南省议会亦于 8 月 11 日发出通电,"对外声明,谭延闿以首倡自治之人竟有称兵毁宪之举,除咨请省政府以实力制止外,请各省主持公论;对内请各界奋起护宪"②。旋将所部改称"湖南护宪军",8 月 11 日以省长兼任"护宪军"总指挥,令贺耀组、唐生智旅由益阳、常德攻沅陵,叶开鑫旅由长沙、湘潭攻衡阳,拉开了伐谭架势。

赵恒惕的举措得到了直系的支持,因为直系"以大势观之,赣西如得完全,自非援助炎午(赵恒惕)不可。盖赵存则赣西可固,赵去则湘赣绝无相安之理"。所以,当赵恒惕向直军要求接济军械时,直军同意由湖北萧耀南处"提借"部分军火,使"湘军军实充足,得以拒谭,而炎午地位,因之巩固"③。而当湖南战局暂时不利于赵时,吴佩孚又决定出动部署在湘鄂边境的陈嘉谟第五十混成旅和胡念先的第二混成旅入湘重占岳州,以为赵助。如曹锟的参谋长陆锦所言,"赵炎午能否恢复,虽不可知,然必须设法利用,为吾们效用"④。

谭延闿决定发动讨赵,"自度之结果,以为在湘熟人较多,毅然回湘,必可不战而解决,不料竟至发生战争,惊动全湘"⑤。赵恒惕亦表现强硬,声称:"恒惕个人,以为只要不失政府威信,个人进退,不成问题。

---

① 《湖南省志》第 1 卷,第 523 页。

② 南雁:《湘战的持满待发》,《东方杂志》第 20 卷第 14 号,第 6 页。

③ 《陆锦致蔡成勋密电稿》(1923 年 8 月 16 日),《中华民国史档案资料汇编》第三辑《军事》(三),第632 页。

④ 《胡恩光关于蔡成勋为防备卢永祥与谭延闿攻赣拟调驻赣援粤军增防致陆锦密电》(1923 年 9 月 8 日),《中华民国史档案资料汇编》第三辑《军事》(三),第 644 页。

⑤ 《张石侯在总商会之谈话》,《大公报》,1923 年 9 月 5 日。

现在既已破坏宪法,恒惕系由宪法产生,当然与宪法相始终,必将此事办了,再言进退,若悍然不顾而去,实为三千万人民之罪人。"①就谭赵双方的军事实力及部署而言,谭方可用的兵力主要为谢国光、吴剑学、蔡巨猷所部,赵方则主要有叶开鑫、贺耀组、唐生智三旅,两军实力大体相当。宋鹤庚与鲁涤平部则宣告中立。双方攻防的重点在长沙。

8月23日,赵恒惕下总攻击令,赵军接连获胜。31日进占衡阳,谭延闿率部后撤。同日,因表示"中立"之湘军二师鲁涤平部团长朱耀华倒向谭方,引谭军自湘潭夜袭长沙,毫无防备的赵恒惕于仓促之间落荒而逃,出城奔醴陵,前线赵军亦自衡山一线后撤,准备回师长沙。9月13日,赵军贺、唐、叶旅分兵攻长,谭军寡不敌众,退向湘潭,赵恒惕重返长沙主政。14日,湘军二师师长鲁涤平发表通电,提议谭、赵两方息兵止战,在长沙召开和平会议。22日续电请双方在其驻地湘潭开会,并建议谭任湖南省长,赵任湘军总司令,修正省宪法。谭赵双方因需要争取时间、准备再战,同意鲁涤平之请,派出代表进行和议。谈判持续了二十多天,双方因对省宪存废问题相持不下,没有达成妥协。其间鲁涤平因其妹夫、南县县长李希尚被赵军所杀而投向谭方。10月中旬和谈破裂,战事又起。赵恒惕因有直军支持(直军一部进驻岳州、常德为赵后盾),没有后顾之忧,得以全力反攻谭军,11月7日再占衡阳,完全解除谭军对长沙的围困与威胁。同时,沈鸿英领吴佩孚令,率部自赣边进击郴州,威胁谭军后方与广东联络的孔道,谭延闿不能不下令回师救郴,赵军声势大震。正当此时,陈炯明部正在广东与孙中山属下之部队交战,孙中山急调谭延闿回师援粤,11月13日谭部回师广东,谭、赵之战结束,赵恒惕控制了除湘西之外的湖南全境。

谭军撤退后,吴佩孚本希望赵恒惕率军跟进追击,将己方势力伸入广东,但赵恒惕不愿直军势力太过深入,影响其"自治"地位,婉拒了吴佩孚的意思。然而,"湘省自谭赵战后,赵氏得洛吴之助,逐去强敌,实

---

①　《昨日省署对付湘局之大宴会》,《大公报》,1923年8月11日。

际上久已附北,所未取消者,仅自治招牌耳"①。赵恒惕为维持其统治的代价,就是接受直军一部驻湘(岳阳和常德)的事实,从而也使其大力"倡导"的"自治"成为"招牌"。湖南虽然表面上还归属于南方阵营,但在某种程度上却已成为直系的附庸。直军不仅重新进驻湖南岳州、常德等地,而且在岳州设立两湖警备司令部,客观上对湖南形成了强大的军事压力。1924年初,吴佩孚派人到长沙,要求赵恒惕取消省宪,实行北归。赵恒惕一直打的是"自治"旗号,如果同意吴佩孚的要求,其统治合法性自然丧失,但他慑于吴佩孚近在咫尺的武力,又不敢公然对抗,便虚与委蛇,再三拖延,只是动议修改省宪,以此应付吴佩孚的压迫,同时则利用湖南民气,由省议会出面发表声明"护宪",并由社会各界发起"护宪运动"。在湖南各界的抗争下,吴佩孚也不希望将赵恒惕推向广东方面,遂与赵恒惕达成妥协,由赵负责修改湖南省宪与国宪抵触的部分(已见前述),湖南的"自治"大体得以继续维持。

二　川、滇、黔的权力更替

四川军阀派系之多,战争之频,为祸之烈,政局之乱,即使在北洋时期也是全国少见。"袁世凯死去以后,四川饱受几乎连绵不断的战争之苦,吸毒成风,经济混乱,省级政府腐败无能,形同虚设。变化无常的军事联盟、频繁不止的武装冲突和有增无已的社会混乱,使这一时期的历史事实变得扑朔迷离,令人头昏目眩"②。1920年,四川省内军队已有三个军(下辖十个师、九个混成旅)及川北边防军和川边军,人数不下十几万。其中有刘存厚的武备系、刘湘的速成系、邓锡侯的保定系、熊克武但懋辛的一军系、刘成勋的三军系等等,由于四川军阀独有的防区

---

① 《湘赵召集军事会议》,《申报》,1924年3月4日。

② 罗伯特 A・柯白:《四川军阀与国民政府》,四川人民出版社1985年版,第8页。

制,各军驻防区域俨然独立王国,一切政务均由军人决定,互相之间你争我多,混战不已。据统计,北洋时期四川省内的军阀战争,每半个月就有一次,大战则几乎年年都有。自袁世凯死后,四川政局一直扑朔多变,省内各派军阀明争暗斗,还有外省军阀参与其间,并在护法之役后的一段时间里,反客为主,控制了四川政局,更加剧了四川局势的混乱与动荡。用时人的说法是:"时离而时合,亦友亦仇,随和随战。要之,万变不离其宗者,为扩张私利,保有实力,诛求无厌,剥削地方。"①

　　1920 年,先是 3 月唐继尧免去熊克武的四川靖国军总司令职务,引发川、滇、黔军之间的战争,熊克武部于 6 月被川黔联军击败,退出成都。其后,因唐继尧企图凌驾于川省当局之上,将川省军、民、财政大权归之于其任统帅的川滇黔"三省联军总部",以此"存川督之虚名,割地方之大半",又引起川籍军人的不满②。熊克武以驱逐滇黔客军为号召,鼓动川省各派军人联合对滇黔军作战,以刘湘为前敌各军总司令,但懋辛、刘成勋为军长,杨森、刘文辉、邓锡侯等为师长。接战后,川军于 9 月 5 日克成都,10 月克川南泸州、叙州(宜宾),滇军第二军军长赵又新于 10 月 8 日战死于泸州,滇军退川南永宁(叙永),黔军退重庆。10 月,川军杨森、刘文辉等部攻永宁,但懋辛等部攻渝北合川,刘湘指挥邓锡侯、田颂尧等部攻渝南江津,陈能芳、陈国志等部攻渝西永川。15 日,川军余际唐师占重庆,16 日杨森部占永宁,滇黔军分别退回云南和贵州,结束了外省客军主导四川政局的局面。"综计开战以来,纵横数千里,大小百余战,公私涂地,井里为墟,商缀于途,农荒于野"③。

　　滇黔客军推出四川后,刘存厚在成都就任北京政府委派的督军,熊

----

①　吴晋航、邓汉祥、何北衡:《四川军阀的防区制、派系和长期混战纪略》,《文史资料选辑》第 10 辑,第 34 页。

②　《刘湘等通电》(1920 年 10 月 24 日),《中华民国史档案资料汇编》第三辑《军事》(三),第 559—561、564 页。

③　《熊克武陈述击破滇黔军经过情形电》(1920 年 10 月 21 日),《四川军阀史料》第 2 辑,第 328 页。

克武在重庆就任广东政府委派的督军,形成一省两府的局面。川军将领于 12 月 10 日在重庆开会,决定成立四川各军联合办事处,"暂维政局",并提出"自治"主张,以"顺应世界之新潮,发达民治之基础"①。但刘存厚仍企图掌握四川省政,他鼓动北京政府在 12 月 30 日下令任命熊克武为省长,企图以此让熊交出军权,但熊不听命,同日声明解除督军职务,随后并通电声明,不以"非法政府之任官授勋为宠荣","川省完全自治,是则北廷命令,在川省无有丝毫效力。……武固甘为平民,厌弃官吏生活,即凡川中有识之士,亦绝非此种滑稽手段所能诱致"。刘湘、但懋辛等川军将领亦于 1921 年 1 月 8 日通电称:"在中华民国合法统一政府未成立以前,川省完全自治。以省公民意制定省自治根本法,行使一切职权。共谋政治革新,普及平民教育,力图振兴实业,并对南北任何方面,不为左右袒。"刘存厚在川省任上,"既无战功之可言,而行事复大背人民之心理,其滥招匪队,更贻地方以无穷之患,故一般舆论,皆致攻讦之词,军界尤甚"②。1921 年 2 月,四川各军联合发起倒刘行动,列举刘存厚的"十大罪状"。刘部势单力孤,无力抵御,刘存厚被迫在 3 月 22 日宣布解职下野。6 月 6 日,四川各军联合办事处推刘湘任川军总司令兼四川省长。

刘湘上台后,政治上标榜川省完全自治,脱离南北政府;军事上以但懋辛为第一军军长(熊克武派),杨森为第二军军长(刘湘派),刘成勋为第三军军长(中立派,力量较弱,实力不及第一、第二军),但尽量扩充己派实力,削弱他派实力;经济上,力图控制四川税收与兵工厂,掌握物质资源。因其种种利己损人之图,很快即引起其他派系的不满,尤其是与偏向于南方广东政府的熊克武(孙中山任命的四川督军)发生了尖锐的矛盾。熊克武、但懋辛联合刘成勋的第三军及省联军,发起倒刘运

---

① 范崇实:《1920—22 年的四川军阀混战》,《近代史资料》1962 年第 4 期。

② 刘克俊、陈祖武:《驱逐刘存厚之战》,《四川军阀史料》第 3 辑,第 13—15、18 页。

动。在各方压力之下，1922年5月14日，刘湘通电辞职，实则心有不甘，如其所言：“任职经年，政令不一，以致办事极感困难，虽欲稍加裁制，又恐人不我谅，枝节别生，不得已……知难而退，不能不为自处之道也。以后情形，当再斟酌应付。”①

四川政局的变化，使战胜奉系之后正在积极谋划“武力统一”的吴佩孚感到有机可乘，遂于6月间致电宜昌孙传芳和武昌萧耀南等，要他们对四川“相机援助，以树怀柔之德”。6月19日，吴佩孚在洛阳会见杨森，认为“将来川省内向，当赖此人”。随即致电刘湘，请其“与杨子惠（杨森）团结一致，以资应付，务使奸不得逞，功有所归，川局底定”②。有了直系的支持，刘湘自恃可战，声称“胜算要靠北军来援，尚须有待，只能加强准备”。但杨森急欲开战，以此树威并扩充实力，并谋代刘湘而领川政，擅发作战令，甚而派人告刘湘：“杨在为你打天下，如战胜，功归于你；战败，由杨森负责，你又何必大惊小怪哩！”刘湘只能默认，但告诫杨说：“熊、但用兵诡诈，不可轻敌。”③

1922年7月初，杨森所部兵分两路，由重庆向驻在川东北的第一军发动突然袭击，并在7月9日发表通电，矛头直指熊克武称：“上年援鄂之役，彼犹欲以总司令自居，及后投靠无方，又转而向孙中山悔过，仍遭唾弃，益致途穷。遂复倒行逆施，肆其挑拨手腕，东驰西突，昼伏夜行，使各军时起猜疑，以莠言售其倾轧。”④第一军因准备不足，初处守势，主动放弃忠县、万县，旋即反攻，第二军不支而退。8月1日第一军克渠县，2日克达县，第二军退回重庆，又遭到省联军的围攻，杨森被迫于7日率部出渝，节节后撤至川东万县、奉节一带。杨森的失败使吴佩孚颇为焦虑，

　　①　《刘湘表示对辞职问题将再斟酌应付密电》（1922年5月17日），《四川军阀史料》第3辑，第271页。
　　②　《稿本吴孚威（佩孚）上将军年谱》，第362—363页。
　　③　《四川文史资料选辑》1963年第5辑，第85—86页。
　　④　《杨森等发动进攻一军通电》（1922年7月9日），《四川军阀史料》第3辑，第282页。

他认为"渝在虽小挫仍能恢复,渝亡纵苟延亦必终败",遂急令陕西刘镇华出兵川北绵阳,牵制第一军,策应杨森,"俾杨无后顾之忧";同时令宜昌孙传芳率队沿江西上,"进驻夔万,以应急援"①。杨森退出重庆后,第一军继续追击,12日克万县,18日克奉节,杨森防备不周,所部大败溃散,本人只身逃出奉节,搭轮到宜昌,投靠吴佩孚,收拾整理残部,出任第十六师师长,从此成为北洋军阀武力图川可用之棋子与先锋。

当第一、第二两军交战时,但懋辛等致电在成都的刘成勋、赖心辉、邓锡侯等,请他们出兵相助。7月10日,第三军军长刘成勋被推为川军总司令兼四川省长,以邓锡侯、赖心辉分任正副总指挥,率部进攻第二军。第二军腹背受敌而不支,8月7日,与杨森离渝的同时,刘湘亦离渝暂避,并于月底回原籍大邑,四川政局发生重大变化。11月上旬,第一、第三军在成都召开善后会议,决定川省暂取自治态度,推刘成勋为总司令,暂兼摄民政;废除军长制,各师旅原有单位暂不变更,分期实行裁兵,破除防区,统一财政②。由于明令废除军制,缩编部队,引起了各军内部的矛盾,各自争防区,争粮饷,所谓裁兵反成了扩军。12月2日,刘成勋废除总司令名义,改称临时省长,并积极筹备制定省宪。此前,四川省议会在8月间通过了《宪法会议组织法》,推刘成勋为宪法会议筹备处主任。10月间,推出戴季陶、谢无量、吴玉章等十三人为省宪起草委员。在广泛征求"民意"的基础上,1923年2月,草拟完成了《四川省宪法草案》、《议员选举法》、《省长选举法》等文件,但旋因内战又起,四川省宪草案尚未交付省宪审查委员会审查和省民投票通过即告夭折。

1923年1月,第三军下属的第七师师长陈国栋与刘成勋发生内讧,引起第一军助刘攻陈,而中立派第三师师长邓锡侯则助陈攻刘,成都、重庆重又陷于混战之中。四川省军的内讧,有利于吴佩孚插手其间,挑动内战,以图其利。在吴佩孚的支持下,驻守宜昌的杨森部与刘

---

① 《稿本吴孚威(佩孚)上将军年谱》,第366、368—370页。

② 《中华民国大事记》第1册,第940页。

存厚老川军系统的邓锡侯、陈国栋部联手,并得到刘湘所部的协助,向但懋辛的第一军、刘成勋的第三军及川北边防军赖心辉、川东边防军石青阳等开战。1923年2月14日,杨森、刘存厚、邓锡侯、田颂尧、陈国栋、刘文辉等,发出讨伐熊克武、但懋辛的通电,随后杨森部由鄂西奔袭川东万县,邓锡侯部在川中围成都,拉开四川军阀又一次大规模内战的序幕。与此同时,吴佩孚下令组织援川军,其中以王汝勤为鄂西总司令,卢金山为总指挥,刘镇华为陕边总司令,吴新田为总指挥,孔繁锦为甘边总司令,袁祖铭为黔边总司令,四路大军在四川周边摆开合围之势,形成对川军各部的压力。

川军内战开始后,杨森、邓锡侯部发起进攻,东西呼应,占据上风。3月8日,东线杨森部占万县,4月6日继占重庆,第一军向永川、合川方向退却;西线刘成勋在邓锡侯等部的压力下于30日通电辞去川军总司令及省长职,率部退出成都,4月5日邓锡侯、田颂尧部进占成都,6日邓锡侯被推为四川联军总司令,并发出讨伐熊克武、但懋辛通电称:"熊克武、但懋辛等现仍盘据东北西路,毫无悔祸之心。道路相传,彼等正勾结外援,意图反噬。"①其后,熊克武、但懋辛、赖心辉等决定反攻计划,分兵三路,先取成都,再图重庆。5月5日,第一军发动反攻,击败川联军,13日熊克武、但懋辛、刘成勋、赖心辉等又入成都。随后但懋辛部北进占绵阳,刘存厚军及陕军、甘军北撤,邓锡侯、陈国栋部退向通江、南江、巴中方面。为了支援川联军,杨森部由重庆西进,5月底与第一、第三军在资阳、资中、内江等地开战,6月上旬杨军败退,与袁祖铭率领的援川黔军合据隆昌,再败后杨军退泸县,黔军退大足,第一、第三军分途追击,先后占领合川、铜梁、大足、璧山等县,合围重庆。

为了呼应四川的战事,牵制北洋系的力量,6月4日,孙中山任命熊克武为四川讨贼军总司令,赖心辉为前敌总指挥,刘成勋为川军总司令兼省长。24日,刘成勋通电复任川军总司令,7月25日熊克武通电

① 《四川文史资料》1963年第5辑,第102页。

就任讨贼军总司令,以吕超为讨贼军第一军军长,石青阳为第三军军长,但懋辛仍任川军第一军军长,并发出讨贼军布告谓:"川中历年事变,推其乱源,则曹锟吴佩孚诸人,实尸其咎……总之,捍卫川省,即所以屏障西南;廓清渝夔,即可以进窥武汉。"① 7 月 30 日,杨森、邓锡侯、刘文辉、陈国栋、田颂尧等亦发出通电,拥刘湘为四川善后督办。四川内争又以南北对峙的面目复现。

1923 年 8 月以后,四川战事的攻防重点在重庆,攻守双方先在重庆外围反复较量,"鏖战兼旬,死伤近万人"②。杨森部渐渐不支,配合杨森作战的鄂军卢金山师亦"损失士兵枪炮,约在三分之一","战斗力完全失去矣"③。9 月下旬,战事发展到重庆城下,双方反复较量,"巷战良久","伤亡甚巨"。此时刘湘亦自叙州乘轮赶到重庆,协助杨森的防守计划。此前,一直对四川"情有独钟"的唐继尧,于 5 月间派胡若愚率滇军第二军再次入川,10 月中旬滇军到达前线,熊克武军得此外援,士气大振,一鼓而败杨军,杨森、袁祖铭逃奔万县,袁"仓皇出走,渡过浮桥,即弃舆徒步,履袜脱落,赤足而奔"④。10 月 16 日熊军赖心辉部占重庆,但对退走的杨森部未大举追击,致其可以从容整理,图谋反攻。

11 月底,杨森、袁祖铭与刘湘、邓锡侯在川东万县会商反攻计划,决定以袁祖铭为前敌总司令,率部由万县沿江西进,邓锡侯、陈国栋部则由梁山趋长寿,对熊军构成两面夹击之势。而熊军在占重庆后内部矛盾又起,赖心辉图省长之位,与熊离心;滇军与川军有过往之隔阂,貌合神离;熊军内部互相猜疑,不能同心协力,结果不战而败。12 月 13 日,杨军与邓、陈等军会师江北,次日再占重庆,其后与刘湘等部分途进

---

① 《四川文史资料》1963 年第 5 辑,第 106 页。

② 《重庆浮图关战场记》,《四川军阀史料》第 3 辑,第 166 页。

③ 《鄂军师长卢金山报告与川黔军联合作战失败经过致陆锦密电》,1923 年 9 月 10 日,《中华民国史档案资料汇编》第三辑《军事》(三),第 570 页。

④ 《赖心辉通报攻克重庆情况电》,1923 年 10 月 18 日,《四川军阀史料》第 3 辑,第 381 页。

军成都。熊克武本计划"东路取守,北路取攻,赶造子弹,强募新兵"①,
继续与刘湘、杨森等部周旋。但刘湘已派刘文辉向赖心辉接洽,"许以
保存,令归附中央,不与熊合"②。故赖心辉"意在暂取观望,至不得已
时,即归服中央,刘禹九(刘成勋)亦同此态度。熊见势将瓦解,又因省
兵不愿纸币关饷,军心涣散,遂以但、张(冲)孤守成都,自率兵两团,并
带行李八驮,现款十驮,铣(16)日离省,以赴中江潼川督战为名,究不知
其何往"③。

1924年1月中旬,刘成勋与赖心辉致电刘湘,表示将劝熊下野,要
求刘湘等停止前进。刘湘得知对手阵势已乱,25日令各部发起对成都
的攻势。熊军各怀异志,兵无斗志,各部分向川南、川西退却。熊克武
集中主力于潼川坚守,但力不能及,28日兵败于此,熊仅以身免。2月
9日,刘湘等进入成都,赖心辉投吴佩孚,周西成投袁祖铭,刘成勋投刘
湘,四川战事基本结束。熊克武、但懋辛等率部节节后退,由四川退入
贵州,最后退到湘西,滇军则退回黔边。"此次战役历时一载有余,兴五
省师,动十万众,交绥逾百次,糜烂遍全川,争地争城,动经旬月,此进彼
出,迭为攻守。成都龙泉之役,重庆浮图关之役,梁垫之反攻,潼川之决
战,师行所至,闾阎为墟。兵匪交侵,流离失所。其幸存者,勒筹饷款,
敲骨剥肤。……强派收刮净尽,一县所出,率在数十万元,元气大伤,十
年难复"④。

此次四川战事,杨森在吴佩孚的支持下出力最多,从而摆出了在四

---

① 《刘存厚转报熊克武在成都造械召兵速饬各路大军进攻省会致大总统电》,
1924年1月15日,《中华民国史档案资料汇编》第三辑《军事》(三),第576页。

② 《刘湘致军事处等密电》(1924年1月31日),《中华民国史档案资料汇编》
第三辑《军事》(三),第582页。

③ 《陆军第七师长帮办陕西军务吴新田报告率师援川在梓潼绵阳等地战况致
军事处等电》(1924年1月22日),《中华民国史档案资料汇编》第三辑《军事》(三),
第577页。

④ 《重庆总商会陈述四川兵祸请求善后电》,《四川军阀史料》第3辑,第
160页。

川当家的态势。2月18日杨森发表通电,称其奉袁祖铭与刘湘之命,后方防务与前方接济由其"完全负责";所有后方驻在军队及军属机关,统由其"节制指挥";成都所有行政司法事务,暂由其"主持"①。5月,北京政府任命杨森为四川军务督理,邓锡侯为四川省长,刘湘为川滇边防督办,刘存厚为川陕边防督办,并在此前任命袁祖铭为川黔边防督办。自认为倒熊立有大功的刘湘、袁祖铭未能当上川督,颇为不满。袁祖铭认为,杨森"为人跋扈专横,器量太小,将士不服,尚难独自称雄",加以杨之"任性,必遭其他之攻击";刘存厚"甚不洽人意";"又以省长畀邓晋康(邓锡侯),完全偏一系,致令他方失望,枝节必多";川军"各自扩张,互相排挤,毫无顾念大局之心。彼此情形,不乱何待";因此又种下了次年川军各派联合讨杨的远因②。

贵州自"民九事变"新派将旧派刘显世赶走之后,王文华出任黔军总司令兼贵州省长,但王畏"以下犯上"、"以甥逐舅"之恶名,没有回黔主政,而是指派卢焘为黔军总司令,任可澄代理省长。卢焘在1921年1月28日通电各方,谓"现秩序大定,四境均安,此后施政方针,决当顺应潮流,实行自治。关于制定省宪,刷新政局,悉电民政当局主持。敝军确定军人不干政之原则,惟当整顿军纪,保境安民。"③不过新派虽在贵州政坛获得胜利,然贵州政局并不因此而得安宁,因为新派内部随即分化,矛盾斗争又起。

袁祖铭为刘显世提拔的将领,刘因担心王文华坐大而提拔袁以牵

---

①《杨森攻占成都后被推为留守主持川省民政的通电》(1924年2月18日),《中华民国史档案资料汇编》第三辑《军事》(三),第586页。

②《袁祖铭关于成都下后以刘存厚邓锡侯杨森三人中选二人为正副首长主持川局电》(1924年2月26日),《袁祖铭关于四川首长问题认为吴佩孚以刘存厚为主不能保持各派平衡复陆锦密电》(1924年3月15日),《中华民国史档案资料汇编》第三辑《军事》(三),第587—588、590页。

③《卢焘通告贵州省局势通电》(1921年1月28日),汤锐祥编:《护法运动史料汇编》(三),第452页。

制之。袁祖铭曾任黔军师长、前敌总指挥等职,骁勇善战,在黔军中的地位仅次于王文华,但王文华逐走刘显世后,没有善待袁祖铭,反因担心袁超越其地位,调其为总参军,解除其兵权,使袁对王心怀怨恨,起而与王争夺贵州的领导权,双方的矛盾激化。"王不屡夺袁之兵柄,则不能高枕无忧,回黔统兵主政;袁不图王,终是笼中之鸟,要想振翼雄飞,决不可能"①。1921年,黔军退出四川后,袁祖铭图谋回黔夺权,因王系谷正伦等之监视、反对而未成,随后袁离队往上海,与同在上海的王文华相遇。王对袁持有戒心,命人暗中盯梢,监视袁之活动。事为袁知后,袁先设计脱离上海,继又令其表弟何厚光布置手下,于1921年3月16日在上海"一品香"旅馆刺杀了王文华。王文华死后,卢焘于4月就黔军总司令,既表示拥护孙中山的"护法"主张,又赞成湖南的"联省自治"。但卢焘的实力有限,在贵州无力稳定政局,部下五个旅长各据一方,争权夺利,时人"比之齐桓公死后,五公子争立",其中以谷正伦与何应钦的矛盾最为激烈②。何应钦是刘显世的外甥女婿,又是王文华的妹夫,刘、王既垮,他自然也待不下去,被逼离开贵州到昆明,后转广东,投靠了他在日本留学时结识的老同学蒋介石。

　　袁祖铭离开上海后到了北京,但无权无势,无处伸展抱负,成为流浪军人。由于偶然的机会,他经原在四川相识的友人张英华介绍,拜见了北京政府财政总长潘复,声称可以运动黔军归附政府,实际是想依靠北洋势力重回贵州。潘复将其意转报北京政府总理靳云鹏,因此前北京政府试图说服卢焘"北附"未成,今袁既主动投怀送抱,靳云鹏"以其能分化革命势力,扰乱西南后方,大悦之"③,当即表示可以助袁回黔,以将贵州纳入北洋势力范围,"牵制湖南、四川,不使倒向孙中山方面"。北京政府决定拨款20万元作为袁祖铭运动黔军的费用,再由两湖巡阅

①　谌志笃:《袁祖铭"定黔"始末》,《文史资料选辑》第10辑,第106页。
②　丁宜中:《我所亲见的袁祖铭和"定黔军"》,《贵州文史资料选辑》第1辑。
③　周素园:《贵州陆军史述要》,《贵州文史资料选辑》第1辑。

使王占元拨一旅军队归袁指挥,支持袁打回贵州。1921 年 4 月,袁祖铭在武昌组建"定黔军",自任总指挥,但假道湖南入黔之议被拒,只能又回北京活动。援鄂战争结束后,吴佩孚被任命为两湖巡阅使,靳云鹏电令吴佩孚,"就近与袁祖铭接洽,设法扶助,俾定黔局"。12 月,袁祖铭与吴佩孚在汉口相见,吴"表示尽量帮助",并拨枪六千支助其武力回黔①。此后,袁祖铭利用他在黔军中的老关系,对黔军进行分化瓦解,拉拢了不少黔军将领包括谷正伦的部下王天培等拥其回黔主政。1922年 1 月,袁祖铭自湘西洪江统军回师贵州,王天培等在贵州乘势发动政变。4 月 9 日,袁祖铭率军进入贵阳,卢焘被迫辞去总司令与省长职,袁祖铭"定黔"告成。

因为是在北京政府和直系的支持下"定黔",袁祖铭回黔后,政治态度偏向于北洋系。当直系在第一次直奉战争中胜出,逼徐世昌下台,扶黎元洪复位,鼓吹"法统重光"时,袁祖铭亦在 6 月 3 日发出通电,称"主张恢复法统,召集旧国会解决一切纷梦,至理名言,实中切要,与西南护法本旨洽相吻合。愚以为解散旧国会为违法造乱之主要原因,恢复旧国会即为依法解决时局之唯一方法。"② 8 月 12 日,袁祖铭宣布废除"定黔军"司令的名义,改任贵州省长,且有制宪之议,并大力扩充黔军,成为西南实力军人首领中的"后起之秀"。

1923 年 2 月,四川大规模内战爆发后,袁祖铭被吴佩孚任命为黔边援川总司令,率部由贵州毕节入四川叙府。与此同时,唐继尧利用下野后流亡昆明的刘显世,助其武力回黔推翻袁祖铭,而刘显世亦不甘流亡在外,正谋出路,双方一拍即合,组织滇黔联军,由唐继尧任司令,刘显世为副司令,通电责袁祖铭"对外则阴谋祸国,违反民意,对内则烦兴

① 谌志笃:《袁祖铭"定黔"始末》,《文史资料选辑》第 10 辑,第 108 页。
② 刘毅强:《袁祖铭与吴佩孚的关系》,《西南军阀史研究丛刊》第 2 辑。

苛政,暴敛横征"①。2月中旬,滇军两路入黔,黔军兵力薄弱,不敌滇军攻势,袁祖铭因远在四川,回援不及,只能决定放弃贵州,自任黔军总司令,率部入驻重庆,后以川黔边防督办名义,据有川东南大块地盘,并可窥视贵州。贵州则由刘显世于4月19日复任省长,唐继尧的堂弟唐继虞任贵州军务善后督办,实际掌握贵州的权力。刘显世因受滇军挟制,不安于位,9月辞职由唐继虞兼任,贵州再度沦为云南唐继尧的附庸。

1920年滇黔联军败于四川,滇军内部对唐继尧长年驱使滇军脱离家乡、南征北战颇多不满之情。滇军第一军军长顾品珍与唐继尧有矛盾,不满唐继尧之颐指气使,利用滇系军人内部的矛盾,发动驱唐之役。1921年1月27日,就在顾部自四川班师回滇之际,驻昆明的唐部军长叶荃亦表示响应,他还发表通电,责唐继尧"以土酋政策鞭策云南,我同胞呻吟痛苦于万恶专制淫威之下"。2月6日,邓泰中等滇军军官通电响应倒唐,声称"今幸潮流趋重自治,自应及时与民休息,整理内政,培养元气,暂不虚张联帅职徽,以息内外口实,乃一切悍然不顾,专戾自恣,语语拒人,致无商榷余地。此为吾滇计,不能不请公暂避。"②唐继尧失去部属支持,2月8日被迫匆匆离滇,表示"为免除地方危险起见,不惜放弃个人之权利,决意解职,避让贤能,以舒民困而解内讧。"③顾品珍随后以滇军总司令名义实际控制了云南。唐继尧黯然离滇时仍不甘心,曾对人说:"过一两年后,我们再回来跟他们见个高低。同时还要请滇中父老兄弟,慢慢的评断评断,看看究竟谁是谁非,谁善谁恶。"④

---

① 《刘显世声讨袁鼎卿及治理贵州方针通电》(1923年3月23日),《护法运动史料汇编》(三),第606页。

② 《叶荃通电》(1921年2月5日),《邓泰中等通电》(1921年2月6日),《云南档案史料》第8期,第15—16页。

③ 《唐继尧卸职离滇后二电》(1921年2月8日),《护法运动史料汇编》(三),第457页。

④ 《李宗黄回忆录》第2册,台北"中国地方自治学会"1972年版,第296页。

据唐继尧自称:"当离滇之初,本拟周历名邦,藉觇大势,窃不自揣,欲一探其国家盛强之原与夫政治,异日苟有一得之愚,或可以补积年之过。乃舟过香港,即为国会军府暨粤中当局诸公以及地方团体坚招入省,……故拟暂住此间,竭其智能,以为军府及西南各省之助。"①但唐继尧不甘失去权力,也不愿屈居孙中山之下,1921 年 3 月到粤后,曾"授意己派议员,组织总统选举会,欲自为总统"②。因得不到支持,又不愿卷入广东政潮,稍后蛰居于香港"养病"。

顾品珍在云南上台后,"议决对北方坚主护法,积极拥护军政府,坚持自治方针";又致电广东政府,表示"尊重国法,服从民意";其政治立场在南北之间似显模糊和游移③。而且顾品珍的施政也不理想,干部任用私人,部下争权夺利,各自贪图享受,使滇人大起反感,责其"兼综庶政,黜陟百僚,威福自恣"④。此等反顾心态,为唐继尧回滇创造了条件。1921 年冬,孙中山集西南各军会师桂林,准备北伐,唐继尧则策动驻桂滇军不要"为彼辈一二人争夺地盘之工具",应"先救云南,后维大局"⑤。他将驻桂滇军编为四个军,自任总司令,任命李友勋、田钟谷、胡若愚、杨益谦为军长,声称将回滇"戡乱",并鼓动滇军官长,"望体察顺逆之分,准备戎伍,共襄盛举,以奠革命根基"⑥。为了打消唐继尧回滇的借口,顾品珍在 1922 年 1 月委金汉鼎代理云南总司令,刘祖武代理省长,自任北伐滇军总司令,准备率部参加北伐。当年春,唐率军自滇桂边境入云南攻蒙自,另一路则由滇黔边境入云南攻昆明,顾品珍部

---

①　《云南档案史料》第 8 期,第 19 页。

②　谢本书:《唐继尧评传》第 132 页。

③　《中华民国大事记》第 1 册,第 769—771 页。

④　《云南档案史料》第 8 期,第 29 页。

⑤　《唐继尧致桂林北伐滇军胡司令张纵队长等密电》,云南省档案馆藏档,119—1—27。

⑥　金汉鼎:《唐继尧图川和顾品珍倒唐的经过》,《文史资料选辑》第 30 辑,第 104 页。

战败，3月20日顾品珍被土匪吴学显部打死在路南县天生关鹅毛寨。随后唐继尧复入昆明，重掌云南大权，顾品珍余部杨希闵、范石生等则由张开儒统领到广东投奔孙中山。

唐继尧在云南重新当政后，提出"民治潮流弥漫全国，知武力之实为民患，则惟有废督销兵；知集权之不适国情，则惟有联省自治；救国之策实无逾此"①。1922年8月1日，唐继尧在昆明宣布改组省政府，自任省长，撤销原靖国军司令的名义。《云南省政府暂行组织大纲》规定，省政府为执行全省政务之最高机关，省长为一省之最高级长官，省长任免全省文武官吏、发布命令，省长民选，对议会负责，但在省宪未公布前由现任省长继续行使职权；省政府下设内务、外交、财政、军政、交通、教育、实业、司法司，司长由省长任命；省务会议以省长为主席，多数票决为通过②。虽然如此，云南省宪并未公布，唐继尧在改组后的省政府中还是一言九鼎的独裁者，他人只能仰其鼻息而行事。唐继尧一方面以"联省自治"为名，巩固对云南的统治，另一方面企图重温"大云南主义"旧梦，向川黔以至他省扩张，如唐所言："我军驻黔，原非久计，总以待机向外发展为宜"；"我军之发展，必先巩固黔局，以免顾虑。"③唐继尧令滇军二次入黔获得成功，于是又有二年后袁祖铭杀回贵州的滇黔战争。

---

　　①　《唐继尧通告改组云南省政府电》（1922年7月27日），《护法运动史料汇编》（三），第582页。

　　②　《中华民国史事纪要》中华民国十一年（1922）7至12月份，第212—213页。

　　③　孙代兴：《滇军第二次入黔浅析》，《西南军阀史研究丛刊》第2辑，贵州人民出版社1983年版，第162页。

第四章　孙中山的奋斗与转向

第一节　孙中山继续奋斗

一　孙中山的北伐

自孙中山 1920 年 11 月回广东重组军政府,1921 年 5 月 5 日就任非常大总统之后,始终以护法为号召,以发动北伐,推倒军阀政权,谋求全国统一为职志,声言"统一中国,非出兵北伐不为功。……总之,北伐之举,吾等不得不行。粤处偏安,只能苟且图存,而非久安长治,能出兵则可以统一中国。"①为此,他在尽力谋求两广统一,联合西南各省的同时,还与皖、奉两系和解,结成"三角同盟",广集同道,壮大力量,以谋首先推倒在北京当政的直系统治。但是,由于当时的国内外环境所限,孙中山的北伐征程充满了艰难困扰。

1921 年 9 月,粤军在广西赶跑旧桂系领袖陆荣廷,两广局势的相对稳定为孙中山的北伐创造了条件。当月,孙中山发表《致海外同志电》,号召"凡我国人,务宜合力共进,踊跃捐输以助成统一,毋令全功亏于一篑也"②。10 月 8 日,孙中山向非常国会提出北伐案,得到通过。15 日,孙中山离广州,出发巡视广西,拟以广西为基地,集中军队经湖南北伐。12 月 4 日,孙中山在桂林设立大本营,任命李烈钧为参谋长,

---

① 《在广州宴请北伐军将领时的演说》(1921 年 9 月 6 日),《孙中山全集》第 5 卷,第 598 页。

② 《致海外同志电》(1921 年 9 月),《孙中山全集》第 5 卷,第 613 页。

胡汉民为秘书长,朱培德为滇军总司令,彭程万为赣军总司令,谷正伦为黔军总司令,再加许崇智、李福林的粤军和熊克武的川军,号称有兵力十万之众①。孙中山的北伐方略是:"吴(佩孚)逆若来,则用小包围之法,击之于衡宝一带。彼若退守武汉,则用大围之法,以荆沔、长岳为正面攻击,由汉水出萍樊为左翼,由赣出九江、黄州为右翼,三路以制其死命。两者皆以有他军为援,应为我之大利。闽王(永泉)攻赣之背面,鄂孙(传芳)乱吴之后方。形势既利,浙卢(永祥)皖马(联甲)即可据长江下游,而豫赵(倜)鲁田(中玉)共起,使直系更无归路。自来战略因于政略,吾人政略既同,斯为南北一致,以定中国。"②关于北伐的进军路线,有人主张先出湖南再下武汉,也有人主张先入江西再下东南,孙中山兼顾两方意见,于1922年2月3日发布北伐动员令,饬令李烈钧率滇、黔、赣军为第一路,自桂林经永州攻赣南鄂东,许崇智率粤军并联合湘军一部,经宝庆、湘乡攻武汉。27日,在桂林举行的北伐誓师典礼上,孙中山颁布誓词谓:"民国存亡,同胞祸福,革命成败,自身忧乐,在此一举。救国救民,为公为私,惟有奋斗,万众一心,有进无退。"③

　　然而,在北伐誓师表面的轰轰烈烈之下,孙中山的北伐征程并非一帆风顺。直系对北伐的政治阻挠和军事抗拒自不待言,关键是孙中山阵营内部对北伐的态度并不一致。孙中山本倚为军事主力的粤军总司令兼第一军军长陈炯明(兼广州政府内务、陆军总长及广东省长),对北伐很不热心,公开声称"余之所见,以为北伐云者,尚非时机也";"虽属传报孙中山部下众皆从事北伐之计划,唯余并无所知"④。10月24

　　①　陈锡祺主编:《孙中山年谱长编》下册,中华书局1991年版,第1395、1403页。

　　②　《孙文以廖仲恺等为代表商讨对吴佩孚用兵之法电》(1921年12月22日),《中华民国史档案资料汇编》第四辑(二),江苏古籍出版社1991年版,第676页。

　　③　《北伐誓师词》(1922年2月27日),《孙中山全集》第6卷,第90页。

　　④　《广东军阀大事记》,《广东文史资料》第43辑,第155页。

日,孙中山在南宁与陈炯明会晤,向他陈述北伐的意义,希望能抽调粤军一部参加北伐,并由广东负责北伐军的后勤供应。为了消除陈的疑虑,孙中山对他恳切地说:"吾北伐而胜,固事势不能回两广;北伐而败,且尤无颜再回两广。两广请兄主持,但毋阻吾北伐,并请切实接济饷械。"①陈炯明仍不愿调其部队参加北伐,孙中山既无法说动陈出兵,只能令其回粤筹划北伐后勤与军饷,为陈炯明在广东图谋自立创造了机会,也为北伐留下了隐患。

就在北伐军刚刚出师之际,积极支持北伐的粤军参谋长邓铿(仲元)于3月21日在广州广九车站突遭人狙击(23日身亡),北伐后方顿失依赖,26日,孙中山在桂林大本营主持召开紧急军事会议,决定先行回师广东,稳定后方。惟以第一次直奉战争正在酝酿之中,孙中山不愿失去乘直系首尾难顾之机出师北伐的机会,故在4月16日的梧州军事会议上,又决定改道经韶关向赣南进军。当日孙中山电召陈炯明前来会晤,商讨北伐事宜,为陈所拒,孙愤愤而言:"我们已经没有后方了。在桂林时,没有后方;现在到梧州来,也还是没有后方。我们只有以广州做后方,从韶关出兵。他总不能教我不革命。"②20日,孙中山下令免去陈炯明的粤军总司令、广东省长和内务总长职,命广州政府外交、财政总长伍廷芳兼广东省长。5月初,第一次直奉战争正在进行中,4日孙中山在广州发布《声讨徐世昌令》,声明:"出师宗旨,在树立真正之共和,扫除积年政治上之黑暗与罪恶,俾国家统一,民治发达。所认为民贼者,惟徐世昌及共恶诸人。"③6日,孙中山与胡汉民、许崇智等到达韶关大本营,此时奉军已在战争中失败,但北伐军态势已是箭在弦上不能不发。孙中山致函张作霖称:"此间准备完好,文于六日亲至韶关

①　陈锡祺主编:《孙中山年谱长编》下册,第1390页。
②　《在梧州军事会议的演说》(1922年4月16日),《孙中山全集》第6卷,第100页。
③　《声讨徐世昌令》(1922年5月4日),《孙中山全集》第6卷,第112页。

誓师讨贼，督饬各军急速进行，不变初志，以践前约。贵军精锐，未失所望，乘时反攻，使其首尾不能兼顾，彼虏既疲于奔命，则最后胜利，仍在吾人也。"①

经过调整后，孙中山督率北伐的军事部署是：以赣南为进军中心，赣州为夺取目标；以李烈钧任北伐军总司令兼中路总指挥，统领滇军朱培德部、黔军谷正伦部、赣军李明扬部，由南雄进攻大庾（今大余）、南康等地；右翼为粤军黄大伟、李福林、梁鸿楷部、赣军赖世璜部，由南雄进攻信丰、虔南（今全南）、龙南、定南等地；左翼为前敌总指挥、粤军许崇智部，由仁化进攻崇义、上犹等地。三路军队合共四万余人，超过当面的赣军陈光远部②。与此同时，孙中山还派人就商于浙督卢永祥，"切盼浙闽皆与我军同时一致动作"；"浙能于我军攻赣时即攻江苏，据南京为上策。我军得赣后会攻江苏为中策。然中策非我志也。我计由九江夹攻武汉"③。

北伐军当面的对手——直系出身的江西督军陈光远部是直系在南方布局的薄弱环节，陈部实力有限，且为粤、闽、湘省三面夹击，态势孤立，陈又不能体恤兵士，缺额扣饷，专饱私囊，部队因此而士气低落，军纪松懈，战斗力不强。陈光远为前苏督李纯的部下，非曹锟、吴佩孚嫡系，与曹、吴关系不深，且在湘鄂战争期间对援鄂态度暧昧，意存观望，令吴佩孚颇为不满。北伐军入赣后，陈光远一面调集部队抵御，一面向北京政府求援，表示"军事方兴，需款万急，请饬财政部速筹拨巨款即汇来赣，以救燃眉"；"现在各军均在前线，后路一空，无队可援。除饬尽力

①　《致张作霖函》（1922年5月4日），《孙中山全集》第6卷，第141页。
②　《陈光远致大总统等电》（1922年5月26日），《中华民国史档案资料汇编》第四辑（二），第685—686页。
③　《孙文关于与浙卢商讨会攻江苏事项电》（1922年5月12日），《中华民国史档案资料汇编》第四辑（二），第689页。

支持相机办理外,请飞速派队来赣援助,方能御此大敌,保全危局"①。但曹、吴虽然令蔡成勋领军援赣,其行动并不迅捷,以至陈光远抱怨,"此系南北兵争,而赣省首当其冲,以赣现有兵力,实苦敌众我寡,有守御之兵,即无策应之师,能顾一路,而不能兼顾各路,两电请援请弹,乃奉院部真寒两电,一无所应。光远惟有殚竭心力,激励部曲,勉尽撑持,至于利钝所不敢计也"②。

　　北伐军在江西作战初期的进展较为顺利,自5月中旬入赣后连战皆捷,25日占大庾,29日占崇义、信丰,陈光远部无力抵御。6月上旬,北伐军与陈光远部在赣州连战多日,13日北伐军克赣州,兵锋直指吉安,陈光远自觉无力控制局势,15日弃职逃离南昌。当日,刚刚复职的大总统黎元洪拿陈光远开刀,作为废督裁兵之例,免其江西督军职,由援赣军总司令蔡成勋节制江西军队,免杨庆鋆代署江西省长职,任谢远涵代署江西省长。也在15日,北伐军决定二期作战计划,确定沿赣江两岸向北进击,19日占万安、泰和,直逼吉安,形势似乎大好。不过,为了迅速取得北伐的突破,孙中山将大部分部队放置在前线,广东后方没有足够可靠的留守部队,当陈炯明在后方显露异动之状时,孙中山无力控制,而又存有一鼓而下江西之心,对广东后方情势的演变关注不够,在北伐进军的胜利声中,后方不稳势将影响前方军情,致北伐功败垂成。

二　陈炯明发难与孙中山再度离粤

　　陈炯明本为孙中山所信赖的粤军将领,其在广东主政也与孙中山

　　① 《陈光远致大总统等电》(1922年4月23日、24日),《中华民国史档案资料汇编》第四辑(二),第684—685页。
　　② 《陈光远转报孙中山督师北伐向赣南挺进情形电》(1922年5月20日),《中华民国史档案资料汇编》第四辑(二),689页。

的扶持直接相关。如时人所论:"本来,总理对陈炯明,起初是很信爱。同时,陈炯明对总理也同样如此。后来因为彼此间意见渐渐隔阂,同时,又有些人在旁挑拨离间,便渐渐发生裂痕。"①陈炯明与孙中山在政治军事等方面看法不一,时有不同意见,孙中山初不料陈有背离之心,而事实却是陈炯明羽翼渐丰之后,图谋在广东自立,认为孙中山在广东的地位与影响不利其个人利益,遂与直系曹锟、吴佩孚等暗中有所联系。1921年冬,陈"派其私人代表朱兆熊前往北京,与北洋政府频频接触"。1922年初,吴佩孚的代表黄申芗到粤会晤陈炯明,其后,马育航、陈觉民又代表陈炯明到洛阳见吴佩孚②。接着,双方代表1月29日在洛阳订立言和条约③。据第一次直奉战争期间的粤海关情报记载:"陈炯明将军正在惠州集结军队,并关注着直奉两派战斗的结果。若吴佩孚打胜仗,陈将回师广州,驱逐孙逸仙;要是吴打败了,陈将固守惠州基地,以待云贵之增援——陈早与吴佩孚、唐继尧结盟。"④因此,当直系在第一次直奉战争中获胜后,6月2日吴佩孚致电陈炯明,要他"勉为其难,定粤之后,携手定国,所深望也"。5日又电闽督李厚基,要其"援陈去孙,早定粤局,以期统一"⑤。北伐军占领赣州后,还曾检获多封陈光远与陈炯明准备联合"夹攻"北伐军的密电,如陈光远给陈炯明电谓:"前与尊处所定夹攻孙军计划皆未照行。……务于本月15日以前,照行所订计划。"陈炯明复陈光远电谓:"贵军宜聚兵三南,予由惠州夹击,必操胜算。对许崇智所部及其本身,务取完全消灭主义;对黄大伟、李烈钧等军,实行缴枪解散。"陈光远的内部通报则谓:

---

① 莫世祥编:《马君武文集》,华中师范大学出版社1991年版,第476页。

② 广东省档案馆辑:《孙中山与陈炯明》,广东省孙中山研究会编:《孙中山研究》第1辑,广东人民出版社1986年版,第388页。

③ 《稿本吴孚威(佩孚)上将军年谱》,第292页。

④ 《孙中山与陈炯明》,《孙中山研究》第1辑,第395页。

⑤ 《稿本吴孚威(佩孚)上将军年谱》,第292、358—359页。

"陈部决计先期与我军协同动作。"①因此,陈炯明最后的背孙拥直并非完全意外之举。

当孙中山在 1922 年 4 月免陈炯明职后,为了稳定后方,对陈还是留有余地,保留其陆军部长,划惠州、潮汕等地为陈军驻地,解决欠饷,还任命其亲信叶举为粤桂边防督办,以安其心。为此,陈炯明还曾致电孙中山表示"感激",同时他认为对政变尚未准备周全,密告在肇庆的叶举,"拥孙之魏邦平等军均在省,防卫之力不单,而海军已属孙,现在我动,省垣不能固守,许崇智、李烈钧等亦可提兵回战,并受民党群起斥弃,今时机尚未至,切不可轻举妄动,静待我最后之命"②。因此,他对孙中山表面敷衍,宣布下野,退居惠州,以示不问政事,私下却秘密联络亲信部下,准备发动政变。在陈炯明的指示下,叶举率部离桂回粤,并于 5 月中旬不顾孙中山各军不得入驻广州的命令,擅自进驻广州,占据城内外各军事要地,构筑工事,各处布防,为政变创造条件。随后,叶举等即以粤军官兵名义致电孙中山,要求恢复陈炯明原职。5 月 25 日,孙中山回电叶举等,告对陈炯明"每亟欲挽之复出,电报秘叠,信使不绝于道",表明对陈"始终动以至诚"③。27 日,孙中山迫于情势,任命陈炯明以陆军部长名义"办理两广军务,肃清匪患。所有两广地方,均听节制调遣"。但孙中山的做法已经不能挽回陈炯明的背孙之心。6 月 1 日,廖仲恺函告孙中山,"陈炯明部屯集省城及白云山等处者日谋响应北吴。粤垣人心,一夕

---

① 李睢仙、谢盛之、鲁直之编:《陈炯明叛国史》,台北文海出版社有限公司 1971 年版,第 169—170 页。

② 《陈光远转报孙中山准备北伐遭陈炯明等反对情形致参陆部函》(1922 年 5 月 26 日),《中华民国史档案资料汇编》第四辑(二),第 691 页。

③ 《复叶举等电》(1922 年 5 月 25 日),《孙中山全集》第 6 卷,第 131 页。

数惊"，广州叶举部更日向滋闹粮饷，受逼无已，因请孙暂回广州震慑①。当日，孙中山自韶关大本营回到广州，图稳定后方形势，但陈炯明及其部将对孙多避而不见，同时紧锣密鼓地策划政变。9 日，陈的亲信部下洪兆麟密电致陈，认为"现徐已下野，南方总统亦无存在之必要。否则有此赘疣，实足为南北统一之障碍。若不忍痛割爱于须臾，必贻生灵于万劫不复之痛苦"，提出"商谈一切进行计划，解决危局"②。

6 月 15 日，叶举按照陈炯明的密令，在广州白云山总部召集会议，布置政变计划，决定于 16 日晨炮轰总统府，发动政变③。当晚，叶举部分头攻击观音山总统府、越秀楼孙中山住宅等处，政变始作。

在陈军发动政变前，孙中山已得到警示，他先怀疑这是"谣言"，其后当部属劝其离开总统府避往安全地带，但他慨然言之："余负救国救民之责，艰苦不辞，改道北伐，……如陈果率其军以叛，占公府，使广州成为灰烬，置余于死地，余亦身死党国而已，夫复何憾。"④直至 15 日晚夜深，广州各处隐然已闻枪声，孙中山才在宋庆龄和部属恳求下悄然离开住所，潜行至海珠长堤天字码头，由江海防司令陈策和海军司令温树德等陪同，登上海军军舰⑤，安然脱险。16 日凌晨，陈军开始攻击总统府和越秀楼，与警卫团发生战斗，但未能突破警卫团的防线。16 日下午，陈军利用广州卫戍司令魏邦平调停之机冲入总统府，孙中山夫人宋庆龄在此坚持到最后，由卫兵护卫化装到达沙面，次日登永丰舰与孙中

---

①　《孙中山年谱长编》下册，第 1453、1455 页。

②　陈定炎：《陈竞存（炯明）先生年谱》，李敖出版社 1995 年版，第 505 页。

③　林廷华：《陈炯明炮击总统府的前后》，《文史资料选辑》第 24 辑，第 80 页。

④　《孙中山年谱长编》下册，第 1464 页。

⑤　孙中山先登永翔舰，16 日转至永丰舰。永丰舰在日本订造，1913 年编入中国海军，1917 年由海军总长程璧光率领南下参加护法，官兵多为粤籍，支持孙中山。1925 年改名中山舰，1938 年 10 月参加武汉抗战时沉于长江。

山会合①。广州市内各政府机关亦被陈军所占。孙中山事后回顾说："六月十六日之变，文于事前二小时得林直勉、林拯民报告，于叛军逻弋之中，由间道出总统府，至海珠。甫登军舰，而叛军已围攻总统府，步枪与机关枪交作，继以煤油焚天桥，以大炮毁粤秀楼，卫士死伤枕藉，总统府遂成灰烬。首事者洪兆麟所统之第二师，指挥者叶举，主谋者陈炯明也。总统府既毁，所属各机关咸被抢劫。财政部次长廖仲恺，事前一日被诱往拘禁于石龙；财政部所存帑项及案卷部据，掳掠都尽。国会议员悉数被逐，并掠其行李。总统府所属各职员，或劫或杀。南洋华侨及联义社员，亦被惨杀。复纵兵淫掠，商廛民居，横罹蹂躏。军士掠得物品，于街市公然发卖。繁盛之广州市，一旦萧条。广州自明末以来二百七十余年，无此劫也！五年逐龙济光之役，九年逐莫荣新之役，皆未闻有此，而陈炯明悍然为之，倒行逆施，乃至于此！"②

　　陈炯明发动政变时，拥兵 2.5 万余人，而孙中山能够指挥的不过是其警卫团数百人，双方实力相差悬殊，孙中山难以军事实力对抗陈炯明。不过，驻粤海军表示服从孙中山，发表《护法讨逆宣言》称："叶举等包藏祸心，通敌谋利之不已，竟敢犯及元首，破坏政府，纵兵残杀，劫掠无所不用其极，罪恶贯盈，当为天下所共诛。我等奉命声讨，先行炮击，冀其私心一悟，改逆从顺，免受天诛。如彼仍顽抗，怙恶不悛，当合各省护法大军，协同扫荡，以免护法大业功亏一篑。"③孙中山即以海军为依靠，以永丰舰为指挥部，率海军七艘军舰据珠江黄埔，与拥孙部队占据的长洲要塞炮台相呼应，与陈炯明部对峙。6 月 17 日，孙中山在会见

---

　　①　马湘：《跟随孙中山先生十余年的回忆》，《回忆辛亥革命》，文史资料出版社1981 年版，第 103 页；胡品球：《孙中山移驻永丰舰的经过及永丰舰以后的活动》，《广东文史资料》第 25 辑，第 219 页。6 月 29 日，蒋介石应孙中山电召，从上海到广州，登永丰舰陪孙中山坚持，并护送孙离穗去沪。其后，蒋著有《孙大总统广州蒙难记》叙其事，得孙信任并为其在国民党中获得政治声誉。

　　②　《致海外同志书》(1922 年 9 月 18 日)，《孙中山全集》第 6 卷，第 552 页。

　　③　《海军护法讨逆宣言》，《革命文献》第 52 辑，第 204 页。

登舰请示的广州政府外交总长兼广东省长伍廷芳时称："今日我必率舰队，击破逆军，戡平叛乱而后已。否则，中外人士，必以为我已无戡乱之能力，且不知我之所在。畏慑暴力，潜伏黄埔，不尽职守，徒为个人避难偷生之计，其将何以昭示中外乎？"①

为了讨伐陈炯明，孙中山令广州卫戍司令、粤军第三师师长魏邦平率部收复广州，但魏自称"中立"，态度暧昧，未有动作。孙又令北伐军自江西回师救粤，胡汉民、许崇智等接令后，于 27 日在赣州决定由许崇智先率粤军与滇军回粤，李烈钧则率其他各部暂时留驻赣南以为策应。7 月初，北伐军自赣南回师粤北，沿粤汉路分路进军韶关，与驻守韶关的陈军接战。其后，留守赣南的北伐军在援赣直军蔡成勋部的压迫下退往粤北，亦加入对韶关的攻击。7 月 19 日，回师的北伐军攻克韶关以北之乐昌及其东南之翁源，随后与陈军翁式亮、杨坤如等部在韶关一线激战。北伐军因连日征战，部队疲惫，后勤不继，军心动摇，作战失利，全线退却，滇军退往湘桂边界，赣军、湘军留湘赣边界，许崇智则率粤军退往闽赣边界，准备进军福建。

陈炯明发动政变之初并未直接出面，而以其部属叶举等打头阵，但孙中山坚持不离广州，坚持以武力讨陈，迫使陈炯明不得不走到台前。6 月 18 日，陈致电魏邦平，将事变起因归于"孙公迫成"，明白提出"国会恢复，伪府取消，护法戡乱，目的悉达，抑又何争？南政府不早收束，势必使粤再亡而止"，亦即请孙中山下台。同时，陈炯明对粤军将领解释其行动时，声称"若孙先生仍为一班宵小所蔽，不惜违反民意，只知贪恋权位，则必有人起而议其后，南方必从此多事，诸将领不患无立功之地"②。陈还堂皇地以广东民众利益代言人的身份，请出各界代表劝孙

---

① 蒋中正：《孙大总统广州蒙难记》，正中书局 1937 年版，第 5—6 页。伍廷芳因此突发事变刺激，6 月 23 日发病去世。

② 段云章、倪俊明编：《陈炯明集》，中山大学出版社 1998 年版，第 877 页。

中山下野离穗，以免"糜烂"地方①。6月21日，广东省议会在陈炯明的威胁利诱下推陈为临时省长，表示"赞成统一"，希望"双方停止战争"。23日，陈炯明在伍廷芳逝世的当天还有电给伍称："现惟仗公切劝孙公，敝屣尊号，示天下无私，国会一开，依法再选，得位以正，为期匪遥。"②不过，陈炯明对孙中山表面上仍表示尊重。29日，陈致函孙称："国事至此，痛心何极。炯虽下野，万难辞咎。自十六日奉到钧谕，而省变已作，挽救无及矣。连日焦思苦虑，不得其道而行。惟念十年患难相从，此心未敢丝毫有负钧座。不图兵柄现已解除，而事变之来，仍集一身。处境至此，亦云苦矣！现惟恳请开示一途，俾得遵行，庶北征部队，免至相戕，保全人道，以召天和。国难方殷，此后图报，为日正长也。"③只是陈炯明的如此表示并不能改变孙中山的现实处境。孙中山"决定坚持不动之计，无论如何危险，决不轻动也"④。但是，7月上旬，海军司令温树德及长洲炮台司令孙祥夫先后脱离孙中山附陈，永丰舰在珠江中处在陈军炮火威胁下，10日被迫转移锚泊地至白鹅潭，其间"敌炮以全力射永丰坐舰，弹下如珠，船身连中四弹，身动摇"⑤；但孙中山不为所动，仍留永丰舰"坚忍以待之"。直到北伐军回援失利，永丰舰势处孤立，孙在永丰舰之部属群谓"赣南失陷，南雄不保，前方腹背受敌，战局必危；总统株守省河，有损无益"，孙中山才决定离穗赴沪，"相与我护法同志讨论善后与中国统一计划"⑥。

　　8月9日，孙中山一行离开坚持了五十五天的永丰舰，乘轮途经香港于14日转抵上海。15日孙中山发表宣言，宣示对此次政变主谋及

　　①　段云章、沈晓敏编：《孙文与陈炯明史事编年》，广东人民出版社2003年版，第587页。

　　②　陈定炎：《陈竞存（炯明）先生年谱》上册，第515页。

　　③　蒋中正：《孙大总统广州蒙难记》，第15页。

　　④　《蒋介石日记》1923年7月2日。藏美国斯坦福大学胡佛档案馆。

　　⑤　《蒋介石日记》1923年7月10日。

　　⑥　《孙中山年谱长编》下册，第1488—1490页。

诸从乱者"当群起以攻,绝其本根,勿使滋蔓。否则流毒所播,效尤踵起,国事愈不可为矣!""至于国事,则护法问题,当以合法国会自由集会,行使职权,为达到目的。如此,则非常之局自当收束,继此以往,当为民国谋长治久安之道。……如政治问题,则当尊重自治,以发舒民力。惟自治者全国人民有共治、共享之谓,非军阀托自治之名,阴行割据所得而藉口。"重申"奔走革命三十余年,创立民国,实所躬亲。今当本此资格,以为民国尽力,凡忠于民国者则引为友,不忠于民国者则引为敌。义之所在,并力以赴,危难非所顾,威力非所畏,务完成中华民国之建设,俾国民皆蒙福利,责任始尽。"①

"六一六"广州变作,所谓"任用非人,变生肘腋",使正处良好发展势头的北伐被迫中止,给孙中山沉重的打击,也使他感受莫大的痛苦。如他事后所痛陈:"文率同志为民国而奋斗垂三十年,中间出死入生,失败之数不可偻指,顾失败之惨酷未有胜于此役者。盖历次失败虽原因不一,而其究竟则为失败于敌人。此役则敌人已为我屈,所代敌人而兴者,乃为十余年卵翼之陈炯明,且其阴毒凶狠,凡敌人所不忍为者,皆之而无恤,此不但国之不幸,抑亦人心世道之忧也。"但孙中山精神的可贵之处在于,虽然失败如此"惨酷",但并不能使其放弃对理想始终如一的追求,他坚信"疾风然后知劲草,盘根错节然后知辨利器,凡我同志,此时尤当艰贞蒙难,最后之胜利终归于最后之努力者"②。如何收拾残局,重上征程,是回到上海暂时安居的孙中山所考虑的主要问题。他在进行新的思索,寻求新的道路,发现新的力量,由此开始酝酿他政治生涯中又一次新的转折。就长期与广大的目标而言,孙中山力求实现建立独立、统一、民主的现代中国国家的理想一如既往,但对于实现这一

---

　　①　《宣布粤变始末及统一主张》(1922 年 8 月 15 日),《孙中山全集》第 6 卷,第522—523 页。

　　②　《致海外同志书》(1922 年 9 月 18 日),《孙中山全集》第 6 卷,第 549、554—556 页。

理想的方式方法,除了沿袭联合各实力派的传统做法,着重加强粤、皖、奉三角同盟的合作之外,孙中山开始考虑借重苏俄的力量,引进俄国革命以弱胜强、以小击大的成功经验及其组织与方法,改组国民党,建立党军,实行党治,强调组织功用,加强政治宣传等等,一系列新的思路与方法开始在经历了痛苦失败之后静心思索的孙中山脑海中浮现、成形并渐渐清晰。孙中山的思路和可能之转向,得到了正在中国寻求革命力量、力图以殖民地半殖民地革命运动而壮大革命声势与阵营、改善自身革命成功后之相对孤立地位的苏俄的鼓励与激赏,也得到了成立不久、亟欲扩大力量、寻求中国革命成功之路的中国共产党人的积极回应与大力支持。国共两党合作,苏俄、国、共三方携手,共创中国革命新局的情势由此而渐成,孙中山及国民党通过自身改组、实行联俄容共、发动国民革命、实现中国统一的政略策略也因此而在酝酿之中。

三　南北对福建的争夺

对孙中山而言,在广大而长远的目标之外,短期与具体的选择更为迫切,他首先需要为自己的力量寻求落脚点与出发点,以便重组队伍,东山再起,他的眼光仍在广东,而选择的突破口则是福建。

福建原为皖系地盘,督军李厚基自1913年率军入闽,统治福建有年。他"内则恣意挥霍,力事逢迎,外则张皇补苴,尽情搜括。税收不足,继之以募债,募债不足,继之以外资。其间不惜高利或巨额仲金,为吸引之具。以公家为孤注,博其一己短暂时间之荣宠"[1]。李厚基的贪婪引起闽人的强烈不满。直皖战后,李厚基因失去皖系依托而渐靠近直系,为吴佩孚所拉拢,以牵制在闽南的广东孙中山和在闽北的浙江卢永祥的力量。第一次直奉战后,李厚基见直系势力更盛,更亲近直系,

---

①　王孝泉:《福建财政史纲》上册,1936年版,第35—37页。

并削去其手下臧致平的兵权①,又图谋削去王永泉的兵权②,以稳固统治。李厚基的作为使部下与其离心,埋下了倒戈的隐患,加以李厚基在福建当政多年,形象不佳,统治基础薄弱,闽人斥之为"祸闽",在"联省自治"的浪潮中提出了"闽人治闽"主张,发起驱李运动。福建有较强的民军力量,由于李厚基排挤臧致平、王永泉,两部怨愤,暗中与民军联合,集款购械,日趋活跃,不利于李厚基统治的稳固。此时正值陈炯明在广东发动政变,孙中山的北伐军因措手不及而回师失利,而许崇智领导的粤军早与王永泉建立联系,许崇智本人又曾驻军福建,了解福建情况,并与福建军政界人士常有往还,粤军遂向福建退却,准备与王永泉联手合作驱李,然后以福建为根据地,整军经武,回粤驱陈。

8月中旬,许崇智率北伐粤军进入赣闽边境的会昌,全军人数尚不及万,而且缺械少饷,亟待有稳固的基地休整补充。为了减轻王永泉对客军入闽的疑虑,许电告王:"我军此次主张,纯为开创东南新局面,实行孙(中山)段(祺瑞)携手,闽浙联防。因李(厚基)作梗,故不能不去李。去李以后,闽局自应请伯川(王永泉)主持。"许的设想得到了孙中山的首肯和王永泉的赞同,孙中山的代表胡汉民专程前往延平(今南平),与王永泉商讨联合行动。9月初,北伐粤军自瑞金启程,"入宁化,经建宁、泰宁、建阳以入建瓯"③。在粤、皖、奉"三角同盟"联合反直的背景下,粤军在福建的行动也得到皖系的支持,段祺瑞的心腹徐树铮带人在9月下旬从浙南潜入延平,协助王永泉策划驱李事。9月27日,王永泉在延平宣布独立,要求李厚基下台离闽。10月1日,王永泉就任闽军总司令。

10月2日,许崇智与王永泉部联合向省城福州发起进攻。李厚基

---

① 臧致平1916年领军入闽,后任福建第二师师长兼汀漳镇守使,被李厚基削职后愤而离闽赴沪。

② 王永泉时任第二十四混成旅旅长兼闽北镇守使,驻延平,其部比较有战斗力,且与许崇智等有联系,为李厚基所嫉。

③ 《许崇智联王永泉攻闽之经过》,《革命文献》第52辑,第385—387页。

对于王永泉的动向已有所准备，先已派人向曹、吴求援，得吴佩孚下令从江西派兵及海军赴援（只是因为形势的迅速变化，援军未到，李厚基已下台）。但是，李厚基的兵力有限（守福州的只有一个旅不到万人），素质低劣，作战意愿不高。粤军和王军自发起攻击后进展顺利，不过十天时间，10月12日晨攻占延平到福州的咽喉要点水口，逼近福州，各地民军亦纷纷出击，牵制李厚基无法从外地调兵增援福州。12日当天，粤军向福州发动攻势，李厚基见大势已去，仓促避入日本驻福州领事馆，随后转往闽南厦门、泉州，图谋再起。粤军进入福州后，与李部残余交战两日，至14日完全控制福州。

　　李厚基下台后，福建的局势一时出现了颇为复杂的状况。10月13日，黎元洪任命前海军总长萨镇冰为福建军务会办，15日又任其为福建省长。萨镇冰为福建人氏，符合"闽人治闽"的要求，能为福建各界所接受；他一直任职于海军，政治态度中立，与南北均有良好关系，故南北各方均未对其上任表示反对。对于孙中山而言，受陈炯明政变之累，需要有一地盘，作为再起出发的根据地，粤军在福建的进展，使孙认为"能即进而灭广州之贼固善；如其不能，则保守福州而坚持，亦为一进步也。盖有一日福州，则我有一日之凭借，外交内应，则以此为背景。倘并此而无之，则我不过为一租界亡命客耳，奚足轻重？"①而皖系对福建地盘也有自己的想法，因为直皖战后皖系所控制的地盘只余浙江一省，而福建是皖系以前控制的地盘，王永泉的第二十四混成旅原为徐树铮统领的参战军一部，故皖系企图利用此次机会，再次控制福建，壮大实力。10月2日，野心勃勃的徐树铮在延平成立"建国军政制置府"，宣称将"克日移驻福州，处理一切军民诸务，依建国诠真，胪列诸端，切实办理，尽德信威力范围所及，自行其是"。表示"不至通国合一，复设正统政府之日，无论何人命令，树铮概所勿受。惟以至诚至敬，尊奉合肥段上将军祺瑞、中山孙先生文，为领导国家根本人物，服从其谋义，在今之日，

①　《致蒋中正函》（1922年11月21日），《孙中山全集》第6卷，第617页。

我中华民国非此纯洁之二老出任艰巨,国基万难告安"①。

　　10月17日,许崇智、徐树铮、王永泉等到福州。18日,徐树铮根据其《建国诠真官制》所倡之"中枢总管纲要","省权上合下分"的原则,以"建国军政制置府"名义,任命王永泉为福建"总抚",总揽全省军政。但是,王永泉并不乐意徐树铮凌驾于其上指挥一切,他和许崇智也没有否定萨镇冰的省长地位。福建舆论对皖系在福建的统治本无好感,不愿赶跑了李厚基,又来了徐树铮,"在省绅商耆宿,颇有致疑于新制者"。国民党领袖孙中山乃至皖系人物卢永祥等,对徐树铮如此特立独行的举动也不以为然。在各方反对下,徐树铮不得不在10月30日宣布废除"总抚"职,改任王永泉为总司令,并解释设置制置府的目的是:"建国军政府之设,因国无政府,故立此为发号施令之枢纽,职权略似国务院,负全国建设之责,非为福建而设。福建军民政纲,一经制定,自当移驻他地,别有经营,无常驻福州之必要,且一切经费决不取资于福建。"②为了避免激化矛盾,影响反直"三角同盟"的内部关系,段祺瑞派原安福国会议员王郅隆到福州,劝徐树铮顾全大局,从速离闽。虽然徐树铮并不情愿就此离去,但王永泉已经稳住阵脚,控制了局面,徐树铮见事无可为,只能在各方压力之下,于11月2日被迫离开福州前往上海,"建国军政制置府"由此结束。

　　已经被赶下台的李厚基也不甘寂寞,他以闽南泉州为中心,召集旧部谋划在福建复职。此时,被李撤职的臧致平从上海回闽,与王永泉、许崇智等就划分地盘及协助粤军回粤等问题有所谋划。随后臧致平在厦门被旧部推为闽军总司令,李厚基还想借助臧部力量打回福州,不料臧却纵兵向李索饷并围攻,逼迫李厚基先是在11月7日逃到鼓浪屿日

---

　　①　《徐树铮在延平设立建国军政制置府自任总领通电》(1922年10月2日),《中华民国史档案资料汇编》第三辑《军事》(三),第503页。
　　②　《中华民国史事纪要》中华民国十一年(1922)7至12月份,第859—860页。

租界躲避,后又去广东汕头,向陈炯明求援,陈炯明遂派出钟景棠师入闽援李。臧致平在李厚基和陈炯明的压力下,与许崇智的讨贼军联合,击败钟景棠部。其后,许崇智、王永泉、臧致平及民军张贞部联合进攻闽南,12月18日攻入泉州,李厚基的力量基本被消灭。直系派出的福建镇抚使刘冠雄致电北京政府,认为"李厚基在闽,人心全失,效力已无,万无振刷希望,用之徒滋纠纷。且建国军早经灭绝,情势已迁,请明令取消讨逆名义,并免李之职,请调京位置,并将闽督一缺裁撤,此后闽省善后,即由冠雄会同萨省长,协同各方继续办理,以一事权"①。1923年1月,李厚基从闽南到汕头转赴南昌,后到天津定居。

　　1922年11月7日,由孙中山任命的福建省长林森宣告就职,他和北京政府任命的福建省长萨镇冰各不相属而又相安无事。林森在福建施政,以"自治"为本,而孙中山则希望他多多筹款,以备讨贼军打回广东。孙中山致函林森说:"目前万事,自以筹款为最要,望兄放胆做去,勿庸瞻顾。无财政则军队嗷嗷,无以自守";"近日西江军事紧急,香港机关乃不名一钱。……孔方困人,遂使西江及闽中军事,俱未能发展,殊可忧耳。"②不过,林森在福建缺乏实力支撑,政令难以推行,筹款更是困难。许崇智得不到林森的钱财支持,与其关系渐远,王永泉一直谋划由其主政福建,更不会诚意支持林森,处在各种矛盾夹缝中的林森,地位并不稳固。

　　直系也不能忘情福建,他们通过北京政府派前海军总长刘冠雄为福建镇抚使,同时组织"援闽军",企图将福建纳入直系的势力范围。"援闽军"从河南、湖北、江西抽调二个师三个混成旅组成,由河南暂编第一师师长常德盛统领。11月中旬,援闽军自赣入闽,随后被王永泉部击退。吴佩孚认为,"闽虽一隅,关系东南大局,设再迁延不决,则乱

---

①　《杜锡珪致高凌霨密电》(1923年1月7日),《中华民国史档案资料汇编》第三辑《军事》(三),第509—510页。

②　《复林森函》(1922年11月28日),《孙中山全集》第6卷,第625—626页。

事蔓延,将无底止";决定调派驻守湖北宜昌准备"援川"的孙传芳部改而"援闽"①。12月,孙传芳率第二师从鄂西宜昌进驻江西。1923年1月21日,北京内阁总理张绍曾为标榜"和平统一"诉求,宣布取消"福建讨逆军"名义,"援闽军"停止前进,所有福建境内主客各军善后事宜,责成萨镇冰、刘冠雄、孙传芳协商办理,但这个命令得不到直系的支持,无法付诸实施。

　　1923年2月,许崇智率东路讨贼军回师广东,林森失去武力依靠。3月,吴佩孚主持在洛阳举行军事会议,"讨论川粤闽赣问题及促进南北统一办法,其主张与政府之计划,完全不同,其主旨:一、巩固长江防务。二、窥取闽粤地盘。前者收拾川局入手,再图滇黔。后者孙传芳督闽,沈鸿英督粤。指挥孙、沈,使闽浙粤桂不能联成一气,然后再及西北问题"②。直系派出的"援闽军"再度由赣入闽,王永泉、臧致平等在武力压迫下倒向直系,林森实无法再执行其省长职权,3月初被迫辞职,结束了在福建二位省长并存的局面,萨镇冰继续任福建省长。3月20日,北京政府在直系压迫下发布孙传芳督闽、沈鸿英督粤令。4月17日,孙传芳就任闽督。福建的南北之争暂告段落,福建成为直系的地盘。

第二节　孙中山的转向

一　孙中山三度回粤出任大元帅

　　在发动政变逼走孙中山之后,陈炯明于8月15日以胜利者的姿态回到广州,复任粤军总司令,并在18日通过省议会任命香港买办商人陈席儒为省长。陈席儒与孙中山和陈炯明都有联络,曾经捐资支持革

---

　　①　《闽督之争益烈》,《民国日报》1923年3月2日。
　　②　《和平统一与武力统一》,《民国日报》1923年3月5日。

命,因为当时广东地方财政困窘,而陈席儒自告奋勇出任省长,谓可筹得贷款,以作军饷,故陈炯明以其为省长。但是,陈席儒在位时间甚短,格于各种内外因素,不能根本解决广东的财政困难,广东纸币贬值,社会动荡,不利于陈炯明稳固其统治。

陈炯明在广东重掌省政后,标榜"军民分治",提倡"联省自治",并与北京政府和直系建立了联系。对陈炯明将孙中山排挤出广东,直系是支持的,但对其鼓吹"联省自治",直系又是反对的。9月5日,陈炯明致函北京政府陆军总长张绍曾,表示"但使各方调协,则天下事固尚可为。炯虽无似,凡可辅成隆治者,亦极愿竭此绵薄"。张绍曾接信后,向曹锟、吴佩孚报告称:"顷得陈竞存(陈炯明)书,对于统一颇愿赞襄。"又复函陈炯明称:"方今法统虽已重光,全局尚未统一,……鄙意以为非法政府取消之日,正吾共谋建设之时。为今之计,各省惟有一致以尊重宪法,共策政治之改良,为赞襄统一之举。若仍各据一隅,以私见相峙,则国家不可救药矣。"①直系希望陈炯明早日归顺北京政府,完成"统一"大业,但陈炯明需要的是直系的实际支持,以加强其对广东的统治,而对完全归顺北京政府,则又心不甘情不愿,双方的关系颇为微妙。

还不等陈炯明在广东当政有所施展,他的位置还没坐热,又要面临孙中山发动的军事反攻。李厚基倒台后,北伐粤军在福建获得了难得的休整之机。1922年10月,孙中山指示将北伐粤军改编为东路讨贼军,任许崇智为总司令,蒋介石为参谋长,黄大伟为第一军军长,许崇智兼第二军军长,李福林为第三军军长,在闽粤边界整军经武,准备打回广东。其后,孙中山又指示将驻守粤桂边境的滇军杨希闵、张开儒、朱培德部,桂军刘震寰、沈鸿英(其时尚未投靠直系)部改编为西路讨贼军,准备自东西两路出兵夹击陈炯明,使其"不能有东西兼顾之力量,即

---

① 《陈炯明与张绍曾秘密勾结来往函件》(1922年9月),《中华民国史档案资料汇编》第四辑(二),第700—702页。

为我军恢复百粤最良机会";"惟有于最短期间,东西并举,使陈贼不能兼顾"①。同时在香港设办事处,以邹鲁为特派员,邓泽如为理财员,募集款项支持。

面对孙中山部署以东西两路武力回粤的现实,以陈炯明有限的实力,确实无法"东西兼顾",他遂将布防重点放在粤闽边境,以洪兆麟为总司令,同时令杨坤如部防守北江,梁鸿楷、熊略等部防守西江,又拉拢旧桂系将领林虎出任援桂司令,并允其事后主政广西。陈炯明的布防计划偏东轻西,为孙中山的军事反攻首先在西线取得突破创造了机会,因为布防在粤桂边境西江方向的粤军第一师梁鸿楷部与陈炯明的关系本不深,其部将李济深、邓演达等因为原师长邓铿的关系,与孙中山有较多联络,在军中密谋发动反陈起事,并得到孙中山的赞助。1922年10月,邓演达作为军中同仁的代表,秘密到上海见孙中山,孙中山指示他:"首先发动现在广西徘徊的张开儒滇军,刘震寰和沈鸿英的桂军,联合可靠的粤军,讨伐陈炯明,夺回广东革命根据地,再作第二步计划。"其后当他们被调派西江布防后,即与当面滇桂军"暗中与其联络,订定条件,并接济其军饷","在后方做内应工作",准备在时机成熟时对陈炯明反戈相向②。驻守梧州的粤军第四师,其中一部分原为许崇智旧部,对陈炯明派亲信熊略任师长颇为不服,旅长兼梧州卫戍司令莫雄遂秘密联络滇桂军,并派人向在上海的孙中山及其驻港办事处报告,建立了经常联系。陈炯明请旧桂系军人领军的举动,更使驻守西江的粤军上下均不满,坚定了他们反对陈炯明的决心。

1922年12月25日至26日,滇、桂、粤军三方代表在广西藤县大

① 《致张开儒函》(1922年10月23日),《复朱培德函》(1922年12月),《孙中山全集》第6卷,第591、662页。
② 李洁之:《"国民革命"运动中的粤军第一师》,《广东文史资料》第4辑;《李济深的略历》,《中华民国史资料丛稿》增刊第6辑,第4—5页。

湟江白马寺开会（即"白马会盟"），商议联合讨伐陈炯明的部署①。27日，滇桂军率先发起进攻，粤军主动后退。28日，滇军杨希闵部、桂军刘震寰部进据西江重镇——梧州。31日，滇、桂、粤各军誓师讨陈，然后兵分三路，滇军杨希闵等部沿西江北岸，桂军刘震寰等部沿西江南岸，直进广州，桂军沈鸿英部则向北江方向出动，抄陈炯明部之后。

　　1923年1月4日，孙中山发布《讨伐陈炯明通电》，声讨陈炯明"半载以来，倒行逆施，纪纲荡然，骄兵悍将，贪官污吏，以百姓为鱼肉；尤复阴弛赌禁，操纵金融，以致民生憔悴，不可终日，祸粤之罪，更不容诛"。号令"诸军将士奋勇杀贼，为民除害，凡我粤人，务宜同仇敌忾，以成拨乱反正之功。……我广东全省人民既备受陈逆之毒害，必深知陈逆之诈伪，际此义师奋发，叛徒丧胆，当急起直前，以人心为士气之后盾，俾肤功早奏，四境又安，有厚望焉"②。此后，西路讨贼军顺西江而下，陈炯明急派叶举担任西江前敌总指挥，还向直系曹吴、湖南赵恒惕、云南唐继尧等求援，但因讨贼军进展迅速，各方都未伸出援手，而取观望态度。1月9日，西路讨贼军占肇庆。次日占三水，逼近广州，陈炯明部军心涣散，无力再战，各部纷纷弃陈而去。1月15日，被陈炯明视为心腹亲信的洪兆麟，也在汕头宣告脱离陈炯明，迫使陈炯明不得不在当日发表通电，"宣告解职，完全下野，以谢父老"③。随后他离开广州赴惠州，转道于30日到香港。

　　讨伐陈炯明的战争出乎意料的顺利，讨陈联军未经激烈战斗即拿下广州，说明陈炯明在广东的统治非常不稳固，但是也为孙中山带来了新的问题。原本被孙中山倚为回粤依靠的东路讨贼军许崇智部，虽然

---

　　①　莫雄:《白马会盟与滇桂粤联军讨伐陈炯明的战争》,《文史资料选辑》第24辑。

　　②　《讨伐陈炯明通电》(1923年1月4日),《孙中山全集》第7卷,第10—11页。

　　③　《陈炯明宣告解职离省通电》(1923年1月15日),《中华民国史档案资料汇编》第四辑(二),第709页。

在1月9日通电宣布即日返师回粤讨贼,2月初离闽回粤,却被洪兆麟部所阻,滞留于粤东潮汕一带,未能在讨陈战争中发挥重要作用。滇军比较亲近孙中山的朱培德部也还滞留在广西,首先进入广州的是桂军刘震寰、沈鸿英等部和滇军中与孙中山关系相对疏远的杨希闵等部,他们以战胜者自居,在广州占据公产,横行霸道,纪律松弛,扰商滋事,引起广东社会各界、舆论及粤军力量的反感,何况广州民众对桂系在广东多年统治的负面印象难除,对桂军更没有好印象;再者,他们随意扩充军队,扩张个人势力,分割地盘,也为其后广东的稳定带来隐患。当时孙中山在上海还没有做好立即回粤的准备,1月17日,他任命胡汉民、李烈钧、许崇智、邹鲁、魏邦平为全权代行大总统职权,希望依靠他们和魏邦平的粤军稳定广州秩序。18日,邹鲁等与粤军、海军首领开会,推魏邦平为讨贼军司令,决定设立海陆军警联合维持治安办事处,推魏邦平为主任,决定已入广州各军由各军长统御而维持治安,军费临时由商务总会及其他各处借入,确定滇桂军驻屯地点,电请孙中山任命各长官。1月21日胡汉民与李烈钧抵广州,25日胡汉民就任省长,惟次日即发生江防司令部会议之变。沈鸿英以杨希闵、刘震寰名义,邀请胡汉民、邹鲁、魏邦平等到滇军驻地长堤江防司令部会议,讨论地方善后等问题,及至胡汉民、魏邦平、邹鲁等到会场后,沈部第一军军长李易标等寻衅生事,诘问:"陈炯明已走,何以又有粤军讨贼总司令之设立?是否以滇、桂军为贼?"一言不合即开枪动武,胡汉民卫士两人被打死,胡汉民和邹鲁在滇军人员护卫下逃出,翌日转赴香港,魏邦平被执扣押。由于事发后孙中山急令许崇智部东路讨贼军和朱培德部滇军速向广州集中,令广州周边粤军严密监视,并争取到广州杨希闵部滇军和刘震寰部桂军的支持,迫使沈鸿英未敢决裂,于2月6日释放了魏邦平,将其部撤出广州。此事凸显了广东政局在驱陈之后的不稳与复杂,并将在不短的时间里始终困扰着孙中山及其继任者。如时论所言:"广东境内之内外政派军阀,其关系似颇复杂,而迭次勃发变乱者,多因军人辈欲自握权势之野心所致。彼辈概系简单之武人,毫无政治思想,原欲藉武力一时镇压反对派,以恣达其政权欲望,并不知现代政治非如斯简单之物也。"①

因为广东政局的动荡,各界更期待孙中山速回,以稳定局势。1923年2月15日,孙中山离沪返粤,17日抵香港,21日到广州,在当晚滇桂军举行的欢迎宴会上,孙中山发表演说,宣示"要统一滇桂粤诸军,造成统一的中华民国";"整顿内部,以广东为模范,统一西南;以西南为模范,统一中国";"我们自今晚起,要把这个责任担负起来,大家向前奋斗,另外造成一个新局面。"②

此次回粤,孙中山不再提"护法",也不再成立政府恢复国会,表示他对"护法"和国会等等的失望。他在3月2日成立海陆军大元帅大本营,自任大元帅,任命程潜为军政部长,谭延闿为内政部长,廖仲恺为财政部长,邓泽如为建设部长。大元帅不经国会选举产生,不对国会负责,有权任命官员,发布命令,指挥军队,处理一切重要政务,实际上广州政府的主要权力集中于大元帅一人之手,孙中山的革命生涯因此而翻开了新的一页③。

二 孙中山统一广东的顿挫

孙中山出任大元帅之后,着手各项政治、军事、外交、财政的部署,首先是指定在粤各军的驻防地,其中粤军梁鸿楷部驻江门、四邑,滇军杨希闵部驻广州及粤汉、广三铁路沿线,桂军刘震寰部驻广州及东莞、虎门等处,桂军沈鸿英部驻肇庆至梧州西江沿岸,滇军朱培德部驻广州河南,拱卫大元帅府(大元帅府设河南士敏土厂),东路讨贼军许崇智部

① 《中华民国史事纪要》中华民国十二年(1923)1至6月份,第98、118、135—136、138页。

② 《在广州滇桂军欢迎宴会的演说》(1923年2月21日),《孙中山全集》第7卷,第119—123页。

③ 钱实甫:《北洋政府时期的政治制度》下册,中华书局1984年版,第456页。

自福建回粤后，4月下旬到汕头。经过如许安排，广东军事秩序初定，但是，孙中山面前更艰巨的任务，是如何应对沈鸿英和陈炯明的军事挑战，统一广东，作为革命再出发的根据地。

沈鸿英部在进入广州又退出广州后，与孙中山的感情更恶，更有凭其武力取孙而代之心，而直系曹、吴亦以沈鸿英为棋子，挑动沈挑战孙的权威，意图乘孙中山立足未稳之际，以北军为后盾，支持沈鸿英驱孙占粤，至少可以使广东发生内战，形势不稳，削弱孙中山的地位和对外影响力。故此曹锟和吴佩孚坚持要北京张绍曾内阁发布沈鸿英督粤令，3月19日，吴佩孚致电张绍曾，直言不讳地说："中枢现在诚意谋和之际，孙文忽又回粤，背道而驰，统一之局重行破坏，迩者孙更庞然自大，野心暴露。中山一日不去，则统一一日无望。迳请电发孙、沈两令，实为大局起见。查沈鸿英在粤驻军有年，情形熟悉，近更实力充足，内则结联陈炯明旧部，外则与林督俊廷共同联防，如督理命令朝下，中山即夕必去粤。"20日，张绍曾内阁复职，作为其复职的条件，张阁特派沈鸿英督理广东军务善后事宜，杨希闵帮办广东军务善后事宜，林虎为潮梅护军使兼任粤军总指挥，陈炯光为广东陆军第一师师长，钟景棠为第二师师长，温树德为驻粤海军舰队司令，从而"可认为实力派向孙派宣战之通告"[①]。

沈鸿英出身绿林，辛亥革命后投陆荣廷，成为旧桂系成员，1921年又脱离陆荣廷，依附于直系，1923年借孙中山与陈炯明争夺广东之机入粤。孙中山回粤后，为稳定广东局势，任沈为桂军总司令，以示笼络，同时令沈军移出广州，以为防范。北京政府对沈鸿英的督粤令发表后，沈观察形势，通电拒绝，而又阴与吴佩孚勾连，得其军火财政支持。"三月中旬，吴氏由赣密输步枪千杆，弹药五十万"；"四月上旬，吴佩孚遣间至港，阴为怂恿，鸿英约晤于新街，间者促鸿英就职，鸿英从之，（四月十

---

　　① 《中华民国史事纪要》中华民国十二年（1923）1至6月份，第378—379页。

日）召沈荣光、李易标、李根沄、古日光诸将秘密会议,适得岑春喧【煊】
电及汇款,众益为动,欲决一战"①。除此之外,曹锟还令财政部拨给
沈鸿英10万元。4月10日,沈鸿英召集部下秘密会议,部署作战
事宜。15日,沈鸿英在新街(今花都新华镇)就北京政府委任之广
东军务督理,通电要求孙中山下野返沪,明示与孙决裂,并致电驻
穗滇桂军将领称:"中山返粤,日言统一,而开府称尊,日言和平,而
扩张军备,群小构衅,伐异党同,中山今日,人心已去,大势无可挽
回,我滇桂军处此漩涡,惟望同德同心,共维粤事,促进统一,勿为
一方所利用。"②

　　自4月16日起,沈鸿英部向广州发起全面进攻。担任阻击沈军攻
击的主要是驻广州的滇军,驻广州之外的粤军和桂军刘震寰部奉令向
广州驰援,参加战斗。双方动员的兵力大体相当,都不到2万人,但沈
军一线部队的实力不甚强,经过三天的战斗,至19日沈军的攻势被遏
制,沈军被逐出广州市区。因为粤、桂间的旧有恩怨及沈鸿英的出尔反
尔,此次对沈军作战,得到广东各界的大力支持,沈军被逐出广州后,
"原定于新街附近选择阵地,构成第二作战线,以乱军劫掠村市,商团围
攻之,故新街遂亦不守"③。广东各界"念前敌将士之劳苦,协筹捐款,
购物犒师"④。其后,广东各军继续追击沈军,吴佩孚令江西直军出兵
援沈,并鼓动陈炯明部在粤东再起,合力反对孙中山。5月9日,广东
各军攻下韶关,声势大震,北江战事暂告结束。援沈的直军方本仁部曹
铁林团"未战先溃,牵动全线,仓皇奔退,械弹尽弃",被吴佩孚下令"严

①　李烈钧:《孙大元帅戡乱记》,《革命文献》第52辑,第485—486页。
②　《国内专电》,《申报》,1923年4月20日。
③　李烈钧:《孙大元帅戡乱记》,《革命文献》第52辑,第492页。
④　《大本营内政部批第三号》(1923年4月27日),杜永镇编:《陆海军大元帅
大本营公报选编》,中国社会科学出版社1981年版,第48页。

加惩处"，交沈鸿英"便宜行事"①。18 日，广东各军又克肇庆，西江战事亦告段落。但是，沈鸿英不甘失败，他致电曹锟、吴佩孚，声称"感蒙曹、吴两帅知遇，付托之重，无论如何艰苦，此志始终不渝"。表示俟方本仁部再向粤赣边行动时，"即行反攻，务期积极进攻，以报知遇"②。6 月初，沈军乘陈炯明在东江起事之机，在北江和西江重新开始攻势，6 月 4 日占韶关。广东各军对沈军展开反攻，7 月 3 日收复韶关。18 日，李济深率粤军第一师等部，在桂军黄绍竑部配合下，赶走沈军，占领广西西江重镇梧州。随后孙中山任命李济深兼任西江善后督办，黄绍竑为中央直辖西路讨贼军第五师师长，所部归李济深节制调遣。至此，讨沈战事以胜利而告终，广东北路和西路的形势基本安定，不仅有利于广州局势的稳定，也有利于孙中山集中兵力，与东路的陈炯明部继续较量。

孙中山在军事上面临更严峻的挑战来自陈炯明。1923 年初陈炯明下野后，他与孙中山的矛盾并未解决，其部数万人也未受到严重的打击，而是以退为进，以惠州为基地，集结在粤东，对广州的安危和孙中山的地位都构成很大的威胁。而且陈炯明出身广东又长期在广东活动，在广东军政界有一定基础，如何从根本上压缩陈炯明的活动空间，对孙中山而言并非易事。

---

　　①　《吴佩孚致曹锟密电》(1923 年 5 月 15 日)，《中华民国史档案资料汇编》第 3 辑《军事》(三)，第 627 页。曹铁林与曹锟"甚有关系"，因此陆锦得知此事后，即令蔡成勋将其"撤差"，"并转饬该团长迅速来保"，没有将他交给沈鸿英"便宜行事"。《陆锦致蔡成勋密电》，1924 年 5 月 19 日，《中华民国史档案资料汇编》第三辑《军事》(三)，第 627 页。

　　②　《沈鸿英致曹锟等密电》(1923 年 5 月 19 日)，《中华民国史档案资料汇编》第三辑《军事》(三)，第 633 页。沈鸿英如此表示，实有借机索要好处之意。在粤汉路作战的方本仁对沈颇有看法，曾电告吴佩孚、蔡成勋等，指"沈军每当进退维谷之时，辄窃布浮词，诱人帮同动作"；沈之为人"向多欺饰"，"所报情形，不尽确实"，"以其遇敌即退，早无战斗能力"。《蔡成勋致保定巡阅使署等密电》(1923 年 8 月 18 日、20 日)，《中华民国史档案资料汇编》第三辑《军事》(三)，第 641—642 页。

陈炯明和孙中山之间的军事攻守行动集中在惠州及东江流域。陈炯明部编有七个军,其中林虎任第一军军长,指挥所部及刘志陆的第四军和李易标的第七军(李原为桂军,沈鸿英败后投陈炯明),分驻兴宁、五华、龙川;叶举任总指挥,指挥熊略的第五军和杨坤如的第六军,分驻平山(今惠东)、河源、惠州;洪兆麟任第二军军长,指挥所部及尹骥的第三军,分驻汕头、潮安。1923 年 4 月底,陈炯明部将杨坤如将孙中山派往惠州收编陈旧部的招抚使姚雨平迫走。前东路讨贼军第一军军长黄大伟,"受北廷嗾使,挟陈逆重金,潜伏香港,遣党羽散布谣言,运动军队,希图扰乱治安,破坏大局"。陈炯明、叶举、洪兆麟、黄大伟等在香港几度会议,认为出动之机已至。5 月 11 日,杨坤如在惠州"擅自称兵,进窥石龙"①。15 日,陈军林虎部占梅县,洪兆麟等部攻潮汕,孙军许崇智部向揭阳退却。陈军由此开始了与广州大元帅府军队的反复拉锯战。

为了应对陈炯明旧部可能的进攻,孙中山着手加强东江前线的兵力。5 月 11 日,他致电在汕头的许崇智,告其"叶举、洪湘臣(洪兆麟)等逆已于十日到惠州,成立粤军总指挥部,现已大举来犯石龙、增城,望为注意"②。16 日,孙中山亲赴东江巡视,并调西江和北江的军队前往东江增援,任程潜为东江讨贼军总指挥。5 月下旬,孙军范石生部滇军、刘震寰部桂军、李福林部粤军分三路向惠州发起反攻,与陈军在惠州周边各处激战。5 月 30 日,孙中山亲赴石龙督战。6 月 4 日,孙军克博罗,其后许崇智率部亦到博罗,"所部先后开到者亦数千"③。

6 月上旬,孙军发动对惠州的攻击。惠州是广州之东百余公里处

---

① 《大元帅令》(1923 年 5 月 10 日、22 日),《陆海军大元帅大本营公报选编》,第 54、67 页。

② 《致许崇智电》(1923 年 5 月 11 日),《孙中山全集》第 7 卷,第 444 页。

③ 李烈钧:《孙大元帅戡乱记》,《革命文献》第 52 辑,第 507 页。

的要点,位于东江中下游,虽地处平原,但四面为水网地带,易守难攻。陈军据惠州可以窥广州,孙军据惠州可以进潮汕,故为双方必争之地。守惠州的杨坤如是惠州近邻博罗人,出身土匪,后被陈炯明收编,其部编为四个旅共约五千余人,利用惠州的水网地理环境,筑垒固守,给进攻的孙军造成很大伤亡,就连桂军总司令刘震寰也在进攻中受伤,攻势受挫。此时,因沈鸿英在西江和北江的攻势,部分在惠州的孙军被调离,双方形成僵持。

7月间,孙军与陈军在东江的战事又起。孙军集中万余人,猛攻惠州,但陈军坚守不退,双方均死伤惨重。19日,孙中山再赴惠州督战,在组织围攻惠州之外,还调动部队进攻潮汕、兴宁、梅县,以收配合之效。但时值雨季,不利作战,孙军再次无功而返。8月下旬,陈军集中兵力,发动反攻,孙中山自23日起在石龙设大本营,督师作战,为期八十天,是他一生中在前线指挥作战经历最长的一次[1]。孙军先是成功地守住博罗,其后在10月3日攻占河源,而在惠州方面,孙中山组织鱼雷局长谢铁良、航空局长杨仙逸等,"特制多量炸弹及鱼雷,运赴前地助攻惠城"。9月20日,孙中山"亲赴飞鹅岭,筹策攻惠城。午十一时到,着桂军各师来迓。至炮兵阵地,为惠城之敌窥见。未几敌炮继续向帅座射击,有距不寻丈者,从者多为帅座危,谕曰:但毋恐。盖敌炮表尺已用尽,纵密发,不相及,其后敌弹密发,果于我无丝毫损也"。但孙中山舟次梅湖时,"杨仙逸、谢铁良取炸弹一枚,详为检视,示吴苏诸人以制造法,偶不慎弹轰及舱,声轰然如奔雷,杨谢诸将随行员兵均被难,电轮民船碎如齑粉"[2]。孙军攻城计划受挫,惠州仍是久攻不下。

孙军对惠州的攻击屡屡受挫,难免影响士气;陈军又得直系器械

---

① 《孙大元帅东征日记》,《中华民国史档案资料汇编》第四辑(二),第725—736页。

② 李烈钧:《孙大元帅戡乱记》,《革命文献》第52辑,第517页;《孙大元帅东征日记》,《中华民国史档案资料汇编》第四辑(二),第731—732页。

资财的支持,信心膨胀。10月间,陈军分路反攻,"敌我兵力遂达六万人以上"。因为滇军纪律欠佳,得不到民众的支持,"敌踪潜近,反攻前之夕犹未知"①,陈军于23日占平山、河源,28日占平湖,进迫大本营所在地石龙。惠州陈军杨坤如部亦出城反攻,围城孙军纷纷后撤。11月8日,陈军占博罗,12日占石龙,孙军全线后退,孙中山及大本营亦被迫撤回广州,孙军遭受重大挫折,惟滇军范石生部"率队来赴,卒破洪逆于石龙,几溺毙之,使敌挫折,不能穷迫我军"②。

孙中山退回广州后,收容溃军,整顿军纪,稳定战线。11月14日,孙中山任命杨希闵为滇粤桂联军前敌总指挥,统一指挥广州保卫战,并急调谭延闿部湘军、樊钟秀部豫军自粤北韶关增援广州。陈军则由林虎、洪兆麟指挥,调动各部共约2万人,大举进攻广州。18日,陈军进至广州东郊石牌炮台附近,市区已闻枪炮声,幸得樊钟秀部豫军赶到参战,激战至晚,陈军未能突破广州市区防线。19日,双方仍在激战,孙军各部奋力抗击,渐渐夺回主动,加以谭延闿部湘军赶到参战,终迫陈军后退,广州转危为安。其后孙军继续追击,26日收复石龙,陈军再次退守惠州。就在广州激战之时,曹锟要求吴佩孚"转饬沈(鸿英)、方(本仁)各部火速前进,以赴戎机,而奠粤局"。同时,直系还派人拉拢滇军金汉鼎、杨池生部③,只是由于陈军在广州的败退,直系的计划未能实现。

---

① 李烈钧:《孙大元帅戡乱记》,《革命文献》第52辑,第517—518页。

② 《孙大元帅东征日记》,《中华民国史档案资料汇编》第四辑(二),第735—736页。

③ 《军事处致吴佩孚电》(1923年11月20日、24日),《中华民国史档案资料汇编》第四辑(二),第737—739页。滇军为当时孙中山所属军队中人数最多、战斗力最强者,因而一直为直系所欲拉拢。齐燮元认为:"孙之所以不灭,恃有滇军,不速解决滇军,则粤局终不能定。"他提议或将滇军酌编师旅加以任命,或由中央资助其回滇,以收其心。《齐燮元致陆锦电》(1923年12月21日),《中华民国史档案资料汇编》第四辑(二),第740页。

孙中山督率所部与陈炯明部的战争进行了半年,其间有进有退,不断反复,终未能实现击败陈军、统一广东的愿望,于此亦暴露出孙军的重大不足与缺失。在讨陈战争中,孙军缺乏统一指挥,各军各有自己的系统,经常是各自为战,不能形成有威慑性的合力,与联合一体的陈军恰成鲜明对照。虽然孙中山多次亲往前线督导指挥作战,但孙中山是卓越的政治家,毕竟不是卓越的军事家,他缺乏现代军事指挥的战略战术实践,他在前线的作用更多在于鼓舞士气,而非实际指挥。更重要的是,因为孙中山没有自己可以直接统领与信赖的基干部队,也没有自己可以依靠的大批量的军事干部,其对外作战总是依靠其他派系的部队,依靠这些部队的领导者与军事干部,而这些领导者与军事干部又不似孙中山那样有长期的革命历史和坚定的政治信念与理想,他们与他们的对手北洋军阀和地方军阀实无本质区别,他们统领的部队士兵也多是当兵为了吃粮,不知为何打仗。以这样的部队,这样的干部,孙中山实在是难以依靠为他开创新篇的基本力量。因此,孙中山的军事实践,更使他痛感需要建立一支从属于理想和信念、能够真正听其命为其用的军队,并且为这支军队培养大批的干部,这也是随后孙中山开办黄埔军校、力求建立党军的直接动因。

三　孙中山与苏俄的关系及其政治转向

孙中山三度回粤出任大元帅之后,不仅不再提"护法",不再开国会,表示其对西方民主制度的践行有新的思考,而且开始接近苏俄,亲近苏俄,学习苏俄,其以苏俄为师的思想渐渐成型,从而预示着孙中山政治态度及其实践的重大转向。

孙中山一直是西方民主制度的热诚践行者,但是,在孙中山的奋斗历程中,却并不能得到西方列强对其事业的热诚支持,相反,西方列强政府经常表现出对孙中山事业的冷淡,即便是被孙中山认为是"共和之友"的美国也是如此。1921年3月,哈定就任新一届美国总统,孙中山派驻华盛顿的代表马素致电表示祝贺,却被美国国务院远东司司长马慕瑞拒收,理由是美国只承认北京政府为中国的唯一合法政府①,充分表现出美国的国家现实主义立场以及民主政治理想对现实政治的妥协。因此,孙中山越是在其奋斗历程中受挫,便越是期待外来的支持,而又总是被冷淡被拒绝②,使他感同身受,对西方列强越来越感到失望。他曾对外国友人愤愤地表示,"对于来自美国、英国、法国或者其他强国的援助","已经绝望",不得不寻求从其他途径获得援助的可能③。有研究者认为,孙中山本来是"一个言必谈美国,大半生以美国为榜样的政治家",但是,孙中山与美国多年打交道的经历以及美国对孙中山长期不冷不热的态度,使他对美国民主制的价值产生怀疑,从而反思自己过去的信仰与理念,认为美国与其他西方列强一样"压制中国自由运动及国民运动","谋求美国支持的希望完全不存在,整个西方世界已成为其事业的敌人。孙中山开始重新解释其三民主义,提出了激进的反帝主张"。从此,"孙中山从一个辛亥革命初期中外条约体系的坚守者变成一个决心以革命手段废除不平等条约,推翻列强压迫的激进民族主义者"。"正是美国为首的西方列强对中国持续不断的压迫使孙中山走向激进,把他和国民党推入了苏联怀抱,并最终导致了中国国民革命的兴起"④。

就在孙中山对西方列强日渐失望的过程中,俄国革命的爆发及其新政府对中国的新立场,使孙中山产生了莫大的兴趣,他的眼光开始由

---

① 韦慕廷:《孙中山——壮志未酬的爱国者》,杨慎之译,中山大学出版社 1986 年版,第 113 页。

② 陈炯明发动政变之后,当孙中山提出希望美国出面调停时,为美国驻华公使舒尔曼所拒。参布赖恩·乔治:《美国国务院与孙中山》,曹前译,《新史学》创刊号。

③ 王耿雄编:《孙中山集外集》,上海人民出版社 1992 年版,第 288—289 页。

④ 王立新:《美国对华政策与中国民族主义运动(1904—1928)》,第 241—243、246 页。

向西看而有转变为向东看的趋向①。1917 年 11 月俄国革命爆发不久,孙中山即以护法军政府的名义,"特任王勃闻为西伯利亚调查员",赴俄国调查了解有关情况②。1918 年夏,在苏俄革命处在内外交困的艰难之际,孙中山特意致电列宁和苏维埃政府,表示"中国革命党对贵国革命党所进行的艰苦斗争,表示十分钦佩,并愿中俄两党团结共同斗争"③。列宁收悉此函后,称之为"东方的曙光",并委托苏俄外交人民委员齐切林于 8 月 1 日复信"表示感谢",不过因为当时中俄两国的政治及交通阻隔,孙中山并未见到列宁的复函④。其后,1919 年 7 月和 1920 年 9 月,苏俄政府两次发表对华宣言,表示愿意废除中俄间旧有的不平等条约,建立两国之间的新型平等关系。虽然苏俄宣言有宣传的意味,表现为口惠而实不至,但在当时中国备受西方列强压迫的形势下,确实给中国社会各界带来了新思考,引起积极的反响。国民党主办的《民国日报》对苏俄革命后的状况有不少新闻和文章,一般而言还比较客观,反映出国民党人和孙中山当时对苏俄革命的看法至少不是那么负面。

苏俄革命成功后,面对国内敌对势力的反叛和西方列强的封堵,也在寻求可能的支持者,并且将目光投向了近邻中国。1920 年中俄交通恢复之后,苏俄及共产国际都曾派代表来华,实地了解中国的情况,寻求对俄国革命可能的同情与支持。这些来华人士在中国接触过北京政府官员,包括吴佩孚在内的北洋军人、陈炯明等地方实力派,以及陈独秀、李大钊等中国早期共产主义者。他们的访华观感不一,有人注意到孙中山在中国各地"都有追随者","在中国人民中享有很高声望","有

---

① 就地理概念而言,苏联在中国的西方,故此处的"西方"、"东方"概念并非地理意义的,而是政治意义的,"西方"指代资本主义国家,"东方"则指代社会主义国家。

② 《团结报》1985 年 3 月 30 日第 4 版。

③ 《致列宁和苏维埃政府电》(1918 年夏),《孙中山全集》第 4 卷,第 500 页。

④ 彭明主编:《中国现代史资料选辑》第 1 册,中国人民大学出版社 1987 年版,第 475—476 页。

资金,许多资本家常常向他提供物质上的支持","他可以发动起义并能够得到督军朋友们的支持,督军们兵合一处,为他提供一支颇为可观的武装力量"①;也有人认为吴佩孚是"进步军阀",陈炯明是可以依靠的力量。越飞在给吴佩孚的信中表示:"我们都怀着特别关注和同情的心情注视着您",称赞吴"善于将哲学家的深思熟虑和老练果敢的政治家以及天才的军事战略家的智慧集于一身"②。越飞还曾派人去见吴佩孚,其参观吴佩孚军队后递交的报告中这样评价:"从未见过这样完美的军事秩序:秩序和纪律极其严整,操练和训练比赞许的还要好。"吴本人和他的政治顾问宣称,"完全同意"越飞信中的意见,并"都说自己亲俄"③。俄罗斯驻远东全权代表维连斯基认为,陈炯明"是一名革命者",是"解放了的年轻的中国的最著名活动家之一。按从政年限、对革命思想的忠诚和组织才干,陈炯明与孙逸仙博士可以相提并论";他"是民族资产阶级中国最'有声望'的人物","顺利地进行着反对中国反革命势力和反对封建政权残余的斗争"④。正因为有这样的看法,苏俄一度将吴佩孚或陈炯明视为可以联合的对象,对孙中山的实力并不特别看重,这些看法曾经影响到苏俄与孙中山的关系,双方合作的进程起始并不顺利。

　　1920年秋,共产国际代表维经斯基到达上海,经陈独秀介绍会见了孙中山,孙中山向他表示"对这样一个问题深感兴趣:怎样才能把刚刚从广州反革命桂系军阀手中解放出来的中国南方的斗争与远方俄国

---

　　①　《波达波夫给契切林的报告》(1920年12月12日),《联共(布)、共产国际与中国国民革命运动(1920—1925)》,北京图书馆出版社1997年版,第48页。

　　②　《越飞给吴佩孚将军的信》(1922年8月19日),《联共(布)、共产国际与中国国民革命运动(1920—1925)》,第99页。

　　③　《越飞给加拉罕的电报》(1922年8月25日),《联共(布)、共产国际与中国国民革命运动(1920—1925)》,第107页。

　　④　《维连斯基—西比里亚科夫给列宁的信》(1922年3月15日),《联共(布)、共产国际与中国国民革命运动(1920—1925)》,第77—79页。

的斗争结合起来"①。这大概是孙中山与苏俄方面接触的最早开端,不过,维经斯基的身份是共产国际代表,与苏俄政府毕竟有所区别;因此,孙中山或许当时也没有意识到他与苏俄方面已经有了接触。1920 年10 月 31 日,苏俄外交人民委员齐切林致函孙中山,因为关山阻隔,孙中山直到 1921 年 6 月 14 日才收到这封信,8 月 28 日,孙中山在给齐切林的复函中,明确表示,这是他从苏俄方面"收到的第一封信而且是唯一的一封信",虽然他在报上也看到有报道,说是苏俄方面向他作过一些建议,"其实任何这样的建议,都没有用信件或其他方式通知过我"。孙中山在复函中,介绍了中国的政治状况,并且将北洋军阀与反叛苏俄政府的白军相比较,表示"只有在首都实行彻底清洗之后——当我到那里时,这种清洗将会发生——,苏俄才可以期望与中国恢复友好的关系"。而"当我还没有肃清那些在首创的革命后第二天便在全国各地出现的反动分子和反革命分子时,莫斯科就应当等待一下。您最近三四年来的亲身经验,会使您能够了解我所面临的是何等艰难的事业"。在这封复函中,孙中山明确表示:"我希望与您及莫斯科的其他友人获得私人的接触。我非常注意你们的事业,特别是你们苏维埃底组织、你们军队和教育底组织。我希望知道您和其他友人在这些事情方面,特别是在教育方面所能告诉我的一切。"说明孙中山已经意识到自身政治组织的不足,注意到苏俄革命不同于西方的政治组织架构。作为现实的政治家,孙中山也注意到苏俄对东北的利益诉求和历史渊源,并且将张作霖形容为北京政府的"主子","而他本人却又在一切重大的、与日本有关的事情上听命于东京"②。虽然孙中山此时已经和张作霖有了成立反直"三角同盟"的默契,但他向苏俄描绘的张作霖"形象",却把握了苏俄的内心与利益诉求,说明与孙中山理想主义情怀并存的,

---

　　① 《维经斯基在中国的有关资料》,中国社会科学出版社 1982 年版,第 110 页。
　　② 《复苏俄外交人民委员齐契林书》(1921 年 8 月 28 日),《孙中山全集》第 5 卷,第 591—593 页。

也有精明的现实主义考量①。

　　自 1921 年起,苏俄和国民党即不断有实际的接触,彼此有更多的了解。1921 年 1 月,苏俄代表索科洛夫—斯特拉霍夫在上海会见李烈钧,李向他表示,俄国革命的目标和任务与国民党很相似,"他们试图同苏俄建立亲密关系,最好通过秘密派遣代表互通情报和签订必要的协议来实现这一点"。同时还表示,"他们广州人不知道为什么优林至今蔑视广州"②。共产国际代表马林在参加了中共"一大"之后,1921 年 10 月在上海会见了孙中山的代表张继,邀请国民党派人出席远东各国共产党和各革命团体代表大会。11 月 7 日,列宁致函齐切林,指示对孙中山"应尽量热情些,要常写信并尽量秘密进行,要派我们的人去广州"③。其后,马林由共产党员张太雷陪同,于 12 月 23 日到达桂林,同正在筹划北伐的孙中山等国民党领导人会见。马林向孙中山表示,"苏

---

　　①　苏俄在东北有过往的历史渊源和重要的战略利益,对于东北当政者的倾向性向来比较敏感。维经斯基就曾形容张作霖"是日本的走狗,奉行的是日本的政策,是我们最凶恶的敌人。从苏俄方面说,同他没有任何谈判的余地,给他提供任何形式的帮助,即使是间接的帮助,都意味着加强敌人的力量。"[《维经斯基给共产国际东方部的信》,1923 年 1 月 25 日,《联共(布)、共产国际与中国国民革命运动(1920—1925)》,第 204 页]这也是苏俄一度希望孙中山与吴佩孚联合,完成中国革命统一事业的原因。苏俄还曾警告孙说,"削弱吴佩孚,就是削弱正在进行民族斗争的中国,所以最终也就是削弱他自己"。《越飞给齐切林的电报》(1922 年 10 月 17 日),《联共(布)、共产国际与中国国民革命运动(1920—1925)》,第 140 页。但孙中山不同意越飞的判断,坚持与奉系和皖系的反直同盟,并对越飞表示:"贵国政府如果与我一起行动并通过我采用外交方式,而不是与吴佩孚一起行动并通过吴佩孚使用军事援助和武装力量手段,是能够从张作霖那里取得在理智的范围内为保证苏维埃俄国的安全所需要的一切的。"《孙逸仙给越飞的信》(1922 年 11 月 2 日),《联共(布)、共产国际与中国国民革命运动(1920—1925)》,第 145 页。因此,孙中山对张作霖"亲日"的揭露,也并不妨碍他与张的合作并就此向苏俄方面解释其合作的动机与结果。

　　②　《索科洛夫—斯特拉霍夫关于广州政府的报告》(1921 年 4 月 21 日),《联共(布)、共产国际与中国国民革命运动(1920—1925)》,第 61—62 页。

　　③　《列宁给齐契林的便函》(1921 年 11 月 7 日),《联共(布)、共产国际与中国国民革命运动(1920—1925)》,第 67 页。

俄坚决支持所谓落后国为政治独立而斗争。基于同样的理由,中国革命政府也应同苏俄合作,并应尽快同苏维埃共和国达成明确的协议,以增强国家的地位"。"如果目前还做不到这一点,那么至少应立即派一个代表团去同莫斯科建立秘密联系"①。据马林回忆,孙中山认为在北伐胜利前,与苏俄结盟事实上不可能,因为这会招致列强的干涉②。

　　1922年4月,来华出席正在筹备的中国社会主义青年团第一次代表大会的少共国际代表达林先行到达广州,以苏俄政府全权代表的身份同孙中山进行了多次会谈。孙中山希望与苏俄建立更多的联系,而达林则提出国共两党建立民主联合战线的建议。会谈正在进行中,陈炯明发动政变,孙中山驻留永丰舰时仍与达林保持着联系,直到其离开广州。在孙中山离开广州前,他曾经请陈友仁转告达林:"在这些日子里,我对中国革命的命运想了很多,我对从前所信仰的一切几乎都失望了。而现在我深信,中国革命的唯一实际的真诚的朋友是苏俄。""我决定赴上海继续斗争。倘若失败,我则去苏俄。"③

　　1922年6月的陈炯明政变,使正在进行中的孙中山北伐再遭重大挫折,而且陈炯明及其粤军是孙中山曾经鼎力培育并视为其可信赖的部队,如今于旦夕之间叛孙,确实使孙中山内心有深重的失败感。孙中山曾经寄予期望的西方列强,视其为缺乏实权的边缘政治人物,对他并没有多少切实的支持,列强的现实主义态度,反而促使孙中山的反思,成为孙中山放弃其不切实际的"理想",更多追求"现实"的动力,而苏俄

────────────

　　①　李玉贞主编:《马林与第一次国共合作》,光明日报出版社1989年版,第54页。

　　②　《马林给共产国际执委会的报告》(1922年7月11日),《马林在中国的有关资料》,人民出版社1980年版,第18、24页。有资料说,马林曾向孙中山提出改组国民党、创办军官学校、与中共合作的建议(古屋奎二:《蒋介石秘录》第2卷,湖南人民出版社1988年版,第294页);但马林的回忆并未提及这样的建议。

　　③　达林:《中国回忆录》,第126页。

恰恰是当时能够为孙中山提供实际支持的一方力量,孙中山的政治态度由此发生重大转向,更多倾向于和苏俄结盟,以获得实际的支持。在此前后,陈炯明发动政变,吴佩孚镇压工运,而且无论是陈炯明还是吴佩孚,也都没有表露出和苏俄有密切合作的可能性,苏俄对陈炯明和吴佩孚在政治上的期待基本落空,他们的目光也在更多转向孙中山,将孙作为在中国合作的主要政治力量之一,而中国共产党的成立,又使苏俄与孙中山的合作多了一条可行的沟通途径,较之完全由苏俄出面更有可伸可缩的方便性。孙中山和苏俄两方的现实需要和对政治形势的判断,决定了双方的关系越来越近,双方的合作具有了高度的可能性与相当的可行性,是双方关系发展的逻辑结果。当然,孙中山对这种合作的需要更为迫切,也更具有现实的意义。

　　1922 年 7 月,共产国际代表马林在向共产国际和苏俄领导人报告其中国之行时,建议中共应"放弃他们对于国民党的排斥态度,到国民党中去进行政治活动,通过这一切,会获得通向南方工人和士兵的更方便的门径。党则不需放弃独立"[1]。8 月,共产国际明确提出,"国民党是一个革命组织,它保持着辛亥革命的性质并努力创建一个独立的中华民国"[2],要求中国共产党"正确参与政治斗争","同民族资产阶级的最大政党——国民党保持紧密联系,以便建立民主统一战线"[3]。8 月 25 日,马林又一次来华后在上海再度会见孙中山。刚刚经受了陈炯明政变的打击、从广州返回上海、正在艰难处境中的孙中山,对马林来访很是欣慰,向他表示"现在感到与苏俄建立一个紧密的联系是绝对必要

　　①　《马林给共产国际执委会的报告》(1922 年 7 月 11 日),《马林在中国的有关资料》,第 20—21 页。

　　②　《共产国际执行委员会给其派驻中国南方代表的指令》(1922 年 8 月),《共产国际、联共(布)与中国革命文献资料选辑(1917—1925)》,北京图书馆出版社 1997 年版,第 324 页。

　　③　《维经斯基给中共中央的信》(1922 年 8 月),《联共(布)、共产国际与中国国民革命运动(1917—1925)》,第 118—119 页。

的"①。马林也向孙中山说明共产国际要求中国共产党实行国共合作，与国民党共同推进中国的革命事业。在苏俄和共产国际的推动下②，中共对国民党的政策从成立初期"不同其他党派建立任何关系"③，先后调整为同国民党建立统一战线但不加入国民党④，直至1922年8月下旬西湖会议，决定中共党员视需要可以个人名义加入国民党⑤。其后，李大钊、陈独秀、张国焘、张太雷等中共党员以个人名义加入国民党。

　　有感于革命的屡起屡败，孙中山对国民党的软弱涣散越加不满意，

------

　　①　《马林在中国的有关资料》，第44页。此据马林的回忆。据研究，8月25日，越飞亦曾派代表携函与孙中山会见，此人似为苏俄驻上海商务参赞利奥尼德夫（王聿均：《中苏外交的序幕》，台北中研院近代史所1978年版，第449页）。因此，此日孙中山会见的是马林、或利奥尼德夫、或马林与利奥尼德夫二人，尚待研究。

　　②　中共"二大"议决"正式加入第三国际，完全承认第三国际所决议的加入条件二十一条，中国共产党为国际共产党之中国支部"。第三国际的加入条件则规定，"国际共产党大会一切决议及他的执行委员会一切决议，有强迫加入国际共产党之各党一律遵行的权力"。《中国共产党加入第三国际决议案》，中央档案馆编：《中共中央文件选集》第1册，中共中央党校出版社1991年版，第67—72页。

　　③　《中国共产党第一个决议》，《中共中央文件选集》第1册，第8页。

　　④　陈独秀曾致函共产国际代表吴廷康（维经斯基），表示中共与国民党"革命之宗旨及所据之基础不同"，国民党联张作霖和段祺瑞的政策与共产主义"太不相容"，国民党未发布党纲，在广东以外之各省被视为争权夺利之政党，在广东内部亦有陈炯明派反对孙中山，如中共加入国民党，"则在社会上信仰全失"，"即在广东亦不能活动"，因此中共各地同志均"绝对不赞成"加入国民党。《陈独秀致吴廷康的信》，1922年4月6日，《中共中央文件选集》第1册，第31—32页。

　　⑤　据陈独秀称：在西湖会议上，马林"力言国民党不是一个资产阶级的党，而是各阶级联合的党，无产阶级应该加入去改进这一党以推动革命。当时中共中央五个委员，李守常（大钊）、张特立（国焘）、蔡和森、高君宇及我，都一致反对此提议，其主要的理由是，党内联合乃混合了阶级组织和牵制了我们的独立政策。最后，国际代表提出中国党是否服从国际决议为言，于是中共中央为尊重国际纪律遂不得不接受国际提议，承认加入国民党"。而据马林回忆，此前中共多数人已接受了他的意见，只有张国焘等一两个人反对，"陈独秀同意我提出的观点。没有要求作补充说明的明确的反对意见"。《马林在中国的有关资料》，第27、91页。

自 1922 年 8 月他从广州回到上海后,即开始紧锣密鼓地筹划国民党改组事宜。9 月 4 日,孙中山在上海召开国民党改进会议,6 日指定丁惟汾、陈独秀等九人为规划国民党改进方略起草委员。1923 年 1 月 1 日,经孙中山审定,《中国国民党宣言》公开发表。《宣言》回顾了国民党创立的历史,表示"吾党为国致力,虽稍稍有所成就,而挫折亦至多";强调"吾党名称虽有因革,规则虽有损益,而主义则始终一贯,无或稍改";"三民主义尚未能完全实现,五权宪法亦未能制定施行,此吾党所为彷徨不可终日者。抚已有之成效,既不敢不自勉,思现存之缺憾,又不敢不自奋,则惟有夙夜黾勉,前进不已,以求最后之成功已耳!"重申奉行三民主义和五权宪法,提出国民党的政策是:力图改正条约,恢复我国国际上自由平等之地位;实行普选制度,以人民投票直接行使创制、复决、罢免各权;确定人民有集会、结社、言论、出版、居住、信仰之绝对自由权;实行地价税法;铁道、资源及大规模工商业由国家经营管理,并由工人参与部分管理权;制定工人保护法,改良农村组织,增进农人生活;等等。同时公布的《中国国民党党纲》也说明了三民主义和五权宪法的主要内容①。《宣言》不提"护法"而强调"主义",与以往表述有所不同。1 月 2 日,孙中山在上海召集中国国民党改进会议,在大会演说中,孙中山告诫与会者,"我们自革命成功以来、民国成立以后,我们的党务反不如前,几成了一盘散沙,把从前革命的精神都无形丧失了";要求大家"把本党再改进、再扩张起来";"切实把党务来改良、来扩张,使一日一日的进步才好"②。这些都表示国民党改组的逐步进行,预示着国民党改弦更张的开始。

　　1923 年 1 月 17 日,苏俄代表越飞抵达上海,此后十天中,他与孙中山多次会见,就相关问题有广泛的讨论。26 日发表《孙文越飞联合

---

　　① 《中国国民党宣言》、《中国国民党党纲》(1923 年 1 月 1 日),《孙中山全集》第 7 卷,第 1—5 页。

　　② 《在上海中国国民党改进大会的演说》(1923 年 1 月 2 日),《孙中山全集》第 7 卷,第 6—7 页。

宣言》,双方认为:"中国最要最急之问题,乃在民国的统一之成功,与完全国家的独立之获得。关于此项大事业,越飞君并确告孙博士,中国当得俄国国民最挚热之同情,且可以俄国援助为依赖也。"越飞代表苏俄再次声明:"俄国政府准备且愿意根据俄国抛弃帝政时代中俄条约(连同中东铁路合同在内)之基础,另行开始中俄交涉";双方"承认全部中东铁路问题,只能于适当之中俄会议解决","中东铁路之管理,事实上现在只能维持现状";"俄国现政府决无亦从无意思与目的,在外蒙古实施帝国主义之政策,或使其与中国分立。孙博士因此以为俄国军队不必立时由外蒙撤退"①。《孙文越飞联合宣言》的发表,表明苏俄与孙中山的接近与合作初见成效,也表明孙中山着力寻求苏俄援助以完成其革命事业。双方在"宣言"中都表明了自己的原则立场,各有所得。苏俄虽然表示"抛弃"中俄旧条约,但在事关苏俄国家利益的中东路和外蒙问题上并未有实质的让步;孙中山得到了苏俄对其革命事业的援助承诺,同时又使苏俄承认,"共产组织甚至苏维埃制度,事实上均不能引用于中国,因中国并无使此项共产制度或苏维埃制度可以成功之情况也"②。所以,双方都可以对"宣言"作有利于自己的解读,双方对"宣

---

① 《孙文越飞联合宣言》(1923年1月26日),《孙中山全集》第7卷,第52页。

② 《孙文越飞联合宣言》(1923年1月26日),《孙中山全集》第7卷,第51—52页。苏俄《真理报》、《消息报》等当时在报道《孙文越飞联合宣言》时,将这段文字完全删去,说明苏俄官方其实并不认可孙的主张,写入这段话只能解读为苏俄当时为了争取孙的合作而作出的某种妥协。1936年,苏联驻华大使曾向蒋介石建议,将孙越联合宣言"作为中苏关系基础"。苏联副外交人民委员斯托莫尼亚科夫在给苏联驻华大使的信中认为,因为这个宣言承认苏维埃制度和共产主义不适合中国国情,因此,"这样的建议对于我们来说当然是不妥当的"[李嘉谷:《中苏关系(1917—1926)》,第259页];这也说明,苏联在这个问题上的立场是一贯的。而在孙中山方面,虽然他与苏俄开始建立合作关系,但他对苏俄仍然存有一些疑虑。他在给蒋介石的信中说:"其中情形之复杂,事体之麻烦,恐较之福州情形,当过百十倍,此无怪吾国之志士乘兴而往彼都者,悉皆败兴而返。吾幸而得彼津梁,从此可日为接近。然根本之办法,必在吾人稍有凭藉,乃能有所措施。若毫无所藉,则虽如吾国之青年共产党与彼主义完全相同矣,亦奚能为? 所以彼都人士,只有劝共产党之加入国民党者,职是故也。"[《致蒋中正函》(1922年11月21日),《孙中山全集》第6卷,第616—617页]

言"也都表示满意。"宣言"发表的次日,越飞与孙中山的代表廖仲恺同往日本,在近两个月的时间里,"昕夕相聚,议论上下古今";"对各种问题,互相辩论"①;就改组国民党、建立党军等问题达成原则意向。

《孙文越飞联合宣言》的发表,表示孙中山与苏俄建立实际的政治关系,其后苏俄对孙中山的实际援助开始到达广东。1923 年 5 月,苏联政府向孙中山表示,将提供 200 万金卢布的款项和 8000 支日本步枪、15 挺机枪、4 门炮和 2 辆装甲车,但请其"严守秘密"。孙中山复电接受苏方的建议②。在当时,这种援助是孙中山最急切需要的,因为据马林的报告,廖仲恺"经常对我讲,钱的问题是他最大的忧虑,几乎唯一的忧虑,他一筹莫展"③。苏俄的金钱和物质援助对孙中山而言,实可谓雪中送炭。苏俄还开始向广东政府及国民党派出政治军事顾问,最早的一批顾问在 1923 年秋季到达广州。8 月 2 日,俄共(布)中央政治局会议决定任命鲍罗廷为孙中山的政治顾问,"责成鲍罗廷同志在与孙逸仙的工作中遵循中国民族解放运动的利益,决不要迷恋于在中国培植共产主义的目的"④。10 月 6 日,鲍罗廷到达广州,他肯定国民党对于中国革命的作用,认为"中国现已有一种势力,为将来引导其国民运动以至于完全成功者,此势力为何,即中国国民党"⑤。同时他也认为国民党存在纪律松弛、党员成分复杂、党内存在异己分子和野心家、党缺乏群众基础等问题,需要努力改进;建议国民党重新研究和审议党纲党章,建立党的核心组织和地方组织,召开党的全国代表大会,讨论和

---

① 王聿均:《中苏外交的序幕》,台北中研院近代史所 1978 年版,第 463 页。

② 《苏联政府致孙中山的电报》(1923 年 5 月 1 日)、《孙中山致苏联外交人民委员部电》(1923 年 5 月 15 日),薛衔天、黄纪莲、李嘉谷、李玉贞编:《中苏国家关系史资料汇编(1917—1924)》,中国社会科学出版社 1993 年版,第 677—678 页。

③ 《马林致越飞和达夫谦的信》(1923 年 6 月 20 日),《共产国际、联共(布)与中国革命文献资料选辑(1917—1925)》,第 417 页。

④ 《俄共(布)中央政治局会议第 21 号记录》(1923 年 8 月 2 日),《联共(布)、共产国际与中国国民革命运动(1920—1925)》,第 265—266 页。

⑤ 《鲍罗廷在中国的有关资料》,中国社会科学出版社 1983 年版,第 2 页。

通过新的党纲、党章,选举党的领导机构,等等①。这些建议为孙中山所重视所认同,并成为国民党改组过程中遵循的基本原则步骤。

鲍罗廷的意见毕竟出自外国顾问,如何让这些意见为国民党内各路人等接受,颇费孙中山的思量。1923 年下半年,为了替国民党改组造势,为国民党改组奠定思想认同的基础,孙中山在各种场合频频向党内成员宣传其改组的思想。10 月 15 日,孙中山在国民党员恳亲大会上提出:"许多党员,总是想做大官。如果是得志的,做了大官便心满意足;这些党员的心理,以为达到了做官的目的,革命事业便算了结一样。若是不得志的,不能做大官,便反对本党,去赞成敌党。至于热心党务、真正为本党主义去奋斗的,固然是很不少,但是大多数党员都是以加入本党为做官的终南捷径。因为加入本党的目的都是在做官,所以党员的人格便非常卑劣,本党的分子便非常复杂。"因此,"最要紧的事,是应该乘此机会把那些不良的分子设法去淘汰。那些不良的分子都淘汰完了,留下来的分子自然是很优秀的,大家从此便可以振作精神,一致为主义去奋斗。做党员的精神是在什么地方呢? 就是能够为主义去牺牲。大家为党做事,事无大小,必须持以毅力,彻底做成功。平日立志,应该想做大事,不可想做大官。"② 11 月 11 日,孙中山在广州国民党员大会致训词,认为"本党不进原因,约有二事:组织之未备也,训练之未周也,皆其且大者"。因此,"吾党同人今后当知所鉴,当自信吾党主义固有绝大把握,但能组织完善,则收效正大,否则恐终不能通力合作也";"吾人既知组织之未完,当思有以改善,务使以前党员活动由上而下的形式,一反为由下而上"③。25 日,孙中山在广州大本营对国民党

————————

　　①　切列潘诺夫:《中国国民革命军的北伐》,中国社会科学出版社 1984 年版,第 36—37 页。

　　②　《在广州中国国民党恳亲大会的演说》(1923 年 10 月 15 日),《孙中山全集》第 8 卷,第 280—281 页。

　　③　《在中国国民党广州市全体党员大会上的训词》(1923 年 11 月 11 日),《孙中山全集》第 8 卷,第 390 页。

员演说时进一步告诫党员："吾等欲革命成功,要学俄国的方法组织及训练,方有成功的希望";"因为要学他的方法,所以我请鲍君做吾党的训练员,使之训练吾党同志。鲍君办党极有经验,望各同志牺牲自己的成见,诚意去学他的方法。"①

在孙中山与苏俄合作的早期,他派出代表团赴苏考察事占有一定的地位。1923 年 8 月,孙中山派出由蒋介石领衔、包括共产党人张太雷等组成的"孙逸仙博士代表团"赴苏,考察苏俄的政治、军事和党务状况,以期为中国革命寻求胜利的路径。孙中山与蒋介石早有接触,而自 1922 年 6 月蒋介石到广州在永丰舰随扈孙中山坚持对陈炯明的斗争之后,孙中山与蒋介石的关系更为亲近,其后孙任蒋为东路讨贼军参谋长、大元帅府参谋长等职,派其率团赴苏考察,也说明了孙对蒋的信任②。

经过长途跋涉,海陆颠簸,蒋介石一行自上海乘轮到大连,再转铁路入苏,历时二周有余,9 月 2 日到达莫斯科,停留近三个月,11 月 29 日离开莫斯科。代表团访苏期间,如蒋介石所言:"俄共的领导者,对于我们代表团的参观和考察,无论其党政军各方面,到处都表示热烈欢迎,并恳切接待。"③苏联中央执行委员会主席加里宁、革命军事委员会主席托洛茨基、人民委员会第一副主席加米涅夫、外交人民委员齐切林等领导人都会见了蒋介石,并讨论了有关问题。在代表团最关注的军事方面,他们提出:一、希望苏联多派人到中国,帮助我们按红军榜样训练部队;二、希望能为了解红军提供方便;三、请求共同讨论在中国的军事行动计划。苏方的答复是:可以多派一些中国干部到苏联学习军事,

---

①　《在广州大本营对国民党员的演说》(1923 年 11 月 25 日),《孙中山全集》第 8 卷,第 437—438 页。

②　当时蒋介石对苏联抱有好感与热情,他对孙中山表示,如不允其访俄,则再没有什么事适合他做了(黄道炫:《1923 年:蒋介石的苏俄之行》,《南方周末》,1998 年 11 月 6 日)。

③　国防研究院编:《蒋总统集》第 1 卷,台北 1984 年版,第 268 页。

但暂时无法派遣很多人去中国;建议国民党加强政治工作,认为政治准备现在对中国来说是最重要的;只有在进行大量的政治工作,待国内具备了足以保证军事工作顺利进行之时,方可采取大规模军事行动①。11月26日,代表团参加由季诺维也夫主持的共产国际执行委员会会议,蒋介石就中国革命的纲领等问题作了解释。他说:三民主义"应当成为中国革命的政治口号。……如果我们根据三民主义口号开展革命工作,那么在中国取得成功是很容易的。我们认为,在中国革命第一阶段,也就是中国民族主义革命进行三五年之后,我们就能取得成功,而一旦取得成功,我们就开始进行第二阶段,即在共产主义口号下开展宣传工作。"他希望"共产国际将派一些有影响的同志来中国,仔细研究中国的局势,他们也将领导我们并就中国革命的问题给我们提出建议。"②27日,在代表团拜访托洛茨基时,托洛茨基建议国民党,"把全部注意力集中在政治工作上来,把军事活动降到必要的最低限度"。蒋介石则提出由于帝国主义压制革命宣传而造成的"政治活动的困难",但他仍然赞同托洛茨基的意见,并说"党将努力贯彻俄国同志的意见"③。代表团还考察了红军部队、军事学校与军队党组织的状况,认为苏军军事指挥官与党代表的分工负责制是优点,对苏联红军的严明纪律、文化素养、政治工作留下深刻印象,表示愿意以红军为榜样,创办军官学校,组建军队。28日,代表团参加了共产国际执委会主席团专门讨论中国国共合作的会议,会议通过了《关于中国民族解放运动和国

①　《巴拉诺夫斯基关于国民党代表团拜会鲁祖塔克、斯克良斯基和加米涅夫情况的书面报告》(1923年9月7日、10日),《联共(布)、共产国际与中国国民革命运动(1920—1925)》,第282—288页;卡尔图诺娃:《一九二三年孙中山军事代表团访俄情况》,《党史资料丛刊》1986年第4辑,第99—107页。

②　《有国民党代表团参加的共产国际执行委员会会议速记录》(1923年11月26日),《联共(布)、共产国际与中国国民革命运动(1920—1925)》,第330—338页。

③　《巴拉诺夫斯基关于国民党代表团拜访托洛茨基情况的书面报告》(1923年11月27日),《联共(布)、共产国际与中国国民革命运动(1920—1925)》,第339—341页。

民党问题的决议》，并将其交代表团带回中国。这个《决议》就如何在中国革命的新形势下重新解释民族主义、民权主义和民生主义，具体明确地阐述了看法，认为国民党要成为"符合时代精神的民族政党"，必须按照反帝反封建的要求，对三民主义重新解释。民族主义的含义应是，"依靠国内广大的农民、工人、知识分子和工商业者各阶层，为反对世界帝国主义及其走卒，为争取中国独立而斗争"；"既要消灭外国帝国主义的压迫，也要消灭本国军阀制度的压迫"。民权主义"不能当作一般'天赋人权'看待，必须看作是当前中国实行的一条革命原则"；"只有那些真正拥护反帝斗争纲领的分子和组织才能广泛享有这些权利和自由，而决不使那些在中国帮助外国帝国主义者或其走狗（中国军阀）的分子和组织享有这些自由"。民生主义应包括，"把外国工厂、企业、银行、铁路和水路交通收归国有"，"把土地直接分给在这块土地上耕种的劳动者，消灭不从事耕作的大土地占有者和许多中小土地占有者的制度"；等等[1]。代表团在苏俄访问期间得到的意见、建议和印象，都通过考察报告提交给国民党中央和孙中山，在国民党改组过程中起到了一定的作用。

除了提交给国民党及孙中山的考察报告外，参加代表团的个人，因其具体情况的不同，访苏观感也有不同。蒋介石对苏俄革命经验的一些方面颇为赞许，但对另外一些方面则有不满或心存疑虑。他对托洛茨基的印象是："其人慷慨活泼，其言革命党之要素，忍耐与活动，二者相辅并行而不可缺也云。"对共产国际关于国民党的决议则表示不满，认为"普泛不实，其自居世界革命之中心，骄傲虚浮，其领袖徐诺微夫（季诺维也夫）似有颓唐不振之气"[2]。代表团在 12 月 15 日回到上海后，蒋介石向孙中山提交的访苏报告倒是反映了苏俄方面的看法，其中说："我们的国民革命不能带有妥协性质。我们的目标就是同国际帝国

---

① 《共产国际有关中国革命的文献资料》第 1 辑，第 81—83 页。
② 《蒋介石日记》1923 年 11 月 27 日、28 日。

主义及其工具——中国军阀作斗争。正是世界资本主义和帝国主义把中国变成了半殖民地。不推翻世界资本主义和帝国主义就不能指望中国取得真正的独立。由此得出,我们的任务就是推翻世界资本主义。所以我们的国民革命将具有国际性质。"①1924年1月16日,蒋介石到广州,向孙中山再次作访苏口头汇报,既谈到苏俄建军成功的经验,也谈了自己的疑虑②。

孙中山的政治转向既包括他对苏俄的政策,也包括他对中共的政策。在筹备国民党改组的过程中,孙中山和共产党人保持了较为密切的关系,不少共产党人被孙中山委派担任国民党的各级职务,得到孙中山的重视和信任,其中包括共产党领导人陈独秀、谭平山、瞿秋白等。孙中山尤其着重组织方面的举措,以使改组工作能够顺利进行。1923年10月,孙中山委派廖仲恺、汪精卫、张继、戴季陶、李大钊为国民党改组委员;10月24日又委派廖仲恺、邓泽如召集特别会议,商量国民党改组问题,并委派胡汉民、林森、廖仲恺、邓泽如、杨庶堪、陈树人、孙科、吴铁城、谭平山为国民党临时中央执行委员,汪精卫、李大钊、谢英伯、古应芬、许崇清为候补委员,组成国民党临时中央执行委员会,开始循

---

①　《国民党代表团关于中国国民运动和党内状况的书面报告》,《联共(布)、共产国际与中国国民革命运动(1920—1925)》,第301—302页。

②　据研究,蒋介石访苏之初,"情绪很高,也很激动",对"红军中的政治工作以及红军的装备很感兴趣"。但他对苏联的不满随后逐渐表现出来,原因一是有留学生批评他过于宣传孙中山,使他得出苏方"诱引青年,自植势力,而不顾党谊"的结论;二是苏方对于外蒙古问题坚持己见,使蒋大为不满;三是苏方对蒋提出的军事援助计划反应冷淡。因此,蒋介石在回国后给廖仲恺的信中谈及此次苏联之行时写道:"以弟观察,俄党殊无诚意可言。……其对中国之政策专在满蒙回藏诸部皆为其苏维埃之一,而对中国本部未始无染指之意,……所谓英、俄、法、美、日者,以弟视之,其利于本国而损害他国之心则五十步与百步之分耳。"(黄道炫:《1923年:蒋介石的苏俄之行》,《南方周末》1998年11月6日)据瞿秋白告鲍罗廷,蒋介石在同托洛茨基谈话后"很生气,说托洛茨基在骗他们"[《鲍罗廷同瞿秋白的谈话记录》(1923年12月16日),《联共(布)、共产国际与中国国民革命运动(1920—1925)》,第383页]。

序渐进地进行国民党的改组工作①。

　　1923 年 11 月 25 日,《中国国民党改组宣言》、《中国国民党党纲草案》、《中国国民党章程草案》同时公布。《宣言》回顾了国民党奋斗的历史,承认"综十数年已往之成绩而计效程功,不得不自认为失败"。而"欲起沉疴,必赖乎有主义、有组织、有训练之政治团体,本其历史的使命,依民众之热望,为之指导奋斗,而达其所抱政治上之目的"。强调"吾党本其三民主义而奋斗者历有年所,中间虽迭更称号,然宗旨主义未尝或离;顾其所以久而不能成功者,则以组织未备、训练未周之故。夫意志不明,运用不灵,虽有大军,无以取胜。吾党有见于此,本其自知之明,自决之勇,发为改组之宣言,以示其必要"。"关于党纲章程之草定,务求主义详明,政策切实,而符民众所渴望。而于组织训练之点,则务使上下逮通,有指臂之用;份子淘汰,去恶留良"②。《中国国民党党纲草案》提出:"吾党之目的,在于中国领域之内,养成一民有民治民享之国家,使全体国民得于国际上、政治上、经济上遂其有价值之生存。本此目的,揭为'三民主义、五权宪法'之主张,以奋斗之精神而图其实现。"党纲草案还对三民主义和五权宪法的具体内容作了阐释③。党章草案共十一章六十六条,以民主集中制为原则,强调上下关系和严密组织、严格纪律,并要求在国民党活动的各团体中组建"党团",以使党的方针政策能够得到切实的贯彻执行。26 日,国民党临时中央执行委员会会议决定设立国民军军官学校,委派蒋介石为校长,廖仲恺为政治部主任,成为"党军"创立的先兆④。这些党政军方面的原则规定显然吸收了苏俄的经验,是孙中山与苏俄关系的发展及其政治转向的逻辑产物,并为其后国民党的改组和政治军事的"以俄为师"准备了前提条件。

---

　　①　《孙中山年谱长编》下册,第 1710—1711 页。

　　②　《中国国民党改组宣言》(1923 年 11 月 25 日),《孙中山全集》第 8 卷,第429—430 页。

　　③　《孙中山年谱长编》下册,第 1747—1751 页。

　　④　《孙中山年谱长编》下册,第 1751—1752 页。

第五章　北京政局与曹锟贿选

第一节　直系当政时期的社会状况

一　兵变与匪患

　　北京政府统治时期,军阀连年混战,派系相争,政务不修,财政困难,政府既无心亦无力处理各种既存社会问题,更遑论考虑社会发展之长远规划。第一次直奉战后,直系醉心于"武力统一"与"最高问题"(即曹锟一心想当总统),北京政府内部尚且纷争不断,更无暇顾及社会问题,社会的不安与动荡依旧。1920 年—1921 年,华北直隶、山东、河南、山西及西北的陕西连逢大旱,灾区逾三百余县,灾民多达二千五百余万人,死亡五十余万人,可谓哀鸿遍野,亟待救济。据估计,直隶成灾有九十二县,灾民 592 万,但赈灾款项不过百万(包括政府拨款与募捐);山东成灾三十二县,灾民 380 万,赈灾款项只有区区20 万①。"军政各费,在平时已岌岌不继,加以本年军事饷需浩繁,搜罗几尽。借贷俱穷,又复丁此奇荒,库款收入,绝无希望,虽欲挪拨而无从。当告灾之时,驰电各省,吁求赈济。虽军政绅商各界热心善举,分途劝募,汇款尚属寥寥"②。在此情形下,"赤贫者束手待毙,中户人家

　　① 《吕海寰等致内务部公函》(1920 年 11 月 11 日),《中华民国史档案资料汇编》第三辑《农商》(一),第 390—391 页。
　　② 《曹锐等咨呈大总统》(1920 年 11 月 21 日),《中华民国史档案资料汇编》第三辑《农商》(一),第 388—389 页。

争鬻子女以求食。青春少妇,十龄幼娃,代价不及十元。甚至专为求食,甘心随人作奴婢,而莫肯收留。每田一亩之价,不能易小米一斗。一家举火,则数十家争往劫餐,于是土匪窜来,非匪者亦变为匪。饿莩满地,无疫者亦染成疫"①。

由于北京政府对社会问题的解决不力,使其统治时期的中国社会除了一般性的动荡之外,更突出表现为兵变与匪祸之频仍。北京政府统治时期,军阀以养兵为头等大事,所谓兵多势众,自然是以枪杆子治天下的军阀所信奉之"真理"。其时中国并无征兵制度,士兵入伍或为强迫拉伕或为自愿投奔,但都需要发饷,所谓当兵吃粮,是为众所公认。而军阀养兵虽多,却因财政困难而无力按时发放足额之军饷,军费支出远远超出财政能够负担的范围,所以吴佩孚"最最注意者,则为将来之军需问题","凡关于财政可以活动之机关,皆握住不松一步"②。但即便如此,以当时"政府岁入,几以四分之三充军饷,而尤不能餍贪者之望"③。据估计,第一次直奉战争前后,仅直系军队就有二十三个师三十七个旅近 40 万人④,而当时北京政府财政预算中所列的直军经费每月为 74 万元,直鲁豫巡阅使署每月经费 7 万元,两者合计不过 80 万元左右⑤,以 80 万元的经费维持近 40 万人的军饷,显然不敷应用,因此直系还要想其他的办法开支军费,如截留税款,擅征税收,扣留收入,硬性摊派,等等。直系如此,其他大小军阀亦莫不如此。但在用尽了这些办法仍然不能足额按时发放军饷时,士兵的离队逃跑以至哗变兵变等现象也就屡见不鲜。据不完全统计,自 1912 年至 1922 年的十年中,全国一共发生兵变一百七十九起,其中以直系当政的 1922 年为最多,达

①　《胡源浚等致国务总理电》(1920 年 9 月 10 日),《中华民国史档案资料汇编》第三辑《农商》(一),第 376 页。

②　王小隐:《直奉三大秘密》,中国第一书局上海 1922 年版,中编第 11 页。

③　《董康之北京财政谈》,《时报》,1922 年 8 月 26 日。

④　宗淹:《中国北方军队的概略》,《东方杂志》第 19 卷第 9 号,第 122 页。

⑤　《中国财政全部之内容》,《东方杂志》第 19 卷第 23 号,第 115 页。

到四十五起,地域则几乎遍及全国各省①;而吴佩孚巡署所在的河南亦不能免,仅 1922 年 7 月中旬,"旬日中以兵变告者六次"②。

兵变最主要的原因就是欠饷,因"欠饷过多,迭谋变乱"③。当时即有论者指出:"国家兵费,支出虽多,地方捐税虽重,而并未能悉用之于兵饷。大抵至少半数以上,皆散入各级军官之私囊。是以国库已竭,而兵饷仍虚,地方凋敝,而兵变不免。"④这些兵变虽然因欠饷而对长官发出实际的抗议,有其理所必至之处,但究其过程与结果,总是以烧杀抢掠共始终,给民众带来了许多苦难,"使大多数人民蒙极重之牺牲",也加剧了社会的动荡不安。如 1922 年 5 月,因助奉反直的豫东镇守使兼暂编第二师师长宝德全被冯玉祥在开封处死,其留守商丘之部五营于 5 月 17 日发动兵变,"肆行抢掠,城内商号无一幸免,并且到处放火,东西南北大街,所有市房,多成灰烬,直至十八日天明,始行捆载而逸。统计城内商民,除焚死数十人不计外,其损失财物,合洋为数实达一百一十余万元"⑤。8 月 2 日九江兵变,"劫全埠商店居户,……纵火焚烧西大街商店百余户,全市精华殆尽,损失三百余万,并伤店主及平民数十人,因伤重毙命者不下十余人"⑥。不仅如此,因缺饷而离队哗变的士兵,因生活无着,许多又沦落为匪,他们与众多流民相结合,使北京政府统治时期的"匪祸"尤为多发并具有破坏性。由兵变与"匪祸"而致之社会动荡,常常因天灾而加剧,又因政府人谋不臧而更趋恶化,不独直系当政时期如此,即北京政府统治时期亦然。

北京政府统治时期的"匪祸"表现形式不一,人数众多,全国各省,

————

　　①　《民国以来一百七十九次之兵变》,《东方杂志》第 20 卷第 1 号,第 148 页。

　　②　《河南增兵声中之兵变与匪警》,《时报》,1922 年 7 月 23 日。

　　③　《宜昌驻军又哗变》,《民国日报》(上海),1923 年 10 月 26 日。

　　④　《民国以来一百七十九次之兵变》,《东方杂志》第 20 卷第 1 号,第 148 页。

　　⑤　《郭树棠等致大总统呈》(1922 年 8 月 27 日),《中华民国史档案资料汇编》第三辑《军事》(三),第 746 页。

　　⑥　《九江公团痛陈兵变被害情形》,《时报》,1922 年 8 月 9 日。

几无省不"闹匪","小股数十人","大股数千人"①,使当局极为头疼。除了一般性"打家劫舍"的土匪之外,还有一些打出政治旗号的武装集团,可以视为历代农民起事的延续,如河南的李明盛"高揭自治军总司令之旗",贾青云"自称靖国军驻豫总司令"②;浙江的袁化南号为"民治军",等等③。有些武装集团与军政界有某种关系,也是军政界人物或军阀派系争斗时拉拢的对象,如湖北的周孟容自称"援赣游击队"④。还有些武装集团与外国势力有一定瓜葛,如有传媒揭露青岛有股匪所用枪械"由日人供给","掠夺之款,也分给日人"⑤。而日本也特别注意扶植满蒙地区的民间武装力量。因此,对北京政府统治时期的"匪祸"不可一概而论,其形成原因是复杂的,表现形式是多样的,但其中的大多数虽其情可悯,然毕竟不为正常社会接纳;至于其中少数提出了一定政治目标的武装集团,因为其目标的不确定性,更因为其没有坚强的领导与严密的纪律,只能是昙花一现,以悲剧结局告终,不足为训。

北京政府统治时期"匪祸"的又一"时代"特色是,不少土匪特别着意绑架外国人为人质,同时以传媒为媒介,将事态公共化、扩大化,以利用当局在处理对外关系时的紧张心理,讨价还价,获得自身利益的最大化和身份的合法化,其中又以"老洋人"起事和临城劫车案为代表。

直系当政时期发生的"老洋人"起事,是北京政府统治时期发生的一次规模较大的农民起事。"老洋人"名张庆,又名张廷献、张国信,河南临汝县人,1886 年出生,曾经参加民国初年的白朗起事,后投河南督

---

① 《豫有匪患之难除》,《时报》,1922 年 8 月 23 日。
② 《水深火热之河南》,《时报》,1922 年 7 月 18 日。
③ 《浙东剿匪的计划》,《时报》,1922 年 8 月 27 日。
④ 《鄂属通山县失守详记》,《时报》,1922 年 7 月 1 日。
⑤ 《西报记鲁匪与日人之关系》,《时报》,1922 年 3 月 20 日。

军赵倜之弟赵杰所部宏威军,任巡防队长①。第一次直奉战后,赵倜、赵杰兄弟因助奉反直而被迫下台,所部溃散后形成众多武装团伙,"人数超过原来匪数之大半"②,"老洋人"即为其中的一支。张原本在豫东发展,后由于官军追剿,改奔豫西,联络其他部众,声势迅即壮大,1922年6月底攻下鲁山县城,部属发展到一万余众。"老洋人"起事本无什么政治理念,而是抱着借此被"招安"而升官发财的念头,河南地方的军事将领起初也愿意接纳"老洋人"部以壮大自己的实力,但坐镇洛阳的吴佩孚却力主剿办并督促进行,决定在全省分区清剿,限两个月内肃清,并对外宣称"河南匪患,不须旬日即可肃清。""老洋人"失望之余,与赵倜、赵杰旧部集合,改称"河南自治军","老洋人"自任总司令,打出了反直旗号,而其实际行事风格,仍不过是四处流动作战以获取资财③。

"老洋人"部公开打出反直旗号,吴佩孚不能不下令派兵进剿,由豫西镇守使丁香玲督率进行。"老洋人"部行动飘忽,避实就虚,先是在豫西伏牛山一带与丁部周旋,然后乘隙突围而出,乘丁部主力集中前线、后方空虚之际,于8月17日进占豫西镇守使署所在地陕县县城,在大加抢掠之余,强行带走陇海铁路局外籍员工二人。次日,"老洋人"部又占灵宝县城,声势大震,令吴佩孚大丢颜面④。在吴佩孚加派兵力进剿后,"老洋人"部忽而西进豫陕交界处,忽而东返到其家乡鲁山、临汝一带活动。10月下旬,豫督冯玉祥派出大军进剿,"老洋人"部为避其锋,越过京汉铁路东进,先后攻破新蔡、项城、沈丘等城,并继续东进。11

---

　　①　"老洋人"外号的由来说法不一。一说是"因其身躯高大,黄头发、黄眼睛、深眼窝、高鼻子,貌似外国人,绰号'老洋人'";一说是"有一次他听到别人说洋人厉害,就气愤地说:'我比洋人更厉害,我是洋人的老子!'遂被称为'老洋人'。"(中国社会科学院近代史研究所中华民国史研究室编:《中华民国史资料丛稿——人物传记》第21辑,中华书局1986年版,第51页)

　　②　《西报之豫省匪乱经过谈》,《时报》,1922年12月24日。

　　③　《豫匪蹂躏河洛之经过详情》,《豫省匪患之难除》,《时报》1922年10月8日、8月23日。

　　④　《陕灵残破后之豫西匪讯》,《时报》,1922年8月25日。

月1日攻破皖北重镇阜阳,城中民众死伤不少,财产损失巨大,精华被劫掠损毁净尽。其后,"老洋人"部重返河南,在攻破息县、遂平后,再度越过京汉铁路,进入豫西。

"老洋人"部窜扰河南,在征战过程中强行带走外国传教士多人(共有七名外国人为其扣押),其所经之处的外国传教士闻之风声鹤唳,纷纷逃往大城市躲避①,酿成涉外事件。逃亡外国传教士集聚的汉口外国侨民举行"万国居民大会",请求北京公使团采取切实步骤,保护侨民安全②。11月16日,驻京英、美、法、意、瑞典公使联合向北京政府外交总长顾维钧递交照会,声称"此等情形,对于中国政府之荣誉,有非常之损害"。顾维钧答称,已发电敦促吴佩孚等将领尽快设法救出被掳之外人,并谓营救工作必先采用和平方法,以免危及被掳外人之生命③。对于外国驻京公使团的态度,北京政府不能不予重视。其后吴佩孚任命靳云鹗为河南"剿匪"总司令,在驻马店设总部,由豫、皖、鄂三省军队联合会剿"老洋人"部。④但是,此时的"老洋人"部声势颇盛,官军几次进攻未收成效,又担心大力进剿将危及外国人质的生命安全,遂与"老洋人"部接触,开出"招安"价码,以剿迫降;而"老洋人"亦希望经由"招安"而成官军,升官发财,其方针是以扰求抚。经过一番讨价还价的谈判,双方于1922年12月下旬达成协议,"老洋人"部释放全部外国人质,所部被改编为三个支队,分归豫东和豫西镇守使节制⑤。

"老洋人"部虽被收编,但官军对"老洋人"部并不信任,改编不过是权宜之计。1923年春,"老洋人"部东开受编,正值此时,山东发生临城劫车案,北京政府在列强压力下,决定大举"剿匪","老洋人"部虽已受编,但也被暗中列为解决对象,"老洋人"风闻所及,不安于位。10月

---

①　《张福来到任后之豫局》,《时报》,1922年11月13日。

②　《豫匪惹起各国交涉》,《时报》,1922年11月19日。

③　《豫匪猖獗与外交团》,《时报》,1922年11月18日。

④　《剿匪声中之豫讯》,《时报》,1922年12月5日。

⑤　《老洋人也死了》,《东方杂志》第21卷第3号,第7—8页。

初,吴佩孚通过河南省当局令"老洋人"部入川作战,图谋借刀杀人。"老洋人"抗命不遵,率部脱离驻地再叛,回到其发家地鲁山地区。其后,河南督理张福来亲临许昌,指挥各部约5万人,对"老洋人"部发起大规模进剿。"老洋人"率部转战于豫西、鄂北、陕南间,受到直军四面围困,层层截击,难以立足,补给困难,部众连年长途征战,军心涣散,怨言四起,"老洋人"众叛亲离,对部众渐失控制。1924年1月上旬,当"老洋人"率部奔回豫西鲁山行至郏县时身亡,"老洋人"部最终溃散①。

就在"老洋人"部刚刚受抚就编后不久,山东又发生了临城劫车案,演成了直系当政时期也是北京政府统治时期最为轰动、影响最大的一起外国人质劫持案和涉外交涉事件。

二　临城劫车案

一、临城劫车案的发生及列强的反应

1920年春,孙桂枝与孙美珠、孙美瑶叔侄在山东南部枣庄东北的抱犊崮拉起一彪人马,自称"山东建国自治军",收拢鲁、豫、苏、皖等地的贫苦农民以及安武军、毅军等军阀部队的流散军人入伙,以孙桂枝为寨主,孙美瑶为总司令,部众陆续发展到数千人。1896年出生的孙美瑶,是抱犊崮武装团伙的核心人物,他曾在皖系张敬尧部服役,被认为"衣服丽都,人亦文雅,固不类山寨中人"②。他们起事后,除了干着劫富掠财之举外,也提出过颇具鼓动性的主张:"近年以来,国事混淆,是非颠倒,一则曰加税,再则曰筹款、派捐、公债、印花、厘金种种苛派,纷至沓来,使农不得耕,工不得造,商不得贩,兼以贪官污吏,干没剥削,劣董恶绅,表里为奸,……吾同仁奋然起义,纵横齐鲁,人强械广,智勇双

---

① 关于"老洋人"的结局,一说是在战斗中身亡,一说是被其部下参谋长丁宝成刺杀,一说是自缢。《中华民国史资料丛稿——人物传记》第21辑,第55页。

② 《临城案将如何了结耶》,《时报》,1923年5月19日。

全,战无不胜,攻无不克,平等为主义,均户为目的,志在除尽贪官污吏,杀绝劣董恶绅,将中国之腐败病民政策涤刷一新,熙熙皞皞,打出一个清平世界,为父老兄弟造真幸福。"[1]表现出他们对既存社会秩序的不满以及传统农民起事的平均主义要求,且带有一定的政治色彩。因此劫车案发后有时论谓:"吾人观察此次土匪行为,显系初步政识之冲动。一般国民对于政治现状与其生活之关系具不得已之要求,而出此不得已之手段,观于匪等迭次之告示与函件可以证之。"[2] 1922 年第一次直奉战争后,山东督军田中玉派部围攻抱犊崮,因该地易守难攻,双方形成对峙。1923 年春,抱犊崮因天旱缺水,坚守甚难,为减轻官军围攻压力,孙美瑶孤注一掷,策划劫持铁路列车,绑架外国旅客,以向政府讨价还价,使己部摆脱被围困境。

　　1923 年 5 月 5 日深夜,孙美瑶率部埋伏在沙沟至临城的津浦铁路沿线,并卸下其中一段铁轨,致 6 日凌晨 2 时 50 分行经此处的二次特别快车(俗称"蓝钢车")出轨,孙部随后劫持了车上的外国旅客二十余人(包括美国、英国、法国、意大利、墨西哥籍旅客,其中美国人最多)、中国旅客数十人,英国人洛斯门(Joseph Rothman)因拒捕而身亡,由此酿成中外之间的重大外交交涉事件。据交通部事后的报告,此因"事前疏于防范,临事毫无救援,以致危及外人,损毁国道,……若不速行扑灭,非惟引起重大外交,将国内路权,恐一隳而不可收拾"[3]。

　　在 20 年代北洋系军人当政时期,中央政府软弱无能,地方军阀豪强横行,"土匪掳人勒赎,在政治组织薄弱之中国是常有的事,掳去洋人也不自今日始"[4]。仅 1923 年在外交部登记的涉及外国人的绑架案就

①　枣庄市政协文史委员会编:《临城劫车案》,1996 年版,第 33 页。
②　陈无我:《临城劫车案纪事》,1923 年版,序言第 1—2 页。
③　《交通部致内务部咨》(1923 年 5 月 8 日),《历史档案》1981 年第 2 期第 57页。被劫外国旅客人数诸说不一,二十余人为多数说法所认可。
④　独秀:《临城掳案中之中国现象》,《向导》,1923 年 5 月号。

有九十二起①。但是,临城劫车案发生于中国东部最为繁忙的南北交通大动脉——津浦铁路,有数十位中外旅客被掳为人质,就绑架人质数量和国籍之多,规模之大,策划之周密,影响之广泛,实前所未有。因此劫车消息传出后,国内外舆论大哗,有关国家立即作出强烈反应。

得知临城劫车的消息后,美国公使舒尔曼(Schurman)在 5 月 6 日夜即到达济南,现场处理此案。驻北京外国公使团领袖、葡萄牙驻华公使符礼德(Freitas)于 7 日晚和次日连续召集各国驻华使节会议,向中国政府发出抗议照会,要求:一、限期将被掳外人安全救出;二、死亡之外人应从优抚恤;三、惩戒肇事地方文武官吏;四、切实保障外人生命财产安全。8 日下午,符礼德向国务总理张绍曾及交通总长吴毓麟、外交次长沈瑞麟面交抗议照会并严辞责问。张绍曾等除深致歉意外,还保证“以保全外人生命为第一目的”,“克日援救被掳各国人士出险,再派兵痛剿”②。9 日,外交次长沈瑞麟会晤各国公使,说明对劫车案的处理方针,表示此案“实属意外事变,本国政府抱歉达于极点”;“已决定采用和平方法,务期先将外人营救安全出险,然后进剿,以免被掳人遭遇不测”。英国公使麻克类(MacLeay)告以,“此事至为重大,尚不知贵国政府已否觉察其中利害,应请贵代理总长转总理暨全体阁员,自从庚子以来,贵国外交事件之重要,诚未有过于此次者,敢请贵国政府急筹相当办法是幸”③。

在华外侨因其切身利益所在,对劫车案的反应更为激烈,“乃至发为共管铁路及联军代剿之论,并认为为与庚子事变相类之事件”④。上海、北京和汉口等地的美国商会及美侨协会提出:一、停止华盛顿会议

---

① 〔美〕菲尔·比林斯利著,王贤知等译:《民国时期的土匪》,中国青年出版社 1991 年版,第 300 页。

② 《临城案之重大交涉》,《时报》,1923 年 5 月 12 日。

③ 《中华民国史事纪要》民国十二年(1923)1 至 6 月份,台北 1979 年版,第 607—608 页。

④ 陈无我:《临城劫车案纪事》,序言第 1—2 页。

所给予中国的利益；二、解散中国军队，将过剩军队退伍归农；三、中国政府的财政须受外国监督；四、水陆交通机关均驻扎外国军队；五、以外国警卫队占领中国的军事重地；六、停止退还庚子赔款；七、规定改革中国现状的方法。英国中国协会上海分会提出由外人管理中国铁路及办理护路警察等主张。前英国驻华公使朱尔典（Jordan）也提出："中国遍地皆匪，实为政府失败之结果，解决的第一步，即系组织国际委员团，加以全盘考虑。"①

　　临城劫车案发后，在事件解决的过程中，驻京外国公使团以其直接关系并依靠其所代表国家之强势，居于十分关键的地位。公使团在一个月中连续召开了不下十次联席会议，发出多份外交照会，向中国方面不断提出各种要求，如放人的期限、索赔的数额、建立铁路护路队、派团考察护路问题，等等②。对于劫车案之迟迟不得解决，公使团甚为不满，认为中国政府对劫车案未尽责任，并一再提出严重抗议。意大利公使的态度最为激烈，甚至提出"中国如无能力办理此事，则我等可以无政府之国待之，将直接与匪人谈判"③。9 日，公使团提出以 12 日午夜为最后解决之期限，否则将依时提出加倍赔偿。16 日，公使团会议认为，如果情况继续恶化，应考虑向各国政府建议，在塘沽进行联合海军示威，以向中国政府施加压力④。但是，各国政府对实行此举持不同意见，尤其是美国和日本持保留态度。18 日，美国驻华公使舒尔曼致电美国国务院，认为海军示威将使劫匪认为其行动之重要并提出更多的条件，反而将延迟人质的释放；应由中国政府向劫匪施加压力，以尽快

---

①　坚瓠：《国际共管》，《东方杂志》第 20 卷第 11 号，第 1 页。

②　参见《临案调查录》、《枣庄十日记》，载《临城劫车案纪事》。

③　《君山绥抚录》第 17 页，载《临城劫车案纪事》。

④　The Counselor of Legation at Peking to the Secretary of State，May 16，*Foreign Relations of the United States*（here after *FRUS*），1923，Vol. 1，pp. 639 - 640.

解救人质①。6月1日，美国国务院致电舒尔曼，告以美国总统哈定(Harding)同意他的看法，认为只有在混乱和无序威胁到整个外国在华利权体制和外国人的生命财产安全时，才可以考虑武力干涉的可能②。在美国意见的主导下，各国协调立场，暂未实行大规模的海军示威之举。但在公使团的强硬要求下，6月2日，由美国少将康纳尔(Cornell)率领的外国武官团抵达临城巡视。他们态度骄横，在会见中方官员时，"近似训话"。正在临城督剿的第五师师长郑士琦感叹："国权之弱，虽末节亦受影响，为之长叹。"③外交交涉员温世珍有云："国未亡，各国对我蔑视如此，真令人伤心，问北京及各省大吏，其稍有心肝者，能不抱头一哭耶！"④

除了各国政府和驻华使节对临城劫车案的直接反应外，各国舆论及国联也对临案表示出极大的关注。"外国报纸异口同声，主张关系本案之列国，须力谋适当手段，彻底究问中国政府之责任，以免将来再发生如斯之事变"⑤。据中国驻瑞士公使陆徵祥电称，国际联盟秘书处要求其将每日所得消息通知秘书处；英国、法国、墨西哥均通知国联，要求保证人质安全，从速营救出险，并赔偿损失；意大利"对此案愤激异常，现与各国磋商，拟开国联会议解决中国一切问题，监督中国铁路"。驻美公使施肇基亦电称：近日欧美及日本舆论，多藉口临案，认为中国已失统治能力，盛倡国际共管中国铁路、监督中国财政之议⑥。由此观之，临城劫车案之突发，使中国政府承受了相当压力，并成为仓促之中

① The Minister in China to the Secretary of State, May 18, *FRUS*, 1923, Vol. 1, pp. 642 - 643.

② The Secretary of State to the Minister in China, June 1, *FRUS*, 1923, Vol. 1, pp. 650 - 651.

③ 《君山绥抚录》第 22 页，载《临城劫车案纪事》。

④ 薛城史志办：《轰动中外的临城劫车案》，《临城劫车案》，第 251 页。

⑤ 《津浦劫案与曹吴之责任》，《顺天时报》，1923 年 5 月 10 日。

⑥ 蒋永敬：《临城劫案和文献》，《传记文学》第 53 卷第 3 期，第 59 页。

不得不面对的重大外交交涉。

二、中国政府的对策

临城劫车案本为突发事件，中国政府事前并无任何准备，也就谈不上解决之预案。可是临案反响之大，牵连之广，于当时中国的对外关系大有影响，从而震动了中央政府，使其不能不有"应变"之举。同时，"临案"发生正值北京政局大变化之前夜，黎元洪的总统府与张绍曾的国务院之间的府院之争颇为激烈；而直系首领曹锟为过其总统瘾，正在谋划废弃黎元洪，进行新任总统大选；北京政局之剧烈动荡，使本已软弱无能的中央政府更成了毫无决断力的跛脚鸭。

临城劫车案发生后，事发地的负责官员对如何解决此案看法不一。山东方面的官员，如督军田中玉、第五师师长郑士琦等，因事发于其管辖地，负有直接责任，多主剿以尽快解决此案。案发当天，田中玉要求兖州镇守使何锋钰"亲往查看，并飞派军队追剿"。次日又电告北京国务院："此案关系重大，闻报后立经飞电各路军队分途追剿，一面设法营救外人，以免发生重大交涉。"①与事发地相邻的江苏方面的官员，如徐海镇守使陈调元和外交交涉员温世珍等，则因事发不在本地，没有直接责任，更多主抚，以首先保证人质的安全。北京总统府与国务院方面，因为政坛纠纷所牵制及实际权力之有限，一时无法决断。5月8日，国务总理张绍曾召集国务会议，首先议决将山东督军田中玉、省长熊炳琦分别交陆军、内务两部议处，所有肇事地点文武官员均行撤任，听候查办；同时议决电令山东、江苏两省军民长官，一面设法与孙部交涉，解救人质，一面派人送衣食上山，供人质之用②。出席此次会议的部长，除了自兼陆军总长的张绍曾外，只有交通和农商两部总长，其余全部缺席（包括直接负责外交交涉的署理外交总长顾维钧），而由次长代表，显见其决策力之有限。会后张绍曾致电田中玉称："匪势浩大，非跟踪追剿

①　《临案调查录》第36—37页，载《临城劫车案纪事》。

②　《临城案之重大交涉》，《时报》，1923年5月12日。

不能追还被掳之人，而操之过急，又恐于旅客生命发生危险。此事关系外交至为重大，现公使团已当面提出严重抗议，究应如何办理，方为妥善之处，希公同筹划，俾策完全。"①张绍曾此电于剿、抚两策之态度模棱两可，未有明确的指示，可见中央政府对解决此案决策之无能无力。相反，劫车案却加剧了北京政坛的派系纷争，因国会方面正在掀起倒阁风潮，"临案"遂成倒阁重磅炮弹。参议员范振绪对国务院提出质问书，众议员张琴对交通总长吴毓麟提出弹劾案，要求追究政府的责任②。难怪有时论谓："政府既不死不生，外长复无人负责，而本案之对外方法乃心惊气慑，不复能作一语，良可叹也。"③

　　真正对解决"临案"具有影响力且有权力作出决策的是坐镇保定的直系首领、直鲁豫巡阅使曹锟。第一次直奉战后，直系的权势大大扩张，实际控制着北京政治，任何重大决策未得其认可均很难实行。如时论所谓，此案之解决"决难望诸今日毫无能力之中央政府，只有望诸保境安民之直接责任者"；要求曹锟"务宜抛弃从来之侵略主义，以保境安民为天职。关于管辖内之匪祸，务宜根本剿灭，以保护内外人士此后之生命财产，免至再激起国际问题"④。所谓"国际问题"正中曹锟内心焦虑之所在。他正在谋划出任大总统，深知以中央政府内外地位之虚弱和财政支绌之实情，如无列强的支持，即便上台也很难维持，而临城被劫外国人质的生死，以及事件能否顺利解决，将直接影响到列强对华及对他本人的态度。换句话说，他本人和北京中央政府未来的政治前途，在很大程度上系于列强的态度。因此临城案发后，曹锟不能置身事外，而是积极干预，"急欲于举行大总统选举之前将本案告一段落，以全对外之体面"⑤。列强亦深谙北京政治之底蕴，劫车案发后，在与中国政

　　①　《临案调查录》第 44 页，载《临城劫车案纪事》。

　　②　《临城案之重大交涉》，《时报》，1923 年 5 月 12 日。

　　③　《临案调查录》第 47 页，载《临城劫车案纪事》。

　　④　《津浦劫案与曹吴之责任》，《顺天时报》，1923 年 5 月 10 日。

　　⑤　《君山绥抚录》第 1 页，载《临城劫车案纪事》。

府交涉的同时，还不断与曹锟直接打交道。5月6日，美国公使舒尔曼致电曹锟，要求他采取有效措施，立即解救人质。曹锟于次日回电表示极大的关切，并称已指示地方官员立即派出军队，解救人质①。同时，法国公使受各国公使的委托，星夜赶赴保定面见曹锟，要其负责营救被扣外国人质，确保他们的生命安全②。由于列强"希望军队对于匪徒暂缓进剿，以免被掳之人，发生不测情事"③；且公使团特别要求曹锟，"凡军事行动，负有与外人生命及安全有关之责任，应请迅为设法撤退官军，以免各国人民之危险"④。在内外压力之下，曹锟对临城劫车案作出了以抚为主的决策，企图通过谈判，在一定程度上满足孙美瑶的要求，解救人质出险。他对外国使节表示，"赞成先用和平权变办法"，并派"干员驰赴济南，帮同田、熊军民两长，商议急救办法"⑤。

　　负责直接处理临城劫车案的山东督军田中玉为直系干将，在案发后一直主剿，并派兵围困抱犊崮，随时准备动手。但由于曹锟决策谈判解决，5月7日，交通部决定先派遣部员前往出事地点调查，并电田中玉称，"匪众此举因被兵追逃无路，故意惹起外交，以为要挟招安地步"；"务请积极设法，早将中外搭客营救出险"。同时表示，如营救费用不足，交通部可以代筹⑥。9日，国务院和外交部又致电田中玉："希即暂停追剿，迅筹和平方法，将外人剋日全数赎回。"曹锟随后致电田中玉，令其对该电"务望查照，迅筹赎回办法，俾外人安全出险"。此后"中央迭次来电，兢兢业业不敢说一'剿'字"。在此情况下，田中玉只能服从，令

----

①　The Counselor of Legation at Peking to the Secretary of State, May 9, *FRUS*, 1923, Vol. 1, p. 632.

②　《临城案之重大交涉》，《时报》，1923年5月12日。

③　《中华民国史事纪要》民国十二年(1923)1至6月份，第607页。

④　《外交部致曹锟急电》(1923年5月19日)，《中华民国史档案资料汇编》第3辑外交，第216页。

⑤　《中华民国史事纪要》民国十二年(1923)1至6月份，第607—608页。

⑥　《中华民国史事纪要》民国十二年(1923)1至6月份，第607页。

何锋钰"驰赴临城",与外领"详细研究,如确于事实有利,不妨于最短期间暂缓进攻,俾外人得以安全出险"①。临城劫车案的解决进入官府与孙美瑶部讨价还价的谈判阶段。

三、解决劫车案的谈判及结果

北京中央政府以和平谈判解决临城劫车案的方针既定,中外有关人士随后云集临城,通过各种途径与孙美瑶部接触,磋商谈判条件。

干下劫车"豪举"后仍被困于抱犊崮的孙美瑶部,眼见己部以劫持人质而就编"脱困"的想法得以实现,也同意与官府谈判。他们在对外通告中提出:"是役也,非为抢掠财物也,非欲惹出国际交涉也。盖以中国若许政府若许军人,无诚意无统绪,诚不及外人之保其信耳,今已至此,别无可言。若无水落石出之办法,给予正式之条件,许我所要相当之驻点,决不放回西人。"②10日,被扣人质杨毓洵被放下山,带出孙部的开价是:一、不派军队剿攻,围剿官军退归原防;二、其部编为正规军两个旅,并由地方士绅担保,准其自由往来;三、暂以被扣西人为质,剿则撕票③。为了表示谈判的诚意,孙部陆续释放了被劫中外人质多人。其后,孙美瑶又派多人为代表下山谈判,当局亦派地方士绅李麟阁、外交交涉员温世珍、前总统府顾问美国人安特生(Andersson)、曹锟代表丁宏荃以及与孙部有关系的行伍人士等上山磋商。但因对立双方在孙部改编为两旅还是一旅、官府撤兵与孙部放人孰先孰后等问题上僵持不下,谈判一时未有结果。5月20日,孙美瑶部属一部由山外冲入抱犊崮,与围剿官军发生冲突,谈判暂告破裂。

自"临案"发后,田中玉一直主剿,"积极筹备进剿计划,略已齐全,四面包围防线,亦经布置周密。只以各方人士救票之热心,苟该匪等有

---

① 《临案调查录》第38—39页,载《临城劫车案纪事》。
② 《临城劫车案》,第34页。
③ 《临城土匪大掠津浦车》,《东方杂志》第20卷第8号,第5页。

一线悔悟之机,多主张委曲求全。玉亦不能独违众议"①。在谈判暂告破裂后,田中玉和吴毓麟回京与政府共商对策。一向主抚的吴毓麟此时感觉"实已处于两难之间,本人实不敢更言和平解决"。田中玉则认为:"倘能及时进剿,攻其负固,抚其归诚,当可作速解决。惟旅客尚困匪巢,不无忌器之虞,非得政府主持,使团谅解,亦不敢鲁莽从事。"由于孙美瑶不愿轻易就范,驻京公使团不再坚持反对在一定程度上使用武力的可能性。曹锟在得悉公使团的态度后,也不再坚持以抚为主的解决方针,改以指示可以剿办。因此,在5月22日的内阁会议上,田中玉提出:"先向匪索要最后之条件,俟得其条件后,即由大总统以命令保障此条件之实行。令下,匪如能尽释人票,即可彼此相安,倘仍不允,即用重兵以剿之。"阁议决策为"相机办理",虽仍未对剿抚问题作出明确决策,但在曹锟示意下,国务总理张绍曾告田中玉,"相机办理四字,范围包含剿抚兼施及其他便宜行事意义在内,尽可放手做去,并允饬派飞机三架,电令直苏两省各派混成一团前往协剿,以壮声威而策万全"。吴毓麟在领会曹锟之意后亦告田中玉:"现在各防官军万不可再行撤退,以致不可收拾。鄙意为今之计,应先剿办附近土匪,断其外援,藉以示威,一面觇其态度何如,再定最后应付之法。"为此,田中玉特意于24日赴保定面见曹锟,请求指示,曹告其"熟权利害,兼顾并筹",令其与张绍曾"商同办理"②。

在官军的压力下,孙美瑶的立场有所后退。5月26日,孙部释放了上海《密勒氏评论报》记者、美国人鲍威尔(Powell),由其居间联络,与官府重开谈判。经鲍威尔、安特生等从中斡旋,官府与孙部均有让步。31日,双方同意有枪者改编的原则,并由官府派人入山核点孙部人数。几次反复,最后决定收编3000人,番号定为"山东新编旅",由第

---

①　《田中玉致外交部等电》(1923年6月6日),《中华民国史档案资料汇编》第三辑《外交》,第219页。

②　《君山绥抚录》第3—7页,载《临城劫车案纪事》。

五师节制,以孙美瑶任旅长,另由官府给款 85000 元作为孙部经费。6月 12 日下午,安特生和孙桂芝在枣庄附近的十里河签订协议,约定官军即时撤防,孙部释放尚被扣压的全部外国人质,中国人质则迟至 25日方全部释放。至此,轰动一时的临城劫车案以人质平安获释、孙美瑶部被收编为官军而告解决①。

四、关于铁路护路问题的善后交涉

临城劫车案本身虽以被劫中外人质获释而收场,但有关劫车案的外交交涉却未因此而告结束。相反,在人质获释后,不再有保护人质安全压力的列强,因不甘于此案中之"受辱",向中国提出了一系列苛刻严酷的善后要求,令北京中央政府及其后台老板——直系面对着列强强大的外交压力,一时处于应对两难之境。

临城劫车案发生后,鉴于其负面影响之大,迫于内外压力,中国政府作出了一系列姿态。案件解决前,下令将田中玉和熊炳琦交部议处,肇事地官员撤任听候查办。案件解决后,6 月 26 日又下令将对临案负有直接责任的兖州镇守使兼山东第六混成旅旅长何锋钰免职,听候查办;津浦路警务处长张文通及被劫车巡警队长赵德朝等立予撤职;任用瑞典籍保安队教官曼德视察铁路,调查路政,加强护路工作;8 月 25 日发表《铁路警备规则》,29 日发布"诰诫令",令"各省长官于境内外人切实保护,倘有疏虞,决不轻贷"②。但是,列强并不以此为满足,他们还企图通过"临案"攫取更大的利益,在善后交涉中,他们提出了一系列后续要求,尤其是纠缠在赔偿损失、保障铁路安全和惩办责任者三个问题上毫不放松,逼迫中国作出更大的让步。对于"赔偿"和"惩办",列强的

---

① 1923 年 12 月 19 日,山东督军郑士琦指使苏皖鲁豫剿匪副司令张培荣以"杀人越货,罪恶贯盈";"抗不遵令,自由行动,显露反谋"为由,将孙美瑶诱杀于枣庄。参见《郑士琦致国务院等密电》(1923 年 12 月 20 日),《历史档案》1981 年第 2 期,第63、80 页。

② 《外交部复外交使团照会》(1923 年 9 月 24 日),《中华民国史档案资料汇编》第 3 辑《外交》,第 230 页。

态度基本一致,但在"保障"方面,列强的态度有明显的差别。为此,列强在对中国提出正式的善后解决要求前,进行了反复的讨论(本节只论铁路善后交涉,其他交涉详见下节)。

衡诸列强在临城劫车案发生后的态度,英国的反应最为强烈,因为"临案"发生之津浦铁路被认为主要是英国的势力范围,也是英国在华投资和经济利益的主要集聚区。"临案"发生后,无论是英国舆论,还是英国在华侨民,都主张对中国采取强硬态度,以保护英国的切身利益。英国政府因此而在"临案"解决前后,领头提出对中国进一步的勒索要求,主要是建立铁路护路警察,并通过财政和人事安排,确保列强在中国铁路沿线的利益不受中国国内局势变化的影响。为此,英国主张于必要时由列强展示武力威胁,准备舰队示威。早在"临案"解决前,英国已经提出这样的主张,但因各国意见不一而未实现。"临案"解决后,英国再度提出这一主张,并将其主要功夫用于说服美国,认为如果英美一致行动,则其他国家也必将加入其中①。6月19日和30日,英国两次致函美国国务院,认为中国的局势要求列强采取坚定的行动,以保护在华外国人的生命财产安全,否则如"临案"之类的事件还会发生,列强所付的代价将更大;如果列强尤其是英美采取联合政策,中国将会让步;英国准备进行海军示威,并增加在华北的军事力量;如果可能,列强应通知中国政府,除非他们建立在外国官员控制下的护路警察,否则列强将考虑自己建立这种力量的可能性。英国强调,考虑到国内舆论之沸沸扬扬,英国政府很难消极无为,但是希望知道美国是否准备在必要时与英国一致采取行动②。

对于英国以武力威胁并企图控制中国铁路警察权的主张,美国持

---

① The Counselor of Legation at Peking to the Secretary of State, May 14; The Minister in China to the Secretary of State, June 15, *FRUS*, 1923, Vol. 1, pp. 637, 659 - 660.

② The British Embassy to the Department of State, June 19; The British Charge to the Secretary of State, June 30, *FRUS*, 1923, Vol. 1, p. 661, 673 - 674.

有异议,美驻华外交官及其政府并不主张采取过于激烈的行动。美国驻华公使舒尔曼认为,英国的提议势将在中国激起反对外国人的浪潮,因此保护中国铁路安全最有效的方法,不是由外国人监督其事,而是鼓励中国人自己行动①。7月9日,美国答复英国称,尽管美国同意英国的诸多要求,但仍怀疑海军示威的有效性,因为此种行动是有限的;如果可能,美国建议通过撤销对中国现政府的承认以及停付关税和盐税,向中国政府施加压力②。美国与英国在这个问题上的不同态度,并不反映两国对维护其在华特殊利益方面有根本区别,而主要是行事方式的差别。与老牌殖民帝国并惯用炮舰政策等"硬"手段的英国相比,新起之强权美国更多是采用"软"手段,既达到其目的,又可得到被屈服国之人心,从而更有利于其长远利益。正是由于美国在临案中的态度与英国有差别,使不少国人对美国寄予期望。然而正如美国国务院远东司司长马慕瑞所言,美国"尤愿她能够有机会使中国政府获得在外国协助下的合作,为了明显的必需目的,增强中国政府对中国国内与外商的大动脉免于被劫掠的护卫能力,并使中国更能保护合法的外国利益,以实现她的国际义务"③。可见美国并不因与英国态度之差别而"忽视"中国的"国际义务"及其需要获得的"外国协助"。

　　值得注意的是日本的态度。自日本作为强国在远东兴起后,一向视中国为其势力范围,在侵略中国、获取自身特殊利益方面,常常扮演着列强中之急先锋角色;而且作为英日同盟之一方,日本似乎也应该更多地站在支持英国的立场上。但在"临案"善后交涉方面,日本一反常态,不赞成英国的立场,而更多地支持美国的意见。7月7日,日本驻

---

　　① The Minister in China to the Secretary of State, June 6, *FRUS*, 1923, Vol. 1, p. 653.

　　② The Secretary of State to the British Charge, July 9, *FRUS*, 1923, Vol. 1, pp. 675 - 677.

　　③ 刘师舜:《关于临城劫案国民外交之一页》,《传记文学》第17卷第5期,第20—21页。

美大使专门造访美国国务院,讨论英国的善后解决条件,表示日本不主
张派海军示威,认为那可能导致最终出兵的结果并将使局势更为复杂;
日本同意组织护路警察的主张,建议建立如同盐务稽核那样的体制安
排,但不赞成由外国组织及控制护路警察①。日本采取如此态度可能
有多重原因,一则津浦路等主要为英国利益之所在,日本没有必要为英
国火中取栗,成为中国民族主义浪潮反对之所向,而赞成美国的主张并
不妨碍日本的实际利益;二则日本已经在东北铁路有稳固的势力范围,
不希望因护路警察问题而影响其自身在东北铁路的利益;三则日本过
去在中国的扩张之速,影响到英美利益,因而有华盛顿会议对日本一定
程度的约束,时隔未久,日本暂时还不想过于出头。但如同美国的态度
一样,日本的这种表态丝毫不妨碍其享受列强从"临案"中可能得到的
权益。

8月10日,驻京外国公使团在致中国外交部的照会中,正式提出
改组铁路护路警察,予以特别编制,由外国武官监督的要求,声称:"倘
中国政府继续姑容或放任此种扰害,并不主剿除此项损害在华外人权
利与利益之匪患,外交团不得不采用何种方法,以保护外人在华之生命
财产权利与利益。"②20日,公使团开会讨论护路问题。英国提出,在
中国交通部内设护路行政局(铁路警察局),指挥6000人的护路常备
队,保护及维持铁路的安全和秩序;该局设立华、洋局长各一人,两者有
同等权力,由中国政府商请使团同意后任命,同时还将雇用不超过二十
名有经验的外国雇员,作为铁路检查员和巡视员;该局经费由外国总稽
查核准,作为铁路日常运营开支的一部分,每年共计160万美元,同时
为筹集护路经费,各路会计长及路务总管由外国人担任。英国还提出,

---

① The Secretary of State to the Minister in China, July 9, *FRUS*, 1923, Vol. 1,
pp. 677 - 678.

② 《外交使团致外交部照会》(1923年8月10日),《中华民国史档案资料汇
编》第3辑《外交》,第223—227页。

在两个月内拟出详细计划,交公使团批准后实行,以十年为有效期。意大利、比利时和荷兰赞成英国的提议,美国、日本和法国则表示反对,"盖恐因此惹起中国人之排外,及中国之内乱,则于外侨之安全无补,反使之陷于危险"①。当天下午,日本驻美大使再度造访美国国务院,说明已接到本国政府的紧急指示,对于英国的提议表示极大的疑虑,提议对英国方案作如下修改:一、公使团只须了解护路计划的细节,而非批准该计划;二、护路警察以中国人为长官,受中国政府管辖,外国官员只作为中国官员之顾问;三、财务和车务官员的任务只限于为护路警察筹集必要的经费,并保护铁路债券持有人的利益;四、该项计划不必涵盖所有铁路,而只应包括那些目前主要为外国人所利用的铁路。美国国务卿休斯(Hughes)基本同意日本的意见,认为英国方案走得太远,建议驻华公使团应有一致意见,避免提出不同的护路计划②。28 日,驻京公使团再次讨论护路问题,将英国方案修改为:一、外国人任护路警察长官之副手,但中国官员应在重大事项上征求其意见;二、护路计划提交使团后不必得到批准,但使团仍然保留通过外交手段修改之权利;三、护路计划首先开始于津浦和京汉铁路,其他铁路稍后实行;对于铁路稽查和车务长问题则未得结论③。

列强的护路计划遭到中国社会各界及舆论的一致反对,认为此事"辱我国体,丧失主权,且此端一开,祸患将不可底止"。国会议员赵正印等发表通电称:"今英人乘我国内纠纷,以临城事变,应合各国,肆行

---

① 南雁:《铁路共管与护路警备》,《东方杂志》第 20 卷第 16 号,第 5—7 页;The Minister in China to the Secretary of State, August 21, *FRUS*, 1923, Vol. 1, pp. 689 - 690.

② The Secretary of State to the Minister in China, August 25, *FRUS*, 1923, Vol. 1, pp. 690 - 692. 南雁:《铁路共管与护路警备》,《东方杂志》第 20 卷第 16 号,第 5—7 页。

③ The Minister in China to the Secretary of State, August 29, *FRUS*, 1923, Vol. 1, pp. 692 - 694.

要挟，破我国权，置国际正义人道于不问，……我全国上下，应同力同心，拒绝交涉。"①由于舆论反应强烈，直系首领也表态反对列强的护路计划。曹锟表示，"中外行旅，既可完全保护，则外人实无再干涉铁路根本之理由"，因此"决然反对"列强之干涉铁路。吴佩孚多次指出，"共管中国铁路，即为共管中国之先声，如有一国敢提斯议，吾自有对付良策"。他还致电北京政府国务院，表示"护路办法，关系我国主权，即使外交团循英意通过，亦万难承认，……请外交总长速向外国声明此意，对于护路一节极端拒绝。"②9 月 24 日，中国外交部答复公使团关于护路之要求，谓："护路一事为中国目前内政要举，应负之责未尝放弃"；中国将"自动改良护路之计划，决意极力进行"，于各路险要地点驻扎军队，改良特别路警，并于必要时聘用外国专门人才；但"对于外交团所拟提议之计划，义难承受"③。

　　虽然中国政府拒绝了列强的护路提议，但对列强加强铁路安全保卫的要求则不敢大意。10 月 1 日，交通部召开铁路警务会议，提出"现在护路一事，已为我国上下共认为交通方面惟一之要图，即世界各国对于我国此举，亦均极为注意"④；决定成立铁路警备事务处及教练所，由交通部次长孙多钰任处长，王赓、梁上栋任副处长，聘曼德为总教练，并规定得用外人为视察及教练。10 月 15 日，外交部复文公使团，表示对于他们的要求"虽难承受"，但"对外交团之关怀路警问题及其襄助之盛意深为纫感"，并表示"本国政府深信所采严厉之剿匪计划与夫新订之

———————————

　　①　《中华民国史事纪要》民国十二年(1923)7 至 12 月份，第 318 页。

　　②　《中华民国史事纪要》民国十二年(1923)7 至 12 月份，第 211、275、322 页；南雁：《铁路共管与护路警备》，《东方杂志》第 20 卷第 16 号。第 5—7 页。

　　③　《外交部复外交使团照会》(1923 年 9 月 24 日)，《中华民国史档案资料汇编》第 3 辑《外交》，第 227—230 页。

　　④　《中华民国史事纪要》民国十二年(1923)7 至 12 月份，第 468 页。

护路办法,定能使外人在中国内地旅行及居住之安全益臻巩固"①。10
月 27 日,已经通过贿选当上了大总统的曹锟,任命唐在礼为铁路警备
事务督办,扩大铁路警务处的事权。11 月 20 日,曹锟令将铁路警务处
直属于国务院,派出正规军二个旅担任护路任务,紧急时可由唐在礼调
遣指挥。当日公使团开会讨论护路问题,由于中国政府就护路问题作
出了若干决定,再经外交总长顾维钧的疏通,公使团表示大体满意。将
护路问题暂行搁置。

五、劫车案善后交涉的结束

在有关临城劫车案善后交涉的"赔偿"与"惩罚"方面,列强的态度
一致,而中国政府虽基本认可"赔偿",但对赔偿方式和数额则有不同意
见;至于"惩罚",中国不同意以此名目进行,但表示可以自行处理负有
责任之官员。双方就此进行了一波三折之交涉。

8 月 10 日,外国驻华领袖公使照会中国外交部,在"赔偿"方面,要
求赔偿被劫者之行李物件损失及医药费,并按天数累进计算赔偿数目,
对于死者家属应予厚重赔偿。此外,接济被劫者之一切费用均须赔偿;
其他视各人情形有索取额外赔偿之权。在"惩罚"方面,照会援引《辛丑
条约》之规定,要求派员前往若干省份实地考察,倘发觉地方官吏不能
尽其职务,除处以处罚外,要求适用《辛丑条约》规定之惩罚(即"一概革
职,永不叙用,不准投效他省希图开复,亦不得别给奖叙");要求以"通
匪嫌疑"、"事前疏忽"、"弹压不力"、"事后办理不善"等名义,将田中玉
等即予免职,嗣后不得再任官职,并保留饬令在通商口岸租界内不得予
以保护之权②。

中国政府收到列强的照会后,决定由外交、内务、财政、陆军、交通

---

① 《外交部复外交使团照会》(1923 年 10 月 15 日),《中华民国史档案资料汇编》第三辑《外交》,第 231—232 页。

② 《外交使团致外交部照会》(1923 年 8 月 10 日),《中华民国史档案资料汇编》第三辑《外交》,第 223—227 页。

五部组织联合办事处,负责处理此案。时任外交总长的顾维钧认为,"外交团采取的立场似乎是很严重的,因为这是整个外交团第一次联名照会"。但他同时认为,此事实为"偶然事件","并不是由中国国内哪一个排外运动引起的",因此列强"要求所依据的原则是站不住脚的","外交团所提的要求是很不公正的"。他在处理此案时强调:"我们做事绝不应有损中国的独立和主权,也不应违反或超越关于在中国领土上保护外国人的国际法准则。"①顾维钧的看法实际也反映了国内舆论对列强干涉的反对之声。8月25日,全国商联会发表声明,要求政府对列强各项条件,除赔偿外概行拒绝,并应公开中外往来文书,以使国民为政府交涉后盾,"对于外力干涉,应全国一致反抗"。上海国民大会发表宣言:"此事件应有该地方责任者负责,其有增加国民负担侵害主权者无论为直接或间接,俱非我国民所承认。"②社会舆论在中国对外关系中所起之作用,无论为正面或负面,自"五四"以后日渐增强,并已成为执政者可利用之"武器","临案"亦如此。

因为"惩罚"问题直接牵连直系大将田中玉,故直系亦借国内舆论的反对而自重,表示反对列强干涉中国内政。吴佩孚提出,惩处事故负责官吏是中国政府的权限,与外国并无关系,"倒田是为一事,外交又是一事,万不可存幸灾乐祸之心,藉此为倒田运动。纵使田督军即应去职,亦不能于此事此时"③。田中玉因解职关系其个人利益所在,对列强照会的反应尤为激昂,声称"若必以外交方式为漫无等差之惩处,恶风一启,不逞之徒或以私仇或以政争随时随地皆可劫持戕害侨民,假乎外交推翻疆吏,势必使中国益增纠纷"。在田的鼓动下,山东各界有致北京国务院电和内务部请愿书,反对列强"用外交方式勒令如何如何,

　　①　《顾维钧回忆录》第1分册,中国社会科学院近代史研究所译,中华书局1983年版,第328—329页。

　　②　《中华民国史事纪要》民国十二年(1923)7至12月份,第293页;《临城劫车案》,第24页。

　　③　《中华民国史事纪要》民国十二年(1923)7至12月份,第256页。

不复稍留余地，地方特任长官，侮辱至此，国家用人行政，主权侵夺殆尽。此种恶例一开，何以立国"；"我政府之处置已极允当，何得再谬引庚子条约，妄干处分大吏之权。且今日中国为内忧外患交迫时期，就国权言，绝对不能以督军田中玉之进退属个人关系，稍事让步"①。

本来，外交部已于 8 月 13 日草就对公使团照会的复文，但由于舆论反对和直系反弹，遂不得不将复文暂行搁置，在征求意见后，再加修改。28 日，阁议讨论通过修改稿，随后派专人到洛阳征求吴佩孚的意见。由于中国的答复迟迟没有送出，9 月 21 日，美国公使舒尔曼就此向顾维钧提出警告，但顾维钧告以他必须考虑中国的公众舆论，就像公使团在作决定时也考虑了外国的舆论一样②。24 日，外交部正式将复文送到驻京外国公使团，首先辩明临城劫车案"并非排外运动，亦无特别仇视外人之表征"；接着针对列强提出的要求进行答复：1. 关于赔偿，因此事"实不能谓本国政府负有赔偿损失之责任，但鉴于外人被掳之情形暨所尝之艰苦，本国政府自愿本优厚之精神，给予公平之偿恤"，数字另议，但个人之"附带赔偿""在性质上言似属间接损失，或与本案无切近关系，或仅系影响所及者，本国政府碍难一并列为核计外人应得恤偿之根据"；2. 关于"保障"，"本国政府碍难同意，深望外交团重加考量"；"引用《辛丑条约》实非正当或必要之保障。倘若坚持非特有牵动中国人民良感之虑，而于外人生命财产之安全亦无所增益也"；3. 关于"惩罚"，有关官员"业经按照本国法律分别惩治及交部议处"，但"本国政府所不能允从外交团之要求者，实因按照条约，凡惩处中国官吏、人民，皆须由中国政府依照中国法律办理"。复文最后声明："本国政府对于外国侨民在中国内地之安宁，素极注重。此次临城案发生之情形，实

---

① 《田中玉致外交部电》(1923 年 8 月 14 日)，《山东省各界代表张思伟等请拒驳临城劫车案通牒以重主权致内务部总长高凌霨请愿书》(1923 年 9 月)，《中华民国史档案资料汇编》第三辑《外交》，第 222、233 页。

② The Minister in China to the Secretary of State, September 28, *FRUS*, 1923, Vol. 1, pp. 694 - 695.

预料所未及";"深信在华外人生命财产权利利益之安全,必能益受保障也"①。

公使团收到中方复文后很不满意,认为"中国政府似未领会本外交团关于此项紧要之点",尤其英国认为"复文骨子太硬,不能满意"。9月29日,美国公使邀英、法、日公使会晤,讨论对中国复文的答复,决定考虑以不承认中国新政府的行动,压迫中国作出让步。10月4日,公使团再次提出照会,声明"维持八月十日联衔照会所注意之各点及办法,全部相应照请贵国政府仍按照上述照会所指定各项办法施行为荷"②。

公使团的态度使负责处理此案的顾维钧左右为难。他既要顾及中国舆论和社会各界的反应,也要注意不与公使团形成僵局,还要考虑曹锟上任后之对外关系,可谓瞻前顾后,势难三全。10月2日,中国驻美公使施肇基告美国国务卿休斯,顾维钧的处境很困难,尤其是对所谓非直接赔偿问题,因为与义和团的赔偿相似,很难同意。休斯却告施肇基,他不认为列强的要求不合理,因为这些损失实际是直接的损失,在任何法庭都会判决给付。施肇基又告休斯,中国政府不会挑动排外情绪,但公众舆论也是重要的因素,基于义和团协议的赔偿,顾维钧不可能接受。但休斯却坚持认为,此案应基于条约范畴加以解决,他的看法是经过深思熟虑的,中国不应该考虑任何改变条件的可能性。休斯的态度充分说明了美国不以暂不赞成武装干涉而放弃自己国家与国民利益的坚定立场。可是,尚未得知休斯态度的顾维钧还在3日电告施肇基,请求休斯的援助③。可以想见,顾维钧的请求不会得到他所期待的

---

①　《外交部复外交使团照会》(1923年9月24日),《中华民国史档案资料汇编》第3辑《外交》,第227—230页。

②　《外交使团致外交部照会》(1923年10月4日),《中华民国史档案资料汇编》第3辑《外交》,第231页。

③　The Secretary of State to the Minister in China, October 4, *FRUS*, 1923, Vol. 1, pp. 702 - 704.

反馈。

10 月 5 日,曹锟通过贿选"当选"大总统。他在到北京上任前,已经考虑到驻京外国公使团是否在他就职时前来觐贺的问题,因为公使团觐贺与否,关系到列强对他的态度,如果列强不承认其政府,他的总统职位也坐不稳。所以曹锟还在未就任时,即派人到公使团接洽,而此举恰为公使团要挟中国接受关于"临案"之条件提供了最好的机会。所以舒尔曼自信,只要外国以中国政府在这次事件中的表现而论事,中国政府势将与列强合作①。公使团在会商后放出风声,称"北方之现状及其发生之种种事件,悉皆由于官场漠视对外条约及义务而来。⋯⋯而曹锟为此漠视对外条约义务辈之首领,故中国种种罪恶之由来,其首先应负责者,即为曹氏。渠虽被选来京,但其在外交上之身价,并不能因此抬高。"②据此,领袖公使符礼德告曹锟所派之接洽人,以各公使"未奉有本政府训令为词,不予觐见"③。果不其然,10 月 10 日曹锟就职当天,外国公使均未露面,以他们的集体缺席给了曹锟严重的警告,即要曹锟从"漠视对外条约之义务"变为"重视对外条约之义务",即"重视"列强在华利权,而在当时也就是解决临城劫车案的善后问题。

列强的态度不能不引起曹锟的重视,为了获得列强的承认与支持,曹锟只有牺牲他口口声声所要"保护"的国家利益。他首先在"赔偿"问题上松口,同意考虑列强的"间接赔偿"要求。而在最让他头疼的"惩罚"问题上,虽然田中玉是曹锟的拜把兄弟,而且为了曹锟贿选"报效"了数十万经费,但此时曹锟也不得不将其牺牲。10 月 13 日,曹锟将田中玉召到北京,劝其顾全大局,自动辞职。田中玉不能当面违抗,却在事后去天津向曹锟之弟曹锐抱怨,并追索贿选"报效"之款,表示对曹锟

---

① The Minister in China to the Secretary of State, May 23, *FRUS*, 1923, Vol. 1, p. 646.

② 《使团态度变化之经过》,《民国日报》(上海),1923 年 10 月 20 日。

③ 《曹锟当前之难关》,《民国日报》(上海),1923 年 10 月 14 日。

的不满。为了敷衍田中玉的感受和面子,曹锐向其兄建议"奖惩两销"之法,即在免去田中玉职务的同时,升其为上将军,以为安抚。其实如果真要论"临案"责任,作为直鲁豫巡阅使的曹锟也免不了受牵连,如参议员张光炜等通电中所谓,"山东系直鲁豫巡阅使曹锟及巡阅副使吴佩孚属境,既拜兼辖之职,即负共同之责律,以首重从轻之意,断未有部曲获罪,反置长官于不问者也"①。如今曹锟成了大总统,却要田中玉当替罪羊,也难怪田中玉心有不服,如果因此而将其逼反,对曹锟以后控制部下亦非益事。因此,曹锟接受了曹锐的建议,以上将军的虚衔授予田中玉,同时免去田的督军职务,以对内对外都有交待。

　　负责办理外交的顾维钧一直在为外国公使觐贺事伤脑筋,"内迫于要人的敦嘱,外迫于使团的催问"。经过反复交涉疏通,公使团表示,只要中国政府承认"临案"照会的要求,他们准于 10 月 15 日前往觐贺,同时声明"非全部承认,不必答复"。待田中玉同意辞职后,列强的要求得以实现,顾维钧即草拟了二次复文,并将所拟稿本先行送交公使团征求同意,直到他们满意为止。此举如时论所谓:"以外交上非常的屈辱交换元首怀仁堂的一握手。可怜轰轰烈烈的青年外交家,为维持中国国际地位而就职的外交总长,竟办成如此屈辱的外交!"②15 日,中国复文送达公使团,声明"为看重贵外交团意愿起见",对"赔偿"问题,原则赞同个人"附带赔偿",性质及数目留待以后讨论,并告知已将田中玉免职③。至此,公使团目的已达,驻京各国公使遂于 15 日上午 10 时前往总统府,正式觐贺曹锟"当选"总统。当日下午曹锟发布命令:山东督军

　　①　《中华民国史事纪要》民国十二年(1923 年 1 至 6 月份),第 637 页。
　　②　南雁:《临城劫车案的对外屈服》,《东方杂志》第 20 卷第 21 号,第 3 页。
　　③　《外交部复外交使团照会》(1923 年 10 月 15 日),《中华民国史档案资料汇编》第三辑《外交》,第 231—232 页。1924 年 4 月 3 日,驻京外国公使团照会中国外交部,提出临案赔偿共计 35 万元。外交部认为这与中国的赔偿抚恤方案相差太大。22 日复照公使团,要求共组委员会调查损失。6 月 5 日公使团覆函拒绝调查。其后,此案赔偿不了了之。

田中玉迭电辞职，准免本职，特派郑士琦督理山东军务；特任田中玉为上将军。

曹锟以中国的屈辱而换得外人的"觐贺"，但公使团却以中国政府令称田中玉因表示辞职而被免职，同时又升其为上将军，不是"惩办"而是"鼓励"，实为故意玩弄公使团，毫无诚意，故由领袖公使符礼德于16日下午提出质问，并要求在四十八小时内撤销提升田中玉为上将军的命令；如无满意办法，当另定对华态度。外交总长顾维钧因国家信用尽失，自己又首当其冲，处境尴尬，故提出辞呈，宣布自次日起不再到部办公①。

对于公使团明目张胆之要挟，曹锟纵有不满，亦不敢稍有表示。为了挽回局面，他一面派外交次长蔡廷幹与公使团斡旋，解释上将军是有名无实的虚衔，田中玉是明升暗降；一面又召集部下磋商补救办法。大家冥思苦想，咸认即便同意列强的要求，但如果明令取消授予田的上将军令，实在是太不成话。正在进退两难之际，国务总理高凌霨提出补救之方，即向洋人解释，田中玉授为上将军，系属大选完成后照例之酬庸；他之免职，则为"临案"交部议处后之结果。一予一夺，为截然两事；而依原定发表之程序，升将令本在免职令前，由于经办人员未加检点，同时也为手续上方便起见，竟将前后两令同日发表，至引起误会②。为了敷衍洋人，他们索性假戏真做，由国务院以正式公文送至印铸局并抄送外交部，谓查阅本月15日政府公报及令单，误将田中玉叙升及免职两令列在一日，与原定发表次序不符，应即更正。此举演出了"临案"善后交涉中最为滑稽可笑之一幕。谁知公使团仍然不理这套把戏，非要撤销田中玉的升职令不可。曹锟最后走投无路，只得求告田中玉说："老弟委屈点，看我的面子。"请其自动辞去上将军，总算了结了此案③。

---

① 南雁：《临城劫车案的对外屈服》，《东方杂志》第20卷第21号，第4页。

② 《曹锟辱国如此》，《民国日报》（上海），1923年10月22日。

③ 陶菊隐：《北洋军阀统治时期史话》下册，三联书店1983年版，第1288页。

　　临城劫车案虽然最后得以解决，但对中国对外关系与国际地位仍有显明之影响。时任国务总理的张绍曾认为，"此案决不能影响及于中国之国际地位"，"盖外人在中国者，今虽遇此不幸之事，而中国侨民之在外国者，亦何尝未遇此类不幸之事。……然中国初不因此而蔑视友邦自主之精神，故可知友邦亦必不因此而不尊重中国之自主精神也"。"临城案与撤废治外法权乃完全不相关涉之问题，故其解决亦裁判为两事，分别解决，不能混为一谈。尤有进者，中国国民今决不甘居外人之下，务必求得比较的平等待遇而后已，纵万一有一二国不欲以比较的平等待遇予中国人民，而设法使此撤废治外法权一事为无期之延期，全中国人民亦必以全力以争之，因此事乃至不平等之事也"①。此话不过是政客对舆论批评之虚应故事，临城劫车案影响于中国国际地位及对外形象实非浅鲜。就列强而言，由于"临案"而认为中国不能承担所谓"国际义务"，因此提出若干干涉中国内政之要求（如由外人控制护路及路政），并放缓了华盛顿会议后同意在一定程度上"改善"中国国际地位（如关税自主和取消治外法权）之步伐。就中国而言，临案反映出 20 年代前半期中国对外关系的某些基本特征，即每遇有对外交涉，可以进行一定程度的抗争，这主要是由于社会各界和舆论的压力以及职业外交家群体的努力所致，但最后的结果仍多让步，反映出当时中国外交之虚弱地位。由临城劫车案自发生至解决的全过程观之，可以认为，由于近代以来中国的长期弱势地位以及外交、内政、军事、经济、文化等多重因素，牵连到其弱势国际地位回升的过程必然是十分缓慢、有限而艰难的。同时，由于军阀割据造成中国政治和政府的分裂，一方面虽然使当时的职业外交家群体有相当程度的活动空间，并可根据国际外交准则和惯例进行一定程度的外交努力；但另一方面，中国政治与政府的分裂，也使对外交涉不易形成一致看法与统一声音，并给予对外交涉以有力的支持，从而使职业外交家的作用打了不少折扣，加以中国自身的实

---

　　①　《张绍曾答美国记者问》，《临城劫车案》，第 9 页。

力所限,使他们在挽回中国国家利权方面的贡献只能是有限的。毕竟,弱国外交有其施展的空间和限度,无法太过超出其自身实力而作为。因此,对于1919年五四运动之后中国国际地位的缓慢回升以及职业外交家在其中所起作用似不宜估计过高。

三　京汉路工潮与"二七"惨案

随着中国近代工业的发展,工人阶级亦逐渐成长,并于"五四"时期开始表现出其阶级的力量。中国共产党成立后,以工人阶级为其重要的阶级基础,开始在工人中进行组织发展与政治动员,使得中国有组织的工人运动从无到有,迅速发展,并在经济诉求之外,也表现出政治诉求,至1923年2月京汉路大罢工的发生,形成中国工人运动的第一次高潮。

京汉铁路是贯穿中国南北的交通大动脉,自开通后不仅在客货运输方面起着无可替代的作用,也是北京政府的重要收入来源。因为铁路系统的垂直管理特性,铁路工人较其他行业的工人更富于组织性与纪律性,从而也更便于在他们中间进行组织发动工作。从1921年起,在中共及其下属的中国劳动组合书记部的运作帮助下,京汉路各大站陆续成立工人俱乐部(后改称工会),短短一年有余,沿路各站均成立了工会,会员总数已达1.3万余人,超过全路工人总数的70%①,使京汉路成为中共"当时用力最多,工会力量较为雄厚的地方"②。第一次直奉战后,吴佩孚为削除长期垄断铁路利益的交通系及梁士诒的势力,对铁路工人运动暂时采取了默认态度,并高唱"保护劳工"的口号。中共借此时机,由李大钊出面,向交通总长高恩洪建议在各铁路派遣密查员,以向政府提供情报信息为名,向铁路派遣工运组织、领导人员,结果

---

① 中夏:《我们的力量》,《中国工人》第2期。
② 史文彬:《二七的精神是什么》,《中国工人》第6期。

得到了吴佩孚同意,中共遂派出何孟雄、张昆弟、陈为人等在京汉、京奉、京绥、陇海、正太、津浦等主要铁路线担任密查员,为工人运动的开展创造了有利条件。1922年下半年,为改善劳动条件、提高生活待遇,京汉路长辛店、京奉路山海关和唐山机车厂、粤汉路武长段、京绥路车务段、正太路石家庄机器厂的工人相继举行罢工,并取得了不同程度的成功。京汉路局方面感觉到"工人之权势甚大","因其团体甚固,日久恐被推翻,且人多势众,亦无法限制",因此通过京畿卫戍司令部侦察处长王广宇向总司令王怀庆提出"查办"要求,劳资双方的矛盾逐渐凸显①。

　　1922年4月和8月,京汉路工人代表先后在长辛店和郑州召开全路工人代表会议,决定成立京汉铁路总工会,并选出了由中共党员史文彬、项德龙(项英)负责的筹备委员会,通过了《京汉铁路总工会章程草案》。1923年1月5日,筹备委员会在郑州召开第三次工人代表会议,决定于2月1日在郑州举行总工会成立大会,并邀请各省市工会、社会团体及名流参加。1月15日,筹委会致函京汉路局,请求将1月28日的星期日假期移到2月1日,以便代表赴郑开会,并请给予京汉路北段代表免票乘车,南段代表挂专车的优待。筹备工作的进行尚称顺利。

　　京汉路工人成立总工会的举动并非秘密与非法地进行,而是公开与合法地进行,相关情况均由筹委会通报路局方面知晓,并经路局局长批准。但京汉铁路管理局局长赵继贤本并不愿见到工会的成立,1月25日他致电吴佩孚称:"据报二月一日,本路全体工人将在郑州开成立大会,各路与会者甚多,以未经地方官厅许可集会,竟敢明目张胆,聚众招摇,不特影响所及,隐患堪虞,即此目空一切,荒谬绝伦,将来群起效

---

　　① 《王光宇呈王怀庆》(1923年1月30日),《中华民国史档案资料汇编》第三辑民众运动,第55页。

尤,愈演愈烈。"建议吴下令"迅饬预为防范,切实监视"①。一度标榜自己"保护劳工"的吴佩孚,也不愿见到工人运动的大规模发展,其中不仅有政治理念的原因,也有经济的因素,因为工人一旦集中在工会组织下,必定要求提高待遇,从而影响铁路收入,触动当局利益。长辛店工人罢工胜利后,全路二万多工人每月加薪三元,每月影响收入六七万元,而京汉路收入又是直军军费的主要来源之一,因此,吴佩孚对京汉路工人运动的兴起亟思压制。他先是嗾使其部下、京汉路南段段长兼湖北督军署副官冯沄组织"同人通谊会",拉拢、分裂工人运动;同时派其学兵队员学习火车驾驶技术,以作为必要时顶替开车的准备②。曹锟对京汉路工人运动的发展更是主张采取镇压行动。他电令吴佩孚:"近来书记部工会声势日增,过激气焰嚣张";"最近全路总工会代表借口开会,群集郑州,据报有潜谋不轨情事,……郑州当南北要冲,设有疏虞,后果何堪设想。应该当机立断,严令禁止。并查拿该部首要分子归案究办,以遏乱萌"③。同时令吴佩孚增兵京汉路沿线各站,预为准备。

1923 年 1 月 29 日,吴佩孚电令第十四师师长兼郑州警备司令靳云鹗等称,京汉"全体工人,将在郑州开成立大会,各道与会者甚多,以未经地方官厅许可集会,竟敢明目张胆,聚会招摇!不特影响所及,隐患堪虞,即此目空一切,荒谬绝伦,将来群起效尤,愈演愈烈。蚩蚩愚氓,必将误蹈法网,而不自知。瞻顾前途,杞忧无极!"令靳"预加防范,设法制止"④。靳即派兵分布郑州各街道,阻止工人赴会。郑州警察局

———————————

①　《吴佩孚致靳云鹗电》,中华全国总工会工运史研究室等编:《二七大罢工资料选编》,工人出版社北京 1983 年版,第 716 页。

②　邓中夏:《京汉路大罢工——"二七"惨杀》,中国革命博物馆编:《北方地区工人运动资料选编》,北京出版社 1981 年版,第 394 页。

③　罗章龙:《椿园载记》,三联书店北京 1984 年版,第 243 页。当过后中共领导人发现吴佩孚有镇压图谋时,有人又建议罗章龙找白坚武向吴进言,罗认为:"事到如今,已不是口舌所能争的了。"大家因此赞成以实力与吴周旋。《罗章龙教授谈二七大罢工》,《党史研究资料》1979 年第 4 期。

④　《吴佩孚致靳云鹗电》,《二七大罢工资料选编》,第 716 页。

局长黄殿辰亦奉命到总工会筹委会办公处，威胁筹委会负责人，但都没能使筹委会从命。30 日，吴佩孚电召筹委会派代表到洛阳谈话，筹委会当即指派杨德甫、李震瀛、史文彬等五人赴洛，次日吴佩孚在接见工人代表时声称："你们工人的事，我没有不赞成的，你们想，什么事我不帮助你们？"但他强调："郑州是个军事区域，岂能开会？你们不开会不行么？你们改期不行么？你们改地方不行么？其实会个餐亦可开会，在屋子里亦可开会。我是宣言保护你们的，岂能和你们为难？"工人代表陈明总工会的成立并不妨碍军事机要，而且大会筹备工作都已就绪，各站代表与来宾已陆续到达，会期势难改动。但吴佩孚强硬表示："我已经下了命令，要制止开会；我是军官，岂有收回成命的道理？"①双方争辩多时而未达成妥协。工人代表随后连夜赶回郑州，向已到郑州的十六处分会的六十五名代表报告与吴佩孚的谈话经过，代表均认为集会自由载在约法，是我们的正当权利，决议仍照原定日期举行成立大会。李大钊等中共领导人当时对吴佩孚的认识还不全面，在罗章龙询问李大钊有关吴佩孚的态度时，李告他："吴子玉近来正在忙着装点门面，笼络人心，想不致做出什么毁坏自己声誉的事吧！如果有什么事，你去找白坚武谈谈。"②从而未能预先就吴佩孚可能之镇压举措有所布置。

2 月 1 日上午，工人代表及外地来宾分路向开会会场行进集合，当日"郑州全埠紧急戒严，军警荷枪实弹，沿街排列，商店闭门，行人断绝，几若大敌即在目前"③。待参会队伍行至会场——钱塘里普乐园戏园附近时，被早已守候在这里的军警包围，不能前进。代表与之理论多时不得解决，愤激之下，大家齐心协力冲开包围涌入会场。大会开始后，主席报告了总工会成立的宗旨和筹备经过，宣告京汉铁路总工会正式成立，杨德甫当选为委员长。大会进行过程中，郑州警察局长黄殿辰率

①　《京汉工人流血记》，《二七大罢工资料选编》，第 120 页。

②　《罗章龙教授谈二七大罢工》，《党史研究资料》1979 年第 4 期。

③　《二月一日军阀进攻》，《二七大罢工资料选编》，第 121 页。

警察多人进入会场,声称奉吴佩孚令,"限五分钟自行解散","有反抗的以军法从事"。代表们不予理睬,坚持到下午4时才宣布散会。但大会结束后,军警已经封锁了代表和来宾们所住的各宾馆,监视代表行动,禁止出入。黄殿辰还指挥军警将大会收到的匾额礼物及工会会所内一切文件什物尽行捣毁,并声言:"我在郑州一日,即一日不许工人开会。……现在呢,你们快些滚蛋!"①

面对军阀对工人运动的公然压制,京汉路总工会于当晚召集秘密会议,议决于4日午刻实行京汉路总罢工,同时将总工会移汉口江岸办公,成立总罢工委员会,统一指挥工人行动。2月4日,总工会发表宣言,谴责"万恶的军阀爪牙,郑州军警长官,用武力横加压迫,禁止开会,封闭会场";"这件事发生的原因,实由本路局长赵继贤、南段处长冯沄丧心病狂,捏造谣言,唆使军阀吴佩孚,命令郑州军警当局所致。工友们呀,被压迫的同胞呀,你们要看清楚,压迫我们剥夺我们的自由的,解散我们的工会的,侮辱我们的人格的,是误国殃民的军阀和他们的奸险的爪牙呀,我们要认清楚我们的仇人,我们不能忍受这种欺侮和宰割呀,我们要紧紧的团结,反抗我们的仇人,向我们的仇人进攻呀!"宣言提出撤免赵继贤、冯沄、黄殿辰职务,要求路局赔偿工会损失,所有占领郑州工会会所之军队应立即撤退,由郑州地方长官到郑州工会会所道歉等作为复工的最低条件②。罢工的决定与宣言的发表是总工会和工人代表出于对军阀横行的义愤所作的决定,但因为是仓促所为,因此对罢工实行后的后续动作与可能后果缺乏应有的估计,罢工宣言直接点出吴佩孚的名字,并予严厉谴责,也不利于分化与利用直系内部矛盾,更促使吴佩孚毫无顾忌地下令武力镇压。

2月4日中午,根据京汉路总工会的命令,京汉铁路总罢工开始,这条纵贯南北的交通大动脉立刻停止了流动。中国劳动组合书记部向

---

① 《长辛店分工会之两通电》,《京报》,1923年2月5日。

② 《京汉路罢工之起因》,《晨报》,1923年2月11日。

全国各工团发出通电声明："本部素知军阀怙恶，与我工界势不两立，此次郑州事变，不过初发其端"；"盖军阀今日可施之于京汉者，他日即可施之于他处，如吾人今日饮泣吞声，不复与较，非惟全国工会将悉受摧残，吾劳动界恐永无宁日"；呼吁"本阶级斗争之精神，切实援助"①。直系军阀方面，对京汉路罢工预有布置，并调派了二万以上的军警分布于沿线各站，然而京汉路罢工实现时日之速，参加人数之多，也大大出乎其意料，而且他们既担忧罢工背后有"赤党"指使②，又担心列强的"质问"③，为此表现出强硬态度。此时正值年关，旅客众多，铁路罢工于交通影响甚大，但吴佩孚毫无退让之意，他于 5 日致电湖北及京汉路当局称："日来各路工人，受人煽惑，动以罢工要挟，此等嚣风，若不严加取缔，势将贻患无穷。除电沿线各军外，务希查明严禁。如果不服劝导，立即武力制止，以遏乱萌。"④有吴佩孚的命令撑腰，京汉路局及各地军政当局立即开始了对罢工的镇压行动。当日，京汉铁路局局长赵继贤发表文告，对工人施以诱惑，加以威胁："若你们只就一方面的肆意要求，不替铁路想想，到了那真真为难的时候，路局亦不能一味敷衍你们

---

①　《中国劳动组合书记部通电》，《二七大罢工资料选编》，第 134 页。

②　2 月 5 日，河南督军署参谋处李炳之在给直鲁豫巡阅使署参谋长陆锦的信中表示了这种担心。信称："此次京汉工人开会一节，固暗中有人主使，希图扰乱破坏，而各处与会来宾赠送匾额文词尤堪注意，其中有'劳工神圣'、'总会无敌'、'健者先进'、'前途胜利'等句。其最荒谬者，如谌家矶扬子厂工会送'赤焰辉煌'，武昌高等师范学生……送'大地赤化'各匾额，实具有赤党共产之恶思潮，如不严加制止，设法惩除，则邪说潜润，鼓惑工人，群焉骚动，渐及军警各界人士，则国家秩序曷堪设想。瞻念前途，不寒而栗。"《河南督军署参谋处李炳之关于京汉路工人开会及地方动荡情况致陆锦函》(1923 年 2 月 5 日)，《中华民国史档案资料汇编》第三辑《民众运动》，第 57 页。

③　在罢工高潮前后，"据外交界消息，公使团以各路罢工风潮，外商受绝大影响，昨已照会外部，质问有无消弭及取缔方法。政府已预备答复，其措辞大约以京汉工潮既经解决，交通即可恢复原状云"。《各路工潮未息中之各方面》，《晨报》，1923 年 2 月 12 日。

④　《汉口警察厅之通传》，《二七大罢工资料选编》，第 733 页。

了。现为路局计，与工人们约限于十二小时内立即照旧上工，恢复交通，所有以前的事情，概不追究。假若有人强迫你们，阻止上工，自有军警保护你们，不要害怕。过了十二小时，不肯回来，是你们自己跟本路脱离关系，则本局只有另筹维持交通办法，另行找人做事了。你们工人可不要后悔啊。"①

京汉路局首先将解决罢工问题的重点放在北段。2月4日，京汉路局派员到长辛店，"慰问罢工工人"，"促令回复工作"，并提出先行分段通车，再讨论复工条件的要求，企图诱惑长辛店分会单独复工。此举遭到长辛店分会的拒绝②。5日，京畿卫戍总司令王怀庆上呈大总统黎元洪，称"此次长辛店工人与学生联络，竟敢公然开会运动罢工，显系有人主使，希图扰乱大局。若不迅速防止，诚恐于地方治安前途，将受绝大影响"，因派张国庆率骑步兵各一营，"驰往长辛店沿路一带，切实弹压，相机办理"③。6日下午赵继贤到长辛店，先令宛平县知事与长辛店商会会长出面，让分会接受其复工条件，分会代表当即表示："总工会叫我们怎么办，我们就怎样办。在罢工事件未解决以前，除了听总工会的指挥外，别的什么全不知道，这是我们至死不变的信条。"④赵继贤闻听之下甚怒，遂令贴出布告，限十二小时内复工，声称对于罢工的领头人，要"严行查究惩办"，"工人如再不及时省悟，当一律解散，押令回籍，并追缴从前所有薪饷"⑤。当晚，军警开始搜捕工会负责人及罢工积极分子，逮捕史文彬等十一人，转解保定军法处收监⑥。

直系军阀的镇压行动引起了长辛店工人的抗议，7日上午，长辛店数

①　《京汉铁路管理局布告》，《二七大罢工资料选编》，第714页。
②　《京汉路罢工不难解决》，《益世报》，1923年2月6日。
③　《王怀庆呈文》，《近代史资料》1958年第1期，第24页。
④　《京汉路罢工风潮将不可收拾》，《晨报》，1923年2月7日。
⑤　《长辛店兵工之大激战》，《二七大罢工资料选编》，第253页。
⑥　《京师宪兵司令部关于镇压京汉铁路工人罢工情况报告》（1923年2月7日），《中华民国史档案资料汇编》第三辑《民众运动》，第59—60页。

千工人手持"要求释放被捕工友","还我们的工友,还我们的自由"等标语,到第十四混成旅旅部示威。"相持不久,军队即向空中放枪示威,工人等大呼不退,于是此等趄趄武夫,乃举其杀贼之利器,向工人轰击"。致数人身亡,数十人受伤及被捕。随后,军警封闭工会,"工人见军人之忍心残杀,方相率逃去,或易服藏匿,或远走他村,以暂避目前之祸。自经此一场惨杀之后,长辛店全市更形凄惨,行人来往,不敢交谈。记者偶叩其何事如此,则谓一概不知。然其神色之间,未尝不呈一种悲愤之相也"。当日,长辛店工会发出通电:"军警似此横暴,不独身受之工人悲愤难堪,谅各界同胞亦不能目睹军阀如此横行,人民如此被难,坐视不救。"①当局同时令路局工人于8日起一律回厂工作,同时"出具甘结妥保及永不罢工之悔过书,呈与当局转送路局备案,并脱离工会";"长辛店工会俱乐部既系与路局捣乱之机关,自应将该会一切文卷书札,由在会责任之工人一律汇齐缴销"②。自7日中午起,京汉路北段在军队"分段保护","携带全部武装,严阵以待"的监视下,恢复开行火车③。

因为京汉路总工会迁移汉口,因此武汉三镇是吴佩孚镇压京汉路工人罢工的重点地区。湖北督军萧耀南是吴佩孚的亲信,罢工开始后,吴、萧间日通电数次,谋划镇压。2月5日,萧耀南先以重兵包围江岸车站,然后派汉黄镇守使署参谋长张厚生到总工会住地,强令交出京汉路总工会委员长杨德甫、江岸分会委员长林祥谦等负责人,在遭到拒绝后,张厚生即派部队占领机车厂及车站,与罢工工人对峙。当日,湖北工团联合会发表宣言,表示对京汉路罢工的援助,若不达目的即举行同情罢工。6日,湖北各工团分别派出慰问团到江岸工会住地举行慰问大会,杨德甫报告了此次大罢工的前后经过,京汉路总工会秘书李震瀛

①　《京汉路罢工中之惨剧》,《晨报》,1923年2月8日。
②　《直鲁豫巡阅使参谋处关于解散长辛店工会应迅速办理函件》(1923年2月10日),《中华民国史档案资料汇编》第三辑《民众运动》,第66—67页。
③　《长辛店兵工之大缴战》,《二七大罢工资料选编》,第253页。

代表总工会致辞，表示"此次大罢工，为我们全劳动阶级运命之一大关键，我们不是争工资争时间，我们是争自由争人权。我们是自由和中国人民利益的保卫者"①。会议结束后，与会者举行示威游行。同日，萧耀南电令下属，"京汉车均已开行。惟鄂境因工人坚持罢工，致断交通，妨碍商旅，应即均实劝告，否即以武力对待"②。

　　2月6日，吴佩孚致电萧耀南，令其工人"如果不服劝导，立即武力制止，以遏乱萌"③。萧耀南接电后即着手调集军队行事，同时让张厚生在2月7日下午2时派人到总工会，声称"奉萧督军命令，特来请求贵总工会派全权代表开会谈判，如得允许，张参谋长顷即可来贵会晤谈，并拟穿便衣来，以示诚意。条件六条，均可完全承认，惟先将全权代表名单开示。"工会负责接待的全权代表李震瀛等觉察来人态度反常，疑其中有诈，虽同意谈判，但未将代表名单交出。稍后，此人去而复来，说是请总工会全权代表于5时半在会所等候，张参谋长按时来会。其实，张厚生此时已在江岸设立指挥处，制定了武力镇压计划。5时许，总工会代表正准备去会所谈判，走到半路忽闻枪声大作，张厚生率领两营士兵分三路包抄总工会，时有工友数百人在工会门前等候消息，躲避不及，三十余人当场被乱枪和马刀杀死，二百余人受伤，同时有六十余人被捕，江岸分会委员长林祥谦亦在其中。张厚生发现林祥谦后，即迫其下"上工"命令，被林严厉拒绝。张厚生立命将林祥谦斩决，并将其首级悬于车站电线杆上示众④。在江岸流血惨案发生的同时，2月7日下午，施洋律师在汉口寓所被捕。施洋为中共党员，多年来积极参加工人运动，"为劳动界谋利益，劳动界视之如明星，倚之如保姆。所以军阀

---

① 《二七大屠杀的经过》，《向导》第20期。
② 《京汉路工潮之汉口惨剧记详》，《大公报》，1923年2月12日。
③ 《汉口警察厅之通传》，《新闻报》，1923年2月9日。
④ 《二七大屠杀的经过》，《向导》第20期；《江岸惨剧》，《二七大罢工资料选编》，第212—215页；《京汉工人流血记》，《北方地区工人运动资料选编》，第466—468页。

官僚资本家忌刻万分,久欲杀之而后快"。自1922年10月起,施洋先后担任湖北全省工团联合会和京汉铁路总工会法律顾问,出席了2月1日在郑州举行的京汉铁路总工会成立大会,为筹备总工会的成立以及罢工后的安排,费力劳神地给工人以不少帮助和指导,故萧耀南以"煽动工潮"的罪名将其逮捕,交湖北陆军军法处审判。"当经律师公会武汉商会各团体多方营救,卒未得当局之允可。军法处屡次审讯,均谓其迭次参加工团,公然运动罢工,实有煽动行动,应⋯⋯从重处以极刑,以昭炯戒,而儆效尤。萧督曾语人云,杀施洋湖北即无工潮之患。洛阳(吴佩孚)方面亦有电到鄂,将施洋就地正法,以清乱源"。2月15日上午,施洋被害,临刑时犹高呼"劳工万岁!"①林祥谦与施洋遇难时都只有三十四岁。

在血腥镇压了江岸罢工工人之后,萧耀南发布了"特别戒严令",派军队全副武装轮流梭巡,禁止民众和工人集会,禁止妨碍治安之传单文字图画,禁止拍发"有关治安"之电报,晚11点后轮渡停航,晚12点后无点灯处不准通行,各旅馆不准收留无妥保者,等等②。他还下令封闭湖北全省工团联合会及所有工会,拘捕工会代表数十人及"平时热心工团之人物,通缉湖北工团联合会委员长等十七人,以为斩草除根之计。又仇视报馆,凡对工潮处置表示不满意者,则加以检查或封闭之"③。武汉三镇处在一片恐怖气氛中。为解释其镇压之举,萧耀南在对外发表的通电中声称:"此次京汉铁路罢工风潮,原系奸人从中鼓惑,别有阴谋。前于支日据报汉口路工一体集会停业,当以工人等受人诱胁,情有可原。迭经责成驻在军警委婉开导,至再至三,讫无效果。虞日午后五时,适有南来列车,将次抵汉,当地匪徒,裹挟工人约共数千名麋集车站

---

①　《施洋遇难》,《施洋枪毙情形补志》,《二七大罢工资料选编》,第235、第251页。

②　《萧耀南宣布特别戒严令》,《二七大罢工资料选编》,第742页。

③　《鄂萧惨戮工人之隐患》,《晨报》,1923年2月23日。

附近,势将拆毁轨道,阻止行车,军警长官向前劝说,讵匪徒暗藏手枪,突于人丛中直向劝说官长狙击,并扑夺军队枪支,一时秩序大乱,军警为正当防卫,维持地面起见,不得已开枪格斗,格毙匪徒多人,夺得手枪十余支,余匪惊散。所有工人以匪徒格毙,恢复自由,情愿照常工作,已于当晚开车,地方安静如常。"①

在京汉路中段重镇郑州,5日晚,靳云鹗宣布临时戒严,并派"郑埠军警绅商各界人士",约京汉路郑州分会委员长高斌等到第十四师俱乐部,"提出严重质问",令其即日开工。高等抗辩说:"除非惩办赵继贤、黄殿辰,赔偿损失,恢复工会",否则不能复工。况且,"总工会已移至汉口,我们只听总工会的命令"。靳云鹗闻言,即命军警将高等监禁,并逮捕罢工骨干,锁在车站票房门外风雪中示众,但并未能使工人领袖及骨干屈服②。6日与7日,靳云鹗继续令军士搜索工人,迫其上车服务,工人皆奔避,偶有被抓获者,也都拒绝开车。此时,吴佩孚派出的临时司机到郑州开行部分列车,但"南行至许昌,例须换水,而各站之水井,均被工人封锁,无处取水,只得中辍。其北开至顺德之车,亦因无法换水而止"③。在长辛店与江岸的镇压开始后,靳云鹗亦在郑州展开武力镇压行动,并在8日指使黄殿辰找人在普乐园召开"郑县国民大会",制定若干以高压胁迫工人复工的条款,如对二十四小时内不复工者,一律驱逐出境,其生命财产军警不负保护责任,并断其供给,退租房屋;有窝藏者,以通乱党论,房屋充公④。

"二七"惨案以江岸、长辛店、郑州为主要发生地,但京汉路其他各站,如高碑店、保定、正定、驻马店、信阳等处亦有镇压行动。据不完全统计,此次直接遇害及其后冤死于监狱或非命者共五十一人,其中汉口

① 《萧耀南关于汉口镇压铁路工人通电》(1923年2月8日),《中华民国史档案资料汇编》第三辑《民众运动》,第62页。
② 《京汉路罢工风潮之豫闻》,《新闻报》,1923年2月10日。
③ 《请看郑州绅士不许工人饮水》,《京报》,1923年2月12日。
④ 《郑县国民大会决议六条办法》,《二七大罢工资料选编》,第750页。

江岸三十五人,郑州八人,长辛店七人,彰德、顺德、高碑店各一人①,受伤者数百人,入狱及被开除流亡在外者人数更多。2月9日,北京政府议决,将罢工"首要"十一人"就近发交军法处从严审处"。同日,内务部向上海、天津、汉口、南京、济南等城市警察当局发出密电,要求"对于聚众讲演过激主义及煽动罢工、罢市等,务须随时切实查察,严密防范,以期消灭无形。如有劝导不服,甚或有轨外行动,应即依法取缔,严重办理,以弭乱萌,是为至要"②。11日曹锟致电各地方当局,"务请尊处合力协筹,于暴动工人严重对待。其有加入者,无论何人,一律以暴徒惩办"③。

在此等高压形势下,为保存元气以图再举,京汉铁路总工会与湖北全省工团联合会于9日联合发出复工令,劝告工人暂时忍痛复工,"须知吾人此时惟有忍痛在厂工作,才有报仇之日。杀吾工界领袖林祥谦之仇誓死必报,言论出版集会结社罢工之自由誓死必争,军阀官僚中外资本誓死必打倒,唯其如此,所以我们忍痛复工,才有以后的种种办法"。至此,规模空前、声势壮烈的京汉铁路大罢工以失败而结束。影响所及,中国劳动组合书记部在北京的部址被查抄,职员被通缉,只能迁往上海;北方各铁路工会及武汉工会一律被封闭,领袖被通缉。"两年来共产党所惨淡经营的工会组织,除广州湖南尚能保存外,其他各地皆完全倒台。中国职工运动从此便进入消沉期了"。但是,京汉路大罢工以及罢工工人为争取自身应有之政治经济权利所表现出的无畏勇气、昂扬精神、壮烈气概将长留史册,如邓中夏所言:"京汉铁路大罢工

---

① "二七"惨案死难人数说法不一,此据平汉铁路各工会联合办事处事后调查所得之《平汉铁路"二七"事件死难工友姓名及事实调查表》,《中华民国史档案资料汇编》第三辑《民众运动》,第89页。

② 《国务院议决逮捕罢工工人交军法处从严处理密电》(1923年2月9日),《内务部关于严防过激党鼓动罢工罢市密电》(1923年2月9日),《中华民国史档案资料汇编》第三辑《民众运动》,第64页。

③ 《曹锟致阎锡山等电》(1923年2月11日),《阎锡山档案要电录存》第6册,第432页。

是中国第一次罢工高潮的最后一个怒涛。这个罢工显然为中国职工运动开了一个新的阶段——从改良生活的经济斗争转变到争取自由的政治斗争的阶段。"①而一向保守的《顺天时报》也在时评中认为:"此种运动非仅由他人煽惑所能发生,纵今一时因此发生,亦不得成为有力而且扩大,兹既为有力而且扩大,则其中必有其他原因。其原因为何,即世界的潮流工人之自觉是也。""新式政治,则不宜仅以被治者阶级之幸福安宁为目的,更须满足其参与政治的欲望";"现在之政治,须向此圆满时代之道程进行,须令其渐向此目标接近,凡与此相离远之政策,即宜认为时代逆转的政策,亟行敝屣而抛弃之,倘不准此而执行政治,纵握有如何权力者,终亦必败而已。"②

京汉路大罢工以其所处位置之重要、参加人数之众多、最后结局之惨烈而引起了广泛的社会反响。社会各界在罢工期间对罢工工人给予不少声援与支持,在罢工失败后则给予他们相当的同情与抚慰。"二七"流血惨案发生后,各地纷纷举行"二七"烈士追悼会,向当局提出严重抗议,要求保障集会结社自由,释放被捕员工,抚恤受害工人家属,严惩杀人凶手。直到3月下旬,北京各界千余人还在高师操场举行了追悼"二七"死难烈士的大会③。国会议员胡鄂公等向政府提出质问案称:"人民集会结社之自由,明明载在约法,无论何人,不得侵犯,此次京汉路工人,组织工会,事非违法,何以该地军警横加摧残。而政府不经查办,以致激成罢工风潮";"风潮既经扩大,政府即应有所觉悟,平心处置,何以荒谬糊涂,竟派军队前往威吓";"尤足骇人听闻枪击工人者,……按工人亦是人民,上工与否,原系双方对等条件,岂已能因条件未洽,即行残杀。假使政府与人民易地以处,其将如何?"④2月11日,

① 《中国职工运动简史》,人民出版社1979年版,第85、103、105页。
② 《京汉铁路工人之罢工》,《顺天时报》,1923年2月8日。
③ 《昨日施林及二七遇难工人追悼会》,《晨报》,1923年3月23日。
④ 《京汉路工潮昨日之形势》,《晨报》,1923年2月9日。

国会举行临时会议,向北京政府提出建议案,建议政府根据约法承认工会,释放此次工潮的被捕者,抚恤伤亡者,撤退增调弹压的军警。但只能听命于直系军阀威权的国务总理张绍曾却答称:对于释放、抚恤、撤兵等事,"须听各方长官依法处理","本人仅可以私函请其从宽而已"①。2月22日,黎元洪发出《大总统令》,对军阀镇压工人予以辩护,对死伤工人表示"痛惜",以此敷衍社会各界和舆论的强烈不满之声。令称:"京汉铁路工人,偶因集会细故,卒而罢工,又不服长官劝告,竟与军警冲突,致有死伤,殊深痛惜。查集会自由,为约法所特许,而罢工滋扰,亦为刑律所不容。况铁路所以利交通,一旦停止,国家、人民同受莫大损失。在路工人纵有被抑隐情,亦应禀候政府处置,何得遽以罢工为要挟,妨碍全路交通,置身咎戾所有。此次肇事情由,著由内务、交通两部会同查明,呈候核办,并著主管部妥拟工会法案,咨送国会议决,克期公布,俾资遵守。"②

"二七"惨案由于吴佩孚下令镇压而演成"中国劳工运动史上最大的悲剧",吴佩孚的"声望"由此而急剧下跌。吴佩孚曾经因其反皖"爱国"主张与"恢复法统"的高调而在社会各界和知识分子中颇有"声望";第一次直奉战后他所高唱的"保护劳工"论调,亦引来不少人的好感;共产国际和中共一度也将吴列为革命阵营可以争取的重点对象。"二七"惨案的发生,使曾经环绕在吴佩孚头上的"光环"黯然失色。事实证明,在各派军阀中,吴佩孚不过是与其他信奉武力至上的军阀一样并无二致的军阀,在直系内部,拥吴佩孚的洛派与拥曹锟的保派也并无根本区别,他们对待自由民主、人权正义的态度如出一辙。社会各界对直系以及吴佩孚的观感从此一变,可以说,"二七"惨案是直系在政治上走下坡路的开端。对京汉路大罢工以及"二七"惨案的全过程有大量报道的《晨报》这样写道:"此次京汉路发生风潮,本报曾据实记载,以告阅者。

---

① 《京汉工人流血记》,《北方地区工人运动资料选编》,第563页。
② 《大总统令》,《二七大罢工资料选编》,第720页。

乃日来警厅方面颇有当局对于本报将有不利之警告。记者天职,本在报告新闻,自不能以势力之加,改吾常度。但终因审慎从事,不能痛快直陈,致难餍阅者之望,或亦难免";"若徒以防川之术,钳制舆论,恐非国家前途之福,抑岂高拱在位者所能长此安富尊荣耶。"①其间蕴含之对当局及其后台直系的不满与批评明眼人一望便知,无须多言。

京汉路大罢工的主要领导者多为中共党员,尽管中共当时在京汉路工作的党员总数不过五十余人,但他们中的不少人担任了与罢工直接相关的领导工作。京汉路罢工的公开领导机构是京汉铁路总工会,实际指挥机构则是中共京汉铁路总工会党团,中共北方区委与劳动组合书记部负责人罗章龙担任总工会党团书记,党团成员史文彬、许白昊、林育南、项德龙(项英)、吴雨铭、李求实等均担任了京汉路各级工会的领导人,罢工中牺牲的二位知名人物——林祥谦与施洋也是中共党员。中共以其参加并领导工人运动的实践而提升了自身在工人中的影响力,并得出了可资借鉴的经验教训。罢工失败后,中共发表"告工人阶级与国民"书,谴责吴佩孚"这个冒称'保护劳工'的军阀便不惜自揭假面具,破坏约法赋予的集会结社自由权,便不惜血肉横飞惨杀赤手空拳以争自由的劳动者";吴佩孚"不仅是工人阶级的敌人,乃是全国争自由的人民的敌人"②。中共也由此加快了与孙中山及国民党组织统一战线、共同对付军阀的进程。

第二节　黎元洪被逐

一　总统任期之争与倒阁风潮

第一次直奉战后,直系以"恢复法统"为旗号,请出黎元洪复职,暂

---

① 《京汉路工人在汉又遭惨杀》,《晨报》,1923年2月10日。
② 《中国共产党为吴佩孚惨杀京汉路告工人阶级与国民》,《向导》第20期。

时解决了政治善后问题。但直系并无意让黎元洪在总统位上长期待下去，他们的最终目的还是推出曹锟当总统，使直系成为北京政坛的完全主人。曹锟则迫切想过把总统瘾，还在第一次直奉战后不久，据报曹锟即"拟乘此危急存亡之秋，占据总统地位，快其大欲。现在暗中派心腹秘密来京，运动议员，联络报馆，苦心孤诣，务以达到当选目的。……闻各方面均已着手进行，并筹妥运动费五十万"①。曹锟的手下人为谋求个人及集团利益，也不断奉承曹锟说：大帅足可以当总统，更加膨胀了曹锟的总统梦②。在这个问题上，直系内部并无分歧，只是在曹锟出任总统的时机方面，直系内部津保派与洛派有不同看法，津保派主张曹锟上任越早越好，以得到更多的实际利益；而洛派"固推尊曹，但其始意并未积极拥曹为总统，颇欲利用黎名义，拖延选举时日，以完成其武力统一"③，建立直系的长久功业。据外人观察，"在津派之意，谓时机成熟不可再迟，故进行愈力。殊不知拥曹排吴为各方之政策，拥曹之事进一步，排吴之力亦进一步。现在曹吴恶感已深，决不能相处如初，……保曹攘夺总统之结果，或将为时局纷争之中心点"④。对津保派的拥曹之举，吴佩孚"极不谓然，以为首座改选，须俟全国统一告成方可，目下统一未成，遽易总统，必致时局益趋纠纷。而统一问题，愈难办到。若拥曹为局部偏安总统，不特于曹之身份名誉有碍，且于国事前途有关。故当审慎持重，不可轻举妄动，致予各方口实。而天津派另有用意，欲利用老师上登，以达个人做官目的，尤为卑鄙可憎"⑤。津保派和洛派围

---

①　《王光宇报告曹锟暗派心腹进行贿选活动情形呈》(1922 年 9 月 5 日)，《中华民国史档案资料汇编》第三辑政治(二)，第 1405 页。

②　王坦：《曹锟贿选总统始末》，《文史资料选辑》第 35 辑，第 21 页。

③　张国淦：《中华民国内阁篇》，杜春和编：《张国淦文集》，燕山出版社 2000 年版，第 295 页。

④　《温寿泉致阎锡山电》(1923 年 1 月 2 日)，《阎锡山档案要电录存》第 6 册，第 423 页。

⑤　愚公：《吴佩孚最近之态度》，《晨报》，1922 年 11 月 19 日。

绕这个问题不断发生冲突，并在对罗文幹案的处理过程中集中爆发。津保派为了实现拥曹的企图，不断向曹锟进言称："子玉不让老帅做总统，有总统自为之意。老帅不信，人人只知有子玉而不知有老帅了。"①结果导致曹锟就罗文幹案向吴佩孚发出公开警告，迫吴为了直系团体的利益而不能不后缩。吴佩孚为此专函致曹锟："披肝裂胆，说明拥曹之诚，请转令左右万勿求进太急，招致反响，转误前程。又谓选举事，宜静待时机，水到渠成，不宜冒险取捷径，并有生我者父母，用我者曹使，苟有贰心，神明殛之等语。"②不过，吴佩孚也知道，曹锟必欲做总统，而且"统一"是遥遥无期的事，如果等"统一"以后再让曹锟当总统，恐怕他一辈子也干不成了，所以吴佩孚对"最高问题"渐持"不促成亦不阻止"的消极默然态度。

虽然如此，津保派与洛派在"制宪"与"选举"孰先孰后问题上仍有不同看法。津保派主张"先选举"，将曹锟推上总统宝座后再制定宪法，实际也反映了曹锟的意思，并得到国会两院议长吴景濂、王家襄的支持。洛派则主张"先制宪"，俟宪法制定后再选总统。吴佩孚曾经表示，"应促议会先行制宪，宪法一日不成，即一日不提总统选举"③。洛派的主张更多考虑到社会舆论对制宪的呼声以及选举总统的合法性，担心在现有法制框架及国会残缺的情形下选总统又将为反对派落下"非法"之把柄。国务总理张绍曾在对外通电中曾经表示，"制宪大权，本属国会，一俟法典告成，自应共同遵守。至一切政局纠纷，则当推诚协议，力图改进"④。毋宁说这也是吴佩孚和洛派的想法，如此则曹锟当选为"水到渠成"。但吴佩孚和洛派的意见既不为曹锟所喜，更不为急于拥曹上台的津保派所体认，事实上也无法阻止津保派拥曹上台的种种运

---

① 陶菊隐：《吴佩孚传》，上海书店出版社1998年版，第79页。

② 《国内专电》，《申报》，1923年8月8日。

③ 《吴佩孚反对总统选举》，《晨报》，1922年11月3日。

④ 《张绍曾通电》(1923年1月5日)，《中华民国史档案资料汇编》第三辑《政治》(一)，第207页。

动和策划,因为曹党担心"黎养成势力,转为贿选障碍,急欲去之"①。
何况黎元洪为了延续自己的政治生命,也主张先制宪后选举,图谋留任
大总统,更成为曹锟上台的障碍,直系眼中的敌人,从而必欲驱之而后
已。但是,"曹吴历史上渊源既深,合则存不合则亡,津(保)派于此存亡
之关键,亦不能不从皇长子视吴,而征其意见"②。考虑到直系团体的
利益,吴佩孚和洛派对于津保派策划的驱黎拥曹的举动不能也不愿明
言反对。临城劫车案发后,接近黎元洪的国会议员动议"查办曹、吴",
更是惹恼了吴佩孚,吴的参谋长李济臣为此致电曹锟的参谋长陆锦称:
"府派议员提出查办曹、吴两帅案,是何居心,不察可知。似此暗昧伎
俩,而欲诬陷两帅,可笑已极。况铁路劫案一事,并非两帅应负之责,因
中央向未付予两帅自由任免三省文武官吏及自由调动军队之特权,此
时竟责成权力以外之事,所谓风马牛不相及也。然我方可乘此机会,要
求以之权力善后,凡任免三省文武官员,须由大帅保荐其使副署,我方
可负一切之责任。否则,随意嫁祸,决不任其咎也。"③本来,在总统选
举问题上黎元洪至少还可以利用吴佩孚的默认,先制宪后选举,但因黎
之为人处事反而增添了吴佩孚对他的恶感,黎希望延续总统任期的图
谋在缺乏实力支持的情况下自成泡影。吴佩孚改而拥护曹锟出任总
统,表示"为北部同人计,惟有结合团体,力固中枢,仲帅(曹锟)元老壮
猷,袍泽重心,应速定大位,领袖群英,时不可失"④。所以有人说:"最
可惜者,吴并非主张贿选之人,却逼成拥护贿选之势,以声罪讨伐而穷
兵为戏。他被人称为吴秀才,私生活甚严肃,自拟关岳,对曹锟始终
不二。"⑤

---

①　汪建刚:《国会生活的片断回忆》,《文史资料选辑》第 82 辑,第 190 页。

②　《津派攫夺政权之因果》,《申报》,1923 年 8 月 7 日。

③　《李济臣复陆锦密电》(1923 年 5 月 22 日),《中华民国史档案资料汇编》第 3
辑《政治》(二),第 1385—1386 页。

④　郭剑林:《吴佩孚传》下册,北京图书馆出版社 2006 年版,第 525 页。

⑤　《亦云回忆》上册,第 183 页。

　　为了拥曹锟上台,首先必须赶黎元洪下台,办法无非是"文"与"武"两途,这也是过往军阀曾经交替使用、娴熟于心者。所谓"文"法就是寻法理途径让黎元洪下台,而所谓"武"法则是以枪杆子逼宫,殊途同归,最终目的都是让黎元洪走人。不过,由于黎元洪是被直系刚刚请出来复职的,骤然采用武力直接驱逐的方法即便是拥曹的津保派也觉太过突兀,因此"文"的方法成为津保派逐黎的首选。拥曹干将高凌霨曾经找政学会领袖李根源,请他向黎元洪传话,"最好劝告黎总统不要坚持先宪后选,如果坚持下去,对黎总统是不利的。先宪后选,对黎总统好,对大家也好"①。拥曹派以"文"的方式驱黎的切入途径就是黎元洪的任期问题。

　　根据 1913 年 10 月公布的《大总统选举法》,大总统任期为五年。自 1913 年 10 月到 1916 年 6 月,由袁世凯担任大总统,其后至 1917 年 7 月由黎元洪继任,再其后至 1918 年 8 月由冯国彰代理,三人任职时间共计四年又十个月。自 1918 年 10 月到 1922 年 6 月,徐世昌担任大总统,惟因其由安福国会选出,故在第一次直奉战后被直系认为不合"法统",因此请出黎元洪复职。但黎元洪复职后,其任期究如何则成为众说纷纭的问题,事实上悬而未决。为了给黎之复职寻求法理依据,曾任北京政府司法总长的张耀曾撰文认为:黎元洪的任期尚有一年三月有余,理由是:根据"约法"及"总统选举法",大总统在任期中的离职原因只有死亡、弹劾、因故不能执行职务,"故从法律上立论,民国六年七月黎大总统之离职,推之法定三种原因,无一而当。是其离职,乃事实上之离职,非法律上之离职也。非法律上之离职,故不生法律上之效力。惟其离职无效,故冯副总统之代理,乃事实上之代理,非法律上之代理也。非法律上之代理,故亦无法律之效力"。因为当时国会已被解散,因此无论是"离职"还是"代理",都未经过国会通过的合法手续,因

---

　　①　李根源:《我与政学会》,《文史资料选辑》第 3 辑,第 96 页。

此都不为有效,现在"障碍既去,当然继续任职"①。而反对者则认为,冯国彰的代理是合法有效的,黎元洪复职后的任期仅能补足袁世凯称帝至死以及张勋复辟的两段时间,故其任期只有六个月。黎元洪本人及其亲信左右当然希望黎在总统位上多留时日,他们对上述两种说法都不满意,几经琢磨后提出,自袁世凯颁布《中华民国约法》就背叛了民国,从而在事实上已不能视为民国总统,因此,自"新约法"颁布之 1914年 5月 1日至袁死之日均应为黎之任期,这样算来,黎元洪的任期还有两年两个月,应任职到 1925年 8月期满。此等主张确实有些离谱,表现出黎元洪的恋栈心态,但也使津保派感觉夜长梦多,下决心从法理上剥夺黎继续任职的借口。1923年 5月,拥曹议员向国会提出解释大总统任期案,提出黎元洪复职任期为补足自袁世凯改元洪宪至其死亡日的任期,总共是 160天,而黎自 1922年 6月 11日复职,到此时已有 335天,超出其任期 175天,应该立即退位,依法由国务院摄行总统职务,同时从速组织大总统选举。此后,又有二十余起提案附和此议。黎元洪当然知道这些提案背后的拥曹背景,无力正面对抗,遂咨国会两院表示:"元洪复职之初,曾宣言法律问题听候国会解决。嗣两度咨请辞职,未承开议,补任期间,亦未解释。……现在尸素已久,岁序将周,虽议案尚无遵循,而法理究有限制。博考众论,固非一辞。假定长期,亦仅数月。念末日之大难,冀及时之有托。深望转告同人,查照总统选举法,注意准备"②。但黎元洪虽有这样的表示,却并无实际离位的举动,使得直系中的拥曹派决定对其施加更大的压力,逼其尽速离位。

拥曹的津保派逼黎元洪退位的第一步是制造阁潮,赶走总理张绍曾。因为张绍曾上台后在"统一"问题上与曹锟和吴佩孚的步调不一,早先在粤闽督理任命问题上得罪了直系,颇令曹、吴不悦;张绍曾主张

---

①　杨琥编:《宪政救国之梦——张耀曾先生文存》,法律出版社 2004年版,第41页。

②　刘楚湘:《癸亥政变纪略》,《近代稗海》第 7辑,第 148—149页。

先制宪后选举,更是惹恼了津保派,认为他和黎元洪搞在一起,所以他们首先将攻击矛头对准张绍曾,企图驱张之后由保派组阁,再逼黎退位,准备大选,所谓"拥曹必先驱黎,驱黎必先驱张,张去而由高、吴等主持内阁,操纵大选"①。

　　1923 年 3 月张绍曾内阁复职后,国会拥曹议员随即提出不信任案,集中攻击张阁处理外交问题(如"金佛郎案")的不是,责其"内政、外交着着失败","似此丧权辱国违法溺职之内阁,应早解职,以谢国人。乃犹恋栈复职,国家前途危险实甚,谨依法十九条,提出弹劾,敬候公决"②。4 月 11 日,参议院以 94 票对 21 票的压倒多数通过对张阁的不信任案。但在该案循程序移送众议院审议时,张绍曾声称此案"违法",并威胁将以解散国会作为报复,同时向议员大肆封官许愿,收买议员不支持此案。故众议院未与参议院同步行动,25 日将不信任案退回,津保派通过国会倒阁的计谋未能成功。

　　津保派一计不成,又生一计。张绍曾图以"金钱护阁",津保派则以"财政倒阁"应之。北京政府的财政一直比较困难,张绍曾内阁同样为解决经费问题终日煞费苦心,难成正果,不仅许多机关、学校欠薪,即使表面威风凛凛的军警也时常不能按时领饷,津保派随即以此嗾使北京军警向内阁索饷,给张绍曾施加压力。3 月间,京畿卫戍总司令王怀庆发表通电,先称张绍曾对军警"置之不顾",威胁"倘军警以无饷之故,不能维持其现状,而影响于秩序之安宁";继责张之施政"恋栈尤殷,忽东忽西","播弄手段,引诱政朝",甚而指张"以揆席之尊严,而冶游于八胡同大森里之间,挟妓饮博";表示"不避怨嫌,口笔诛伐"③。其后,王怀庆又于 4 月 24 日上呈黎元洪,请其"即日将怀庆本兼各职一律开去,

――――――――

　　①　李根源:《我与政学会》,《文史资料选辑》第 3 辑,第 97 页。
　　②　《国会弹劾张绍曾内阁案件》,《中华民国史档案资料汇编》第三辑《政治》(一),第 216 页。
　　③　《王怀庆为北京军警薪饷积欠无着指责张绍曾内阁电稿》(1923 年 3 月),《中华民国史档案资料汇编》第三辑《政治》(一),第 210 页。

另简贤能"①,以甩手不干而胁迫黎免张职。4月26日,张绍曾召开国务会议,王怀庆与陆军检阅使冯玉祥、京师警察总监薛之珩、京师步军统领聂宪藩、京师宪兵司令车庆云等,率领团长以上军官八十五人到场,以军警经济窘迫为由,要求张绍曾立即筹拨一个月饷银以安军心,逼得财政总长刘恩源当场签发支票以解燃眉之急。当日,王、冯等发出通电,直指"北京政府为万恶之渊薮",表示"用敢垂涕而道,露电请援,不避出位之小嫌,藉谋救亡之大计"②。第二天,参谋部部员数十人到财政总长刘恩源家中索取两年之欠薪;第三天,参谋部次长蒋雁行等到国务院,居然当面责问张绍曾长期欠薪该当何罪。津保派步步紧逼的索饷举动,使张绍曾一时不堪其苦。就外界观察,"政局恶化,愈逼愈紧,北方战事已迫眉睫,而要以最高问题为导火线,有必然者。日来津保两派结合吴大头暨大部议员,有于一月内驱黎改选之决议。其条件为曹锟正,唐少川副,中山元老长,合肥副之,组织国会内阁,恢复奉张官职诸节。黎原拟联络张阁,改国会,藉此抵制,顾因张绍曾投诚保方,因包办最高问题为其固位之屏障,大招黎氏反感。黎已与国会合谋倒阁,并派李根源南下,冀与民党同盟打洛直派计划。其能否成功,固不敢必,然张阁既为各方所厌恶,决难达其摄行总统职权之野心,其必倒也殆无疑义"③。

张绍曾以筹款发饷而暂时躲过了津保派的倒阁运动,但津保派并不善罢甘休,随后又发动阁员拆台。张阁成员多数为津保派或亲近津保派的人士,5月3日内阁例会,津保派阁员以一些具体问题为借口给张绍曾使脸色,内务总长高凌霨、交通总长吴毓麟、司法总长程克扬长

————————

①　《王怀庆请准予开去本兼各职等情胁迫黎元洪去位呈》(1923年4月24日),《中华民国史档案资料汇编》第三辑《政治》(二),第1381页。

②　《王怀庆冯玉祥历数政府之罪意逼黎元洪去职电稿》(1923年4月26日),《中华民国史档案资料汇编》第三辑《政治》(二),第1384—1385页。

③　《温寿泉致阎锡山电》(1923年5月23日),《阎锡山档案要电录存》第6册,第449页。

而去,表示不再出席内阁会议,使内阁无法正常工作。在此情形下,张绍曾不得不向津保派服软,并以任命保派人物张英华为财政总长而向津保派示好(因其前任刘恩源为免军警逼饷,坚请辞职),使内阁暂时得以维持。但随后在制宪经费问题上,津保派又与张绍曾纠缠不休。

自1923年初新一轮制宪工作开始后,制宪会议便常因出席人数不足而不能正常举行,参加制宪的国会议员三天打鱼两天晒网,表明所谓制宪在他们心目中实在不过是可有可无的事。为此,有国会议员提出,对出席制宪会议的人员每次发放出席费20元。看上去这是为了推动制宪的进程,实则也不无以此自肥之意。提案通过后,如何筹款成了国会的难题,他们便向黎元洪求援。刚好黎元洪亦希望先制宪后选举,因为宪法"能由其一手促成,不无有多少之利益,直接则迎合多数心理,间接则缓和最高问题,一旦告成,于本身亦尚有奋斗之余地"①。所以黎元洪即召集张绍曾等商定,从海关建筑费项目下每月拨17万元制宪经费,并转知总税务司照办②。津保派得知此事后,"以黎元洪此举为见好国会,欲运动蝉联总统",由吴毓麟在5月26日的内阁会议上发难,提出制宪经费不经国务会议议决,违背责任内阁精神。津保派阁员随声附和,指责黎元洪越权干政,财政总长张英华还以此为由阻止总税务司拨款,使张绍曾在面对国会议员的质询时颇为难堪③。黎元洪也被迫通电声明:"元洪忧患余生,急于求去。宪法期成,不过两月,制宪以外,绝无所求,耿耿此心,可质天日。"④津保派与张绍曾和黎元洪的关系愈趋紧张。

经过上述几次倒阁风波,张绍曾内阁已是风雨飘摇,难以维持,但如果张绍曾坚不辞职,而黎元洪也不免张职,津保派暂时也没有更好的

① 《制宪前途之一线希望》,《申报》,1923年5月24日。
② 谢振民编著:《中华民国立法史》上册,第163页。
③ 刘楚湘:《癸亥政变纪略》,《近代稗海》,第7辑,第161—162页;梓生:《北京的政变》,《东方杂志》第20卷第10号,第2—3页。
④ 谢振民编著:《中华民国立法史》上册,第163页。

办法。为了达成搞垮内阁的目的,津保派又利用张绍曾贪权的欲望,对其表示,只要他同意辞职,则在逐走黎元洪后,立即迎他回京,循例摄行大总统职权。此时的张绍曾因不堪津保派的逼迫,又心存辞职后曹锟或许念其功而仍重用其的幻想,居然钻进了津保派设好的由其自行辞职的圈套,"堕其术中而不能自拔"。6 月 6 日,张绍曾召开特别国务会议,高凌霨首先声称,总统近来对于政务或不经国务会议直接处理,或以命令方式交院照办,违背责任内阁制精神;总统既不信任我们阁员,我们只有告退。吴毓麟、程克、张英华等立即附和高的意见,提出内阁总辞职。还不等张绍曾表示意见,高凌霨又接着逼宫:如果总理不愿辞职,我们就单独提出辞呈。事已至此,张绍曾只能说:我们内阁要采取同一步骤,要辞大家一起辞。高凌霨立即不失时机地拿出早已准备好的辞职呈文和通电稿本,让与会者依次签名,随后发出。通电称:"责任内阁载在约法,今既责任不明,以后危险情形岂可言喻?绍曾等备员阁席,既不欲使一己蒙失职之咎,复不欲陷元首于侵权之嫌,惟有声请罢斥,解除责任。"①高凌霨还怕张绍曾辞职后留在北京不走,对他们此后的活动不利,又进逼说,我们既然决心辞职,应该离开北京退避贤路。而当张绍曾晚间上车离京时,国务院中只有秘书长张廷谔一人随从,名曰护送,实为押解。张绍曾也无可如何,只得灰溜溜地往天津去了,从此被弃置闲散,谋复职而不得②。

　　"张内阁辞职,实为保派所迫去,去张即以去黎,亦即示威于国会也"③。对张绍曾的辞职,黎元洪当然知道其意味何在,即派其亲信、陆军次长金永炎等持其亲笔信"赴津谢过,分劝就职"。张答以:"此次政潮,苏酿极久,原因复杂,个人力难消弭,只得远避。"金见张"辞意坚决,

---

　　①　《张绍曾内阁为助曹倒黎集体辞职通电》(1923 年 6 月 6 日),《中华民国史档案资料汇编》第三辑《政治》(二),第 1388 页。

　　②　张绍程:《张绍曾事迹回忆》,《文史资料选辑》第 30 辑,第 221 页。

　　③　《田子琼致阎锡山电》(1923 年 6 月 9 日),《阎锡山档案要电录存》第 6 册,第 456 页。

无法挽回",遂返京复命。黎元洪为了巩固自己的总统地位,急于组织新内阁。6月7日,他邀请国会两院议长吴景濂、王家襄与政界名流颜惠庆、顾维钧等共商,有意请顾维钧组阁,但顾知此次津保派非逼黎下台不可,而且他预想的阁员名单中与津保派有联系者均不肯合作,"卒以形格势禁,合作难期,谢不肯任"。原先张绍曾令张廷谔回京后将继任之空白命令办好送总统府,谁知张廷谔听从津保派的授意,将空白命令藏匿起来,黎元洪拿不到有张绍曾署名的空白命令,顾维钧的任命令实际也无法发表。其后,黎元洪又约颜惠庆面商,颜"初似肯相助",但因"逼宫"潮起,亦"不敢担承",组阁事终告搁浅①。

二　黎元洪被逐出京

张绍曾内阁既倒,中枢政事无人过问,北京形成无政府状态,津保派即组织军警索饷和"公民团请愿",掀起了大规模驱黎风潮,以逼宫的方式迫黎元洪下台。6月8日,"有军警、官佐数百人佩刀入新华门,围居仁堂,藉口索饷。经当面再三开导,始各散去"。津保派为了增加对黎元洪的压力,又以"索饷不得,不能枵腹从公"为借口,策动北京警察"形式罢岗"。9日,"城郊警士一律罢岗,领袖公使来宅询问,天安门前复有数十人召开国民大会,散放传单,虚构罪状。新华门外及东厂(黎元洪)住宅守卫尽撤,比午住宅数处电话不通,查系军队派人监视,不许接传"。至当晚7时,因驻京外交团质询,并有派外国兵队沿街巡逻的威胁,津保派在压力之下方令警察复岗。10日,军警索饷队伍围困黎之官邸,表示非领得欠饷决不退出,黎欲招财政部官员来宅商议发饷事却被拒。下午,近千人的"市民请愿团"、"公民大会"等"接踵围宅"。这些所谓"市民"实际是穿便衣的军警,他们手持"改造政局"、"总统退

①　《黎元洪关于被逼出走通电》(1923年6月7日),《中华民国史档案资料汇编》第三辑《政治》(二),第1391页。

位"、"总统恋栈"等纸旗,"呼喝之声响震屋瓦,百般劝喻,均不见听。傍晚并推举军官代表廿余人,守索不退"①。黎急召北京步军统领聂宪藩、警察总监薛之珩前来弹压,但不得要领。此后直到黎元洪出走,对黎宅的滋扰始终没有中断。对此,不仅外界人士多有批评,认为"津保之谋,实极笨拙,而犹自谓巧妙,真可叹也。""直同儿戏,笑腾中外"②。即便是直系内部也有人不以为然,如吴佩孚的谋士白坚武认为:"军警包围公府索饷,期达最高问题。此等不韪之事如何作得!定欲早选,即促两院速开选举会。足作此笨伯事,正不知何以善其后耶?可怜可叹!"③何况如时人所论:"保方派别太多,故作事有同儿戏,所谓文派、武派、津派、保派无论已,即各派中亦多单独行为,军警索饷发于武派,公民团则张月笙(张英华)主之,即王兰亭(王毓之)并不赞成,而又不行阻止,岂非笑谈。"④

"逼宫"事初起,黎元洪还强作镇静,不愿下野。10日他致电曹锟、吴佩孚称:"连日留张不获,请人组阁,皆畏不敢就。罢岗开会,全程鼎沸,谣言纷起,皆谓有政治作用。……元洪依法而来,今日可依法即去,六十老人,生死不计,尚何留恋?军警等如此行为,是否必陷元洪于违法之地?两公畿辅长官,当难坐视,盼即函示。"⑤或许,黎元洪私心还希望曹、吴能格于外界形象和舆论反应而训示部下有所收敛,但曹、吴对黎之电文装聋作哑,不予理睬。为了逼黎元洪从速下台,12日,京畿卫戍总司令王怀庆、陆军检阅使冯玉祥向黎递交辞呈,声称"呼吁既已无门,实呈待毙之势,再四思维,惟有仰恳大总统俯赐矜全,立予罢斥,

①　《黎元洪关于被逼出走通电》(1923年6月7日),《中华民国史档案资料汇编》第三辑《政治》(二),第1391页。

②　《卞白眉日记》第1卷,1923年6月10日、11日,第249页。

③　《白坚武日记》第1册,1923年6月9日,第421页。

④　《田应璜致阎锡山电》(1923年6月12日),《阎锡山档案要电录存》第6册,第456页。

⑤　《中华民国内阁篇》,《张国淦文集》,第299页。

免致恋栈愈久,贻误愈深"。表示不负维持秩序的责任,并且进一步对外声言,"以后苟非饷项有着,不仅王冯辞职,全体军官亦当继其后也"①。这无疑是对黎的最后警告。黎派参谋总长张怀芝退还辞呈并加慰留,但王、冯拒不接受。黎又不顾脸面致电曹、吴求情称:"元洪何难一去以谢国人? 弟念职权为法律所寄,不容轻弃。两公畿辅长官,保定尤近在咫尺,坐视不语,恐百啄无以自解。应如何处置,仍盼即示。"②但曹、吴仍不置理。至此,黎元洪知大势已去,不可再在北京呆下去了。

6 月 13 日,黎元洪与亲信会议后连发七道命令,准张绍曾辞职,任命李根源兼署国务总理,金永炎为陆军总长,裁撤全国巡阅使、巡阅副使、陆军检阅使、督军、督理,所属军队由陆军部直接管辖,以发泄对"请愿"风波背后操纵之曹锟、吴佩孚的不满与怨恨,同时通电全国声明:"去年复职,历经咨催国会,遴选替人。但得宪法早成,于愿已足。若谓延长任期,竞争选举,匪特毫无是迹,抑且毫无是心。何嫌何疑,而相胁迫? 个人自由横被侵夺,更何能执行职务。万不获已,权移天津。所望邦人君子,鉴谅苦衷,主持正谊。俾毁法夺位之徒,绝迹吾国。"③下午,黎元洪在金永炎等几位亲信的陪同下,乘专车赴天津,行前将大总统印信大小共十五颗交其妾危文绣携往东交民巷法国医院暂住。自上年 6 月 11 日入北京复职,至此时被迫离京出走,黎元洪在大总统任上又干了一年零两天。

黎元洪刚走,负责北京治安的军警长官王怀庆、冯玉祥、聂宪藩、薛之珩等即于 13 日下午在卫戍司令部召开紧急会议,议决维持治安、约束部下、拥护国会、保护外侨等项办法,以示恢复正常秩序。在保定的

①　《〈京兆时报〉报导直系索饷逼黎元洪去职等情》(1923 年 6 月 12 日),《中华民国史档案资料汇编》第三辑《政治》(二),第 1386—1387 页。

②　《中华民国内阁篇》,《张国淦文集》,第 301 页。

③　刘楚湘:《癸亥政变纪略》,《近代稗海》第 7 辑,第 167 页。

曹锟得知黎元洪离京后,也不再装聋作哑,于当天致电王、冯等军警长官:"连日以来,内阁总辞,今又值元首离京,首都人心,益因此惶恐。国会为国家根本法律所在,务望极力尊崇保护。以及人民治安,使馆侨民,一切交通秩序,均须极力维持,以重首都,而奠国本,是所至要。"①

在得知黎元洪出走的消息后,津保派人物却发现他未交印信,以为被黎随身带走,高凌霨即于13日下午打电话到天津,嘱直隶省长王承斌设法截留。曹锟亦电王怀庆,指示"所有总统印信及国玺,并希查询明确为祷"②。王承斌即率警务处长杨以德,随带军警乘车至杨村车站。3时许,黎之专车抵达,王、杨等上车后以军警监守,督车继续开行,并在开行途中向黎索取印信,黎"语意含糊。继云在北京法国医院,由其如夫人保管。乃屡次电示,乞未允交"③。王又得知黎离京前有致国会公函,说明因在京不能行使职权而移津,认为这表明黎无意真心辞职,对印信追索更急。4时半车抵天津后,王"传令摘去车头,百般要挟,数千军警密布,坚不放行,始则要求交印"。黎元洪气愤已极,拔出随带的左轮手枪欲自杀,为其随行左右所拦阻。黎元洪公子和英、美两国驻津副领事闻讯后赶到车站探视,但均被阻止与黎见面,"英、美领事愤甚,语人曰:中国军阀强暴如此,实为世界所创见云"④。王承斌要黎元洪"移往省公署从容商办,徐图解决。不蒙允诺"⑤。至晚10时许,在王承斌的逼迫下,困坐车站已数小时的黎元洪迫不得已,派人打电话

---

①　刘楚湘:《癸亥政变纪略》,《近代稗海》第7辑,第168页。

②　《曹锟查询总统印信及国玺致王怀庆密电》(1923年6月13日),《中华民国史档案资料汇编》第三辑《政治》(二)第1393页。

③　《王承斌报告在津向黎元洪追索总统印玺未果等情电》(1923年6月13日),《中华民国史档案资料汇编》第三辑《政治》(二),第1394页。

④　刘楚湘:《癸亥政变纪略》,《近代稗海》第7辑,第175—176页。

⑤　《王承斌报告在津向黎元洪追索总统印玺未果等情电》(1923年6月13日),《中华民国史档案资料汇编》第三辑《政治》(二),第1394页。

到北京，嘱危文绣将印信交给国会。危氏因总统印玺关系重大，未得总统口谕，不能交出。于是黎元洪在军警重重监视下，到车站电话室与危氏通话，告其交印。因为一直没有接到北京的消息，王承斌仍不许黎回宅，直到14日清晨张廷谔、薛之珩从法国医院取到印信。王承斌得讯后，又将以黎元洪名拟就的致国会、国务院和各省通电交黎，强令其签名，"否则羁禁车内，永不放行"①。黎元洪被迫低头，在通电上签字，声明"本大总统现在因故离京，已向国会辞职。所有大总统职务依法由国务院摄行"。其后才被解除羁禁，释放回家，演出了此次"逼宫"案中"古今中外，皆所罕闻"的一幕②。一年前赶走大总统徐世昌、口口声声高喊"恢复法统"的直系武人，又以这样的方式迫不及待、毫无顾忌地赶走了自己请出的黎元洪，在武力胁迫下北京政治的无序与混乱于此可见一斑，而其给外界留下的恶劣印象，更非短时所可消除，最终仍不利于直系对政治的有效控制力。白坚武认为："津保措置失当，不守轨范，恐贻人口实，吴使徒唤奈何！"③

张绍曾内阁辞职，黎元洪被逼离职，津保派倒阁逼宫的图谋先后实现，但是，北京却出现了无政府的乱哄哄局面。内阁解体，政务瘫痪，尤其是国会停转，议员纷纷离京，根本凑不出总统选举需要的法定人数，津保派原先设想在驱黎后立即进行总统选举的计划无法实行，只能又回过头来"补台"，先组织"摄政内阁"，图谋稳定政局后再进行选举。6月14日，留在北京内阁的津保派阁员以黎元洪被迫签发的辞职电为依据，甩开总理张绍曾（张绍曾想回京重掌政府，但被津保派所拒），召开特别国务会议。在原有九名内阁成员中，虽然只有内务、财政、司法、海军总长参加，但仍决定内阁复职，并通电声明由国务院依法代行大总统

① 刘楚湘：《癸亥政变纪略》，《近代稗海》第7辑，第177页。
② 《王承斌等关于黎元洪被迫辞职赴津及办理总统印玺电》（1923年6月14日），《中华民国史档案资料汇编》第三辑《政治》（二），第1395页。
③ 《白坚武日记》第1册，1923年6月13日，第422页。

职权,暂由内务总长高凌霨主持院务。同日,国会召开两院议员谈话会①,讨论黎元洪离职问题,拥曹议员提出由内阁"摄政"并选举继任大总统。而国民党所属议员认为:此次军警流氓以暴力逼走总统,国会为维护国家纪纲计,须有正当之表示。拥曹议员即"群阻其发言,哗躁叫嚣,秩序以乱"。会议未有结果。16日国会继续召开两院议员谈话会②,拥曹议员提议"应用快刀斩乱麻方法"处理黎元洪离职问题,动议自黎元洪离职出京之日起,其"所发命令概不生效",并"由国务院摄行大总统职务"。结果在拥曹议员的鼓噪之下,该项动议以超过到会者的半数通过,"摄政内阁"据此而成"合法"③。但其"合法性"却遭到各方质疑,如论者谓:"公等作为,纯以私意为弃取,毫无法律之准绳,置人身于大海浮萍之上,虽无风波之起,亦难免于灭顶之祸矣。万一因此而引起天下之纷争,陷国家于万劫不复之境,至时之责任果将谁归乎?"④

当"摄政内阁"在北京紧锣密鼓地重张之际,被逼走天津的黎元洪也不甘心就此退隐。6月13日,他在去天津前曾发布"大总统令"称:"此次京师乱起,显有发纵指使之人。本大总统委曲求全,胁迫愈急。毁法乱政,罪恶昭彰。举国官兵,当同义愤。扶危定乱,愿与天下图之。"14日,他到天津家中后,又发表通电称:"当此政象险恶时,一身去就,关系过巨,决不能率言辞职";并声言:"现在印被劫夺,所有北京发出之非法命令,概行无效。""摄政内阁"经国会"认可"之后,20日黎元洪发表通电,称其"离京"为"不能自由行使职权","并非离职,更不得妄为援引";"若谓胁迫元首为法律所定因故之故,国会加以承认是不啻奖

***

① 当时参众两院议员共有870人,而当日出席人数只有467人,不足讨论重要事项须有五分之三(522人)出席的法定人数,故只能开谈话会。

② 为了拉拢议员出席国会会议并疏通他们的意见,曹党决定向每位议员致送端午节"节敬"500元,未领者派人送至其宅。

③ 刘楚湘:《癸亥政变纪略》,《近代稗海》第7辑,第186—188页。

④ 《郭同反对黎元洪离京后阁员非法摄政函稿》(1923年6月22日),《中华民国史档案资料汇编》第三辑《政治》(一),第219页。

励叛乱,开将来攘夺之恶例";因此他"仍为在职之大总统",所发命令"自应一概有效","自今以往,元洪职权,未得国会确当之解免,无论以何途径,选举继任,概为非法"①。

为了表示他仍在大总统任上,黎元洪不断发布各项命令,如任命唐绍仪为国务总理(未到任前由李根源署理),任命段祺瑞为"讨逆军"第一路总司令,张作霖为第二路总司令,但黎元洪没有实力为后盾,各方实权派对其命令反应冷淡。为了给曹锟"当选"总统制造麻烦,黎元洪又筹款在天津成立国会议员招待所,以发放出席费的方式,拉拢、利诱部分国会议员离开北京,以使国会不达法定人数,从而使选举自然流产。黎的做法与正在携手反直的孙(中山)、段(祺瑞)、张(作霖)"三角同盟"鼓动国会议员离京南下的主张有契合之处。其时"三角同盟"以发放旅费吸引议员离京,"连日各方来接谈者甚多","离京者不绝于途"②。但黎元洪希望议员在天津集会以为其壮声势的想法和"三角同盟"利用议员在上海召开国会以在政治上打击直系的主张不相吻合。后来,多数在津议员决定去沪,而无论此后的政局向何方发展,自武昌起义起始而"意外"跻身中央政治舞台的黎元洪都无能参与,只能成为政治的看客,两度出任民国大总统的黎元洪,就是以这样的方式结束了自己的政治生命。

第三节 曹锟贿选闹剧

一 围绕总统大选的各方博弈

倒阁、逼宫、"摄政"步步告成,直系拥曹的津保派最终的目的是尽

---

① 刘楚湘:《癸亥政变纪略》,《近代稗海》,第 7 辑第 174、205—206 页。
② 《姚震信》(1923 年 6 月 22 日),辽宁省档案馆编:《奉系军阀密信》,中华书局 1985 年版,第 67 页。

速进行大选,使曹锟早日坐上大总统之位,而曹锟本人亦迫不及待。黎元洪下台后,曹锟的参谋长陆锦即致函国会众院议长吴景濂称:"现在中枢无主,大位久虚,瞻望前途,危险万状。况彼党方在肆意鼓吹,捏造谣言,逞其阴谋,希图破坏。若不设法赶速进行,诚恐夜长梦多,变化无定。我兄成竹在胸,算无遗策,务望鼎力斡旋,商洽同志诸君,一致进行,俾克早日观成,非惟国家安危所系,抑亦我辈荣辱所系也。"①随后,曹锟亲笔致函吴景濂称:"比值政潮骤起,因应多艰,非得我公之识力过人,随机应付,政像将益不堪言,其中困难万端,弟固早已深悉,现在孝伯(王承斌)润丞(熊炳琦)并已到京,尽可披诚相商,从长筹计,幸勿有所蒂芥,转令同志咸抱不安。"②但是,黎元洪被逼走后的北京政局却因"摄政内阁"的"合法性"、国会议员离京等纷扰而处在近似于无政府的混乱局面,"摄政内阁"缺乏"合法"认同,而国会因不足法定人数无法开会,使总统选举根本无法进行。本来就对津保派急于劝进有所不满的吴佩孚认为:"我方若不捷足先登,咄嗟立办,半月以外,恐拥段之声,纷扰南北,届时再图补救,事已大难。"同时表示:"办大选,须先由两院通过黎辞职书,法律上方有立脚点,否则希望不遂者,日后必借此掀起政潮,要挟我等。故正名定分,最为要务。"③面对如此困局,即便是当初最积极主张驱黎拥曹的激进津保派人物也不得不思有所补救,以尽快稳定局势,尽早进行选举。

　　直系稳定局势的首要之图是组建完全内阁。黎元洪离职、"摄政内阁"成立后,实际在任的内阁成员不到半数,姑无论其是否"合法",即就内阁本身而言,以不到半数的成员,也无法名正言顺地召开国务会议,

---

①　《陆锦就大选事致吴景濂函》(1923年7月7日),李家麟、郭鸿林、郑华编:《天津市历史博物馆馆藏北洋军阀史料·吴景濂卷》第6册,天津古籍出版社1996年版,第351—352页。

②　《曹锟致吴景濂函》(1923年7月14日),《天津市历史博物馆馆藏北洋军阀史料·吴景濂卷》第6册,第367—368页。

③　郭剑林:《吴佩孚传》下册,第565、569页。

作出相关决策。由于总统缺任,国会流会,加以各派系间的勾心斗角,直系原本希望组成对外充门面的"名流内阁"难产,为了使政府能够正常运转,直系只能勉力为内阁补充阁员,俾其凑够正常人数。

外交总长是除了内阁总理之外的首席阁员,对外交涉也是北京当局的重要任务,此时不仅临城劫车案、"金佛郎案"等需要外交总长出面交涉,而且总统选举问题也需要向列强疏通。早在4月间张绍曾内阁外交总长黄郛因"金佛郎案"而下台时,知名外交家顾维钧即再度被任命为外交总长,但顾表示:"只要罗文幹的案件一天不澄清,我就一天不任职。"①此后,曹锟频频派人催顾上任,而顾因政局混沌不清,屡屡往西山"避嚣"。7月20日,曹锟亲电顾维钧,请其就任外交总长。22日,吴景濂、高凌霨等约顾会商,催促他上任②。次日顾维钧就职③,为此他颇受反对派的埋怨,所谓"曹逆之必借重足下者,其意果安在乎? 以万恶之军阀,见轻蔑于友邦,求为经济与同情之助不可得,乃欲假足下为介绍,奉送主权若干,利益若干,以交换金钱与承认是也";"足下不外察国情,内审贼势,乃于此之时贸贸然就职";"甘为非法之阁员,同人等百思不得其解。惟觉令誉顿减,信用浸失,为国家人才计,至可惜耳。"④按惯例,外交总长既为总理之下的首席阁员,在总理缺位时应代行总理职,主持阁务,但这届内阁的大任是操办总统选举等事,曹党自然不放心别人来办,而顾维钧作为职业外交家也不屑办这样的事,故内阁仍由内政总长高凌霨主持,顾维钧只负责外交事务。

---

① 《顾维钧回忆录》第1分册,第260页。

② 本来吴景濂有意"游说双方,令顾维钧组阁,保派不欲受骗,故未成功"。《田子琮致阎锡山电》(1923年6月9日),《阎锡山档案要电录存》第6册,第456页。

③ 据顾维钧回忆,他不就职是因为罗文幹案未解决,而游说者同意,只要顾就职,就释放罗文幹。顾表示他将在罗被释放的当天就职。最后双方达成妥协,顾先就职,接着由内阁批准司法总长下令放罗。顾当场同意,并于第二天到部视事。(《顾维钧回忆录》第1分册,第259—260页)实际上,此时"罗案"已经解决,可能顾将此前关于"罗案"的争执误记于此。

④ 刘楚湘:《癸亥政变纪略》,《近代稗海》第7辑,第352、354、357页。

　　对负有解决财政困难并为大选筹集经费重任的财政总长,曹锟本有意由中国银行总裁王克敏出任。因为此时的财政"已陷于危境,确呈破产之象"①,何况还有接下来的总统选举也要花大钱,而王克敏自命为"财神爷",又担任国内最有实力的中国银行总裁,曾经自夸"几百万之款,几日间便能筹到"②,自然为曹锟所看重。其实,在当时的情况下,王克敏对于筹款并无妙计可言,无非是对外承认"金佛郎案",以获得外国银行团的支持,对内由中国银行印发钞票,而这又将引发舆论的反弹。所以,他的任命令在7月10日发表后,即遭各方反对,认为"金佛朗一案,事关切己,拟欲借此机会,为饥不择食之计,……如冒昧一试,必将集矢一身,曹陆前车,可为殷鉴";而"各地中行股东函电交驰,交相劝阻。董监事联席会议,亦以地方固当维持,中行尤关重要,力劝暂勿转任"③。再加上王的任职出自保派推荐,而津派不以为然,王亦畏津派之反对。出于这些原因,王克敏不敢贸然上任,19日即上书请辞。其后,曹锟又在其弟曹锐等建议下提出张弧为财政总长,张弧是亲奉的前梁士诒内阁的财政总长,本为直系的冤家对头及直奉战后被通缉的"祸首",但其长期负责盐务,自奉理财有方,为了应付时局,曹锟顾不得张与直系的"历史过节"而命其出任财政总长,在8月中旬走马上任。张弧立即布置由王承斌、吴毓麟负责选举筹款事,"进行大选甚急"④。其后,"摄政内阁"在9月初又任命袁乃宽为农商总长,黄郛为教育总长(未到任)。至此,除了陆军总长原由张绍曾兼任,此时不便再找人替而暂时虚悬外,这届内阁经过"修补",总算是勉强成立,对外可以交代了。

　　直系稳定局势的又一招是提议从速制定宪法,缓和外界对直系干政、操弄选举、先选后宪的强烈批评。本来津保派一直主张先选总统,

　　①　《伪阁将因穷拆台》,《民国日报》,1923年7月23日。
　　②　《王克敏登台包办伪选》,《民国日报》,1923年7月12日。
　　③　《各方面警告王克敏从速辞职》,《民国日报》(上海),1923年7月17日。
　　④　《钱桐致阎锡山电》(1923年8月18日),《阎锡山档案要电录存》第6册,第490页。

但因为国会议员人数不足,因此只好提出"先宪后选",以参与制定宪法而留名于世诱惑议员回京。7月12日,王家襄等在与吴景濂、王承斌等策划后,提出"先宪后选,为吾辈自来之主张,……深望当局于此,能有彻底之觉悟,勿再漠视一切,专事选举运动。尤望停止选举运动,明白表示,以安人心"。一向主张"先选后宪"的高凌霨等立即回应称:"制宪大选,均为解决时局紧急问题,孰前孰后,众公自有权衡,我等不能过问。"①保派的高凌霨、熊炳琦(山东省长)等"欲改变方略,劝曹锟发一停办大选、促成宪法之电,以羁縻国会议员,勿使南下"。其时中国银行总裁王克敏去保定向曹锟请示以承认"金佛郎案"获得列强财政支持问题,高凌霨等即请其向曹锟提出此议。但津派边守靖(直隶省议会议长)等"则仍主急进大选,上书曹锟,谓若发停选先宪之电,不啻自招口供,与项城取消帝制,如出一辙,必归失败等语。曹阅之颇为所动"。几经磋商,7月24日,曹锟发表通电,未提总统选举,却大谈"宪法一日不定,国家一日不宁。……盖根本大法先立,则枝叶从而就理,事势困难,皆得据法律为解决。一日宪法昭垂,全国遵守,固为我国家无穷之庆事,抑亦我国会制宪无上之光荣也。"同时声言"服务国家垂十年,民国肇建,未尝一日自逸。私人权利,夙不敢争。耿耿寸衷,惟知有国",以对外明个人之"心迹"②。其后直系将领纷纷发电应声附和,提出"当此外交紧迫,内政纠纷,摄职既有限期,元首安可久缺。更望参、众两院诸公先行完成宪法,继以速办选举,定国家根本大计"③。曹党人物还在与国会议员的接触及各种对外场合宣扬此等主张,大谈"尊重国会",期望早日"制宪成功",以显示直系并无"私心"。

　　为了缓和外界的批评声浪,迷惑舆论的视听,直系还对孙、皖、奉反

　　① 《曹派伪选已绝望矣》,《民国日报》1923年7月16日。
　　② 刘楚湘:《癸亥政变纪略》,《近代稗海》第7辑,第294—295页。
　　③ 《王承斌通电》(1923年7月28日),《中华民国史档案资料汇编》第三辑《政治》(二),第1410页。

直三角同盟伸出橄榄枝,故示友好,以达釜底抽薪之效。国会直派议员温世霖等率先提议"联孙"之计,"以打破孙氏与各派之会合","实行牵引中山下水之法"①。国会直派议员二百余人也发表通电,提出"北方实力派与南方民党首领宜实行结合,共谋和平统一,时局始有平定之望,政治始有刷新之机"。7 月 2 日,曹锟通过在上海的孙洪伊向孙中山发电,表示上年"恢复法统"的主张,与孙"护法之初旨,不约而同","拟即依照先生主张,召集南北和平会议,聚全国名流于一堂,共商国事,将一切政治问题,讨论解决,俾国会得以从容言法,树国家万年不拔之基"。8 日又致电孙洪伊转孙中山,恭维"中山先生与国家同其休戚,幸与所以为吾国为吾民为促进和平统一者不吝见教。琨虽不敏,窃愿闻之,当本中山先生之意,为国人进一解也"。孙洪伊曾任广州军政府内政总长、孙中山驻沪代表,曾衔孙中山之命,与直系商洽"和平统一"问题,此时又"觊觎国务总理一席,而又恐不见容于民党,乃倡为孙曹联合之说,以眩惑世人,并为之奔走游说孙文数次",故曹锟发电经由孙洪伊转②。但是,在直系支持的沈鸿英军队当年 5 月兵败韶关时,查得各种函电文件,"证实犯粤之事,曹实主谋,遂与曹决裂"③。故此孙中山对曹锟并不信任。12 日,孙中山电致孙洪伊代复曹锟,表示"前此我揭出和平统一之主旨,仲珊亦尝赞和。乃其见诸事实者,则乱闽祸川扰粤,以及种种行动,无一而不与和平为敌。今兹云云,其既有所觉悟耶,抑犹是前日之敷衍也? 我与人以诚,不能逆亿不信,然不直则道不见。主张武力,谁为戎首,咎有所归。徒务空言,天下其孰能听之"。实际拒绝了曹锟的"好意"。曹锟随后复电,亦只能以希望"双方推诚相见,务期贯彻始终,共谋国是"下台阶④。在曹锟作出"联孙"表示的同时,还

---

①　《津函中之直派阴谋谈》,《民国日报》,1923 年 7 月 11 日。
②　刘楚湘:《癸亥政变纪略》,《近代稗海》第 7 辑,第 300—303 页。
③　《联曹说无稽之明证》,《民国日报》,1923 年 7 月 11 日。
④　刘楚湘:《癸亥政变纪略》,《近代稗海》第 7 辑,第 301 页。

派其弟曹锐向其北洋前辈段祺瑞疏通关系。7月中旬,曹锐在天津面见段祺瑞,态度谦恭地表示:我们弟兄俩过去都受过您的栽培,大恩未敢忘报。前年直皖战争,因迫于形势,并非出于本意。现在仲珊进退两难,恳请您指点指点。段祺瑞答称:现在你们富贵已极,还想要求什么?我劝你们何不急流勇退!假若曹锟自以为有当中国总统的资格,并能行使总统职权,那么无论通过选举手续,或用武力,或使金钱及其他办法,尽可去做,如其不然,那就应该明白表示放弃![①] 曹锐碰了个钉子,无以应答,拉段未成。曹锟还通过他人授意张作霖的亲家鲍贵卿到奉天向张游说,解释直奉之战是出于误会,表示愿意重修旧好,亦未得张作霖的回应。总而言之,曹锟和直系企图通过与孙皖奉表示通好的方法缓和政治紧张局面的做法没有成功。

不过,经过补充内阁成员和准备制宪的运作,黎元洪离职的混乱情势有所改观,但直系如此操作的最终目的仍是总统选举。有鉴于袁世凯称帝功败垂成的经验教训,曹党担心"此项最高问题之解决,速则易于观成,缓则恐生他变。盖两院罗汉至八百尊,其中党派纷歧,言论庞杂,若任其夜长梦多,势且横溢旁出,将演出种种卑劣手段"[②]。因此,自黎元洪离职后,直系之"宗旨确定,为国为民及我系前途之关系,无论如何必须尽力办理"[③]。此时高凌霨主持"摄政内阁","欲讨好于曹,迎合曹意";国会众院议长吴景濂"确想以开国元勋之资格,过过未成之总理瘾";地方大员中,直隶省长王承斌企图在曹锟当选后接其直鲁豫巡阅使职,故对选举颇为积极[④]。即便是不主张速选的吴佩孚此时也认

---

① 《段祺瑞与西报记者谈话》,《民国日报》,1923 年 8 月 14 日。

② 《姚锡光筹组国民促进选举会以监督两院确保曹锟当选电》(1923 年 6 月 17日),《中华民国史档案资料汇编》第三辑《政治》(二),第 1407 页。

③ 《王毓芝等致刘楚臣密电稿》(1923 年 8 月 11 日),《中华民国史档案资料汇编》第三辑《政治》(二),第 1411 页。

④ 《国会议员通讯》第 78 号,《中华民国史档案资料汇编》第三辑《政治》(二),第 1443、1446 页。

为,"时局纠纷,亟宜速结,务望进行,促成选举,以奠大局"①。在几股力量的共同作用下,总统选举势成必然。

为了钳制舆论,有利选举的进行,直系控制的京畿卫戍司令部"函请提署、警厅派军警赴电报、邮政各局检查邮电。凡关于某方及某要人之电报,暨与选举有关之电报,一律扣留";"至若反对之言论,异此之消息,一为披露,即属大逆不道"。如《京报》有关人员被军警当局两次传唤,《国会议员通讯》不准在京发行,等等②。一面又运动各界鼓吹具总统资格者"直鲁豫巡阅使曹公,其谁与归"?"请求各直省、各特别区域军民长官及全国父老昆弟一致主张,来电赞成,公推曹巡阅使出任临时总统,以奠国本,而安人心。一面仍俟国会定期正式选举"③。

要将曹锟"选"成大总统,关键在经过国会议员的"合法"投票。但是,驱黎之后国会停转,四分五裂,不少议员离京,如何凑足总统"选举"的法定人数,成了直系曹党最头疼的事。

第一次直奉战后,"法统重光",国会在北京重开,国会中的议员即分为亲直派与反直派,国民党、安福系、政学系等党派议员多为反直派,与亲直派议员经常处在对立地位,令国会议事纷争不已。直系驱黎之后,反直派议员认为,"国会在北京此时政情之下,其机关已陷于被围状况,其信用已濒于破产地位"④。因此,由褚辅成、张继等发起,以国民党议员为主体的反直派议员纷纷离京。为了对付直系而形成的孙、皖、奉"三角同盟"亦借此机会,对直系开展"挖墙脚"的工作,以各种手段促国会议员离京,破坏直系原定的选举计划。据段祺瑞的亲信姚震告张

---

①　郭剑林:《吴佩孚传》下册,第568—569页。

②　《国会议员通讯》第81号,《中华民国史档案资料汇编》第三辑《政治》(二),第1457—1458页。

③　《陆锦关于取缔北京公团联合会所发黎被逼出京等情与王怀庆往来函》、《孟效曾等推举曹锟出任临时总统快邮代电》(1923年7月),《中华民国史档案资料汇编》第三辑《政治》(二),第1400—1401页。

④　刘楚湘:《癸亥政变纪略》,《近代稗海》第7辑,第210页。

作霖的总参议杨宇霆："连日来各方来接谈者甚多,将来收揽总数,约可得三百人。现在已商妥并领去旅费者,已近二百人。如无意外变故,两星期内外,可扫数离去京津。凡在我处领费者,均由各该政团首领负责,定期陆续南下,彼此以诚信结合,乃能有此成绩。北京三次开会未成(以制宪为名,欲使人数足额,令公民包围,胁迫选举),皆我方设计破坏(因前数日在京者,尚居多数,不能不用计临时破坏)。截至今日止,离京者不绝于途,拆台之事,或可办到。但闻对方有筹巨款买收之说,刻正思紧急对付之法。"但因需要付费拉拢的议员人数"较原额增多一半,则需再寄五万元以上"。"现决定催上海从速实行筹发岁费,并于常会开会后,另筹款项照补从前欠发之岁费。一面调查沪奉实存及由沪奉回京,可以再去上海之人数。如果因回京者太多,不足法定人数时,拟令上海一面准备开会日期,即由京再办成批议员,同时南下到沪,即行开会。庶几不至因相持而误事"①。南方的孙中山派刘成禺持其手书北上,动员国会议员,"各尽所能,力持正义,其有以兵力、金钱图窃国权者,当以去就相抵抗"②。6月底,离京到津的国会议员已有近三百人③。

离京国会议员的第一站多为天津,他们到此之后便成为各方政治力量争夺的对象。被赶下台的黎元洪希望利用他们为自己壮声势,再谋复职之机;但他的实力有限,不为一些势利眼的议员所喜,而且"三角同盟"各方也不以黎为能成事然。如时人直白所言:"黄陂此人,并非完全愚笨,在我方为利用废物,但不可为废物所利用。"④故此黎元洪很快便退出了争夺阵营,其后的争夺双方主要是筹划利用议员进行总统选举的直系和反对直系的"三角同盟"。

①　《姚震信》(1923年6月22日、7月2日),《奉系军阀密信》,第67、70页。
②　刘楚湘:《癸亥政变纪略》,《近代稗海》第7辑,第300页。
③　《离京议员再揭曹派阴谋》,《民国日报》1923年7月6日。
④　《杨毓珣信》,1923年9月,《奉系军阀密信》,第83页。

6月21日,到津的国会议员发表通电,提出因为国会在北京已不能自由行使职权,可暂移上海开会制宪。23日,皖系大将、浙江军务督办卢永祥随即发表通电,欢迎国会议员南下制宪。在卢永祥和张作霖的接济下,国会议员离京可以拿到一次性旅费500元及月费300元,从而吸引了一些"贪财"议员出走。他们既无经济上的后顾之忧,又可对外表示自己的道德立场,不少人便纷纷离津到沪。7月14日,到沪国会议员二百二十余人集会,发表宣言称:"留京议员,陷于强暴,即有议案,不生法律效力。北京武人,如有假借政府名义,与各国订何项条约,磋商何种借款,吾国会概不承认。"①

驱黎之后的部分国会议员离京确实给直系围绕总统大选进行的政治运作带来了相当的困扰,对此,直系只能使出金钱计,开出较反直联盟更高的价码,同时提出尽速制宪的主张,内外并举,吸引国会议员留京或返京。6月20日,吴景濂在参众两院议员茶话会上表示,"宪法会议及选举总统应双方并进";"岁费与出席费俱经国务会议通过,已有切实之保障,不至发生问题";希望议员"无论政潮形势如何,决不离京。决不作法外举动。不受外界任何之压迫"②。曹党中也有人主张使用强硬方法,提议由在江苏当政的齐燮元照会上海领事团,希望他们将在上海租界活动的国会议员驱逐出境,并对安福系议员"惩办一二",以"惩一儆百,彼辈既有所顾忌,自不敢纷纷效尤,希图非分矣"③。在南下议员中,旋又有"民六"议员与"民八"议员之争,内部意见并不一致。刘楚湘等"民六"议员认为,"拆曹锟大选之台,当然以北京国会民六分子为主体。若国会移沪,即改变旗帜为继续广州国会,则留京议员即有所借口,不欲南下。如是南下同人,非为反对曹锟大选,而实促成之"。

---

① 谢振民编著:《中华民国立法史》上册,第166页。

② 《吴景濂在参众两院议员茶话会上的讲话》(1923年6月20日),汤锐祥编:《护法运动史料汇编》(二),花城出版社2003年版,第553页。

③ 《张书元致陆锦函》(1923年8月30日),《中华民国史档案资料汇编》第三辑《政治》(二),第1414页。

"南下议员多和刘说"。而"民八"议员自奉为"护法"正统，"否认宣言中称黎元洪为总统之句"。双方协商"迁延未决，内部渐有破裂。而北京吴景濂等，亦以上海开民八国会为辞，煽阻欲南下之议员。"加以离京议员中不乏唯利是图的拜金投机分子，既想领取反直派提供的旅费和津贴，又不愿放弃直系提供的国会出席费，"仅到天津骗取旅费，复到沪赚取月费，踪迹飘忽，来往无定"①。足可见当时不少国会议员之操守低下，与那些留京"卖身"的"猪仔议员"相比，也不过是五十步笑百步而已。因此，留居上海、曾经在孙中山和曹锟间有所沟通的孙洪伊谓，"吾常责北方破坏人之道德廉耻，其反对者之破坏道德廉耻，亦何异于北方"②。负责对南下议员经费支持工作的奉系首领杨宇霆、王永江等都颇为失望，感叹说："沪上国会，已成遗蜕，无可发展"；"即安置一二，而不满意者仍多，倘仍故态不改，撤之则愈益仇怨，终无善法。不如向总司令（即张作霖——作者注）说明，任其自由行动，不再干涉为妙。国会议员演至今日，已不堪言，似不如任其仍回北京活动为得计也"③。8月过后，国会议员出京的势头大减，回京的议员却络绎于途，在沪国会议员不足法定人数，无法集会议事，对于北京政治的影响力减弱，直系关注的焦点又转到如何稳定在京议员的多数，从速筹办总统大选方面。

二　贿选告成　法统中落

自黎元洪被逐出京后，围绕总统选举等问题，国会成为各方博弈的焦点所在。曹党的意图，是务须在 10 月 10 日国庆节前完成选举，让曹锟走马上任。先是 8 月中旬，众院副议长张伯烈致函，责其"日以宪法

①　刘楚湘：《癸亥政变纪略》，《近代稗海》第 7 辑，第 248 页。

②　《孙洪伊反对议员南行》，《申报》1923 年 7 月 9 日。

③　《杨宇霆信稿》（1923 年 7 月 27 日）、《王永江信》（1923 年 8 月），《奉系军阀密信》，第 74—75 页。

会议为事,绝不提及选举总统。虽经两院同人纷纷提案催促选举,足下却置若罔闻。诚不知足下用意之所在"①。随之吴景濂即表示接受"民意",在18日对外宣称:"阴历八月十五(即阳历9月25日——作者)以后,定要组织总统选举会,九月里可以选举总统。"②8月19日,拥曹议员向吴景濂动议,提出根据《大总统选举法》的规定,国务院摄行政务时,国会议员应于三个月内自行集会,组织总统选举会,选举次任大总统,"请速酌定日期,先开一总统选举预备会,以资进行。"吴景濂随即表示:"此事极为重要,诸君即不提及,余亦早拟就商赶快进行之法。"③但此时出京议员已多至近三百人,而留京议员中仍有不少人有离京动向者,如何稳定在京议员并吸引出京议员回京投票,使选举合乎法定程序及有效性,颇费曹党之思量。津保派头面人物在京数次集会讨论"维系在京议员,敦劝南下者回京之方法"④。他们起初动议对留京议员发放维持费或顾问费,可是又不放心议员的操守,担心他们领了钱不办事,而且也不能吸引出京议员回京。其后决定对出席国会会议的议员发放"临时"出席费,大约每人每月可得六百多元,超过南下议员所得津贴的一倍,另对南下议员回京者发给高额旅费。8月24日,国会举行议员谈话会,两院合计有一百五十余人出席,吴景濂提出"临时"出席费支给方法:一、两院每周常会,每位出席议员均由国会预备费中支给100元;二、每次开会于会场计算人数发给出席证,散会时以出席证换取支给证;三、议员凭支给证于次周一向会计科支取。对于吴景濂此等"公然行求贿赂,损害国家财产",以金钱收买议员的提议,在场虽有议员以"违法"表示反对,但吴景濂仍然以"多数同意"宣布通过,自8月27日起实行,同时决定在9月13日前举行大总统选举。对此,留京国会议

---

①　刘楚湘:《癸亥政变纪略》,《近代稗海》第7辑,第320页。

②　《起劲拥曹中之两吴》,《民国日报》,1923年8月25日。

③　《金钱支配之政客拥曹声》,《民国日报》,1923年8月23日。

④　《铜臭熏天之大选》,《民国日报》,1923年8月27日。

员中也有自爱者觉得领这样的钱烫手。29日众院开常会时,有人质问吴景濂据何法律而有此决定? 吴无以作答,显见其亦自知此为名不正则言不顺之举①。

对于离京的国会议员,曹党开出的价码更高,有发放旅费千元乃至开出万元价码者,或者任满后还可给予其他差事,目的只有一个,只要他们回京参加总统选举投票即可。在那些离京议员中,不少人原本就没有明确的政治理念,无所谓个人操守,而是为了领取旅费和出席费而离京,一旦曹党开出更优厚的条件,他们便再自然不过地登车回京,腼颜领钱了。

除了公然以金钱贿赂之外,曹党又提出延长国会议员的任期,以此拉拢议员,满足他们之中不少人的自肥分润心理。根据《国会组织法》,众议员任期为三年,此届议员任期自1913年4月8日国会开幕之日起,虽经两次解散,但至1923年10月也到了期满之日。为了延续即将结束的任期,吴景濂在8月底提出:"任期为一问题,解职时日又为一问题,个人地位事小,维持国家之体制事大。所望国家秩序早日恢复,大选早日观成,在新议员未集会之前一日,现议员不容轻言去职。"②随后有议员提出修正《国会组织法》,将众议员任期修改为:议员职务应俟下次依法选举完成,开会前一日解除之。也就是说,只要新的议员尚未选出,旧的议员就能无限期延任,而在当时情况下,何时能办新一届国会选举完全是未定之数,自然现任的议员便可以此为由赖在国会里不走,享受那些常人不能享的权益了。9月7日,众院常会以308人出席、261人同意的绝对多数票通过此案,引来舆论众口一词的批评,认为这是国会议员自说自话,恋栈自肥,希望参议院予以纠正。但是,为了使参院顺利通过此案,众院提案提议参议员的任期亦照此案实行,以便共

①　《彭养光告发吴景濂》、《臭气熏天的北京政讯》,《民国日报》1923年9月1日、2日。

②　《臭气熏天的北京政讯》,《民国日报》,1923年9月2日。

同分赃。结果,9月26日的参院常会,此案亦以多数通过。不过,此案送交北京政府后,吴佩孚表示反对,北京政府格于外界的强烈批评,也不敢贸然公布。然而,国会两院议员却以此作为总统选举的交换条件,经多日争执,10月4日,北京政府将此案与众院议员改选令同时公布,以求平衡,并缓解外界的批评①。

尽管直系拥曹派在金钱、地位各方面尽力拉拢国会议员,但是一时间仍然无法凑足选举总统的法定人数。国会两院议员总数为870人,选举总统须有超过三分之二者出席,即最少须有581人参加,否则即不合法,而"合法"是曹锟出任总统的底线。为了对外表示总统选举的"合法"性,直系拥曹派伤透了脑筋,最后只能祭出直接买票的险招。9月初,高凌霨、吴毓麟、熊炳琦、程克、边守靖等津保派中坚人物邀集国会议长、部分议员及政团代表连日会商,讨论总统选举问题,并提出以5000元为最低额,8000元为最高额,收买议员参加总统选举,但是先选后付担心议员不来,而先付后选又担心议员领钱后开溜,最后决定先开选举预备会议,俟得知确切出席人数后再决定发钱方式。9月8日和10日,国会召开二次选举预备会,参加者均不过法定人数,但在10日的会上,曹党找来书记员冒名顶替,并由吴景濂指使众院秘书长郑林皋命令专司稽核出席人数之责的众院秘书孙曜虚报人数,孙不从,郑又转令其他秘书虚报出席人数,使得当日出席人数"达到"了法定人数,遂决定在12日举行总统选举②。但是,9月12日到会的两院议员只有422

---

①　谢振民编著:《中华民国立法史》上册,第167—169页。

②　9月10日的预备会会后查明被冒签的议员至少在15人以上,被冒签的议员张瑾雯致函吴景濂,质问"此等伪造行为,实已入刑事范围,议长自不得辞其责任。且到会人数既发生伪造问题,若不切实查究表明事实,则当日人数多寡,已属不能确定,选举预备会勿得遽认为成立"。孙曜亦发表通电,揭露吴景濂预选舞弊之黑幕。曹党遂派警察监视张瑾雯和孙曜的活动,张被迫逃往天津,孙曜亦潜行离京南下。此后,吴景濂将众院议事科长及两院管理签到之职员概行更换,代以亲信。对于反直派议员,"一为监视;二为迫害;三为保护。美其名曰保护,实为拘留形式"。《国会议员通讯》第70、78号,《中华民国史档案资料汇编》第三辑《政治》(二),第1433、1442页。

人，曹党"用尽方法，卒以人数不足而流会，而同时黄陂南下，津派愈无办法"①。选举无法进行，曹党大为失望。

9月12日的总统选举未成，13日晚曹党主干人物在小麻线胡同吴景濂家中开会，讨论以后的大选进行办法，决定：派遣党徒分头疏通反对派，由国会常会再定选举会日期；电请各省督军、省长推定该省国会议员一二人为代表，专事推挽该省议员出席选举会；决定出席始给出席费；分派代表秘密南下，以特别待遇（金钱、入阁或优差美缺）运动反直派中坚人物；上述各种办法如进行无效，"则出于最后之一途，修改大总统选举法，盖非硬达其成功之目的不止"。同日晚，曹党议员在甘石桥议员俱乐部集会，协商票款支付方法，到会者大多主张出席选举会的上午付款，领得款后议员即须集合一处，然后往议场投票。但是，办这些事的关键还在钱，"此种办法，虽经大体议决，惟须待今晚来京之王承斌到后，方能确定，且仍须看随带来京之孔二先生究有若干，方有把握也"②。

王承斌在曹锟贿选的过程中算是最积极的干将之一。他自出道后一直在第三师任职，因"功"而累迁至直隶省长，与曹锟之弟曹锐关系密切，是津派的中心人物。他之所以如此积极地捧曹锟"选"总统，是盘算可以借此攀龙附凤，邀功请赏，在曹锟当上大总统后接其任直鲁豫巡阅使，过把"大帅"瘾。办理总统选举，尤其是需要拉人投票的选举，当然得要钱，不仅选举诸事离不开钱，最关键的是收买离京国会议员回京选举更需要花大笔的钱，而北京政府的财政不仅没有余款用于选举，就是对"各部署机关欠薪，及各军欠饷，近畿军警积欠，均已一筹莫展"③。

---

①　《钱桐致阎锡山电》（1923年9月13日），《阎锡山档案要电录存》第6册，第493页。

②　《国会议员通讯》第70号，《中华民国史档案资料汇编》第三辑《政治》（二）第1433页。

③　《伪阁将因穷拆台》，《直系筹款借款之进行》，《民国日报》，1923年7月23日。

总统选举事之所以在黎元洪离职后未能立即进行,其中原因之一也是需要筹措经费。曹锟信奉"有钱好办事"之言①,一生厚积钱财,本人经各种途径而聚敛的家产并不少,据说多达五千万元,但他生性吝啬,不愿破家财用之收买议员,而是要部下"报效"选举经费,如萧耀南、齐燮元、阎锡山各50万元,田中玉40万元,刘镇华、张福来、马联甲各30万元,张锡元、陆洪涛各20万元②,等等,但仍有很大的缺口。正值此时,王承斌自告奋勇夸下海口,"所有一切应用款项,皆可向予一人索取"③。他的做法自然得曹锟的欢心,即令他到京主持选举等事。其实,王承斌筹款并无什么妙法,不过是以军阀武力为后盾,强迫各界捐资而已,其方法一是制造"金丹(鸦片)案",勒索鸦片贩子;二是以借用军饷为名向各县绅商,"凡银行之分号代理店等皆每家二千,最少亦复数百"。王本拟将此项摊派推之于直、鲁、豫三省,"谁知鲁、豫两省非常反对,保、洛军官,皆怒发冲冠",只能先在直隶实行④。因为王承斌的进京主持,拥曹派胆气复壮,又开始紧锣密鼓地筹划总统选举事项。

　　王承斌到京后,"知正式大选不易成功,有先宪之表示,拟先公布一部分,以和缓空气,但各方面仍持怀疑。至摄政非常等名目,曹使亦所不欲,目下实不易解决"⑤。经过与各方的讨论,王承斌主持总统选举

---

　　①　据时人言说:"曹锟任直隶督军时,鄂籍某要人往贺。曹曰:'何足贺,谁有钱,谁做官。'"(吴虬:《北洋派之起源及其崩溃》,《近代稗海》第6辑,第264页)由此可见曹锟对政治与金钱关系的理解。

　　②　刘楚湘:《癸亥政变纪略》,《近代稗海》第7辑,第160页。

　　③　《国会议员通讯》第80号,《中华民国史档案资料汇编》第三辑《政治》(二),第1449页。

　　④　《国会议员通讯》第70号,《中华民国史档案资料汇编》第三辑《政治》(二)第1435页。

　　⑤　《钱桐致阎锡山电》(1923年9月15日),《阎锡山档案要电录存》第6册,第495页。曹党曾有动议,如果国会选举实在不成,则拥曹锟以"合法"方式为国务总理,再以"摄政"名义出任总统,不过曹锟对此等过于盲干的方法并不认可,遂搁置不论。

的招数,先是"兼顾保、洛两方之旨趣","容纳研究系及反对派,主张先尽制宪完成为转圜之地步"。他与吴景濂邀国会两院领袖人物张伯烈、王家襄等及研究系人士协商,辩称"时局紧迫,尤盼制宪于最短时期告成大法,而慰全国民望。惟选总统职在国会,挽回时局解决纠纷,实为重大之问题,敢请捐除成见,予其谅解,是某等所仰望者也"。"然反对者以天坛草案,不能不加以修改,纵使从权达变,尤应略予改定。且省宪一章,大有问题,尚未经三读会通过之手续,岂能望其如期告成等语。此一席话说得包办者无辞以对,卒无结果散会。"①王承斌又在宴请反对派议员时直言:"此次选举总统,大家均认仲珊(曹锟)为理想候选人,并非出于私意,良以目下我国情势,非举一拥有最大实力者,使居元首地位,不足以资震慑而谋统一。故舍仲珊外,实无适当人物,愿诸君顾全大局,予以协助。"参加的议员则回应说:"我辈亦并非对于仲珊有何成见,唯因国会历时十载,宪法尚未制定,身为议员,深负疚庥,故主张此时宜专为制宪,不及其他。待宪法告成,再选总统,则对仲珊亦未始不可赞成。"②

拉拢不成,王承斌只能回到老路,两手并用,"秘密协议运动大选,外托宪选并进,为容纳反对派意见及其旨趣为依归,并以藉此为号召各政团之出席。其实际暗中沟通各派中坚,贿以巨款,及从优待遇之条件,敦劝其出席宪法会议。而以各省区实力派为促进大选之急先锋,加以国民团之请愿为内应,以临时动议改开总统选举会,即其选票不足成数,亦决爰照举袁先例,以决选产出之"③。他向参加选举者开出了5000元的选票价码,但须在选后支付;同时许诺助选团体头目以各等官职,结果这些人乘机漫天要价,"所提条件,无不竞争占据阁员之要

---

　　① 《国会议员通讯》第80号,《中华民国史档案资料汇编》第三辑《政治》(二),第1450页。

　　② 刘以芬:《民国政史拾遗》,上海书店出版社1998年版,第43页。

　　③ 《国会议员通讯》第81号,《中华民国史档案资料汇编》第三辑《政治》(二),第1455页。

席,次则要求省长、次长、各路局长、关监督及榷运局盐运使等,亦有请求京内外各部属厅长、道尹,甚至要求保障终身议员,无奇不有"。吴景濂更觉自己出力甚多,"要夺阁揆"①。尽管如此,愿意"卖身"的议员人数仍然迟迟达不到"法定"票数,兼以对能否领到钱款不放行,不少人持观望态度,还有人准备领钱但不准备投票。如议员某所言:"我等此来确是为五千元之票价,……非此绝无仅有之机会,又安能拔其一毫。惟我等有须声明者,即金钱可以要,而猪仔实不可以做,此语在君初闻必以为奇。不知所谓猪仔者,因其甘于卖身而得名。若得钱不卖身,又安能谓为猪仔。故我等决计五千元之款,不能不要,但因此而出席投票,则万万不可能。盖因得钱而卖身,不几自认为猪仔呼。虽此有类于过河拆桥,然取之于盗,不为伤廉。我等以为得钱是一事,投票又是一事也。我等预备金钱一经到手,即当迁眷南下。"②为了凑足投票人数,王承斌还派人"携款十万元赴沪运动南下议员回京,以便凑足其数"③。然如时人所论:"离京议员之拉回,固觉非易;拉回以后,欲其出席,又属非易;纵能出席,欲其投某方之总统当选票,尤属非易。多数回京议员,咸声明除宪会以外,其他各会,均不出席,且领到岁费即行南下者,颇不乏人。"④

为了拉拢国会议员的多数,曹党可谓无所不用其极。"王承斌、吴景濂、熊炳琦、王毓芝等在甘石桥政团俱乐部,日日应酬议员。除已被收买诸议员仅须略给酒食金钱外,对于留京不出席的,则施尽'容纳主张'、'交换利益'、'津贴巨款'等手段。尚虑人数不足,则又一面电令各省军民长官,迫离京在籍议员北上出席。一面陆续派代表南下,劝诱聚

---

① 刘楚湘:《癸亥政变纪略》,《近代稗海》第7辑,第386页。

② 《国会议员通讯》第82号,《中华民国史档案资料汇编》第三辑《政治》(二),第1460页。

③ 《拥曹派可以休矣》,《民国日报》1923年9月26日。

④ 《国会议员通讯》第68号,《中华民国史档案资料汇编》第三辑《政治》(二),第1428页。

在上海的反直议员回京。此外,熊炳琦、王毓芝向议员担保批准众议院延长任期;高凌霨、吴毓麟向议员担保制宪,使各议员可以安心出席;吴景濂对人发表可以'出席不选曹'的谈话;叶夏声电致国民党议员出席选孙,则又替反对派议员做一个面子,使易于离沪回京"①。

　　经过多方活动,当在京议员达到一定人数后,9 月底,王承斌与吴景濂等商定,在 10 月初进行总统选举,并先以举行制宪会议为由确定参加人数。10 月 1 日,曹党控制的甘石桥议员俱乐部开始向在京议员发放领款支票,票面注明:凭票交来人大洋五千元,此致某某银行。支票由吴毓麟、王毓芝等亲自办理,分别印有"孝记"(王承斌字孝伯)、"秋记"(吴毓麟字秋舫)、"兰记"(王毓芝字兰亭)、"洁记"(边守靖字洁卿)字样,盖有"三立斋"图记,支付银行有三家,其中以边守靖办的大有银行为最多。"票上未填支付日期。三方约定,将来付款时,须由开票人补填日期,并加盖一图章,方能生效。而此项补填及加盖手续,则必须在总统选出后三日履行"。如此规定,实际反映出买卖双方的彼此猜疑,"故各议员对此,承受态度尚不十分踊跃。不信任保定者,谓此项支票,并不足保障;信任保定者,则谓不必有此支票,尽可空手投票,到将来再行领款,落得做个慷慨云云"②。支票发放当天,亲往领取者不过一百五十余人,其中还不乏由人代领者。议员高洪魁事后致函吴景濂表示,有人"屡欲代弟取回均婉言谢绝",但当晚支票又被送到家中,"谓系由台端经手拿来者……乃决定由弟亲手交回"③。但也有人非现金不要,如吴派有人告吴景濂,谢某"坚持非现不可,弟再三转述尊意,而迄未有效也"④。

---

　　①　梓生:《大选与反对运动同时急进》,《东方杂志》第 20 卷 20 号,第 2 页。

　　②　刘楚湘:《癸亥政变纪略》,《近代稗海》第 7 辑,第 396、399 页。

　　③　《高洪魁就甘石桥分发支票事致吴景濂函》(1923 年 10 月 11 日),《天津市历史博物馆馆藏北洋军阀史料·吴景濂卷》第 6 册,第 481—482 页。

　　④　《陈子斌就贿选议员谢某坚持以现索酬事致吴景濂函》(1923 年 9 月 30日),《天津市历史博物馆馆藏北洋军阀史料·吴景濂卷》第 6 册,第 449—450 页。

曹党办理贿选,虽是在私下进行,但如此大范围的行事,实际早已是满城喧哗,当时报界即有详尽的报道,何况还有反对派的推波助澜。但是,曹党并不以此收手,在消息传开后,反而无所顾忌,放手大干,所谓正义、公平、道德、规则等等民主政治的原则早就被抛到了脑后。他们迷信金钱万能,有钱能使鬼推磨,支票发出,选举即可告成,可谁知还是有人不买账。浙籍众议员邵瑞彭得到支票后,于10月3日向京师地方检察厅告发"高凌霨、王毓芝、边守靖、吴景濂等,因运动曹锟当选为大总统,向议员行贿,请依法惩办",不然"若夫选举行贿,国有常刑,不为举发,何所逃罪?"他还通电各省陈诉此事经过,并将支票正反两面拍成照片,作为贿选证据交各报发表。在直系权力的控制下,京师地方检察厅自然不能受理此案,邵瑞彭为避祸亦随即离京去沪,但他的告发却使总统贿选尚未开张即大白于天下,使曹锟及曹党处于千夫所指之境。而反曹派亦不甘示弱,他们开出更高的价码收买议员,"自六千元开盘以至一万元收盘,并先付半数现款。议员前往交易者,固多至五十余人"①;期使选举不合法定人数,只是因财力不继,他们"拆台"未成。时人论之为,"京方为贿选,沪方为贿不选","亦足见当时议员之信誉矣"②。

在直系曹党的重金收买之下,在京国会议员大体达到了进行总统选举的法定人数。10月4日国会召开制宪会议,在驱黎之后国会全体会议因不足法定人数而流会四十四次之后,此次会议的到会者首次接近法定人数,再加上领票而未到会者,曹党认为选举已可成事,吴景濂即以总统选举会名义发表通告,10月5日进行总统选举。4日晚,曹党聚集在甘石桥议员俱乐部作最后的布置,"通宵达旦,活动不休,……卒以来者过多,几无立锥之地,喧闹终宵。支票计发出六百零数张,而大

_____

① 刘楚湘:《癸亥政变纪略》,《近代稗海》,第7辑,第402—403、414页。
② 刘以芬:《民国政史拾遗》,第44页。

选派对于人数一层,始略为放心"①。他们又在各出京车站和路口以便衣军警布控,防止领票议员开溜。

10月5日,国会正式进行总统选举。国会内外戒备森严,北京军警当局首脑王怀庆等都亲临现场指挥,会场可进不可出。不过原定上午开始的选举,因出席者迟迟不够数而不断延时,吴景濂"颇形忧虑之色,急派人分途拉拢。大抵皆由同乡议员及同系议员各一人担任邀请一名议员。大选中坚派议员出入频繁,但见其驱车而出,未几即挟一议员而归,亦可谓卖尽气力矣"。下午1时许,出席者总算达到了593人,超过了法定人数。吴景濂随即宣布开始选举投票,历二小时有余,至4时许结束。结果实际参加投票者590人,曹锟得480票,超过到会议员总数的四分之三,"当选"为中华民国大总统;其他还有27人共得98票,其中孙中山最多为33票,另有废票12张,内有孙美瑶一张,"五千元"一张,"三立斋"三张等。即便如此,据时人揭露,此次出席议员人数,"此中有无不实不尽,非局外所能知。吴景濂于甫散会时,即嘱将签到簿密镉柜中,严戒秘厅人员不许漏泄。签到处及会场执事职员,均先期派定,未派者不许在侧。而签到处有许多大选派议员围绕之。有某议员语人,在场人数大约不缺,惟我于同院人之面目不尽熟悉,是否一一正身,则不能出结云云。签到处曾起哄数次,参众各有蒙古议员一人,非其人本身,经某蒙古议员指出。山西议员某到,亦经人指出非本人。江西某议员代同乡邹某签到,亦经同乡指出。自彼等言之,可谓异常认真,然此外有无未指出者,则不敢知矣"。而"议员因已得贿款支票,恐是日选会不成,贿款无着,即有知者,亦相约为之遮掩,故无人当场举发也"②。据姚震致杨宇霆函称:"此次选举,真正到场者,止五百三十九人,伪冒者六十余人(诈称到会五百九十七人),而尊处款项到后,即拆出四十人。若无此事,则彼方出席人数可得五百八十人,法定

---

①　刘楚湘:《癸亥政变纪略》,《近代稗海》第7辑,第405页。

②　刘楚湘:《癸亥政变纪略》,《近代稗海》第7辑,第407—408、412、416页。

之数系五百八十三人,仅少三数人,无论如何,不能得其伪证矣。……
不过由上海返京人数太多,我方面子上不甚好看,然于达到打破合法之
点,因得尊处款项接济,幸得告成。"①其实,问题的关键并非仅在此次
选举是否达到了法定人数,而更在于即便是达到了法定人数,其贿买议
员并且多数议员接受贿买的事实,也充分说明了此次选举从程序到实
质均难言合法,而只能以其不合法留名于史,声名狼藉,从而彻底败坏
了所谓选举和国会在社会各个层面的声名。

大总统"选"出来了,制宪亦匆匆走过场而成。10 月 4 日,宪法通
过一读,6 日通过二读,8 日通过三读。作为国家根本大法的宪法,自民
国成立之日起历近十二年未能制成,此次经国会三次全体会议,实际只
花了不到二十四小时的时间即最后通过,速度不可谓不"快",效率亦不
可谓不"高"。

此次通过的《中华民国宪法》是北京政府时期制定并经国会通过的
第一部也是唯一一部正式宪法。《中华民国宪法》共分为国体、主权、国
土、国民、国权、国会、大总统、国务院、法院、法律、会计、地方制度、宪法
之修正解释及效力共十三章一百四十一条,主要内容为:一、关于国家
性质及人民权利,中华民国永远为统一民主国;中华民国主权属于国民
全体;人民于法律上无种族、阶级、宗教之别,均为平等;非依法律,人民
不受逮捕、监禁、审问或处罚,住居不受侵入或搜索;通信、居住、择业、
集会结社、言论著作等之自由,不受制限;财产所有权不受侵犯;人民之
自由权除规定者外,凡无背于宪政原则者,皆承认之。二、关于中央与
地方权限的划分,由国家立法并执行者,为外交、国防、法律、币制、国
税、邮电航空铁路、国债、专卖、文武官吏的任用等;国家立法并执行或
令地方执行者,为农工矿森林业、学制、银行及交易所制度、水利、移民
及垦殖、警察制度、公共卫生、文物古籍保护等(省于不抵触国家法律范
围内,可制定单行法);省立法并执行或令县执行者,为省教育、实业、交

---

① 《姚震信》(1923 年 10 月 9 日),《奉系军阀密信》,第 96 页。

通、市政、水利、田赋契税、银行、警察保安、慈善公益等。三、关于地方自治权，地方行政划分为省、县两级；省得制定省自治法，但不得与宪法及国家法律相抵触；省设省议会，由直接选举产生；设省务院，执行省自治行政，由省民直接选举，任期四年，设院长一人，由省务员互选；省不得缔结有关政治之盟约，不得自置常备军，因不履行国法上之义务，经政府告诫仍不服从者，得以国家权力强制之；国体发生变动，或宪法上根本组织被破坏时，省应联合维持宪法上规定之组织，至原状回复为止；县设县议会，于县以内之自治事项有立法权，县长由县民直接选举。四、关于立法权，国会以参、众两院组成，行使立法权；参院由地方议会及其他选举团体选出，众院分区按人口比例选出；议员不得同时兼任两院，不得兼任文武官员，参议员任期六年，每二年改选三分之一，众议员任期三年；以众议院三分之二以上出席，其中三分之二以上同意者，可弹劾总统、副总统、国务员，可对国务员提出不信任案；国会通过的法律，大总统须于十五日内公布，如有异议时，得请求国会复议，如两院仍执前议，应即公布之。五、关于大总统，大总统竞选人资格为年满四十岁以上、居住国内十年以上者；选举程序为国会三分之二以上者出席，其中四分之三以上者通过；任期五年，可连选连任一次；权限为公布并执行法律、任免文武官吏、统帅军队、经国会同意后宣战、缔约、戒严等。六、关于国务总理，国务总理之任命，须经众议院同意，并对众议院负责；大总统所发命令，非经国务员副署不生效力；如众议院对国务员通过不信任案，总统或免国务员职或解散众议院，但解散众议院须经参议院同意。七、关于司法权，司法权由法院行之，最高法院院长之任命，须经参议院同意，法官独立批案①。

　　与以往拟订的各种宪法草案相比，此次通过的宪法其最大特色是增加了"国权"与"地方制度"两章，对中央与地方的权限作了划分，规定

---

　　①　《中华民国宪法》，《中华民国史档案资料汇编》第三辑《政治》（一），第 347—360 页。

国家立法并执行者为十五项,国家立法并执行或令地方执行者为十五项,省立法并执行或令县执行者为十一项;而原草案中"教育"及"生计"两章,则因时间所限没有讨论,也没有包含在最后通过的宪法中。就技术层面而言,这部宪法被认为"是一种联邦宪法",因其给予地方较多的权力;同时,这部宪法的"精神仍是偏重于责任内阁制的",有其一定的意义①。著名宪政学家张君劢认为:"此项宪法,比较合理。一笔抹杀,国民无此力量,不如赞成之,责以实行。"②但就其实质而言,该宪法存续的时间不过一年,"即在该宪存续的期内,该宪条文亦大都未及实施;盖当时直系军阀虽假借此宪以相号召,初无实现此宪的诚意;且该宪本文既无实行细则的规定——该宪公布后,国会亦从未另颁宪法实行细则——该宪中一部分条文,实际上或亦无从实施"③。更重要的是,这部宪法产生于曹锟总统"贿选"的大环境之中,无论其意义如何,都已湮没在声讨"贿选"的声浪之中,虽有若无,完全无法得到其应有之反响与实践。如时人论,这部宪法的通过,"今非其时,国人不特不颂其功,反因而反对声浪大起。且一部神圣的宪法,亦被议员先生所累,得到'秽宪'两字的徽号了"④。曾任司法总长的知名法学家张耀曾感叹言之:"十年来苦心争持的宪法,竟在这样的时机和环境的里头宣布,真是宪法的大大不幸! 这种宪法在当时有实权的人眼中完全等于废纸,那更不用说了。"⑤

　　国会"选"出大总统之后,吴景濂立即通告各方,并与张伯烈联名致电曹锟,肉麻地恭维他:"我公依法当选,中外腾欢,万姓仰戴,永奠邦基,造福民国。"⑥吴佩孚亦有电致曹锟,赞其"名高海宇,功在国家,法

①　王世杰、钱端升:《比较宪法》下册,商务印书馆1943年版,第171页。
②　徐矛:《中华民国政治制度史》,上海人民出版社1992年版,第109页。
③　陈之迈:《中国政府》第1册,商务印书馆1945年版,第9页。
④　朔一:《宪法匆促造成后的反对声浪》,《东方杂志》第20卷第21号,第7页。
⑤　杨琥编:《宪政救国之梦——张耀曾先生文存》,第74页。
⑥　刘楚湘:《癸亥政变纪略》,《近代稗海》第7辑,第409页。

统重光,遂作华盛顿之第二,共和有庆"①。曹锟循例在 7 日回电国会和内阁,故示谦辞,先说自己"不胜惊悚","实殷惶惑",继又表示"改选之初,宜为慎始之计,陵坡知畏,屡力难胜,诸公伟略匡时,嘉猷素裕,敬希明教,以启愚蒙"②。当然了,谦辞是说给外人听的,费如此大劲张罗而成的总统是"不敢推辞"的。贿选告成之日,"保定街市满扎灯彩,各大旅馆均为使署所包租";"四面八方,京内外之官僚政客成群赴保庆贺,保定城内大有满坑满谷之势"③。

1923 年 10 月 10 日上午,曹锟自保定浩浩荡荡地进京。北京前门火车站"各门断绝交通,警戒极严,除公府人员及特任官外,均不得入门。持参观券者,亦只得在车站门外白吃秋风而已"。"前门至公府沿路即已断绝交通,小民中途被阻者亘二小时之久。清晨寒风侵骨,亦苦矣哉"④。随后,曹锟在北京中南海怀仁堂举行总统就职典礼,同时公布《中华民国宪法》。在"就职宣言"中,以"贿选"而出任总统的曹锟,以"依全国人民付托之重,出而谋一国之福利"的姿态,高唱"国家之成立,以法治为根基;总统之职务,以守法为要义";"瞻顾前途,诚不敢谓有必达之能力,然不畏艰难,出于素性所以答我父老昆季者,惟此至诚而已。"他提出推重人才、整理财政、振兴实业、统一全国、维持治安、履行条约、敦睦友邦等政策主张,也多为大而化之的空洞言辞,无甚新意⑤。曹锟由此成为继袁世凯、黎元洪(二次出任)、冯国璋、徐世昌之后的又一任中华民国大总统。

曹锟以公然行贿的方式"当选"为民国大总统,遭到了全国各界及舆论的一致反对与声讨。在非直系统治的各省,均有各种声讨活动及否认"贿选"总统合法性的活动。如孙中山所言,曹锟"选举之种种非法

① 《中华民国大事记》第 2 册,第 84 页。
② 《中华民国史事纪要》民国十二年(1923)7 至 12 月份,第488—489页。
③ 《攀猪附狗之热闹》,《民国日报》1923 年 10 月 12 日。
④ 古蘅孙:《甲子内乱始末纪实》,《近代稗海》第 5 辑,第 251 页。
⑤ 《中华民国史事纪要》民国十二年(1923)7 至 12 月份,第562—563页。

与贿赂情形,玷辱有教化之国家太甚也。……国民若默认此种行为,则不复能自号为有人格之国家以生存于世界,所以中国人民全体视曹锟之选举为僭窃叛逆之行为,必予以抵抗而惩伐之"①。反直反曹派更有人力图借力将此等声讨转为实际行动。国民党方面,孙中山"召集各要人会议,连日商洽各种议案",讨论"组织政府,以为讨贼机关";"实行各省联合讨曹";"明令通缉附逆议员"等讨伐方案②。8 日,孙中山以曹锟"贿诱议员,迫以非法,僭窃中华民国大总统,其背叛民国,罪迹昭著"为由,"申命讨伐,我全国爱国将士无问南北,凡能一致讨贼者,悉以友军相视,共赴国难,以挽垂危之局"。同日,孙中山又以参加投票的国会议员"贪污受贿,危害国家,法律纪纲斩焉俱尽,不有严惩重罚,无以禁贪邪而儆淫顽"为由,"着护法各省区长官将此次附逆国会议员一律查明通缉惩办"③。张作霖有电严责曹锟贿选。卢永祥在 10 月 12 日通电宣布,停止与北京政府的公文往来,以示不承认曹锟为总统。但因反直"三角同盟"方面此时尚未有充分的准备与直系武力相向,反对曹锟贿选的舆论声讨未能转化为实际的讨伐行动。

曹锟"贿选"最重要的政治后果,是使以国会制和内阁制为代表的西式"民主"制度由此而声名狼藉,从而在实际上动摇了民国法统的政治基础。本来,民国成立后引入西式民主制度的不成功实践,已经使社会各界和舆论啧有烦言,认为弊端多多,但在此之前,人们对西式民主制度本身还是抱有一定的期望,而将其弊病归之于军阀作乱。然而,此次曹锟"贿选"的情况却有不同。论者曾有如此之疑问:"他们既已如此不要面孔,尽可直截了当的把曹锟抬到总统的椅子上坐了就是,何必还要经过许多曲折的手续,用许多的金钱,买许多的'猪仔',投什么选举

———————————

①　《致列强宣言》(1923 年 10 月 9 日),《孙中山全集》第 8 卷,第 264 页。

②　《大元帅对北方贿选之表示》,《民国日报》1923 年 10 月 14 日。

③　《中华民国史事纪要》民国十二年(1923)7 至 12 月份,第 494 页

票呢？"①或许以曹锟为代表的军阀首领对舆论和其他方面的反应仍不无"敬畏"，因此孜孜以求"合法"之手续，以图安然延续"合法"之法统。但是，"贿选的目的在为北京政府找一个合法有道的基础，但结果使直系变成1919年的皖系一样，完全失去了合法有道的根据"②。

　　然而正因为如此，反凸显出国会制度的重大缺失，因为"大选而非本诸民意，微论产生无自，即令顺利产生，人民之反对，亦不为之少减。而为猪仔者，则有所弗计，以为既一产出，则五千元之代价，即不难满载以去，国人之唾骂，身后之恶名，曾何足动其一瞬"。故此国会议员的表现是此次贿选过程中最为外界所诟病者。如论者所谓："议员之无耻，与其紊乱国政之罪，可谓至是而极。一般议员复不顾舆论之奚若，而抱定其金钱自金钱之主张，不稍顾虑。是则议员故意与人以不利之心颇为明显，国人对之，无再容忍之余地矣。""曹锟利议员之可买，以窃大位；议员亦利曹以金钱，达拜金之目的。是曹锟与议员，实系交相为用，其理殆同诸私人间之买卖交易。曹锟与议员之关系，既系如是构成，则凡因此种买卖，而发生之结果，当然亦只能认为私人间之一种交易。与国家人民，绝不能有何种关系。换言之，即国家人民，对于此种行为，并不能予以承认者也。"③即便是"贿选"策动方直系的负责官员，私下里也对国会议员的人格颇为鄙视，认为他们"日日索津贴，要岁费，荐托私人，要求权利，为唯一之要索"。负责贿选的直系官员熊炳琦到了北京后，"至不敢有一定之寓所，日易其地，以为规避，其厌苦尤甚"④。直系

　　①　李剑农：《戊戌以后三十年中国政治史》，第356页。

　　②　陈志让：《军绅政权：近代中国的军阀时期》，广西师范大学出版社2008年版，第55页。

　　③　《国会议员通讯》第70号，《中华民国史档案资料汇编》第三辑《政治》（二），第1437—1439页。

　　④　《留京议员之白头吟》，《申报》，1923年8月8日。

首领吴佩孚私下里也骂,"国会如此行动,真是要不了的东西"①。国会议员毫无顾忌毫无廉耻地以钱换票,说明所谓议员的身份和地位,不过是他们用来讨价还价的筹码,以致时人对国会议员"人皆厌之,至视为炎暑中之蝇蚊,欲挥去之而后快"②。从此以后,时人皆以"猪仔"称呼国会议员,再没有人视国会为庄严的神圣的立法机关。"国会既已实行最后的自杀,从此法统也断绝了,护法的旗帜,也没有人再要了"③。当下论者论之为:"国会议员在历经二次解散之后,锐气早已消磨殆尽,十年来南北奔驰,饱经患难,至此不免暮气沉沉,在时局上颇难有所作为。甚且,更有为己图者,欲藉此国会恢复之机,大捞一笔,好颐养天年。既为图谋一己之私,各党派在没有民意作后盾的基础下,只能各自依附具有实力之军阀,以维护自身的利益。在这种情形下,吴景濂乃藉助直系的支持,以国会领导人的身份,恣意拉拢操纵。""面对暮气沉沉,只谋私利的国会议员,舆论乃代之以嘲弄揶揄,议员之品格日趋低下,国会之威望亦随之下降,所谓的法统象征,也变得无足轻重,不再为人所重视。"④

作为西式民主制度基础之国会制的坍塌,也使本已逸出其创立者最初设计的民国政治运行轨道再为之而变,向着否定西式三权分立的民主制度、着重统一集权的政治方向急行。此后,国民革命浪潮如狂飙突起,其正当性与合理性亦因此而生发,并为多数国人所认同。由此而论,曹锟"贿选"于民国政治及其法统乃至军阀武人统治的影响都不可谓不大。自辛亥革命创立民国而成的民国既有法统,至此已经由其实际运作的失范而无可挽回地处在中落的过程中;依附于民国法统而维

---

① 《国会议员通讯》第81号,《中华民国史档案资料汇编》第三辑《政治》(二),第1454页。

② 《留京议员之白头吟》,《申报》1923年8月8日。

③ 李剑农:《戊戌以后三十年中国政治史》,第357页。

④ 管美蓉:《吴景濂与民初国会》,台北"国史馆"1995年版,第205—206、248页。

系的北洋武人政治,也因此失道而走上衰败之途;直系统治虽经此贿选
而达至其对北京政治短暂控制的最高峰,但也因此埋下了其失去民望、
内部分化并在次年的第二次直奉战争中失败的种因。凡此等等,均与
此次贿选大有关系,只是在当时,其深远影响还没有充分表现于外在
而已。

第六章　第二次直奉战争

第一节　曹锟"当选"后的困窘之局

一　各方因应

曹锟通过"贿选"当上了他梦寐以求的大总统，但他在"就职宣言"中称自己"初无政治经验"倒是大实话，就曹锟起家的个人经历而言，他不过是一介武夫，而且还是没有多少政治经验的武夫，在北洋派系中的资历与辈分也不算很高，对于北京政治的复杂关系以及所须解决的种种难题，曹锟并无多少准备，也没有能力处理，在这方面，他甚至不如其北洋前辈段祺瑞和徐世昌。银行家卞白眉曾经在怀仁堂见过曹锟，他对曹锟近距离观察的印象是："彼招众人坐，谈其发表对于财政等意见。东拼西凑，似是而非，然彼较介弟曹四（曹锐）先生似较真朴，比之张雨庭（张作霖）则逊其机警，可与为善，可与为恶，全在左右之待人否耳。"①另据时人所论，"曹膺选后，对其左右谈话，固喜不可言，但及其大政设施，则自觉全无准备，不知总统应如何做法，大有手足无措之象。幸某方代表告以现为内阁制，一切由内阁负责，总统但择任总理，即可端居无事，曹始放心"②。"某次长对曹条陈时事，曹不纳，某言大帅连庸医多不请，如何医病"③。言外之意，对曹锟的政治能力表示严重的

---

① 《卞白眉日记》第 1 卷，1924 年 4 月 19 日，第 290 页。
② 赵晋源：《贿选记》，《北洋军阀》第 4 卷，第 471 页。
③ 《国内专电》，《申报》1923 年 8 月 8 日。

怀疑,这些都与卞白眉的观察大同小异。故此,当曹锟坐上总统之位后,尚不及体验个人的虚荣,却需要面对内外种种令其焦头烂额、穷于应付的难题。

以民国年间中国在对外关系中所处之弱势地位,得到列强的承认是历任北京当政者上任前后不能不看重的重要环节,曹锟同样如此。他在到北京上任前,就考虑到外国驻京公使团是否在他就职时前来觐贺的问题,因为此事关系到列强对他的态度,如果列强不予承认,他的总统地位也不会稳固。当时,正值“临城劫车案”的交涉期间,列强即以此为由表示是否觐贺须视该案如何处理,给了曹锟一个下马威。在曹锟“忍辱负重”,对列强作出诸多让步之后,列强总算是没有再为难曹锟。10 月 15 日,外国驻京公使集体前往总统府怀仁堂,正式觐贺曹锟“当选”总统(详见本卷第五章第一节)。

有关临城劫车案的对外交涉刚刚了结,“金佛郎案”之交涉又起(佛郎是法国货币法郎当时的译法)。“金佛郎案”的由来与“庚子赔款”有关,1917 年中国参加第一次世界大战,成为协约国成员,因此对协约国的“庚子赔款”延期五年支付。1922 年,“庚子赔款”恢复支付,但因为通货膨胀的关系,其时佛郎已经严重贬值,其实际价值仅及其纸面含金量的三分之一(佛郎当时实行的是金本位制),因此如何赔付这笔款项即大有文章可作,关键在如何规定中法两国货币的兑换率。以当时的市场纸面价,中国货币 1 元可兑换 8 佛郎左右,而如果以其含金量换算则只能兑换 2 佛郎 70 生丁左右。因此,如果照其纸面价赔付,自于中国有利,而如照其所谓含金量赔付,则中国将吃大亏[①]。1922 年 6 月,法国驻华公使傅乐猷照会北京政府外交部,谈到庚子赔款之各项账目

---

① 第一次世界大战开始的 1914 年,中国每月偿还法国庚款约 98 万法郎,约折合规平银 30 万至 36 万两;至法国提出偿还金佛朗要求的 1922 年,中国每月偿还法国庚款约 120 万法郎,约折合规平银 11 万至 16 万两。见《庚子赔款法国所得部分历年付款汇价对照表》,《民国外债档案史料》第 12 卷,第 278—285 页。由此可知法国要求偿还金佛朗的用意所在。

和应付款项时,第一次出现"金佛郎实与纸佛郎有别"之语,从而埋下了其后中法双方争执的起因①。7月9日,中法订立协定,法方允将其应得之庚子赔款未付部分退还中国,用于办理教育事业、清偿中国所欠中法实业银行股金及作为中法实业银行远东存户存款五厘金券基金。但是,该项协定中提及佛郎时均写为"金佛郎",显见法方有意为此埋下"伏笔",而中方对此注意不够,未有明确回应。12日,法国公使傅乐猷向北京政府外交部递送照会,正式提出中国向法国交付的庚子赔款"仍以金佛朗计算",并称这"不过纯系履行辛丑条约而已"②。如照法方的提议,则中法协定中的各项数字均自庚款而来,自应以金佛郎计算,中方估计损失将高达 6500 万元,这不仅是将佛郎贬值的损失无理转嫁给中国,而且如果中国同意此案,则不仅所谓退款全成虚数,反要平白无故为此付出巨款,"似此增加中国经济上巨额之负担,实可骇异也"③。北京政府财政部经研究认为,法国的要求,"本诸辛丑条约精神,似亦不能谓为毫无理由,惟如果准予照办,则不但以佛朗计算之各国部分赔款,均须一律办理,即中政府所欠佛朗债款,亦难保不援例,要求以金佛朗交付,一出一入之间,关系国家利益颇巨"。为此,财政部将皮球踢给了国务院,表示"究竟如何核定办法之处,本部未敢擅决,理合呈候总理批示只遵"。国务会议讨论后,考虑到如果接受法方要求中国将受的巨大损失和各方的强烈反对意见,在 12 月 15 日议决,"以纸佛郎计

---

① 《外交部为法国公使要求以金元交付法国庚款致财政部咨》(1922 年 6 月 28 日),财政科学研究所、中国第二历史档案馆编:《民国外债档案史料》第 12 卷,档案出版社 1992 年版,第 264 页。

② 《法国公使要求中国偿付庚款仍用金币致外交部函》(1922 年 7 月 12 日),《民国外债档案史料》第 12 卷,第 265 页。

③ 《程锡庚认为法国要求以金法郎偿还赔款毫无理由意见书》(1922 年 11 月 8 日),《民国外债档案史料》第 12 卷,第 273 页。

算"①。28 日,北京政府外交总长王正廷照会法国驻华公使,据理驳回法国方面关于"金佛郎"的各项要求。

　　但是,法方并不因中国的拒绝而退让,而是节节进逼,毫不放松。1923 年 2 月,法方以其控制的东方汇理银行扣留盐余和拒绝参加关税会议相威胁,限北京政府于 10 日午前答复法方提议。中方部分官员尤其是与中法实业银行有密切利害关系的王克敏等人,主张接受法方要求,实则是以此谋中法实业银行早日复业(该行于 1921 年 6 月倒闭),图谋个人私利。在法方的压迫和内部妥协的态度之下,2 月 9 日张绍曾内阁会议,认为如果不同意法方要求,则法国庚款不能退还,中法协定势必推翻,中法银行存户受损,缓付五年之款必须在五年内分期摊还(原定可以延期之 1945 年),故"斟酌各项情形",决定同意法方要求,以金佛郎定案,经大总统黎元洪批"可",并在法方限定的时限前照会法国公使②。消息传出,引起舆论大哗,在习见之爱国与"卖国"的舆论交战之外,"金佛郎案"也被直系津保派用以为倒张阁的重磅炮弹。3 月间,比利时等国亦援法国前例,要求他们所得的庚子赔款改以"金佛郎"计算,中国如接受,损失更大,更凸显北京政府同意法国要求之轻率。在全国舆论的压力下,"金佛郎案"在国会搁浅,北京政府也不敢再轻易应承法方,中法间的"金佛郎案"又成悬案。

　　1923 年 6 月黎元洪被逐,7 月曹锟任用王克敏为财政总长,希望通过王这样的"财神爷"筹措总统选举经费。王克敏随即鼓动曹锟承认"金佛郎案",如此则中法实业银行立可复业,他即可"报效"大选经费 200 万元,加之"东方汇理银行扣存三个月盐余约百余万元,可以放

　　① 《财政部为法比等国要求以金法郎付还事致国务院节略稿》、《财政总长关于国务会议议决以纸法郎计算交付批示》(1922 年 12 月 15 日),《民国外债档案史料》第 12 卷,第 274 页。
　　② 《国务院及财政部关于法国庚款决定以金法郎支付缘由致各部院等电》,1923 年 2 月 18 日,《民国外债档案史料》第 12 卷,第 292 页。

还"，大选自不成问题①。但在外界反对下，王克敏未能就职，"金佛郎案"仍然拖延不决。

曹锟"当选"总统后，法国以承认"金佛郎"为退还庚款及参加关税会议的先决条件，继续对中国施加压力，并且联合英、美、日、意等国，多次照会北京政府外交部，催促解决"金佛郎案"。10月3日，国会众议院以绝对多数通过决议，反对"金佛朗案"。11月，财政总长张弧因对此案消极而被免职，王克敏接任财政总长，他因为在中法实业银行的投资而与法国有密切关系，一直主张接受法方的要求。据舆论揭露，他上任后与法国公使就此谈判，双方达成默契，由政府绕过国会，秘密接受法国要求，为此，"法人所扣盐余，即陆续放还"②。其时正值吴景濂与高凌霨争夺阁揆，吴得知王克敏正与法方秘密交涉"金佛郎案"并将接受法方的要求，立即以此为借口，在国会对高阁发起猛烈攻击，责其"违约坏法，卖国营私"③。事情闹大后，全国舆论和反直派起而责北京政府及曹锟"卖国"，迫使政府不敢再有动作。12月28日，北京政府外交总长顾维钧向法、英、美、日等国公使递交照会，再次拒绝"金佛郎案"。1924年2月11日，法、英、美、日诸国公使再向北京政府递交照会，施加压力，但慑于社会各界及舆论的强大反对声浪及压力，北京政府对"金佛郎案"始终未敢承认。直到曹锟因第二次直奉战争下台，段祺瑞出任临时执政，李思浩担任财政总长，再与法国谈判，法方仍以解决此案为落实华盛顿会议对华各项决议的先决条件。在法方的压力下，1925年4月，中法签订协定，规定法国退还庚款时以金佛朗折合为美元，再以美元折合中国货币计算，总数约为7556万美元④。中国实际

① 《曹党自相倾轧记》，《民国日报》，1923年8月22日。

② 仲云：《王克敏长财与金佛郎案》，《东方杂志》第20卷第23号，第7页。

③ 《众议院指责政府对于金法郎案违背该院决议快邮代电》(1923年12月18日)，《民国外债档案史料》第12卷，第328页。

④ 《各国庚子赔款说明书》，《中华民国史档案资料汇编》第三辑《财政》(二)，第1148—1149页。

上还是变相承认了法国早先提出的要求,以中国之财,让法国之利,又一次说明了面对强势列强的中国外交之弱势和无奈。

曹锟当政期间唯一的外交"亮点",或可谓"中苏协定"的签订及中苏邦交的恢复。1917年苏俄爆发十月革命,苏维埃新政权成立后即不断表示愿意放弃过去帝俄在华享有的各项特权,与中国建立平等的外交关系。但因为种种主客观因素的作用,中苏双方的交涉一波三折,迟迟未能达成结果。曹锟当政后,经过中苏双方的艰难谈判,1924年5月31日,中苏两国正式签署《中俄解决悬案大纲协定》、《中俄关于暂行管理中东铁路协定》及有关文件,规定废止中国与帝俄所订之条约协定,归还帝俄在中国的租界,放弃帝俄之庚子赔款,取消帝俄之治外法权,等等(详见第五卷第五章第二节)。"中苏协定"签订后,中苏两国关系实现正常化,邦交恢复,并升格为大使级。7月31日,苏俄首任驻华大使加拉罕向曹锟递交国书,这也是近代以来外国派驻中国的首位大使。"中苏协定"的签订,是北京政府时期中国外交取得的重要成果。尽管"中苏协定"在实际上对中国国家利益仍有维护不及之处,如默认了苏俄对外蒙和中东路的实际占有①,但"中苏协定"毕竟是中国与其他大国达成的完全平等的条约,较那些近代以来中国被列强所逼迫达成的不平等条约自不可同日而语。虽然此前在1921年5月签订的《中德协约》也是中外之间订立的平等条约,但因为中国是第一次世界大战的战胜国,而德国是战败国,《中德协约》的签订有其特殊性。"中苏协定"则是两个主权国家出于自主自愿原则而订立的平等条约,对中国与外国的关系更具示范意义,是中国在近代以来列强强加的不平等条约体系中打开的又一重要缺口,也是"五四"以后中国国家主权地位缓慢

---

① "中苏协定"规定,中苏双方在签字后一个月内开会讨论外蒙问题,并在会议开始后六个月内商订苏俄从外蒙撤兵的办法。但中国政局不久因第二次直奉战争而发生变化,苏联也一直没有履行其撤军诺言。1924年11月26日,蒙古人民共和国宣布成立,但中国未予承认。

回升过程中的重要环节。

外交交涉因其专业性而有职业外交官群体应付，且在程序方面相对规范，尚无须曹锟亲力亲为，与之相比，内政方面更是问题多多，尤其是如何对拥戴他上台的亲信左右论"功"行赏，安排位置，实在是困扰着当政后的曹锟，使他不能不细加考量，躬亲过问，疲于应付。曹锟曾经自嘲说："至北京后，一事未作，只终日下命令，某也将军，某也将军耳。"[1]人事位置的变动实牵一发而动全身，必然牵涉到各个派系集团之间复杂而微妙的利益关系，其重新洗牌的过程，就是各个派系集团为此你争我夺、明争暗斗的过程。直系内部的津、保、洛三派，原先是津保派合流，力推曹锟上台，位于舞台的中心，但曹锟上任后，津、保两派即互相争功，争夺位置，势成水火，洛派自居重要地位，形成津、保、洛三派鼎立、混战不已的局面。一时间，北京政坛闹得风生水起，争得不可开交。

10月15日，曹锟宣布封荫昌、刘冠雄、张怀芝、田中玉、马联甲为上将军，晋升令刚刚发布，便招来外交团对田中玉受封的质问，逼得曹锟只能劝说田中玉主动请辞，以敷衍外交团，好不狼狈。好在上将军不过是虚衔，并非实职，真正令曹锟费思量的是如何安排那些手下的实权派。

曹锟出任大总统后，他所任的直鲁豫巡阅使不能再由自己兼，循例应由副使吴佩孚递升，但是曹锟与吴佩孚的关系却很微妙。一方面，吴佩孚是曹锟的头号大将，也是直系打天下的头号功臣，曹锟不能不倚重；但也正因为如此，吴佩孚对曹锟又难免功高震主之势，而且吴关心政事，干预人事，有其主见，给人飞扬跋扈、目中无人之感，洛阳巡阅使署久有"第二政府"之讥，又使曹锟不无疑虑。曹锟曾经对人说："吴佩孚干政过勤。如中俄交涉方有端绪，彼竟通电反对，甚至海军亦问，萧

---

① 中国第二历史档案馆编：《冯玉祥日记》第1册，江苏古籍出版社南京1992年版，1924年5月1日，第556页。

珩珊(萧耀南)亦问。库伦则拟保都护使,西蒙则拟保屯垦专使,京畿卫戍总司令方欲更动,渠即来电保奖张子衡(张福来)、王孝伯(王承斌)、萧珩珊之遗缺。"①加以吴佩孚自视甚高,为人自傲,比较清廉,在直系内部并不受待见,甚而有被同僚孤立之势,津保派对吴明面上敬而远之,内心里实图限制其发展,并不断在曹锟耳边说些吴的闲话,以引起曹的反感。第一次直奉战后,吴佩孚主张亲浙疏奉,准备未来对奉作战,津保派的多数则主张亲奉疏浙,目的是希望将吴的势力以对付皖系为名引向南方,减少其在北方说话的地位。因此,津保派不希望吴佩孚接任曹锟的直鲁豫巡阅使,而提议任他为粤桂滇黔川湘鄂经略使,移驻汉口,专事对南。不过,吴佩孚毕竟是直系当政的"功臣"和支柱,也是未来直系可能与敌对各方交手时曹锟赖以为依靠的股肱之臣,曹锟不能不考虑疏远吴可能引致的后果,反复思虑,还是在 11 月 11 日任命吴佩孚为直鲁豫巡阅使,同日又任命齐燮元为苏皖赣巡阅使,萧耀南为两湖巡阅使,王承斌为直鲁豫巡阅副使。14 日又晋升王怀庆、冯玉祥、王承斌、齐燮元、萧耀南、阎锡山为上将军。虽然曹锟煞费苦心,在晋升吴佩孚的同时,也安置了齐燮元、王承斌等人,但王承斌等并不满意。王承斌自认对于曹锟"当选"立有殊功,而曹锟确实也不想亏待他,本来内定由他接田中玉任山东督军,但由于山东将领的反对而未成。过后,王承斌虽出任直鲁豫巡阅副使,却是吴佩孚的直接下属,吴对他抱有戒心,吴的亲信左右也都听命于吴,不拿他当回事,使王承斌对吴佩孚心生怨言。在直系内部,冯玉祥本因河南督军问题与吴佩孚不睦,埋怨曹锟"不知礼贤下士,老者以为老而无能,少者以为缺乏学问经验,致使谀谀之辈,乘隙幸进,遮蔽聪明"②。齐燮元地处南方,自成势力,有意自立门户。王承斌、冯玉祥、齐燮元都对吴佩孚不满,在此基础上结成了直系内部的"三角同盟",他们的结合影响到直系团体的稳固,成为直系

---

① 《冯玉祥日记》第 1 册,1924 年 5 月 1 日,第 556 页。
② 《冯玉祥日记》第 1 册,1924 年 5 月 1 日,第 556 页。

在第二次直奉战争中失败的重要远因。

武人的安排之外，文官的位置也令曹锟终日不得安生。北京政府国务总理的位置，是各派系集团争夺的焦点。自张绍曾内阁垮台、黎元洪被逐后，北京政府总理位置一直空缺，而以"摄政内阁"的名义处理政务。曹锟上任后，"摄政内阁"于法理已不合，决定辞职，但前总理张绍曾又在其中搅局。因为张绍曾从未辞去其总理头衔，此时尚有复职的幻想，因此不愿在辞呈上署名，理由是"此回是摄政内阁辞职，不是张阁辞职，焉有我署名之理？实际上张阁于六月十三日即已中断，六月十三日以后之事，非我所得闻，我未就摄阁职，亦不用辞。否则我若列名辞职，是我已认曾遥领摄阁，而六月十三日以来，摄阁所干之勾当，均将由我负责，我岂有如此笨法？且我于三爷（曹锟）交情，并未丧失，我上辞呈，三爷必一度挽留，届时我不回来，对不住三爷，我若回来，又不成话说，所以我只有不署一法"①。如此江湖语言，倒也表明张绍曾的"实在"。不过，张绍曾此时已是闲人，高凌霨等自奉曹锟亲信，哪里还有兴致陪他玩，所以干脆不理张绍曾，而在10月10日曹锟就任的当天径递摄阁辞呈，"摄政内阁"从此终止。

二　阁潮纷争

"摄政内阁"结束后，总理位置再不能空缺，但由谁出任总理却成了曹锟的头号难题，并由此引发了一波又一波剧烈的拥阁与倒阁潮。

国会众院议长吴景濂"自恢复法统后，即以包办曹锟大选为己任，……日与直系要人蝇营狗苟，以徼私利"②。他为的就是总理职位，而曹锟也曾表示，"如大选成功，余必借重阁下，秉政中枢"。再加有津派的全力支持，吴景濂因此而踌躇满志，内定阁员人选，筹措组阁经费，

---

① 《伪内阁问题解决难》，《民国日报》1923年10月15日。

② 刘楚湘：《癸亥政变纪略》，《近代稗海》第7辑，第207页。

对总理职位势在必得，每每与人言："恐怕免不了出来牺牲一下。"①但是，"摄政内阁"存立期间一直由内务总长高凌霨主持，高自认对曹锟"当选"总统及处理国务有"大功"，对出任阁揆自然当仁不让。高凌霨不似吴景濂那般高调，而是暗中与亲近曹锟的保派要员勾连，采用迂回之法，向曹锟建议，"正式内阁，须容纳南北人才，以示无把持政权之野心。且于国会闭会期间，组织正式内阁，似有不尊重国会之意"②。他们的如意算盘是，先由高凌霨暂代总理，阻止吴景濂上台，再伺机扶正。

　　直系津、保两派在总统选举问题上态度一致，共同对外，但对于总统"选"出后如何组织新政府，却为了各自派系的利益而产生尖锐的矛盾，津派支持吴景濂，保派支持高凌霨，两派互不相让，使曹锟难以取舍。吴佩孚及洛派对津保派在总统选举一事上的操切之举向有不满，吴佩孚曾经拍案大骂王承斌、吴景濂等"陷大帅于不法，此一般非法劝进之徒，非严惩不足以谢天下"③。因此，吴佩孚"极为反对"吴景濂组阁，甚而批示云：如改吴姓（吴景濂）则不过问④，以示其决绝态度，以此给曹锟施加压力。吴佩孚还联合齐燮元、冯玉祥等实力派，提议由职业外交家、政治态度比较中立的颜惠庆组阁，以解决外交、内政种种难题。

　　面对此等矛盾重重的派系纠葛，曹锟亦觉无奈，又难下决断，只能采取回避矛盾、维持现状的办法，在上任后于 1923 年 10 月 12 日令高凌霨暂代总理，作为新阁成立前的过渡。

　　吴景濂企望出任总理而未成，颇为不满。吴的左右认为，"非取得

　　①　《伪内阁问题解决难》、《伪内阁问题迄未解决》，《民国日报》1923 年 10 月 15日、16 日。据顾维钧回忆："吴景濂是个野心家，一直想当内阁总理"；当时的政界人士都知道有这样的谅解，"待曹锟选上总统后，吴景濂就出任总理组织内阁"。《顾维钧回忆录》第 1 分册，第 246 页。
　　②　《伪内阁问题迄未解决》，《民国日报》，1923 年 10 月 16 日。
　　③　《国会议员通讯》第 80 号，《中华民国史档案资料汇编》第三辑《政治》（二），第 1449 页。
　　④　《白坚武日记》第 1 册，1923 年 10 月 16 日，第 442—443 页。

内阁大权直可谓之根本失败，前功尽弃而已。……苏洛两方对兄均无善念，而某派人运动反对为自取计者则尤力也"①。其实，所谓旁观者清，早有人告诫吴景濂，"曹家成功，兄未必能见容于直派，观高（凌霨）、吴（毓麟）、熊（炳琦）、王（承斌）之内讧，即可以测将来，兄势成骑虎"。②但吴景濂并不甘心如此，为达组阁目的，他利用自己控制的国会左右开弓，一方面散布如提名颜惠庆组阁国会决不通过的舆论，另一方面又利用"金佛郎案"等猛力攻击高凌霨。吴的做法引来高凌霨的反弹，他在保派支持下，"吸收反吴派诸议员，停止各小政团津贴，俾令窘迫来归"，并成立宪政党，由王毓芝任理事长，高凌霨等任理事，以入党者每人每月津贴200元的代价，诱惑议员参加，"主要目的，则在推倒吴景濂，使并议长而不可得，丧失国会之地盘"③。为了推倒吴景濂，保派议员还提出议长三年任期已满，应予改选，以收釜底抽薪之效。吴景濂则依据新宪法提出，总统应在国会正式开会后七日内提出新任总理人选，逼曹锟表态。

　　津、保两派争斗愈演愈烈，令曹锟实在头疼。吴景濂已成众矢之的，仅仅是吴佩孚的反对，就难以起用；高凌霨和颜惠庆有吴景濂把持的国会作梗，也难通过。曹锟最后只能决定并弃吴、高而不用，在颜惠庆的推荐下，改请技术官僚、曾在袁世凯时代担任过外交和财政总长及代总理、时任税务督办的孙宝琦出任阁揆。孙与贿选及派系相争无关，长期浸淫政坛，资格老到，为人温厚，关系圆滑，对他的提名比较便于通过。10月30日，曹锟将孙宝琦组阁案提交国会，津、保两派争斗的战场又因此而转到国会。

① 《郭同为陈说组阁策略事致吴景濂函》(1923年10月14日)，《天津市历史博物馆馆藏北洋军阀史料·吴景濂卷》第6册，第489—490页。

② 《韩玉辰就包办大选、浮报两院代表人数及贿选后果事致吴景濂函》(1923年9月11日)，《天津市历史博物馆馆藏北洋军阀史料·吴景濂卷》第6册，第489—490页。

③ 谢彬（谢晓钟）：《民国政党史》，1925年上海学术研究会版，第115页。

11月5日，众议院开会讨论孙宝琦组阁案。保派的意图是，拖延国会对内阁案的表决，尽量延长高凌霨的代理任期，再作打算。"因国会自身在众议院议长改选问题未解决以前，不能讨论总理同意案。故此案至于最后之可否决定，尚须经过相当时日，而曹、高亦并不切望孙宝琦之通过，即正式内阁成立愈迟，则高凌霨代理之局愈可继续维持现状也"①。吴景濂自然洞悉高凌霨的用心，便反其道而行之，令已派议员猛烈攻击高凌霨的劣迹，并同意孙宝琦组阁，俟搞垮高凌霨之后，再见机行事。当天开会时，吴景濂提议投票表决孙宝琦组阁案，但反吴议员提出吴景濂的议长任期已满，要求先行改选议长。结果，反吴与拥吴议员均言辞激烈，直至演出全武行，吴景濂亲率院警参与殴击反吴议员，致会议无法正常进行。8日，"吴景濂求见曹锟，诉说其帮助大选之苦及始终拥护总统之诚，请曹设法清弭院内推翻议长之风潮，曹以院内事'无权干涉'答之，吴悻悻退出"②。

此后，众议院多次开会讨论孙宝琦组阁案，但皆以拥吴与反吴议员的激烈对峙而流会。12月18日，众议院再度开会，拥吴议员借"金佛郎案"猛攻高凌霨并提议通过孙宝琦组阁案，而反吴议员则认为吴景濂已失议长资格要求他退出主席位置，双方最后大打出手，吴景濂被投掷的墨盒击伤头部，反吴议员多人被院警拘禁并殴打。随后，反吴议员向京师地方检察厅起诉吴景濂，并要求高凌霨保护议员安全。还有人煞有介事地提出，"院内屡次飞掷墨盒，意气用事，人人自危。请将议席所有墨盒尽行撤去，易以铅笔、硬纸，遇投同意票时，用点喝法令议员就国务委员席上写票，可以免去危险不少"③。19日，高凌霨下令撤换原派院警，另行派员接替④。吴景濂及其同党认为："政府既下如此强辣手

---

①　《曹锟以孙宝琦为傀儡》，《民国日报》，1923年10月31日。

②　《中华民国大事记》第2册，第96、98页。

③　《黄攻素为避免院内会议再次发生飞掷墨盒事致吴景濂函》（1923年12月19日），《天津市历史博物馆馆藏北洋军阀史料·吴景濂卷》第6册，第527—528页。

④　《中华民国大事记》第2册，第115—117页。

段,我方非谋最后办法,则同人已无在京立足之余地。"①遂于 21 日离开北京到天津,并通电声明"对于本院职务既不能行使,个人行动亦复失其自由,爰于本日往津调养,惟自出京以后,众院一切行为皆属非法"②。经过此番争斗,本已因"贿选"而声名狼藉的国会形象更是江河日下,而吴景濂与高凌霨双方互相攻击,大揭老底,也可谓两败俱伤,形象与做派较为"超然"的孙宝琦得到多数国会议员的认可,1924 年 1 月 9 日孙宝琦组阁案在众议院被通过,阁揆争夺在曹锟上任并历经三个月的激烈政潮之后总算暂告一段落。

孙宝琦上台后,在曹锟的授意下,组成以保派人物为中坚的内阁,并发表其政见为:一、以宪法统一中国,着手内政之清明;二、增加二五关税,以从事内债之整理;三、收回领事裁判权,以增加国际之地位。但孙宝琦发起召开的"和平会议",未得孙中山、张作霖、卢永祥等反对派领袖的回应,所谓"宪法统一"自无可能;增加关税与收回领事裁判权均需列强点头,诚非短时可办,3 月 12 日驻京公使团开会讨论中国财政问题,决议要求中国速行整理无担保及担保不确实之外债,迅速偿还逾期外债本息,在中国未整理外债以前不给予财政援助③。列强的态度对北京政府的财政困难更是雪上加霜。因此,孙宝琦提出的三项政见实成空文。

孙宝琦内阁面临的最大问题还是财政困难。北京政府的财政从来就是一笔糊涂账,无时不在困窘中度日,而直系当政时期的财政困难尤甚,借债无方,加税无术,只能靠临时借支和滥发钞票维持一时。曹锟上台后,"原欲军警及机关满发一个月薪饷作面子,讵筹划多日,今日支

①　古蕴孙:《甲子内乱始末纪实》,《近代稗海》第 5 辑第 267 页。
②　《吴景濂从北京出走天津的通电》(1923 年 12 月 21 日),汤锐祥编:《护法运动史料汇编》(二),花城出版社 2003 年版,第 643 页。
③　《中华民国大事记》第 2 册,第 123、144 页。

配军警十成,机关只二三成,大失所望,财源之竭,可见一斑"①。孙阁上任时恰逢 1924 年年关,官吏欠薪"无术支配发放";军警饷项"现已积欠六个整月之久";"他如各军来京索饷代表,仍困居旅馆,因川资告罄,均有不能出京之势也。猪仔两院议员岁费,经秘书厅及行政委员会推出索薪之代表,向中央屡次交涉,均归无着"②。就连一向筹款有方、号称"财神爷"、被曹锟寄以厚望的财政总长王克敏,对此等困境也无可奈何。他就任后,几项筹款计划均因内外反对而搁浅,财政只能靠借支和发钞解决。王克敏又与孙宝琦不甚睦,"连日孙请王发院费十万元,王无以应,孙不得已,拟自向银行暂借十万,以盐余作抵,王亦不允,孙恐不能维持"③。结果,"因院中经费无着,诸事停顿,无法进行"④。双方的矛盾为阁潮重起埋下了根子。

王克敏缓解财政危机的招数是解决德发债票案。虽然孙宝琦慑于外界舆论反应,担心又有"卖国"的嫌疑,对此持有异议,而王克敏担心受孙宝琦和国会的掣肘,不能自主行事,固示辞职,又向曹锟"对于财政上尚有切实陈说,并虑及疆吏对彼之态度,及国会间感情之恶劣"。曹锟则担心财政问题不能解决,政府即不能维持,对王克敏表示支持,一方面派人向孙宝琦疏通,一方面对王克敏"慰藉之者甚至",使王可以放手去作⑤。

德发债票是德国持有的湖广铁路、津浦铁路、续津浦铁路和善后大借款德国债票的总称。第一次世界大战结束后,战败国德国拟将湖广、

① 《钱桐致阎锡山电》(1923 年 11 月 17 日),《阎锡山档案要电录存》第 6 册,第 500 页。
② 《北京之一片哭穷声》(1924 年 2 月 5 日),《中华民国史档案资料汇编》第 3 辑,《财政》(一)第 208—209 页。
③ 《钱桐致阎锡山电》(1924 年 3 月 3 日),《阎锡山档案要电录存》第 6 册,第 508 页。
④ 《钱桐致阎锡山电》(1924 年 4 月 3 日),《阎锡山档案要电录存》第 6 册,第 510 页。
⑤ 《王克敏有下星期复职说》,《申报》,1924 年 4 月 30 日。

津浦、续津浦债票等作价赔偿战胜国中国,双方自《中德协约》签订后,即为此续有交涉,但在一些具体问题上始终未达成一致意见,因为"中国要求德国赔款甚巨,德国所承认者甚少,因相差甚巨,当局者不肯负责交涉,致令久悬不决"①。王克敏就任后,希望通过承认德国的条件得到这笔款项,缓解财政困难,但国内舆论认为,此案"一为便宜德国,二为徒供军阀内争之用"②,表示异议。而且王克敏行事隐秘,对外不公开,对国会不报告,更引起国人过度的警惕,担心其间别有条件,又将使中国吃亏。国会不少议员以德发债票案"牺牲太大",承办此案的德华银行代表菲格与王克敏关系暧昧为由,强烈反对此案,多次提出质问,认为"赔偿问题为我国对德取得债权,收回债票问题,为我国对德免去债务,皆为参战应享之权利。今政府交涉结果,所谓取得债权,既如彼所谓免去债务。又如此处置失当,万口莫辞。政府办理此事,类皆严守秘密,故无论损失至如何程度,人民无从得知。即有起而质问者,事非亲历,言之必不能详,政府即可拾一二与事实不尽相符之点,加以否认,以为搪塞之计。此种情形,皆政府对于国会无诚意之表现。事关国家前途甚巨,议员等为维持民国利益起见,难安沉默,特提质问,希将所列各点,迅予答复,或将全案披露,以释群疑"③。眼见此案在国会难以通过,王克敏准备绕过国会,直接由政府签约。得知王此议后,国会于5 月 16 日通过决议案:德发债票应依法先交由国会核议,政府不得擅与德国缔结关于本案之任何协约④。

正值围绕德发债票案的争执趋于激烈时,王克敏与孙宝琦的关系

① 《院交抄杨汝梅呈》(1923 年 2 月 24 日)外交档案,引自唐启华:《被"废除不平等条约"遮蔽的北洋修约史(1912—1928)》,社会科学文献出版社 2010 年版,第125 页。

② 《德发债票案之民意》,《申报》,1924 年 6 月 15 日。

③ 《国务院为议员质问对德索赔事致财政部公函》(1924 年 4 月 23 日),《民国外债档案史料》第 1 卷,第 275 页。

④ 《中华民国大事记》第 2 册,第 167 页。

也在恶化。王克敏自恃有曹锟作后台,一手包办德发债票案,从来不向孙宝琦通报;及至出席国会时,王克敏又避而不往,结果使孙在国会大受责难。孙不肯替人受过,力主将德发债票案提交国会通过后再由政府签约,却遭到阁员的反对,但孙宝琦"主张坚定,不少迁就,且谓予主张坚定,不少迁就,且谓予已暮年,不能作政治上之牺牲"。又称"此事与叔鲁(王克敏)无伤,不妨试演一番,以敷衍国会"。孙宝琦希望借此打压王克敏的气势,但却遭到阁中保派成员的反对,内务总长程克认为,"此例一开,则国会议员,将寻常事故,以生风浪,不但我辈危险,即总理亦时有受查办之虞"。因为孙宝琦与王克敏的矛盾,致曹锟对孙宝琦也日渐冷淡,乃至孙"入府晤曹,每不获见,白有要公,则答以且候电话,而候电话之结果,亦仅能会晤王毓芝,请其将事转达而止。孙以为一责任内阁总理,常请命于一府秘书长,一快快不快"①。一怒之下,5月29日和6月2日孙宝琦两上辞呈,对曹锟和阁员施加压力。曹甚不满,"谓其无能"②。但孙宝琦同时却又出席众议院,担保将德发债票案交国会核议。阁员们对他这种举动大为不满,即以其人之道还治其人之身,由顾维钧领头,以"现在国务总理业经辞职,一切枢要无人主持"为由,跟随孙宝琦同时提出"共同引退,免误大政"。惟孙宝琦和阁员均非真心辞职,而在争德发债票案之责任。经过斡旋,6月3日内阁会议议决,将德发债票案向国会报告而不交议,由阁员出席说明政府办理经过,"希望国会与政府共同合作,俾得立时解决,以免被人破坏"③。并以事成后补发国会两个月岁费为钓饵,疏通议员勿再反对此案。

1924年6月7日,中德两国订立《解决中德战争赔偿及债务问题换文》(即"德发债票案")及《结束放发中国扣留之德侨私人财产换文》、

---

①　《孙宝琦突然辞职之前后》,《申报》,1924年6月1日。
②　《钱桐致阎锡山电》(1924年5月29日),《阎锡山档案要电录存》第6册,第512页。
③　《孙阁员总辞职之内幕》,《申报》,1924年6月6日。

《解决德华银行事务换文》等文件①。据此,中国获得德国赔款 4400 万元,再加清理德侨财产及德商债务由德国政府代为清还,赔款总数约为 8400 万元,但实际所获多为债票、息票,现金赔款有限②。此事以中德双方各自让步而告最终解决,中国毕竟通过德国的赔款而获得了一定的补偿,也为北京政府提供了一定的财政经费,所谓"参战而后,未发一兵,未遣一夫,得此巨数赔偿,不可谓非意外。"③

王克敏以解决德发债票案提供财政经费见好于曹锟,却使孙宝琦以内阁总理名义承受国会议员的责难,两人关系因此而极度恶化,无法共事,致政潮再起。孙宝琦称病避居京郊私宅,王克敏也不到部视事,但两人都照常批阅公文,可见他们都希望赶走对方,而并无自己下台之意。内阁停摆,政务停滞,曹锟既对之不满,又颇感无奈,既不能偏王压孙,让好不容易组成的内阁垮台;又不能偏孙压王,放弃已经到手的金钱实惠,只能左右支应,撮合双方。在曹锟的授意下,内阁成员外交总长顾维钧、农商总长颜惠庆、交通总长吴毓麟、教育总长张国淦于 6 月 13 日往孙宅见孙宝琦,调停孙、王之争。张国淦告孙宝琦:"主座慰留,实系诚意,某等奉喻前来,特请总理回京。府方对于叔鲁之所为,已大不满,但为大局起见,殊不便更易生手,仍望大家合作。叔鲁经各方之责备,亦已悔过,以后当到部负责办事,并随时出席阁议,某等担保,必可听总理指挥。"他们代表曹锟来此并有此言,也算是给足了孙宝琦面子。但孙宝琦却不买账,大发牢骚说:王克敏"决难共事",因其"不到院不到部,实际上议员攻击责任内阁,而予为之作箭靶矣。最近如德发债票,若何重大,彼乃一手办理,事前毫不通知予等,及出席国会,彼反不往,令予一人负责。此种行为,施之友朋私交,尚属不可,而况阁员对于

---

①　王铁崖编:《中外旧约章汇编》第 3 册,三联书店 1957 年版,第 442—450 页。

②　唐启华:《被"废除不平等条约"遮蔽的北洋修约史(1912—1928)》,第 133—134 页。对于此案较为详尽的研究,请参阅唐著第 4 章第 2 节。

③　《财政部、交通部关于中德战事赔款及债务问题提交国务会议议案稿》(1924 年 6 月 3 日),《民国外债档案史料》第 1 卷,第 279 页。

总理。予忝居揆席,以责任内阁言之,事事须负责,而叔鲁对于内阁,则适自视为局外之人。今后财政上之措施,一言蔽之,功在彼而过在我,我老矣,岂能永作叔鲁之牺牲品乎"。因此,他强硬地表示:"非免我职,即免叔鲁职,斩钉截铁,言尽于此,此外若有所言,即画蛇添足矣。"①四位阁员闻此,颇觉尴尬,面面相觑,不知该说什么好,但也因此对孙有了反感,其实不利于孙宝琦在与王克敏的争斗中争取盟友。不过,在他们的极力说和下,孙宝琦总算是同意回城,却又坚持以王克敏到部视事及出席内阁会议作为双方和解的先决条件。16 日,王克敏在城中设宴,邀集孙宝琦及阁员参加,意在缓和关系,但孙宝琦却未出席。王克敏以退为进,干脆在次日向曹锟提出辞呈,孙宝琦不甘示弱,也在 21 日向曹锟告假。

在孙、王相争中,吴佩孚认为,孙宝琦"比较的总算忠厚老成,确曾隐示拥护,王克敏则素非洛吴所喜"。当曹锟向他征求意见时,吴谓"主座于此若不秉公主持,殊无以白于天下";并有电致孙,"语多称誉,仍劝即速回京视事",表示推重②。吴佩孚的态度本对孙宝琦有利,但孙宝琦似乎不及王克敏的身段柔软。26 日,孙宝琦面见曹锟,曹锟劝慰他,"担保王克敏到部视事,出席阁议,并奉承总理,在现在无适当继任人时,务请维持其一两月。且王筹款不无辛劳,德款甫决,似不便即挥之而去"。还说:"王当亲谒总理,说明一切,以后当无隔阂,我因此事近日颇为焦急,望以国事为重。"孙宝琦却不知进退之道,不仅没有答应曹锟所请,反而请曹锟准许他出洋,游说列强同意召开关税会议,增添了曹锟对他的反感③。同日,吴毓麟宴请孙宝琦、王克敏及内阁成员,调解孙、王矛盾,王克敏向孙宝琦当面致歉,孙则称"我对君个人并无恶感",但这种表面的敷衍远不足以消除双方内心的芥蒂。事后,孙宝琦仍请

①　《四阁员劝孙之经过》,《申报》,1924 年 6 月 17 日。
②　《王克敏呈辞之前后》,《申报》,1924 年 6 月 21 日。
③　《国内专电二》,《申报》,1924 年 6 月 27 日。

总统府秘书长王毓芝转告曹锟，"如借重王克敏，请免予职，否则请准予假"①。其实，"府曹之对孙殷勤，本非诚意，徒以孙既不能走，又不能免，长此相持，财王反受其影响，……是以亟拉孙归，冀以化除财王之困难也"。孙宝琦则以为，"我看他人既必须叔鲁，叔鲁又恋恋不舍，则我亦何必过为已甚，贻世人以热中之诮。"②他这种执拗的态度使曹锟及其左右大为不悦，曹嘱人告孙："请勿赶王克敏走，王走我亦走。"③至此，孙宝琦知道自己这个总理实在干不下去了，遂于7月1日向曹锟提出辞呈。曹锟本拟照例慰留，其左右却乘机进言说，孙宝琦辞呈中"头晕目眩，肝胃不和，即明指元首不明左右蒙蔽，致内阁不和，曹一听大恼，遂曰王叔鲁非留不可！孙非免不可！不问其他"④。"府派早有去孙决心，难得其自行呈辞，即立准所请也"⑤。7月2日，曹锟准免孙宝琦职，特任外交总长顾维钧暂行兼代国务总理。时年方三十六岁的外交家顾维钧由此而第一次出任总理要职。

顾维钧代理总理，本为暂时性质，曹锟属意于由颜惠庆出组新阁，因为颜系老资格外交家，在国际上有一定影响，过去曾两次组阁，具有行政经验，与保、洛两派关系良好，且颜与孙宝琦有亲戚关系，可以借他平息拥孙派议员的反对。但国会中的反对派议员仍然借此发难，声称"国务总理既经免职，其国务员之资格，当然因连带关系同时消灭"；何况"今孙已免职，既无总理，所代为谁？""宪法未推行于全国，而先破坏于北京，同人本护宪之主旨，难安缄默"；要求曹锟"迅将违宪代阁撤销，并将所有孙阁阁员一律免职"⑥。他们还声称"非收回顾代阁令，不议

---

① 《国内专电》，《申报》，1924年6月29日。
② 《孙氏归来态仍消极》，《申报》，1924年6月29日。
③ 《国内专电》，《申报》，1924年7月2日。
④ 《国内专电》，《申报》，1924年7月5日。
⑤ 《孙免顾代之一刹那》，《申报》，1924年7月5日。
⑥ 《张益芳等反对非法代阁建议大总统收回成命提案》(1924年7月8日)，《中华民国史档案资料汇编》第三辑《政治》(一)第222页。

颜阁同意案"①,结果形成政治僵局,顾维钧这一代就是两月有余。直到第二次直奉战争前夕,经过各方疏通,国会才作出妥协,于9月12日通过了颜惠庆组阁案,顾维钧卸下总理职务,仍然担任外交总长②。

　　直奉战后的北京阁潮,反映了北京政府时期政治的典型生态之一——派系纷争。这种派系纷争,有派系间的,亦有派系内的,时急时缓,时疏时紧,有时到了恶质化的程度,但基本上是党同伐异,而又你中有我,其间并无严格的政治分野,没有政治理念或基本政策的差别,而主要是出于派系集团自身利益的考量。自袁世凯败亡之后,北洋军系没有了众望所归的领袖人物,以地域、出身、教育背景等等为结合的派系崛起,形成不同的利益集团,争夺中央和地方权力,阁潮就是这种争夺的突出表现之一。国务总理及各部总长的职位,其实际职权究有多大是一回事,但其名义却关乎政治合法性的诉求,是各派系集团都很看重的。再加上国会制度的设计,国会议员对内阁的同意权,成了看上去似乎在政治上无所事事的国会最具实效的权力之一,议员们自认为可以摆布阁员,在组阁问题上屡屡翻云覆雨,议员的态度也是与各政治派系集团结合的产物。然而,由阁潮所代表的国会政治,只是派系政治的结果,却与民众生活少有交集。当议员们在国会里慷慨激昂地论辩,甚而演成全武行时,民众对此却冷漠旁观,难有感动。不久之后,这个在民众眼中失去政治信用、在军阀眼中失去利用价值的国会就成了历史的过客与陈迹。

　　外交交涉或许是20年代北京政治中比较特殊的领域。派系集团

---

　　①　《国内专电》,《申报》,1924年7月10日。顾维钧自认为,他出任代总理的原因,是他与国会的关系一直处得比较融洽(《顾维钧回忆录》第1分册,第271页)。国会之所以反对顾阁,非出于反对顾个人,而是对曹锟不满。

　　②　颜惠庆本意由自己兼外长,顾维钧则担任财政总长或农商总长,但曹锟坚持要顾维钧留任。曹认为,顾一直担任这个职务,并干得很好,没有理由调开。颜和曹一度均坚持自己的意见,最后当然是颜作让步,顾再任外长。《顾维钧回忆录》第1分册,第272页。

的政治纷争与不稳定的北京政局,构成了以顾维钧为代表的中国职业外交家的活动舞台与政治背景。如顾维钧所言,在外交政策与实践方面,这一代职业外交家经常看法一致,即坚持维护中国主权,愿意尽最大努力使中国与其他国家在国际上处于平等地位;有关主权问题,中国不应该屈从外国①。但是在不稳定的政治环境下,他们的理想与努力经常受制于派系纷争,"金佛郎案"和德发债票案都可为其中例证。受过西方政治文化熏陶的顾维钧等,对此深感不满而又无可如何。顾维钧坚持,"我一向对中国的外交政策和外交关系感到兴趣,我的夙愿是实现修订中国的不平等条约,而无意于卷入政治活动和政治竞争"②。然而置身于这样的环境,与现实政治作必要的妥协,仍是顾维钧等无法避免的选择。

　　尽管如此,我们也不能不顾及另一方面的事实,即在北京政治最为纷乱的 20 年代前后,是民国年间中国职业外交家比较能发挥所长、从而取得了一定成就的历史时期。他们在中国的弱势地位下,通过自己的艰辛努力,运用自己的外交谋略,挽回了一些过往失去的权益。之所以能够如此,与当时北京政治的运作方式有着密切的联系。北京政治的后台老板——军阀派系,更关心于他们生死攸关的派系间或派系内的争斗,而将外交事务留给了职业外交家们,从而使他们有了一定的活动空间。曹锟曾对其亲信之一吴毓麟这样说:"老弟,你什么时候开始学的外交? 因为我不懂外交,才请顾先生来当外交总长。顾先生办外交有经验,我把这摊工作完全委托给他,你们为什么要出来干预?"何况在当时情况下,自巴黎和会与华盛顿会议以来,中国外交家已经建立了相当声誉,任何派别当政,都不会忽视利用这样的政治资源。吴毓麟曾对顾维钧说:"因为你在国内、国外受过教育,并且已经建立了你现在的

---

① 《顾维钧回忆录》第 1 分册第 273 页。
② 《顾维钧回忆录》第 1 分册,第 271、254 页。

声望,无论哪个派系当权,都会邀请你参加政府工作。"①正因为如此,顾维钧等职业外交家可以比较放手地处理外交事务,他们也真正懂得如何在时代环境下办理外交。同时,顾维钧等职业外交家的聪明之处也在于,他们抱定这样的宗旨:把非职业之外的事情"留给政客们去干,我们决不插手,以免被外界误解为我们属于任何军事集团或政治派系";我们"一直努力保持我们的独立地位,我们自己没有分外之想。也正因为外界认为我们超然于政争之外,不依附任何政治派系和任何军事集团,所以他们都愿意接纳我们"②。虽然顾维钧等无法完全避免卷入国内政治斗争,但是他们基本上做到了超然于政治纷争之外,从而保证了自己相对独立的政治地位和活动空间。所有这些,发生于动荡不已的北京政治生态环境下,不能不令后人深长思量。

三 内外矛盾

与其他北洋军系相比较,直系的内部关系有其自身特色。在北洋三大军系中,奉系以张作霖为绝对领袖,说一不二;段祺瑞在皖系亦比较强势,基本可以控制下属;而直系在其形成期的领袖冯国璋即比较弱势又早逝,及至曹锟兴起,虽然被奉为直系领袖,但其能力和控制力又有限,在相当程度上依靠吴佩孚为其打天下,因此,直系的内部关系相对比较松散,形成了曹锟—吴佩孚的双核中心体系。曹锟有名义,吴佩孚有实权,又各有拥戴者,形成所谓保派(包括津派)和洛派之别。随着南方齐燮元力量的不断坐大,在直系中又隐然有新中心形成的趋势。

---

① 《顾维钧回忆录》第1分册,第268、265页。顾维钧与曹锟和吴佩孚均维持着良好的个人关系,在其回忆录中,顾"对曹锟作为一个领袖给予很高的评价,他虽然受教育不多,却具有领袖的品格"。同时,顾认为吴佩孚"是个第一流的军人。他执法严明,办事公正";"操守廉洁,想把中国的事情办好"。《顾维钧回忆录》第1分册,第269页。

② 《顾维钧回忆录》第1分册,第266页。

因此,在曹锟出任总统之后,围绕各种权力与利益之争,直系不仅与外部同时也在内部形成复杂的矛盾关系,曹锟面对的困窘之局很大程度上系出于此,并较其皖、奉对手更复杂难解。

曹锟到北京就任总统之职,吴佩孚则以直鲁豫巡阅使的头衔驻节洛阳。吴佩孚对于曹锟始终保持着下对上之礼,有相当之尊敬,并无取而代之的想法和行动,这也是曹锟对吴佩孚比较放心,和吴佩孚之间维持着大体说得过去的关系的主要原因之一,何况吴佩孚也确实对于维持直系地位和实力有举足轻重的作用。但这并不说明吴佩孚对曹锟完全毕恭毕敬,相反,他倒是常常对曹锟的决策表示不同的意见,尤其是在政治决策方面。曹锟曾经在和冯玉祥谈话时发牢骚说:"入京以来一事办不动,洛吴事事干涉,我派四弟曹钧赴洛,告诫子玉,四弟回京,谓子玉说生平对总统唯一忠诚,苟有献替,动关大局与元首人格,始终处于长子的地位,不认干政为错。"①曹锟此语倒是反映出吴佩孚的某种真实心态和做派,即他自认对曹无二心,所以自居"长子","不认干政为错"。但是,对曹锟而言,吴佩孚的做派毕竟使他不能自如地行使权力,感觉不舒服,甚而觉得自己处在有职无权的尴尬地位,再加上其左右时时播弄是非,恃骄争宠,曹锟不胜其烦。"吴屡为曹氏立大功,羽翼丰满,功名已驾曹之上,历来不世之功,震主之威,为一姓之主人所大忌,况复骄慢士大夫,屏绝政客,于是奔竞左右及失意不逞之徒,不得不另谋结合。闻有人献策直派组织新联合,虽未即明言防制洛吴,而此种新联合成功之日,则旧有之直派势力自必受一种甚大之打击,是则自然之理之势,不能幸免"②。因此,对于这个好不容易靠贿选得来的总统职位,曹锟其实当得并不十分愉快。据外人观察,当北京阁潮频发,"内阁摇动",曹锟"忧闷,患滞食症"。曹锟与吴佩孚为直鲁豫巡阅使署的经费问题"发生意见,曹派李彦青赴洛疏通,闻不得要领。又陆锈山(陆

①　《国内专电》,《申报》,1924年5月4日。

②　《背道而驰之和平计划》,《北洋军阀》(四),第625页。

锦)与王兰亭(王毓芝)互相倾轧,不易疏解,曹忧闷不乐"①。

　　既然吴佩孚自居"长子","不认干政为错",对北京政府和各地长官动辄颐指气使,发号施令,干预他们的事务,从而常常引发与他们的矛盾,北京阁潮的剧烈,与吴佩孚的干政也不无关系。何况作为在现实政治中活动的人物,吴佩孚对自身的地位也很敏感,对于他人的上升内心深处也不无嫉视,"吴派亦言吴常发牢骚,部下一当督理省长,即要胡为,奈何"②。

　　为了"统一军权",更便于控制部队,吴佩孚曾经提议将直军各师改由陆军部直接统辖,各巡阅使、各省督理等一律不兼任师长③。曹锟出任总统后,北京政府先后下令免去两湖巡阅使萧耀南兼任的第二十五师师长,以陈嘉谟继任;免去直鲁豫巡阅副使、直隶军务督理王承斌兼任的第二十三师师长,以王维城继任;免去陆军总长陆锦兼任的第九师师长,以董政国继任;免去河南军务督理张福来兼任的第二十四师师长,以杨清臣继任;免去安徽军务督理马联甲兼任的安徽第一混成旅旅长,以张克瑶继任;免去山东军务督理郑士琦兼任的第五师师长,以孙宗先继任。上述接任的师旅长多由本部下级长官升任,以防被接任者抗拒不交,乘机煽惑闹事。然而,军队和地盘是那个年代维持权力最重要的基础,自然也就是大多数掌权者都不愿意交出的,上述不再兼任师长者,多为吴佩孚可以直接控制的人。当苏皖赣巡阅使齐燮元和陆军检阅使冯玉祥被要求辞去兼任师长时,都遭到他们的坚决拒绝,北京政府自然也没有实力强迫他们辞职。即便是吴佩孚自己,也没有辞去兼

---

①　《钱桐致阎锡山电》(1923 年 12 月 18 日、1924 年 1 月 2 日),《阎锡山档案要电录存》第 6 册,第 504—505 页。

②　《国内专电》,《申报》,1924 年 2 月 18 日。

③　当时也有人向曹锟献策,认为"疆吏之职务不应过多,督长两席,尤不应任意听疆吏兼任,盖军民分治,省长虽难免受督军督理之指挥,然职权一分,究可互制,而于中央提款一层,尤有莫大关系"。(《鄂萧津王辞去师长之内幕》,《申报》1924 年 3 月 3 日)

任的第三师师长职。

　　吴佩孚的骄横做派，在直系内部引起很大的反弹，尤其是那些与吴佩孚本就在资历和地位方面不相上下之人，更是对吴佩孚打击别人而扩张自身势力的做法心怀怨恨并保持警惕。齐燮元和冯玉祥曾经联络发起"疆吏会议"，意在促成各派联合，打击吴佩孚的独断专行，结果因吴的坚决反对而作罢。接着，齐燮元与吴佩孚因"海军风潮"而矛盾再起，一度更发展为激烈的冲突。

　　海军因为其技术方面的特殊性，向为闽、粤、鲁等省籍人所把持，尤以闽系势力最大，而各派系间的矛盾甚深。海军总司令杜锡珪为闽系，因其时驻留南京，又与苏督齐燮元关系不错。原广东政府海军司令温树德在广东孙中山与陈炯明的矛盾中不安于位，经吴佩孚派人运动，率舰六艘北归附直，1924年1月到达青岛驻留。因温树德与吴佩孚是山东同乡，吴佩孚对其多方拉拢，提供经费，觅取驻地，并允诺将其部编为渤海舰队，独立于海军部而直属北京政府，实则企图建立自己在海军的势力范围，"以打破闽人独占海军之局面"。温树德及其部属多为鲁籍，在海军内部的派系之争中比较受强势的闽粤籍人士排挤，如今虽然加盟北洋阵营，但也不愿受闽籍的海军总司令杜锡珪统辖，而且有吴佩孚的支持，自然也没有将杜锡珪太当回事。2月13日，温部海军陆战队二百余人携械强占烟台海军基地，杜锡珪闻讯极为恼怒，致电北京政府称："查温树德此次率舰北归，是否自承归顺，似此行动，目无法纪，岂归顺者所应为？"要求政府"整饬纪纲"，"申斥制止"，并坚决反对任命温树德为渤海舰队司令①。杜锡珪的背后有齐燮元的支持，温树德又自恃有吴佩孚撑腰，事情便由海军内部之争演化为直系内部两大实力派吴佩孚与齐燮元的矛盾。

　　温树德与杜锡珪的矛盾初起，海军部为息事宁人，拟改任温树德为渤海防御使，既敷衍了杜锡珪的要求，又使温树德实际上仍可自主，"管

---

　　①　《国内专电》，《申报》，1924年2月16日。

制上仍受总司令节制,而事实上则归洛吴支配,使双方面子上皆可以过得去"①。但是,杜锡珪不愿就此收手,又致电国务院称:"该舰队粤居多年,毫无法纪,背叛是其习惯,野心难驯,罪无可逭,请严惩以遏乱萌"②。海军部不敢得罪双方背后各自的后台老板,对此也感棘手,不能轻易决断。

曹锟对海军内部原先的派系矛盾心知肚明,虽然他对吴佩孚运动温树德率舰北归表示满意,但也提醒吴,"须先与海军各方面接洽妥协,方可进行无阻。否则,粤舰北来,北舰又生枝节,反多不便"③。果如曹所担心,温树德率舰北归后,不仅横生"枝节",而且激化了直系内部的矛盾。曹锟深知温树德与杜锡珪之争的背后实为吴佩孚与齐燮元之争,吴、齐都是他手下的大将,轻易也不能为左右袒,遂派交通总长吴毓麟南下,前往吴佩孚所在的洛阳和齐燮元所在的南京调解。吴佩孚极力祖护温树德,主张"杜防东南,温守北洋,划明界限,不相侵越。特为顾全杜之名义起见,于舰队调动,可呈报总司令处备案,或遇重大战事,允听杜之调遣"。他还保荐亲信高恩洪为胶澳督办,以为温树德部筹谋饷需,并强硬表示:"政府绝不可心存瞻徇,必须照此办理。"齐燮元明面上表示他本人对此并无成见,却又支持杜锡珪提出:"海军系统编制不可破坏,使温自为统属,将来必影响海军军事前途。故温必须归本人节制。"同时提出"军饷分配,亦贵得平",如温树德部得胶济路收入接济饷源,北京政府原允从盐余项下每月拨给杜部的 40 万元,"亦须按月付清,不得时有间断",否则"本人不负维持之责"④。其后杜锡珪又两次致电北京政府,声称"如彼方不顾大局,锡珪对于所属舰队之行动,实不

① 《调解中之海军风潮》,《申报》,1924 年 2 月 21 日。
② 《国内专电》,《申报》,1924 年 2 月 21 日。
③ 《曹锟致吴佩孚密电》(1923 年 10 月 1 日),《中华民国史档案资料汇编》第三辑《军事》(三),第 623 页。
④ 《败兴归来之吴毓麟》、《海军风潮不易平息》,《申报》,1924 年 3 月 4 日。

能负责"①。杜锡珪之举得到齐燮元和闽系海军人士的支持,齐燮元强提两淮盐余为杜部经费,海军练习舰队司令杨树庄推出代表到北京请愿,向政府施加压力。

虽然杜锡珪在齐燮元的支持下,对温树德表示了强硬态度,但是吴佩孚却毫不退让,坚持己见,逼使曹锟在吴、齐之争中作选择,而曹锟权衡利弊,还是不能不迁就吴佩孚。3月18日,北京政府任命高恩洪为胶澳督办,22日任命温树德为渤海舰队司令,吴佩孚大获全胜,齐燮元则大失面子,由此而加深了直系内部的裂痕。曹锟为此感叹说:"我为子玉,既得罪杜锡珪,又得罪齐燮元。"②

海军风潮刚刚平息,王承斌、冯玉祥的辞职风波又起。冯玉祥在驱黎、王承斌在贿选中都可谓有"大功"于曹锟,满心希望在曹锟上台后以"功"请赏。但是,吴佩孚对王、冯却一直心怀戒心,认为王承斌与奉系关系暧昧,"王籍隶奉天,为对奉主和中坚人物之一";认为冯玉祥不可靠;故电请北京政府免去王承斌兼任的第二十三师师长职,使王失去了直接的武力支撑,即便王亲自出面要求将第二十三师仍归其节制,也被吴所阻止;而冯玉祥在担任河南督理后不久即被排挤,失去地盘,到北京当了个有名无实的陆军检阅使。王承斌和冯玉祥对吴佩孚满腹牢骚,认为曹锟"为人毫无定见","事事惟洛吴之马首是瞻"。曹锟上台后,他们不仅未得回报,还屡屡遇到经费欠缺,部队催饷的难题,更是心怀不满。王承斌在贿选时为曹锟筹得经费甚多,曹锟上台后却不提返还之事,"王氏一再催促,政府方面简直无人理会,如何补偿更提不到"③。王承斌一怒之下,于4月底和5月初两次请辞。与此同时,冯玉祥也向曹锟请辞,理由是"军饷积欠十七个月,个人私产及外边拉拢,

---

①　《海军鲁闽之争愈烈》,《申报》,1924年3月9日。

②　《国内专电》,《申报》,1924年5月4日。

③　《王承斌辞职续闻》,《申报》,1924年5月5日。

已垫二十余万"①。王承斌和冯玉祥在直系内部都是有影响的大将,他们的请辞震动甚大,齐燮元亦提出辞职表示声援,甚而吴佩孚亦以"德不足服人,才不足任事"云云提出辞职,以退为进。为此,曹锟心烦恼怒,对亲信左右发牢骚说:"不如大家一齐辞职,我也不干。"②话虽如此,曹锟还是不得不亲自出马,先是致电王承斌表示慰留,又允诺将王的亏欠之款如数归还;同时在总统府接见冯玉祥,表示"我不愿闻你辞职的事,你要走同我一同走";"我之难处,你当谅解,况财政竭蹶,不限一隅,所望共勉,你饷当饬财部筹拨,不愿闻你辞字"③。当然,武人请辞不过是撒娇或者负气,谁都不会当真,最后还是不了了之,不过,这场风波以及此前此后发生的直系内部各种矛盾却反映出直系内部的政治生态。吴佩孚虽然坐拥大权,却也成为直系内部的众矢之的,吴佩孚对他人的颐指气使,成为直系内部离心倾向的催化剂。此等矛盾的发展激化,大不利于直系与其对手随后而至的决斗,"直系内部之不和,关系大局甚大"④。曹锟亦知此,所以他虽然对吴佩孚不满,但又不时替"吴佩孚排解",甚而对部下言吴的所为是"子玉饮酒过量所致"⑤。但曹锟的排解和解释显有矫情不实之处,如舆论所言:"吴佩孚近年来囊括中原,声势煊赫,早为一般人所共知,然自海军北归,滇军投降,实力既重,嫉者甚多,且吴自信太深,每予人以可乘之隙,于是逐渐入四面楚歌之境矣。"⑥

在外部矛盾方面,直系需要因应的最大问题是如何处理与孙、皖、奉反直"三角同盟"的关系。

自第一次直奉战后孙、皖、奉形成反直"三角同盟",其内部关系比

①　《国内专电》,《申报》,1924年5月4日。
②　《吴佩孚亦有辞职说》,《申报》,1924年5月15日。
③　《国内专电》,《申报》,1924年5月4日。
④　《王承斌辞职与洛吴》,《申报》,1924年5月5日。
⑤　《国内专电》,《申报》,1924年2月18日。
⑥　《团结直系之新政策》,《申报》,1924年2月21日。

较松散,同盟各方对于国内政治的看法及其应对未必一致,甚而是同床异梦,但面对直系"武力统一"的压迫,三方还是维持了大体合作的关系。进入1923年,先有京汉路工潮流血惨案,继之大总统黎元洪被驱逐,接着是曹锟贿选,直系被各方舆论所指责,政治上陷于孤立,为"三角同盟"创造了联手反直的良机,三方互动也因此而渐趋活跃。

1923年2月,孙中山重返广东建立大元帅府,重新有了实力地盘,其后,粤、奉间互通信息,信使往还不断。4月12日,孙中山致电张作霖,希望张"本爱护共和之初衷,进而为解决大局之盛举"①。张作霖回复建议粤方派兵实行北伐,和奉军形成对直系的南北夹击之势。5月3日,孙中山派汪精卫持其亲笔信赴奉,表示张的主张"乃与鄙意不谋而同,所以迟迟,徒以财政过拙,不能因应咸宜"②,希望张作霖援助军费70万元。张作霖慨然应允,除了钱款之外,还拨出部分枪械,经海路运至广东。交通系要角叶恭绰担任大元帅大本营财政部长,专为孙中山筹措饷费,而他与奉系渊源甚深,他在大元帅府任职,表明孙中山有意借重其人脉关系,与张作霖联络。与此同时,段祺瑞的代表吴光新也在同年7月入粤,充当孙段间的联络人,段祺瑞的代表徐树铮、曾毓隽、曲同丰、陈文运等和卢永祥的代表范毓灵、邓汉祥等都在频频活动,希望"三角同盟"在政治上更进一步。

与"三角同盟"内部的密切互动相对应的是,直系也在对"三角同盟"各方采取分化拉拢之策,其中主要又是对皖、奉两系的拉拢。因为直、皖、奉均源出北洋军系,你中有我,我中有你,彼此勾连一体,虽然屡屡在战场上兵戎相见,那也不过是利益之争,而无关政治理念,实际仍有许多共同之处,未必是那样你死我活。为了摆脱在政治上和军事上被孙、皖、奉三方包围的不利处境,直系在无损本派利益的大前提下,对皖、奉两系在不同时期采取了不同的分化拉拢手法,其中曹锟主"和

---

① 《复张作霖电》(1923年4月12日),《孙中山全集》第7卷,第315页。
② 《复张作霖函》(1923年5月3日),《孙中山全集》第7卷,第423页。

奉",吴佩孚则主"和皖"。

曹锟与张作霖是儿女亲家,双方本就有亲缘关系,尽管在第一次直奉之战中翻了脸,但曹锟还是希望能够重修旧好,缓和矛盾,减轻直系面临的压力。从当时的实际情形而言,奉系是"三角同盟"中最具实力的一方,对直系造成的压力最大,离北京的距离也最近,如果能够与奉系缓和关系,无疑对直系在北京当政是最有利的,所以,曹锟坚持"和奉"比较而言在当时对直系应该是上策。

1923年夏,张作霖的儿女亲家、曾任吉林督军和陆军总长、时正赋闲的鲍贵卿,受曹锟之托两度赴奉,向张作霖转达曹锟的和解之意。曹锟表示可以恢复张作霖东三省巡阅使原职,今后组阁可征求张的同意,甚至在必要时奉军还可入关驻屯等等,并表示"我能为力者,无不尽力"。不过,这些在曹锟看来已经是委曲求全的条件,却被张作霖拒绝。贿选告成后,鲍贵卿与天津镇守使赵玉珂衔曹锟之命再度赴奉见张作霖,赵对张说:"我奉曹三爷(曹锟)之命,来奉请大帅帮忙,谋以后之统一。"张答:"前者他等调和,是为大选之事叫我帮忙。今大选已经告成,我不反对即是帮忙。今后调停系直奉之事,曹三爷已为全国之元首,以后对于直奉之争,当然与曹三爷无关。"张作霖实际婉拒了曹锟的和意。赵玉珂又通过吉林督军孙烈臣向张作霖表示,如果直奉和解,热河和山东长官可以由奉系的张景惠和鲍贵卿任职,企图以地盘利益诱使张作霖入彀,但张仍不理会。曹锟让步的底线是由张作霖出任副总统,因此,在未得张作霖应有回应的情况下,赵又告张:"曹三爷情愿大帅为副座(副总统)。"张的回应是:"全国有名望有才干者甚多,况副座乃出自民意,亦不是他给我的,亦不是我要的。"并明言:"直系能人甚多,此是先礼而后兵也。"[1]直到第二次直奉战争爆发前,曹锟也没有完全放弃"和奉"的想法,但张作霖却始终不予回应,而是表示"纵然恢复官职,在

予并不感谢";"奉直和议,无何等考虑,纵或直隶派向予提示如何有利
条件,予断袍决心,不与之应。实际上予亦认为无有与以接应之必
要"①。作为武人首领,张作霖当然希望有地盘有地位,但是副总统这
样的虚职,却未必能满足其完全掌控北京政治的"抱负",在直系因为贿
选而大失民心的情况下,张作霖已经看到了他重返北京当政的希望,不
会轻易对直系让步,而且因为第一次直奉战争的关系,他对直系也不敢
轻易信任,何况他与吴佩孚结怨甚深,知道吴佩孚在直系中的分量,担
心即便是曹锟有意言和,也未必能得吴佩孚的首肯,因此,曹锟的"和
奉"主张在张作霖不软不硬的态度前碰了壁,本来对直系是有利的"上
策"却在复杂的派系政治博弈中未能成为现实。

　　"和奉"既不成,吴佩孚力主"和皖"。吴佩孚本就看不起张作霖,认
为张是"胡匪"出身,上不了台面,而段祺瑞出身北洋正统,资历深厚,在
北洋军人中比较有威望,再者皖系此时只控制着浙江,实力有限,而且
与直系控制的核心地区距离较远,所谓远交近攻,结交皖系对直系当政
的风险比较小。吴佩孚在曹锟"当选"后特意致电,请其对段表示尊崇,
电称:"我公就职,政尚宽大,段合肥虽与我不合,然究为北洋耆宿,功高
望重,不可掩没,应请特加优崇,并将其应得年俸,议定数目,从速支发,
以示国家尊重贤劳之意。"②在吴佩孚的坚持下,曹锟又转而"和皖",向
避居天津的段祺瑞发出和解信号。贿选告成后,曹锟在11月派人赴天
津见段祺瑞,向段转达曹意:"曹仲三(曹锟)对于时局无正当之方法,惟
有仰望督办(段祺瑞)出山,尚可维持大局";"曹仲三、卢永祥皆为督办
旧属,仲三欲以副座予之(卢永祥),因未得督办同意,故不敢擅专,对于
外交之办法,亦惟督办之命是从"。但是,段祺瑞不接招,答称:"我现在

---

　　①　《张华堂给王怀庆呈文》(1924年8月7日),《张作霖之谈话》(1924年10月
25日),《中华民国史档案资料汇编》第三辑《军事》(三),第240—242页。
　　②　郭剑林:《吴佩孚传》下册,第571页。

为一平民,所有政治,无过问之必要。"给曹锟吃了个软钉子①。其实,曹锟对段祺瑞并不感冒。贿选结束后,曹党曾密查反直"三角同盟"的活动,向曹锟建议:"段氏非黎氏(黎元洪)可比,亟以严行监视。当请保定迅饬杨以德严密监视,因杨有地方之责也。"②只是因为吴佩孚的坚持,曹锟不能不免允其请,而段祺瑞的拒绝,又使曹锟对吴佩孚有所不满,认其"和皖"主张为失算不智之举。曹锟曾经对人说:吴佩孚"尊段""此不过子玉一种策略耳,如属真诚,不但子玉对不起我,就是子玉自计,亦大失算。况我已告知子玉,如表面上有太过分处,我亦不能答应,不然,就请他先取消我的总统云云"③。

　　自1920年直皖之战段祺瑞下台后,已经离开政治舞台中心有年,手头可以依靠的力量不多,在以实力说话的年代,段祺瑞也知道自己对政治的发言权实际有限,与其从直系所请蹚浑水,用自己的"名望"为直系创造北洋和解的表象,不如静观待变,谋求将来更好的机会,所以他断然拒绝了直系的拉拢。但是,吴佩孚却并不死心,联段不成,他又主张尊段联卢(永祥),力推卢永祥为副总统,企图在皖系仅存的实力派大将身上打开缺口。他屡屡对人称:对于副总统,"惟有段合肥、卢子嘉(卢永祥字)二人足膺是选,但合肥资望过深,似不能屈就副座,以年龄资格才具论之,惟有卢子嘉合式耳。"④

　　吴佩孚的"联卢"之举,除了以"和皖"因应反直"三角同盟"的挑战之外,还兼有"制齐"之意。苏皖赣巡阅使齐燮元坐拥江南地盘,颇具实力,为直系内部可与吴佩孚争胜的大将。为了拉升自己的人气和地位,齐燮元亦也有心谋副总统职。为了压缩齐燮元的上升空间,吴佩孚以卢压齐,声称副总统"与其属于新进,招各方之不平,毋宁畀诸老成人

　　① 《张华堂报告》(1923年11月15日),二档,一〇二四—82。

　　② 《陆金圃致王怀庆禀呈》(1923年10月8日),《中华民国史档案资料汇编》第四辑(一),第207页。

　　③ 《曹锟口中之吴佩孚尊段解》,《北洋军阀》(四),第629页。

　　④ 《筹办副选之内幕》,《申报》,1924年1月27日。

物,尚可以老面子维系局面"。并主张卢如任副总统,可以卢的亲信何丰林督浙,而何所遗之淞沪护军使职,"以不偏于齐、卢两方者继任"①。在吴佩孚的推举下,曹锟也不便表示反对,只是说:"子玉既有此项主张,我甚赞成,但此事由国会办理,如何选举,选举何人,以我之地位,不便发言。诸君依法办理可耳。"吴佩孚遂派人在1924年1月下旬去天津,向段祺瑞疏通,段声称:"我素不闻政事,今在病中,尤不愿多言,请与我左右商之。"而段之左右的答复甚妙:"合肥决不愿就副席,若对卢子嘉,此间亦未便代作具体之答复。然以意思想像得之,官不打送礼的。"②随后,吴佩孚的代表在1月底到杭州,向卢永祥转达吴佩孚的推重之意,但卢亦表示拒绝,同时致函吴佩孚,表示"迩日盛传尊意,过为推重,以私谊言,固自可感,而以此为解决大局枢纽,则不但与素志相违,恐即以人格言,亦为高明所不取矣。"③直系的"和皖"之策由此而告失败。

至于"三角同盟"中的孙中山一方,在1922年6月陈炯明发动政变、孙中山被迫离粤赴沪之际,直系曹锟、吴佩孚曾经与孙有所联络。8月29日,曹锟、吴佩孚致电孙中山,对孙中山15日的宣言表示"敬领宏旨","倘承不弃,时惠教言。则谋国有老成,匪独一二人之幸也"。31日,孙中山在答"东方社"记者问时说:"北方武人与余之主张接近,确为事实,但余非知其诚意如何,决不与之联络。苟有诚意,不论为张作霖,为吴佩孚,均可引为同志,国会问题,余主张恢复民八国会,至对陈炯明,余必按宣言膺惩之。"9月3日,孙中山电复曹锟、吴佩孚,重申"化兵为工之策,为今时救国不二法门",对曹吴"至冀守正不阿,一切依法解决,不为少数政客私见伪行所蔽。法统成立,纠纷自解,而国乃有可

---

①　《国内专电》,《申报》,1924年1月27日。
②　《筹办副选之内幕》,《申报》,1924年1月27日。
③　《卢永祥致吴佩孚书》,《申报》,1924年2月18日。

为”①。孙中山曾经希望在曹锟和吴佩孚之间打入楔子，予以分化，派人争取过吴佩孚，但吴佩孚认为孙中山太过理想，政策难以实行，尤其不满孙中山与俄国的关系，不愿与孙合作。吴佩孚曾经对孙中山的使者徐绍桢说："吾观孙先生过去之经历，虽可认为一伟大人物，然彼之知识与言论，与其谓为中国之固有，无宁称为祖述泰西之为愈。……甚至联络日本，因无结果乃转而欲利用俄国，不图反为俄国所利用。然其所标榜于外者，则仍为救治中国数千年之痼疾也。彼不求传统之药方而强用辛辣强烈之俄国猛剂，其失亦甚。"②直系与孙中山不仅有政治理念和历史渊源的重大差异，而且在实际上支持广东陈炯明和福建李厚基与孙中山对立，双方很难建立真正的信任关系。

曹锟"当选"为大总统之后，内外纠葛不断，基本无所作为，而在种种内外矛盾之中，对直系当政前途最具影响和杀伤力的还是直系内部的矛盾。在直系内部，津、保、洛三派各据地盘，在政治上互争短长，以派系利益为至上，大大削弱了直系的力量。直系最主要的军事领袖吴佩孚，在曹锟出任总统后，继任其直鲁豫巡阅使职，开府洛阳，主张武力统一，干涉北京政治，颇为人所侧目。直系其他各派，如以王承斌为代表的津派，高凌霨为代表的保派，地方的苏皖赣巡阅使齐燮元，两湖巡阅使萧耀南等，对吴均有戒心，他们或极力发展自己的派系力量，或令人在曹锟身边播弄是非，离间曹、吴关系，使吴在直系处孤立之境。吴佩孚本人心高气傲，对本派内部关系的处理不甚注意，尤其是夺去河南督军冯玉祥的地盘，使冯对吴衔恨甚深，实为吴的失策，也种下了冯玉祥在第二次直奉战争中背直联奉，致直系失败下台的远因。总而言之，第一次直奉战争之后，直系力量发展到其巅峰时期，独占北京政府，然而其后直系种种作为，不仅不能"一统天下"，反使其"声望"大跌，尤其是总统"贿选"丑闻，更成为直系发展由盛而衰的转折点，再加其内部矛

① 《中华民国大事记》第 1 册，第 917、918、920 页。
② 《吴佩孚先生集》，《北洋军阀》第 4 卷，第 840 页。

盾纷繁复杂，各派争斗不已，又大大削弱了直系的力量。不等第二次直奉战争的爆发，直系已是外强中干，其独霸北京政治的地位已然动摇。

第二节　江浙战争

一　江浙战争的由来

江浙战争是 1924 年秋发生在江苏实力派、直系军头齐燮元和浙江实力派、皖系余党卢永祥之间的战争，是第二次直奉战争的前奏。战争的结局不仅造成了江浙地区政治格局的变化，皖系失去了最后的地盘，而且也使直系内部的政治格局发生变化，孙传芳势力的兴起，成为直系集团后期最主要的支撑。因此，江浙战争在北洋时期的军阀战争中自有其重要意义，非一般地方军阀之争可比。

江浙战争的对立双方是齐燮元和卢永祥。齐燮元出身于北洋新军第六镇，一路升迁至苏皖赣巡阅使兼江苏督军，与吴佩孚和萧耀南同为直系中巡阅使级别的实力派大将，而且坐镇江南富庶之地，领有数省地盘，与直系中央的关系稍有疏离。卢永祥比齐燮元年长十八岁，在北洋军系中辈分甚老，清末已经当上了协统，"在北洋军人中，年龄历史，均居前辈地位，应与冯（国璋）、段（祺瑞）齐名，只因民二征蒙受挫，怏怏而归，遂致落后"[1]。1919 年，卢永祥出任浙江督军，在浙江多年经营，根基深厚。在皖系于 1920 年的直皖战争中失败后，卢永祥成为皖系仅存的保有地盘和军队的实力派大将。

齐燮元和卢永祥分别任职于江苏和浙江，地域相邻，经济相依，利害冲突自不可避免，"江浙军阀因地盘之冲突，双方秣马厉兵，已非一日"[2]，而引起他们之间矛盾激化的主要问题在于淞沪地区

---

①　吴虬：《北洋派之起源及其崩溃》，《近代稗海》第 6 辑，第 246 页。

②　古蒋孙：《甲子内乱始末纪实》，《近代稗海》第 5 辑，第 243 页。

的归属。

淞沪地区一般指上海及其外围县域，是当时中国经济最发达的地区和对外交往最重要的中心，从而也是重要的税源地，向为军阀所垂涎。就地理和行政管辖关系而言，淞沪地区归属于直系控制的江苏，但是，淞沪地区的实际主政者——淞沪护军使，却从袁世凯死后即为皖系军人把持（卢永祥即曾任淞沪护军使），他们自然听命于皖系中央，而对直系控制的苏省当局则不以为然，淞沪地区从而成为皖直在地方争夺的焦点之一。1919 年 8 月，卢永祥接病逝的杨善德出任浙江督军，直系本想让第六师师长齐燮元接卢永祥职，但皖系却坚持由本系的第四师第八旅旅长何丰林接卢为淞沪护军使。为此，双方一直冲突不断，并在 1920 年的直皖战争期间几至兵戎相见。只是因为上海为中外观瞻所系，外国公使团对在上海打仗屡有警告，直、皖双方才被迫收手，达成和平协议，维持了淞沪地区的现状。

直皖战后，卢永祥在浙江提倡"自治"，与孙中山和奉系联手，成立"三角同盟"，力图继续维持自己的统治地位。而齐燮元在江苏实力渐增，势力坐大，对淞沪地盘抱着"卧榻之旁，岂容他人酣睡"之心，与卢永祥形成矛盾冲突关系。反直"三角同盟"形成后，上海在卢永祥的荫庇下，成为反直活动的重要基地，各方势力都在此活动，更招致直系的不满。1923 年 6 月，黎元洪被逼出走，曹锟贿选之声甚嚣尘上，卢永祥通电坚决反对，并出资运动反直议员移驻上海，另开国会，从而引发与直系的尖锐矛盾。齐燮元遂联络直督王承斌、闽督孙传芳、皖督马联甲、赣督蔡成勋等，图谋发起对浙战争，彻底解决与卢永祥的矛盾。江浙绅商闻之纷起反对，担心战火破坏江南富庶之地的经济社会生活，他们组成"苏浙和平协会"，奔走斡旋，反对战争。英、美、法、日公使也联合向北京政府施加压力，表示淞沪地方外人有重大利益，"若发生战争，此项利益势不免受无限之损失"；中国政府对此"有不能诿卸之责任"；"如中政府或该省长官，保全此项利益有不周之处，所有一切损失，中政府应担负完全责任"；否则，"当采用一切适宜方法，自行保护侨居上海及附近地方外人生命财产及其商务"①。

直系内部对于卢永祥的态度并不一致。极力主张攻浙者主要是齐燮元,目的是夺得淞沪乃至江浙地盘,壮大自己的实力,"先取两浙,自建大功,而又成于吴氏(吴佩孚)取奉之前,以为驾吴而上之计",成为东南各省的盟主,并可进而觊觎中央副总统位置。当时,吴佩孚和卢永祥都有出任副总统的传言,而齐燮元"对人表示,则副选一事为卢为吴,皆认为不宜,隐隐中有舍我其谁之意"。而吴佩孚对此实不以为然,反倒担心齐燮元的力量坐大后,成为自己的对手,所以,"齐欲去卢,吴则联卢,使齐攻浙之谋不得逞"②。"不得吴之同意,不独齐不敢擅动干戈,即曹亦不能遽下命令"③。因为直系内部意见不一,齐燮元不敢贸然行事,而且他对战争的准备也不周全,在各方斡旋下,遂与卢永祥达成妥协。1923 年 8 月 20 日,江浙两省军民长官齐燮元、韩国钧、卢永祥、张载阳和淞沪护军使何丰林等签署《江浙和平公约》,规定"两省境内保持和平,凡足以引起军事行动之政治运动,双方须避免之";"在两省辖境毗连之处,如有军队换防之事,足以致人民之惊疑者,两省军事长官须避免之。其两省以外客军,如有侵入两省或通过等情,由当事之省负防止之责任";"对于外侨力任保护。凡租界内足以引起军事行动之政治问题及为保境安民之障碍者,均一律避免之"④。随后,江浙当局又在 10 月 8 日和 12 月 6 日与安徽、江西省当局签署了同样内容的公约,满天的战争风云总算暂时消退了。

虽然江浙两省暂时握手言和,但齐、卢双方的矛盾依旧,"齐、卢早

　　① 《外交部致内务部函》(1923 年 8 月 14 日),《中华民国史档案资料汇编》第三辑《军事》(三),第 140 页。

　　② 古蔚孙:《甲子内乱始末纪实》,《近代稗海》第 5 辑,第 272—273 页。

　　③ 《背道而驰之和平计划》,《北洋军阀》(四),第 625 页。

　　④ 《张书元致陆锦等函》(1923 年 8 月 23 日),《中华民国史档案资料汇编》第三辑《政治》(二),第 1413 页。

积不相能,其所以未开战者,因双方预备未周"①。11月10日,淞沪警察厅长徐国樑遇刺身亡,由谁接任再起纷争,齐燮元和何丰林都认为这是自己职权范围内的事,各自委派了接任者。为了解决淞沪之争,齐燮元还密电北京政府,要求调动何丰林的职务,并保举陈调元为淞沪护军使。但曹锟和吴佩孚都不主张此时对浙用兵,认为"现大局趋势,实以赶行收束西南各省为必要,对浙似应先之以和缓感情,继之以和平解决";"不可衅自我开,遽生枝节"②。事情遂以何丰林胜出而告段落。

齐燮元几次谋浙都未成,对吴佩孚满腹怨气。齐燮元转而在直系内部勾连保派,向曹锟陈词攻浙如何有利,既可得浙江大笔钱款,并且表示吴佩孚不同意其计划,实未悉真相,此时正可乘势解决浙江问题,以防其与奉粤结合。1924年1月,"苏齐请白宫(曹锟)下令讨卢,何曹电洛吴征求意见,吴复电不主用兵,曹颇为难"③。3月,"洛坚执江浙不能开衅,齐力主中央下令讨浙,吴不能决,允回京请示"④。在齐燮元的大力游说之下,保派极力向曹锟陈情,还向吴佩孚疏通,以攻浙成功后浙督及省长保荐洛派人物作为吴佩孚支持攻浙的交换条件。考虑到和曹锟、齐燮元及直系内部的关系,吴佩孚的态度已有松动,又因为自己"和皖"的主张未得皖系回应而失望,遂对攻浙事不再反对,取听之任之之态。直系内部的对浙方针渐趋一致,江浙之间的战云密布。

江浙战争发生在江浙两省之间,其导火线却源于并不与江浙两省直接相关的孙传芳入闽和福建局势的变化。

---

①　古蕱孙:《甲子内乱始末纪实》,《近代稗海》第5辑,第291页。

②　《总统府军事处致齐燮元等密电》(1923年11月24日),《中华民国史档案资料汇编》第三辑《军事》(三),第144页。

③　《钱桐致阎锡山电》(1924年1月9日),《阎锡山档案要电录存》第7册,第8—9页。

④　《钱桐致阎锡山电》(1924年3月1日),《阎锡山档案要电录存》第7册,第9页。

　　1923年4月，孙传芳出任福建军务督理，但闽省军队派系混杂，互不相属，直系的闽北护军使周荫人据延平，皖系的兴泉永护军使王永泉据泉州，第十混成旅旅长臧致平据厦门，李厚基旧部王献臣据汀州，还有其他各支部队分据省内各地，皖系军队残余还有不小的力量，王永泉以福建军务帮办的身份握有闽省实权。孙传芳虽为闽督，然其坐困省城福州一隅，发展空间有限，亟谋另外的出路。他先是"处心积虑，不能忘赣"①，但赣督蔡成勋对之存有警惕，且为同系，难以下手。孙传芳继而注意到浙江，一则其为皖系控制，便于在直系内部动员力量，一致对外；二则浙江为富庶之地，对孙传芳也有不小的吸引力。为此，他致电曹锟，提出"浙省反抗中央，已非一日，近更购械增兵，结合奉粤，待时而动，情迹昭然，失此不图，为患滋大"，并主动请缨，"躬率所部，自闽北进讨，以四省之兵力，共同迫卢，则其内讧立起，不出旬日，浙事自可戡定，使长江流域呵成一气"。曹锟令吴佩孚"酌核盼复"。吴态度谨慎，回以"为闽省计，应以先肃清厦门为是，遽议图浙，事实上亦非甚易，且东南大局，中外瞩目，由我开衅，是犯天下大不韪，而引起全国震动也"②。不过，吴佩孚向视福建为进攻广东之跳板，此时他仍然企图实现"武力统一"之谋，便暗中支持孙传芳、周荫人合力驱逐王永泉，统一福建，使福建成为直系稳固的南进基地。

　　在得到吴佩孚的支持后，孙传芳着手准备在福建生事。1924年2月27日，孙传芳忽然将其督理职交王永泉代理，自己离开福州去延平，并令驻福州的部下卢香亭、李生春旅同时开动。一时间，孙传芳的动向颇引人关注。孙传芳离开福州，王永泉以为孙是图谋向外发展，不料留

　　①　《胡恩光致陆锦密电》(1923年10月4日)，《中华民国史档案资料汇编》第三辑《军事》(三)，第644页。

　　②　《总统府军事处致吴佩孚、孙传芳密电》(1923年12月17日、26日)，《中华民国史档案资料汇编》第三辑《军事》(三)，第146—147页。

守福州的周荫人却突然发难,3月5日派兵将王永泉新购的枪械扣留①,并将护械的王部官兵缴械。孙军卢、李两旅也于行军途中得令回师福州。在直军的突然攻击下,王永泉措手不及,3月7日逃往泉州。周荫人则以王永泉"操纵闽局,罪大恶极,命将其新械扣留,以消隐患",而他自己则"迫于公谊,既无法两全,只得挥泪会师,以期绥定闽疆,维护大局"②。王永泉见大势已去,无意再行抵抗,12日将所部交第二十四混成旅旅长杨化昭统领,自己离开泉州转道厦门前往上海。随后,曹锟在3月17日下令免去王永泉本兼各职,4月8日任命周荫人为福建军务帮办。

王永泉虽然下野,与王关系密切的臧致平、杨化昭部还有实力,因此而为孙传芳、周荫人所嫉,成为他们的下一个攻击目标。4月中旬,臧、杨部队与孙、周部队在同安等地交战十余日,因实力不济,节节败退,弃守厦门、漳州等地,5月间经闽西退入江西。福建的其他派系部队在孙传芳、周荫人的军事压力下,亦基本就范,闽局初定。

臧致平、杨化昭部退入江西后,因江西为直系控制,不能久留,遂与同属皖系的浙督卢永祥互通声气,继续向浙江进军。直系担心臧、杨所部与卢永祥结合,壮大皖系力量,吴佩孚有令赣督蔡成勋,调兵对臧、杨所部围追堵截,但蔡成勋虽不愿臧、杨所部扰乱江西,也不愿闽军借此入境,有碍自己的地位,故对臧、杨所部"并无阻截",却以防止臧、杨所部"回窜"为由,要求闽军和赣军分在闽赣边界布防,各守其境,被孙传

---

①　据王永泉称,此项军械为"就军费节省项下备款,商由孙督理,电托苏皖赣齐巡阅使代购直存枪支,并由直鲁豫王副使呈准中央,填给海关及陆军部验发护照,以及大总统在巡阅使任内拨发之枪弹十万,炮弹五百颗,一同取道豫省运闽"。《王永泉致大总统等电》(1924年3月15日),《中华民国史档案资料汇编》第三辑《军事》(三),第524页。

②　《孙传芳通电》(1924年3月10日),二档,一〇〇三—144。

芳指为"似有疏敌防我之意","意在阻止我军出境"①。由于蔡成勋对臧、杨所部未穷追猛打,臧、杨所部突破赣军围堵,在 6 月初进入浙江境内,被改编为边防军,臧致平任总参议,杨化昭任司令,驻防闽浙边界。

臧致平、杨化昭部与浙江卢永祥部合流,不仅使久欲对浙动武的齐燮元找到动武的借口,即卢永祥收容臧、杨所部违反了《江浙和平公约》中防止客军入境的规定,而且使吴佩孚也大为不满,本来他还想说动卢永祥让步,遣散臧、杨所部,但卢永祥却答称:"臧、杨在闽,分属国军,闽、赣以十万之众,未能剪除,浙为自身安全计,为大局和平计,更无遣散之必要。"②卢的态度更惹恼了吴佩孚,他认为"此两部军队不除,终必为皖、赣祸,令闽、皖、赣三省围击,勒尽缴械"③。福建方面,王永泉出走后,周荫人接任军务帮办,与闽督孙传芳产生了新的矛盾。为了化解孙传芳和周荫人的矛盾,5 月 13 日曹锟任命周荫人为闽督,改任孙传芳为闽粤边防督办,令其屯兵闽南,准备入粤,支持林虎、洪兆麟等部攻击孙中山,"激励奋发,迅图进行,为林、洪一张声势,则粤事自易奏功"④。但孙传芳知道此举成败难言,并不热心,而在福建又不安于位,遂对攻浙十分热衷,以谋取浙江地盘。这样,齐燮元、孙传芳、周荫人在攻浙问题上达成一致,齐燮元意在淞沪,孙传芳意在浙江,周荫人可以避免与孙传芳争夺福建的地位。如时人所论:"孙传芳以闽督予周之后,无聊已极,亟思得一地盘,却好臧、杨情事发生,于是,于吴、齐两大之间,极力怂恿。而齐与卢恶感素深,已非一朝一夕,又难得闽孙首先犯难,愿为前驱,推波助澜,不谋而合。在洛吴早冀申涨势力于长江下游,无如东南和平,无机可乘。今有可乘之机,故对齐不惜以重兵为后

　　① 《孙传芳致大总统密电》(1924 年 6 月 9 日),《中华民国史档案资料汇编》第三辑《军事》(三),第 535 页。

　　② 李剑农:《戊戌以后三十年中国政治史》,第 361 页。

　　③ 古蕳孙:《甲子内乱始末纪实》,《近代稗海》第 5 辑,第 284 页。

　　④ 《陆锦复孙传芳签呈》(1924 年 5 月 23 日),《中华民国史档案资料汇编》第三辑《军事》(三),第 650 页。

援之举,使其鹬蚌相争,坐收渔人之利。……此次内容虽复杂,要之不外纵横捭阖,互有私心而已。"①

　　自1924年中起始,江浙地区形势紧张,战云密布,双方都在厉兵秣马,准备战争。当时齐燮元属下的苏军计有五个师六个混成旅,近四万人,另有皖督马联甲出兵三个旅,赣督蔡成勋出兵一个师,孙传芳出兵六个混成旅,约有2.5万余人。吴佩孚又调豫军、鲁军一部至江苏填防,鄂军一部候调,以补齐燮元兵力之不足②。海军长江舰队和闽海舰队亦站在直方。卢永祥属下的浙军计有四个师二个旅及臧致平、杨化昭的边防军、何丰林的沪军等,约计6.6万人。就双方兵力的数量而言,江浙大体相当,"苏军有优点二,一则后援多,二则财政裕。闽、皖、赣既与齐取同一态度,而洛吴复为攻浙主动,则齐后援之多,自不待解说。至于财政方面,齐素有准备,江苏民政实际上即隶属于军政。频年以来,增加及吸取之军费实不在少。……至于军队方面,亦不无优点之可言,近来苏省军队多已更调,老弱均被淘汰净尽,……至齐之弱点只有一事,即少得南方舆论之同情"。反观浙江方面,地处直系各省的包围之中,与其盟友北方的奉系、南方的孙中山都远隔重重,"一则孤立无后援,二则财力不充。浙地理一面濒海,三面受人包围,军力粮饷须恃诸本省。粤省虽素有来往,然而自顾不暇;奉天虽利害相同,顾远水不就近火。本省精锐之师,在战争启初之时,固未必即弱于人,然若战事延长,则持久究非力所能逮。……至于其优点,则以浙省处包围形势之下,及上海向表示同情于南派,舆论较宁易得同情。军士战斗锐气或可较他方为强"③。就实际论,江、浙两方各有短长,然就大势论,浙方在战略上似处于劣势。战前江浙两方都在调兵遣将,力图以己之长克敌

　　① 《黄琨致王怀庆函》(1924年8月24日),《中华民国史档案资料汇编》第三辑《军事》(三),第158页。

　　② 《吴佩孚致陆锦等密电》(1924年8月27日),《中华民国史档案资料汇编》第三辑《军事》(三),第161页。

　　③ 古蒋孙:《甲子内乱始末纪实》,《近代稗海》第5辑,第303—305页。

之短。7月间,齐燮元电吴佩孚,讨论对浙问题,吴佩孚告,"分路同时动作,皖亦应附,可计日而决也"①。8月下旬,"苏浙形势日亟,吴使飞电促孙馨远迅速出兵,免有被各个击破之虞。抚万函电交驰,仓皇矣"②。皖系人物徐树铮、吴光新等以卢永祥胜败关系皖系实力存亡,"屡次密议,决定竭力援助浙卢"。他们在上海召集曲同丰、马良等皖系旧将会议,决定"各自暗中召集旧部,编练新军两师以备援助浙江"③。战争的机器既已开动,则一发而不可止,中国最富庶发达的淞沪地区即将被笼罩在战火之中。

二　江浙战争的结局与孙传芳的兴起

1924年8月中下旬,江浙双方各自召开军事会议,进行战争动员。江苏方面,齐燮元自任总司令,驻苏州指挥作战,下属江宁镇守使宫邦铎和江苏暂编第三师马玉仁部为第一路,以沪宁线为中心,自正面分左中右三路攻击上海;江苏第五混成旅陈调元部为第二路,驻宜兴担任对浙防御;安徽第三混成旅王普部为第三路,由皖南攻浙江吴兴;闽军孙传芳和赣军孟昭月、卢香亭、谢鸿勋部为第四路,自南向北进攻,对浙军形成南北夹击之势④。浙江方面,卢永祥自任总司令,坐镇杭州指挥作战,其部署为,何丰林、臧致平的第一军重点防守沪宁线;陈乐山、杨化昭的第二军自浙北攻苏南,力图捬苏军之背,断其后路;张载阳、潘国纲

---

① 《白坚武日记》第1册,1924年7月9日,第481页。

② 《白坚武日记》第1册,1924年8月25日,第488页。

③ 《刘汉超探报》,1924年9月2日,二档,一〇二四—79。

④ 赣督蔡成勋与齐燮元关系不好,蔡曾向曹锟抱怨"齐使意存倾陷,百计为难"。战事爆发后,吴佩孚令蔡"增兵助苏",蔡表示"此次准备三旅,已属精疲力竭之势,……此外又无他队可以腾挪",并以对粤为由,婉拒增兵。《总统府军事处致吴佩孚密电》(1924年9月4日),《中华民国史档案资料汇编》第三辑《军事》(三),第175页。

的第三军驻防浙南,阻击孙传芳部北进①。

　　8月下旬,江浙双方军队在前线对峙,沟通江浙及东南沿海地区的铁路交通动脉——沪宁、沪杭铁路运输中断,战争一触即发。为了将战争的责任推之于对方,双方循例在战争爆发前大打电报战。9月1日,孙传芳发表通电,称其"躬率三军,为民除暴,助我则友,逆我则仇。……倘其悍然不顾,甘为罪魁,则大局之破裂,地方之糜烂,正名定罪,责有攸归"②。3日卢永祥发表通电回应,声称"彼方已明白挑战,和平希望业经断绝,惟保境安民,责无旁贷,亦非空言所能补救,自当整我军旅,为国锄奸。……推厥祸始,实由齐燮元为赞助曹氏贿选最力之人,故不惜残民以逞,助桀为虐,淫威所及,安有底止!"③同时又发表讨曹通电,历数曹锟贿选卖国诸罪是"假共和政府之名,行武力专政之实",宣传其"乱国之罪,事迹昭然,法所不容,义应申讨"④。4日齐燮元通电责卢永祥"反抗中央,招聚乱党",浙军"先施攻击,希图掩袭不备,肆其凶残",声称"苏省防御疆土,素守和平,今逆寇相逼而来,自应悉力捍御,以期达保安之宗旨"。6日,吴佩孚、齐燮元又联名发表通电称,卢永祥"包藏祸心,阴窃自主之名,隐行割据之实","在刑典为不赦,对全国为公敌",要求政府"明令讨伐,同仇敌忾,歼此大憝"⑤。陆军检阅使冯玉祥、热察绥巡阅使王怀庆、赣督蔡成勋、鄂督萧耀南、豫督张福来、皖督马联甲、甘督陆洪涛、直督王承斌、鲁督郑士琦等直系高级将领也同声相应,先后发表讨卢通电,表示直系对外之同仇敌忾。9月7

　　①　《齐燮元致王毓芝等密电》(1924年8月27日),《中华民国史档案资料汇编》第三辑《军事》(三),第160页。
　　②　《孙传芳通电》(1924年9月1日),《中华民国史档案资料汇编》第三辑《军事》(三),第165页。
　　③　《中华民国史事纪要》中华民国十三年(1924)7至12月份,第336页。
　　④　《卢永祥通电》(1924年9月3日),《中华民国史档案资料汇编》第三辑《军事》(三),第168页。
　　⑤　《齐燮元通电》、《吴佩孚、齐燮元通电》,二档,一〇〇——78。

日,曹锟下讨伐令,以卢永祥、何丰林等"公然首先破坏治安,违背全国人民爱护和平宗旨","均著褫夺官勋,并免去本兼各职,由齐燮元督率部队,相机剿办"①。曹锟同时还任命齐燮元为讨逆北路总司令,马联甲为副司令;孙传芳为讨逆南路总司令,蔡成勋、周荫人为副司令。江浙战争终至无可避免地爆发了。

　　江浙战争发生在中国最发达富庶的江南地区,尤以沪宁铁路沿线为中心,以上海近郊及外围地域为作战的主要战场。9月2日,苏军袭占安亭,拉开战事序幕。3日,苏军猛攻沪宁线安亭、南翔间的咽喉要点黄渡,浙军则反攻安亭,战况颇为激烈,双方互有进退,战线形成胶着。与此同时,苏军于4日在上海西北的浏河开辟新的战场,以图收侧翼包抄之效。浙军兵力不足,退守待援。随后,苏浙双方均加派援军,在浏河战线续有激战,但历一周之久,两军均无法突破对方的防线而隔河对峙。与浏河相邻的上海近郊嘉定,也是苏、浙两军作战的重要战场。苏军力图拿下嘉定,遮断浏河与南翔间的浙军联络线,各个击破,浙军则要保守己方战线,苏、浙两军在此激战多日,战线并无明显变化。为切断沪杭线交通,切割上海浙军与浙江后方的联系,苏军还向上海西南青浦一线发起猛攻,但浙军坚守不退。总体而言,面对苏军的大力进攻,浙军在沪宁线取守势,但在苏南方向则取攻势。浙军自浙北出苏南宜兴,进可以下常州、无锡,切断沪宁线,东向上海,西向南京,攻守自如;退可以拱卫浙江,呼应上海,具有战略的意义。9月上旬,浙军与苏军以宜兴城攻防为中心,发生激战,苏军不支,连连后退,后在援军支持下方得反攻,击退浙军,至9月中旬,苏、浙两军各守其防,战线大体稳定。

　　江浙战争发生在中国最大的工商业城市上海周边地区,对上海的社会生活有明显的影响,也引起列强的关注。8月下旬,驻沪领事团通过决议:一、请驻京外交团照会外交部,设防保护苏浙及上海一带外人

————————
　　①　《政府公报》,1924年9月8日。

生命财产；二、如决裂后，各国将自行派舰保护；三、沪宁路运兵设防阻止；四、临时维持上海治安，并召集商团外舰人员，为万一之设备。29日，驻京英、美、法、日公使照会北京政府外交部："今得悉江浙间将有战事，恐危及各本国人民之生命财产，故特郑重声明，如外人之生命财产因此战争而有受伤害及损失情事，应由中国政府负完全之责任。"①30日，四国使节又访问外交部，主张上海周围30英里内划为"中立区域"②。自8月下旬起，英、美、法、日等国以"护侨"为由，纷纷调遣军舰至黄浦江及吴淞口海面游弋。9月2日，上海领事团举行会议，决定：一、通告江浙当局，不得将军队调入租界或作军事行动；二、严防败兵入界内；三、请万国义勇团下令，准备随时出防；四、请各国驻沪军舰编练、戒备。同日，各国海军组成联合舰队，推举英国人安特生为领袖总司令。各国还议定派出海军陆战队登陆，会同租界外侨组成的万国义勇团，共同担负租界防卫。4日，驻京公使团训电驻沪领事团："吴淞附近，如有战事，各国舰队务实力制止。"③由于列强的态度和干预，江浙战争终于没有发展到上海市内。

自9月初苏、浙两军开战后历半个月的时间，苏军得直系各省之助，前线兵力的数量超过浙军，但在各线战场始终未能取得根本突破，反与浙军形成胶着局面。如时人所论："苏齐历来轻视浙卢之实力，以为不足与己抗，故敢倡议图浙。今双方决战将迹，方知浙卢之实力亦不为弱。"④究战略层面而言，江浙战争虽为地方战争，但却牵动直、奉、皖、孙（中山）各方利害，反直"三角同盟"在战争爆发后即行动员，孙中山在南面动作，牵制了江西直军，而奉系更是在北面大举动员，有入关南进之势，第二次直奉大战爆发在即，令直系不敢掉以轻心，不能出动

---

① 《国内专电》，《申报》，1924年9月1日。

② 《外使对江浙问题之责难》，《申报》，1924年9月1日。

③ 《国内专电》，《申报》，1924年9月5日。

④ 古蓨孙：《甲子内乱始末纪实》，《近代稗海》第5辑，第294页。

更多的兵力支持齐燮元。在战术层面,浙江方面视此次作战为生死战,没有退路,不敢懈怠,使此次江浙战争不似过往多次军阀混战,"文战"更甚"武战",而是真打实战,战况激烈,苏军对此明显准备不足,兼以臧致平、杨化昭部退入浙江后,因本无根基,为了生存的需要,不能不拼死抵抗,而苏军将领各有私图,都希望由别人出力作战,自己得胜利实惠,不愿牺牲自己的实力,为他人火中取栗。结果,战事发生后半月,双方的战线各有进退,但都没有根本的变化,战事成僵持状态。直到9月中旬,孙传芳率闽军自福建北进攻入浙江,战局才有急转直下的变化。

孙传芳因在福建不安于位,对浙江早有觊觎之心,因此对攻浙十分积极。江浙战争爆发后,淞沪附近成为主战场,吸引了浙军主力,南线浙军实力空虚,为孙传芳造成可乘之机。孙传芳指挥所部六个混成旅在闽北延平集结后,于9月初分兵三路攻浙,8日越过仙霞关,一路北进,16日占江山,18日占衢州,浙南重镇尽入孙军之手,杭州震动。与此同时,赣军和皖军亦自赣北和皖南入浙,协同孙军对浙军进攻。在浙军不利的局势下,浙江省城杭州的地方势力,以浙江省警察厅长夏超和警备总参议周凤歧为代表,图谋"浙人治浙",开始与孙传芳秘密接洽对浙江未来的安排。面对对手的南北夹攻之势,为了避免两线作战及后方不稳的不利局面,争取时间,等待局势变化,卢永祥主动在9月17日宣布将浙省交还浙人,"实行自治",省长兼浙江第二师师长张载阳亦同时卸职,省长职交夏超代行,浙江第二师师长职由周凤歧代理。9月20日,夏超和周凤歧致电吴佩孚、齐燮元等,报告浙江局势的变化,称"浙省素日服从中央,此次构兵非浙人志愿,现卢永祥已离杭,张载阳亦赴沪就医。超等职应维持地方,力图善后。现已电令所有军队退回原防,扫境以待后命"①。同日,曹锟任孙传芳为督理浙江军务善后事宜兼闽浙巡阅使,22日任夏超为浙江省长。22日,孙军进入杭州,25日孙传

---

① 古蒋孙:《甲子内乱始末纪实》,《近代稗海》第5辑,第327—328页。

芳到杭州走马上任①。

　　浙江局势丕变，但淞沪战场的战事并未停止。9月18日，卢永祥一行抵达上海，宣布"现因鼓舞军队士气，将总司令部移至龙华"②。此时第二次直奉战争已在北方爆发，南下援苏的直军部队正纷纷被调回北方，卢永祥召集下属会议，认为事尚可为，决定集中兵力于淞沪地区，以沪宁和沪杭两线为防御重点，固守待变，并可配合北方战局。其时卢永祥方面对淞沪作战已有不同意见。据苏方探报："卢永祥在龙华开会议时，何丰林主张，我方兵力及后援均不易与苏军抗卫，且近日战斗亦不见得手，不如我辈少数人引退，静待时宜。臧致平闻之大怒，破口谩骂，欲饱以老拳，卢乃急起对双方求情，竭力排解，何、臧二人均悻悻怒目，遂无结果而散。"③

　　浙江形势的变化使齐燮元看到了胜机，他随即在9月19日下总攻击令，苏军及直军援军向沪宁线正面的黄渡、浏河、嘉定、南翔等地发起全线进攻，与卢军发生激战，卢军拼死抵抗，方才稳住战线。25日，卢永祥到南翔视察，决定以反攻遏止苏军攻势，两军战况空前激烈，伤亡惨重。战至9月底，两军均感筋疲力尽，一时无力再战，战事稍有沉寂。

　　就在沪宁线大战、两军胶着的同时，沪杭线战况却出现对卢永祥不利的变化。9月下旬，卢永祥调整部署，将原在浙北的第二军主动后撤至淞沪地区，孙传芳的军队则一路跟进，22日占湖州，25日占嘉兴。随后，孙传芳亲往嘉兴督师，孙军沿沪杭线节节进军，卢军则节节退却，10月7日，孙军进攻松江，并经激战于次日攻克松江，卢永祥在沪杭线的防线出现缺口。9日，卢永祥调何丰林到沪杭线，令其督率第三军恢复

---

　　①　其时浙军第一师潘国纲部退据浙东宁波、台州一隅，倡议"浙人自治"，企图实行地方割据，并敦请旅沪浙籍人士蒋尊簋、吕公望、屈映光等于10月初筹组浙江省临时自治政府，但在孙传芳的威胁利诱下，潘的割据企图未能持久，很快即告瓦解。

　　②　古蕩孙：《甲子内乱始末纪实》，《近代稗海》第5辑，第326页。

　　③　《江苏督署参谋处报告》(1924年10月3日)，《中华民国史档案资料汇编》第三辑《军事》(三)，第215页。

松江。但何丰林对此并无信心，前此当沪杭线军事吃紧时，"臧致平特为此与何丰林筹划补救策，但何已惊悸万分，诡与臧云，现有病恙，军事方面任公一人主持，欲借此而卸责。臧听其语未竟，大怒拍案詈何，并以手枪向之，大叫以此与君共休戚。幸其时卢氏之军务处长范毓灵座，奋力夺下，其内部之紊乱于此可知"[1]。

卢永祥在上海两面受敌，缺少外援，形势不利。10 日，苏军攻占青浦，又克嘉定，孙军进逼龙华，战线已推进至上海近郊，卢永祥部备受打击，军心不稳。据齐燮元称："黄渡、嘉定、浏河各处之敌，连日复被我军痛击，昨晚今晨全线表示投诚，并派代表多人来输，恳切之意，当饬我军前线，一律停战，现正办理缴械给资遣散事宜。"[2]

面对不利的局势，10 月 13 日凌晨，卢永祥召集臧致平、杨化昭、陈乐山等各路指挥官及幕僚举行紧急会议，讨论形势及应对（何丰林因在前线指挥而没有出席）。陈乐山提出，"目今子弹缺乏，粮饷不足，且将士苦战累月，恐难久持，目今即处于四面楚歌中，不如请卢公顾全地方大局，急流勇退，即日下野，以保留将士元气，亦即以保留卢公令名。述毕，列席诸人无不愕然。"臧致平、杨化昭等"均有激烈之辩论"，仍然极力主战，但"卒以第四师不愿加入作战，实力已去，无可挽回"。双方争论良久，卢永祥"亦以饷械告缺，与其坐守绝境，不如放弃淞沪，另图发展"。遂决意下野，即席拟通电，宣布"解除兵柄，放弃淞沪"。何丰林闻讯返沪，"与卢面商机密。结果何氏亦以大势已去，遂声明绝对服从卢氏，同时下野"。当天，卢永祥与何丰林将浙沪联军总司令及淞沪护军使关防交上海防守总司令刘永胜暂管，并委马葆珩为上海宪兵司令，负责维持地方秩序，随后乘日本轮船"上海丸"号离沪赴日。临行发表通电称："此次江浙用兵，齐为戎首，于犯众怒，曹实罪魁，义愤所致，遂动

———————————

[1]　古蓰孙：《甲子内乱始末纪实》，《近代稗海》第 5 辑，第 328—329 页。

[2]　《齐燮元致曹锟等电》（1924 年 10 月 13 日），《中华民国史档案资料汇编》第三辑《军事》（三），第 218 页。

天下之兵。……现虽士气奋发如故,而子弹已罄,肉搏相持,复令师徒牺牲,心实不安。爰毅然放弃淞沪,洁身下野。……兹于本日解除兵柄,对国民引咎自劾,所部兵士谨均已付托有人,必能守秩序以完天职。"①当日孙传芳发电称:"一面指定地点,收容溃兵,一面饬所属军部,在距上海十里外地方停止候令。传芳即日自带卫队进驻龙华,维持地方秩序。"②同时派苏军第一师师长白宝山为上海防守总司令,办理地方善后事宜。

卢永祥、何丰林虽然通电下野离沪,但驻留上海的皖系人物徐树铮等对此并不甘心,认为卢、何不负责任,他们"尚有精兵三万,大可一战,何必仓皇如此"③。臧致平、杨化昭不愿就此收手,放弃其自身利益;陈乐山虽然曾表示不愿再战,但又拥兵自重,在与苏军接洽停战不得要领后,也不甘就此放弃权力。徐树铮遂集合他们的力量,决定继续抵抗,以待北方战局的变化,徐自任总司令。但他们在上海市内筑工备战之举有将战火引至市内的可能,严重影响租界的安全,为列强所不允,公共租界巡捕房出动人马,于15日扣留并软禁在租界活动的徐树铮、陈乐山等人,"缴其卫士武装",不许他们自由行动。21日,徐树铮和陈乐山被租界当局迫令登轮离沪,徐去香港,陈去日本,皖系最后的抵抗企图烟消云散。

卢永祥敢在苏、皖、闽、赣包围、环伺浙江周边的形势下,与直系诸省相对抗,最主要的支撑在于孙、皖、奉反直"三角同盟"的支持。江浙战争爆发后,"三角同盟"立即展开行动。9月5日,孙中山发表《讨贼宣言》,宣布"克日移师北指,与天下共讨曹吴诸贼";"民国存亡,决于此战。其间绝无中立之地,亦绝无可以旁观之人"。他还发表《告广东民

① 古蒋孙:《甲子内乱始末纪实》第336—337页。
② 《孙传芳致国务院等电》(1924年10月13日),《中华民国史档案资料汇编》第三辑《军事》(三),第220页。
③ 《江浙战史》第4册,第63页。

众书》称:"浙江上海,实为广东之藩篱,假使曹、吴得志于浙江上海,则
广东将有噬脐之祸。故救浙江上海,亦即以存粤。"①但孙中山的援浙
之举未待开始即因广州商团事变而中辍。

对卢永祥更有实质意义的援助来自奉系。张作霖的头号军师杨宇
霆在江浙战争爆发前致函卢永祥,指出"军事问题,窃以为愈迟愈妙,盖
彼方非战无以维系内部人心,且尤利在速战。故尊处若干发动,彼必先
下手。届时动在彼方,而公之筹备,又必较目前为周。……目前但观各
方接洽者,动作之情形如何,苟能有效,亦不妨临时斟酌机宜。"其后又
明白向卢表示:"若攻浙无异攻奉,必须加以援助。惟浙亦应有相当之
抵抗,否则,直方主力未稍移动,而浙已不支,我虽欲助浙,亦不可
得。"②正因为有奉方的承诺,卢永祥才敢于向奉方表示,"决心坚决非
干不可"③。9月1日,卢永祥之子卢筱嘉专程赴奉见张作霖,陈述江
浙形势及浙方困难。他告张,浙方"陆战可操胜算,海上尚无把握,但苏
齐亦不见有完密布置。以两军大势相较,浙方似占优势,但苏齐援军
多,急遽间似难遂驱除之愿。"他认为,"战期延长,浙军将不免有四缺
点:(一)不易得援军之力,前线军队日事转战,不得休息,将即疲老;
(二)子弹仅足两月之用,战期延长,将告匮乏;(三)军费浩繁,开战后地
方上不易筹拨,粮饷两事均足为虑;(四)齐得北京之飞机,借力不少,浙
方飞机为数不多,恐不能敌,且人才缺乏,急遽间不易物色"。他"请奉
天早日出兵,以作声援",并对浙方贷给款项、供给军械、借给飞机。张
作霖"一一首肯,并谓我必当出以相当协助,断无坐视之理"。次日,张
作霖召集奉系高级将领"会议多时,均主张以实力援助"④。江浙战争

---

① 《讨伐曹锟吴佩孚令》、《告广东民众书》(1924年9月5日),《孙中山全集》
第11卷,第15—17页。

② 《杨宇霆信稿》(1924年7月24日、8月26日),《奉系军阀密信》,第148—
149页。

③ 《杨毓珣信》(1924年8月),《奉系军阀密信》,第150页。

④ 古蒋孙:《甲子内乱始末纪实》,《近代稗海》第5辑,第309页。

爆发后,张作霖实践前言,调集大军准备入关,向直系施加强大的军事实力,并最终导致第二次直奉战争的爆发。但是,缓不济急,卢永祥在江浙战争中未能坚持到最后,当他下野后不过十天,冯玉祥即在北京发动政变,北方战局出现对直系不利的重大变化,但皖系余党终于没能等到形势对他们有利的那一天。虽然奉系在北方最终战胜了直系,皖系首领段祺瑞依靠各方博弈又回到北京政治舞台的中心,但是,卢永祥在江浙战争中的失败,却使皖系失去了最后的地盘,也因此而使段祺瑞在北京缺少实力的支撑,皖系重回北京政治舞台更像是回光返照的昙花一现。

江浙战争最有力的推手齐燮元,虽然也是这场战争的赢家,获得了他梦寐以求的淞沪地盘,看似如愿以偿;但是,齐燮元的部队在作战中并未显示足够的实力,而是依靠孙传芳出兵才勉强获胜,齐的"威望"因此而大受影响,并不利于他在直系内部的地位,加以战后在地盘分割等方面出现的内部矛盾,部将离心离德,齐燮元对下属的控制反不及战前。因此,就实际而言,齐燮元在江浙战争中可谓是得不偿失。其后,随着奉系在第二次直奉战争中的胜利,奉军南下,不出两个月,齐燮元就丢掉了苏督之职,接替他的正是他在江浙战争中的对手卢永祥(其间经过江苏省长韩国钧的过渡),齐燮元也因此而退出了直系实力派的队列。

江浙战争最大的赢家是孙传芳。本来不过偏处福建、实力有限的孙传芳,在此战中攻取浙江,控制了这块沿海富庶之区的地盘,又通过扩军和收编,使部队实力大大扩张,一跃而成为直系内部不容小觑的实力派。其后,孙传芳合纵连横,积极经营,又联合东南直系各省,成功地击退了奉军南下扩张的势头,成为东南苏、浙、皖、赣、闽五省盟主,也是直系后期最大的实力派。

江浙战争发生在中国经济最发达的江南地区,"枪炮的子弹纵横突飞,军队于决生死争地方以外,行有余力,则以抢劫,就地土匪,乘机大起,人民的生命财产真是不堪闻问了"。江浙战地"本来民物殷阜,为江南富庶之地,但经过这一次战争,已变成为'闾里为墟居民流散'的情形了。战事初了时,黄炎培等为救济的预备,曾巡行战区,其报告书中有一节说:'……无辜良民,死于战时之炮火,已属可怜,困于战后之劫掠,尤为奇惨。其间如浏河全市,弥望瓦砾,方泰一镇,洗劫殆尽,……流亡间有归来,无衣无食,垂涕悲号,全无人色,而骸骨转于沟渠,……妇女迫于奸淫……。'这种伤心惨目的情形,不仅以所举两地为限,战区各地,大抵如此,举一反三,殊可概见。……一揣想其惨状,当无不热泪横流而痛心疾首于杀人为快的两军首领!"①正是因为江浙战争与随后而至的第二次直奉战争的战事较前此的军阀战争为惨烈,对社会正常生活的破坏更大,所以更激起社会各界及舆论对军阀派系当政的愤恨与反省,从而为其后的国民革命、北伐战争推倒北洋军系的统治准备了舆论和民众的基础。

第三节　第二次直奉战争

一　第二次直奉战争的发端

江浙战争的爆发牵动各方利益,引起反直各派的强烈反应,国内政治局势陡然紧张,孙、皖、奉反直"三角同盟"实践前言,着手策划将反直军事行动付诸实施。因为孙中山受制于广东商团事件等内部矛盾,粤方未能出兵给予反直派以实际的支持,反直的主要力量还是张作霖统领的奉系,第二次直奉战争由此爆发。

直、奉两系为争夺北京中央政府的控制权,早就积不相能,经1922年第一次直奉战争的实力较量,奉系失败,被迫退守关外,割据自保。奉系之败,"盖奉军在对直作战以前,尚未脱前清绿营气习,官佐起自马弁,兵士目不识丁,吴佩孚以秀才资格,稍知军学,军中人才,确非旧奉

---

① 《战后的江南》,《东方杂志》第21卷第23号,第5页。

军所能敌"①。经此失败,张作霖不能不反思过往之失,"知兵在精而不在多,乃立改其计,务求精炼,一洗散漫无律之弊"②。他听从身边新派人物的意见,着手整顿军队,编练新军。

奉系内部早有新旧派系之争。旧派多出身行伍绿林,与张作霖共打天下,性相投习相近,传统守旧,如张景惠、吴俊陞、孙烈臣、张作相、汤玉麟等;新派则多出身国内外军校,年轻气盛,锐意进取,懂得现代军事,他们拥"少帅"张学良为领袖,核心人物为张作霖的总参议杨宇霆,包括姜登选、韩麟春、郭松龄、李景林、臧式毅等。因为旧派人物在第一次直奉战争中的失败,新派人物迅速崛起,成为奉系军队的中坚,也是张作霖整顿军队倚重的主要力量。张作霖在东北整军经武,"事权大部掌握在新派手中,并且逐步伸入到旧派军队,使旧派军队也起了变化,所以全部整军经武的过程,其实也就是新派抬头和壮大的过程"③。张作霖之子张学良"精干尤过乃父。盖以一身兼数职,凡事必躬亲,夙夜勤劳,刻无暇晷亟欲领袖青年派之军人成一劲旅,以作三省之模范"。张学良认为:"老将之无学识,不如新将官之多韬略,师编制不如旅编制之运用灵活,旧军制不如新军制之组织完善。老军队之积习深,难于指挥,新军人之性刚猛,而易于策用。张氏(张作霖)深以为然,遂决定依此计划渐次实行。"④张学良在张作霖整理军队、编练新军的过程中起到了重要作用。

1922年7月,张作霖组建东三省保安司令部,自任总司令,统一奉军指挥权,同时成立东三省陆军整理处,以孙烈臣为统监,姜登选、韩麟春为副监,张学良为参谋长。陆军整理处"是整军经武的最高执行机构,凡属部队的整编及人事的部署和升迁等都由这里主办。除了最高

① 吴虬:《北洋派之起源及其崩溃》,《近代稗海》第6辑,第251页。

② 古蓨孙:《甲子内乱始末纪实》,《近代稗海》第5辑,第213页。

③ 何柱国:《孙、段、张联合推倒曹、吴的经过》,《文史资料选辑》第51辑,第5页。

④ 古蓨孙:《甲子内乱始末纪实》,《近代稗海》第5辑,第215—216页。

决策由统帅部直接掌握之外,一切日常有关整军经武的重大事情,都要通过这里"。张作霖又将原来的东北讲武堂加以扩建,他自兼堂长,张学良为监督,"是军官的教育和训练机构"。其主要措施是:"全军各师旅的参谋长和各团掌管教育的中校团副全数改由军校出身的人充任","以后遇有团、营长出缺,一般皆由各部队的参谋长、团副及讲武堂的教官和队长调充";"军需、军械和军法等都做到了独立,补充也是统一的,并且按季校阅评分,升迁有严格的规定,经常以部队与部队间对抗演习和实弹射击作为主要训练课程"。经此整顿,奉军部队的各级军官老旧者被逐步淘汰,新进者多具有现代军事知识,军制统一,训练严格,在当时北洋军系中,达到了较高水准①。而且,张作霖比较注重新式军械的运用,"全军各师旅,均添招技术队,设立军事教导团,教授技术和掷弹、炸弹之使用,毒瓦斯之放射,火焰喷射器之用法,以备作战"②。

对于当时还属于新生事物的空军,奉系比较重视。1923年,张学良出任东三省航空处总办兼航空学校校长,主持奉系空军的编练。奉系空军成军后,拥有百余架飞机,装备较新,人员训练有素,实力明显超过老旧的直系空军。"奉方之飞机,外人常称其性能优良。张作霖致曹信中,有'以飞机候起居'之语,其以此自豪,可以想见"③。奉系还由航警处处长沈鸿烈主持,组建了海军,并通过哈尔滨和葫芦岛航海学校,培训海军人员。

奉系的军工生产也超过直系。"奉系首领张作霖之重视军火远在段祺瑞、曹锟、吴佩孚等之上,而其获取军火的手段亦首屈一指";他"几乎倾其全力来获取金钱和军火以扩充其军队,而用军队为夺取地盘和

---

① 何柱国:《孙、段、张联合推倒曹、吴的经过》,《文史资料选辑》第51辑,第5—7页。

② 郭剑林:《吴佩孚传》下册,第598—599页。

③ 《吴佩孚先生集》,《北洋军阀》第4卷,第918页。

权力的工具"①。为了在军火供应上有充足的准备,少求于人,"张氏既购得大批军械,诚恐不足以杀进直系,且鉴于直奉战争之结果,决计自行供给军械子弹等项,将奉天兵工厂实行扩充"②。1920年,奉天军械厂被扩建为东三省兵工厂,陶治平、韩麟春先后任总办。全厂历经扩建,设施齐全,包括枪厂、炮厂、枪弹厂、炮弹厂、兵器厂、火药厂、铸造厂等分厂,并得到日本的技术支持,可以生产各种口径的炮、枪、弹,年产炮150门,炮弹20万发,机枪1000挺,步枪6万支,枪弹1亿多粒,年经费超过百万元,"规模之宏大,设备之完善,不只全国第一,即日本人也为之侧目"③。奉军还尽量从外国采买军火,进口军工器材,雇佣外国军工人才④。东北相对发达的铁路交通网络,为奉军的军事调动提供了有力的支持。奉系的财政经过整顿亦较为充实。1923年东三

① 陈存恭:《列强对中国的军火禁运(民国八年—十八年)》,台湾中研院近代史所1983年版,第195—196页。

② 古蓨孙:《甲子内乱始末纪实》,《近代稗海》第5辑第210页。

③ 胡玉海:《奉系纵横》,辽海出版社2001年版,第138页。

④ 据研究,第一次直奉战后,日本先是在"为应付直系的进攻而供给张作霖武器"的借口下,秘密向张作霖提供武器,包括以京奉铁路、四洮铁路警备队的名义,"无税免减"地把大量武器运入奉天。而到第二次直奉战前,日本决定对华政策"要根据帝国利害关系适当加以调整,要继续对东三省实权者张作霖友好援助的既定方针,并支持其地位"。因此,日本人帮助奉系改组军队,采用新法练兵,帮助奉军构筑工事。战争爆发后,虽然日本外相币原喜重郎公开宣布日本采取"不干涉"方针,日本军部与驻华官员则主张支持张作霖。陆相宇垣一成决定给张作霖"以优先和无形的相当的支持"。日本军事顾问在前线参加指挥奉军作战,提供军事情报。日本供给奉军步机枪弹药4000万发,炮弹10万发。(《日本侵华七十年史》,第220—221页;陶文钊:《中美关系史》,第94页)但另据研究,列强自1919年5月起对中国实行军火禁运,影响到中国军火进口的数量。根据海关统计,从1920年到1923年,中国年均进口军火约59万两,其中德国最多,年均为69万两,日本其次,年均为37万两;从1920年至1928年,日本平均年输华军火33万两,占外国年均输华军火数的9%,其中大部分还是在华日军所需,显示奉系并未从日本得到大批军火。陈存恭:《列强对中国的军火禁运(民国八年—十八年)》,第67、172、197页。

省的军事支出 3600 余万元,而当年奉天的财政还有 820 万元的盈余①。

经过两年多的整顿,到第二次直奉战前,奉军共有步兵二十七个旅,骑兵五个旅,总兵力二十五万余人,还配备有一定数量的辎重兵②。"经过这样的整军经武,仅仅两年功夫,就改变了全军的面貌,由过去绿林式的乌合之众一跃而为训练有素的正规军"。"比起第一次直奉战争以前,确有一股朝气蓬勃的气象"③。

第一次直奉战后,与奉系结下怨仇的直系也不敢大意,在军事方面对奉系保持警惕,扩充军力,而且因为直系把持了北京中央政权,在获取整军经武的合法资源方面,有奉系所不具备的各种有利条件。例如,直系可以利用北京中央政府的对外国家代表地位,向各国交涉购买军火事宜,其中数量最大的一笔,是在 1922 年 8 月订购的价值 564 万元的意大利军火,包括步枪 4 万支,子弹 3000 万发,机关枪 50 挺,大炮 48 门,炮弹 2.4 万发④。只是因为直系财政困难,筹款不及,这笔军火迟迟未能交付,奉系为此还活动将其转售奉方,对直系釜底抽薪。吴佩孚电曹锟称:"查此事为直奉势力消长之唯一关头,倘为我方弃之而为奉得,资盗粮而长敌气,奉张死灰复燃,实有无穷隐患。"⑤最后费尽周折,直系才勉强筹得款项,以分期付款方式,购得这批军火。再如,直系控制着关内汉阳、巩县、德县三大兵工厂,具有相当的枪弹生产能力。在第二次直奉战前,曹锟通过总统府军事处,特别命令三厂提高生产能力,以应战时之需,并规定如能照数完成,技师工匠等可领奖,员司等

---

① 郝秉让:《奉系军事》,辽海出版社 2001 年版,第 109、112 页。

② 丁文江:《民国军事近纪》,《近代稗海》第 6 辑,第 312—315 页。

③ 何柱国:《孙、段、张联合推倒曹、吴的经过》,《文史资料选辑》第 51 辑,第 5—7 页。

④ 《赵玉珂致曹锟电》(1922 年 8 月 30 日),二档,一〇二〇—103。

⑤ 《曹锟致吴毓麟电》(1923 年 1 月 27 日),二档,一〇二〇—103。

"无实官者准予从优保官,有实官者准予从优进级"①。

直系的海军实力明显强于奉系,直系控制的长江和渤海舰队拥有巡洋舰、驱逐舰、炮舰、运输舰多艘,吴佩孚亦拟重点运用,自海上攻击并登陆包抄奉军后方,只是因为战局的变化,使吴佩孚此计不克实行。而对于陆地作战有重要帮助的空军力量,直系空军显然弱于奉系空军。直系空军共有四队,分驻北戴河、滦县、朝阳、南苑,所用飞机老旧,数量不足,战力有限。1922年秋,吴佩孚在洛阳成立航空队,并将其规模扩大到三十余架飞机,但无论是数量和质量还是人员素质和训练水平,直系空军都不及奉系空军②。

第二次直奉战前,直军总数有二十五万余人,编为十三个师、二十七个混成旅、两个骑兵旅及其他单位③,与奉军兵力大体相当。但是,因为直系是第一次直奉之战的胜利方,直系的陆军在北洋军系里具有较强的战斗力,不太看得起出身旁门的奉系,因此,直系在第一次直奉战后的整军经武方面,显然不及奉系有直接的动力,效果也就打了折扣。尤其是直系内部因为种种原因,又分化出各个不同的派系,有些派系有实力,但因资源分配的"不公"而对曹锟吴佩孚不满,有些派系贪污腐化,并无多少战斗力,但因其传承关系,又把持着不少资源,派系之间矛盾重重,上下失调,将帅失和,指挥难以统一,财政非常困难,难能支撑直系的军事,从而大大削弱了直系的实力。如时人所论,第一次直奉战后,"奉军经此大创,回去日夜筹划,练兵筹饷,预备复仇,而直军战胜

---

① 《大总统府军事处函稿》(1924年9月16日、28日),二档,一〇〇三—546、552。

② 不过,据实地参战的外人观察,空军"是中国军队中一支全然新型的兵种,尽管已为它花费了大量金钱,但它并非是一支特别有实力的队伍。……双方军队都未能充分利用耗费巨资所建立的航空部队。虽有飞机,但对军队或百姓的士气来说,也未能起到任何鼓舞的作用"。《中国军队的军事力量——军阀统治时期》,《北洋军阀》(四),第856—857页。

③ 丁文江:《民国军事近纪》,《近代稗海》第6辑,第307—312页。

而骄,以为从此无事矣。不但不知防范,而吴亦不然其事。大将战胜而骄,为兵法所忌,况不闻不问耶"①。"这时直系的军队,实际上有战斗力而又完全听吴指挥的不过是少数的几师,比起第一次直奉战争时那种同仇敌忾、上下一心的气势,迥然不同了"②。然直系内部舆论尤其是吴佩孚等直系高级将领,仍然满足于前次战胜奉系的经验,以老眼光看奉系,认为"西南六省袒直,绝不助奉","皖系袒奉,无能为力";"奉方旧日师旅长尽绿林出身,有勇无谋,不待论矣。……新招目兵未经战事,就令训练有素,尚不适用,何况仓促成就者耶!"至于饷械,奉不逮直。直论饷有财、交部,有京汉路,有直豫鄂,并有他省接济。论械,有汉阳、德州、巩县三兵工厂。奉则何如乎?饷源仅恃东省,械须购自日本"。所以,直军上下盲目自信,认为"就种种方面推测之,奉军再战,必败无疑。""无论何时再战,奉方万无幸胜之理。"③

　　1924年9月江浙战争爆发,奉直关系陡然紧张。支持卢永祥抵挡齐燮元攻击的动力之一,便来自于奉系可能的武力支援,而奉系也确实着手实践前言,开始军事动员,因为"奉方不速入关,诚恐直方再有增援,浙其危殆"④。9月4日,张作霖发表通电,痛责"曹、吴罪恶山积,悉数难终,……卖国丧权,穷兵黩武,语其罪状,早为天下所不容";声称"为国家计,为人民计,仗义誓众,义无可辞,谨率三军,扫除民贼,去全国和平之障碍,挽人民垂绝之生机。"⑤7日,张作霖邀见英、美、日、德等国驻奉总领事,声明:"近者北京政府欲贯彻其武力统一之迷梦,突命苏、赣、皖、闽四省联合攻浙,……观其行动,恐不能忘情于奉,奉为自卫起见,不得不作相当之抵抗。""直方现举重兵,分路侵奉,奉为自卫计,

---

① 汪德寿:《直皖奉大战实纪》,《近代稗海》第4辑,第582页。
② 王维城:《直系的分裂和二次直奉战直系的失败》,《文史资料选辑》第51辑,第43页。
③ 古蒋孙:《甲子内乱始末纪实》,《近代稗海》第5辑第232—233页。
④ 《姚震信》(1924年9月5日),《奉系军阀密信》,第152页。
⑤ 古蒋孙:《甲子内乱始末纪实》,《近代稗海》第5辑,第316页。

决计举三省精锐,尽力防卫。事出万不得已,希予谅解,幸勿误会。"①虽然奉系内部的旧派军人主张谨慎行事②,但新派军人的主战意见终占上风,张作霖决策出兵攻直③。

根据奉系的军事作战方案,奉军被编为六个军:第一军,军长姜登选,副军长韩麟春;第二军,军长李景林,副军长张宗昌;第三军,军长张学良,副军长郭松龄;第四军,军长张作相,副军长汲金纯;第五军,军长吴俊陞;第六军,军长许兰洲,副军长吴光新。其中第一军和第三军约共 6 万人合编为联军,担任山海关方向的主力作战任务;第二军 3 万人担任热河作战任务;第六军近万人以骑兵为主,担任赤峰方向西北侧翼的策应任务;第四军万余人担任总预备队;第五军万余人,担任东北后方防务。空军三个大队,配属一、三联军和第二军作战,海军则以海岸防御为主。奉军总兵力约为 25 万人,参战兵力约 12 万人④。

9 月 15 日,张作霖宣布就任"镇威军"总司令,对外公布军事将领的任命,并致电曹锟,口气强硬地声称:"四省图浙之举,弟曾切进忠言,兄复函力主和平,方深感佩,乃墨沈犹湿,而战令已颁,同时又向敝处分路进兵,榆关扣车,交通顿阻,甘为戎首,是何用心?"⑤17 日,张作霖前往锦州坐镇,主持军事行动,行前发表谈话称:"予此次出兵,非在报复往昔战败之耻,实为国人请命,要求曹锟退位,以谋南北统一,至于继任之人选,则以南北公意所推,应请段合肥出任巨艰。惟吴佩孚如尚拥其

---

① 《直奉军事亦紧迫矣》、《奉张表明对直态度》,《申报》1924 年 9 月 13 日。

② 当直系了解到奉系内部的情况后,吴佩孚曾建议曹锟,"对奉策略,中央仍须主张容纳旧派,设法运用,以资和缓。"《吴佩孚致陆锦电》(1924 年 8 月 19 日),二档,一〇〇三(2)—34。

③ 据报,直奉战前,张作霖还曾派人奉手书见曹锟,表示"必去吴氏,关以东唯命是听。此等条件,强人之所以不能为,曹置而不复"。《东北战事之各面观》,《申报》1924 年 10 月 12 日。

④ 丁文江:《民国军事近纪》,《近代稗海》第 6 辑,第 319—321 页;《直奉兵力之比较》,《申报》1924 年 10 月 9 日、10 日、11 日。

⑤ 《张作霖致曹锟电》(1924 年 9 月 15 日),二档,一〇〇三—96。

兵力而不释,则绝对不能赞许,故吾不能不以武力解决之。""直既攻浙,已不啻间接攻奉,奉为遵守盟约起见,决不能袖手旁观也。""吾必与吴佩孚一较手段,成败在所不计"①。

奉系态度明朗,奉军陆续南进,曹锟得到有关报告后,急令吴佩孚入京,准备军事因应。在未入京前,吴佩孚已经有所部署,重点在将分散的直军各部收缩集中,并在山海关前线抢占有利位置。他令直军南下援苏的第十四师和二十四师立即回撤京畿,令第十五师等部立即进驻山海关一线,令第二十三师等部赶速向山海关、秦皇岛一线集结,中断关内外京奉铁路交通,成功地阻止奉军获得出发的先机之利。9月17日,吴佩孚乘专车自洛阳到北京,随即进见曹锟,讨论局势,"决先兵力对奉,南京暂取守势"②。曹锟即命吴佩孚主持对奉军事。18日,曹锟发表讨伐令,声讨张作霖"野心未戢,复乘东南多事之秋,为扰乱中原之计。证以近日所传通电各方,益见破坏大局,蓄谋已久,实难再事容忍,不得不以国家权力强行制止。除派总副司令并分派各司令外,即责成各该将领督率所部,相机剿办,剋日肃清"③。

根据直系和吴佩孚的军事部署,吴佩孚自任"讨逆军"总司令,王承斌任副总司令,其编制为:第一军,总司令彭寿莘,副司令王维城、董政国,下辖三个师三个混成旅,兵力约四万人,担任山海关正面作战任务;第二军,总司令王怀庆,副司令米振标,前敌总指挥刘富有,下辖一个师一个旅及毅军等部,兵力约二万余人,担任热河东朝阳方向作战任务;第三军,总司令冯玉祥,下辖一个师三个混成旅,兵力约2.5万人,担任热河北开鲁方向作战任务;第四军,总司令曹锳,下辖一个师一个混成旅,兵力约万人,担任后方守备任务;援军总司令张福来,下辖十路部

① 《开战后之张吴态度》,《申报》,1924年9月24日。

② 《钱桐致阎锡山电》(1924年9月18日),《阎锡山档案要电录存》第7册,第21页。

③ 古蔣孙:《甲子内乱始末纪实》,《近代稗海》第5辑,第319页。

队，计六个师八个混成旅，兵力约七万人，主要部署在豫、鲁两省，随时准备增援前线。直军总兵力约 25 万人，参战兵力约十余万人，略少于奉军①。

直系主帅吴佩孚对于战胜奉军充满自信，"明白表示与张作霖决一胜负之决心，且更切实表示其确信必能战胜张作霖"。"极觉与所有主要反直派为最后的战争之时期亦至。……谈及张氏时，其语调顿变激烈，彼意盖以为除非东三省完全投降，彼绝无与张和解之余地，彼拟亲自指挥讨张军事，尽其全力，以观其最可恨之敌人被逐"②。19 日，吴佩孚在北京约见中外记者，声称"张作霖乃藉故兴兵，截断京奉路，率兵攻击朝阳，事已至此，中央忍无可忍，所以命令予实行讨伐。然中央雅不欲穷兵黩武，贻关外人民以痛苦。最小限度，使张作霖解除兵柄，伊子学良出洋留学，三省服从中央命令，徐图办理善后"。时有路透社记者提问说，现在关外天气甚冷，出兵是否已晚？需多长时间可攻克奉天？吴佩孚颇为自信地宣称，"军士御寒衣具完全准备，天气无关"，并夸口两个月即可攻克奉天③。不过，以后战事发展的进程却表明吴佩孚说的是大话。即就吴曾信誓旦旦宣称已"完全准备"的御寒衣具而言，实际情况则是直军士兵在口外的严寒中，多着单衣作战，各部怨声载道，战斗力大受影响，其间暴露出直系在此次直奉战争中的重大软肋——财政困难以及由此而致的后勤供应跟不上。

北京政府的财政一向困难，而又以直系当政期间为甚，财政入不敷出，只能靠借债应付。但是，因为偿还能力的问题，外债和内债都不易借到；北京中央政府的权威日渐下降，原本还能救急的地方解款和银行

---

① 丁文江：《民国军事近纪》，《近代稗海》第 6 辑，第 316—318 页；《直奉兵力之比较》，《申报》，1924 年 10 月 9 日、10 日第 2 张第 5 版。

② 《吴佩孚对中西记者之谈话》，《申报》，1924 年 9 月 24 日。

③ 《洛吴对中外记者之一席话》，《申报》，1924 年 9 月 25 日。

垫借,也渐至于无①。1924 年,北京政府借外债 1620 万元(其中还本付息 1330 万元),借内债 530 万元,银行短期借款 18.5 万元,再加上数目不明的银行短期垫款,估计可支配款项的余额不会超过 2000 万元②。而据总统府军事处的预算,对奉作战的军费至少需要 2250 万元,其中仅部队开拔费即需 400 万元③,其间的缺口可想而知。对直系而言,真可谓是山穷水尽,罗掘俱穷。曹锟在位多年,善于搜刮,据说其家族家产不下 8000 万,但曹氏个性悭吝,不愿散财,吴佩孚为此甚感头疼不已。为了让曹锟及其家族能够体恤前方官兵的急迫需求,吴佩孚特意提出由曹锟四弟曹锐担任兵站军需总监,"希望其先行垫款,以便赶制寒衣运往前线。以此曹氏得讯后,不敢遽决,连日踌躇,始行就职。但吴氏以曹军需总监者,以曹四长直时卖官鬻爵得贿甚厚,故特加以尊号使其垫办军饷"④。然就战争开打后直军后勤供应的实情而言,吴氏此招的效果似乎十分有限,直军的后勤供应始终跟不上前方战局的发展。

所谓兵马未动,粮草先行,吴佩孚在军事部署大体完成后,留在京城,"迟迟未发,虽以后方尚待布置,实亦因军饷尚未筹足,催促至急"。他令素有"财神爷"之称的财政总长王克敏"每日须筹 50 万,解交总司

---

①　1924 年 7 月,新四国银行团在伦敦开会,认为"今中国统一未成,财政紊乱,武人割据,苟无几张条约及盐税关税监督,北京早无政府。今后投资仍趋严格的监视用途方针,勿使用于军费。苟违此旨,宁不投资"。(《国内专电》,《申报》1924 年 7 月 16 日)直系也曾强令中国银行用公债及他行借款垫付直军军饷,但银行家们认为,"此事可议之点甚多。夫军饷非不可垫,然必实有余款,且手续完备也。直军缺饷应向部索,部中无款应由部商自垫,行视自身实力如何酌定允否,今暗输直军,不无左右袒之嫌,以金融机关冲而牵入政潮,殊为非福,……筹得款项不以济本行,而以输军饷,此政客之行为,非银行家之正轨"。(《卞白眉日记》第 1 卷,1922 年 5 月 18 日,第 200 页)正因为如此,直系向国内银行借款并不方便易行。

②　杨荫溥:《民国财政史》,中国财政经济出版社 1985 年版,第 15、22、27 页。

③　《国内专电》,《申报》,1924 年 9 月 28 日。

④　古蒋孙:《甲子内乱始末纪实》,《近代稗海》第 5 辑,第 330 页。

令部,王氏至此更觉进退两难"①。"谓非无办法,但缓不济急,苟能再缓二个月打仗,则两千万可以筹到,但暴露于前线,集中于后方之军,非食不能动作,故决定先办短款,筹多少发多少"②。不过,他提出的若干筹款方案,均为缓不济急,无法解直系急等用钱的急迫之用。白坚武抱怨说:"大军陆续出发,而财部近尚塞绝一切财源,置他人于火炉之上,而促成二三私人富家翁之金佛郎案。军政不能合作,为害于军事前途,亦见内阁不得人。相不称职,将不能图功。"③其后,经过与总税务司安格联的再三交涉,北京政府方得以德国庚子赔款退还支付后的剩余款项为担保,于10月7日发行库券420万元④。虽然总税务司指定此款"只作京畿治安暨政费","明定不作战费"⑤,但仍被直系挪用。不过即便此,此款拨放尚待时日,而山海关前线战事吃紧,九门口要塞失守,吴佩孚不能久留京城,而欲赴前线督战,为此,在吴的许可下,其幕僚谢宗陶于9日约见中国银行总经理张嘉璈和交通银行总经理钱新之,强逼两行将未发行的新钞各200万元加印"军"字交付直军使用,但被拒绝。谢宗陶在降低勒逼数字仍被拒后厉声言:"两君有款可去,无款则留,愿三思之。"⑥直系就是用这样几近于扣人的逼迫手段,从中、交两行搞到了各60万元现金,至此,吴佩孚方能在当晚坐车离京赴山海关督战。故时人有论云:"吴佩孚挟雷霆千钧之力,出而与奉张一战,决心已久,但自来都之后,前方军事,尚无进步,后方征调,煞费筹划,荏苒兼旬,尚不能出国门而临前敌,以现状测之,即可知此次作战,纵旷日持久,恐亦未必有结果也。"⑦

---

① 《军费之概算与筹划》,《申报》,1924 年 10 月 10 日。
② 《国内专电》,《申报》,1924 年 10 月 6 日。
③ 《白坚武日记》第 1 册,1924 年 10 月 5 日,第 494 页。
④ 《吴佩孚出发前之北京》,《申报》,1924 年 10 月 6 日。
⑤ 《国内专电》,《申报》,1924 年 10 月 6 日。
⑥ 谢宗陶:《第二次直奉战争随军见闻》,《文史资料选辑》第 41 辑,第 148 页。
⑦ 《东北战事之各面观》,《申报》,1924 年 10 月 12 日。

二　第二次直奉战争的进程

1924 年 9 月 14 日,奉军第二军首先在热河方向向驻守朝阳县的直军发起进攻,第二次直奉战争的大幕由此拉开。战争的基本进程表现为,"直军主守,奉军主攻",战场则主要集中在两个方向,正面京奉路沿线和侧翼热河方向。由于吴佩孚的预先部署,直军在京奉路沿线高度设防,奉军在开战之初未能占到便宜,两军形成对峙局面。而在热河方向,奉军的攻势却屡屡得手,使得原本是偏师侧翼的热河战线,在开战之初反成为直奉两军交战的主要战场。

担任热河战线作战任务的直奉两军,番号都是第二军。奉军第二军由李景林指挥,他毕业于保定军校,受过新式军事教育,其后一直在黑龙江军中任职,1917 年随许兰洲投奉军,参加过第一次直奉战争,是奉军新派的代表人物之一。直军第二军由王怀庆指挥,他比李景林大十岁,行伍出身,前清时期已经做到协统、总兵职,1918 年帮办直隶军务,1920 年任热察绥巡阅使兼热河都统,是直军中的老资格将领,但他缺少实战经验,军才平庸,又长期住在北京养尊处优,对战事并无准备。及至战争爆发,王怀庆方才在 9 月 19 日仓促出京奔前线,作为热河方向的最高指挥官,他对如何作战心中无数,甚而连像样的司令部都没有组织,随身只带着少数参谋及幕僚,以仪仗队开路,摆谱乘轿,大摇大摆,缓缓行进。所辖部队平日缺乏训练,装备陈旧,开拔时各项军需饷械都未领到,官兵士气低落,纪律松弛。"自出发到作战,王怀庆始终没有对官兵宣布为什么要打仗,开向什么地方去打,打的对象是谁",就这样糊里糊涂地开上了前线[1]。以如此老朽无能的将领指挥直军作战,可见直军准备不足,吴佩孚对侧翼战线重视不够,未及有更周密的筹划。

---

① 李纶波:《王怀庆二三事》,《文史资料选辑》第 10 辑,第 117 页。

　　王怀庆领命担任热河方向的作战任务时,曾经大言不惭地拟订分兵五路攻奉的计划:"一路进攻新立屯,截断新民;一路急取九关台,进攻义州;一路经女儿河,进据锦州;一路出梨树沟门,截断榆关后路;一路令林西、赤峰毅军速行东开,为开鲁、绥阜后援。并令地方团警,保卫沿边,策应各路。"而在实际上,这些都是说给外人听的大话,他实则将后续战事全寄希望于外援,出发前即电告吴佩孚称,"度德量力,兵弹两缺","一旦猛攻,朝发夕至,即使拼命鏖战,子弹能支数日,而后方援军,非十数日决难赶到。全军存亡,在所不计,贻误全军,悔恨何及。战机紧迫,不得不报"。"除电饬热河沿边各军,严加戒备,暂取守势外,昨经呈明大总统,预备分路应援。查现在热河防务万急,所有援军出发,应行筹备一切事宜,不容稍缓,尚乞我公统筹全局,速示方略,至深祷盼"[1]。王怀庆的保守迟缓,正给奉军以战机。王的对手李景林认为,"敌军进攻之日,正热河电令调动军警团甲之时,倘再晚攻三日,不易为计矣。弟力持急进猛攻之意,即预防敌人有此谋也"[2]。

　　奉军在热河战线的作战重点是热东重镇朝阳。第二军下属的第三旅张宗昌部、第二十三旅李爽垲部、第二十四旅邢士廉部,二万余人分兵三路会攻朝阳,而直军只有刘富有的第二十六旅和张林的热河第一混成旅及朝阳镇守使龚汉治的巡防营防守,兵力不及奉军之半,且准备不周,疏于防备,致奉军并未用大力,即于9月16日占阜新,19日又占北票,随后开始合攻朝阳。直军巡防营系属老旧部队,作战不力,拖累大局,刘富有和张林部见此情形,亦无心力抗,主动撤退,奉军遂于22日占朝阳,热河门户洞开。此战直军因"军队复杂,人各一心",热河军

　　① 《王怀庆致吴佩孚密电稿》(1924年9月12日),《中华民国史档案资料汇编》第三辑《军事》(三),第258页。

　　② 《李景林信》(1924年9月25日),《奉系军阀密信》,第173页。

队"向不守纪律,只除一意奔逃,不可制止"①。据奉方观察,"观吴之意,似仍其故智,以为一扑即下,故不注意于热河,而以全力注山海关。我但坚持,使彼三扑两扑,终攻不开。彼计穷,必悔其放弃热河之失计,自然意乱智穷矣"。"现在朝阳已下,热河东部险要,足为我军屏障。……倘能一鼓而下,进据喜峰口,则敌军左翼一失,榆关不攻而自破矣"②。

奉军攻下朝阳,"一着争先,全盘得势"③,遂乘势一路进击,扩大战果,29日攻占建平(叶柏寿),30日攻占凌源。直军节节败退,全无战斗力,王怀庆虽亲率部队往援,但亦未能挽回局面,只能退守待援。第一军总司令彭寿莘认为,第二军"恐前缩后,涣散已极,影响本军士气甚大。民意军心,情现于此,拟请转请资深望重,素抱热诚之大员,予以大权,赶赴凌源,维持军纪,督催作战"。"第二军既退守凌源,倘再不设法维持,大局实不堪设想,惟有恳请转饬第二军王总司令,赶速前进,以便督饬各部,相机攻守"④。吴佩孚眼见王怀庆难当大任,遂改变指挥系统,免去作战不力的第二军前敌司令刘富有、副司令龚汉治职,在热河首府承德设前线司令部,由"讨逆军"副总司令王承斌全权负责,将第二军、第三军全部交由王承斌指挥,并调第一军第九师董政国部增援热河,令王承斌发动反攻,扭转热河战局。然而第三军冯玉祥部却在离开北京后,以交通困难、行进不便为由,徘徊于热河后方不前,并表示除非

① 《刘富有致曹锟电》(1924年9月28日),《中华民国史档案资料汇编》第三辑《军事》(三),第267页。

② 《王永江信》(1924年9月)、《李景林信》(1924年9月25日),《奉系军阀密信》,第172—173页。

③ 《杨宇霆信稿》(1924年10月1日),《奉系军阀密信》,第174页。

④ 《军事处转送彭寿莘为直军不设兵站致使军队沿途扰民等情给兵站总监部函稿》(1924年10月4日),《中华民国史档案资料汇编》第三辑《军事》(三),第288—289页。

他部增援及猛攻当面之敌,"否则,敌众我寡,胜负之数,实不可知"①。由于第二军并未倾力参战,热河方向的直军面对奉军的攻势仍然不占优势。

奉军攻下凌源后,直奉两军在凌源附近接续有战斗,尽管王怀庆亲临前线督战,董政国师前往增援,但直军士气低落,不能持久,防线一退再退。王怀庆见不能抵挡奉军的攻势,无心恋战,索性退往平泉驻守,由此而致热河北境的赤峰态势孤立,面对奉军第六军许兰洲、吴光新部进攻的压力。10月初,直奉两军在赤峰周边及城下激战,死伤甚众,直军董政国第九师及毅军等部,难以抵挡奉军的攻势,最终弃城而退,10月9日奉军占赤峰(14日直军寻隙重占赤峰)。此时直军第三军冯玉祥等已暗中通款奉方,为了拉拢冯部,热河奉军未再向平泉进击,而将兵锋直指长城各口,直接威胁到山海关正面的直军后路,战局重心由热河向山海关方向移动。

位于长城东端尽头的山海关,依山面海,地理形势重要,内有京奉铁路经过,外有天然良港秦皇岛,是连通关内外的咽喉要点。直、奉两方以此为界,各据关内外,平时相安无事,战时则为必争之地。奉军希望突破山海关要隘,长驱直进关内,直取北京,逐鹿中原;直军则希望在山海关正面坚守,辅以热河和海岸两翼包抄,歼灭奉军主力,奠定胜局。因此,直奉双方都在山海关战线投入重兵,战局发展左右战争的进程,对直奉双方都有举足轻重的意义。

第二次直奉战争开战之初,吴佩孚就特别关注山海关战线,令直军第一军总司令彭寿莘着重在山海关沿线布防,成功地阻止了奉军企图以突袭而致守军措手不及从而轻取山海关的企图。因为直军的严密布防,使得奉军不能不改取强攻战术,这就注定了山海关战役的激烈程度。

---

① 《冯玉祥致曹锟吴佩孚密电》(1924年10月3日),《中华民国史档案资料汇编》第三辑《军事》(三),第287页。

直军在山海关的布防阵地自北面山地逶迤而至南面海滨,部署了三个旅的兵力,奉军则由第一军和第三军组成的联军担任主攻,其中第一军姜登选、韩麟春部攻直军左翼北线,第三军张学良、郭松龄部攻直军右翼南线。自9月中旬起,直奉两军已不断有火力接触,10月初直奉两军开始交火,7日奉军对直军发动全线总攻,"山海关战线有猛烈之炮火,历二十小时之久",双方指挥官均亲临前线督战①。奉军利用炮火为掩护,猛攻正面直军阵地,直军亦利用炮火覆盖前沿,予奉军重大杀伤,奉军历数次冲锋,终未能突破直军防线。因为直军对山海关正面防线较为重视,事先已有周密防备,"防御工事,或依山势深挖洞,或修盖板壕沟,掩体工事做得极其坚固,特别是机枪掩体不仅坚固,而且遍布全线"②。而在战线北侧外围的九门口一线,山峦重叠,不及山海关正面地势平坦,本对守方直军有利,但担任防守任务的直军第十三混成旅非直军嫡系,旅长冯玉荣又非将才,"自到九门未至前线视察一次"。奉军利用山势,避开直军炮火,分进合击,取得突破,九门口告急。冯玉荣急电彭寿莘,"乞就近派队援助,乞今日赶到"。彭急调部队驰援,但等增援部队赶到九门口时,"即见大部队伍纷纷退却","且山上所设之炮完全弃去",冯部全军正在溃败中,局势已难以挽回。9日,九门口失守,冯玉荣服毒自杀。其后,奉军继续扩大战果,驻守九门口至义院口一线的直军第十二混成旅旅长葛树屏亦向彭寿莘告急:"敌突进长城以内,致将职旅右翼及侧背包围,万分危急,请速派员抵御。"③奉军的进展势将威胁山海关正面的直军安危,彭又急调陕军第二师张治公部往援。10日,奉军突入石门寨直军阵地,"势甚危急",直军经苦战"始将原有阵地完全恢复"④。

---

① 《北方战讯》,《申报》,1924年10月9日。

② 李藻麟:《我的北洋军旅生涯》,第48—49页。

③ 《彭寿莘致曹锟、吴佩孚电》(1924年10月8日),二档,一〇〇三(二)—35。

④ 《张治公致曹锟等密电》(1924年10月11日),《中华民国史档案资料汇编》第三辑《军事》(三),第292页。

　　直军在山海关前线表现不佳,而直军统帅吴佩孚却因为筹款问题在北京迟迟不能启程往前线,直到勒逼款项稍有眉目,又接到山海关前线的告急电,吴佩孚方才在 10 月 10 日晚离开北京,11 日到达山海关前线,同时还带来了直军嫡系精锐部队第三师。吴佩孚到达山海关后,在列车上设立大本营,指挥作战,又在彭寿莘等陪同下视察前线,决定对九门口奉军发动反攻。然而,奉军的攻势步步紧逼,一点不给吴佩孚面子。13 日,陕军张治公部原非劲旅,在石门寨难以支持,被迫后退,14 日石门寨失守,奉军距秦皇岛不过咫尺之遥,京奉路有被奉军切断的危险,直军后路受到严重威胁。彭寿莘与其参谋长李藻麟认为:“奉军由沙河寨南行经安民寨,可直攻秦皇岛;如沿高山(塔山)西麓山沟经刺儿沟、魏家沟转东,出二郎庙西方山口,可以直捣山海关之背后,对战局影响极大。”①

　　吴佩孚原先的作战方案是在山海关正面吸住奉军主力,以冯玉祥部出击奉军侧后,威胁其后方锦州,然后以直军精锐主力海运在奉军后方葫芦岛登陆,三面合围奉军。“直军之目的,本欲以海陆军相连之势,一鼓而下绥中,聚军舰于葫芦岛,则朝阳奉军顾虑后路,当不战而退。今奉既为先发制人之策,愈引起直军之奋斗,遂以后方所有之实力,悉加援于此,此山海关战事之所由剧烈也”②。战局的发展迫使吴佩孚改变原定的反攻方案,首先部署稳定山海关前线的直军防线。10 月 15日,直军第三师到达前线,加入战斗,遏阻了奉军的攻势。其后,直奉两军在山海关一线展开反复的拉锯战,战事之激烈创北洋时期内战之最。吴佩孚“每日必亲赴前线督饬作战,往往直达火线之下”③。奉军将领

　　①　李藻麟:《二次直奉战中山海关战役亲历记》,《文史资料选辑》第 4 辑,第46 页。

　　②　《甲子奉直战史》,《北洋军阀》第 4 卷,第 907 页。

　　③　《曹锳、张佐民、白坚武致王毓芝、陆锦电》(1924 年 10 月 20 日),二档,一〇〇三(2)—37。

韩麟春、郭松龄等也亲临前线指挥。前线炮火连天,两军死伤惨重①,阵地反复易手,但都未获突破,战事发展进入胶着状态。为了维持攻势,张作霖决定将奉军总预备队投入山海关前线作战,而吴佩孚则命令还在热河的第二军等部,"火速前进,以资牵制"②。19日直军援军总司令张福来率部反攻九门口,20日直军攻占刺山,21日奉军反攻夺回刺山,直军第十四师旅长王乔阵亡。"直军屡失前进时机,皆因军费不畅,接济不匀所致。"③

直、奉两军胶着于山海关前线,奉军第一军在山海关北线略占优势,而在山海关南线正面的奉军第三军,因攻击地域地形的限制,仍"处于不易发展地位"。杨宇霆根据"日人探报",向第一军军长姜登选提议:"敌军拟以有力部队,攻击榆关内北方高地,使石门寨处于孤立地位,故不若合我军关内外之有力部队,先行夹击榆关,俾三军得进关内,与贵军联为一气,声势既大,敌即为之气馁。且榆关能否陷落,极为各方所注视,一旦归我占领,敌方内部之变化,即必随之而起,不但战略上可占胜利,且较稳妥。"④随后奉军决定从第三军抽调一部,由副军长郭松龄率领与第一军会合,集中突破北线直军防线,然而第一军副军长韩麟春对此却不以为然,认为郭松龄在山海关正面毫无进展,现在改由九门口出击有邀功之嫌。郭闻言大怒,拂袖而去,并将部队撤回,致奉军的进攻

①　据报,仅在山海关、九门口两地,奉军伤亡就达1.3万余人,而开战以来的总伤亡约在2.5万人左右,实较直军伤亡为多。(《奉直战况之外讯》,《申报》1924年10月22日)

②　《吴佩孚致陆锦电》(1924年10月19日),二档,一○○三(2)—37。

③　《国内专电》,《申报》,1924年10月22日。

④　《杨宇霆电稿》(1924年10月19日),《奉系军阀密信》,第186页。

计划延搁①。恰于此时,张作霖在 10 月 22 日接到段祺瑞的密电,称冯
玉祥、胡景翼等直军将领,"明早入都……主持正论,并派人进据军粮
城","合肥已告胡(景翼)部在唐山邀截",吴佩孚"出重赏,反攻无进步,
力已竭"②。未待奉军反攻,直军内部已发生重大变化,战局遂进至转
折点。如时人所论:"当吴佩孚未出京以前,群以吴氏一至山海关,必能
大破奉军。及吴氏既至,直军亦仅能固守阵地,使奉军不再进步。盖直
军昔以十三旅守九门口,一战而为奉军所夺,遂致山海关形势完全动
摇。此实为最初失败之点。其后陕军第二师师长张治功,在石门寨督
战,失守阵地,又给直军以重大之打击。此一师一旅之失败,吴氏虽欲
挽救阵势,逐奉军于关外,实力已有所不能。迨冯、胡返斾,停战令下,
而山海关之直军,益岌岌乎其危矣。"③

第四节　北京政变

一　冯玉祥与北京政变

就在直奉两军在山海关激战之时,直军变起肘腋,第三军总司令冯
玉祥率部自前线回师北京,发动政变,北京政局为之一变,直军后方成
为他人地盘,前线遂陷于一片混乱之中。

冯玉祥十五岁即入伍当兵,行伍出身,1913 年三十岁刚出头就升
至旅长,1921 年升至师长兼陕西督军,成为方面大员。1918 年,冯玉祥

<hr/>

① 何柱国:《孙、段、张联合推倒曹、吴的经过》,《文史资料选辑》第 51 辑,第 21
页。韩麟春与郭松龄虽同属奉军中的新派,但韩是新派中的"士官派"(即毕业于日本
陆军士官学校),而郭则是新派中的"陆大派"(即毕业于陆军大学),双方对待旧派的
态度大体一致,然其内部又存有门户之见,此亦为其后郭松龄起事反张作霖的远因之
一。

② 《杨宇霆电稿》(1924 年 10 月 22 日),《奉系军阀密信》,第 191 页。

③ 《甲子奉直战史》,《北洋军阀》第 4 卷,第 907—908 页。

在担任第十六混成旅旅长时,南下参加北洋军与护法军的战争,他违抗段祺瑞的命令,发出主和通电,结果被北京政府免职,后因曹锟从中缓颊,改为"褫夺陆军中将,原官暂准留任"处分①,冯玉祥因此而成为直系成员,与吴佩孚"党系既同,私交固亦至相得也。及吴为直系之狄克推多,二人始因威望关系,发生龃龉"②。第一次直奉战争时,冯玉祥自陕西率兵入中原,为直系战胜皖系立有很大功劳,随后驱走豫督赵倜,于1922年5月出任河南督军。但是,冯玉祥与开府洛阳的吴佩孚同处河南地界,"冯虽督豫,而吴固仍驻洛阳也。物莫能两大,况吴素性又颇傲慢,以冯久隶属下,遇事多自主裁,不加谘商,冯亦不愿一味仰承意旨,久之,彼此之间自难免各不愉快"③。还在冯玉祥刚上任时,吴即保举与冯积怨甚深的河南第二师师长、归德(豫东)镇守使宝德全任河南军务帮办,并保宝德全"向守服从,能负完全责任",要冯"请勿疑虑误事"④。冯不满吴以此牵制其行事自由,遂以宝德全在冯军进入开封时"公然抗命"为由,于5月13日将宝德全公开枪决,如此决绝的举动自然惹恼了吴佩孚。对于吴佩孚保举到河南任职的人员,冯玉祥概置不理,同时不断扩充实力,增编部队。吴佩孚自认在直系中属于一人之下万人之上的人物,而冯玉祥不仅对其种种主张不买账,甚而屡屡给其脸色,让其下不了台,很没有面子,从而被吴佩孚视为必欲去之而后快的冤家对头。

1922年9月15日,吴佩孚致电曹锟称,"冯督在汴,人地不宜,赶时调为热河都统,加以东蒙招抚使名义,以示优崇。如此,则北门有干城之选,中州无隐患之虞"⑤。所谓"干城"云云,不过虚语,热河地处偏

---

①　陈晓清:《从武穴主和到五原誓师》,《民国档案》2001年第3期第62页。

②　无聊子:《北京政变记》,《近代稗海》第5辑,第373页。

③　刘以芬:《民国政史拾遗》,第45页。

④　《稿本吴孚威(佩孚)上将军年谱》,第352—353页。

⑤　《稿本吴孚威(佩孚)上将军年谱》,第376页。

僻,没有河南任职的实惠,吴佩孚提议将冯玉祥调往热河,实际表示他已视冯为"隐患",担心其"不受指挥,深恐盘踞中州,尾大难制,是以密行计划,移调他处,另置心腹。一可借经济以牵制,二可便自己之方策"①。对此,冯玉祥自然心不甘情不愿,而又不能与势大力强的吴佩孚硬抗,只能"无论如何,吾定服从","取服从主义"②。曹锟既不能不给吴佩孚面子,也不愿让冯玉祥成为"怨妇",为平衡冯、吴关系,决定将冯玉祥调离河南,安置在北京,出任陆军检阅使。这个职位看似位高,实则"有虚职而无实权,其不能满冯之意可知"③。冯玉祥在豫督之位坐了还不到半年便失去了河南地盘,在直系中被边缘化,内心本已对吴佩孚十分不满,而其军队第十一师随他调到北京后,原本由吴佩孚承诺的河南每月协饷 20 万元,却被河南省当局以河南丁漕田赋"业经冯使任豫督时预征",省银钱局现款也被冯"罗括一空",财政十分困难为由,拒绝兑现,使冯部常常陷于饷械无着的窘境,更增添了冯对吴的怨气④。然"冯素深沉,时机未至,绝不少露词色,故逼宫夺印一出,冯仍任一重要角色,迨大选告成,禄仍弗及"。曹锟上台后,对"有功"部下一一封赏,而对在驱黎中"有功"的冯玉祥则未见有实质性关照,"诸将尽得遍沾实惠,独冯为吴氏所扼,竟不得丝毫实利。而逼宫恶名,复又归之,冯氏因之既怨且恨,而对于曹吴,常思所以报复之者矣"⑤。不仅如此,冯玉祥调到北京后,"非但地盘问题不得解决,且'所部欠饷甚巨,既不稍有补贴,以后月饷曹又不肯发足'。冯因而对吴佩孚更为不满,对曹锟也大失所望,'其愤激之情,殆不可遏'"⑥。这些

　　① 《刘汉超致王怀庆密呈》(1922 年 11 月 4 日),《中华民国史档案资料汇编》第三辑《军事》(三),第 748 页。
　　② 《冯玉祥日记》第 1 册,1924 年 1 月 14 日,第 506 页。
　　③ 刘以芬:《民国政史拾遗》,第 45 页。
　　④ 《刘绍曾致李彦青密电》(1923 年 3 月 26 日),二档,一〇二〇—74。
　　⑤ 无聊子:《北京政变记》,《近代稗海》第 5 辑,第 374 页。
　　⑥ 王宗华、刘曼荣:《国民军史》,武汉大学出版社 1996 年版,第 20 页。

都为其后直系的分裂埋下了隐患，"识者早知冯之不复为曹、吴用矣"①。

冯玉祥在直系内部郁郁不得志，便成为反直"三角同盟"的拉拢和争取对象。冯玉祥出身下层穷苦之家，笃信耶稣基督，具有为穷人请命的朴素平等情感，不满北洋时期的乱象，为粤方孙中山认为可以争取，以爱国和革命的名义，与其建立联系。还在孙中山刚刚开始护法不久，冯玉祥于1918年2月在前线发出主和通电，孙中山即致函冯称："热诚护法，努力救国，不胜为民国幸。昨冬以降，南来国人，无不盛称执事为爱国军人模范，……徒以云海揆隔，不能时通声息为歉耳。……濒危之民国国脉，得以主持正义如执事者扶持之，俾免于亡，则国民必感伟功于永久矣。"②不过，冯玉祥当时并无回应，直到1920年秋，冯玉祥才首次致函孙中山，表示"中国已濒于危亡，真正救国，只有先生一人，百折不回，再接再厉，无论如何失败，我行我素，始终如一。"表示"今虽扼于环境，未能追随，但精神上之结合，固已有日，……乞多指示"。孙接信后，即派徐谦、钮永建为代表，携亲笔复函前往汉口看望冯③。从此，孙冯之间建立了个人联系，"信使往还，络绎于途"④。孙中山热诚希望冯玉祥"用革命手段以救国"，且"能本此意与民党携手"⑤。为了呼应南方的革命运动，国民党人认为，"要革命彻底成功，便要实行中央革命，在北京发生一个大变化"⑥。冯玉祥由此成为国民党在北方运动的主要对象。

①　刘以芬：《民国政史拾遗》，第45页。

②　《致冯玉祥函》（1918年3月4日），《孙中山全集》第4卷，第372页。

③　海振忠、井振武：《孙中山与冯玉祥的一段交往》，《津报网——天津日报》，2008年5月10日。

④　《冯玉祥自传》，军事科学出版社1988年版，第56页。

⑤　杨雪峰：《国父给徐谦几封未见发表的函电》，《传记文学》第41卷第5期。

⑥　《在广州各界欢送会的演说》，《孙中山全集》第11卷，第307页。

　　1923 年秋，孙中山命孔祥熙携其亲笔手书《建国大纲》转交冯氏，并指示马伯援专做冯玉祥的工作，马表示："中国革命，尤其是北方革命，非他（冯玉祥）不可，且他的行为与热心，已感动了陕西胡景翼，冯胡必合作革命，请先生北上。"孙中山表示："这是一件大事，出诸你口，入于我耳，须去问问冯焕章的意思，他有没有这种计划与决心，若有，我必舍却广东，到北方去革命。"①但是，冯玉祥当时身处北京，兵力有限，无力控制全部大局，而且形势也不明朗，不敢轻举妄动，便通过马伯援回复孙中山："目前直系兵力数倍于我，如有冒险行动，必遭失败，待时机到来，我一定有所举动。"②此后，国民党人徐谦、王正廷与冯玉祥、于右任与胡景翼、张继与孙岳等都建立了个人联络关系，"所有孙先生的亲笔函件以及口述的各项事情，通过以上这些代表随时代交或传达给冯、胡、孙三人"③。时任北京政府教育总长的黄郛系老同盟会员，与国民党渊源甚深，也在策动冯玉祥倒直的过程中担任了重要工作。

　　如果说，孙中山对冯玉祥的工作主要建基于道义与情感，张作霖和段祺瑞对冯玉祥的工作则主要建基于财政金钱的支持。张作霖和段祺

---

　　①　马伯援：《民初人物印象记》，《传记文学》第 44 卷第 3 期。孙中山本人的说法印证了马伯援的回忆。孙在 1924 年 11 月 12 日广州各界欢送其北上的会议演说中说："这几年以来，那几位同志苦心孤诣，总是在北京经营。于六个月以前，便来了一个报告，说在北京布置已经有了很好的成绩，军队赞同的很多，力量也是很大，中央革命马上可以发动，要我先到天津去等候机会。但是那个时候，我还不大相信能够有这种事。只可对他们说，你们何时有事变发生，我便何时可以到北方去。但是在事变没有发生以前，我便不能前去。后来江浙战争发生，他们更催迫得很急，一定要我到北方去，说中央革命的机会已经到了，要我赶快去首先发动，才有好结果。我在那个时候，还是说要事变发动以后才能够去，还是不相信他们能够得这次的好结果。到了前十几天，他们果然有很大的变动，推倒曹、吴。"《在广州各界欢送会的演说》（1924年 11 月 12 日），《孙中山全集》第 11 卷，第 307 页。

　　②　徐锡祺：《冯玉祥参加国民党的经过》，引自刘敬忠、田伯伏：《国民军史纲》，人民出版社 2004 年版，第 5 页。

　　③　鹿钟麟等：《冯玉祥北京政变》，《文史资料选辑》第 4 辑，第 7 页。

瑞都曾通过私人关系与冯玉祥建立联络,进行拉拢①,并乘冯部财源困窘之机,施以援助,建立感情。"张作霖与冯玉祥之默契,则极秘密,奔走者多皖人。张、冯两方,均以段合肥为中心"②。1924 年 2 月,段祺瑞的谋士姚震致函奉方说:"二马(冯玉祥)接洽,亦待专款到后再办。"③3 月,段祺瑞派人到奉天,取回张作霖开出的奉天正金银行汇票 200 万日元,在天津正金银行兑取大洋 162 万元,交付冯玉祥。段祺瑞透露:"这次的钱给冯玉祥一百五十万元,是三个月军饷用的。"④在军阀混战的年代,冯玉祥毕竟是个现实主义者,需要考虑个人及其派系集团的利益,在当时的情况下,他在直系内部的发展空间受限,自然难免对"三角同盟"的拉拢心动,寄希望于倒戈政变成功后可以有更多的个人政治施展空间,再加上从"三角同盟"方面还可以获得实际的金钱支持。所以,在第二次直奉战前,冯玉祥的政治态度已经发生一定的变化,对直系的效忠已然动摇,他在等待合适的时机,寻求合适的盟友,以达到个人和集团利益的最大化。

　　冯玉祥在直系内部寻得的同盟者,是其时驻守河南的陕军第一师师长胡景翼和驻守河北的冀南镇守使兼第十五混成旅旅长孙岳。胡景

---

① 1923 年冯玉祥与李德全结婚,张作霖特意派张学良往贺,联络感情。

② 胡晓:《段祺瑞年谱》,安徽大学出版社 2007 年版,第 190 页。

③ 《姚震致李维一的信》,1924 年 2 月 10 日,《奉系军阀密信》,第 112 页。

④ 于立言:《张作霖通过段祺瑞瓦解直系的内幕》,《文史资料选辑》第 51 辑,第 50 页。这笔钱的数字各人说法不一。据松室孝良回忆,张作霖对是否付款犹豫不决,后在日本顾问的鼓动下同意,并向"满铁"贷款,经三井银行汇给日本天津驻屯军司令吉冈显作,由吉冈交段祺瑞,再由段派松室孝良等交给冯玉祥。因此,这笔钱实际上是由日本人提供的。(《日本侵华七十年史》,第 222 页)据研究,日本驻华使馆武官林弥三吉在 1924 年 2 月向东京密报冯玉祥有可能反吴佩孚的情报,随后,日本退役陆军大佐寺西秀武前往奉天,向张作霖游说拉拢冯玉祥,并在天津与段祺瑞商讨拉拢冯玉祥的具体方案。林弥三吉得知冯玉祥选定黄郛充当其政治谋士后,即派与黄郛熟识的铃木贞一和总统府军事顾问坂西利八郎手下的土肥原贤二与黄郛接洽,与冯居间联络。10 月中旬,日本已得知冯玉祥即将发动政变的情报,因此对第二次直奉战争的政策可以游刃有余。《日本侵华七十年史》,第 221—223 页。

翼和孙岳早年都曾参加过同盟会,与国民党有历史渊源,尤其是胡景翼,在陕西护法运动期间领导靖国军,与靖国军总司令、国民党人于右任有过良好的合作关系,他曾对孙中山表白附直"不过一时权宜",对孙是"人远心近,始终如一"①。胡景翼和孙岳在直系内部非主流派,个人的发展受到很大的限制。还在1923年直系筹办"贿选"时,"三角同盟"方面即与胡景翼有所联络,计划以大笔款项策动胡部倒直。皖方表示:"接济款项一节,系分为两次。第一次系现在先给以数万元,为该师军官佐搬家之用;余则动手后再付。"②但因胡军声明"非俟余款二十五万到津后不能实行(因移动军队、添办军需,无款可垫)"③,加以时机不成熟,策动胡军倒戈之举未成。胡景翼投靠直系,与冯玉祥督陕不无关系,双方也因此而有联络,对时局的看法"意见日近"。

当直奉关系紧张、战争阴云聚集之时,胡景翼特意在9月7日前往冯玉祥驻地,探询冯的意见。冯对胡说:"前天我问总统有何预备,曹总统言,冯焕章、胡笠僧(胡景翼)二人拱卫京畿,不啻吾之二虎,即不预备,谁敢侮我? 余曰虽有二虎,不与之食,其将何以噬人也?"④由此可知,冯已向胡透露其不愿为曹卖命的心态。9月10日,孙岳亦前往南苑冯玉祥驻地晤冯。冯对孙表示:"现今曹吴专政,国乱民愁,余本早下决心,为国除害,只以势单力薄,迄未敢下手耳。"孙岳提议:"胡笠僧(胡景翼)早已不满意于吴,可引为臂助,共图大事。"⑤孙并自愿担任与胡的联络工作。经过冯、胡、孙三方的互通声气,取得一致意见,即利用直奉战争之机,发动政变,推倒曹、吴,然后请孙中山北上,解决政治善后

①　马伯援:《我所知道的国民军与国民党合作史》,引自王宗华、刘曼荣:《国民军史》,武汉大学出版社1996年版,第11页。

②　《杨毓珣信》(1923年9月),《奉系军阀密信》,第83页。

③　《姚震信》(1923年10月20日),《奉系军阀密信》,第98页。

④　《冯玉祥日记》第1册,1924年9月7日,第612页。

⑤　《冯玉祥日记》第1册,1924年9月10日,第614页。

问题①。

　　第二次直奉战争爆发前，吴佩孚已经意识到冯玉祥的态度可能对直系的不利影响，特意致电曹锟的身边人王毓芝和陆锦，提出"鄙意只要冯使果敢有为，至时拟以东三省全权付托之。请密询其意向何如"②。但吴、冯心结已深，故在外人看来，这是"以画饼饵虎豹，欲求其唯命是听，吴之疏愚固极可哂"③。为防冯可能之变故，吴佩孚也作了相应的布置，令冯玉祥统领第三军出古北口，走北线经热河，自西北方向袭奉军后路，并令胡景翼部跟进，对冯部有所监视。此线路途遥远，地瘠民贫，离正面战场较远，或许吴佩孚认为可以减少冯部出工不出力对正面战场的影响，殊不知，吴此举反固冯倒戈之心，因为"行军千余里外荒寒之地，一不给钱，二不给弹，一旦遇敌，不战自溃，岂非故将我军置之死地耶？"④而且胡景翼与冯玉祥已有举事的默契，令胡监视冯，无异使冯先就知晓吴之用心，对吴更增反感，亦说明吴佩孚太过自信，他无论如何也想不到会变生肘腋，冯玉祥敢于倒戈相向。如时人论："吴氏对于诸人，本不十分信任，故全行调至远地，以免发生后路之危险，一面希望从速克生张作霖，纵使诸人有不利之行动，势已有所不能。"⑤"推吴用意，对冯疑忌已久，胜不过与以吉林，割绝边地；败则必牺牲其队，更免后忧。冯亦早悟及此，故当令下即向曹婉辞，请另派大军前往。经曹力劝，始开拔北上。而吴不知冯、胡、孙间已有密契，且嘱胡、孙监视冯军，如有越轨行动，并可便宜行事。胡等尽泄于冯。"⑥当胡景翼部奉命由河南作为援军北上经过通州时，特意将李虎臣旅作为总预备队

①　鹿钟麟等：《冯玉祥北京政变》，《文史资料选辑》第 4 辑，第 7 页。
②　《吴佩孚请密询冯玉祥若果敢有为拟将东三省全权付托致王毓芝陆锦密电》(1924 年 9 月 11 日)，《中华民国史档案资料汇编》第三辑《军事》(三)，第 258 页。
③　刘以芬：《民国政史拾遗》，第 45 页。
④　《冯玉祥日记》第 1 册，1924 年 9 月 21 日，第 619 页。
⑤　《冯氏推翻政局之内幕》，《申报》，1924 年 10 月 31 日。
⑥　李泰棻：《国民军史稿》，《北洋军阀》(四)，第 335 页。

留驻通州，以随时呼应冯玉祥的行动。

就在吴佩孚全心部署战事之时，"冯玉祥与其同志屡开会议，同时张作霖又与段祺瑞有所磋商，或于军队离京前，双方已具大体协定，虽未决其必然，但一大部之军队，未赴热河，逗留后路一事，确为事实。军队落后，名为筑路，实未前进，以便离京相近也"①。冯玉祥为起事作了周密的准备，他以京畿防务空虚为由，向曹锟建议任命孙岳为京畿警备副司令，并将孙部一个团调进城内驻防，便于起事时里应外合，控制京城；同时派蒋鸿遇为留守司令兼兵站总监，留住京郊，负责后方安排兼通消息；又将招募新兵编练的三个补充旅，以训练为名留驻后方，便于届时增加己方力量，控制局势。有意思的是，这些在曹锟和吴佩孚眼皮底下的准备行动，却没有引起曹、吴的相应警惕。

冯玉祥的部队因为冯的有意而迟迟其行，9月21日起方从北京陆续启程，23日冯亦离开北京。不过，冯部成一字长蛇阵，且行且止，逶迤前行，移动甚慢，每日行程不过数十里，9月底到达古北口以后即不再动，理由是筹措给养，实则是观察形势，等待时机。冯令沿途各县"修理道路，以备行驶汽车输送军需"，保持道路通畅；又令部队每日演练行军，保持机动，便利随时行动；还派员严查当地向外发出的邮件、电报，"凡关于时事概不能涉及"，以免走漏消息②。在外部联络方面，冯玉祥与张作霖的使者秘密会见，表示"不拟与奉军作战"，"请奉军万勿入关"，并相约"于两星期内回信，在此期限内冯当按兵不动"③。冯玉祥与"三角同盟"的另一主角段祺瑞，则通过黄郛和贾德耀保持联络。段祺瑞曾有信给黄郛称："大树（冯玉祥）沉默，不敢稍露形迹，是其长，亦是短也。现在纵使深密，外人环视，揣测无遗。驱之出豫，已显示不能

———————————

　　①　《冯氏推翻政局之内幕》，《申报》，1924年10月31日。

　　②　《京畿卫戍司令部侦察处长王光宇报告》（1924年10月），二档，一〇二五—135。

　　③　马炳南：《二次直奉战前张作霖与冯玉祥的拉拢》，《文史资料选辑》第4辑，第55页。

共事，猜忌岂待今日始有也？当吴到京之时，起而捕之，减少杀害无数生命，大局为之立定，功在天下，谁能与之争功也。现尚徘徊歧途，终将何以善其后也？余爱之深，不忍不一策之也。一、爆之于内，力省而功巨。二、连合二、三两路，成明白反对，恰合全国人民之心理。奉方可不必顾虑，即他二、三处代为周旋，亦无不可。宜早勿迟，迟则害不可言。执事洞明大局，因应有方，尚希一力善为指导之。"①此函实际是明白告知黄郛如何做冯玉祥的工作，也可知黄郛是冯玉祥举事过程中的深度参与者。段祺瑞的使者、时任陆军部军学司司长的贾德耀与冯部一路同行，也在不断做冯的工作，冯玉祥向他表示"拟请段芝泉（祺瑞）、张敬舆（绍曾）诸位重出，维持大局"，请其"往天津疏通"②。10月18日，段祺瑞的另一使者宋子扬（曾任第一混成旅旅长）到滦州见冯玉祥，转告段意，"现在乃最须改造之时，若能办到，即当一共和国民于愿以足。"冯回应"若团结力量，可以为之"③。冯玉祥还利用王承斌对吴佩孚剥夺其师长职权的不满，将其计划告知王，"王对冯的主张表示同情，但不愿与冯采取一致的行动，同时声明决不将冯的秘密泄漏给吴佩孚，仅只取得了相互之间的谅解而已"④。10月9日，冯玉祥致电曹锟及直系各将领，指责曹锟、李彦青、王毓芝、王克敏等"朋比为奸，炀灶蔽明，致兵革遍于全国，人民沦于水火，欲靖国事，非将此辈小人一律驱逐不可"⑤。作为直系的大将，冯玉祥为何在此时以如此直白的语言发出此电颇堪玩味，是他希望以此透露某种信息吗？还是以此有意扰乱各方的视线？值得注意的是，此电并未发给吴佩孚，而对冯玉祥与己方立场如此背离的电文，曹锟和吴佩孚仍未有足够的警惕与因应。据说，电中

---

①　沈亦云：《首都革命》，《传记文学》第5卷第2期，第19页。

②　《冯玉祥日记》第1册，1924年10月12日，第629页。

③　《中华民国大事记》第2册，第237—238页。

④　鹿钟麟、刘骥、邓哲熙：《冯玉祥北京政变》，《文史资料选辑》第4辑，第12页。

⑤　李剑农：《最近三十年中国政治史》，第587页。

指责的诸人见到此电后,李彦青谓:"我们有什么地方得罪了他,他要这样同我们过不去。"王克敏云:"不是同我们过不去,他不过借我们发泄罢了。"曹锟看到电报后对他们说:"你们何以同他斗到这个样子,今天子玉又走了,这事怎么办呢?"吴佩孚"亦有所闻,颇为着急,然竟无完善办法以相对付。"①

10月11日,吴佩孚离开北京前往前线督战,同日冯玉祥亦将其总部北移滦平,摆出对奉进攻的态势,实则密切关注战局的走向,选择对发动最有利的时机,确保起事的成功与己方利益的最大化。此时,直奉两军在山海关前线反复厮杀,相持不下,直军渐有不支之势,尚未投入作战的冯玉祥部生力军成为直系取胜的重要砝码,吴佩孚的参谋长张方严向冯发电,告"此间战事紧急,均由二、三军延迟不进所致,倘仍逗留不发,大局不堪设想"②。由此而使冯玉祥判断战局已至最后关头,加以留守京城的蒋鸿遇向冯密报,吴佩孚的嫡系第三师已调至山海关,也使冯玉祥判断其部回师京城不至遇到有力的阻碍。因为"事情很显明,冯玉祥本有倒戈准备固是事实,但起始也不无观望之意。若吴佩孚能在山海关、九门口一线得手,或者葫芦岛登陆成功,则冯的倒戈未必真能实现,甚至可以断定他不会实现。"③至此,冯玉祥遂下定决心,倒戈相向,北京政变的大幕即将拉开。

二　北京政变与奉皖结合

10月18日及19日,冯玉祥连续召集部将张之江、李鸣钟、鹿钟麟、刘郁芬、刘骥、熊斌等开秘密紧急会议,决定行止,胡景翼的代表邓

---

①　无聊子:《北京政变记》,《近代稗海》第5辑,第376—377页。

②　《白坚武日记》第1册,1924年10月,第498页。

③　何柱国:《孙、段、张联合推倒曹、吴的经过》,《文史资料选辑》第51辑,第20页。

宝珊等亦参加会议。会议讨论了前方的军事形势和倒戈政变的有关准备事项,冯玉祥正式宣布班师回京、发动政变、推倒曹吴的计划,得到与会将领的一致支持。随后冯玉祥令在大队后方密云的鹿钟麟旅回师京城,会同孙良诚、张维玺、蒋鸿遇旅控制北京;李鸣钟旅回师长辛店,截断京汉、京奉路交通,稳固京城外围;在大队前方承德的张之江、宋哲元旅回师京城接应;胡景翼部自通州进至军粮城、滦州方向,截断山海关直军的退路;孙岳在京城监视曹锟动向并作好内应准备;封锁北京至热河道路,切断两地电话通信联系,扣留吴佩孚派到冯部监军的北京宪兵司令兼前敌执法总监车庆云,以保持行动的隐秘性①。

10 月 21 日,冯玉祥部根据计划开始行动。22 日晚,鹿钟麟旅抵北苑,冯玉祥率刘郁芬旅抵高丽营,并在此与应约由北京城内赶来的黄郛会面,商讨政变后的政治善后方案。22 日晚,鹿钟麟部已有一团进城,会同孙岳部于当晚 12 时占领电报局、电话局和火车站,切断了北京与外界的交通通讯联络。23 日晨,鹿钟麟部主力入城,在孙岳部的接应下,依序控制了京城各要点。因为事发突然,曹锟完全没有准备,在冯玉祥部队行动的过程中,局势平和,秩序如常,未发生武装冲突。曹锟的总统府卫队及直系其他留城部队被包围后解除武装,曹锟本人被留置在总统府,不能外出,形同软禁。曹锟的四弟、兵站军需总监曹锐和曹锟的亲信、公府收支处长兼兵站军需副监李彦青被捕(曹锐于 11 月 30 日服毒自杀身亡,李彦青于 12 月 15 日被处决),财政总长王克敏被冯部搜捕,但侥幸脱逃,避入东交民巷使馆区②。

10 月 23 日凌晨,冯玉祥、胡景翼、孙岳于北苑会商政变诸项事宜。政变成功后,他们在当天联名发表致段祺瑞、孙中山、王士珍、岑春煊、

---

① 鹿钟麟、刘骥、邓哲熙:《冯玉祥北京政变》,《文史资料选辑》第 4 辑,第 13—14 页。

② 这三人都对冯部请领的军饷军需"多方刁难",甚而"虽有曹锟亲笔批示,他们依然拒不发给",故冯玉祥"对他们早已恨之刺骨",此次入京发动政变必欲索之。鹿钟麟、刘骥、邓哲熙:《冯玉祥北京政变》,《文史资料选辑》第 4 辑,第 13—14 页。

唐绍仪、熊希龄、梁启超、张謇等大老名流及各省军民长官并报馆、社团等通电谓："本年水旱各灾,饥荒遍地,正救死之不暇,竟耀武于域中,吾民何辜,罹此荼毒? 天灾人祸,并作一时,玉祥等午夜彷徨,欲哭无泪,受良心之驱使,为休战之主张。爰于十月二十三日决意回兵,并联合所属各军另组中华民国国民军,誓将为国为民效用。如有弄兵而祸吾国,好战而殃吾民者,本军为缩短战期起见,亦不恤执戈以相周旋。现在全军已悉数抵京,首都之区,各友邦使节所在,地方秩序,最关重要,自当负责维持。至一切政治善后问题,应请全国贤达,急起直追,商补救之方,共开更新之局。"①冯玉祥还发表布告,强调"对于地方之秩序力予维持,而外人之生命财产,更当特别保护。倘有无知之徒,妄加揣测,生事造谣,希图煽惑,定当严密查访,重惩不贷"②。

冯玉祥发动政变,北京政治变天,曹锟被困总统府,外界无法得知其反应。据时任国务总理的颜惠庆回忆:"9 月 23 日(此处似为颜惠庆记忆错误或译者翻译错误,应为 10 月 23 日——作者注),早 7 时,门房惊慌地将我叫醒,报称:街上不满士兵,据悉为冯玉祥将军的部队,他曾给警察局打电话,但是电话线已被切断,他深感事态极为严重,故前来通报。我以最快速度起床,试着与警察局、卫戍司令部及内阁同人分别联系。同时遣仆人出门打探消息。仆人从附近探询以后,回来报告,冯玉祥将军回师北京,发表和平宣言,并包围了总统府,请求大总统同意他们的政见。此时,毋庸置疑,'基督将军'已然发动了他一生中第一次重大的政变。这一判断迅速被证实,一位内阁同僚数小时后前来拜访,并希望知道下一步该做什么。"③颜惠庆还能做什么? 他能做的只有等待,等待枪杆子决定他们这些笔杆子该做什么。

---

① 《冯玉祥等通电》,《申报》,1924 年 10 月 28 日。
② 无聊子:《北京政变记》,《近代稗海》第 5 辑,第 418 页。
③ 《颜惠庆自传——一位民国元老的历史记忆》,吴建雍、李宝臣、叶凤美译,商务印书馆 2003 年版,第 184 页。

果不其然，当天上午孙岳前来拜见颜惠庆，"解释了冯将军回师北京的理由，称冯将军此举是为了国家利益，阻止不必要的流血战争，等等"。孙岳向颜惠庆"严厉要求：必须对吴佩孚大帅撤职查办"。颜惠庆"感到不妥"，认为应给吴体面的闲职。在随后召开的内阁紧急会议上，与会者对冯玉祥的"突然倒戈，甚为震惊"，但是"内阁别无选择，只有接受冯将军的全部要求"。因为"内阁会议尚在进行，突然闯进六七名冯军将校，催逼我们立即颁布命令，声言士兵长途跋涉三天三夜，已疲惫不堪，情绪甚坏，因而，任何的拖延不决，都将给大局带来更为不幸的灾难，枪炮已陈于公府门前，他们只能保证所控军队在下午两时以前不闹事，过此期限，他们不再认为部队还能保持京城的平静与秩序"①。颜惠庆还在 24 日专门入府，向曹锟"详陈一切，谓熟计利害，只有依允焕章之要求，下停战令与免吴子玉职"。曹锟回应称："对奉作战，虽系子玉主张，予实成之，要办子玉，先办曹某。"继而孙岳到，向曹锟表示可以保其安全，并可通融给吴佩孚一名义下台，但命令必须发。曹锟无奈，只能对颜惠庆表示："责任内阁，一切可负责办去，予听君等办理可也。"②颜惠庆遂召集内阁会议，通过各项命令，请曹锟盖印发表，内阁亦向曹锟提出辞职。

10 月 24 日，曹锟通电全国，声明"本大总统受任之初，即以振导祥和为职志，耿耿此心，久经宣示有众。此次用兵东北，实出万不获已，而蕲望和平之志，未尝一日或逾。……兹特申令停战，自下令之日起，两方军事着即停止进行，各守原防，听候中央筹议结束办法，其有抗令不遵者，仍当强行制止，以期促进和平，与民休息。"同时发布总统令：讨逆军总副司令等职，应即撤销，所有山海关一带军队，责成王承斌、彭寿莘妥为维持；吴佩孚免去本兼各职，特派为青海垦务督办③。

① 《颜惠庆自传——一位民国元老的历史记忆》，第 185—186 页。
② 无聊子：《北京政变记》，《近代稗海》第 5 辑，第 380 页。
③ 《政府公报》1924 年 10 月 25 日。

　　关于政变的政治善后,冯玉祥根据其事先的筹划,在政变后即着手进行。10月25日,冯玉祥在北苑召开军事政治会议,出席者有胡景翼、孙岳、王承斌、黄郛、贾德耀等高级军官和政治幕僚。会议决定:一、成立中华民国国民军,推冯玉祥为总司令兼第一军军长,胡景翼、孙岳为副总司令兼第二、第三军军长;二、召开元老会议,解决国是问题,电邀孙中山、段祺瑞、王士珍、赵尔巽、田文烈、唐继尧等来京出席(其后又加入岑春煊、张謇等);三、组织临时内阁,摄行国政;四、大政方针,决取新临时政府制,公推临时执政,再召开国民会议,修改约法,不承认国会,不承认曹锟宪法,对曹锟向国会辞职取不理态度①。次日,冯玉祥、胡景翼、孙岳联名致电段祺瑞称:"惟当军事时期,戎机重要,瞬息万变,督率指挥,宜立纲纪。谨先组织国民军总办事处以统辖,祥等勉从众望,分任总、副司令,专为布置各部队伍。本军大元帅一席,非公莫属,万恳俯念国难方殷,国民属望,即时就职,命驾来京,表率一切,俾祥等有所遵循"②。冯玉祥还在25日发表通电,提出其所定建国大纲:一、打破雇佣式的体制,建设极清廉政府;二、用人以贤能为准,取天下之公材,治天下之公务;三、对内实行亲民政治,凡百设施务求民隐;四、对外讲信修睦,以人道正谊为根基,扫除一切抢夺欺诈行为;五、信赏必罚,财政公开③。不过,冯玉祥的上述政治主张比较抽象,并无多少可行的内容,难以发生实际的政治效用。

　　冯玉祥发动北京政变,动摇了直系统治的根本,反直"三角同盟"自然是欢迎的。26日,张作霖率先表态,他对记者发表谈话,"声言北京政府之收拾,当令段老当之。余将取消东三省之独立,与冯玉祥共辅佐段老"④。27日,孙中山致电冯玉祥等,贺其"义旗聿举,大憝肃清,诸

----

① 《中华民国史事纪要》中华民国十三年(1924)7至12月份,第682页。
② 《中华民国史事纪要》中华民国十三年(1924)7至12月份,第688页。
③ 《中华民国史事纪要》中华民国十三年(1924)7至12月份,第682—683页。
④ 无聊子:《北京政变记》,《近代稗海》第5辑,第386页。

兄功在国家,同深庆幸。建设大计亟应决定,拟即日北上与诸兄晤商"。同日孙中山致电段祺瑞,表示"大憨既去,国民障碍从此扫除,建设诸端亦当从此开始。公老成襄国,定有远谟。文拟即日北上晤商一切,藉慰渴慕并承明教。"①而各方属望的政治中心人物段祺瑞则态度谨慎,"据接近段祺瑞者云,段氏此时将自重,必待各省一致推戴,然后出山"②。直到 29 日段祺瑞才电致冯玉祥等,恭维其"所见远大,洞中机宜",表示"非有彻底改革之决心,焉得民国本来之面目"③。

　　冯玉祥本为武人,此前并无多少高层政治经验,他的倒戈相向,虽不无政治理想与热情,也有对自身和集团利益的追求,但对于政治的复杂与派系的纠葛,他欠缺实际的体验,政治的本质在于利益的平衡与交换,故当政变后冯遇到实际的问题时,做事的方法和内容都很难行得通。颜惠庆内阁提出辞职后,冯玉祥本意由颜惠庆留任总理,但提出旧阁中的直系成员不能留任,被颜"断然拒绝"。其后他属意的王正廷和张绍曾,也都担心在政治前景不明的情况下出任总理将是吃力而不讨好,婉言谢绝。最后才由各方妥协,请与闻政变事的教育总长黄郛出面组阁。10 月 31 日,黄郛组阁告成,黄自任代总理兼教育和交通总长,王正廷任外交总长兼财政总长,奉系人物王永江任内务总长,王乃斌任农商总长。但因为张作霖对冯玉祥控制北京政府人事不满,王永江和王乃斌都未到任,内阁人事缺乏代表性,不过临时安排而已,其职权实际有限。

　　黄郛内阁成立后,主要做了两件事:一是摄行总统职务,二是驱逐溥仪出宫。

　　曹锟自北京政变发生后即被软禁在总统府,不能与外界联络,只能

　　①　《致冯玉祥等电》,《致段祺瑞电》(1924 年 10 月 27 日),《孙中山全集》第 11 卷,第 251—252 页。

　　②　无聊子:《北京政变记》,《近代稗海》第 5 辑,第 386 页。

　　③　《中华民国大事记》第 2 册,第 244 页。

听命在各种需要以总统名义发布的文件上盖印,扮演着傀儡总统的角色。不过,因为吴佩孚还在领兵坚持,新阁尚未成立,大局似仍处混沌之中,故曹锟没有立即请辞,仍表现出恋栈之意。而冯玉祥毕竟出身直系,曾受惠于曹锟,曹于冯有知遇之恩,故考虑到各种内外因素及人言可畏,冯玉祥起初也没有下决心剥夺曹锟的总统职位。在直系内部,冯玉祥主要是对吴佩孚不满,视曹锟为"忠厚长者,但左右均群小耳"。"总统不看报,所以有人骂他亦不知也"①。冯玉祥在政变前对曹锟还没有完全打倒的决心。政变发动前夜,黄郛到密云高丽营与冯玉祥密商有关事项时,冯玉祥所拟之文告通电,"仅将内战罪名加在吴佩孚一人身上,对曹锟仍称总统。"黄郛认为:"国民军倘不过为清君侧,未免小题大做了。""冯以为然,临时请另拟稿。"②然而这份黄郛所拟的通电文稿,也没有点出曹锟之名,可见冯玉祥还是为曹锟留有余地。23日政变发动之后,冯玉祥在个人署名发表的布告中,还称呼曹锟为"大总统",称自己是"为国除暴,不避艰危,业经电请大总统明令惩儆,以谢国人,停战言和,用苏民困,起国内之贤豪,商军国之大计,和平解决,指日可待"③。直到形势发展渐趋明朗,新阁成立,特别是担心吴佩孚借曹锟名义继续生事,扰乱政局,冯玉祥方认为:"总统就任以来,除祸国殃民外,无可述者,今又为吴佩孚号召之资,已成将来乱源,是为人民与国家计,非将曹氏推倒不足救国也。"遂改变对曹暂不置理的态度。10月31日,黄郛内阁组成的当天,冯玉祥对王承斌言:"曹氏不去,吴终拥之以号召各省;吾作此事,明知未免逼曹太甚,论私交则有不安,然为救国救民,又不得不以公废私也。"冯玉祥授意王承斌往见曹锟,"请其宣言退职,内阁另行改组"④。

---

① 《冯玉祥日记》第1册,1924年2月12日、9月2日,第525、608页。

② 沈亦云:《首都革命》,《传记文学》第5卷第2期,第20页。

③ 无聊子:《北京政变记》,《近代稗海》第5辑,第418页。

④ 《冯玉祥日记》第1册,1924年10月31日,第641页。

　　冯玉祥在政变后控制着北京,他对曹锟态度的变化,曹锟自不能不感知并遵从。11月2日,直军已经全线溃败,退到天津的吴佩孚难以支持,形势的发展已不容没有了武力支撑的曹锟继续赖在总统之位,曹锟才不能不向国会觍颜提出辞职。他在辞职通电中称:"本大总统谬承国民付托之重,莅职以来,时切兢兢,冀有树立,以慰国人之望。无如时局多艰,德薄能鲜,近复患病,精力不支,实难胜此艰巨之任,惟有请避贤路,以谢国人。"①此等辞职通电不过是例行公事文章,也根本没有经国会讨论,因为政变后的国会已经在声讨贿选的谴责声中失去其合法性存在的空间,也没有人还拿国会当回事,冯玉祥已决定"不承认国会",曹锟向国会提出辞职,只是为自己的下野寻求个人面子的合法性解释而已。但是,辞职下台并不能恢复曹锟的自由身,曹锟下台后与其妻妾、子女、仆役等全部移住南海延庆楼,由陆军部与京师警察厅派出军警严密监视,实际仍处软禁状态中,直到1926年4月10日重获自由。也就是说,曹锟花了大笔的钱财、靠着武力的支撑才当上的总统,结果因此而失去自由的时间比他当总统的时间还要长若干时日②。从上台到下台,曹锟在总统任上做了一年又二十四天,他也因此成为北洋时代最短命的一任总统③。曹锟的上台是以武力为后盾的贿选,他的下台仍是以武力为后盾的逼迫,枪杆子的支配性始终如一,不同的是,与过往拥戴总统上台和逼迫总统下台至少还是不同阵营所为相比较,拥曹锟上台和逼曹锟下台的,都是同一阵营的成员,说明北洋时代军阀政治无序化的恶性发展,曾经的派系忠诚和首领忠诚亦不复牢固,军阀统治的派系基础已然动摇。

---

　　①　《政府公报》,1924年11月3日。

　　②　《李寿金报告遵令监视曹锟情形呈》(1924年12月16日),《中华民国史档案资料汇编》第三辑《政治》(二),第1481页。

　　③　北洋时期历任总统在位时间,袁世凯四年有余,黎元洪两次出任共两年有余,冯国璋一年两个月有余,徐世昌三年八个月,曹锟不到一年一个月,故以曹锟为最短。

　　曹锟辞职后,黄郛内阁摄行总统职务,在各派系尚未建立相对稳固的平衡关系之前,北京政府的地位亦不稳固,可做的事有限,新政府做成的仅有的大事,是驱逐前清废帝溥仪出宫。

　　民国成立后,根据清帝退位时达成的清室优待条件,以废帝溥仪为代表的前清王室仍然留住北京紫禁城前清皇宫,继续保留宣统皇帝的尊号和小朝廷的威仪,各路遗老遗少络绎不绝来此对废帝顶礼膜拜,甚而演出过1917年张勋拥溥仪复辟的闹剧。冯玉祥入都发动政变后,为了凸显政变的"正义"与"合道",决定立即驱逐溥仪出宫,以免段祺瑞"来后重生枝节"①。

　　11月4日,摄政内阁通过修改后的《清室优待条件》:一、大清宣统皇帝从即日起永远废除皇帝尊号,与中华民国国民在法律上享有同等一切之权利;二、自本条件修正后,民国政府每年补助清室家用五十万元,并特支出二百万元,开办北京平民工厂,尽先收容旗籍贫民;三、清室应按照原优待条件第三条,即日移出宫禁,以后得自由选择住居,但民国政府仍负保护责任;四、清室之宗庙陵寝永远奉祀,由民国酌设卫兵,妥为保护;五、清宫私产归清室完全享有,民国政府当特别保护,其一切公产应归民国政府所有②。5日上午,京畿警备总司令鹿钟麟会同社会名流李石曾等,带同军警前往紫禁城,召清室内务府大臣绍英等,传达《修正清室优待条件》,要求溥仪废除尊号,即日出宫。溥仪没有能力拒绝这些条件,只有全盘接受,于下午3时许在鹿钟麟等陪同下出宫,移居后海前清醇亲王载沣府邸。6日,摄政内阁决定设立由各界知名人士及学者名流和清室代表组成的清室善后委员会,以李石曾为委员长,负责清理接收清宫文物、档案、财产,以便以后"一律开放,备充国立图书馆、博物馆等项之用,藉彰文化,而重久远"③。

---

　　①　《冯玉祥日记》第1册,1924年11月4日,第646页。

　　②　《政府公报》,1924年11月6日。

　　③　《中华民国史事纪要》中华民国十三年(1924)7至12月份,第786页。

　　驱逐溥仪出宫事引起各界广泛关注,多数社会舆论表示支持,但也有清室遗老表示不满,并通过溥仪的洋人教师庄士敦向外国驻京公使团说项,意图缓和。驻京外交团领袖、荷兰公使欧登科与英、日公使遂于5日晚向北京政府外交部提出抗议,外交总长王正廷答称,政府将保护溥仪等人的生命财产安全。"天津来人说,段祺瑞听到此事,气得将身边痰盂一脚踢翻,大骂摄阁不解事,将公开反对"①。其后段祺瑞致电冯玉祥,责以"要知清室逊政,非征服比,优待条件,全球共闻,虽有移往万寿山之条,缓商未为不可,迫之于优待条件不无刺谬,何以昭大信于天下乎?望即从长议之可也"。冯玉祥复电辩称:"清室为帝制封建余孽,复辟之祸,贻羞中外,张勋未伏国法,废帝仍存私号,均为民国之耻。留此孽根,于清室为无益,于民国为不详。此次移入私邸,废去无用之帝号,除去共和之障碍,人人视为当然。除清室少数人仍以帝号尊荣者外,莫不欢欣鼓舞。"张作霖亦声言将会同提出此事,询冯真意所在,再定处置方针。11月8日,摄政内阁通电全国,说明原委,解释误会,电称:"今名为共和,而首都中心之区,不能树立国旗,依然沿用帝号,中外观国之流,靡不列为笑柄。……故当百政刷新之会,得两方同意,以从事优待条件之修正。自移居后海后,并愿由军警妥密保护。从兹五族一除,共和基础,固如磐石。"②

　　驱逐溥仪出宫事虽然得以顺利进行,然而段祺瑞和张作霖的质疑态度,却说明冯玉祥在反直阵营内部并无特别的权威,摄政内阁的地位并不稳固。11月14日,黄郛循例宴请驻京外交团,意图得其祝贺和承认,但除苏联之外的各国使节均未出席,致宴会不得不临时取消,也说明列强对北京政治的走向仍在观望之中。北京政变发生前,反直各派在推倒直系统治方面是一致的,但在政变成功后,如何处理政治善后事

　　①　《亦云回忆》上册,第205页。
　　②　《中华民国史事纪要》中华民国十三年(1924)7至12月份,第773、786、799—800页。

宜,则各派各有其利益,各有其主张,对于这样复杂的政治局面,实际是本为武夫出身、军事实力尤其是政治实力有限、也欠缺政治经验与手腕的冯玉祥难以把握和控制的。

直系在北方的军事失败之后,张作霖一跃而为北洋军系中实力最强者,奉军收编直系部队,实力大增,而且违反与冯玉祥达成的不入关前诺,大举入关,控制了天津及北京周边地盘和交通线,实力超过冯玉祥的国民军,并有向北京发展的强烈动力,因而对冯玉祥构成相当大的压力。只是因为政治上的考虑,张作霖暂时还无意直接走上前台,而是力推段祺瑞出山,执掌北京大权。作为反直"三角同盟"的主角之一,段祺瑞在直皖战后即长居津门,间或操弄政治,因为其军事实力有限(卢永祥刚刚在江浙战争中失败,使得段祺瑞更无可依凭的军事实力),段祺瑞主要是以其北洋资深经历和广泛人脉关系发挥作用,从黄郛和贾德耀在冯玉祥政变过程中的参与度,亦可知资历和人脉对政治运作的重要性。北京政变发生后,段祺瑞表面淡定,没有表现出强烈的政治欲望,而且故作姿态,向冯玉祥表示,"鄙人野居四五年,识见尤为不广,恐无补于时艰,希努力策划,以竟全功"①。但在实际上,皖系下野军人政客纷纷发出通电,推举段祺瑞"德望崇隆,举国成钦";"再造民国,万流宗仰";"务望一致电催出山,速解纠纷,共谋善后"②。实则为段祺瑞复出造势。张作霖需要利用段祺瑞作为政治缓冲和过渡,冯玉祥需要借重段祺瑞在北洋军系的资望,即便是南方各省的直系部将,如齐燮元、孙传芳、萧耀南等,出于因应变局、暂求自保的目的,也推崇段"勋望德业,久为中外所推崇,亟应恳请出山,以维大局,而定人心",希望"段吴合作",维持大局,而对北京摄政内阁则取不承认态度③。一时间,段祺

---

① 无聊子:《北京政变记》,《近代稗海》第5辑,第419页。

② 《刘镇华、陆洪涛、郑士琦等通电》(1924年11月5日、7日),《中华民国史档案资料汇编》第三辑《政治》(二),第1475—1476页。

③ 《孙传芳佳电》(1924年11月9日),二档,一〇〇一—88。

瑞似乎成了不能不出山以解决时局的各方属望的中心人物。如时论所言：“段祺瑞蛰伏多年，在这次政变后，忽又成收拾时局的惟一人物，政变主动诸人拥段，张作霖拥段，中立各省拥段，甚至失败而去的吴佩孚也有对段屈服的表示，长江各省本为吴系，亦乱言尊段，照这情形看来，在今日实有非段出山不可之势。”①其因如上海日文《日日新报》所分析：“冯玉祥虽一时入京握有中央政权，然拥兵数万，仅限近畿地方而无地盘，知难长久维持，乃求段氏出山，权依其名以号令天下，俾早日收拾时局。张作霖之目的，在于歼灭直系势力，不与吴佩孚以再起之余地，其所惧者为吴纠合长江之势力，出于拥段之态度，而贻留他日之祸根。冯等欲利用段氏以固本派之地位，奉张亦欲利用段以收战胜之全攻。而段则乘张冯之拥戴，而握天下之实权，表面均标榜和平妥协，而实则角智以竞取权势。”②

在各方利益的博弈中，“政治主张似奉鲁近合肥，冯胡孙近中山”③。孙中山虽为反直“三角同盟”的一方，在北京政变成功后却被边缘化，只是受到表面的尊崇，实则并不能与闻北京核心政治。故孙中山在应邀由广州北上途中，在日本神户欢迎会上演说时曾表示：“当北京初次变化的时候，国民军的行动好像真有革命的色彩。后来我由韶关到广州，由广州到上海，看到北京的情况便一天不如一天，似乎受到了别种势力的牵涉，不像革命的运动。到上海住几日之后，北京情况更为之一变。”④在此情况下，段祺瑞似乎自然成为解决北京政局的中心人物，对此他一方面表示：“至余个人，纵令反直派全获胜利，余亦无违反平生素志，即入京指挥一切之意，世人往往传说，曹锟一倒，余必入京，

①　《北京政局的变化》，《东方杂志》第 21 卷第 21 号，第 3 页。

②　《中华民国大事记》第 2 册，第 250 页。

③　《苏体仁致阎锡山电》（1924 年 11 月 4 日），《阎锡山档案要电录存》第 7 册，第 89 页。

④　《在神户欢迎会的演说》（1924 年 11 月 25 日），《孙中山全集》第 11 卷，第 378 页。

是诚出于本人意外。"另一方面又表示:"惟是余亦国民之一分子,如中国舆情非要余出庐不可,余亦不辞为最后的牺牲,而与南北同志努力共图时局之安定,盖此实国民之义务。惟在今日遽行发表,似嫌尚早耳。"①显然,段祺瑞已经做好出山的准备,而张作霖和冯玉祥的博弈则决定着段祺瑞的政治命运,不过至少在北京政变成功之初,段氏还是为张、冯两方共同接受的人物,然就段祺瑞而言,则又亲奉而远冯。据时人观察,"合肥对冯颇不满意,一时暂不入京,独守九门,对于冯代表曾发一问题,焕章此举是革命抑政变? 冯代表不能答";"合肥刻下态度外似旁观,实则积极进行"②。"奉恃胜而骄,嫉冯派据京发令,隐蓄入京排冯意。冯在津虚与委蛇,内已暗有戒备"③。张、段、冯三方在政变刚刚成功之时即已暴露出政治的裂痕。

11 月 10 日,段祺瑞、张作霖、冯玉祥在天津段宅会议,讨论善后安排。段与张主张趋近,而冯玉祥原本在政治上并无坚持一贯的主张,摇摆不定,面对段、张联手,自己势孤力单,不得不放弃原先迎孙北上、孙段合作、召开和平会议等主张,改拥段祺瑞出山。15 日,冯玉祥、胡景翼、孙岳与张作霖、卢永祥联名发表通电称:"国是未定,中枢无主。合肥段公,耆勋硕望,国人推戴,业经一致从同。合肥虽谦让未遑,然当此改革绝续之交,非暂定一总揽权责之名称,不足以支变局。拟即公推合肥为中华民国临时执政,即日出山,以济艰危,而资统率。"④其后,张、冯、卢等又多次表示,请段入京,主持一切。经此一番周折,段祺瑞算是为自己挣足了面子,不再故作姿态,而是于 21 日通电全国,表示"革命

---

①　无聊子:《北京政变记》,《近代稗海》第 5 辑,第 411 页。

②　《潘连茹致阎锡山电》(1924 年 11 月 12 日),《阎锡山档案要电录存》第 7 册,第 142—143 页。

③　《温寿泉等致阎锡山电》(1924 年 11 月 14 日),《阎锡山档案要电录存》第 7 册,第 153 页。

④　《张作霖等通电》(1924 年 11 月 15 日),《中华民国史档案资料汇编》第 3 辑《政治》(二),第 1477—1478 页。

既已,百废待兴,中枢乏人,征及衰朽。祺瑞自顾疏庸,讵胜大任。乃电函交责,环督益坚。不得已拟于十一月二十四日入都,就中华民国临时执政之职,组织临时政府,斯维秩序"。至于其后之措置,则"拟组织两种会议","一曰善后会议,以解决时局纠纷,筹备建设方针为主旨,拟于一个月内集议";"二曰国民代表会议,拟援美国费府会议先例,解决一切根本问题,期以三个月内齐集";"会议完成之日,即祺瑞卸责之时"①。

　　11月23日,摄政内阁辞职。24日,段祺瑞出任中华民国临时执政,不设国务总理,由执政"总揽军民政务,统率海陆军",召开国务会议议决即行。段祺瑞在就职通令中表示,将"刷新政治,整饬纪纲,所望官吏士民,协力同心,共臻治理";"所有从前行政、司法各法令,除与临时政府制抵触,或有明令废止者外,均仍其旧";"所有京外文武官吏,均仍旧供职,共济时艰"。张作霖亦于当日入京,同时有大量奉军随同入京,使冯玉祥备受压力,他"要抵挡撤回的直军,周旋进关的奉军,和打隙的皖系。……三军各有弱点,而二三两军为其累多而助少,二军的纪律与欲望尤可议。对方乘其弱点,弄得国民军本身秩序渐乱"。因此,冯玉祥"从天津回京,闷不作声,他有拿不起放不下之苦"②。24日,冯玉祥发表通电,表示"平和可望,改革可期","宣告解除兵柄,决心下野",以此暂时回避现实的矛盾,并对外表示发动政变并不为个人谋利③。至此,经过政变后的一番纵横捭阖,各方政治力量形成新的组合,奉系和皖系携手主导北京政治,张作霖拥有最大的话语权,段祺瑞走上前台,孙中山被供为元老,冯玉祥退居幕后,也就是在这样的暂时平静之中,

---

　　①　《段祺瑞就任临时执政并发表国是主张通电》(1924年11月21日),《中华民国史档案资料汇编》第三辑《政治》(二),第1478—1479页。

　　②　《中华民国史事纪要》中华民国十三年(1924)7至12月份,第939、945页。

　　③　《冯玉祥通电》(1924年11月24日),《中华民国史档案资料汇编》第三辑《军事》(三),第311页。

酝酿着新的矛盾和战争。

三　第二次直奉战争的终结与北洋军系的走向

10月23日冯玉祥部回师北京,发动政变,时在山海关前线的直军仍在与奉军作殊死战,并未得知消息。当天下午吴佩孚获悉政变消息时,"尚疑而未信,以为诸将皆在前敌,何此电自京拍来,定为他人所捏造,即电冯探寻真相"。冯玉祥回电云:"民六以还,战事迭兴,民生日蹙,国计日艰,揆诸事实,不忍再战,故有联衔通电,主和停战。惟为一时权宜计,事先未及电商,殊为抱歉云。于是吴氏之态度,弥为惶恐不安矣。"①

得知北京政变的实情后,24日,吴佩孚在秦皇岛直军总部主持召开紧急军事会议,决定因应方略。吴佩孚对冯玉祥此举极为恼怒,决定亲率直军主力第三师及曹锳第二十六师一部火速转往天津,进行讨冯作战,并急电萧耀南、齐燮元、孙传芳等南方直军将领,调集直军增援北方;至于山海关前线作战,决定由援军总司令张福来代理直军总司令,部队采取守势,不主动出击,亦不主动撤退,俾拖住奉军,争取时间,以利再战。对于吴佩孚的决策,与会将领不无异议,盖因当时直军与奉军经多日苦战,已显疲态,如果北京政变消息传开,而主帅又离队,则部队群龙无首,将致军心动摇,势将牵动全局,有失败之虞。负责山海关前线作战的第一军总司令彭寿莘的参谋长李藻麟提出:"在此危急关头,全军主帅万不可离开部队,应当集中兵力迅速将当前的敌人击溃,然后挥师南下,以天津为根据地,召集各省援军,以解决北京问题。"但吴佩孚刚愎自用,一意孤行,他对冯玉祥倒戈的仇恨超过了对奉作战的急迫,在他的坚持下,诸将领对其作战方案卒无异议②。不过,此后战局

---

① 无聊子:《北京政变记》,《近代稗海》第5辑,第388页。

② 李藻麟:《二次直奉战中山海关战役亲历记》,《文史资料选辑》第4辑,第50—51页。

的发展说明，吴佩孚此举确为导致直军在山海关前线最终失败的重要因素。

10月25日，吴佩孚在秦皇岛发表通电，声称曹锟"由京特派密使来岛，述同前情，并传谕语，冯玉祥已派兵包围公府，本大总统受暴力围逼，完全失其自由，特命吴总司令佩孚，星夜率兵入卫，号召全国忠义会师讨贼，匡复京国。所有一切征讨事宜，均著吴总司令承制处分，便宜行事"。通电责冯"未闻遗矢相加，先已倒戈相向。朋友之交，犹耻二三其德，况以身所尊事之中央，法所产生之元首，视等弁髦，放肆幽迫，在国法为大逆，在个人为不义"；声明"奉元首密令，剪除凶逆，必不使艰难恢复之法统，合法建置之政府，任一二人颠覆以尽。所有冯玉祥之倒行逆施，反道败德，应与张作霖同科。爰一面激励前敌将士东讨外叛，一面分领大军，会师畿辅，清除内奸。"吴佩孚还以曹锟名义任命李景林为东三省巡阅使兼奉天督军，胡景翼为热察绥巡阅使兼第三军总司令（此时吴尚不知胡也参加了政变），刘镇华为陕甘新巡阅使，王怀庆为陆军检阅使兼西北边防督办。对于曹锟在北京所发停战令及免吴职等令，吴佩孚通电指"其为捏造，不辨自明。且该伪令首尾皆与程式不符，显由伪造者不明公式，尤不啻自逞供状。佩孚既奉元首密使传谕便宜行事，贯彻戡乱，对于此等伪令，理合声明，以彰逆迹"①。其实，曹锟所发各令，虽为被迫，却非"捏造"，事有各方资料回忆所证，倒是吴佩孚所言曹锟"密令"是其自说自话，有"矫诏"之嫌，因为曹锟当时已在冯部严密看管之下，不可能再派密使外出传旨。

25日晚，吴佩孚率部离秦皇岛，26日午抵天津，在北仓车站设司令部，部署讨冯军事。不过，此时吴佩孚面对的最大难题是缺兵少将，直军北方主力集中在山海关，南方主力距离遥远，他能够动用的兵力只有从山海关带来的第三师和第二十六师一部及临时征调的潘鸿钧第一混成旅，总数不到两万人。为了增厚兵力，准备决战，吴佩孚下令调驻保

---

① 无聊子：《北京政变记》，《近代稗海》第5辑，第389—390、419—420页。

定的曹士杰第十六混成旅北进驰援,同时令调江苏、浙江直军一师二旅沿津浦路北上、河南、湖北直军一师二旅沿京汉路北上。为了稳固直军军心,吴佩孚还致电直系各省,通报"此间前方战事连日极称得手,可勿顾虑。当经通电各省,一致申讨"①。

但是,形势的发展完全不似吴佩孚预期的那般乐观。北京政变和吴佩孚离开山海关的消息传开后,山海关前线的直军军心涣散,阵脚大乱,奉军乘隙在直军后方发动攻势,胡景翼部配合奉军行动,奉军一路进展顺利,直军防堵失利,步步后退,26日奉军占迁安,28日入滦州,直军"弃械奔逃,全部溃散"。奉军控制了京奉路,切断了直军后路,山海关方向直军陷入重围,上下均惶恐不安,防守已有崩溃之像。

10月30日,奉军第三军张学良、郭松龄部在山海关前线发动总攻,直军官兵无心再战,丢兵弃甲而退。奉军由后路突破至秦皇岛直军总部,代总司令张福来率先登轮而走,山海关正面直军腹背受敌,防线土崩瓦解,彭寿莘等亦登轮出走。山海关战线的直军全线溃败,除了四千余人随张福来出走之外,十余万部队都被奉军缴械,状似"全然无指挥之乌合之众,将校兵卒均面庞瘦窭,形如饿鬼,步履不整,踉跄而行,睹其现状,令人追想其累日恶战苦斗,饥寒交迫之窘状,而为之心悸也"②。热河方向的直军更无战斗力,王怀庆早无心抵抗,将所部交奉军收编,自己只身下台去天津闲居。

山海关前线直军崩溃,奉军和国民军分路进迫天津,吴佩孚统率的驻津直军陷入两面夹攻,态势不利。前内阁总理张绍曾在27日到访天津吴佩孚总部,意欲调停,他对吴佩孚言:"君与冯同为中国军人模范,且同为我亲家,万一冲突,必有一伤,殊非我所乐闻。且曹系无聊之徒,拥曹徒失人心,勿效妇人之仁,矧又师出无名。"曹锟之弟、第四军总司

---

① 《吴佩孚致阎锡山电》(1924年10月25日),《阎锡山档案要电录存》第7册,第51页。
② 古蓟孙:《甲子内乱始末纪实》,《近代稗海》第5辑,第346页。

令兼二十六师师长曹锳亦主张言和。但是,张绍曾转达的冯玉祥停战条件是曹锟下台及吴佩孚率第三师赴青海任职,不为吴佩孚所接受,张绍曾的调停未果,吴佩孚与张作霖和冯玉祥的恩怨仍然只能交由武力解决①。

自 10 月 30 日起,直军与国民军在京、津间开始接战。31 日,奉军及国民军向直军发动全面攻势,面对对手的四面围攻,直军力渐不支。吴佩孚调动的直系北上援军,因山东和山西当局态度的变化而无法赶到前线。山东督理郑士琦和山西督理阎锡山与张作霖和段祺瑞秘密勾连,背直而投奉、皖,他们出兵切断了津浦路和平汉路,分别堵塞了直系苏浙援军和豫鄂援军的北上通路。面对如此险情,吴佩孚虽图继续抵抗,无奈前方直军已呈瓦解之势,11 月 2 日国民军攻占杨村和北仓,吴佩孚自海上后撤的通路也受到奉军威胁,曹锟已在前一日宣布辞职下野,列强驻津领事团警告吴佩孚不得在天津周边 20 里以内作战。国民军攻下北仓后,吴佩孚设在新车站的总部已闻炮声,"其部属各军官及参谋等均劝其逃,反为吴所申斥,大骂各人无用,并声宣无论如何,必不逃走,且定须见冯一面,纵被枪毙,亦所不惜云云。然而劝吴先行逃避再筹办法者,不胜之多。吴更怒不可遏,即向众人曰:'汝曹怕死可各自逃生,予不追究。'说毕即命总司令部所属之八大处各办事人员自行漫散。至晌午时候,仍留车中吴之作陪伴者,只有蒋方震及白坚武等十数人而已,其余所谓戒严司令部与各路之司令办公处等,皆一哄而散,门外所挂之牌照亦皆不翼而飞矣"②。

当吴佩孚处在危急状况时,11 月 2 日,日本驻天津总领事吉田茂访吴,提议"调停直奉之道,莫便于请段祺瑞之援助。……段氏与吴将军本有师生之谊,吴将军为国家前途计,应一扫从来隔阂之感情,投入段氏之怀抱,以发现彼此之妥协点,请将军慎思之"。吴回应称:"若从

---

① 　无聊子:《北京政变记》,《近代稗海》第 5 辑,第 392 页。
② 　古蒋孙:《甲子内乱始末纪实》,《近代稗海》第 5 辑,第 350 页。

贵总领事之言,为一时之权宜计,结段以背曹,大义名分之谓何?且臣节由此而坏,何得任国家之重寄乎?"吉田茂又通过吴的日籍顾问冈野增次郎劝吴避入日本租界,吴则答称:"战败而逃入外国租界,偷安一时,实与余平时主张相反,且有辱国家体面,尤为余所不取,纵余不幸玉碎于此,亦毫无托庇租界以谋瓦全之心"①。不过,吴佩孚虽有意坚持,无奈大势已去,无可再战。11月3日晨,吴佩孚被迫率直军残部数千人,转移至塘沽,下午登轮南下。"当吴佩孚离新站前,曾用电话召直军在津各重要将领,及杨以德(直隶警务处长兼天津警察厅长)、卞月庭(直隶商会会长)诸人,无一至者。车至老站后,又派人召曹锳(直军第四军总司令兼第二十六师师长)、靳云鹗(直军第十四师师长)、杨以德,均未至"②。于此也可见形势比人强,以吴佩孚之强势,最终也只能落荒浮海而逃③。其后奉军进驻天津,历时五十天的第二次直奉战争至此结束。

时移势易,第二次直奉战争奉胜直败的结局与两年前第一次直奉战争直胜奉败的结局正好相反,其首要原因当与冯玉祥倒戈直接相关,正是因为冯玉祥在直、奉两军僵持不下的关键时刻,临门一脚,改变了

①《吴佩孚先生集》,《北洋军阀》第4卷,第930—931页。
② 古蒋孙:《甲子内乱始末纪实》,《近代稗海》第5辑,第350页。
③ 吴佩孚登轮南下后,因为山东当局的态度变化,不能在山东靠岸,只能开进至长江口,再溯江而上先后到南京和汉口,进入直系控制的地盘。但是,吴佩孚建立"护宪军政府"的提议被苏督齐燮元和鄂督萧耀南婉拒,齐、萧等且有拥段通电发表,吴在手头无兵的无奈之中,复自汉口沿平汉路北上,辗转于郑州、洛阳等地,12月初到信阳鸡公山,对外宣称"避居鸡公山,不问国事"。《孙传芳致张树元电》(1924年12月5日),《中华民国史档案资料汇编》第三辑军事(三),第313页。据两湖巡阅使萧耀南报告,吴佩孚抵信阳后,"鄂豫各军将领婉劝下野","综合各方情形,吴使已失指挥能力,鄂省军队严守武胜关,实行保境安民,不患客军侵入。唯鸡公山地方,关系鄂豫疆界,易生各方误会,为玉帅安全计,为地方秩序计,均觉上地非宜。前经电劝出洋,以玉帅倔强,不肯听许。现拟设法令离出鄂豫,先住庐山或迁居上海,以免存为目标。"《萧耀南致执政府军务厅密电》(1924年12月7日),《中华民国史档案资料汇编》第三辑《军事》(三),第313页。

战场形势及双方心态,将奉军送进了胜利的大门。冯玉祥此举背叛了北洋军系内部以地域、部属、出身、亲朋等关系划界而形成的派系分野,背叛了此前北洋军人对于本系统大体仍能保持忠诚的传统,模糊了系别的界限,也开以后北洋军系内部更为机会主义的派系分化组合之先河,从而为北洋军系的命运带来了新的变化。此固与冯玉祥个人经历与性格有关,也与吴佩孚的识人与因应有关。冯玉祥出身贫寒,历经戎马,具有强烈的个人进取心与对人事的个人好恶,并为适应形势的需要,而有权变之性格。他曾经在日记中写道:"人固不可不忠厚,但太忠厚亦不能成功,盖战争之事不可以厚道待敌也。"①北京政变时期的外交总长顾维钧认为,"那次政变是冯玉祥将军受个人野心驱使并掺杂了他对吴佩孚将军的某些宿怨而贸然作出的行动";"像那时期中国所有的实力雄厚的军阀一样,冯玉祥也是一个很有野心的将军,极欲获得政权,以统治中国"②。诚为持平之论。然冯玉祥之倒戈亦表明,吴佩孚欠缺识人之明与用人之能,当冯玉祥已经与吴佩孚心存芥蒂、矛盾日深且并无明显变化之际,吴佩孚仍然令其统率大军、独当一面,并不说明其胆大心细、知人善任,而只能说明其自我膨胀、太过自信,因为他"认为战胜奉军如操左券,更以为其间纵有心怀异志之人,赖有曹锟德信维系,料无易动也"③。结果为此而受牵累致全军溃败亦不为过。

不过,在冯玉祥倒戈的过程中,最令时人困惑不解的是,为何直系方面无论是曹锟还是吴佩孚事先未得任何警讯,致北京城一夜变天。据曹锟下属特工人员的情报:"据与段祺瑞有密切关系的人语,冯玉祥昨派密使赍亲书谒段,谓老师之言均铭膈肝,此次战争,全因子玉一人骄傲所酿,子玉不除,则北洋派团体难成。北洋派不团结,则中央政治

---

①　《冯玉祥日记》第1册,1924年2月12日,第525页。

②　《顾维钧回忆录》第1册,中国社会科学院近代史研究所译,中华书局1983年版,第276、336页。

③　谢宗陶:《第二次直奉战争随军见闻》,《文史资料选辑》第41辑,第144页。

根本不能确立。予际此机会,受公民之付托,愿率三军为讨伐吴子玉之先驱,惟此亦不易,需费甚多,前次李氏携来之款,不敷分配,拟请再备数十万分之,以应急需,……又胡将军(胡景翼)及王将军(王承斌)均以默然,再已奉闻。"①于此说明,曹锟和吴佩孚事先应能够得知冯玉祥动向的有关情报。何况即便是冯玉祥刻意保守秘密,但事先的策划难免有所泄漏,而举事时数万大军历数日的行军,何以能蒙住多方的众多耳目,有待更多的资料释疑解惑。时任国务总理的颜惠庆认为:"显然,政变以迅雷不及掩耳之势降临,完全出乎意外。令人疑惑不解的是,大队人马从热河返回,内阁竟然没有得到卫戍司令的任何通报,冯军就已开进北京城。事后,卫戍司令(时任京畿卫戍总司令聂宪藩)自称,他事前也全然不知,只是当日早晨起床后,在他家附近的墙上看到冯军士兵张贴的告示,才得知事变。他的情报系统就是这样的无能!"②又如时任国会议员的刘以芬认为:"冯既失欢于吴,何以竟能使之不疑而重用之,及稍被疑,何以又能使之,不加防范而纵任之,且由前线返京,全师移动,历时四日,曹、吴岂无耳目? 何以能一手障天,漫无人觉,则冯之倒戈伎俩,亦可谓出神入化矣。"③

直系在第二次直奉战争中失败的原因,除了冯玉祥倒戈之外,军事上的技不如人和战略战术的失误亦不在小。

据时人的分析,第二次直奉战前,直、奉两军人数"在前敌者两军大约相等";军械"两方情形,均甚复杂","两方供给之能力,似无大差别";奉厂"能力实出直军各厂之上","奉军能从大连输入日本军火,其便利亦非直军所能与比";空军,直军"旧式小机为多,未必全能适用,其战斗之能力,或不及于奉军";总体而言,"军队之训练,军械之供给,两军相等,后方组织之不备,侦探之不灵,两军亦相等,军饷之丰裕,直不如奉,

---

① 《北洋政府大总统府档案》,引自刘敬忠、田伯伏:《国民军史纲》,第 11 页。
② 《颜惠庆自传——一位民国元老的历史记忆》,第 185 页。
③ 刘以芬:《民国政史拾遗》,第 47 页。

统帅之威信,奉不如直,胜败之数,半在地势之利用,半在攻守之得宜";
"直军经济较窘,利在速战"①。此言大体不虚,直奉两军实各有优长,
然据后人研究,直奉"双方对军备的重视显有差等,而第二次直奉战争
之时,奉军军火无论种类、数量及品质均超过直军";"虽然军备问题并
不是直系失败的唯一原因,但无疑地它是直接影响了直军的战力"②。
在军械供应方面,直军"不特枪炮诸感不足,尤其子弹更形缺乏,除向汉
阳、巩县两兵工厂尽量调拨外,又向晋阎索得子弹六十万发"③。尤其
是炮兵和空军,直军与奉军更有差距。当直、奉两军交战时,"讵料奉方
炮队之精良,乃为吴氏梦想不到者";"奉方炮队所以如此厉害者,因其
射击力比直方炮队远一英里也";"只见山崩地陷,血肉纷飞,一片火光,
直冲霄汉。直军将士面如土色,勇敢如吴氏,一时亦手足无措"④。奉
军用飞机向直军撒放传单,对于瓦解直军士气亦有成效。故杨宇霆认
为,"飞机辅助作战,于必要时用之,效验甚大,兹在榆关、秦皇岛所用,
即其明证"⑤。

　　如就纯军事作战的得失观察,"奉胜而直败,据参观山海关战线之
外国武官所言:(一)奉张作战,纯采新式,吴佩孚仍用旧式战法。(二)
关于器械粮食,奉方皆准备于年前,均无断绝之虞,而吴佩孚皆临时采
购。(三)奉军迫击炮极多,用高弧线之瞄准法,成三角形而射入直军战
壕。(四)奉军所用之飞机,翱翔空中,声浪极微,所用之机关枪大炮均
系新从俄、德两国购买,而直军多系中国汉阳兵工厂所制。(五)吴佩孚
所招募之少年军,皆在阵后掘小战壕,用炮轰击退却之直军,故直军死
亡倍于奉军。(六)奉军人人耐寒,棉衣被囊一一齐全,而直军反之不能

---

①　《直奉兵力之比较》(四),《申报》,1924年10月12日。
②　陈存恭:《列强对中国的军火禁运(民国八年—十八年)》,第189、195页。
③　谢宗陶:《第二次直奉战争随军见闻》,《文史资料选辑》第41辑,第146页。
④　古蘅孙:《甲子内乱始末纪实》,《近代稗海》第5辑,第338页。
⑤　《杨宇霆信稿》,1924年9月24日,《奉系军阀密信》,第159页。

忍冻。有此六因,纵无冯玉祥之倒戈,直军亦殊难获胜云。"①

　　直军在第二次直奉战争中始终受困于经费困乏,后勤不继。"曹倒知招吴出战,所有军需军械略无准备,一及战令齐下,各军出发,既无开拔之费用,复鲜补充之械弹,一视奉军之素有余财,又得外援,而甲坚兵利,士饱马腾者,不可同日语";"吴来京二十余日,终日忙于筹款,徒生滋扰,无补拮据。正在焦灼间,而九门口军事失利之耗传来,总司令立须赴前线督战,苦于纵有萧何,关中亦实无饷可转"②。据彭寿莘报告,"军兴以来,视察沿途情况,一般农民,悉畏惧而逃亡,地方亦不出而帮助。究因于兵站,设未完备,粮秣不完,就地购办,设任非其人,则强派夺取,情所不免,仍属供不给求。而军队宿营,难望士饱马腾,势必四出搜求。兼之大车出口,道路困难,大车车卒,均不敷用,沿途拉夫牵畜,搜罗食物,种种情形,民不堪命,民心一失,前途何堪设想"。他建议"速派妥员,携带巨款,广设兵站,多备粮秣,以免军队之扰民"③。直军最后的失败亦说明军械及后勤供应在现代战争中的重要意义。

　　作为直军的主帅,吴佩孚确实曾经表现出北洋军人中难得的军事作战和指挥才能,而且讲究身先士卒,历经护法、直皖、援鄂、直奉等大小诸役的考验,并非浪得虚名。然凡事皆有两面性,正因为此前吴佩孚身经多战,胜多负少,也养成了他自信傲慢、刚愎自用的个性。如时人所论:"吴氏在直系中,虽俨然有首领之资格,操有支配全局之实权,本系诸将,皆屏息听命,不敢有所抗,然此特表面上之情形耳。实则吴氏

　　①　《吴佩孚先生集》,《北洋军阀》第4卷,第928页。此处的得失分析,其第五点的意义不甚明确,何谓"吴佩孚所招募之少年军",其如何"用炮轰击退却之直军",待考。

　　②　谢宗陶:《第二次直奉战争随军见闻》,《文史资料选辑》第41辑,第145、148页。

　　③　《军事处转送彭寿莘为直军不设兵站致使军队沿途扰民等情给兵站总监部函稿》(1924年10月4日),《中华民国史档案资料汇编》第三辑《军事》(三),第288—289页。

平日待人过严,常予人以极不堪,诸将中怨之者颇不乏人,惟以伏处积威之下,莫如之何。今兹直奉战事既再作,吴氏有不能兼顾之势,实天赐彼等以一修怨雪恨之好机会,因之群相连合,推冯氏为盟主,而向吴发难矣。"①在战事进行的关键时刻,冯玉祥倒戈,吴佩孚不能控制自己的情绪,对冯玉祥的仇恨压倒了对大局的把握,轻率地率部离开前线,分兵出击,导致直军兵力分散,顾此失彼,且直军主力在山海关前线失去主帅,被各个击破,土崩瓦解。如果吴佩孚当时能应部下所求,在山海关前线收缩战线,坚持待机,或可赢得一定的转机。而且吴佩孚对于直军周边的大态势事先关注亦不够,及至战事危殆之时,直系甚而连近在咫尺的山东和山西两省都不能控制,致其出兵直军后方,切断直军后援通路。这也说明吴佩孚或许是不错的军事战术家,但不是优秀的军事战略家。

　　吴佩孚的谋士白坚武对第二次直奉战争的评论是:致败之远因,因内部分裂,不谙远交近攻之方略,用人治军不明新陈代谢之旨。"然使当时内部无失策之表现,山海关激战之结果,再有二三日直军一出关,而全局解矣。不幸而参谋长张方严告急二三军之电私行发出,自有此一电,而冯之倒戈意向始定,祸机一发,全局遂不可问。……实则当时战情并不如电所言,三军观望本意中事,视正面战事进退以为变化。设无此电以为制命伤,奉军损耗十有七八,再战二三日直军出关,则百无问题。功败垂成,斯非人谋不臧,抑或有天意存焉? 当吴返节天津之时,全军实力俱在,前方藉使将领稍尽职责,即不能攻犹可言守,保持实力正有其法。乃吴返津数日,各将领俱擅离军位而逃,至使全军一溃而不可收拾,以是可窥直军乏新陈代谢之改革,内先自腐矣"②。吴佩孚的对手对吴的评论则是:"吴佩孚指挥作战的习惯是,如遇某部在战斗中受到挫折,必躬身驰往战场,调兵遣将,弥补缺陷,因之尚能补救于一

---

①　无聊子:《北京政变记》,《近代稗海》第 5 辑,第 375 页。

②　《白坚武日记》,第 1 册,1924 年 10 月,第 498 页。

时,制胜于一时,使战役稳定,转危为安。因此吴佩孚本人具有极强的威慑控御力量,受挫部队的官长仍能尽力整饬部队,听候使用,决不敢任意放弃职守,临阵脱逃。但这种指挥办法必须是他本人执行,若以他人代替指挥,断无此等威望,势难驾驭;若一旦失利,局势便无法控制,最终导致失败。山海关战役,张福来代替指挥,正中此弊。张为人敦厚和蔼有余,而才干魄力则不足,至于威慑控御力量更是谈不到;是以吴佩孚在千钧一发的危急时刻,不肯采纳部属意见,转守为攻,反而轻率离开战场,致使几十万大军群龙无首,士气顿然涣散,一败涂地,全军覆没。"①两方面的评论对吴优长与不足的分析大体相同,诚为持平之论。

不独吴佩孚,参加第二次直奉战争的直军将领,除了彭寿莘、冯玉祥等"有勇善战",余"每多庸懦无能,不堪一击"。而且直军来自各个不同系统,临时调集行动,平时甚少协同训练,素质参差,"各有利害,皆不足恃";"同床异梦,坐观风色。故而今日之事,惟期旗开而得大胜,尚可随处逢源,锦上添花,否则即将瓦解沙散,一败涂地"②。由此而观之,直军在此战中的表现恰似两年前的奉军,而与奉军两年以来的整军经武、力求精进、团结一致确有差别。如后来研究者所论,"在一系列的川、湘、闽、浙、苏、粤战争之后,直系是一支疲惫、穷困、内部分崩离析的军队,饷械和斗志都很缺乏"。"奉军的军械充足,装备训练都比较好,斗志也比较高,这是张作霖两年以来蓄意报仇的结果"③。

直系内部的凝聚力本就不及皖、奉两系,控制中央政权后,因为政治利益的分割不均,直系内部更是矛盾四起,中央与地方、地方与地方的矛盾斗争不断,尤其是津、保、洛三派围绕在曹锟中央的周围,争权夺利,倾轧不已,内耗巨大,更有损于直系的团结和凝聚力,第二次直奉战

① 李藻麟:《我的北洋军旅生涯》,第76页。
② 谢宗陶:《第二次直奉战争随军见闻》,《文史资料选辑》第41辑,第144页。
③ 陈志让:《军绅政权:近代中国的军阀时期》,广西师范大学出版社2008年版,第55页。

前已呈败象。直系双巨头——曹锟与吴佩孚，在许多问题上意见不一，相互牵制，曹锟庸碌颟顸，吴佩孚自大跋扈，两人不能互补而形成合力，却因牵制而形成分离，不能构造直系强有力的稳定而统一的领导核心，不能有针对性地确立本系的战略方针，有效地分化对手联盟，无力控制和引导局势的走向，终至失控而败。白坚武认为："北洋派之军事，犹如家族之传统，曹、吴之间，为主体者既不明，所以成功，又无良相为之调和。吴爱惜名节，亦不肯揽大权于一身。平时则竭力倾陷，战期则故施以束缚驰骤，以如斯之形格势禁而遇大敌，揆之原则，万无成功之理。然吴之不肯，固也，纵令勉强图之，以北洋群帅之心地卑隘，目光浅近，知有身而不知有国，知近利而不知远虑，结果亦溃裂已耳。"[1]而如后人所论："曹锟的势力全在吴佩孚，吴佩孚的潜势力，全在他取得一部舆论的同情；自吴氏将顺驱黎贿选以来，他所取得舆论的潜势力已经完全毁灭了。他必定失败，已经很明白，不过是时间问题罢了。"[2]

在政治方面，如同直皖战争和第一次直奉战争时期，皖、奉两系被攻击为"卖国"，从而在政治上没有还手之力，第二次直奉战争时期直系最大的政治软肋就是曹锟贿选，其所给直系带来的负面影响，使直系声名狼藉，丧失民心，无论如何洗刷也难以漂白自身。再加上财政困窘、水旱灾害、临城劫车等等，直系控制的中央政权，不仅没有为本系增添多少实力，反倒在一定程度上成为直系沉重的负担。

论及奉系在第二次直奉战争中的优势，不能不提及的是奉系与日本的关系。日本向视东北为其势力范围，而且还有其直接控制的关东州和其驻扎的关东军，摆出不容他人染指的态势。1924年5月，日本外务、陆军、海军、大藏省制定《对华政策纲领》，提出"满蒙与日本的领土接壤，在国防和国民的生存方面，比中国其他地方，存在更深的特殊关系。值此之际，要确保帝国在该地域的地位和势力的扩张"；"对于现

---

①　《白坚武日记》第1册，1924年10月，第497页。

②　李剑农：《戊戌以后三十年中国政治史》，第359页。

在东三省的实权者张作霖,应按既定方针,继续予以好意的援助,维护其地位。……必须使他认识到,他握有实权,毕竟是以日本在满蒙的实力为背景的,因此应使他以友善的态度来回报日本"①。而就张作霖而言,"并无宦途履历,与中央政府亦无密切因缘,而在满洲,则有特殊之势力与地位。张离满洲则无地位,盖以满洲为其惟一之势力范围也,张氏心中惟有权势利欲,别无他种知识。彼以日本在满洲有绝大势力,反对日本,于彼不利,倾向日本,于彼有益。如果利用此特殊之地位,照其心中所认识者而行,则张氏将为满洲专制之王,而日本亦得利用张氏,在满洲为所欲为"②。日本和张作霖双方的互有需要,决定了双方的利益关系。

　　与第一次直奉战争在北京周边进行所不同的是,第二次直奉战争的主战场是紧邻东北的山海关—秦皇岛、长城沿线和热河地区,便利日本居地利之便对奉军的支持、援助和呼应,也不至于引起其他列强的强烈反应,这也是日本当时并不支持张作霖过于向关内扩张的原因之一。奉系可以利用此等地缘政治的优势,而直系却无法在中央层面获得英、美等西方列强的实质支持。

　　第二次直奉战争爆发前,1924 年 9 月 5 日,日本加藤高明内阁开会讨论中国问题,决定采取措施保护满洲方面,"无论战事开展至何种程度,决定以保护侨民生命财产为止,严守中立,不加干涉,至保护日侨,陆海军须有相当准备"③。10 月 27 日,日本首相加藤高明在演说中称:"我国在满蒙之权利利益,为关系我国生存之要件,所以眼前之奉直战争,倘延及满蒙,侵迫我之权利利益,以致我国之生存要件竟受威胁时,我国不得不作相当之考虑。"④实际上,日本采取的对策是,表面

---

　　①　车维汉、朱虹、王秀华:《奉系对外关系》,辽海出版社 2001 年版,第 188 页。

　　②　后藤新平:《日中冲突之真相》,王芸生编:《六十年来中国与日本》第 7 卷,第 55 页。

　　③　《日本阁议对江浙战事之态度》,《申报》1924 年 9 月 10 日。

　　④　《日首相对华政变演说》,《申报》1924 年 10 月 28 日。

不予干涉，采取中立态度，而又"不失时机地利用张在东三省完成称霸的心愿，或明或暗地支援和援助他，采取一种形影不离的态度，为帝国将来着想乃上策也"①。因此，就目前披露的史料看，日奉双方在战时确有种种私下的秘密勾连，主要是奉系向日本要求军事物资的支持和情报的提供。在军事物资方面，杨宇霆电致第二军军长李景林，告其"应增枪支，本在筹虑之中。已密派员向关东军司令官及儿玉长官方面设法通融，如有效，必尽先补充"。又电致第三军张学良军长，"借用旅顺重炮，未易办到，因此系该国军队现用品，不易外借。稍一不慎，恐惹起国内外之责难。容再从长与之计议"。"枪弹一节，除兵工厂每日可赶制十万粒以上外，刻仍向他方面尽力设法，必不使兄独任其难。"在情报方面，杨宇霆电致第一军军长姜登选，谈到"最近据日人探报"的种种情报信息②。正因为如此，奉系才能在开战时自信地声称："去岁所购枪械、飞机等物，皆陆续到齐。俄约已定，日谊亦密。金融粮食，均有持久之设备。"③

由冯玉祥倒戈而形成的国民军系脱离了直系，另成一派，占据北方（西北）；早先孙传芳在江浙战争中崛起，屯兵江南，虽被归于直系，而实亦自成一派；直系因此而分裂，传统意义的直系力量残留在鄂、赣、豫等中部地方。皖系在第二次直奉战后回光返照，不仅段祺瑞出任北京政府执政，在南北地方似均有卷土重来之势，但最后终因实力欠缺而成昙花一现，旋又退出政治舞台。惟有奉系成为第二次直奉战争的最大赢家，势力再度伸入关内，甚而一度发展到长江流域，故随后的北京政治亦可称为奉系控制时期。"然稍一潜心推究，要皆各个军阀递趋于灭亡之途，此则治民国史者所不容忽视也"④。

---

① 胡玉海：《奉系纵横》，辽海出版社 2001 年版，第 217 页。
② 《杨宇霆电稿》（1924 年 10 月 2 日、13 日、19 日）、《奉系军阀密信》，第 177、182、185、186 页。
③ 《杨宇霆信稿》（1924 年 10 月 14 日）、《奉系军阀密信》，第 183 页。
④ 刘以芬：《民国政史拾遗》，第 54 页。

　　第二次直奉战争，是北洋时期动员规模最大、涉及地域最广、作战力度最烈的一次内战。此战对社会经济、生活、秩序的破坏，令舆论痛责；冯玉祥的倒戈，为北洋军系传统的派别忠诚打上了重重的问号；直败奉胜的结局及其后的政治善后安排，不脱北洋武人政治的老套。经如此惨烈的战争，却没有为中国带来什么新的变化，这本身就使众多社会有识之士不能不反思军阀战争的意义和中国的出路何在，从而引致对中国未来政治发展的新思考。著名报人胡霖认为："自民国成立以还，政治界有两大思想，一主中央集权，一主分权自治。自民国六年以后，政治界又有两大思想，一主武力统一，一主和平统一。当其初主张自治与和平者不过少数政客，寝假而得国民之同情，成为国民之一般心理。袁段之失败，实由于此。吴佩孚之崛起，亦全赖当时迎合国民之思潮，反对武力统一，故得打倒皖派，进握重权。惜乎吴氏一统成功顿改面目，中央集权武力统一之思想，变本加厉。用兵川湘，扰乱粤桂，以无数万人之生命财产，供个人幻想之牺牲。""直系对国事之罪恶，在狃于皖直、奉直两役之利，欲以一系军人把持全国政权军权，而终之以贿选总统，诬蔑法律，其覆败固势所必至。虽然，彼反对者，果能反其道而行之乎？吴佩孚在前此两役之后，大增军队，广储军实，竭国家地方之财力以养兵。今变起萧墙，一朝瓦解，在吴固有必败之道，而国家数年来所受之损害，则已莫可挽回。而今兹诸人，或专制数省竭财练兵，迷信军权，等于吴氏；或则向与曹、吴共事，而今偶倒戈者也。假令无革新之诚意，徒为权势之竞争，则今后之事，可预卜以知。盖依然将争地盘，增兵队，或养成第二之曹吴，成为无数之具体而微者。然后再剥削国库，再武装竞争，再爆裂，再作战，然后再倒戈内讧，再兴衰易势。为此辈军人计，固极可危，而劫后之邦国，能再禁几度之摆布耶？"①士人的思考，又将以各种方式传导到社会，引发社会各个层面对军阀武人政治的重

---

　　①　政之：《战争与国民思想之趋势》，《北京政变后之时局》，王瑾、胡玫编：《胡政之文集》，天津人民出版社 2007 年版，第 112、118 页。

新思索,从而为中国社会的更新重组带来新的动力。第二次直奉战争以及前此的曹锟贿选正是在这样的意义上具有北洋时代前此各次战争和政治事件所不具有的特殊意义。

北洋时代,自袁世凯死后,皖、直、奉系轮番登台,控制北京中央政治,然其终不脱四年周期的时间轮回,其因颇值得后人深长思之。"盖北洋派自袁死后,已成瓦解,其中若有一人思设法先统一北洋派,然后统一中国,其人必败。须知统一北洋派之法虽有两种,而实仅为一。即一种为调和,此路久已走不通,无待赘言,以设能调和,早不致分裂也。一种为并吞,吴所取者自为后一种,此种方法段祺瑞固已尝试而失败矣。其故乃由北洋派决不愿见其中有一人,势力特别强厚,将有支配全国之势,若为此兆,则必先群起暗中结合,谋有以推倒之。段之倒即倒于此,今吴之倒亦然。吾人明知此路不通,而吴犹坚欲一试,安得不以昏愚目之耶"①。曹、吴之后,张作霖又何能逃脱其败亡之宿命,事实说明,北洋武人经历多年争斗,其内部已无法产生新的因子,助其完成脱胎换骨的变化,改变自身也改变中国的命运。武夫治国,各以其派别为后盾,亦各因其派别而争斗,然又因种种内外因素,无论何派,始终不能成就一统天下之功业,后人思之,各持其说,惟以时人所论,"自民元以降之政团无不为北洋武人所牺牲。假令当日各政团领袖,不急功近利,始终接近民众,对政府则等于甘地之对英,坚持不合作主义,未尝不可减少政府罪恶。在北洋武人,如果与各政团优秀分子,诚意提携,实际从事政治改革,亦不致腐恶丛集,造成革命对象。十五年内乱因果,军阀政客,均应分负其责,史实具在,宁可讳饰耶"②。只是如此具有理想色彩的评论,未必合乎当时中国的政治现实,因为如果当时的武人和政客能有这样的认知,接近民众,彼此提携合作,诚意进行政治改革,内乱无序的北洋时代也就不存在了。不过,就在北洋武人因循旧路,仍然孜

---

①　无聊子:《北京政变记》,《近代稗海》第 5 辑,第 433—434 页。
②　吴虬:《北洋派之起源及其崩溃》,《近代稗海》第 6 辑,第 280 页。

孜于你争我夺、混战不已之际,中国政治的新因素正在滋长,南方的新势力正在兴起,并且很快就将以席卷中国的气势而发动国民革命,改变军阀武人相争的现实。

第七章　20世纪20年代的中国经济

第一节　近代工业发展的高峰与起伏

一　近代工业发展的高峰

　　自民国成立后,兴办实业的风气盛行一时。1916年以前,北京政府曾制定了一些奖励与保护发展实业的法规、章程、条例等,对中国工业的发展起了一些有益的作用,加上其他一些内外因素,中国近代工业自民国成立后,始终保持着上升的趋势。

　　1914年第一次世界大战的爆发,给中国工业的发展造成前所未有的机会。西方列强忙于战场上的厮杀,对华商品输出与资本输出均大大减少。由于进口量的剧减,国内市场陡然扩大,市场商品价格的上扬,又使工业利润大增,刺激各界竞相投资。这样,长期困扰中国工业发展的市场狭小和资金短缺问题有了相当程度的缓解。在这种有利环境下,国内资本投资踊跃,近代工业得到空前发展①。这个过程自1914年开始,前期较为缓慢,1917年后开始加速。虽然1918年第一次世界大战即告结束,但列强在战后初期尚需喘息休整,再度东来需要时间,同时中国战时新增资本开始投产,工业企业自国外购买的机器设备

---

　　① 本节所称近代工业系指所有中国资本投资的工业,包括一般意义上的官僚资本与民族资本工业。有关两者间的关系及其具体发展情况,请参阅本书第二卷有关章节。

因停战得以源源入口,新增生产力多在 1918 年以后方始发挥作用①,整个工业发展继续成惯性运动,速度较前更快。1918 年—1921 年可以说是中国近代工业发展的高峰时期。

据估计,1913 年中国近代工业企业共有 698 家,资本总额 33,082 万元,工人总数 27 万人。到 1920 年,近代工业企业达到 1759 家,资本总额 50,062 万元,工人总数 56 万人。即整个近代工业规模大体增长了一倍左右②。另据估计,中国近代工业 1914 年—1920 年间的总平均增长年率为 13.8%,其中几乎所有的工业部门都有发展,轻工业发展速度更快,有的部门(如面粉、卷烟等)年增长率超过了 20%③。应该说,无论是用中国自有近代工业以来的发展速度,还是同期其他国家的工业发展速度作比较,这样的发展都是相当快的。

中国近代工业最重要的部门棉纺织业,也是大战前后发展最快的工业部门之一。战前,纺纱本为赔本生意。大战期间,由于进口锐减,平均下降了一半左右,造成纱、布市价大涨,纱价上涨一倍,为所有棉纺企业带来高额利润(生产一包十六支纱,最高可获利润 50 两),几乎达到了无厂不盈的地步。突出的例证之一是,原已无法维持的宁波和丰纱厂,1919 年竟然以 90 万元的资本获净利 125 万元,利润率高达139%④。如此厚利,使投资者趋之若鹜,纱厂犹如雨后春笋般涌现。1920 年至 1922 年,华资新开纱厂三十九家,超过战前二十余年中外资本开设纱厂的总和(三十一家)。纱锭数每年以 20 万枚的速度增长,

---

① 中国进口棉纺织机械的价值,1920 年为 690 万两,1921 年猛增为 2670 万两。《税务司呈拟 1921 年华洋贸易总册》,中国第二历史档案馆编:《中华民国史档案资料汇编》第三辑《农商》(二),江苏古籍出版社 1991 年版,第 1294 页。

② 陈真等:《中国近代工业史资料》第 1 辑,三联书店 1957 年版,第 55—56 页。陈著关于资本总额的估计可能偏低。据吴承明估计,1920 年中国产业资本总额已经达到七亿余元。吴承明:《中国资本主义与国内市场》,中国社会科学出版社 1985 年版,第 127 页。

③ 吴承明:《中国资本主义与国内市场》,第 125 页。

④ 严中平:《中国棉纺织史稿》,科学出版社 1955 年版,第 185—186 页。

1922 年达到 151 万锭，为 1913 年的三倍，同期布机数也由 2016 架增加到 6767 架[1]。1925 年的棉纱产量比 1915 年增长了两倍以上。中国棉纺织业的发展，导致进口棉纱数量持续下降，1925 年大约只有战前的四分之一左右。长期高居中国进口货品价值前列的棉纱，1924 年已退居到只占进口总值的 3% 左右，国内棉纺织工业用纱实现了大部自给，1921 年棉纺织业消费的进口纱只占总消费量的 20% 左右，也即自给率达到了 80% 左右[2]。与此同时，1915 年以前几近于无的棉纱输出有了突飞猛进的增长，1924 年达到了 14.7 万担，价值 751 万关两[3]。据统计，1920 年全国有纺织厂 475 家，资本总额 8275 万元，工人 36 万人，成为当之无愧的中国近代工业第一大部门[4]。

中国近代工业的第二个重要部门是面粉工业。面粉在中国对外贸易中向为入超，1914 年进口 220 万担，价值 914 万关两[5]。欧战爆发后，进口来路断绝，1915 年的进口量尚不及上年的十分之一，面粉又为西方各国主食，需求甚大，战时及战后一段时间内供不应求，需要多方寻求进口来源，由此刺激中国面粉工业的飞速发展。1912 年以前，国内面粉工厂不过三十七家，而 1920 年一年之内就成立了二十家。1921 年，全国面粉工厂总数达到了一百二十三家[6]。尤以东北、江苏、湖北、山东设厂最多，哈尔滨、上海、青岛、汉口、天津、无锡等地的面粉工业较为发达，大厂的日产量已超过一万袋。从 1918 年起，中国面粉贸易连续四年大量出超，年输出均在 200 万担以上，最多的 1920 年，出口 396

---

① 严中平：《中国棉纺织史稿》，第 188 页。

② 吴承洛：《今世中国实业通志》下册，商务印书馆 1933 年版，第 105—106 页。

③ 工商部编：《中国输出贸易指数表》，1928 年版。出口量包括外资企业所产纱。

④ 《中国近代工业史资料》第 1 辑，第 56 页。

⑤ 工商部编：《中国输入贸易指数表》，1928 年印本。

⑥ 龚骏：《中国新工业发展史大纲》，商务印书馆 1933 年版，第 192 页。

万担,价值 1825 万关两①。

　　轻工业部门之一的火柴业有了较大发展。1914 年以后,火柴进口不断下降,1923 年的进口数量只有战前 1913 年的 8% 左右。尤其是以往进口量最大的日本火柴,受到"五四"以后抵制日货运动的影响,1923 年的进口数量还不到 1919 年的 3%。火柴工业市场扩大,利润增加,发展很快。1920 年即开办火柴厂二十三家,资本 184 万元。中华、鸿生、燊昌等厂出品的国产火柴已开始在市场上居于优势地位②。

　　除了上述工业部门之外,缫丝、卷烟、榨油、针织、食品等轻工业部门,在第一次世界大战前后都有了长足发展。同时,一直是中国工业薄弱环节的重工业,在大战前后也有了一定发展。

　　钢铁工业,除了原有的汉冶萍公司之外,此一时期建立的铁厂中最重要的有两座,1917 年建立的上海和兴铁厂和 1918 年建立的武汉扬子机器公司。经过几年的发展,前者有 12 吨和 35 吨高炉各一座,40 吨平炉二座,年产钢 3 万吨;后者有 100 吨高炉一座,年产生铁 3.6 万吨。本在生铁生产中微不足道的机械炼铁,猛增到占生铁产量的 58%。1919 年全国生铁产量为 41 万吨,1921 年的钢产量达到 7.68 万吨,成为 1935 年以前中国钢产量的最高峰③。受欧战影响,本来极为薄弱的中国钢铁工业,1918 年的出口值居然达到了 1673 万关两,位居当年出口货品前十名之列④。

　　采矿工业,煤炭工业向为中国采矿业的支柱部门,发展较快。1918 年的产量比民国初年已翻了一番,1924 年产量达到 2578 万吨,比 1918

---

①　《中国输出贸易指数表》。

②　青岛市工商行政管理局史料组编:《中国民族火柴工业》,中华书局 1963 年版,第 20 页。

③　严中平等编:《中国近代经济史统计资料》,科学出版社 1955 年版,第 102—104、141 页。

④　《中国输出贸易指数表》。

年又增长了 40％,其中机械开采已占到总产量的 72％①。同期煤炭出口也在稳步增长,1924 年为 320 万吨,价值超过 2000 万关两,已成为大宗出口物资之一②。铁矿石产量 1924 年达到 177 万吨,机械开采占 70％左右,均比民初翻了一番③。由于战争使需求增加,有色金属开采中,云南的锡,湖南的锑、铅、锌,江西的钨产量均有较大增长。因为这些产品大多供出口,所以受国外市场影响较大,战后产量普遍回落,此后一直起伏不定。

水泥工业,作为重要原材料工业部门之一,水泥工业本有一定基础,大战前后更有较大发展。1924 年七大主要华资水泥工厂的资本总额为 1440 万元,年产能力为 316 万桶,其中唐山启新洋灰公司一家资本就有 880 万元,年产能力 137 万桶④。

机器工业,中国资本机器工业可谓所有近代工业部门中最薄弱的环节。大战前后其他工业部门的发展,带动了以修理为主的机器工业的发展,尤其是与纺织业相关的机器制造与修理业务发展更快。上海民族资本开办的机器工厂,1913 年为 91 家,1924 年达到了 284 家,增长了两倍以上,其中一半左右已使用电力⑤。动力、纺织、缫丝机器制造都有较大增长,以前根本没有的工作母机制造工厂开始出现,国产车床还一度出口到东南亚国家。值得注意的是,最初由官僚资本开办的江南造船所的业务在此一时期有了相当进步,技术亦有所突破。1912年—1926 年共造船 369 艘,计 14.4 万吨。1914 年—1925 年经营均有

---

① 《中国近代经济史统计资料》,第 102—104 页。

② 《中国输出贸易指数表》。

③ 《中国近代经济史统计资料》,第 102—104 页。上述钢铁和煤炭业的统计均包括外资企业。

④ 上海社会科学院经济研究所编:《刘鸿生企业史料》上册,上海人民出版社 1981 年版,第 169 页。

⑤ 上海市机器工业史料组编:《上海民族机器工业》上册,中华书局 1966 年版,第 303 页。

盈余,1921年的盈余更高达216.7万元①。在所造船舶中,千吨以上船已占到总吨位的一半以上。1918年该所接受美国政府订货,建造4艘14,750吨的大轮船,下水后引起中外关注。尽管这几艘船的主要技术与装备均来自美国,但它们的下水毕竟是中国造船史以至中国近代工业史上值得记载的大事。可以说,无论在造船总吨位及单艘船重上,江南造船所都不亚于当时在上海居于垄断地位的英商耶松船厂。

相对于其他工业在大战前后的快速发展,近代交通运输业的发展相对较慢,因为铁路建造与轮船航运均需要较大投资,而此时外国在华投资受大战影响有所减少,同时运输量的增长尚未达到大规模刺激投资的程度,因此这两业虽有发展,但在发展速度上略显逊色。1912年—1926年铁路共通车3723公里,年平均通车里程不到250公里,其中重要者有,粤汉路武昌至株洲段(1917年—1920年完成)、广州至韶关段(1914年完成),陇海路新浦至开封段、洛阳至灵宝段(1915—1926年完成),平绥路阳高至包头段(1914年—1923年完成),上述路段共1765公里,占此一时期总通车里程的近一半②。东北地方铁路建设在此一时期有了较大进展,建成了一千余公里,减轻了东北交通对日本控制的南满铁路的依赖。虽然铁路建设的总体进展不够快,但它仍然是北京政府财政的摇钱树和交通系官僚资本赖以存在的基础。据统计,1921年的铁路盈余高达四千余万元,而当时北京政府的年收入不过四亿多元③。轮船航运业,中国资本拥有的轮船吨位虽然翻了一番还多,从1913年的八万余吨增加到1921年的十八万余吨④,但在总航运量中所占比例变动不大,自1916年—1924年,各通商口岸进出船只总吨

---

① 上海社会科学院经济研究所:《江南造船厂厂史》,江苏人民出版社1983年版,第103、111页。

② 周开庆:《三十年来之中国工程》下册,台北京华书局1967年版,第7页。

③ 陈灿:《中国商业史》,商务印书馆1925年版,第171页。

④ 《中国近代经济史统计资料》,第227页。

位中,中国船只始终占不足四分之一的比例。

大战前后中国工业的发展,不仅在量上有了重要进步,在质上也有了一定变化。除了前述重工业及生产技术的某些发展外,引人注目的是一些大型工商业企业集团的出现。资本 50 万元以上的公司,1920年比 1912 年增长 2.5 倍①。这些企业集团的出现,既是经济发展的必然趋势,也是工商界为应付战后经济危机而产生的保护性反应。荣家企业集团的发展就是其中的代表。荣宗敬、荣德生兄弟以面粉业起家,起初发展并不顺利,年年亏损。世界大战爆发后,逢此经年不遇之机,荣氏兄弟以超过常人的眼力、气魄与才干抓住了这个历史机遇,他们采用欠款购机、分期付款、控制原料、提高代销佣金等手段发展面粉生产与销售,使生产规模迅速扩大。1912 年—1921 年,荣氏企业的福新面粉一至八厂陆续开工,茂新粉厂也从两个厂增加到四个厂,面粉日产能力占全国的四分之一,几乎操纵了全国粉麦市场。1915 年荣氏兄弟又开始涉足纺织业,创办申新纱厂,资本 30 万元,当年即有赢利。从此,申新纺织系统犹如滚雪球般发展,十年间成立了六个厂。到 1922 年,荣家企业集团的茂新、福新、申新总公司已拥有十二家面粉厂和四家纱厂(另有两家纱厂在建),自有资本 1043 万元,固定资产总值达到 1959万元,为初创时的 392 倍,年平均增长速度高达 37%,远远超过同期其他民族资本企业的发展,也为实力雄厚的外资及官僚资本企业所不及。而且荣氏企业的这种发展,是在内无特权,外有压迫的情况下取得的,由此也可见当时民族资本企业的活力与效益。1925 年荣家企业集团拥有粉磨 319 台,年产能力 2586 万包,纱锭 18.46 万枚,年产纱 9.7 万件,布机 1615 台,年产 97.64 万匹,成为名副其实的面粉与棉纱大王和首屈一指的中国民族资本企业②。除此之外,老的如张謇的大生企业

----

①　龚骏:《中国新工业发展史大纲》,第 119—120 页。

②　上海社会科学院经济研究所编:《荣家企业史料》上册,上海人民出版社1980 年版,第 104、265—266 页。

集团,新的如郭乐兄弟的永安企业集团等大企业集团,在大战前后也都有了相当发展。大生纱厂一厂在 1917 年—1924 年间新增纱锭 5 万枚,比自建厂到 1917 年的总和 4 万枚还多出 1 万枚。永安纺织公司的初创资本达到了 600 万元。这些大企业集团的出现,它们在管理与技术上的创新,标志着中国民族资本工业发展到了新的阶段。

二　中外经济关系发展的特点

第一次世界大战的爆发,使经济上与中国关系密切的东西方列强都卷入了大战的旋涡,无暇顾及对华经济扩张,从而使中国自身的经济发展获得了前所未有的市场机遇,在大战前后的几年时间里取得了长足的进步。但是这种状况并未持续很久,资本的本性之一就是其扩张性,战后不久,曾经因为大战而放缓的东西方列强的对华经济扩张又纷纷卷土重来,并且其广度与深度较之战前更有增加。

列强对华经济扩张的卷土重来首先表现在商品贸易上。1928 年以前,中国外贸入超最少的年份为 1919 年,当年外贸总值 12.8 亿关两,入超 1619 万关两,占外贸总值的 1% 略多。1920 年外贸总值为 13 亿关两,其中出口 54,163 万两,进口 76,225 万两,入超猛然达到 22,062 万关两,较之上年猛增 12.6 倍;1921 年外贸总值为 15 亿关两,其中出口 60,125 万关两,进口 90,612 万关两,入超则达到创纪录的 30,487 万关两。从 1920 年到 1926 年,中国外贸入超总计 16.64 亿关两,占北京政府时期外贸入超总数的 70%,列强商品倾销势头之猛烈于此可见一斑①。海关税务司在其年度报告中认为,1921 年"中国贸易大都不佳,实为商业史上最劣年度之一。上年所记之贸易颓败景象,

---

①　《中国输入贸易指数表》。1920 年和 1921 年外贸入超的猛增,原因之一是战时对外订货因为战争的结束而得以入口,而这又刺激了国内经济的增长,因此对此种贸易逆差的影响尚需全面评估。

本年开始,宛在目前。市场存货过巨,已为进口货流入之梗,而内地各大区域又复不宁,益以雨水时节,洪流暴发,出口货又复受制,于是购买力因而减少,观于存货日难脱售,即可了然。进口商人负累甚重,于战后最盛时所定之巨量货物,几于求其脱售,而能不受重大之损失,殊不可得"[1]。如此数量的外国商品涌入中国市场,对本已苦于市场狭小、资金不足的中国工业无疑是重大打击,1921年以后中国工业发展的趋缓、停滞与危机与此有很大关系。外国商品对华输出依靠种种优越条件,几乎到了无孔不入的地步。最典型的事例当推煤油输入。美国石油巨商美孚石油公司为了向中国推销煤油,在中国大城市设立了五个分公司,中等城市设立了二十个支公司,县城设立了五百个经销店,代销店则遍布城乡。通过这种全国范围的推销网,美孚公司得意地夸耀,"虽穷乡僻野向不知煤油为何物者,今亦无不需用吾人之产品矣"[2]。1922年,中国进口煤油的数量急剧增长到价值6344万关两,位居进口物品的前三位。在外国商人的强力推销下,煤油成为国人不可或缺的用品,美孚也因而成为煤油的代名词。

第一次世界大战结束后,列强对华经济扩张较之过去出现了两个新特点。首先,由于大战的影响,德国战败,俄国爆发十月革命,这两国基本退出了在华经济角逐。旧有经济强国英国与法国在战争中大伤元气,对华经济扩张的速度有所放缓。而后起经济强国美国与日本则咄咄逼人,成为对华经济扩张的主角。尤其是日本,挟其天时地利之便,开始逐渐取代英国,成为对华经济扩张的领头羊。20年代初,日本对华商品输出与自华商品输入总值均占中国进出口总值的近30%,跃居各国首位,英国则退居第三[3]。从1912年到1928年,日本对华借款总

---

① 《税务司呈拟1921年华洋贸易总册》,《中华民国史档案资料汇编》第三辑《农商》(二),第1276页。

② 《中国近代工业史资料》第2辑,第332页。

③ 《中国近代经济史统计资料》,第177—178页。

数达到 53,558 万元,占外国对华借款总数的 40%,超过英、法、美三国的总和①。日本在华经济势力的急速膨胀,不仅对列强在华势力格局与中外经济关系产生重要影响,而且对中国国内政局与各派政治势力的消长也有着不容忽视的影响,如皖系在北京政治中所据的地位和所起的作用,就与日本的经济支持有不解之缘。

战后列强对华经济扩张的第二个特点是资本投资的迅速膨胀。由商品输出到资本输出是列强对外经济扩张的一般规律,资本输出更有利于就近利用被输入国的廉价原料与劳力,赚取高额利润,在中国更可以利用其特殊身份,避开此起彼伏的抵制外货运动的打击。如日本对华火柴输出,1920 年代中叶由于中国抵货运动的打击,下降到不足最高年份的 3%,但同期在华日资火柴厂的产量已接近其对华最高出口量。外资企业在华享受一系列特权与优惠,拥有中国民族资本企业所不具有的种种有利生产条件。如同样是 20 支纱,日本本土工厂的生产成本为 42 日元,在华设厂则只需 22 元,便宜近一半左右。因此,外资企业的利润率普遍较高。据统计,1914 年—1922 年外资在华企业的平均利润率在 27%左右,高的如怡和纱厂可以达到 65%②。在重利吸引之下,外资在华企业的发展相当迅速,1920 年在华外资企业共有7375 家,比 1913 年增长了近一倍,其中包括许多外国知名大公司。这些外资企业的总资本达到了 166,746 万元,占中国产业资本总额的70%,相当于华资产业资本的 2.38 倍③。英美烟草公司可作为在华外资企业发展的典型例证。1902 年它刚成立时,资本不过 21 万元,职工170 人,而到了 1919 年,其资本达到了 12,479 万元,十七年间增长了593 倍,相当于每年增长三十五倍,其产品实际利润率超过 50%,成为其资本能够如此大规模扩张的重要原因。它生产的香烟年销售三十余

---

① 徐义生:《中国近代外债史统计资料》,中华书局 1962 年版,第 244 页。

② 《中国近代工业史资料》第 2 辑,第 846—847 页。

③ 吴承明:《中国资本主义与国内市场》,第 141、127 页。

万箱,占全国总销量的四分之三以上,几乎垄断了中国卷烟市场①。它挟其雄厚的资本实力,从烟叶的生产与收购、到卷烟的生产与销售,形成了庞大的全国性网络,一般华资企业很难与之竞争。1921年8月,北京政府更明文下令,外资企业只要交纳2.5%的内地税,其余税捐全免,难怪身受重重税捐负担的中国工商企业家们为此而怨声载道。

在华外资企业中,以日资企业发展最快。1914年—1921年,日资在华设厂共222家,遍及各个工业领域②。在中国最重要的工业部门棉纺织业中,日资企业拥有的纱锭数量的增长比中国企业快一倍,日资日华纺织公司在上海有八个厂,内外棉纺织公司在上海有九个厂,青岛有四个厂,大连有三个厂。1925年日资纱厂已有纱锭127万枚(占全国总数的38%),布机7205台(占全国总数的35%)③。不仅如此,日资企业资本雄厚,效率高,成本低,出品优良。当时日资工厂每锭平均日产十六支纱1.25磅,缴费20两,同期华资工厂每锭平均日产十六支纱0.75磅,缴费30两④,两相比较,优劣自明,因此,在华日资棉纺织业的发展对华资棉纺织业的前途构成了相当的竞争压力,以至当时人惊呼:"我之廉价工人,彼亦得而使用;我之丰富资源,彼亦得而购买;就地制成,旧地卖出,运费既省,关税无多,资本较吾雄厚,技术较吾高深,……言念前途,不寒而栗。"⑤在重工业行业,日本势力更大,尤其是重工业的核心部门煤铁业,从东北的抚顺、鞍山,到华中的汉冶萍,无一

① 上海社会科学院经济研究所编:《英美烟公司在华企业资料汇编》第1册,中华书局1983年版,第2—3页。
② 《中国近代工业史资料》第2辑,第421页。
③ 严中平:《中国棉纺织史稿》,第177页。
④ 李炳郁:《论日人在中国棉业之势力》,《华商纱厂联合会季刊》第5卷第4期。
⑤ 汪树磐:《华商纱厂与日厂之比较》,《华商纱厂联合会季刊》第3卷第1期。

不在日本资本的控制下①。1919年,日资与中日合资煤矿的资本总数已占全国总数的三分之一以上②。

由于外国资本的不断对华扩张,1920年,外资企业的产值已占中国近代工矿交通业总产值的55%,中国许多重要经济部门被控制在外资手中。以中国近代工业中最为发达的棉纺织工业为例,1925年,全国纱锭数的44%和布机数的46%为外资企业所有③。重工业因为需要投资较大,因而外资所占比例更大。以1922年为例,中国机械采煤的78%、发电装机容量的71%、机械开采铁矿和生铁生产的100%,由外资控制④。这些外资又多集中在一些大型企业,如中国年产100万吨的煤矿没有一家是华商独资;日资开办的鞍山制铁所,建有当时中国最大的400吨和500吨高炉各一座,经过不断扩建,到1936年年产钢能力已达到45万吨,成为中国以至亚洲的大型钢铁企业之一。上述种种,使得本已极为薄弱的华商重工业企业在外资的挤压下,仰给于人,发展更为艰难。现代交通的支柱铁路业,至20年代中期全国通车里程不过1.3万余公里,其中完全自主经营的只有区区8%⑤。由于当时的大环境,华商与外资之间的竞争是在不平等条件下进行的,外资企业不

---

① 汉冶萍公司因为几次向日本借款,实际已沦为日本钢铁业廉价原材料的供应基地,自1912年到1927年,共运往日本铁矿石426万吨,生铁78万吨,而且价格被压得远低于一般水平,经济上蒙受重大损失。武汉大学经济系编:《旧中国汉冶萍公司与日本关系史料选辑》,上海人民出版社1985年版,第1122—1123页。

② 《中国近代经济史统计资料》,第132页。

③ 《中国棉纺织史稿》第188页。

④ 《中国近代经济史统计资料》,第124、127、129页;《中国近代工业史资料》,第2辑第971页。发电装机为1923年的统计,机械开采铁矿为1924年的统计。所谓由外资控制,包括外资直接投资和提供贷款,因为外资一旦提供贷款给某企业,则其对该企业的生产运营就拥有了发言权。如1922年的机械产铁业资本中,外资直接投资占29.2%,贷款占70.8%,故其100%控制在外资手中。1924年这两者的比例已成为78%和22%,这种外资直接投资的迅速增长,说明外资介入中国重工业程度之深。《中国近代经济史统计资料》,第127、129页。

⑤ 《中国近代经济史统计资料》,第190页。

仅拥有许多经济方面的特权，而且更利用各种政治手段排挤、打击中国民族工业，使中国民族工业的发展更形艰难①。

对于中国这样的后发展国家，由于其现代经济发展对资金的大量需求不能完全由内资满足，外资的进入有其必然性。事实上，民国政府也曾提倡并鼓励外资进入中国，"以开放门户，利用外资，为振兴实业之计"。张謇在论及外资对矿业的影响时有言，"非用开放主义，无可措手。但使条约正当，权限分明，既藉以发展地质之蕴藏，又可以瞻贫民之生活，其由钢铁而生之机械铁工厂，亦可听欧美人建设，于工业可省远运之资，于工学尤得实习之地，计所获益，良非浅鲜"②。外资的进入，在一定程度上可以缓解工业发展资金不足尤其是需要大量资金的重工业发展资金不足的难题，带来先进的技术与管理方式，提供当时国产工业还不能生产的货品，对于中国现代经济的成长自有其意义。但是也应该注意到，在当时中国还不能实现完全的国家独立与自主发展的情况下，外资的进入托庇于不平等条约体系的保护，享受到一系列超国民特权与优惠待遇，一些外资企业还可以利用特殊的政治关系，得到中外双方政府的保护，从而使外资企业在与内资企业的竞争中具有内资企业所不具有的种种有利条件，双方的竞争关系并非完全平等，所谓"条约正当，权限分明"，只是理想，而非实际。因此，华资工业尤其是重工业的发展在相当程度上受制于外资亦为不争之事实。

就外国在华投资的收益而言，1914年—1927年，外国在华直接投资为78,250万元（约合40,760万美元），政府借款为40,440万元（21,060万美元），总计为118,690万元（61,820万美元）；从中国获取企业利润为178,410万元（92,920万美元），债务本息为95,210万元

①　除了在金融、工矿、运输、贸易等方面的直接投资外，外国在华还有大量的间接投资——借款。这些借款很多名为实业借款，实际上是政治借款，是帝国主义操纵军阀政治的手段之一。详见本书各卷有关章节的叙述，本节不再详述。

②　沈家五：《张謇农商总长任期经济资料选编》，南京大学出版社1987年版，第9—10页。

（49,590万美元），总计为273,620万元（142,510万美元）。两相比较，外国在华直接投资的收益率约为228％，政府借款的收益率约为235％，平均约为230％①。所谓天下熙熙，皆为利往，外国资本之所以竞相涌入中国，由上述统计可知，其本质仍在于获利而已。

三　近代工业发展的起伏

　　第一次世界大战前后中国工业较为迅速的发展，使全国工商界欣喜至极。正当大小实业家们准备进一步扩大投资，兴办更多实业之际，突如其来的经济萧条又给了他们当头一棒，中国近代工业的发展再度陷于艰困之境。诚如时人所论："欧战既终，险象即生，九、十两年（即民国九、十年——作者注）实为中国工业恐慌时代。铁厂积货如山，无人过问，至于闭炉停机；纱厂结账大都无利；上海数十年之三大油厂竟同年倒闭；其他工业亦皆消沉。因欧战致富之实业家，营业失败重入旋涡者，乃时有所闻，吾国工业因参战所得之利能永久存在不为昙花一现者，窃恐甚少也。"②军阀混战政局不稳、列强对华经济扩张、市场狭小与资金短缺，为中国近代工业发展步履维艰的重要原因。

　　民国成立后，袁世凯时代的北京政府还维持着全国统一的局面，在拟定法规、劝奖实业方面，对民族工商业的发展起到了促进作用。及至后袁时期，表面的统一也不复存在，各路军阀乱哄哄你方唱罢我登场，各霸一方，争权夺利，根本无心再去顾及工商业的发展，更不必说什么扶持了。北京政府主管经济的主要部门——农商部，随着各派军阀势力的消长，部长犹如走马灯般更换。从1916年6月到1927年6月，在11年的时间里先后有十八任总长（包括兼代与暂署），平均任职时间不

---

　　①　许涤新、吴承明主编：《中国资本主义发展史》第3卷，人民出版社1993年版，第52—53、57页。

　　②　杨铨：《五十年来中国之工业》，《最近之五十年》（申报馆五十周年纪念刊）。

过七个月有余,其中时间最长者田文烈干了两年三个月,时间最短者章宗祥只在这个位置上待了二十四天。在这种情况下,何谈对经济的长远规划。"况农商当局,每每牵入政争漩涡,去留靡定,等职官于传舍,虽有贤者,亦往往以多种不幸关系,卒之无所建白以去"①。因此,这一时期软弱无力的中央政府对工商业的管理,除了"少许官制变更外,竟无政策可言"②。当时人曾一针见血地指出:"今日之中央政府,老气衰颓,能力薄弱,日浮沉于政治风潮之中,求其澄心静思,为商人谋一生路,益为必不可能之数。"③1924年9月1日至15日,北京政府召开全国实业代表会议,与会代表有来自各省区商会、农会、渔会、矿业联合会以及上海、汉口、天津、广州等大商埠的实业界代表八十人,外交、内政、财政、交通、农商及税务处派出二十一人,以国务总理颜惠庆为议长,李士伟、穆藕初为副议长。此次会议为1913年全国工商会议后第一次召开有关实业发展的会议,会议提出议案一百七十余件,议决者一百五十八件。此次会后,本应在10月召开由各省区实业厅长参加的实业行政会议,但"因近时时局不靖,交通或多困难",而暂缓举行。此次会议通过各案,本应提交行政会议,"分别咨询审核,再为施行"。结果亦束之高阁。难怪颜惠庆在闭幕词中说,多年来"内因时局之不靖,外受国际之竞争,实业界所受痛苦更在在皆是。其所以谋救济而图改进者,自既殷且切";"惟言易行难,自古所戒。当此时局艰难,一切政事尤不能不酌分缓急"。他只能寄希望于"即使以一时事实上之阻碍难尽实行者,倘能朝野一心,通力合作,悬的以赴,继续努力,自必有能实行之一日"④。不过,颜惠庆言犹在耳,直系政权就在第二次直奉战争中垮了

---

　　①　穆湘玥:《藕初五十自述》,商务印书馆1926年版,第114页。

　　②　杨铨:《五十年来中国之工业》,《最近之五十年》(申报馆五十周年纪念刊)。

　　③　《论上海丝厂失败之原因及其补救之办法》,《民国经世文编》第37册,实业三。

　　④　《颜惠庆闭幕词稿》(1924年9月15日),《全国实业会议筹备处呈》,1924年9月17日,《中华民国史档案资料汇编》第三辑《工矿业》,第172—174页。

台,所谓"必有能实行之一日",终成难有"实行之一日"也。

在中国这样地域辽阔、人口众多、现代经济基础薄弱、而又深受传统文化影响的后发展国家,近代以来面临着由传统经济向现代经济转型的艰难过程,外有强势外国资本的压迫,内有封建经济和文化传统的积淀,在列强环伺、国力衰颓,既不能对外扩张,又没有充足资本和统一市场的情况下,仅仅依靠自发自生的发展路径,中国难以实现由传统到现代的经济转型,所以政府在确立经济法制、开拓商品市场、保护内外投资、引导生产发展、调节市场秩序等方面的责任和作用是不可缺少的。而事实表明,北京政府的弱势地位及其政策导向,不能承担导引中国经济现代化转型的历史责任。北京政府无法维护中国国家的政治独立与经济主权,无法改变中国对列强的政治经济依附地位,而在促进经济发展的具体政策措施方面,北京政府在多数情况下也无能无力制定合适的政策并督导进行,对于经济发展只能采取放任自流的态度。诚如时人所论,袁世凯之后的北京政府,对于工商实业除了"少许官制变更外,竟无政策可言";"今日之中央政府,老气衰颓,能力薄弱,日浮沉于政治风潮之中,求其澄心静思,为商人谋一生路,益为必不可能之数"①。

中央政府无心也无力关心工商业的发展,各地军阀更是把工商业视为财源。民国年间,战乱不已,军队众多,军费浩大,从中央到地方,为了应付军费开支,无不滥征各种苛捐杂税,成为工商业发展的严重阻碍。当时一般国货的落地税率为3%,但每过一关要抽2%的厘金,货物自出厂到运销各地,所过又何止十关,再加上其他各种巧立名目的捐税,各种税负总值往往已占到货品价值的一半。这种税卡林立、市场四分五裂的局面,极不利于经济的发展。如四川成都与重庆间相隔仅四百余公里,永久税卡却有近二十处,每担物品收税18元,加上临时收

---

① 杨铨:《五十年来中国之工业》,《最近之五十年》;《论上海丝厂失败之原因及其补救之办法》,《民国经世文编》第37册,实业三。

税,要超过 20 元,已经超过该担物品的原值①。"昔日军队,各有防区,已属弊习,今尤变本加厉,一地而驻数种之兵,一地而供数种军之饷。或以原有税收为不足而增设特别捐税,或此军已收于前,彼军又收于后。或各就地设立关卡……障碍交通,妨害商旅,莫此为甚"②。如此盘剥之下,国货与洋货相比,自然失去了竞争力。军阀混战,更给工商业带来直接祸害。战争一起,交通阻塞,军队所到之处,筹款、拉伕、敲诈勒索,无所不为。如时人所论,"各省被兵害之区,皆聚匪之地,其直接、间接所受之损失,不可缕计。军民长官煌煌先令,对于所部曰保卫地方,对于土匪曰尽力剿办,究其实际,匪则烧杀奸淫,绑票勒赎,兵则勒捐借饷,占住民居,派役拉车,藉端敲索。兵匪交乘,民何以堪"③。河南与安徽为小麦主产地之一,两地所产小麦本可从津浦路直运上海,供应面粉工业所需的原料,但如从蚌埠起运,每担运费二两,且时间无保证,长者竟达一年之久。而越太平洋而来的美国小麦,每担运费不过四钱,以至"商人欲求铁路货车运输原料小麦,此乃绝无仅有之事"④。江西萍乡煤矿在战乱中屡次受扰,最长一次交通断绝达八十天之多。仅此两例,可知军阀混战给中国工业发展何等沉重的负担,更不必提那些赤裸裸的敲诈勒索了。

欧战结束后,列强卷土重来,经济扩张的势头更胜以往。铺天盖地的商品倾销,使原本有所扩张的国内市场再度缩小。与国货相比,洋货质高价低,竞争力处于绝对优势。北京政府不思保护民族工商业,不平等条约所赋予的特权更使洋货处于压倒国货的优势地位。洋货入口只需交纳 7.5%的关税与子口税,由于进口物价的上涨,实际税率较名义

---

① 曹鸿儒:《中国农业经济之发展》,三民学社 1930 年版,第 180—181 页。

② 《重庆总商会陈述全川兵祸请筹善后电》,《四川军阀史料》第 3 辑,第 161 页。

③ 《全国实业代表会议审查报告稿》(1924 年 9 月),《中华民国史档案资料汇编》第三辑《农商》(二),第 888 页。

④ 上海特别市社会局编:《上海之工业》,中华书局 1929 年版,第 84 页。

税率为低,最低的年份只有 3％ 左右(1921),税负重重的国货自然无力与之抗衡。曾有人就国产与进口食糖的价格两相比较后,不无辛酸地说,国产食糖"陆运有厘金之恶税,海运又课二重之关税,与日本之糖相较,成本乃相悬殊。就令有爱国心者,亦未必能常食贵糖而不食贱糖"①。随着列强资本输出的扩大,在华外资厂矿越来越多,它们规模大,设备好,享有一系列特权,因而对中国工业的发展更具威胁。南洋兄弟烟草公司在给北京政府财政部的信中就曾抱怨说:"今则外商烟厂林立于内地,就地行销,俱无征税,……敝公司烟草既纳进口正税,复纳子口半税、杂捐、附加等税,负担既重,成本加多,虽出品优美,诚难与外货竞卖。"②颇具竞争实力的山西保晋煤矿,吨煤成本为 2.021 元,税捐 1.731 元,占成本的 85.7％,而英商开滦煤矿,吨煤成本为 1.5 元,税捐只有 0.2675 元,仅占成本的 17.8％。在这种情况下,外资企业的势力日渐扩张,华资工商业的发展日趋艰难。

　　以往中国工业发展过程中的老问题这一时期仍然存在。列强的大量商品输入挤占了民族工商业的市场,余下有限的市场容量又因为军阀混战、土地占有不均、水旱灾荒连年发生而导致的农村萧条,农民购买力有限而大受影响。因为军阀割据,国内币制不一,且各地滥发通货,无法形成统一的国内市场。"出省一步,如履异邦,旅行已不胜其难,营业更为棘手"③。这种四分五裂的市场状况对民族工业的发展极其不利。更严重的是资金缺乏。欧战前后一时的高额工业利润促使社会闲置资金流向工业,而工业萧条刚一露头,利润的下降立即导致这些资金的流出。虽然 20 年以后中国现代银行业颇为繁荣,但它们多出于投机心理,担心对工业的放款有去无回,操作较为谨慎,数量不能满足

<hr>

① 《筹设商会统计案》,《民国经世文编》第 37 册实业三。

② 上海社会科学院经济研究所编:《南洋兄弟烟草公司史料》,上海人民出版社 1958 年版,第 63—64 页。

③ 《中国工商业失败之原因及其补救方法》,《上海总商会月报》第 3 卷第 6 号。

需要,已放出的贷款利率也较高,在经济不景气的情况下,对接受贷款者反而形成压力。为了得到周转和投资资金,一些厂家不得不转而求助于钱庄,然钱庄放款利率奇高,期限又很短,几近于高利贷,致使"厂商辛苦经营,谋偿银行钱庄欠款之子金犹虞不足。日积月累,母子相乘,只有出于售厂之一法"①。向外资借贷,更是饮鸩止渴。1917年—1931年间,由于向外资借贷无力偿还,华商纱厂被外国债权人吞并了十八家,纱锭共76万枚,占1922年华商纱厂纱锭总数的一半②。工业资金的缺乏,并不完全是社会资金缺乏造成的,根本原因还在于工业经营要担风险,利润得不到保证,因而大量资金流向商业、金融业与公债的投机,对原本缺乏资金的工业更是雪上加霜。当时人就说,"资本非不充也,无法律以拥护之,致使信用堕落。城市之资财,寄于外人;乡里之现金,藏于地窖。转令外人长袖善舞,而以重息折扣,剥夺吾人之脂膏"③。

由于上述原因,自1922年起,中国工业在经过前此相对高速的发展阶段后,转而进入缓进与停滞时期,尤以前一阶段发展较快的部门为甚。中国工业的支柱部门棉纺织业首当其冲,1922年起纺纱已无利可图,次年更转为亏损,一包纱要亏十几两,以致"每纱一箱,须亏一箱之本;每纺一日,须负一日之累"④。1923年、1924年,申新各厂亏损高达131万元,许多在建厂高潮中开工的纱厂,刚投产即面临亏损倒闭的风险。从1923年到1931年,华商纱厂新建扩建二十五家,同期出售、停工、出租者则多达五十二家⑤。聂云台集资280万开张的大中华纱厂,开业不久即售予他人。曾经占据中国棉纺织工业重要位置的大生纱厂第一、二厂,因负债额大大超过资本额,不得不在1925年被债权人接

---

①　《华商纱厂联合会宣言》,《国闻周报》第4卷第19期。

②　严中平:《中国棉纺织史稿》,第199页。

③　《欲恢复信用宜组织债务专律论》,《民国经世文编》第37册实业三。

④　《为实业致吴季诚函》,《张季子九录·实业录》卷八。

⑤　严中平:《中国棉纺织史稿》,第187—188页。

管。加之此时国内棉花生产减产,出口增加,形成花贵纱贱之局面,更加重了棉纺织业的困难。为了挽救棉纺织业的困境,上海华商纱厂联合会破天荒地在1922年12月议决,自12月18日起,三个月内停车四分之一,到期如仍不景气,再行续停四分之一。同时要求政府禁止原棉出口,豁免花纱税厘,以保障原料来源及利润,但并无结果。

欧战前后发展极为迅速的面粉工业,此时也到了"盛极而衰时期"。"出口之粉渐少,外粉又复侵销","原料缺乏,价格腾贵,而制成面粉为洋粉所牵制,不能随麦价俱增。营业困难情形,为从来所未有"[①]。面粉进口,1921年尚只有76万担,次年即猛增近四倍,达到361万担。1924年更达到创纪录的668万担,值3020万关两[②]。中国面粉大量出超的景况犹如昙花一现,1923年起出口每年均不足百万关两,还不到进口数的二三十分之一。面粉巨子荣氏兄弟于1925年9月向同业提出,面粉进口,"因外侨食品关系,例不征税,迨进口后,运销内地,在在免厘。年来麦价昂贵,交通阻梗,粉厂获利殊难;推销外洋,则税则繁苛,如运往日本,每包征收洋七角;……外粉输入则通行无阻,华粉输出则例须稽征,税则至不平等,莫此为甚"。因此,荣氏兄弟建议同业向政府要求采取优惠及保护政策,"洋货进口一律征税,外侨食品不得除外";"洋粉进口,如须运往内地,一律征收落地税。"但亦未见下文[③]。

虽然经过大战前后较为迅速的发展,中国工业的一些固有弱点仍未得到根本改观,其中最重要的就是发展不平衡。首先是轻重工业发展的不平衡。轻工业因投资少,见效快,市场大,发展相对较快,重工业则远远落后于轻工业的发展,从而无法形成相对独立和完整的工业体系。以最为薄弱的机械工业论,多数厂家为修理、装配厂,规模小,平均每厂只有工人二十五人;设备简陋,平均每厂使用机床不到六台,使用

① 《荣家企业史料》上册,第165页。
② 《中国输入贸易指数表》。
③ 《荣家企业史料》上册,第166页。

五台机床以下的工厂占总数的 74％；还有近三分之一的工厂使用人力①。经济萧条开始后，为棉纺织业服务而开办的机器厂家纷纷倒闭，其中还包括像上海中国铁工厂这样拥有几十万资本与几百名工人的大厂。其次是轻工业内部发展的不平衡。棉纺业发展迅速，织布业虽有发展，但仍赶不上需求，每年进口的棉布都在六七千万关两左右，大致与战前持平或略有下降，仍居中国进口物品前列，同时也显示轻工业的发展还处于低附加值的初级制成品阶段。第三是地区发展的不平衡，主要工业集中在沿江沿海的大城市，尤以上海、天津、武汉、无锡等地为发达。1922 年，上海、天津、武汉、无锡、南通、青岛六城市拥有纱锭 120万枚，占全国总数的五分之四，其中上海一地即占 42％②。广大内地工业发展则极为落后，极端的如云南、贵州、青海，迟至 1919 年尚无一家注册工厂。第四是大小发展的不平衡。由于资金短缺，中国工业向来以中小企业为主，1912 年万元资本以下的小公司占公司总数的一半以上，1920 年仍占近三分之一。资本百万元以上的大企业，1920 年只有五十七家，只占工厂总数的 3％左右③。相比较而言，外资棉纺织厂的规模一般要比华资企业大一倍左右，机器厂规模的悬殊则更大。小企业本小利薄，抵御各种风浪袭击的能力更差，一有风吹草动，只能关门了事。此外，中国工商企业自身管理水平的落后，设备的陈旧，缺乏政府的有力支持等等弱点，几乎是其一出世就打下的印记，也不可能在短短几年内根本改变。

　　从 1922 年起，中国工业的发展与前一阶段相比，速度趋缓，许多部门停滞不前，进入相对萧条时期。但对这种萧条的程度似也不宜过于夸大。应该看到，即使是 1922 年以后，也不是所有工业部门都停滞不前，有的部门保持了原有态势，有的部门还有所发展。棉纺织业尽管受

①　《上海民族机器工业》上册，第 304 页。
②　《中国近代经济史统计资料》，第 108—109 页。
③　龚骏：《中国新工业发展史大纲》，第 120—121 页。

影响较大,但 1925 年纱锭总数仍达到 187 万枚,布机 11,121 台,分别比 1921 年增长了 50％和 91％①。上海棉纺、缫丝、面粉、卷烟四大工业部门的企业总数,1921 年为 109 家,1924 年增长为 132 家,1927 年更达到 315 家,增长了近两倍②。1921 年—1926 年,中国近代工业的年平均增长率仍达到 8％③,主要原因有两点:一是中国工业经过几年的较快发展,实力有所增加,对各种困难的抵御能力也随之增强。一些大企业集团资力较为雄厚,暂时的亏本可以通过各种方法消化,最后仍能扭亏为盈。如荣家企业的面粉厂,1922 年亏本 50 万元,但这只占荣家企业系统固定资产总值的 2.5％。经过一番努力,次年即转亏为盈,1924 年的盈余又达到了 86 万元④。大企业集团还借此时机兼并弱小企业,扩大自身实力,这种分化改组本身也是工业发展进步与活力的表现。二是此起彼伏的反帝爱国运动以及随之而来的抵制外货运动对民族工商业的发展大有裨益,扩大了民族工商业的市场。1925 年工业生产的短时高涨,“虽为时不久,然关系甚巨”,而这与当年五卅运动后抵制英日货的运动是紧密联系的。仍以荣家企业为例,申新各厂 1925 年的纱产量比 1922 年增长 20.7％,布产量则大增 1.7 倍,福新各厂的盈余达到了 244 万两⑤。更突出的事例是卷烟工业,1924 年上海华商烟厂为十六家,次年猛增到五十二家,最大的南洋兄弟烟草公司 1924 年的销售额为 2521 万元,次年一跃为 3646 万元,增长了 45％⑥。因为“国人提倡用国货,热度日高。我公司近来销场过大,供不给求。各局索货万

　　① 严中平:《中国棉纺织史稿》,第 188 页。
　　② 上海社会科学院经济研究所编:《上海资本主义工商业的社会主义改造》,上海人民出版社 1980 年版,第 12 页。
　　③ 唐传泗、黄汉民:《试论 1927 年以前的中国银行业》,《中国近代经济史研究资料》(4),上海社科院出版社 1985 年版。
　　④ 《荣家企业史料》上册,第 167、171 页。
　　⑤ 《荣家企业史料》上册,第 173、266、181 页。
　　⑥ 《南洋兄弟烟草公司史料》,第 254—255、220 页。

分急迫,各处正当团体以我无货应市,责备不堪"①。就连库存霉烟都一销而空。它的最大对手英美烟草公司,经此打击后,直到1927年的销售都未能恢复到1924年的水平。

总体而言,中国工业在民国成立后始终保持着上升态势,速度有快有慢,也有过停滞与困难,但毕竟还是在发展。据估计,1920年前后,中国工农业总产值约为219亿元,其中近代工业产值约为10.66亿元,占总产值的4.87%,工场手工业产值12.95亿元,占总产值的5.91%,两者合计23.61亿元,占工农业总产值的10.78%,比清末民初提高了一倍左右,而制成品的出口已占出口总额的39.5%,超过了农产品的出口额②。这或可作为中国近代工业在北京政府时期发展的大致总结。

第二节　农业经济发展的停滞

一　农村商品化经济的发展

自列强侵入中国后,中国农村的自然经济即开始逐渐解体,商品化进程逐渐加速。这一方面表现在农作物商品化程度的提高,另一方面表现在农家经营的商品化。民国年间,这一过程仍在继续,而且由于中国工业在欧战前后的较快发展,带来了对农产品原料的更大需求,促使这一商品化进程的发展势头更为迅速,但外国列强的优越政治经济地位,使中国农村商品化经济在更大程度上受着世界市场的支配。

---

① 《南洋兄弟烟草公司史料》,第146页。

② 吴承明:《中国资本主义与国内市场》,第127页,《中国近代经济史统计资料》,第72—73页。据另外的估计,1920年近代生产总值占全部生产总值的6.21%,近代工业产值占工业总产值的19.8%。(王玉茹:《论两次世界大战之间中国经济的发展》,《中国经济史研究》1987年第2期)目前尚缺乏1925年前后的统计数字,但有理由相信,其绝对数字和相对比例较之1920年前后又有所增长。

　　据调查,20 年代全国主要农产品的平均商品率已达到一半左右,其中华北、西北偏低,华东、华南沿海则偏高①。商品化程度最高的江浙部分地区,农家生活资料一半以上购自市场,农产品的四分之三通过市场出售②。由此可见,农村商品经济有了相当程度的发展。

　　欧战前后中国农村商品经济的发展,主要表现在经济作物的发展与粮食商品化程度的提高,其中尤其突出的是经济作物的发展。

　　棉花是中国最重要的经济作物。欧战前后,受国内棉纺织业发展及国外需求增加的影响,棉花生产有了较大发展。"植棉之地,年有扩张",棉田面积迅速扩大,产棉区域几乎遍及全国,以至"从前素不产棉之地,亦以产棉闻矣"③。其中直隶、江苏、湖北、山东等为产棉大省,美棉种植发展也很快,陕西、山西、河南、山东、直隶五省的美棉产量,已占1921 年全国棉花总产量的 11%④。为了鼓励棉花生产,北京政府农商部公布了《植棉奖励条例》,设立棉业试验场与棉业督办。棉花生产除自用外,还可出口一部分。1918 年—1922 年,棉花平均年产 800 万担,最高的 1918 年,产量达到 1096 万担,其中出口 132 万担,价值 3811 万关两,成为主要出口物品之一⑤。

---

　　①　章有义:《中国近代农业史资料》第 2 辑,三联书店 1957 年版,第 230 页。

　　②　《中国近代经济史统计资料》,第 328 页。据另外的估计,1920 年农村的商品经济比例大致为 38% 左右。(徐新吾:《近代中国自然经济加深分解与解体的过程》,《中国经济史研究》1988 年第 1 期)这个估计包括粮食,如果不计粮食,则商品化程度为一半的估计大体可信。

　　③　《中国近代农业史资料》,第 199 页。

　　④　《商品陈列所撰中国棉业之状况调查报告》,《中华民国史档案资料汇编》第三辑《农商》(一),第 360 页。

　　⑤　《商品陈列所撰中国棉业之状况调查报告》,《中华民国史档案资料汇编》第三辑《农商》(一),第 360 页;许道夫:《中国近代农业生产及贸易统计资料》,上海人民出版社 1983 年版,第 181 页。由于国内棉纺织工业的发展,以及进出口比价的原因,棉花在出口的同时,也有大量进口。1921 年进口棉花达 168 万担。《税务司呈拟1921 年华洋贸易总册》,《中华民国史档案资料汇编》第三辑《农商》(二),第 1296 页。

　　大豆生产异军突起，发展十分迅速。20年代中期，大豆年产超过1200万吨，比十年前增长两倍以上，中国因而成为当时世界最大的大豆生产国和出口国之一①。1924年，大豆、豆油、豆饼出口合计价值13,671万关两，比1916年增长164%，占出口总值的17.7%，在国际市场上居于垄断地位，并已取代生丝，成为中国第一位的出口物品②。大豆及其制成品生产的发展，使其主产地东北成为中国唯一的外贸出超地区，1920年—1927年，东北外贸出超高达54,600万关两，大连也因此成为中国第二大外贸港口③。东北大豆播种面积已占农田面积的30%左右，商品率高达80%，成为中国商品化比率最高的农作物。

　　花生从19世纪末开始种植，民国年间发展较快，产品大多供出口。20年代花生平均年产850万担，1924年花生及其制品出口价值3024万关两，已成为主要出口商品之一④。烟草生产的发展与外商英美烟草公司的活动有直接关系。英美烟草公司为推广美烟，1915年开始在山东、安徽、河南等地试种美烟，因产量高，公司又采取优惠条件诱使农民种植，发展颇快，不久即占领了烟草市场。1915年美烟收购仅49万磅，1924年达到5780万磅，十年增加了117倍⑤。

　　与上述新兴经济作物生产迅猛发展的势头相比，一些传统经济作物的生产受国际市场的影响，反而呈现衰落之势。茶叶本为中国传统出口产品，19世纪末起，受后起的印度、锡兰（今译斯里兰卡）茶的竞争，茶叶产量及出口量均趋于下降，民国年间这一过程仍在继续。1920年茶叶出口30万担，价值885万关两，只有1916年的五分之一左右。茶叶在中国出口总值中所占的比重，从最高峰时的50%跌落到2%左

　　①　许道夫：《中国近代农业生产及贸易统计资料》，第181页。

　　②　《中国输出贸易指数表》。

　　③　阿瓦林（苏联）：《帝国主义在满洲》，三联书店1980年版，第309页。

　　④　许道夫：《中国近代农业生产及贸易统计资料》，第196、198页。

　　⑤　《英美烟公司在华企业资料汇编》第1册，第12页。

右,已处于微不足道的地位①。生丝及其制品长期居于中国出口物品价值的首位,民国以来,由于日本生丝生产的迅速发展(产量已超出中国一倍以上),以及人造丝的兴起,中国的生丝生产处于停滞状态,年产量徘徊在 1 万吨上下,出口值虽有提高,但发展速度显然不及上述几种新兴经济作物。1924 年,生丝及其制品(包括绸缎)出口价值 12,921 万关两,已从向来的第一位退居于大豆及其制品之后,在世界生丝及其制品市场上的占有比率也在不断下降②。

经济作物商品化程度的提高,导致一些专业化生产区域的形成,这也有利于技术的发展与产量的增加。如棉花生产集中在长江与黄河中下游地区,尤其是江苏、湖北、河北三省,江苏南通地区的棉花产量占到全国总产的七分之一。大豆种植基本上在东三省,山东一省占了花生产量的五分之四,烟草生产主要在山东、安徽、河南,茶在安徽、江西、浙江,蚕桑在浙江、广东、江苏。

粮食生产的商品化程度也有增长,大致达到了 20％左右,但受经济作物发展的影响,粮食播种面积在下降,即便是"昔多稻作"的苏南常熟地区,也"已大都改植棉作"③。1920 年代中期,粮食作物产值大约仍占农业总产值的四分之三左右,全国稻麦杂粮的总产量约为二十五亿余担④。但中国人口众多,1920 年代已超过四亿人,人均耕地只有三亩多些,加上城市化的发展和经济作物产区的扩大,使得粮食生产不能满足国内消费需要,正常年景也需进口部分粮食,以补国内生产之不足。遇有天灾人祸,"粮荒"更频频发生。如上海的米价,欧战前只不过 5 元一石,1921 年上涨了两倍还多。大米已成为中国第一位的进口物品,1923 年进口数量 2244 万担,价值 9822 万关两。如再加上小麦和

---

① 《中国输出贸易指数表》。
② 《中国输出贸易指数表》。
③ 《中国近代农业史资料》,第 211—215 页。
④ 许道夫:《中国近代农业生产及贸易统计资料》,第 339 页。

面粉的进口，数量高达 3087 万担，价值 13457 万关两①。此后，大米、小麦、面粉、杂粮等粮食及其制品的进口，每年总数都在数千万担以上，成为影响国计民生至关重要的问题。

　　民国年间中国农村商品经济的发展，本质上仍受列强操纵的国际市场支配，既未解决国内民众的温饱问题，也未满足近代工业发展对于原材料的需要。相反，广大的中国农村仍是列强控制下的商品市场与原料基地。列强通过种种手段推销剩余产品，获取廉价原料。欧战前后发展迅速的几种经济作物，大豆和花生五分之四以上供出口，棉花的相当一部分也是供出口和外国在华企业所用。英美烟草公司直接插手烟草生产，更是列强操纵国内农业生产的典型例证。中国农业商品化生产对国际市场的过分依赖，使其极易受国际市场需求的影响，旋起旋落。茶生产的兴衰充分说明了这一点。广大农民的命运实际操纵在国际资本财团手中。

　　由于"剪刀差"的存在，中国出口物品价格上涨的幅度低于同期进口物品价格的上涨。出口物品的购买力指数，20 年代平均比十年前下降了十个百分点左右②，列强因此以相同的代价，获取了更多的产品。与此同时，国内工业发展所需原料得不到保证，不得不从国外大量进口，即使是国内生产较多的棉花、小麦等也不例外。国产棉花本可大体满足国内棉纺业的需要，但每年出口在百万担以上，其中绝大多数运往日本，加上在华日资纱厂用棉，"几占全额的二分之一而弱"③。华商纱厂联合会曾于 1922 年底上书北京政府，说明国产棉花外运"源源不绝，原料乃愈见缺乏"，"循至棉花求过于供，其价日昂"，要求政府禁止棉花出口④。1923 年初，北京政府决定，自 3 月 1 日起禁止棉花出口，但立

　　①　《中国输入贸易指数表》。
　　②　《中国近代农业史资料》，第 189 页。
　　③　《中国近代农业史资料》，第 185 页。
　　④　《荣家企业史料》上册，第 150—153 页。

即遭驻京公使团"抗议",随后又被迫宣布放弃禁令。华商纱厂联合会数次要求恢复禁令,终不见下文。国内棉纺业不得不大量使用进口棉花,从 1921 年起,棉花进口每年都超过百万担,1925 年达到 181 万担,价值 6997 万关两①,位居中国进口物品的前三名。这是中国农业经济受列强摆布的例证之一。号称以农立国的中国,国内工业所需农产原料,除"榨油之大豆,国内差堪自给外,余则几无一能完全脱离舶来品而独立者"②。事实对中国近代工业的发展就是如此不利。

二　农业经济的凋敝

如果说,一战前后中国工业生产的发展得益于有利的外部环境的话,农业则连这一点都得不到。中国农民面对的外部环境,除了生产力水平低下,频繁的天灾与列强的经济扩张外,更有军阀统治的横征暴敛,军阀混战的破坏摧残,与一战前后的工业相对高速发展相比,农业的发展速度仍然较慢,农业的凋敝成为无可逃避的现实。

农民以土地为本,土地的占有权始终是中国农村经济关系的重要问题。民国北京政府时期,不少军阀官僚出于置产的传统,都置有大量田产,大凡大军阀大官僚多是大地主,从段祺瑞、曹锟到张作霖、徐世昌等几乎无一例外。他们占有的土地少则几千亩,多达几万、十几万亩,张作霖及其亲属在东北占有不下 160 万亩土地,他的亲信杨宇霆、吴俊陞也都占有一百多万亩土地③。军阀官僚占有土地的方式多种多样,有的以权势低价购进,如王占元在山东只花二元钱就可买进一亩好地;更多的是强占,有枪便是王,谁也奈何不得。除了军阀官僚外,许多工商业者以及一般社会游资也都加入到土地买卖之中。因为土地被视为

---

①　《中国输入贸易指数表》。

②　《我国工业原料之调查》,《工商半月刊》第 3 卷第 20 号。

③　吉迪:《北洋军阀政客资产记闻》,《近代史资料》1978 年第 1 期。

稳定的产业,可以获得稳定的收入,越是动乱年代,有钱人越不愿意进行工业投资,而是"争买田产",以求资金安全。这既加剧了农村土地占有的不平衡,也妨碍了迫切需要资金的工业发展。当时的大资本家张謇、聂云台等人都有大量土地。农民缺地少地的不合理的土地所有制,阻碍了农民生产积极性的发挥,也不利于技术的进步与生产率的提高。

与传统的土地所有制相适应,实物地租仍是主要的地租形态,租率一般要占到收获物的近一半,变相加租、押租、预租以及种种额外勒索更是司空见惯。除此而外,农民还要忍受高利贷业者的重利盘剥。在这样的环境下,农民的温饱尚成问题,购买力甚低。据估计,拥有 20 亩以上的农户可以略有剩余,其他农户只能靠家庭副业或手工业维持生计。许多农户没有耕畜,无力进行扩大再生产。中国的农业生产始终只能维持低水平的循环往复,生产技术长期处于停滞状态,生产力水平低下。到 20 年代中期,稻麦杂粮的平均亩产量只有二百三十余斤,不仅低于清代的水平,甚而低于两千年前汉代平均亩产 264 斤的水平,实在是令人感叹不已。

军阀的横征暴敛与混战不已,是造成农村经济凋敝的主要原因之一。北京政府时期,各地大小军阀为了满足日益增长的军费支出,无不把搜刮的重点放在千百万农民身上。田赋易于估计,征收方便,纳税人无处逃避,向来是财政收入的大宗来源,从而也成为军阀的重要财源。北京政府时期,"田赋名称括以地丁、漕粮、租课三种。其征收机关,则县知事公署设总柜为总机关,四乡分设分柜,以科员或左理员董之,为分机关。从前胥役把持之弊渐次剔除,并通令各省区完纳丁课,概以银元计算,漕粮、兵米亦次第改征折色"[①]。田赋正税年约八九千万元,数量较为稳定,但田赋附加税则层出不穷,多数省份在十种以上,税额也年年增加,大多超过正税几倍。最坑害农民的是所谓田赋"预征",少者

———————

① 《1912—1918 年各省区田赋情形汇编》,《中华民国史档案资料汇编》第三辑《财政》(二),第 1252 页。

几年,多者十几年,四川梓桐县 1926 年已在"预征"1957 年的田赋,整整"预征"了三十年①。农民名义上要负担的税为七种,实际各种税负则名目繁多,数不胜数,从人头税一直收到牛捐、狗捐。以河南为例,1926 年田赋、厘金、契税等正杂税收入为 1100 万元,而田赋预征达 1400 万元,占总收入的 41％,超过田赋正税收入的至少一倍以上②。由此可知,农民的实际负担远远超过名义上的田赋数,他们哪里还有余力去进行扩大再生产。军阀的横征暴敛主要落在自耕农身上,也促使自耕农向半佃农以至佃农的转化,从而又促成了农村经济的凋敝。

军阀混战给农民带来的灾难更是难以尽述。民国年间,大小军阀的混战经年不断,他们以军用票、军需券支付战争需要,已经可以称得上是"文明"之举了,更经常、更直接的是毫无一定之规的摊派与强占,无偿的征用民伕、拉走牲畜。"大军过境,米面柴草,均由各区供应,遂至谷物一空"③。而且一遇战争,胜方以抢掠为刺激士兵的手段,败方的逃兵溃将更是无法无天,"兵车所至,亦鸡犬一空","村舍荡然,流离载道",所有灾难都是农民承受④。直皖战争时,皖系马良部在山东德县获胜,即"鸣枪入街,肆行抢掠三昼夜之久"。战后,据京兆所属各县初步统计,损失高达 345 万多元⑤。再如 1924 年的江浙战争,"战区内耕牛、农具损失极多,有至十分之六者,少者亦十分之二三";"棉田受损最巨,收获多者仅及六成,余则二三成左右"⑥。兵祸之外,伴以匪祸,许多地方土匪"横行乡曲",搞得"赭垣斗立,鸡犬不闻"。说到底,兵与

① 《中国近代农业史资料》,第 577 页。

② 杨荫溥:《民国财政史》,中国财政经济出版社 1985 年版,第 34 页。

③ 《简鹤年等呈》(1920 年 8 月),中国第二历史档案馆编:《直皖战争》,江苏人民出版社 1980 年版,第 269 页。

④ 《山东省议会等通电》(1920 年 8 月 7 日),《直皖战争》,第 274 页。

⑤ 《京兆战后损失统计表》,《直皖战争》,第 284—288 页。

⑥ 《中国近代农业史资料》,第 611 页。

匪互为表里,都是军阀统治的产物。

天灾伴随着人祸,人祸又加剧了天灾。这一时期水旱连年,1920年至1921年间,北方的旱灾和南方的水灾都很严重,灾民数以千万。据估计,1920年—1921年的华北旱灾,波及317个县,死亡人数高达一千余万人[1]。大小军阀终日忙于争权夺利,根本无心顾及防灾救灾,各地水利废弛,围堤失修,以至小灾成了大灾,无灾也能成灾。更有甚者,敌对双方在军事行动中决堤放水,给无辜人民造成重大损失。如吴佩孚南下与湘军作战时,"决湘堤以灌之,淹没四县",实乃人祸胜于天灾[2]。民国年间,为逃避战乱,大量农民或闯关东,或漂洋过海去外国,或流入城市,从事种种低贱职业。据当时日本人在苏、浙、皖、冀、鲁五省调查的结果,农村的平均流亡率为4.8%[3]。况且流亡者以青壮年劳力为主,他们背井离乡,造成大量土地抛荒,导致农村经济的恶化,而这种经济恶化又迫使更多的人流亡,形成恶性循环。

北京政府时期,中国农村的资本主义生产方式没有突破性进展,资本主义式的农牧垦殖公司和富农经济,只不过是居于主导地位的农村传统经济的点缀。农牧垦殖公司一度有所发展,据八个省份的不完全统计,20年代初已有一百余家,尤以江、浙两省居多,但这些垦殖公司多为"招佃代种","坐收田租",经营收入比重不大,甚而有的公司完全靠出租维持。张謇办的通海垦殖公司,占地10万亩,大部分仍分租给佃农,收取地租。富农经营占农业经济的比重一般都未超过10%,而且规模也都不大,大致也就几十亩地,为了少担风险,还有不少人出租部分土地,坐收地租,少数人更进一步转化为地主。在当时的国内外环境下,无论是工业还是农业,中国资本主义发展的道路都是艰难的,何

---

①　秦孝仪主编:《中华民国经济发展史》第1册,台北近代中国出版社1983年版,第277页。

②　《白坚武日记》第1册,江苏古籍出版社1992年版,1921年8月23日,第326页。

③　曹鸿儒:《中国农业经济之发展》,第86—87页。

况在农产品价格低、税负重、经营农业风险大,而出租土地倒可以坐收高额地租的情况下,农业资本主义的发展远远落后于工业资本主义的发展是理所当然的。

总体而言,20 世纪 20 年代的中国农业,虽然经济作物有所发展,但农业中的现代经济成长十分有限。广大的农村既不能成为中国工业发展最广大、最稳定的销售市场与原料来源,中国工业化的进步自然也将是十分艰难的。

第三节　北京政府的财政与金融

一　北京政府中后期的财政状况

袁世凯时代的北京政府财政,虽也相当紧张,但勉强可以维持。袁死后,中央对地方的控制大为削弱,群雄割据,使在很大程度上依赖地方的中央财政收入大受影响,而支出尤其是军费支出不见稍减,北京政府的财政可谓捉襟见肘,度日如年。

北京政府的财政收支向来是一本糊涂账。1917 年—1927 年间,只有 1919 年编过正式的财政预算,并经国会议决,公布施行。"其余各年度,或以法定手续未能完备,或因时局影响造报未齐,均未成立"①。以 1919 年预算为例,经常岁入 40,984 万元,临时岁入 8058 万元,合计 49,042 万元,其中岁入最多的三项为(经常与临时合计,下同),盐税 9882 万元(占总岁入的 20%,下同),关税 9396 万元(19%),田赋 9055 万元(18%);经常岁出 27,129 万元,临时岁出 22,447 万元,合计 49,576 万元,其中岁出最多的三项为,陆军经费 20,783 万元(占总岁出的

---

①　《财政整理会暂编 1925 年度国家预算表》(1925 年 12 月),《中华民国史档案资料汇编》第三辑《财政》(一),第 786 页。

42％，下同），债款支出 12,796 万元（26％），内务经费 4817 万元（10％）①。根据这个预算，赤字不过 534 万元，占预算总岁出的 1‰略强，但所谓债款支出实际即为赤字，赤字占预算总支出的比例已为27％，而这也不过是纸面上的数字，其间缺漏甚多，实际亏空无疑大大超过预算数字。还以 1919 年为例，因为"财源枯涸，入少出多，每月支款不敷已达千万元以上。外债既无可借，但恃国内华商各行号设法筹挪，还期之促，利率之高，所指抵押品之严重，实为历来所未有"②。因此，当年财政部计划发行国债 2 亿元，结果招致南方政府的抗议，英、法、日等国公使也反对以盐税为该项借款之担保。最后，北京政府决定改以田赋为该项借款之担保。

在所有政府支出中，军费高居首位。北京政府财政预算中的军费开支平均为预算数的 39％，"实支之额，犹远过于预算之数"③。1918年中央财政每月支出约 1195 万余元，其中普通军费 570 余万元，特别军费 302 万余元，边防及协款 16 万余元，合共 888 万余元，占总支出的四分之三左右。即便如此，仍欠军费 940 万元，其中仅欠曹锟所部的军费即高达 241 万元④。这只是中央政府的支出，至于各地军阀的军费开支就更难于计数了。北京政府时期，兵连祸结，战争连年皆有，大小军阀们的军队需要成千上万的金钱去养着，财政部实际成了军阀们的后勤部。

与庞大的支出相对应的，是北京政府有限的收入。作为农业大国，田赋是稳定而又最为重要的收入，但此时这笔收入基本为各地军阀所

---

①　《1919 年度国家预算表》，《中华民国史档案资料汇编》第三辑《财政》（一），第 598—606 页。

②　《国务院等通电》（1919 年 5 月 17 日），《中华民国史档案资料汇编》第三辑《财政》（二），第 907 页。

③　《民国财政史》，第 13 页。

④　《财政部意见书》（1919 年 5 月），《中华民国史档案资料汇编》第三辑《财政》（一），第 178—192 页。

把持,曾为中央专款的田赋附加自袁世凯逝后即"解者甚属寥寥",不能不改列本省预算。清末以来多遭诟病的恶税厘金,数额不小,1920年—1922年,各省区实收厘金税捐 13,410 万元,年均 4470 万元[1],但同样到不了中央手中。各省对中央的解款以及袁世凯时代曾颇为兴盛的中央专款(即各省代收但专归中央使用的税款,如烟酒税、契税、印花税、牙税等),年收曾达三千余万元,自袁死后,随着地方离心倾向的增强,解送中央的税款一天少于一天,至 20 年代初期,两项合计预算数额不过一千万元左右,实际解送数额则几近于无。这两项收入已是徒有虚名,不复存在[2]。实际上,北京政府能够掌握的收入主要是关、盐两税。关、盐两税民初即已落入列强的控制下,税款存入外国银行,征收、管理及支配权掌握在总税务司和盐务稽核所手中,大多用于各种内外债的担保,中国政府只能得到还债后的余款,即关余与盐余。而具有讽刺意味的是,恰恰是因为列强的插手,使得各地军阀不敢轻易截留这两种税款,才使北京政府可以仰列强之鼻息,得到一笔稳定而可靠的收入。随着中国对外贸易的发展,关税税额逐年增加,从 1917 年的 4935万关平两,增至 1925 年的 8974 万关平两,增长 82％。同期关余每年均在数百万关平两左右,其中最多的 1924 年为 1752 万关平两,约占当年关税总收入的 22％。1917 年—1926 年,关税总收入为 66,503 万关

---

① 《1920—1922年各省区厘税比额及实收数表》,《中华民国史档案资料汇编》第三辑《财政》(二),第 1486—1491 页。此表 1920 年实收数 1586 万元系统计错误,实应为 4583 万元,此处据后数。

② 《民国财政史》,第 10—12 页。1918 年中央财政除盐税以外的全部收入每月仅约 72 万元,每年不到 1000 万元,而 1919 年财政预算仅烟酒公卖、烟酒税、烟酒牌照税三种税收就列入 3662 万元。《财政部意见书》(1919 年 5 月),《1919 年度国家岁入岁出预算表》,《中华民国史档案资料汇编》第三辑《财政》(一),第 178、600 页。

平两,关余总数 7225 万关平两,约占总收入的 11%①。盐税收入较为稳定,大抵在年收入八九千万元左右,最多的 1922 年为 9680 万元,1925 年以后则有明显下降。盐税抵押借款较关税为少,因此盐余也较关余为多,最多的 1918 年为 5280 万元,占当年盐税收入的 59%。1918 年—1926 年,盐税总收入为 77,430 万元,北京政府得到的盐余为 30,920 万元,约占盐税总收入的 40%②,可算是一笔大宗收入了,但仍无补于浩大的支出。

在军阀们的压迫下,北京政府的财政毫无章法可言,为了满足军阀的需索,财政不是量入为出,而是量出为入,但收入如此之少,支出又如此之多,如 1918 年,北京政府每月收入为 422 万元,只有支出的 35.3%③。北京政府借以填补财政亏空的唯一办法就是借债,从外债借到内债,从发行短期国库券到向银行借款,可谓窘相百出。如时人所论,"民国三年以前,恃长短期外债;民国五年以前,恃内国公债;民国六年以前,恃日本债,历史昭然。迨八年以后,则各债之路俱穷,于是内国

---

① 《1912—1927 年海常各关税收总数收支表》,《中华民国史档案资料汇编》第三辑《财政》(二),第 1338、1358 页。据吴兆莘的研究,1917 年—1926 年,关税收入从 6192 万元增至 11,927 万元;同期关税收入总计为 88,431 万元,关余为 5296 万元,占收入总数的约 6%;关余最多的 1919 年为 2175 万元,占收入总数的近 30%。见吴兆莘:《中国税制史》下册,商务印书馆 1937 年版,第 204—205 页。杨荫溥所用数据与吴著相同,但他认为,由于北京政府发行内债时,"关余几尽数作抵","所以从 1921 年起,北洋政府事实上就没有什么关余可收"(《民国财政史》,第 7 页)。这不过是统计方法的不同而已,因为北京政府发行的内债,实际就是当年北京政府的收入。

② 杨荫溥:《民国财政史》,第 8 页。据盐务稽核总所的统计,盐税收入呈稳步增长趋势,1918 年—1926 年间,盐税总收入为 95,680 万元;其中除 1918、1920 两年外,其余年份的收入均超过 1 亿元,最多的 1926 年已达 12,276 万元。《1912—1930 年盐税收入统计表》,《中华民国史档案资料汇编》第三辑《财政》(二),第 1419—1425 页。

③ 《财政部意见书》,1919 年 5 月,《中华民国史档案资料汇编》第三辑《财政》(一),第 180 页。

各商业银行之借款如云而起"①。

　　袁世凯统治时期曾经大借外债,但第一次世界大战期间及战后,欧美各国由于战争因素及战后重建的原因,对华借款减少,而且北京政府缺少权威,财政收入有限,欧美各国亦不愿轻易借款,只有日本出于政治目的,在1917年—1918年间大量借款给段祺瑞政府。1917年—1924年,北京政府实借外债46,409万元,其中相当一部分是用于偿还旧债本息,对于缓和其财政困难于事无补②。

　　外债既无法弥补财政赤字,北京政府的日常开支实际主要依靠内债及银行借款解决,"几乎无一用款,不仰给借贷"③。内债自袁世凯时代开始发行,起初发行数量并不大。1917年以后,在收支差距日渐增加的情况下,北京政府把发行内债视为挽救财政危机的唯一办法,内债越发越多,直到不可收拾的地步。1918年—1922年,发行公债48,827万元,占北京政府时期公债发行总数的五分之四,其中有三年的发行额超过了1亿元④。公债的滥发,最终造成债信大跌,偿还困难,不得不进行整理。1922年以后,长期公债已无人问津,发行额剧降为几百万元,北京政府只能靠发行各种短期借款,如国库券、盐余借款等维持。这些短期借款名目繁多,多不过一二百万元,少则几十万元,乃至几万元。为了应付急需,北京政府还不惜饮鸩止渴,向银行高利借款,或由银行短期垫款。"财政部每逢付息还本,即向银行商量借款,然往往不能如约清还,致银行拒绝再借。此种竭蹶情形,传播遐迩,政府信用日堕"⑤。这类借款条件苛刻,月息高达2分,借垫数在10万元以下的占

---

　　①　《卢学溥致大总统等电》(1922年3月17日),《中华民国史档案资料汇编》第三辑《财政》(二),第948页。

　　②　徐义生:《中国近代外债史统计资料》,第240页。

　　③　《银行月刊》第一号,国内财经消息栏。

　　④　千家驹:《旧中国公债史资料》,中华书局1984年版,第11页。

　　⑤　《中国银行二十四年发展史》,中国银行总行、中国第二历史档案馆编:《中国银行行史资料汇编》上编(一),第544页。

这类借款总数的三分之一,最少的垫款只有千把元,可见北京政府的财政已困窘到山穷水尽,过一天算一天的地步了。所谓"短期借款,利重期迫,转瞬即须归还,军事各费,短欠既多,又须设法给付,左支右绌,周章万状"[①]。1922 年 10 月,十八家银行共向北京政府垫款 3144 万元,其中中国银行为 2795 万元(占总数的 89%)。1925 年 10 月,二十家银行共向北京政府垫款 3033 万元,其中中国银行为 2373 万元(占总数的 78%)[②]。中国银行已经成了北京政府的提款机。到 1925 年底,北京政府共欠国库券 5911 万元,盐余借款 4411 万元,银行短期借款 3890 万元,垫款 3033 万元,共 17,246 万元[③],积少成多,总数仍然相当可观,等于北京政府时期公债总数的 28%。此外,北京政府还借有大量无确实担保的内外债,至 1923 年,此类债务总数达 39,300 余万元,"借款户数竟有数百起,债权者之国籍,除本国外,亦有七国之多。至其债额,有达数千万元者,有仅数万元者。其债款之担保,或以税收,或以产业,或用证券,或用期票,虽各不同,而不确实则一。所以到期本息无款可付,或临时罗掘,酌还一部;或另立合同,作为新借。以至债务愈积愈多,头绪愈变愈繁"[④]。北京政府为此多次提出整理内外债,但旧欠未还,新欠又至,在当时出大于入的情况下,无论采取什么办法,都不能根本解决债务问题,最多也就是借新债还旧债而已。

在这样的财政状况下,北京政府的日常行政开支都难于维持,更不用说扶持工商,发展文教了。据统计,从 1912 年—1926 年,北京政府所借外债总数为 133,700 万元,其中用于发放军饷、购买军械的费用占

① 《财政部意见书》(1919 年 5 月),《中华民国史档案资料汇编》第三辑《财政》(一),第 188 页。

② 《李景铭报告》(1923 年 3 月 9 日),《内国各银行垫款欠数表》,《中华民国史档案资料汇编》第三辑《财政》(二),第 989、998—1000 页。

③ 千家驹:《旧中国公债史资料》,第 11 页。

④ 《财政部整理内外债提案》(1923 年 7 月 5 日),《中华民国史档案资料汇编》第三辑《财政》(二),第 1189 页。

22.8％(1918 年最高为近 40％)，而用于航运、电信、工矿等用途的费用只占 7.8％[①]。为了解决政府的财政困难，北京政府也曾筹备成立全国财政讨论委员会和财政整理会，提出各种整理财政案，以讨论中央财政方针，整理全国财政计划，审核并研究整理内外债的办法，实行量入为出的财政预算[②]。但在当时的情况下，北京政府既无统治权威，也就没有整理财政与编制并严格实行中央财政预算的能力，所有整理财政的计划与方案不过是纸上谈兵而已。

二　新式银行业的兴起

中国新式银行业的发展迟至清末方才开始。民国建立后，随着近代工商业的不断发展，新式银行业也日渐兴起。第一次世界大战前后，国内工商业出现前所未有的繁荣，剩余资金与对资金的需求都急剧增长，银行业亦随之得到空前发展，其后北京政府的公债政策又进一步刺激了银行业的兴盛。1919 年—1923 年，每年新设银行数均超过二十家，1922 年达到创纪录的 36 家。到 1925 年，全国共有银行一百五十八家，实收资本 16,914 万元，比 1912 年增长了五倍还多[③]。虽然这其中不乏旋起旋散的投机银行，但一批声誉卓著、资力雄厚的大银行，如中国银行、交通银行、"北四行"(盐业、金城、大陆、中南银行)、"南三行"(浙江兴业、浙江实业、上海商业储蓄银行)等开始崛起，它们当中既有民国以前成立的银行，也有民国年间成立的银行。中、交两行经几次增资，股本已超过 1000 万元。1925 年，前十家大银行纸币发行量超过 2

---

①　《中国近代外债史统计资料》，第 240—242 页。

②　《全国财政讨论委员会章程》(1922 年 7 月 7 日)，《财政部财政整理会章程》(1923 年 8 月 10 日)，《临时执政交议整理财政案》(1925 年 2 月 26 日)，《中华民国史档案资料汇编》第三辑《财政》(一)，第 19—269 页。

③　唐传泗、黄汉民：《试论 1927 年以前的中国银行业》，《中国近代经济史研究资料》(4)。

亿元,其中中国银行 12,709 万元,交通银行 4834 万元,开始在关内金融市场上占据主导地位,它们的存放款业务也有较大增长①。可以说,中国近代新式银行业已经在这一时期奠定了基础。

　　这一时期银行业的发展有两点值得注意。一是商办银行的发展超过了官办银行。本来,中国的银行一直以官办或官商合办为主,1912年底,官办与官商合办银行共二十四家,实收资本 1966 万元,占全国银行总资本的 70% 左右。袁世凯死后,政局多变,以政府为后台的官办银行不能不受影响,加上官办银行人员冗杂,经营不善,因此除中国、交通两行外,官办银行的发展趋于停滞,在全国银行业中的地位也有较大下降。1925 年底,官办与官商合办银行共有二十八家,占全国华资银行总数的 17.7%,实收资本 7605 万元,占全国华资银行总资本的45%②。与此相反,由于民族工商业在这一时期的空前发展,资本赢利率急剧增加,多余的资金急需寻求出路,工商业的发展又带来对资金的旺盛需求,同时由于大战和抵制洋货运动的影响,外资银行的压力有所减轻,这些都大大刺激了商办银行的发展。据不完全统计,1921 年—1925 年新开业的商办银行达到 87 家,而同期新开业的官办或官商合办银行只有五家③。1925 年,全国商办银行总数已达到一百三十家,实收资本 9309 万元,比 1912 年增长十一倍还多,超过了全国华资银行实收资本总额的半数,而同期官办与官商合办银行资本资本总额只增长了不到三倍④。著名的"北四行"都是在 1915 年—1921 年间成立

　　① 卓遵宏:《中国近代币制改革史》,台北 1986 年版,第 173 页;《中国银行历年发行数额表》《交通银行编历年兑换券流通额一览表》,《中华民国史档案资料汇编》第三辑《金融》(二),第 552—555 页。

　　② 唐传泗、黄汉民:《试论 1927 年以前的中国银行业》,《中国近代经济史研究资料》(4)。

　　③ 《北洋政府时期全国银行一览表》,《中华民国史档案资料汇编》第三辑《金融》(二),第 556—589 页。

　　④ 唐传泗、黄汉民:《试论 1927 年以前的中国银行业》,《中国近代经济史研究资料》(4)。

的,而发展最快的上海商业储蓄银行,从 1915 年—1926 年,资本增长二十四倍,存款增长五十五倍,位居商办银行存款前列,工商业放款超过了放款总额的四分之三。在商办银行中,工商业与金融界投资的比例在上升,即使在军阀官僚买办投资为主的银行里,工商业者的投资比重也在增加。以金城银行为例,1917 年开办时,军阀官僚的投资占90%,到 1927 年已下降到 50%。一部分投资银行的军阀官僚下台后,亦逐步转化为工商业资本家。以北京政府为后台的官办银行的实力下降,商办银行尤其是江浙系商办银行的发展,不仅影响到银行业自身的势力格局,对未来中国的政治格局也产生了重要影响。

这一时期银行业发展的第二个特点是参与公债投机。1918 年以后,北京政府为缓和财政困难,大发公债,短短几年即以数亿元计。这些公债利率少者二三分,高者达五分,加上各种折扣,"直接间接所获之利益固较任何放款为优也"。加之公债还可充作发行准备及借款担保,偿还有总税务司保管的内债基金,因而成为各银行竞相追逐的对象。20 年代初银行业的繁荣与公债买卖的投机有很大关系。1921 年—1925 年,仅北京就有十七家银行开业①。作为政治中心而非经济中心的北京,集中了如此多的银行,至少表明银行业的发展有着经济以外的因素在起作用。当时有的银行完全不事经营,专事公债投机,即使是历史较长、资力较为雄厚的中国、交通两行,也不能置身于公债投机买卖之外。银行的大量资金集中于金融投机,势必影响它们对工业以及其他事业的放款。不过,以往关于这方面的研究对此可能不无夸大之处。实际上,承购北京政府发行的公债获利虽大,但由于军阀连年混战,政局不稳,购买公债的风险也大,"往往基金流用,本息无着",百元公债的市价最低时尚不足原价的四分之一,因此公债买卖被时人认为是"纸上富贵"。因此除一些企图乘机捞一把、旋起旋落的投机银行外,一般大

---

① 《北洋政府时期全国银行一览表》,《中华民国史档案资料汇编》第三辑《金融》(二),第 556—589 页。

银行对购买公债仍较为慎重。据已知二十八家银行的统计,有价证券的投资只占它们资产总额的 6%—7% 左右,不到放款总额的 10%。即使是官僚投资较多的金城银行,对政府的财政放款和投资占其放款总额的比重,也从 1919 年的 55% 下降到 1923 年的 22.3%,而 1923 年其工商业放款已占放款总额的 38%。私人工商业者投资为主的浙江兴业银行,对政府的财政放款则只占其放款总额的 4.7%①。

　　总之,1918 年以后的中国现代银行业有了较大发展,而且这一发展与国内工商业的发展基本上是同步的,对工商业的发展起着一定的促进作用。据估计,1925 年二十五家主要银行的放款数已达到 76,000 万元②,如果其中有三分之一是工商业放款,一年也可为工商业提供 25,000 万元的资金。但是,与民族工商业的发展一样,中国现代银行业的发展同样存在着先天不足。大多数银行的资本薄弱,存款来源和放款规模都很有限。1921 年—1925 年新开业的商办银行中,实收资本在 50 万元以下的小银行为五十八家,占同期新开业商办银行总数的 67%③。1925 年,实收资本在 50 万元以下的小银行有九十四家,占银行总数的近 60%,但只占资本总额的 14%。1926 年,二十四家主要银行的存款总数为 91,767 万元,而英资汇丰银行的存款即为 61,607 万元。正因为资本小,对市场风险的承受力也很低,倒闭率很高。1921 年—1925 年,倒闭银行占到新开银行总数的 55.6%④。在国内金融市场上,外资银行与旧式钱庄仍然占据着重要地位。1925 年,在华外资银行有六十三家,中外合资银行十七家,资本总额大大超过华资银行。

---

　　①　唐传泗、黄汉民:《试论 1927 年以前的中国银行业》,《中国近代经济史研究资料》(4)。

　　②　《中华民国经济发展史》第 1 册,第 114 页。

　　③　《北洋政府时期全国银行一览表》,《中华民国史档案资料汇编》第三辑《金融》(二),第 556—589 页。

　　④　唐传泗、黄汉民:《试论 1927 年以前的中国银行业》,《中国近代经济史研究资料》(4)。

以英国汇丰银行为代表的外资银行,除了办理银行的一般业务外,还承办借贷,管理关税,进行投资,垄断国际汇兑,控制对外贸易,在中国金融业中处于优势地位。钱庄经营方式虽然陈旧,但熟悉行情,信用好,周转快,为中小工商业者所欢迎,以至"商家不与银行往来者甚多,而不与钱庄往来者绝少"①。1912年—1924年,上海钱庄从二十八家增至八十九家,资本从149万元增至1926年的1876万元②。当时有人认为:"钱庄倘使全体停了业,的确可使上海的商界完全停顿,而银行停了业,恐怕倒没有多大影响。"③1925年,在国内银行业实收资本与公积金总额中,外资与中外合资银行占44.2%,华资银行占37.5%,钱庄占18.3%。如果除去中、交两行及各省地方官办银行,则全国商业银行的资力与钱庄不相上下。商办银行本身资力有限,对工商业放款虽呈上升趋势,但比重始终不大,这就注定国内银行业的发展对本国工商业的支持是有限的。

---

① 杨荫溥:《上海金融组织概要》,商务印书馆1930年版,第66—67页。
② 中国人民银行上海市分行编:《上海钱庄史料》,上海人民出版社1960年版,第188、191页。
③ 章乃器:《金融业之惩前毖后》,《银行周报》第16卷19号。

参考文献 *

中文档案文献

北洋政府大总统府档案,中国第二历史档案馆藏,南京

北洋政府内务部档案,中国第二历史档案馆藏,南京

北洋政府陆军部档案,中国第二历史档案馆藏,南京

北洋政府直鲁豫巡阅使署档案,中国第二历史档案馆藏,南京

北洋政府热察绥巡阅使署档案,中国第二历史档案馆藏,南京

北洋政府京畿卫戍总司令部档案,中国第二历史档案馆藏,南京

北洋政府步军统领衙门档案,中国第二历史档案馆藏,南京

北洋时期档案,中国社会科学院近代史研究所藏,北京

奉天省公署档案,辽宁省档案馆藏,沈阳

云南省政府档案,云南省档案馆藏,昆明

蒋介石日记,Hoover Archives, Stanford University, California, USA.

中文著作

《白坚武日记》,中国社会科学院近代史研究所编,南京,江苏古籍出版社,1992

《包惠僧回忆录》,北京,人民出版社,1983

* 本书目所收为本卷所引的主要参考文献。中文和日文书目以书名汉字的音序排列,西文书目以作者姓氏字母顺序排列。

《鲍罗廷在中国的有关资料》,李玉贞译,北京,中国社会科学出版社,1983

《北方地区工人运动资料选编》(1921－1923),中国革命博物馆编,北京出版社,
　　1981

《北洋军阀》,来新夏主编,上海人民出版社,1988

《北洋军阀》,章伯锋、李宗一主编,武汉出版社,1990

《北洋军阀史》,来新夏等著,天津,南开大学出版社,2000

《北洋军阀史料选辑》,杜春和、林斌生、丘权政编,北京,中国社会科学出版社,
　　1981

《北洋军阀史论稿》,潘荣著,北京,中国文史出版社,2007

《北洋军阀统治时期的兵变》,中国第二历史档案馆编,南京,江苏人民出版社,
　　1982

《北洋军阀统治时期史话》,陶菊隐著,北京,三联书店,1983

《北洋政府简史》,郭剑林主编,天津古籍出版社,2000

《北洋政府时期的政治制度》,钱实甫著,北京,中华书局,1984

《被"废除不平等条约"遮蔽的北洋修约史(1912－1928)》,唐启华著,北京,社会科
　　学文献出版社,2010

《比较宪法》,王世杰、钱端升著,重庆,商务印书馆,1943

《卞白眉日记》,中国人民政治协商会议天津市委员会文史资料委员会、中国银行
　　股份有限公司天津市分行编,天津古籍出版社,2008

《蔡和森文集》,北京,人民出版社,1980

《曹汝霖一生之回忆》,北京,中国大百科全书出版社,2009

《陈幹集》,陈隽、佟立容编,香港,天马图书有限公司,2001

《陈炯明集》,段云章、倪俊明编,广州,中山大学出版社,1998

《陈炯明叛国史》,李睡仙、谢盛之、鲁直之编,台北,文海出版社有限公司,1971

《陈竞存(炯明)先生年谱》,陈定炎编,台北,李敖出版社,1995

《椿园载记》,罗章龙著,北京,三联书店,1984

《邓中夏文集》,北京,人民出版社,1983

《帝国主义在满洲》,[苏]阿瓦林著,北京对外贸易学院俄语教研室译,北京,三联
　　书店,1980

《第二次直奉大战记》,无聊子编,上海,共和书局,1924

《第一次国内革命战争时期的工人运动》,北京,人民出版社,1980

《段祺瑞年谱》,胡晓编,合肥,安徽大学出版社,2007

《对华回忆录》,[日]东亚同盟会编,胡锡年译,北京,商务印书馆,1959

《二七大罢工资料选编》,中华全国总工会工运史研究室等编,北京,工人出版社,
　　1983

《二十世纪的美国与中国》,[美]迈克尔·谢勒著,徐泽荣译,北京,三联书店,1985

《风雨漫漫四十年》,张钫著,北京,中国文史出版社,1986

《冯玉祥日记》,南京,江苏古籍出版社,1992

《冯玉祥自传》,北京,军事科学出版社,1988

《奉系对外关系》,车维汉、朱虹、王秀华著,沈阳,辽海出版社,2001

《奉系军阀密信》,辽宁省档案馆编,北京,中华书局,1985

《奉系纵横》,胡玉海著,沈阳,辽海出版社,2001

《奉直战云录》,陈冠雄著,天津,新民意报社,1922

《福建财政史纲》,王孝泉编著,出版地不详,1936

《吴孚威(佩孚)上将军年谱》(稿本),彭昌鲁编,北京,全国图书馆文献缩微复制中
　　心,2001

《革命文献》第51、52辑,黄季陆主编,中国国民党中央委员会党史史料编纂委员
　　会,台北,1970

《共产国际、联共(布)与中国革命文献资料选辑(1917－1925)》,中共中央党史研
　　究室第一研究部编,北京图书馆出版社,1997

《共产国际有关中国革命的文献资料》第1辑,中国社会科学院近代史研究所翻译
　　室编译,北京,中国社会科学出版社,1981

《顾维钧回忆录》第1分册,中国社会科学院近代史研究所译,北京,中华书局,
　　1983

《广东军阀史大事记》,广州,广东人民出版社,1984

《桂系据粤之由来及其经过》,李培生著,广州艺苑印刷所,1921

《国父年谱》,罗家伦,中国国民党中央委员会党史史料编纂委员会,台北,1969

《国民军史》,王宗华、刘曼荣著,武汉大学出版社,1996

《国民军史纲》,刘敬忠、田伯伏著,北京,人民出版社,2004

《胡适的日记》,中国社会科学院近代史研究所中华民国史研究室编,北京,中华书

局,1985

《胡政之文集》,王瑾、胡玫编,天津人民出版社,2007

《湖南近百年大事记述》,《湖南省志》编纂委员会编,长沙,湖南人民出版社,1959

《湖南省宪法》,长沙,湖南省宪筹备处编印,1921

《湖南制宪报告书》,长沙,湖南省宪筹备处编印,1922

《湖南自治运动史》,王无为著,上海,泰东书局,1920

《护法运动史》,莫世祥著,台北,稻禾出版社,1991

《护法运动史料汇编》,汤锐祥编,广州,花城出版社,2003

《华盛顿会议小史》,周守一著,上海,中华书局,1923

《黄膺白先生故旧感忆录》,金问泗等著,台北,文星书店,1962

《回忆辛亥革命》,中国人民政治协商会议全国委员会文史资料研究委员会编,北
　　京,文史资料出版社,1981

《记者生活三十年》,陶菊隐著,北京,中华书局,2005

《江南造船厂厂史》,上海社会科学院经济研究所著,南京,江苏人民出版社,1983

《蒋百里传》,陶菊隐著,北京,中华书局,1985

《蒋介石秘录》,古屋奎二编著,《蒋介石秘录》翻译组译,长沙,湖南人民出版社,
　　1988

《蒋总统集》,台北"国防研究院",1984

《今世中国实业通志》,吴承洛著,上海,商务印书馆,1933

《近代稗海》,荣孟源、章伯锋主编,成都,四川人民出版社,1985－1987

《近代中国军政关系与"军阀"话语研究》,徐勇著,北京,中华书局,2009

《近代中国史料丛刊》,沈云龙主编,台北,文海出版社有限公司,1971

《旧中国公债史资料》,千家驹著,北京,中华书局,1984

《旧中国汉冶萍公司与日本关系史料选辑》,沈家五编,上海人民出版社,1985

《军绅政权:近代中国的军阀时期》,陈志让著,桂林,广西师范大学出版社,2008

《李大钊选集》,北京,人民出版社,1959

《李宗黄回忆录》,台北,"中国地方自治学会",1972

《历史拐点处的记忆——1920年代湖南的立宪自治运动》,何文辉著,长沙,湖南人
　　民出版社,2008

《联共(布)、共产国际与中国国民革命运动(1920－1925)》,中共中央党史研究室

第一研究部译,北京图书馆出版社,1997

《联省自治思潮研究》,谢从高著,北京,中国社会科学出版社,2009

《梁启超年谱长编》,丁文江、赵丰田编,上海人民出版社,1983

《梁启超与民国政治》,张朋园著,长春,吉林出版集团有限责任公司,2007

《列强对中国的军火禁运(民国八年——十八年)》,陈存恭著,台北中研院近代史
　　所,1983

《临城劫车案》,枣庄市政协文史委员会编印,出版地不详,1996

《临城劫车案纪事》,陈无我编,出版地不详,1923

《刘鸿生企业史料》,上海社会科学院经济研究所编,上海人民出版社,1981

《六大以前》,北京,人民出版社,1980

《六十年来中国与日本》,王芸生编,北京,三联书店,1980

《陆海军大元帅大本营公报选编》,杜永镇编,北京,中国社会科学出版社,1981

《马君武文集》,莫世祥编,武汉,华中师范大学出版社,1991

《马林与第一次国共合作》,李玉贞主编,北京,光明日报出版社,1989

《马林在中国的有关资料》,中国社会科学院现代史研究室编,北京,人民出版社,
　　1980

《毛泽东选集》(合订本),北京,人民出版社,1967

《美国对华政策与中国民族主义运动(1904—1928)》,王立新著,北京,中国社会科
　　学出版社,2000

《美国对中国的反应——中美关系的历史剖析》,[美]孔华润著,张静尔译,上海,
　　复旦大学出版社,1997

《门户开放与中国》,李祥麟著,上海,商务印书馆,1937

《秘笈录存》,天津历史博物馆编,北京,中国社会科学出版社,1984

《民初的地方主义与联省自治》,胡春惠著,台北,正中书局,1983

《民国财政简史》,贾德怀著,重庆,商务印书馆,1941

《民国财政史》,杨荫溥著,北京,中国财政经济出版社,1985

《民国梁燕孙先生士诒年谱》,凤岗及门弟子编,台北,商务印书馆股份有限公司,
　　1978

《民国时期的土匪》,[美]菲尔·比林斯利著,王贤知等译,北京,中国青年出版社,
　　1991

《民国外债档案史料》,财政科学研究所、中国第二历史档案馆编,北京,档案出版社,1990

《民国续财政史》,贾士毅著,上海,商务印书馆,1932

《民国议会制度研究(1911—1924)》,薛恒著,北京,中国社会科学出版社,2008

《民国政党史》,谢彬著,上海学术研究会,1925

《民国政史拾遗》,刘以芳著,上海书店出版社,1998

《南洋兄弟烟草公司史料》,上海社会科学院经济研究所编,上海人民出版社,1958

《你所不识的民国面相:直隶地方议会政治1912—1928》,刘建军著,桂林,广西师范大学出版社,2009

《藕初五十自述》,穆湘玥著,上海,商务印书馆,1926

《日本侵华七十年史》,中国社会科学院近代史研究所著,北京,中国社会科学出版社,1992

《荣家企业史料》,上海社会科学院经济研究所编,上海人民出版社,1980

《三十年来之中国工程》,周开庆著,台北,京华书局,1967

《山东问题汇刊》,张一志著,上海,欧美同学会,1921

《山东问题始末》,谭天凯著,上海,商务印书馆,1935

《山东悬案解决之研究》,吴沧海著,台北,政治大学外交研究所,1972

《上海金融组织概要》,杨荫溥著,上海,商务印书馆,1930

《上海民族机器工业》,上海市机器工业史料组编,北京,中华书局,1966

《上海钱庄史料》,中国人民银行上海市分行编,上海人民出版社,1960

《上海之工业》,上海特别市社会局编,上海,中华书局,1929

《上海资本主义工商业的社会主义改造》,上海社会科学院经济研究所编,上海人民出版社,1980

《邵元冲日记》,王仰清、许映湖标注,上海人民出版社,1990

《失败的遗产:中华首届国会制宪1913—1923》,严泉著,桂林,广西师范大学出版社,2007

《双清文集》,北京,人民出版社,1985

《四川军阀史料》第3辑,四川省文史研究馆编,成都,四川人民出版社,1985

《四川军阀与国民政府》,[美]罗伯特·A·柯白著,殷钟崃、李惟健译,成都,四川人民出版社,1985

《孙大总统广州蒙难记》,蒋中正著,南京,正中书局,1937

《孙文与陈炯明史事编年》,段云章、沈晓敏编著,广州,广东人民出版社,2003

《孙中山——壮志未酬的爱国者》,〔美〕韦慕廷著,杨慎之译,广州,中山大学出版社,1986

《孙中山集外集》,王耿雄编,上海人民出版社,1992

《孙中山年谱长编》,陈锡祺主编,北京,中华书局,1991

《孙中山全集》,北京,中华书局,1981—1986

《孙中山三次在广东建立政权》,中国人民政治协商会议全国委员会、广东省委员会、广州市委员会文史资料研究委员会编,北京,中国文史出版社,1986

《孙中山研究》第1辑,广东省孙中山研究会编,广州,广东人民出版社,1986

《太平洋会议前后中国外交内幕及其与梁士诒之关系》,叶遐庵著,出版地、时间不详

《唐继尧评传》,谢本书著,郑州,河南教育出版社,1985

《天津市历史博物馆馆藏北洋军阀史料·吴景濂卷》,李家磷、郭鸿林、郑华编,天津古籍出版社,1996

《外交文牍——华盛顿会议案》,外交部编,北京,1923

《外蒙古撤治问题》,李毓澍著,台北中研院近代史所,1976

《外蒙主权归属交涉》,张启雄著,台北中研院近代史所,1995

《王宠惠与中华民国》,虎门镇人民政府编,广州,广东人民出版社,2007

《维经斯基在中国的有关资料》,北京,中国社会科学出版社,1982

《伟大的开端》,李新、陈铁健主编,北京,中国社会科学出版社,1983

《我的北洋军旅生涯》,李藻麟,北京,九州图书出版社,1998

《我的回忆》,张国焘著,北京,东方出版社,1991

《戊戌以后三十年中国政治史》,李剑农著,北京,中华书局,1980

《吴景濂与民初国会》,管美蓉著,台北"国史馆",1995

《吴佩孚军略书牍全编》,上海,世界书局,1923

《吴佩孚先生集》,赵恒惕等编,台北,文海出版社有限公司,1972

《吴佩孚研究》,唐锡彤、吴德运、蔡玉臻主编,北京图书馆出版社,2007

《吴佩孚传》,郭剑林著,北京图书馆出版社,2006

《吴佩孚传》,陶菊隐著,上海书店出版社,1998

《吴佩孚传》,章君毂,北京,新华出版社,1987

《吴铁城回忆录》,台北,三民书局,1971

《五四运动史》,彭明著,北京,人民出版社,1984

《宪政救国之梦——张耀曾先生文存》,杨琥编,北京,法律出版社,2004

《新民学会资料》,中国革命博物馆、湖南省博物馆编,北京,人民出版社,1980

《徐世昌评传》,沈云龙著,台北,传记文学出版社,1979

《阎锡山档案要电录存》,台北"国史馆",2003—2006

《颜惠庆日记》,上海市档案馆译,北京,中国档案出版社,1996

《颜惠庆自传——一位民国元老的历史记忆》,吴建雍、李宝臣、叶凤美译,北京,商
　　务印书馆,2003

《叶遐庵先生年谱》,遐庵年谱汇稿编印会编印,上海,1946

《"一大"前后》,北京,人民出版社,1980

《亦云回忆》,台北,传记文学出版社,1968

《英美烟公司在华企业资料汇编》,上海社会科学院经济研究所编,北京,中华书
　　局,1983

《张国淦文集》,杜春和编,北京,燕山出版社,2000

《张謇农商总长任期经济资料选编》,沈家五编,南京大学出版社,1987

《张作霖》,常城主编,沈阳,辽宁人民出版社,1980

《张作霖在东北》,〔英〕麦柯马克,毕万闻译,长春,吉林文史出版社,1988

《浙江省宪研究》,林孝文著,北京,法律出版社,2009

《政海轶闻》,陶菊隐著,上海书店出版社,1998

《直奉大秘密》,王小隐编,上海,中国第一书局,1922

《直皖战争》,中国第二历史档案馆编,南京,江苏人民出版社,1980

《中共中央第一次国内革命战争时期统一战线文件选编》,中央统战部、中央档案
　　馆编,北京,档案出版社,1990

《中共中央文件选集》第1册,中央档案馆编,北京,中共中央党校出版社,1991

《中国的军阀政治(1916—1928)》,〔美〕齐锡生著,杨云若、萧延中译,北京,中国人
　　民大学出版社,2010

《中国革命与苏联顾问》,〔苏〕贾比才等著,张静译,北京,中国社会科学出版社,
　　1981

《中国共产党成立史》,[日]石川桢浩著,袁广泉译,北京,中国社会科学出版社,
　　2006

《中国国民革命军的北伐》,[苏]切列潘诺夫著,北京,中国社会科学出版社,1984

《中国回忆录》,[苏]达林著,侯均初等译,北京,中国社会科学出版社,1981

《中国近代币制改革史》,卓遵宏著,台北"国史馆",1986

《中国近代工业史资料》,陈真等编,北京,三联书店,1957

《中国近代经济史统计资料》,严中平等编,北京,科学出版社,1955

《中国近代经济史研究资料》第 4 辑,上海社会科学院出版社,1985

《中国近代农业生产及贸易统计资料》,许道夫编,上海人民出版社,1983

《中国近代农业史资料》,章有义编,北京,三联书店,1957

《中国近代外债史统计资料》,徐义生编,北京,中华书局,1962

《中国军事航空》,马毓福著,北京,航空工业出版社,1994

《中国棉纺织史稿》,严中平著,北京,科学出版社,1955

《中国民族火柴工业》,青岛市工商行政管理局史料组编,北京,中华书局,1963

《中国民主政治的困境 1909－1949:晚清以来历届议会选举述论》,张朋园著,长
　　春,吉林出版集团有限责任公司,2008

《中国农业经济之发展》,曹鸿儒著,南京,三民学社,1930

《中国人的美国观——一个历史的考察》,杨玉圣著,上海,复旦大学出版社,1996

《中国商业史》,陈灿著,上海,商务印书馆,1925

《中国输入、输出贸易指数表》,工商部编,北京,1928

《中国税制史》,吴兆莘著,上海,商务印书馆,1937

《中国外交史》,傅启学,台北,商务印书馆股份有限公司,1983

《中国外交史(1911－1949)》,吴东之主编,郑州,河南人民出版社,1990

《中国现代史资料选辑》第 1 册,彭明主编,北京,中国人民大学出版社,1987

《中国新工业发展史大纲》,龚骏著,上海,商务印书馆,1933

《中国议会史》,顾敦鍒著,台中,东海大学,1962

《中国银行行史资料汇编》,中国银行总行、中国第二历史档案馆编,北京,档案出
　　版社,1991

《中国政府》,陈之迈著,上海,商务印书馆,1945

《中国政坛上的桂系》,[加]戴安娜·拉里著,陈仲丹译,南京,江苏教育出版社,

2010

《中国职工运动简史》,邓中夏著,北京,人民出版社,1979

《中国资本主义发展史》第3卷,许涤新、吴承明主编,北京,人民出版社,1993

《中国资本主义与国内市场》,吴承明著,北京,中国社会科学出版社,1985

《中华民国法统递嬗史》,王景濂、唐乃霈著,出版地不详,1922

《中华民国建国史讨论集》第3册,台北,正中书局,1981

《中华民国经济发展史》,秦孝仪主编,台北,近代中国出版社,1983

《中华民国立法史》,谢振民编著,北京,中国政法大学出版社,2000

《中华民国史档案资料汇编》第3、4辑,中国第二历史档案馆编,南京,江苏古籍出版社,1991

《中华民国史事纪要》(1920—1924),台北"国史馆",1980—1983

《中华民国史资料丛稿》增刊第6辑,中国社会科学院近代史研究所中华民国史研究室编,北京,中华书局,1980

《中华民国外交史》,张忠绂著,上海,正中书局,1945

《中华民国外交史资料选编》,程道德编,北京大学出版社,1985

《中华民国宪法史》,吴宗慈著,上海,东方印刷局,1924

《中华民国政治制度史》,徐矛著,上海人民出版社,1992

《中美关系史》,陶文钊著,重庆出版社,1993

《中苏关系(1917—1926)》,李嘉谷著,北京,社会科学文献出版社,1996

《中苏国家关系史资料汇编(1917—1924)》,薛衔天等编,北京,中国社会科学出版社,1993

《中苏外交的序幕》,王聿均著,台北中研院近代史所,1978

《中外旧约章汇编》第3册,王铁崖编,北京,三联书店,1957

《最近三十年中国军事史》,文公直著,上海,太平洋书店,1930

《最近三十年中国外交史》,刘彦著,上海,太平洋书店,1930

《最近之五十年》,上海,申报社编印,1922

中文报纸

《晨报》,北京

《大公报》,天津、长沙

《华北新闻》,天津

《华字日报》,香港

《京报》,北京

《民国日报》,上海、广州

《民信日刊》,上海

《南方周末》,广州

《群强报》,北京

《申报》,上海

《时报》,上海

《顺天时报》,北京

《团结报》,北京

《新闻报》,上海

《益世报》,北京

中文期刊

《百年潮》,北京

《北京档案史料》,北京

《北京师范学院学报》,北京

《党史研究资料》,北京

《党史资料丛刊》,上海

《东方杂志》,上海

《工商半月刊》,上海

《国会议员通讯》,北京

《国闻周报》,上海

《湖南筹备自治周刊》,长沙

《湖南文献》,台北

《华商纱厂联合会季刊》,上海

《解放与改造》,北京

《建设》,上海

《近代史研究》,北京

《近代史资料》,北京

《军政府公报》,广州

《历史档案》,北京

《历史研究》,北京

《马克思主义研究》,北京

《努力周报》,北京

《上海总商会月报》,上海

《少年中国》,上海

《社会科学战线》,长春

《四川文献》,台北

《太平洋》,上海

《外交公报》,北京

《文史资料选辑》,全国及各省市

《西南军阀史研究丛刊》,贵阳

《先驱》,上海

《向导》,上海

《新青年》,上海

《新史学》,台北

《银行月刊》,上海

《银行周报》,上海

《云南档案史料》,昆明

《政府公报》,北京

《中国经济史研究》,北京

《传记文学》,台北

英文著作

Foreign Relations of the United States

Eudin, X. J. , North, Robert C. , *Soviet Russia and the East*, *1920 - 1927*, Stanford, 1957

Macleay, R. *China Annual Report*, 1921

Whiting, Allen S. , *Soviet Policies in China*, *1917 - 1924*, New York, 1954

Willoughby, W. W. , *China at the Conference*: *A Report*, Baltimore, Johns Hopkins Press, 1922

Wou, Odoric Y. K. , *Militarism in Modern China*, Canberra, 1978

人名索引[*]

---

　　*　本索引收入本卷中出现的人名,中国、日本、朝鲜、越南人名以其汉字的音序排列,其他国家的人名以其译音汉字的音序排列,并附其原文,少数不知原文者暂付阙如。

240、242、255、260—262、265、
284、295—299、305—306、309—
312、316、325、327、329—332、
335、337、339—341、344—351、
353—354、357—360、363—364、
367—370、373—374、376—383、
385—386、388—391、393—
396、398—406、408、410—413、
416—417、419、427、429—430、
432—433、435、445—446、452—
462、465、469、471、473—474、
478—479、483、512、517

曹　锐　6、130—131、173—174、310—
311、347、350、358、373、435、
455

曹　锳　433、453、468、471—472

曹汝霖　145

曹士杰　470

曹铁林　261—262

曹仲珊　见曹锟

岑春煊　22—23、25—29、31、37、261、
455、458

常德盛　253

常荫槐　145

车庆云　335、455

陈　策　244

陈　幹　91

陈　篆　104

陈　毅　104—105

陈炳焜　37—39

陈调元　295、410、415

陈独秀　56、58—60、66、73、205、216、
268—269、274—275、282

陈公博　59

陈光远　20、157、159、172、208、240—
242

陈广平　104

陈国栋　227—229

陈国志　224

陈鸿钧　24

陈嘉谟　221、396

陈嘉勋　201

陈嘉佑　219—220

陈竞存　见陈炯明

陈炯光　260

陈炯明　25—30、33—37、39—40、66、
68、128、162、165、186、191、
193、208、211、215—216、220、
222、239、241—248、250、252—
258、260—264、266—269、272—
274、397、405—406

陈觉民　242

陈乐山　415、421—422

陈能芳　224

陈树藩　11—14、19

陈树人　282

陈潭秋　59

陈为人　315

陈文运　401

陈席儒　254—255

冯焕章　见冯玉祥

冯玉荣　441

冯玉祥　12—14、51、142、157、160、171、
286、288、335、339—340、382、
395—397、399—400、406、
416、424、433、439—440、442、
444—469、471—474、476—
478、481—482

伏日涅新斯基（А. Н. Вознесенский）
96

符礼德（Batalha de Freitas）　292、310、
312

傅乐猷（Aime Joseph de Fleuriau）　374—
375

G

冈野增次郎　472

高　斌　324

高恩洪　64、154—155、170、314、398—
399

高洪魁　362

高君宇　274

高凌霨　160、171、312、332、335、337、
341、343、346、348、350、357、
362—363、377、382—385、406

葛树屏　441

宫邦铎　415

龚汉治　438—439

古应芬　282

谷日光　261

谷正伦　37、232—233、238、240

谷钟秀　151

顾品珍　234—236

顾维钧　71、74—75、82、87、89、106、108—
109、111、154、174、177—180、
182、184、289、295、306—309、
312、338、346、377、388—389、
391—394、473

郭　赫　14

郭　坚　13—14

郭　乐　492

郭松龄　139、426、432、441、443—444、
470

H

哈　定（Warren Gamaliel Harding）
71、90、92、266、294

哈汉章　155

韩国钧　160、409、424

韩麟春　426、428、432、441、443—444

何丰林　162、405、408—410、414—
415、417、420—422

何锋钰　295、298、300

何国亮　37

何厚光　232

何孟雄　315

何佩瑢　41

何叔衡　59、216

何应钦　232

何宗莲　208